연세국학총서 51

고서해제 3

연세대학교 중앙도서관 소장

고서해제

III

연세대학교 국학연구원 편

평민사

An Annotated Bibliography of Old Books

in Yonsei University Central Library

III

본 연구는 2004년도 교육인적자원부 학술연구조성비의 지원에 의한 것임

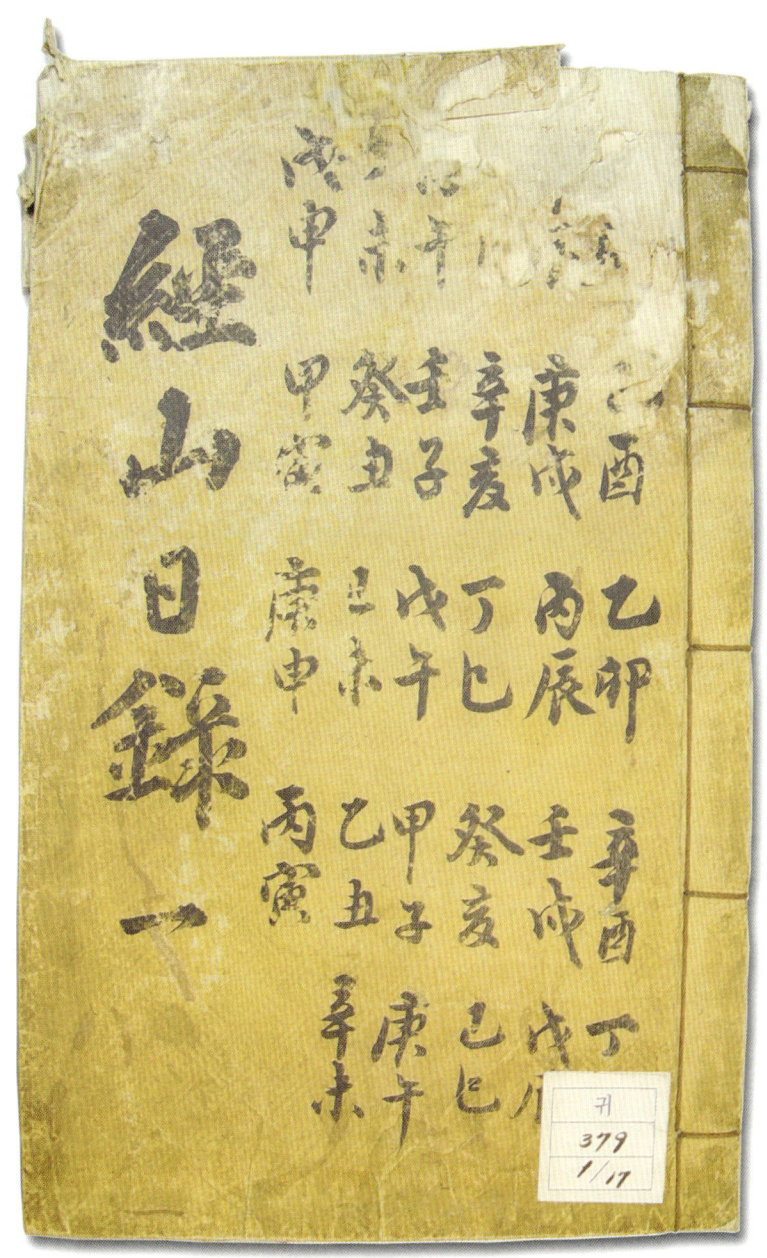

『經山日錄』

鄭元容(1783~1873) 著.
草稿本. 不分卷 17册：32.5×20.5cm. 10行 20字.

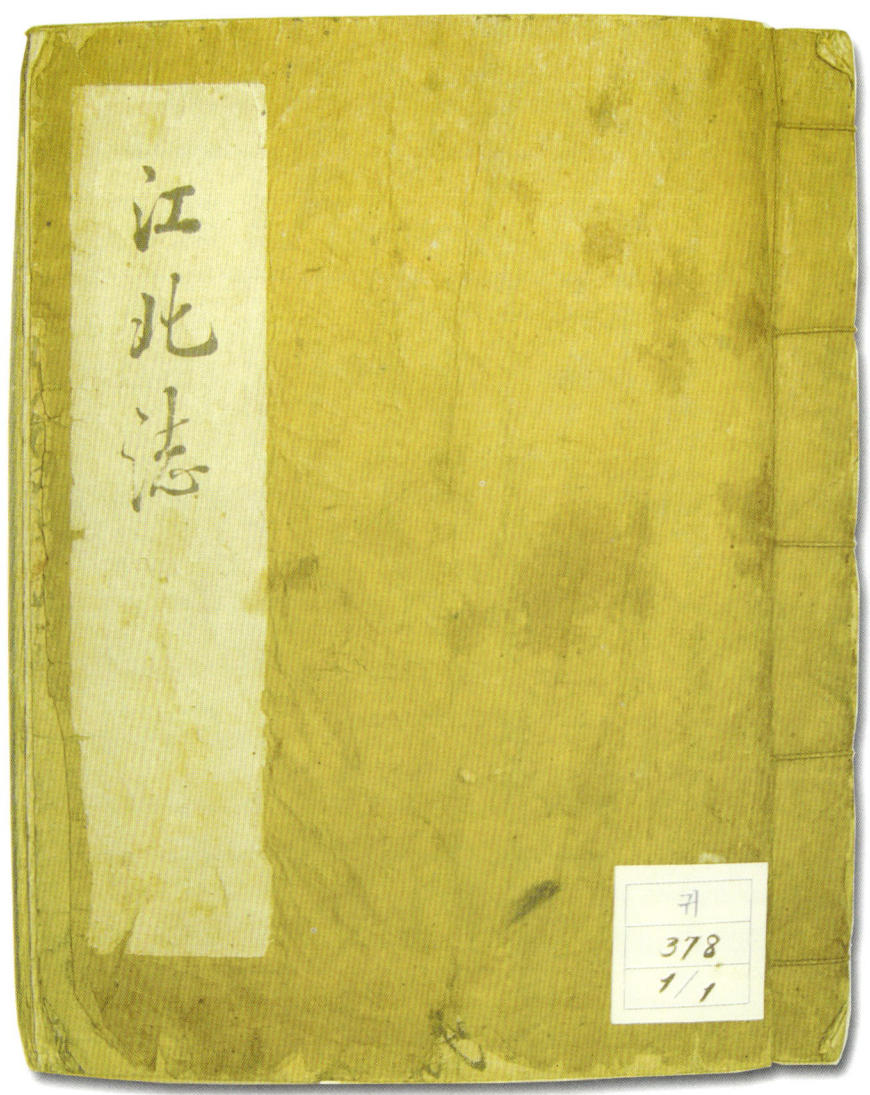

『江北日記』

『江北日記』
崔宗範・金泰興・林碩根 共著.
寫本. 1冊(46張). 挿圖：24×20cm. 8行 18字 內外. 表題：江北誌.

『堂后日記』

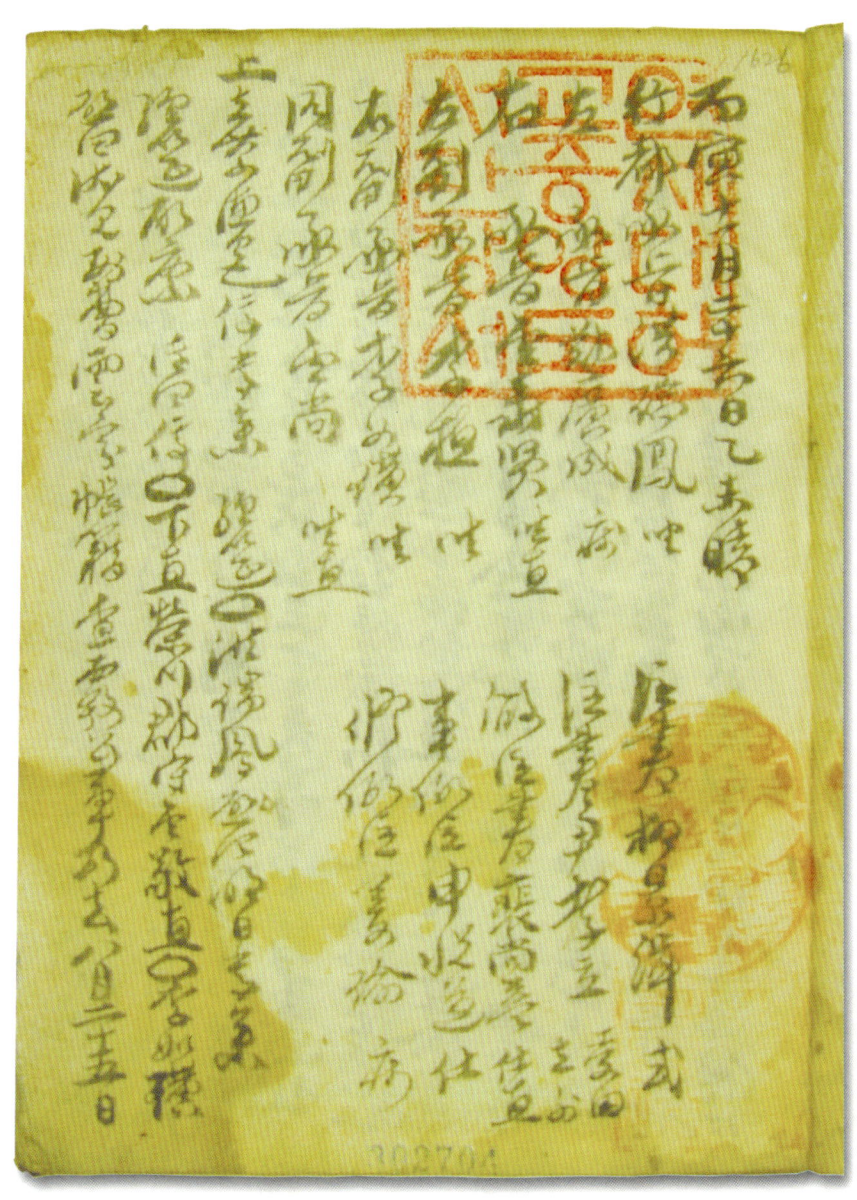

『堂后日記』

承政院 注書·假注書 編.
原稿本. 12册：19×15cm. 10行 20字 內外. 本文：草書.

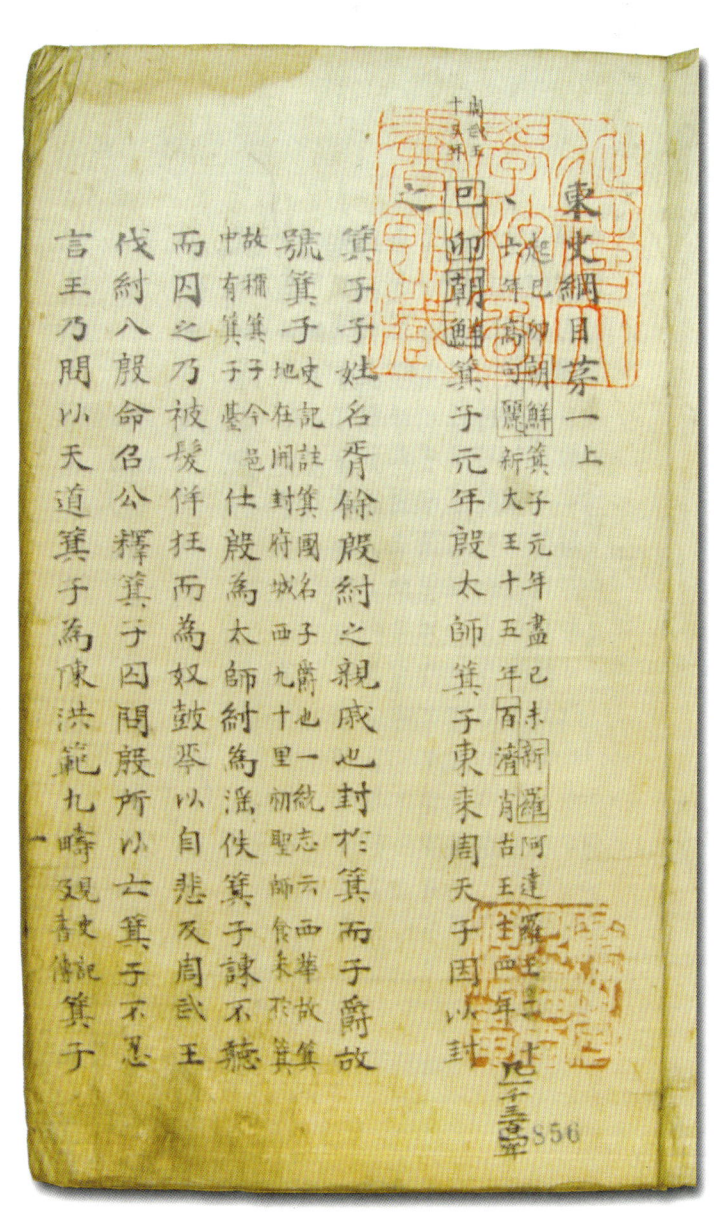

『東史綱目』

『東史綱目』

安鼎福(1712~1791) 著.

原稿本. 20卷 20册 : 24.5×15.5cm. 行字數 不定. 印記 : 廣州安鼎福百順庵.

『湛軒說叢』

洪大容(1731~1783) 著.

寫本. 2冊：33×21cm. 12行 30字. 表題：燕彙 湛軒, 卷首題：湛軒說叢.

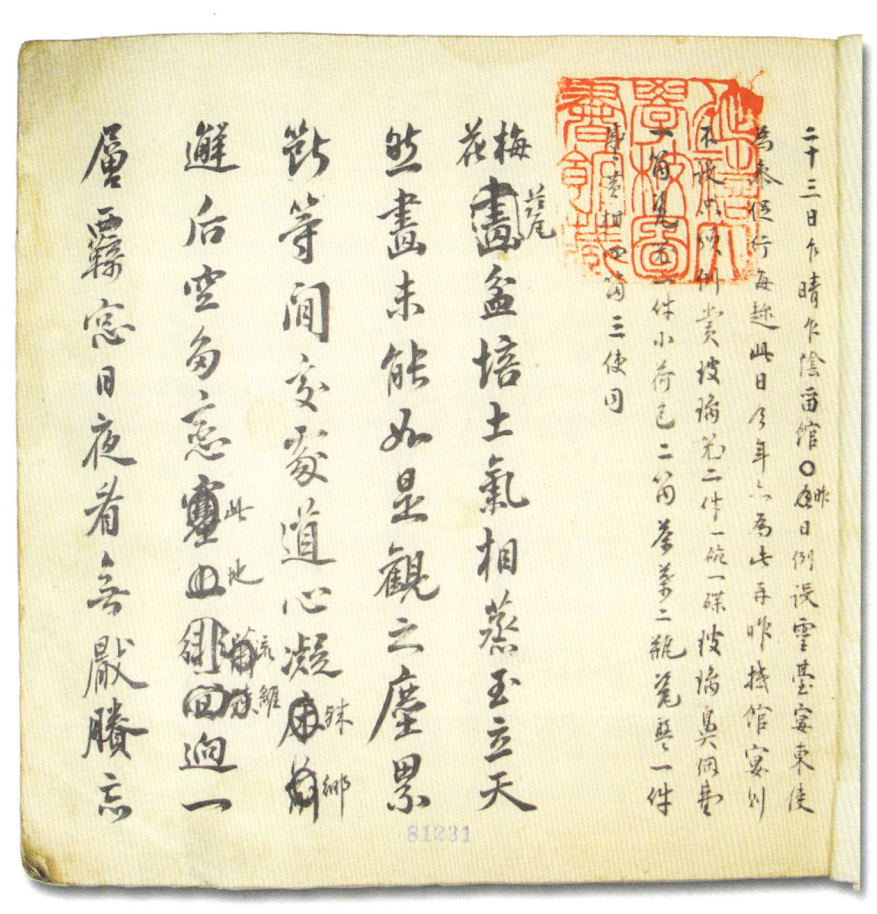

『北槎錄』

尹致定(1800~?) 著.
寫本. 1册(61張) : 23.5×26cm. 8行 10字 內外.

『石潭野史』

李珥(1536~1584) 著.
原稿本. 1册(73張) : 30.5×21cm. 行字數 不定. 本文 : 草書.

刊 行 辭

우리 국학연구원에서는 교육인적자원부 및 한국학중앙연구원의 지원과 연세대학교 중앙도서관의 협조로 2003년부터 향후 6년간 국학자료 해제 및 정리사업을 진행하고 있다. 이에 따라 우리 국학연구원에서는 ① 미공개 자료의 공개 ② 이미 발굴되고 소개된 자료에 대한 이해의 심화 ③ 조선시대 학술활동의 형성과정에 대한 이해라는 세 가지 필요성에 따라서, ① 국학연구 자료의 제공 ② 국학연구의 심화 ③ 未完의 자료에 대한 기초 연구 확립 ④ 고문서 연구에 대한 기초 환경 제공 ⑤ 국학연구에 대한 학문적 관심 고취 등을 목표로 하여 본 사업을 추진 중이다.

지난해 1차년도 『고서해제』 1·2에 이어서 올해 새로 발간되는 『고서해제』 3·4는 2004년 2차년도에 이루어진 연구의 성과물로서 연세대학교 도서관 소장 희귀본 자료 가운데 記事類, 使臣錄類, 日記類 등을 주요 대상으로 하여 사업을 수행하였다.

우선 記事類들을 살펴보면, 연세대본 『東史綱目』은 조선후기 실학자인 安鼎福이 직접 부분 부분 가필해놓고 자신의 인장을 찍은 手澤本으로 현존하는 몇 종의 필사본 가운데 가장 오래된 것이다. 또한 연세대본 『堂后日記』는 『承政院日記』를 편찬하기 위한 기초자료로 이루어진 것으로 화재로 소실된 인조조의 『承政院日記』를 보충하는 데 귀중한 史料로서 정묘호란으로 강화도로 피난했을 때 대략 5개월 동안 政務에 대한 것을 주로 적은 것이다. 다만 초서로 되어 있어서 시급한 탈초 작업이 필요하다. 『平澤縣三正士實記』는 정조조에 일어났던 이른바 三正士의 신유년 通諭 사건의 전모를 알 수 있는 유일한 사료이자, 당시 천주교에 대한 儒林들의 조직적인 대응과 천주교 傳敎 활동, 신앙생활의 일단을 파악하는 데도 중요한 자료로 파악된다.

使臣錄類 가운데 李義鳳의 『北轅錄』과 『셔원녹』은 각기 한문본과 한글본으로 쓰인 연행일기로 18세기 연행록 연구와 국어사 연구에 큰 도움을 주는 자료이다. 그밖에 洪象漢의 인장이 찍혀 있는 金昌業의 『燕行日記』, '燕彙'라는 시리즈 안에 들어가 있는 朴趾源의 『熱河日記』, 洪大容의 『湛軒說叢』, 지금까지 저자가 알려져 있지 않던 尹致定의 『北槎錄』, 역시 한문본과 한글본이 모두 있는 姜浩溥의 『桑蓬錄』과 『상봉녹』 역시 새로운 이본의 발굴과 소개라는 점에서 가치를 부여할 수 있을 것 같다.

日記類의 경우는 상당히 주목을 해야 할 자료들이 이번에 많이 소개되었다. 우선 鄭元容과 鄭基世, 鄭範朝의 日錄들은 유일본으로 三代에 걸쳐 쓰여진 방대한 일기로서 조선

철종 무렵부터 고종 때에 이르는 舊韓末까지 조선 후기 한 가문의 흐름을 심도 있게 이해하는 데 아주 유용한 자료로 활용될 수 있다. 특히 『曬史東征日記』는 지금까지 저자가 밝혀져 있지 않았는데, 이번 해제 작업을 통해 오대산에 曝曬使로 갔던 정원용의 관련 업무와 주변 명승지를 돌아본 일을 기록한 것으로 밝혀졌다.

특히 趙泰壽·趙龜命의 『家乘』, 李觀徵의 『庚申錄』, 柳道昇의 『東史證說』, 盧命欽 編의 『東稗洛誦』, 洪龜燮의 『嵋巖登科後日記』, 李崙夏의 『北遊日記』, 閔百順의 『宣廟中興誌』, 林墰의 『嶺南日記』, 金宗植의 『日記』, 金曾鉉의 『立朝錄』, 李玄綺 編의 『叢話』, 吳命峻의 『海西監營日記』, 李復榮 『日記』등은 모두 이번 해제 작업을 통해 새롭게 그 저자들이 밝혀진 경우이다. 그 가운데 李復榮의 『日記』는 구한말에서 일제 강점기중인 1936년까지 충청남도 지역에 거주했던 양반가의 후손이자 호구지책도 어려웠던 자신의 궁핍한 삶과 묘역의 관리, 벌목, 재산권 분쟁 등 일제 강점기의 지역 경제사나 지역 사회사를 들여다 볼 수 있는 좋은 사료라고 할 수 있다.

덧붙여 이번 해제 작업을 진행하면서 해제 대상으로 삼은 자료와 기존에 발간된 자료들을 비교·고찰함으로써 이후 새로운 善本 작업이 가능하도록 하였다. 이런 점에서 본 해제집은 기존의 연구 결과에 대한 자료적 보충이라는 부수적 성과도 있다고 하겠다.

아무쪼록 이번 해제집의 발간으로 많은 자료들이 새롭게 소개되면서 우리의 국학 발전에 더 많은 도움을 주었으면 한다. 더구나 지금까지 간단한 서지사항만으로 자신의 얼굴을 내비쳤던 많은 자료들이 이번 해제집의 발간으로 학계나 해당 연구자들에게 좀더 가까이 다가가게 된다면, 後生들을 위해 기록을 남겨 놓으신 先賢들도 흔쾌히 기뻐하시리라 믿는다. 옛 先賢들이 이르기를 한 가마솥 속의 고기 한 점으로도 그 가마솥 속의 모든 국맛을 알 수 있고, 뛰어난 구슬은 땅속에 묻혀 있어도 스스로 그 빛을 감출 수가 없다고 했다. 이에 이번 해제집의 발간이 그러한 기회를 조금 앞당겨 주는 역할을 한다면 더 바랄 나위가 없다고 하겠다.

많은 어려움 속에서도 잦은 원고 독촉을 마다하지 않고 정해진 날짜 안에 玉稿를 보내주신 연구자들과 사업진행에 차질이 없도록 열심히 뛰어준 관련자 분들에게 이 자리를 빌어 그동안의 勞苦을 다시 한번 치하하며, 국학 사업의 발전을 위해 지원을 아끼지 않은 교육인적자원부와 한국학중앙연구원에도 깊은 감사의 말씀을 드린다.

2005년 11월
국학연구원장 설 성 경

일 러 두 기

1. 본 解題集은 국학 진흥 사업의 일환으로 연세대학교 중앙도서관 소장 국학자료 가운데 일부를 우선 해제한 것이다.

2. 제2차년도(2004년도) 解題集은 연세대학교 중앙도서관 소장 귀중본 가운데 記事類, 使臣錄類, 日記類 등을 주요 대상으로 선별하여 해제하였다.

3. 각 항목의 제목은 해제 대상 책의 卷首題를 취하되, 이에 관련된 특기 사항은 '서지'에 기록하였다.

4. 항목의 차례는 가나다순으로, 동일한 제목일 경우에는 저자의 생몰년대의 선후를 따져 배열하였다.

5. 해제는 객관적 상황을 서술하는 것을 기본 원칙으로 하고, 아울러 책의 특징이나 가치 등을 밝혀 후속 연구가 진행될 수 있도록 하였다.

6. 解題의 끝마다 解題者의 姓名을 밝혔다.

차 례

刊 行 辭 ……………………………………………………………………… 1

일러두기 ……………………………………………………………… 3

家乘 ……………………………………………………………………… 11
　　趙泰壽ㆍ趙龜命 共著. 草稿本. 5冊.

江北日記 ……………………………………………………………… 23
　　崔宗範ㆍ金泰興ㆍ林碩根 共著. 寫本. 1冊(46張).

江上問答 外 ………………………………………………………… 33
　　編者 未詳. 寫本. 不分卷 1冊(88張).

遣閑雜錄 ……………………………………………………………… 53
　　沈守慶 編. 寫本. 1卷 1冊(56張).

經山日錄 ……………………………………………………………… 61
　　鄭元容 著. 草稿本. 不分卷 17冊.

庚申錄 ………………………………………………………………… 79
　　李觀徵 著. 寫本. 1冊.

溪西野譚 ……………………………………………………………… 89
　　編者 未詳. 寫本. 5卷 5冊(金卷은 逸失).

恭嬪崔氏事畧 ……………………………………………………… 105
　　著者 未詳. 寫本. 1冊(27張).

紀聞叢話 …………………………………………………………… 113
　　編者 未詳. 寫本. 4卷 4冊.

爛餘 ………………………………………………………………… 149
　　金在魯 編. 寫本. 26卷(冊).

南漢日記 外 …………………………………………………………… 165
　　編者 未詳. 寫本. 不分卷 1冊(52張).

湛軒說叢 …………………………………………………………… 179
　　洪大容 著. 寫本. 2冊.

黨議通略 …………………………………………………………… 189
　　李建昌 著. 原稿本. 2卷 2冊(卷2 缺, 1冊 83張存).

堂后日記 …………………………………………………………… 209
　　承政院 注書·假注書 編. 原稿本. 12冊.

大事編年 …………………………………………………………… 219
　　編者 未詳. 寫本. 不分卷 30冊(全34冊中1, 2, 3, 6缺).

東史 ………………………………………………………………… 255
　　著者 未詳. 寫本. 2卷 1冊.

東史綱目 …………………………………………………………… 263
　　安鼎福 著. 原稿本. 20卷 20冊.

東史證說 …………………………………………………………… 283
　　柳道昇 著. 寫本. 6卷 1冊.

東稗洛誦 …………………………………………………………… 293
　　盧命欽 編. 寫本. 2卷 1冊(79張).

潦霽錄 ……………………………………………………………… 303
　　李敬一 著. 草稿本. 7冊.

漫筆三錄 …………………………………………………………… 317
　　編者 未詳. 寫本. 9卷 8冊.

文貞公耳目所及 …………………………………………………… 335
　　申欽 著. 寫本. 1冊(22張).

嵋巖登科後日記 ··· 341
　　洪龜燮 著. 寫本. 1冊(53張).

碧城消暑錄 ·· 351
　　著者 未詳. 寫本. 1冊(105張).

北槎錄 ··· 371
　　尹致定 著. 寫本. 1冊(61張).

北轅錄 ··· 379
　　李義鳳 著. 草稿本. 5卷 5冊.

北遊日記 ··· 395
　　李崙夏 著. 寫本. 1冊(32張).

四養齋外集桑蓬錄 ·· 403
　　姜浩溥 著. 原稿本. 12卷 6冊.

山家菊露 ··· 417
　　著者 未詳. 草稿本. 2冊.

山房錄燕行裁簡 ··· 431
　　權魯郁 著.　寫本. 2卷 1冊.

상봉녹 ··· 439
　　姜浩溥 著.　寫本. 2卷 2冊.

敍任錄 ··· 451
　　著者 未詳. 寫本 1冊(147張).

石潭野史 ··· 481
　　李珥 著. 原稿本. 1冊(73張)

宣廟中興誌 ·· 495
　　閔百順 著. 寫本. 2卷 2冊.

▣ 연세대학교 중앙도서관 소장 고서해제 Ⅰ

經山集 — 鄭元容 著. 未定草稿本. 6冊(附錄).
果庵散稿 — 申益均 著. 寫本. 20卷(卷1, 2, 3, 10 缺) 7冊.
觀復齋遺稿 — 金構 著. 未刊原稿本. 10卷 6冊.
橘下遺稿 — 崔植民 著. 未刊原稿本. 4卷 1冊(61張).
錦帆全集 — 尹致羲 著. 初稿本. 63卷(권12, 24, 30, 43은 내용 없이 공란) 31冊.
錦涯草稿 — 鄭赫達 著. 寫本. 1冊.
記言本抄 — 許穆 著. 自筆稿本. 1冊(42張).
聾雲集 — 蘇秉澤 著. 寫本. 2冊.
淡圃漫錄 — 李碩載 著. 草稿本. 1冊(72張) 落帙本.
大溪利用 — 黃在英 著. 草稿本. 不分卷 2冊.
臺山遺集 — 金邁淳 著. 初稿本. 9冊(臺山初藁 9권 5책, 臺山集公移 4冊).
漫語 — 朴致文 著. 草稿本. 2卷 2冊.
茗山集 — 成祐曾 著. 未刊原稿本. 8卷 3冊.
蒙齋稿 — 李�宇 著. 寫本. 4卷 4冊(卷1(1冊) 缺).
無聞齋集 — 沈兊 著. 寫本. 14卷 9冊.
無何堂遺稿 — 洪柱元 著. 原稿本. 6冊.
放言 — 黃德吉 著. 原稿本. 34卷 11冊.
白雲筆 — 李鈺 著. 寫本. 2冊.
三當齋遺稿 — 姜俒 著. 原稿本. 4卷 4冊.
石萊堂草稿 — 李憲球 著. 草稿本. 零本 3冊(卷3, 4, 8).
碩齋別稿 — 尹行恁 著. 未刊稿本. 23卷 11冊.
先考新齋府君遺稿 — 張錫愚 著. 草稿本. 21卷 11冊.
雪艇初集 — 徐翔龍 著. 寫本. 2卷 2冊.
成齋集 — 趙秉鉉 著. 草稿本. 零本 3冊(冊 2, 3, 4) 落帙本.
少雲先生未定稿 — 韓星履 著. 寫本. 2冊.
松磵遺稿 — [著者未詳]. 寫本. 4冊.
松棲公文集 — 崔性全 著. 寫本. 1冊.
松棲公事實 — 崔性全 著. 寫本. 1冊.
松棲公詩集 — 崔性全 著. 寫本. 2冊.
松塢謾稿 — 朴宗永 著. 草稿本. 16冊.
松坡集 — 李瑞雨 著. 原稿本. 20卷 10冊.
邃堂遺稿 — 白樂奎 著. 寫本. 5冊.
孰遂念 — 洪吉周 編著. 草稿本. 16觀[卷] 5冊.
新齋集 — 洪樂命 著. 草稿本. 7冊.
新齋集 — 李度中 著. 寫本. 12冊

尋芳齋遺稿 ─ 鄭履儉 著. 寫本. 1冊(95張).
藥山錄 ─ 鄭元容 著. 未定草稿本. 不分卷 4冊.
御製祭文 ─ 肅宗 著. 寫本. 1冊(19張).
餘窩先生文集 ─ 睦萬中 著. 原稿本. 24卷 12冊.
念齋雜考 ─ 尹光濩 著. 原稿本. 7冊.
愚潭集 ─ 丁時翰 著. 寫本. 不分卷 13冊.
月塘遺稿 ─ 姜碩期 著. 原稿本. 原集 4冊, 別集 1冊, 合5冊.
遺稿 ─ 韓聖佑・韓配義・韓師范・韓顯謩・韓後裕・韓用鼎・韓元履 著. 寫本. 5冊.
自攷 ─ 韓元震 著. 初稿本. 1冊(67張).
周溪集 ─ 鄭基世 著. 未定草稿本. 5冊.
竹石叢函 ─ 徐榮輔 編著. 原稿本. 內集 3冊, 外集 7冊, 合10冊.
竹僉謾錄 ─ 韓星履 著. 草稿本. 10卷 1冊.
芝溪姜公遺事 ─ 姜世忠 著. 寫本. 2卷 1冊(64張).
稷下遺稿 ─ 金相福 著. 草稿本. 不分卷 2冊.
初稿 ─ 鄭範朝 著. 未定草稿本. 不分卷 5冊.
秋堂褿稿 ─ 申獻求 著. 草稿本. 2卷 2冊.
楸軒遺稿 ─ 洪萬愚 著. 寫本. 3卷 3冊.
贅言 ─ 姜浩溥 著. 草稿本. 本集 30卷 16冊, 別集 2冊, 合18冊.
芭棲私藁 ─ 金鋼 著. 草稿本. 5卷 5冊.
縹礱乙幟 ─ 洪吉周 著. 草稿本, 16卷 7冊.
霞石謾稿 ─ 李學洙 著. 寫本. 13冊.
霞石遺稿 ─ 韓弼教 著. 寫本. 6卷 3冊.
閒中隨筆 ─ 沈大允 著. 寫本. 2冊.
沆瀣丙函 ─ 洪吉周 著. 草稿本. 10卷 7冊(3冊 缺).
海陽詩鈔 ─ 羅烈 著. 寫本. 2卷 1冊(83張).
峴首甲藁 ─ 洪吉周 著. 草稿本. 8卷 4冊(卷9, 10 缺).
湖東西洛記 ─ 錦園堂 著. 寫本. 1冊(33張).
洪厓文集 ─ 李箕元 著. 手稿本. 6卷 3冊(落帙本).
洪厓詩集 ─ 李箕元 著. 手稿本. 5冊(落帙本).
洪厓自編 ─ 李箕元 著. 手稿本. 2卷 1冊.
孝田散稿 ─ 沈魯崇 著. 草稿本. 不分卷 38冊.

■ 연세대학교 중앙도서관 소장 고서해제 Ⅳ

先朝御製校準閣日記抄 − 著者 未詳. 寫本. 1冊(12張)
셔원녹 − 李義鳳 著. 寫本. 11冊(總目 1冊, 本篇 10卷 10冊, 卷7 缺).
曬史東征日記 − 鄭元容 著. 寫本. 1冊(31張).
瑣語 − 編者 未詳. 寫本. 1冊(77張).
守闕錄 − 尹仁敎 著. 親筆本. 1冊(8張).
隨槎錄 − 韓弼敎 著. 未刊印 草稿本. 6卷 3冊.
승사록 − 黃仁點 著. 寫本. 3冊.
야스 − 神貞王后 趙氏 著. 寫本. 1冊(33張).
藥坡漫錄 − 李希齡・李後衍・李漢宗 共編. 寫本. 100卷 50冊.
陽坡年紀 − 鄭泰和 著. 寫本. 1冊(142面).
燕槎錄 − 鄭元容 著. 寫本. 不分卷 2冊.
燕槎隨錄 − 李承五 著. 寫本. 零本 1冊(卷3-4).
淵泉先生東史世家 − 洪奭周 著. 草稿本. 4卷 2冊.
燕行日記 − 金昌業 著. 寫本. 5冊.
熱河日記 − 朴趾源 著. 寫本. 26卷 12冊・ 26卷 4冊・ 7卷 2冊 (이상 3종).
嶺南日記 − 林墰 著. 寫本. 2冊.
裕陵日記 − 著者 未詳. 寫本. 2冊.
日記 − 金宗植 著. 寫本. 2冊.
日記 − 李復榮 著. 寫本. 40冊.
日錄 − 鄭基世 著. 草稿本. 15卷 15冊.
日錄 − 鄭範朝 著. 草稿本. 17冊(全19冊中 冊15, 16 缺).
壬辰雜事 − 著者 未詳. 寫本. 1책(65張).
壬辰筆錄 − 編者 未詳. 寫本. 1冊(127張).
立朝錄 − 金曾鉉 著. 寫本. 1冊(26張).
在朝隨錄 − 編者 未詳. 寫本. 1冊(39張).
宗海源流 − 金錫奎 著. 寫本. 1冊(86張).
辰巳亂離錄 − 著者 未詳. 寫本. 2冊.
倉可樓外史 − 金鑢 著. 原稿本. 61冊(全74冊中 冊2-12, 43, 45缺).
靑箱備考 − 徐有寧・徐有慶・徐龍輔 著. 寫本. 9冊(8卷 8冊, 目錄 1冊).
叢話 − 李玄綺 編. 寫本. 1冊(73張).
春坡堂日月錄 − 李星齡 著. 寫本. 全14卷 10冊中一部缺(落卷：卷1-4, 13).
稗史 − 權守敬 編. 寫本. 1冊(172張).
平澤縣三正士實記 − 著者 未詳. 原稿本. 4卷.
閒居襍記 − 鄭道應 著. 寫本. 1冊(57張).
寒圃齋使行日記 − 李健命 著. 寫本. 不分卷 1冊(78張).
海西監營日記 − 吳命峻 著. 寫本. 1冊(75張).
海西日記 − 著者 未詳. 寫本. 1冊(159張).
海游錄 − 申維翰 著. 寫本. 3卷 2冊・ 2卷 1冊 (第1-2) (이상 2종).
海行摠載 − 趙曦 著. 寫本. 5卷 5冊.
休窩雜纂 − 任有後 著. 草稿本. 3冊.

家乘

趙泰壽(1658～1715) · 趙龜命(1693～1737) 共著.
草稿本. 5冊：29×19cm. 10行 21字.
表題：東岡先生紀年.

家乘

亥癸
甲
子

十二月都政拜持平

正月初五日自恭仁離發

避而出○初四日詣 闕入侍 上御嚴廬二間房舍領議

二月初三日承牌出仕詣 闕以未應 明旨隨同僚引

政金壽恒左議政閔黯重右議政南九萬領府事金壽

興兵判呂聖齊戶判鄭載嵩訓將申汝哲刑判尹堦御

將尹趾完承旨金鎭龜持平趙 正言尹弘壽修撰申

啓華翰林鄭齊泰史官沈季良春秋廬 入侍○

府啓金重夏嚴鞫慶斷事醫官賞加還收勿除守令承

1. 저자

趙泰壽(1658~1715)[1]의 本貫은 豊壤, 字는 士維이다. 44세에 처음 벼슬을 하여 內侍敎官, 義禁都事, 儀賓都事, 水運判官을 지내다가 병으로 체직되어 宗廟令에 임명되었다. 임기를 마치고 司䆃主簿・社稷令으로 옮겼고 다시 交河縣監으로 나갔다. 15세에 관찰사를 지낸 沈權의 딸을 아내로 맞아, 駿命과 龜命의 두 아들을 두었다.

趙龜命(1693~1737)의 本貫은 豊壤, 號는 東谿, 字는 釋汝・寶汝이다. 1711년(숙종 37) 生員이 되었고, 영조 때 世子翊衛司의 侍直・翊衛 등을 지냈으며, 性理學에 밝았고, 문장에 뛰어났다. 저서로는 『東谿集』이 있다.

2. 구성

본서는 모두 5책으로 구성되어 있다. 표제는 '東岡先生紀年'이고, 권수제는 '家乘'이다. 각 책은 연대별 날짜별로 趙相愚와 관련된 기록을 자세하게 싣고 있다.

조상우(1640~1718)의 本貫은 풍양, 字는 子直, 號는 東岡이다. 磯의 증손으로, 할아버지는 希輔이고, 아버지는 예조판서를 지낸 珩이다. 李景奭의 문하에서 수학했으며, 1657년(효종 8) 사마시에 합격한 뒤 宋浚吉의 문인이 되었다. 1657년(효종 8) 司馬試에 합격하여, 洗馬・司畜署別提 등을 지내고 漣川縣監으로 나갔으나 1675년(숙종 원년) 스승 송준길이 追削될 때 반대 상소를 올려 南平에 유배되었다. 이듬해 풀려나와 현감・戶曹佐郎 등을 지낸 후 동왕 8년 문과에 급제하여, 병조 정랑・부교리・이조 좌랑・홍주목사 등을 역임하고, 甲戌換局 이후 南九萬의 천거로 대사간・동부승지 등을 지냈다. 뒤에 대사성・도승지・이조 참판・대사헌・예조판서・병조판서・이조판서 등을 역임하고 右議政에 올라 稅制의 폐단을 시정하였다. 經史에 밝았고, 書畫에 뛰어났다. 글씨를 잘 써서 莊烈王后의 옥책문을 쓰는 데 선발되었고, 忠賢書院의 사적비 등을 남겼다. 남평의 龍岡祠에 제향되었으며, 시호는 孝憲이다.

> 제 1책 東岡先生紀年 1
> 癸亥(1683년)부터 己卯(1699년)까지의 기록이다.
> 제 2책 東岡先生紀年 2
> 庚辰(1700년)부터 丙戌(1706년) 8월까지의 기록이다.

---

1) 이 책은 조선 후기의 문신인 東岡 趙相愚(1640~1718)의 立朝 사실을 그의 아들인 趙泰壽와 손자인 趙龜命이 대를 이어 기록한 것이다. 조귀명이 쓴 「家乘序」에 따르면, 1683년부터 조태수가 죽은 해인 1715년까지는 조태수가 기록하였고, 나머지 1718년까지는 조귀명이 기록한 것으로 되어 있다.

제 3책 東岡先生紀年 3

丙戌(1706년)년 9월부터 戊子(1708년)까지의 기록이다.

제 4책 東岡先生紀年 4

己丑(1709년)부터 壬辰(1712년) 2월까지의 기록이다.

제 5책 東岡先生紀年 5

壬辰(1712년) 3월부터 戊戌(1718년) 6월 조상우가 세상을 떠날 때까지의 기록이다.

3. 내용

제 1책

癸亥(1683년)부터 己卯(1699년)까지 모두 16년간의 정치적 행적이 기록되어 있다. 이를 연도별로 중요한 사건을 중심으로 기술하면 다음과 같다.

癸亥(숙종 9, 1683년)

지평에 배수되었다. 이 보다 한 해 전인 1682년에 숙종이 大臣과 六卿 등에 명하여 인재를 천거하도록 하자, 판부사 김수홍이 泰仁 縣監인 조상우의 '儒雅함과 精綱함'을 들어 천거한 결과였다.

甲子년(숙종 10, 1684년)

초상 뒤에 임금이 김수항 등에게 재이와 변방의 소요에 관한 방책을 말하라고 요구하자, 조상우가 계를 올려 "東萊는 남쪽 변방의 중요한 곳이고, 풍속이 다른 국가의 사신을 접대해야 하므로 직임이 가볍지 않습니다. 새로 제수된 府使 韓構는 사람됨이 부박하고 처신이 비루하며 내외에 두루 등용하였으나 조금의 능력도 발휘하지 못했습니다. 변방의 일을 조심스레 처리해야 할 이 때 이와 같은 사람에게 그 일을 맡길 수는 없으니 개정하소서."라고 하였다. 이에 대해 임금은 "廟堂에서 이미 논의하여 천거하였고 시종신으로 자주 입시하여 그 사람됨을 알고 있다. 나는 그가 합당하지 않다는 것을 모르겠다."고 하면서 끝끝내 허락하지 않았다.

金煥은 1680년(숙종 6) 경신환국으로 서인이 집권하자 서인의 과격파로 활약하면서, 金錫冑·金益勳 등의 사주를 받아 許璽·許瑛·李德周 등 남인들이 반역을 꾀한다고 무고하였다. 이 일로 허새·허영은 사형당하고, 閔睦·權大運 등 남인계열의 다수가 이 사건에 연루되어 파직 또는 유배되었다. 조상우는 "김환을 推鞫하기를 청하는 논의는 온 나라 사람들이 동의하여 백성들의 마음을 알 수 있는데, 執義 李宏 등은 公議를 고려하지 않고 서둘러 論啓를 멈추었습니다. 이 때문에 臺官의 체모가 땅을 쓴 듯이 사라지고 물정이 놀라고 분개하였으며, 출사를 요청한 조치도 변변치 못한 것이었으니, 執義 李宏·司諫 成虎徵·掌令 安世徵·持平 梁重廈·正言 尹弘离는 모두 遞差하소서"라고 계를 올렸다. 이에 대해 숙종은 "김환을 추국하기를 요청한 논의는 처음부터 근거가 없었으며, 서로 의논하여 논계를 멈춘 것은 대관의 체모로 당연한 것인데, 논계를 멈춘 사람을 뒤에 다시 탄핵하면서 시끄럽게 사단을 일으키니 실제로 놀란 것은 나이다. 근래에 논의가 어그러져 진행되는 것은 반드시 이들로부터 말미암지 않은 것이 없다."고 하고 조상우를 遞差하도록 명령하였다. 아울러 조상우를 두둔하던 申啓華마저도 推考하도록 하였다. 이하 조상우를 구명하는 여러 사람들의 계문을 기록하고 있다.

같은 해 7월 20일에 훈련도감의 郞廳으로 발령을 받았고. 7월 27일에 西學兼敎로 제수되었다. 8월 20일에 병조좌랑에 배수되어 3일 동안 숙직을 하면서 자세히 살피도록 하라는 명을 받았다. 8월 25일에 호남지역을 몰래 탐문하라는 명을 받고 곧바로 길에 올랐다. 김창협과 이이명 두 사람과 함께 길을 나누어 강을 건넜는데, 김창협은 영남으로 향했고, 이이명은 호서로 향했다. 10월 2일 도중에 병조정랑으로 移拜되었다. 호남지역을 몰래 살핀 뒤 작성한 보고서가 실려 있다. 여기서 그는 호서 지역의 帖價米를 탕감할 것을 건의하였는데, 숙종은 그의 건의를 받아들였다.

乙丑년(숙종 11, 1685년)
정월 12일에 參知制敎가 되었다. 11월 17일에 부교리에 제수되었으나 사양하는 소를 올렸다.

丙寅년(숙종 12, 1686년)
정월 10일에 이조좌랑에 제수되었다. 윤4월 25일에 修撰에 제수되었다. 5월 28일 조대비의 존호를 써 올린 일 때문에 加資되어 이 날 전라감사에 제수되었다가, 10여일 만에 臺諫의 啓에 의해 환수되었다. 6월 14일 知制敎兼西學敎授에 제수되었다. 6월 31일에 舍人에 제수되고, 8월 23일 교리에 제수되었다. 28일에는 副應敎에 제수되었다. 9월 20일 임금께서 희정당에 납시어 『주역』謙卦 初六에서부터 九三까지 강론을 할 때 入侍하였다. 同知事 李敏叙, 特進官 李秞, 承旨 徐宗泰, 假注書 成僑, 記事官 鄭澔, 沈季良 등이 참여하였다. 9월 21일 희정당에서 謙卦 六四에서 上六까지 강론을 할 때 입시하였는데, 知事 呂聖齊, 大臣 李尙眞이 六五까지 강을 하였고, 공은 本爻의 의미를 다음과 같이 아뢰었다. "부유하지 않으면서도 그 이웃들과 함께한다(不富以其隣)는 말은 泰卦의 六四에도 나타나지만 이 괘와 약간의 차이가 있는 것은 왜이겠습니까? 태괘의 육사는 세 음이 아랫자리에 있어야 하는 것인데도 윗자리에 있으므로 실제로는 바른 자리를 잃은 것입니다. 그들의 뜻은 모두 아래로 가고자 하는 것이므로 부유하지 않으면서 서로 따르게 되는 것은 경계하여 고하지 않더라도 진실로 의미가 서

로 합치됩니다. 이 효에서 '이웃과 함께 한다'는 것은 인군이 겸순한 덕을 지니고 있어 많은
사람들의 귀부하게 되므로 '부유하지 않으면서도 이웃과 함께 한다'는 의미가 있게 됩니다."
라고 하였다.

己巳년(숙종 15, 1689년)
6월 16일 司導寺正에 제수되었으나 나가지 않았다. 7월 3일 洪州牧使로 제수되자 8월 19
일 부임하였다.

庚午년(숙종 16, 1690년)
6월 8일 질병 때문에 引避하고 벼슬을 버리고 서울로 돌아왔다.

辛未년(숙종 17, 1691년)
9월 19일 司成에 배수되었다. 10월 17일 숙배하고 사은하였다.

壬申년(숙종 18, 1692년)
6월 12일 宗簿寺正에 임명되었다.

癸酉년(숙종 19, 1693년)
6월 11일 司成에 배수되었다. 23일에 瑞山郡守로 배수되었다.

甲戌년(숙종 20, 1694년)
2월 10일 강계부사로 移拜되었다. 10월 8일 禮曹參議에 배수되고, 20일 大司諫에 배수되
자 사직소를 올렸다.

戊寅년(숙종 24, 1698년)
2월 8일 時弊를 진달하는 소를 올렸다. 그는 經界를 바로 잡고 身役을 고르게 하며 軍額을
정할 것 등을 청하고, 黨論의 해로움을 논하면서 "吳道一의 사람됨이 전혀 병통이 없다고는
말할 수 없습니다. 시비를 논하면서는 다른 사람의 허물과 실수를 용납하지 못하고, 진퇴거취
하면서는 情意에 따라 처리하여 이 때문에 다른 사람의 비난과 질시를 받은 것에 대해서는
신 또한 병통으로 여기고 있습니다. 그러나 그의 문장은 謀猷를 빛낼 만하고 淸白함은 세상
을 격려할 만합니다. … 지금 성상께서 탕평을 진작시키고자 하는 뜻을 가지고 계시어 한쪽
의 사람조차도 保合하고자 하시면서, 지나치게 심한 논의가 있다하여 오도일 한 사람을 용납
하지 못한다면, 또한 어떻게 크게 화합하고 함께 공경하는 도리를 바랄 수 있겠습니까?"라고

하였다. 10월 5일 부제학에 배수되었다. 10월 23일 전 현감인 申奎가 소를 올려 端宗大王의 愼妃를 추숭할 것을 요청하자, 종친과 문무백관에게 이를 논의하도록 하였다. 이에 조상우는 "魯山大君과 신비의 일은 사실여부와 상관없이 부인들과 어린이까지도 듣기만 하면 눈물을 흘리며 마음속으로 슬퍼하고 있습니다. 그들이 겪은 불행과 사람 마음은 속일 수 없다는 것을 알 수 있습니다. … 지난 역사를 고찰해서 반드시 충분한 증거가 될 만한 것을 찾아낸 뒤에야 시행하는 일에 근거가 있고 異論이 없을 것입니다."라고 하였다. 11월 3일 『聖學輯要』의 '愼終追遠'장과 '得百姓之驩心'장을 강론하였다. 11월 23일 請對하여 民瘼 가운데 그 폐해가 심했던 軍役을 경감해 줄 것을 요청하였다. 12월 22일 전염병이 심하여 題主를 祔廟할 때 임금이 친림하는 것을 정지하도록 요청하는 상소를 올렸다.

제 2책

庚辰(1700년)부터 丙戌(1706년) 8월까지 6년간의 행적이 기록되어 있다. 이를 연도별로 살펴보면 다음과 같다.

己卯년(숙종 25, 1699년)

2월 16일에 경기감사에 배수되었다.

庚辰년(숙종 26, 1700년)

정월 17일 경기감사에서 吏曹參判으로 移拜되었다. 3월 9일 書講에 입시하여 『聖學輯要』의 '신이 살피건대 삼대의 도는 …(臣謹按三代之道)'절을 강독하였다. 3월 12일 『성학집요』'爲政'장을 강론하면서, "덕이 한결같은 사람이라야 천리에 순전할 수 있습니다. 덕이 한결같지 않은 사람은 私慾이 천리를 가립니다. 문왕은 한결같은 덕으로 세심하게 주의를 기울여 상제를 섬겼으므로 그 효과가 이와 같습니다"라고 하였다. 3월 26일 『성학집요』의 '周繆의 설'을 강론하면서 "이는 미리 환난을 대비하라는 의미입니다. 지금 實心으로 實德을 닦으라는 말씀을 들었습니다. 크도다 왕의 말씀이여! 이것을 통해 큰 뜻을 가진 정치를 다시 회복할 수 있을 것입니다"라고 하였다. 6월 10일 조상우가 이조와 병조의 판서로 추천된 명단을 좌의정 李世白에게 보여주자, 이세백이 期年喪을 당하여 아직 成服을 하기 전이었기 때문에 公務를 행할 수가 없다는 것을 이유로 의사 표명을 유보하였음에도, 우의정에게 이세백의 뜻인 양 추천한 것을 이유로 사직소를 올렸다. 이에 이 조상우가 吏曹·兵曹판서를 추천하게 된 경위를 밝힌 상소를 올렸다. 6월 25일 副摠管에 배수되었다. 그는 서북 지방의 인재등용책을 건의하기도 하였다.

壬午년(숙종 28, 1702년)

4월 17일 大司憲에 제수되었다. 5월 2일 都摠管에 배수되었다.

癸未년(숙종 29, 1703년)

8월 8일 吏曹判書에 제수되었다. 11월 11일 왕세자가 맹자 7권의 강독을 마치고 글로 써서 하문하였다. 질문의 내용은 다음과 같다. "공자는 하늘이 풀어놓은 성인으로 주나라 말엽에 태어나 주나라를 도와 치세를 이루지 못하고 천하를 주유하다가, 진나라와 채나라에서 곤란을 겪고 광 땅과 송나라에서 위험에 처하며 정나라와 초나라에서 모욕을 받은 것은 왜인가? 맹자는 亞聖의 재주를 가지고 제나라와 양나라 사이에서 어려움을 겪고 종신토록 성현의 자질을 가진 군주를 만나지 못하였다. 그 당시 주나라가 쇠미하기는 하였지만 천명이 바뀌지 않았는데도 제나라와 양나라에게 왕도를 시행하도록 권한 것은 성인인 공자의 尊周攘夷의 의리를 위배한 것이 아닌가?" 이에 대해 조상우는 "천명이 바뀌지 않았다면 천하의 經道를 지키고, 천명이 이미 바뀌었다면 천하의 權道를 행하지 않을 수 없습니다. 만약 맹자가 공자의 시대에 살았다면 천하의 경도를 지켰을 것이고, 공자가 맹자의 시대에 살았다면 천하의 권도를 시행하였을 것"이라고 대답하였다.

甲申년(숙종 30, 1704년)

9월 귀성 휴가를 얻었다. 8일 충주를 향해 출발했다. 18일 紫霞庄으로 돌아왔다. 21일 도성으로 돌아왔다. 12월 27일 書筵에 入參하였다.

乙酉년(숙종 31, 1705년)

2월 8일 吳道一이 宋浚吉을 비난하였음에도 제자인 조상우가 그와 절교하지 않은 것에 대해 비난을 받자, 자신을 변명한 상소를 올렸다. 상소에서 조상우는 "오도일 자신이 송준길을 모욕한 일이 없다"고 한 것을 근거로 그와의 교제를 끊지 않았음을 밝히고 있다. 그러나 송준길의 자손과 그를 스승으로 섬겼던 사람들은 모두 오도일과 절교를 하였음에도 조상우만은 절교하지 않은 것에 대한 비난은 여전하였다. 2월 14일 平川君 申琓이 趙相愚가 상소에 자기의 말을 섞어서 인용했다는 이유로 箚子를 올린 내용이 상세하게 기록되어 있다. 신완은 다음과 같이 말하였다. "그때 吳道一은 신에게 편지를 보내어 스스로 변명한 바가 있었을 뿐만 아니라 잇달아 거듭 변명하는 疏를 올렸으니 신이 어찌 그의 말을 믿지 않을 수 있었겠습니까? … 뒤에 들으니 先正臣 宋浚吉의 子孫 및 문인으로 오도일과 평소 친하게 지내던 자들이 모두 그와 절교하였다 하였습니다. 또 들으니 오도일이 탄핵을 받아 都城을 떠날 때에 조상우가 詩를 지어 주면서, '北風'과 '雨雪'로 時世를 비유하였고 성을 떠나는 行色을 先賢에 비교하였다 하였습니다. 그것의 허실과 경중이 어떠한 지와는 상관없이 업신여기는 말이 이미 師門에 미쳤다면 그 문인이 된 자가 어찌 流言이라 핑계를 대고 그 사람과 예전처럼 친하게

사귈 수가 있겠습니까? 게다가 다시 詩를 지어 이와 같이 推許할 수 있겠습니까?"라고 하였
다. 4월 3일 大司憲에 제수되었다. 9월 8일 漢城判尹에 제수되었다.

丙戌년(숙종 32, 1706년) 3월 10일 刑曹判書에 제수되었다.

제 3책
丙戌(1706년)년 9월부터 戊子(1708년)까지 총 3년간의 행적을 기록하고 있다.

丁亥년(숙종 33, 1707년)
6월 21일 右參贊에 제수되었다. 11월 23일 晝講에서 시독관 李肇가 軍門의 폐단을 진달하
자 조상우는 "도감군은 孝廟 초년에는 불과 7-8천명이었습니다. 당시 묘당의 인물로는 先正
臣 宋時烈과 당국인 정태화, 허적이 있었고 武將으로는 柳赫이 있었습니다. 그러나 송시열은
'국가에서 군사를 기르다 재정이 바닥났으니 일시적으로 변통할 수 있는 것이 아니다. 5-6년
을 한도로 闕額이 생기더라도 보충하지 말고 스스로 먹을 것을 해결하도록 하여 국가에 事變
이 있을 경우 이용하며, 精抄軍을 禁衛軍으로 만들어 돌아가며 번을 서도록 해야 할 것이다'
라고 하였습니다. … 지금은 궐액이 매우 많고 侵徵하는 폐단이 끝이 없습니다."라고 진단하
고 軍額을 줄일 것을 제안하였다. 11월 28일 오도일과 절교하지 않은 것에 대한 비난 때문에
사직하는 상소를 올렸다.

戊子년(숙종 34, 1708년)
3월 5일 禮曹判書에 제수되었다. 8월 20일 故 安陰縣監 郭䞭에게 시호를 내려주도록 건의
하였다. 조상우는 "곽준은 정유년 왜란을 당하여 黃石山城을 지키다가 성이 함락되자 순국하
였습니다. 그의 두 아들도 아버지를 보호하다가 모두 왜적에게 살해를 당했으며, 그의 딸은
아버지가 살해되는 것을 보고는 스스로 목을 매어 죽었습니다. 三綱의 큰 절개가 이 한 집안
에 꽃피었으니 성대하다고 할 만합니다"라고 그 이유를 들고 있다.

제 4책
己丑(1709년)부터 壬辰(1712년) 2월까지 4년간의 정치적 행적이 기록되어 있다. 이를 시
기에 따라 살펴보면 다음과 같다.

己丑년(숙종 35, 1709년)
4월 18일 晝講 때에 살아 있는 사람을 위해 祠堂을 세우는 폐단이 지금보다 심한 적이 없
음을 지적하고 일절 금한 것을 건의하였다. 이에 대해 숙종은 "지난 해 儒臣의 보고를 받고

이미 금령을 내렸는데, 지금도 금해지지 않아 폐단이 많으니 이후로는 각별히 금하는 것이 좋겠다"고 회답하였다. 이 해에 조상우는 耆老所에 들어갔고, 이듬해 내의원제조를 맡고 있을 때 崔錫鼎·徐宗泰의 분란에 휩쓸려 파직당하기도 하였다.

辛卯년(숙종 37, 1711년)

8월 17일 판중추 이이명이 良役 변통을 주장하는 차자를 올리자 이를 비판하는 箚子를 올렸다. 조상우는 "이 법은 옛날에 시행했어야 할 것이고 오늘날에 시행해서는 안 됩니다. 왜냐하면 우리나라의 규모와 명분은 徵布하는 법을 중하게 여깁니다. 아울러 納錢하는 규례는 평민에게만 미치고 사족에게는 미치지 않은 지 벌써 수백 년이 되었습니다. 게다가 전례를 들어 말하자면, 태종 때에 고려 말의 戶布法을 특별히 명하여 폐지하였습니다."라고 근거를 대고 있다. 이는 그가 명분을 유지함으로써 사회를 안정시켜야 한다는 뜻에서 사대부에 대한 군포 징수를 반대하였음을 의미한다. 12월 19일 차자를 올려 "가난한 戶口와 逃故의 額에 대한 還穀과 身布 가운데는 반드시 받아내지 못한 것이 있을 것이니, 정밀하게 가려내어 올해에 한해 특별히 탕감하여 준다면, 국가로서는 잃는 것은 적으면서도 곤궁한 백성들에게 은혜됨은 이보다 큰 것이 없을 것입니다."라고 건의하였다.

壬辰년(숙종 38, 1712년)

3월 15일 숙종이 대신과 비변사의 여러 신하들을 인견하는 자리에서 우의정 조상우가 "大王의 姓孫으로 서북 지방의 公賤이나 私賤이 된 경우와 他道의 공천이나 사천이 된 경우는 모두 贖良을 허락하되 代數는 9대를 넘지 않도록 하고, 10대를 넘는 경우에는 免賤한 뒤라도 본토를 떠나지 못하도록 할 것"을 건의하였다.

제 5책

壬辰(1712년) 3월부터 戊戌(1718년) 6월 조상우가 세상을 떠날 때까지 7년간의 기록이다. 이를 분석하면 다음과 같다.

壬辰년(숙종 38, 1712년)

3월 28일 인재를 널리 구하고 등용할 것을 요청하는 차자를 올렸다. 그는 차자에서 "근년에 사람을 천거하도록 한 것은 人才를 거두어 모으고자 하는 뜻에서 나온 것이었지만, 아직도 調用하는 조치가 없습니다. … 앞으로 聖敎에 의해 널리 인재를 구한다 하더라도 아무 소용이 없는 지경에 이르지 않을 까 두렵습니다."라고 하여 재능에 따라 인재를 널리 구하고 반드시 적재적소에 임용할 것을 건의하였다. 6월 30일 판중추부사에 제수되었다.

癸巳년(숙종 39, 1713년)

1월 5일 대신들이 즉위 40년을 축하하는 稱慶과 尊號를 올릴 것을 숙종에게 요청하자, 1월 9일 尊號를 받지 말 것을 요청하는 箚子를 올렸다. 조상우는 "한나라 광무제가 처음 封禪을 거절한 것이 峻切하지 않은 것은 아니었으나 마침내 梁父에 오름으로써 성덕에 흠이 되었습니다. 이 또한 당시 여러 신하들이 애초의 조칙을 받들어 아름다운 뜻을 이룰 수 없었기 때문입니다. 구구한 老臣의 생각은 다만 전하께서 謙德을 굳게 지키시어 광무제가 유종의 미를 거두지 못한 것처럼 하지 않으시기를 바랍니다."라고 하였다. 1월 10일 대신들이 다시 빈청에 모여 존호를 올릴 것을 요청하자 숙종이 윤허하지 않았다. 이후에 존호를 올릴 것을 요청하는 신하들의 차자를 싣고 있다. 5월 2일 첩손이 아버지와 친생모를 대신해서 代服을 할 수 있는가의 여부를 질의하자 대신들에게 의논하여 보도록 하라는 명령이 내렸다. 아버지가 죽은 뒤에 祖母를 위해 삼년상을 하는 것의 가부를 대신에게 문의하였다. 조상우는 자신의 스승인 송준길이 스승인 김장생에게 같은 일로 질문하자 김장생이 "妾孫으로 할아버지의 후사가 된 사람은 그 아버지와 자기를 낳은 어머니를 위해서는 비록 복이 없지만, 할아버지의 후사가 아닌 경우에는 할머니를 위해 齊衰三年服을 해야 한다. 할아버지의 후사가 된 첩손은 아버지와 친생모를 위해 복이 없기는 하지만 승중복으로 삼년을 해야 한다. 아마도 첩자의 경우 친모를 위해 시마를 하고 心喪의 관례에 따라 심상삼년을 해야한다"고 하면서 "衆孫들이 기년복을 하는 복제에 따르되 심상을 하는 것이 좋겠다"고 주장한다. 10월 26일 예조에서 군신의 복제에 대해 대신들에게 문의하자, 조상우는 "기해년 국휼 때 兩司의 合啓로 인하여 성상께서 대신과 유신에게 의논하기를 명하셨는데, 신의 스승인 문정공 송준길이 실제로 문정공 송시열과 함께 고례를 회복해야 한다고 역설하였습니다."라고 하여 古禮에 따라 준행할 것을 주장하였다.

乙未(숙종 41, 1715년)

조상우의 병이 심해져 이 해에는 숙종이 탕약을 하사한 기록들이 주를 이루고 있다.

丙申년(숙종 42, 1716년)

8월 초 申球 등 三道儒生이라고 칭하는 이들이 효종에 대한 무고 사건을 처결해달라고 요청하면서, 尹宣擧의 문집 가운데 몇 마디가 聖祖를 욕보였다고 하였다. 이에 숙종은 "문집의 아래 위 내용을 내가 이미 자세히 보았는데 유생들의 소에서 말한 것 같은 내용은 조금도 없었다. 근래의 선비들의 습속이 매우 통탄스럽다"고 대답하였다. 9월 7일 좌의정 金昌集이 尹宣擧 문집의 판본을 헐어버리고 朝士와 儒臣의 소를 금지하도록 요청하자 이를 반대하는 차자를 올렸다. 그러나 숙종은 조상우의 요청을 들어주지 않았다.

丁酉년(숙종 43, 1717년)

7월 9일 조상우는 차자를 올려 윤선거의 일에 대해 논하였다. 그는 윤선거와 관련된 이야기가 모함이며 날조라고 지적하면서 임금 자신도 엄중히 처벌하지 않았음을 근거로 지나치게 엄하게 처리하는 것은 잘못이라고 지적하였다. 7월 19일 숙종의 안질이 심해져 문서를 볼 수 없다는 것을 이유로 세자에게 대리청정할 뜻을 밝히자, 좌의정 이이명은 적극적으로 처리할 것을 추진하였다. 7월 25일 조상우는 세자의 대리청정을 반대하는 소를 올렸다.

戊戌년(숙종 44, 1718년)

3월 7일 세자빈이 승하하였다. 6월 28일 조상우의 병이 심해져 셋째 아들 댁으로 옮겼다. 동궁이 어의를 보내어 간병하도록 하고 약물을 하사하였다. 6월 30일 未時에 운명하였다.

4. 가치

본 『가승』은 조상우의 立朝 사실을 연대기적으로 자세하게 기술하고 있다. 아울러 그와 관련된 다양한 인물들의 기록들을 함께 배열함으로써 조상우와 관련된 기록들을 입체감 있게 묘사하고 있다. 그러한 기록들 가운데 일 부분은 왕조실록에 실려 있기도 하지만 대부분은 관련 기록들을 찾아 사건의 전개에 따라 조목조목 기록한 것으로 보인다. 왕조실록의 기록에 비해 매우 상세할 뿐 아니라 특정 시기 특정 사건의 전개를 한 눈에 조감할 수 있다는 점에서 해당 시기의 정치사를 연구하는 연구자들에게는 왕조실록의 내용을 보완할 수 있는 1차 자료로서의 가치를 지닌 것이라고 판단된다. 이와 함께 조상우의 문집이 남아 있지 않은 상황에서 그의 생애와 정치적 행보를 전문적으로 탐구할 수 있는 자료로서의 가치도 언급하지 않을 수가 없다.

【장동우】

江北日記

崔宗範 · 金泰興 · 林碩根 共著.
　寫本. 1册(46張). 插圖 : 24×20cm. 8行 18字 內外.
　表題 : 江北誌

1. 저자

이 책에는 저자가 따로 기록되어 있지 않다. 그러나 권수제 다음의 본문 첫줄에 저자를 짐작할 만한 기록이 나온다.

> 임신 5월 30일. 崔宗範·金泰興·林碩根 세 사람이 관가의 명령을 받고 하직하여, 竹田里에 있는 朱重謙의 집에 이르렀다.

이에 따르면 최종범·김태홍·임석근 3명 가운데 한 사람이 기록했음을 알 수 있다. 그 밖의 일행은 없었기 때문이다. 최종범은 厚昌郡 首鄕으로 前左寨將이었고, 김태홍은 무과에 급제한 先達로 前助防將이었으며, 임석근은 滿洲語를 이해하는 통역으로 馬鹿浦 전투에 참가한 적이 있었다. 본문에는 내[我]라는 1인칭 주어가 거의 없고 3명의 이름을 그대로 써서 기록자를 분명히 알 수 없는데, 관가에 제출하는 보고문이기 때문에 그러하다. 만주어를 잘하는 '임석근에게 시켜서' 질문하는 기록이 자주 나오는 것을 보면, 임석근이 기록한 것은 아닌 듯하다. 위에 인용된 최초의 기록에서 최종범이 제일 앞에 나오고, 주요 화제인 別界와 高人 이야기도 최종범이 주로 질문을 이끌고 있으며, 직위로 보더라도 최종범이 이 일기를 기록했을 가능성이 크다. 오랑캐들과의 이야기도 그가 적극적으로 이끌었다.

이들은 공식적으로 출장길에 나선 듯하다. 5월 30일 주중겸의 집에 도착하자, 관가에서 마련한 行具가 이미 와 있었다. 밥값이나 방값도 정확하게 기록했으며, 6월 10일 김여옥의 집에서는 주인이 사양하는 밥값을 종에게 쥐어주기까지 했다. 날마다 걸어온 거리와 위치를 자세히 기록했으며, 평안도 백성들이 압록강을 건너게 된 이유와 別界·高人의 소문도 자세히 수집하여 기록했다. 강행군하다 자주 노숙한 것도 이들이 풍류 삼아 여행을 즐긴 것이 아니라 조선인들이 많이 사는 일정 지역을 반드시 답사하며 조사할 목적이었음을 알게 해준다. 7월 11일에 귀국해서 긴장이 풀어지자 4일간 크게 앓다가, 제일 먼저 관가에 가서 돌아온 것을 알린 것도 이들이 공식적으로 출장했음을 확인케 해준다.

2. 구성

46장 필사본인데, 권 구분 없이 필사하였다. 임신년(1872) 5월 30일부터 7월 11일까지 42일 동안의 일기가 날짜순으로 기록되었으며, 6월 2일부터는 날짜가 바뀔 때마다 줄을 바꿔써서 구분하기가 쉽다. 5월 30일에는 최종범·김태홍·임석근 3명의 일행이 집결지이자 출발지인 죽전리 주중겸의 집에 모인 사실 말고는 기록할 것이 없었으므로, 6월 1일 일기를 잇달아 쓴 듯하다. 이러한 형태는 장서각 소장본에서도 마찬가지이다.

장서각 소장본이 35장 필사본인데 연대 소장본이 46장으로 늘어난 것은 내용이 늘어났기 때문이 아니라 글자를 크게 썼기 때문이다. 장서각 소장본은 1면 10행인데 비해서 연대 소장본은 8행이며, 1행의 글자 수도 18자 내외로 장서각본에 비하면 적은 편이다. 내용이나 구성은 같다. 첫 부분에 커다란 그림지도가 실려 있는 형태까지도 같다.

3. 내용

임신년(1872) 5월 30일. 최종범·김태홍·임석근 3명이 관가의 명을 받고 (평안북도 후창군 하산면) 죽전리 주중겸의 집에 모였다. 관가에서 마련해준 行具가 이미 와 있었다.

6월 1일. 하산면 금창리에서 압록강 상류로 거슬러 올라가, 오구배에서 뗏목을 만들어 타고 강을 건너 (오랑캐 땅) 馬鹿浦에 도착했다. 오랑캐 움막이 8채, 우리나라 사람 움막이 17채였다. 우리나라 사람 18명과 오랑캐 2명이 사금을 거르다가, 이들이 찾아온 이유를 물었다. '신선들이 산다는 別界를 찾아왔다'고 하자, 자체 조직인 會上의 내규에 의해 붙잡았다. 임호범의 집에서 잤는데, 금창리에 살 때부터 알던 사람이었다.

6월 2일. 지난해 겨울 마록포 전투에서 寨將이었던 최종범과 助防將이었던 김태홍의 신분을 알아챈 오랑캐 50여 명이 몽둥이를 가지고 와서 해치려 하자, 오랑캐 말을 잘하는 임석근이 나서서 '이 땅에서 함께 살고 싶다'고 설득하였다. 회상 統首 이서팔이 假胡 추성률·김성필과 의논하여 통행증[許送帖]을 만들어 주었다. 임호범의 집에서 자고, 4끼 밥값으로 2냥 4전을 냈다.

6월 3일. 의관을 임호범의 집에 맡겨 두고, 베수건으로 머리를 싸매고 북쪽으로 20리 가서 穴巖坪에 있는 도회두 신태의 집에 머물렀다. 10년 전에 불법으로 넘어와 오랑캐 옷차림으로 살아가는 신태의 환심을 얻기 위해, 청심환 2알과 소합원 7알, 백지 1권을 주었다. 그가 회상의 문서 2책을 꺼내 보여주었는데, 1책은 주민의 이름을 적은 것이고, 1책은 무기를 기록한 것이다. 이 기록들을 자세히 살펴, 마음속으로 다 외었다. 三水 仁遮의 건너편에서 후창군 경계의 건너편 청금동에 이르기까지 400리에 있는 18개 부락을 합해 1회상을 만들었다. 우리나라 사람은 193호에 1,673명이고, 오랑캐는 163호였다. 장정 외에 군인이 310여명이었다. 胡銃이 85자루, 大銃이 20자루, 우리나라 사람의 조총이 48자루였다. 우리나라 사람들의 총은 입동에 거두어 회두의 집에 맡겨 두었다가, 이듬해 한식에 나누어 주었다. 입동부터 한식까지 압록강이 얼기 때문에 우리나라 사람들이 건너올 수 있는데, 이때 오랑캐 땅에 있는 우리나라 사람들이 내응할까 봐 무기를 거둬들이는 것이다. 우리나라 사람들은 농사, 採蔘, 사냥, 採金 등으로 생활했는데, 10명 가운데 8~9명은 저들에게 품을 팔아 살았다. 2끼 밥값이

1냥이었다.

6월 4일. 강가를 따라 40리 거슬러 올라가면서 12굽이를 건너, 七道溝 경계에 있는 방성민의 집에서 잤다. 나선동·양화평·옥계촌이 신선세계라는 소문을 듣고 3년 전에 몰래 건너온 사람이었는데, 2끼 밥값으로 1냥 2전을 냈다.

6월 5일. 동편으로 백두산이 4~5일 거리에 보였는데, 강폭은 30여 보였다. 북쪽으로 큰 고개를 넘자 50리 길에 숲이 하늘까지 뻗어 있었다. 시냇물 폭이 50보쯤 되는데, 옷을 걷어 올리면 건널 만했다. 동쪽으로 7리를 거슬러 가자 들판이 펼쳐졌는데, 무산에서 온 박문권의 집에서 잤다. 五道溝라는 곳이다. 청심환 2개와 백지 2권을 주고 지세를 물어보았는데, 날씨가 추워 감자 밖에 심을 수 없었으며, 우리나라 사람 13호가 채삼과 사냥으로 생활했다. 초산에서 온 최선달·최도감·김장의 등 세 집은 고향으로 돌아갈 것 같았다. 마을 어구 건너편이 후창군 경계인데, 16把所 梨坪 땅이었다. 최종범이 아파서 하루를 더 머물렀는데, 4끼 밥값이 2냥 4전이었다.

6월 7일. 2리쯤 가자 지형이 평탄해졌다. 진창을 걸어 북쪽으로 60리를 가자 화개산에 닿았다. 날이 저물었는데 인가가 없어, 나무 밑에서 노숙했다.

6월 8일. 서북쪽으로 40리를 내려가자 판내동 삼도구였다. 골짜기도 깊어지고 물빛도 검어졌는데, 5리쯤 산에서 내려와 김여옥의 집에서 잤다. 무산에서 10여년 전에 넘어온 김여옥은 假胡 가운데 가장 말을 잘했는데, 그는 이들이 후창에서 온 探客이라는 것을 알아차렸다. 燕京과 慈城에서 변방의 동태를 살피고 돌아간 적이 있었기 때문에 금방 알아차린 것이다. 게다가 작년 마록포 전투에 참전했다가 이들이 채장과 조방장으로 참전했던 모습을 기억하고 있었다. 그가 강을 건너갔던 이유는 임술년(1862) 백두산 사냥에 실패하여 빚이 늘어났기 때문인데, 그 뒤에 건너오는 우리나라 사람들의 보증을 서다가 빚이 만냥에 이르렀다. 그의 아버지 김원택이 청금동 아래 삼도구에서 往絶路까지 150리의 大會頭였으므로, 그 안에 사는 사람들의 명단과 무기의 통계를 기록한 책 2권을 보여주었다. 우리나라 사람은 1,465명, 집은 277채, 조총 73자루, 오랑캐는 792명, 그들의 움막은 220채, 대총 20자루, 호총 216자루였다.

6월 9일. 비가 와서 김여옥의 집에 머물며 술을 마셨다. 청심환 3알, 백지 3권, 소합원 10알로 답례하며 김원택이 다스리는 회상의 실태를 파악했다. 대부분 무산에서 건너온 사람들이었는데, 좌수 이상청, 풍헌 한덕여, 감도감, 이도감 등은 향족의 후예였다.

6월 10일. 김여옥이 밥값을 받지 않아, 1냥 5전을 사내종에게 주었다. 서쪽으로 물길을 따라 50리 내려와, 장걸리 풍헌 김여백의 집에서 잤다. 일찍이 교분이 있던 사이였는데, 역시 '別界와 高人은 없다'고 했다. 2끼 밥값이 1냥이었다.

6월11일. 물가를 따라 70리 가서 우뚝 치솟은 산봉우리를 만났으며, 다시 10리를 가서 '高麗城'을 만났다. 높이는 3丈, 둘레는 15리인데, 군데군데 허물어져 있었다. 서쪽으로 두 나라 초소가 모여 있는 頭道溝가 10리쯤에 보였다. 성 밑으로 오랑캐 움막 수십 채가 있었다, 진재동의 집에서 잤는데, 2끼 밥값이 3푼, 방값이 1푼이었다.

6월 12일. 압록강을 끼고 우리나라 자성군과 만주 閭延面이 맞닿은 30리 넓은 들판에 나섰다. 물을 거슬러 북쪽으로 30리 가자 양쪽 강언덕 사이로 한 줄기 물이 굽이쳐 흐르는데, 5리에 한 집, 또는 10리에 움막 두 집이 있었다. 멀리 가려는 욕심에 사람이 살지 않는 곳을 바삐 가다가 길을 잃어, 산골 시냇가에서 노숙했다.

6월 13일. 40리를 걸으면서 여울 37곳을 건넜다. 오랑캐 움막 34채, 우리나라 사람의 움막 27채가 있었는데, 오랑캐에게 머슴살이하는 우리나라 사람은 움막조차 없었다. 오랑캐 王把頭의 움막에서 자고, 밥값 3푼, 방값 1푼을 냈다.

6월 14일. 서쪽으로 큰 고개를 넘었는데, 압록강 북쪽, 파강 남쪽에 있는 가장 높은 고개이다. 20리를 가서 고갯마루에 이르고, 북쪽으로 10여리를 내려와도 여전히 고개 중턱이라, 나무에 기대어 노숙했다.

6월 15일. 20리를 가서 고개를 내려오니 王溝稍였고, 5리쯤 더 내려오니 小溝였다. '우물 속에서 하늘을 보는' 듯했다. 팔두강의 근원이 30보 너비인데, 옷을 벗고 건너자 비로소 오랑캐 움막이 자주 보였다. 무산에서 온 許有司를 만나, 그의 집에서 잤다. 밥값으로 2푼을 냈다.

6월 16일. 북쪽으로 6~7리를 가서 한 고개 밑에 이르자 큰 길이 가로놓였는데, 청나라의 統巡 通使가 드나드는 길이라고 했다. 40리를 가자 빈 집 한 채가 있었는데, 통사가 오갈 때에 음식을 바치던 곳이다. 달리 인가가 없어, 이 집에서 잤다.

6월 17일. 서쪽으로 20리를 가서 고개를 내려갔다가, 큰길을 따라 10리를 가니 오랑캐의 움막이 있었다. 紅實羅阿子라는 곳인데, 오랑캐 유성운의 집에서 잤다. 인삼밭이 넓었으며, 산에서 내려온 뒤에 처음 본 큰 집이었다. 올해 봄에 넘어온 안복룡의 안부를 묻자, 紅胡子가 되었다가 響馬賊에게 곤욕을 치르고 40리 깊은 산속으로 들어가, 김맹탕의 사냥 움막에서 더부살이를 하고 있다는 소식을 들었다. 밥값은 3푼이고, 방값은 1푼이었다.

6월 18일. 서쪽으로 30리에 있는 삼천동까지, 오랑캐 움막 20채를 지났다. 모두 인삼을 심었는데, 하얀 서양무명으로 위를 덮었다. 우리나라 사람들이 머슴을 살았는데, 모두 가정을 이루지 못한 홀아비였다. 40리를 가서 八頭江에 이르러, 오랑캐 왕파두의 움막에서 잤다. 밥값은 3푼, 방값은 반 푼이었다.

6월 19일. 비가 갠 뒤에 늦게 떠났는데, 15리를 가자 팔두강 물이 불어 파강으로 흘러 넘쳤다. 강가로 2~3리를 가자 신선들이 사는 듯한 산이 솟았고, 눈앞에 80리 벌판이 펼쳐졌다. 압록강을 건넌 뒤에 처음 보는 들판인데, 巴瀟坪이다. 알봉 밑에 재뒤[嶺後]의 대회두 王保太의 움막에서 잤다. 우리나라 사람 7~8명이 머슴 살았는데, 돈을 쉽게 빌렸다가 갚지 못하고 머슴이 된 것이다. 왕보태가 3인의 짐을 뒤져본 뒤에 값비싼 물건이 없자 놓아 주었다. 밥값이 3푼이고, 방값이 반 푼이었다.

6월 20일. 서쪽으로 20리를 가서, 파저강에서 배를 타고 건넌 뒤에 배삯으로 1푼을 냈다. 큰길 따라 20리를 가다가, 초산에서 왔다는 김연지의 집에 들어가 잠시 쉬었다. 그에게 옥계촌과 양화평 등의 별세계를 묻자, 강을 따라 내려가면 홍호자 수천 명이 항마적 노릇을 하니 그만 돌아가라고 권했다. 그 말을 듣고 임석근이 눈물을 흘리며 돌아가기를 재촉했다. 밥값이 2푼이었다.

6월 21일. 북쪽으로 30리 되는 六頭江까지 가는 동안 오랑캐 움막 23채, 우리나라 사람의 집 6채가 있었다. 김영변이라 불리는 巴江尊位의 집에서 잤다. 眞境을 찾아왔다는 사연을 말하자, 올봄 의주에서 살던 홍진사가 300명 장정과 수십 채 가마를 이끌고 강을 건너 왔다가, 道里沙阿峙에서 홍호적 무리를 만나 부녀자와 재물을 몽땅 빼앗기고 산골에서 구차하게 살고 있다는 이야기를 들려주었다. 밥값 2푼을 냈다.

6월 22일. 양식이 떨어져 옥수수 1말을 김영변에게 샀는데, 값은 7푼이었다. 서쪽으로 50리 가는 동안 오랑캐 움막이 21채 있었다. 홍호적 이야기를 많이 듣게 되자, 파강 하류에서 배삯 1푼을 내고 강을 건너 돌아왔다. 2리를 가자 선천에서 왔다는 李訓長의 집이 있어, 별세계 이야기를 나누었다. 초산에서 왔다는 김씨가 홍호적을 만나 동행 2명이 죽고 옷과 보따리를 빼앗긴 채 달아나다 벼랑에서 떨어져 누워 있는 모습을 보았다. 밥값이 2푼이었다.

6월 23일. 도둑을 만날까봐 겁이 나서 풀숲에 몸을 숨기며 30리를 갔다. 오두강 가에 오랑캐 움막 7채가 있었지만 홍호적을 만날까봐 들어가지 못하고, 길가 밭고랑에서 미숫가루로 요기하고 밤을 지냈다.

6월 24일. 서쪽으로 10리를 가서 四頭江 가를 살펴보니, 수백 호 되는 오랑캐 움막이 도둑의 소굴로 보였다. 길을 바꾸어 반 리를 가서 사두강을 건너자 커다란 오랑캐 움막이 있었는데, 주막 같은 곳이다. 여기서 70세 된 노인 張淳을 만나 이 일대 이야기를 듣고 잤다. 밥값이 3푼, 방값이 1푼이었다.

6월 25일. 청심환 1알, 소합환 5알, 백지 1권을 주고 떠났다. 강물을 거슬러 50리를 가자, 오랑캐 움막 30채가 보였다. 햇볕이 너무 더워 시냇가에서 밥을 지어먹고, 노숙했다.

6월 26일. 동쪽으로 60리를 가니, 다시 육두강 어구였다. 파강을 건너 김영변의 집에서 잤다. 밥값이 2푼이었다.

6월 27일. 전에 갔던 길을 따라 70리를 가서, 왕보태의 집에서 잤다. 밥값은 3푼이고, 방값은 받지 않았다.

6월 28일. 팔두강을 건너 동쪽으로 90리를 가니 山次子였다. 빈집에서 밥을 지어먹고 잤다.

6월 29일. 동쪽으로 5리를 가자, 무산에서 온 사람들이 9채 모여 살았다. 여자들이 고쟁이도 다 떨어져, 붉은 허벅지를 드러내고 지냈다. 小春嶺을 50리 가서야 정상에 이르렀다. 너무 피곤해서 더 이상 가지 못하고 노숙했다.

7월 1일. 方出羅阿子까지 25리를 가서 사슴 잡는 이야기를 들었다. 湯河의 근원까지 10리를 더 가서 崔掌議 집에서 잤다. 밥값을 말하지 않아, 백지 1권을 주었다. 오랑캐 움막이 11채, 우리나라 사람의 집이 4채 있었다.

7월 2일. 始頭河 하류까지 북쪽으로 10리를 갔더니, 인삼 농사를 하는 오랑캐 움막 3채가 있었다. 북쪽으로 20리를 가서, 탕하 여러 부락의 통수인 오랑캐 黃太의 배를 타고 배삯으로 1푼을 냈다. 大營까지 30리를 가서, 무산에서 온 李德禧(1823~ ?) 선생의 집에 머물러 잤다. 오랑캐 움막이 7채, 우리나라 사람의 집이 3채 있었다. 전주 이씨 족보를 편찬하는 유사로 서울에 머물다가 별계와 고인 이야기를 듣고 압록강을 건너왔다는 이야기와, 1867년 무산 부사 마행일이 還逋 10여만 석을 강제로 거둬들이자 무산 백성들이 별계 이야기에 현혹되어 대규모로 강을 건너왔다는 이야기도 들었다. 그러나 최근에 훌륭한 수령이 부임하자, 50여 호나 귀국했다. 이덕희는 賦 1편과 시 1수를 지어 주었다.

7월 3일. 밥값을 받지 않아, 백지 1권을 주었다. 이덕희가 배웅하러 따라 나섰다. 오던 길로 30리를 가서 황태의 배를 타고, 동남쪽으로 50를 가니 시두하에 오랑캐 움막 3채, 우리나라 사람의 집 2채가 있었다. 5리를 가서 무산 포수 이성윤의 집에서 자며 마록포 전투 이야기와, 재앞[嶺前]의 두 회상이 화약 사올 돈 2,000냥을 거두었다는 이야기도 들었다.

7월 4일. 이성윤이 귀국하여 砲科에 응시하겠다고 했으며, 이덕희는 송화강과 흑룡강 유역의 지형을 설명해준 뒤에 돌아갔다. 동쪽으로 10리를 가 오랑캐 張哥의 움막에서 좁쌀 2되를 16푼에 사고, 사람들이 살지 않는 지역을 60리 가서 노숙했다.

7월 5일. 雲嶺을 넘어 4~50리를 가도 길이 보이지 않아, 빗속에 노숙했다.

7월 6일. 남쪽으로 4~5리 가다가 벌목하는 오랑캐에게 길을 묻고, 길도 없는 산속을 남쪽으로 가다가 노숙했다.

7월 7일. 물길 따라 20리를 가다가 한 골짜기로 내려와 처음으로 사람을 만났다. 나무 밑에서 노숙했다.

7월 8일. 아직도 길을 찾지 못해 물길 따라 남쪽으로 내려오다가, 물가에서 노숙했다.

7월 9일. 물길 따라 20리를 내려가다가 사람이 없는 사냥 움막을 만나고, 비로소 오솔길을 찾아 30리를 내려와 東臺洞 어구에 다달았다. 동대동 어구를 나와 부운동에 이르렀는데, 우리나라 후창군 부성면 국평 맞은편이었다. 40보 너비의 시냇물을 건너 허긍의 집에 들렸다가, 모친상을 조문하고 잤다. 밥값은 반 푼이었다.

7월 10일. 곧바로 강을 건너려다가, 마록포에 남겨 둔 의관을 찾기 위해 서쪽으로 고개를 넘었다. 55리를 가서 신태의 집에 들려 감주를 마시며 이야기를 나누다가, 오랑캐들이 강 건너 가서 벌목하는 것을 평안도 병마절도사 조태현이 엄금하는 문제를 가지고 다투었다. 세 사람이 흥분해 날이 저물었는데도 뛰쳐나가 10여리를 갔는데, 巨柴洞에서 오랑캐 10여명이 몰려들어 '후창에서 온 사람들'이라는 이유로 행패를 부렸다. 조태현이 지난 겨울에 오랑캐를

100명 가까이 죽였기 때문이다. 마록포 임호범의 집까지 10리를 가서 잤다. 오랑캐 4~5명이 움막에서 "임가네 집에 온 3명이 探客이 분명하니, 날이 밝으면 두들겨 패서 확인하자"고 의논하는 말을 임석근이 듣고, 3명이 한밤중에 달아났다. 강가에서 건너편에 있는 오구배 別把 防將 이언표에게 문짝을 보내달라고 청하여, 겨우 강을 건넜다.

7월 11일. 주중겸의 집에 돌아왔다. 최종범과 김태홍이 4일간 크게 앓다가, 15일에야 관가에 나아가 복명하였다.

4. 가치

이 일기는 본격적인 細作日記로 가치가 있다. 6월 8일 일기에서 김여옥이 이들더러 '후창에서 온 探客이 아니냐?'고 묻자, '전처럼 細作으로 온 것이 아니라'고 대답한 것만 보아도, 이들이 후창군 건너편 오랑캐 지역의 정세를 염탐하러 도강한 細作임을 알 수 있다. 우리 문학에서 세작일기는 찾아보기 힘들다.

이들이 떠난 후창군은 1869년에 새로 설치된 고을이다. 함경도 후주부를 평안도로 배속시키면서 무창부와 합해 후창군을 만들었는데, 1871년 겨울에 건너편 오랑캐들과 충돌하여 서약서가 오갔으며, 1872년 6월 10일에는 청나라 예부와 咨文이 오갔다. 그런 와중에 후창군에서 세작 3명을 보내 건너편 지역의 지형과 정세를 파악시킨 듯하다.

이 일기는 세작일기답게, 지형이나 성곽 묘사가 상세하다. 6월 11일 일기를 예로 들어본다.

> 또 물가를 따라 70리를 갔는데, 그 사이에 물을 건넌 곳이 헤아릴 수 없었다. 문득 동북쪽을 살펴보니, 산봉우리가 땅바닥에서 우뚝 솟아 하늘에 닿았는데, 몸통은 2층을 이루어서 서남쪽으로 구불구불 휘어져서 끊어질 듯하다가 다시 솟아나 일어선 것이 기괴하기 헤아릴 수 없었다. 10리쯤 가니 산이 八字 모양으로 열리면서 그 산세를 따라 성을 쌓았으니, 이름을 '高麗城'이라고 했다. 높이는 3丈, 둘레는 15리였고, 곳곳이 허물어져 있었다. 고려성 좌우로는 산골 시냇물이 매우 빠르게 흘러 하늘이 만든 垓字와 못이 되었다. 서편으로 바라보이는 것은 두 나라의 초소들이 모여 있는 頭道溝인데, 10리쯤 되어보였다.

그밖에도 날마다 답사한 거리와 밥값, 방값을 정확하게 기록했으며, 거쳐간 마을마다 우리나라 사람과 오랑캐의 집과 인구 숫자를 정확하게 기록했다. 6월 8일 일기에선 대회두 김원택의 호의로 회상 기록을 자세히 살펴보며 정확한 자료들을 기록했는데, 3일 도회두 신태의 집에서는 베낄 수가 없어 속으로 외어 기록했다.

  이들이 가장 관심을 가지고 현지인들에게 질문한 내용은 평안도 백성들이 강을 건너 간 이
유였다. 관원들의 폭정과 별세계에 대한 환상 때문에 몰래 강을 건너갔지만, 대부분 머슴살이
하며 가난을 벗어나지 못했다. 조선과 청나라가 싸울 때에는 할 수 없이 청나라 편을 들며
갈등을 느끼는 모습도 엿보였고, 조국으로 돌아가고 싶어하는 마음도 드러났다. 35년 뒤인
1907년에 평안북도 관찰사 이도재가 사임하는 글을 올리면서 "후창군에서 청나라 비적이 날
뛰기 때문에 백성들이 고향을 뜨려고 한다"고 표현한 것을 보면, 압록강을 사이에 둔 두 지
역의 갈등은 더욱 심해졌음을 알 수 있다. 장서각 소장본에 '李王家圖書之章'이라는 장서인이
찍힌 것을 보더라도, 이 책이 왕실에까지 올라갈 정도로 가치가 있었음을 알 수 있다. 중국과
발해 문제를 비롯한 東北工程, 일본과 독도를 사이에 둔 외교 및 영토 문제가 심각한 이즈음,
이 자료의 가치가 더욱 소중하다고 생각된다.

【허경진】

江上問答 外

編者 未詳.

寫本. 不分卷 1冊(88張) : 四周單邊, 半郭 21.4×15.3cm. 有界, 10行 20字, 上花
紋魚尾 ; 30×19.5cm.

內容 : 江上問答(31張), 後洞問答(21張), 尼城立說(24張), 黎湖集雜著(12張),

印記 : 尹胄榮印.

表題 : 江上問答.

1. 각 작품 저자

1) 江上問答

權尙夏(1641~1721)[1]의 本貫은 安東이고 字는 致道, 號는 遂菴·寒水齋이다. 조선후기의 학자로서 조선 후기 老論과 湖論의 대표적 인물이다. 父親은 執義 벼슬을 하였던 格이니 우참찬 尙游의 형이다. 宋浚吉과 宋時烈의 門人으로서 당시 송시열의 嫡傳으로 인식되었었다.

1660년(현종 1)에 진사가 되어 성균관에 들어가 수학하였다. 1674년(숙종 즉위년)에 복제 문제가 일어나 송시열이 관작을 박탈당하고 德源에 유배를 당하자 그는 관계 진출을 단념하고 청풍의 산중에 은거해 학문과 교육에 전념하였다. 1689년(숙종 15)에 기사환국으로 남인이 득세하자 송시열은 다시 제주에 유배되고 이어 井邑에서 사약을 받게 되자 유배지로 달려가 스승의 임종을 지키고 의복과 서적 등 유품을 가지고 돌아왔다. 이후 서인과 남인의 당쟁이 치열하였으나 초연하게 학문과 교육에만 힘썼다. 1703년(숙종 29) 이후로 여러 번 벼슬에 제수되었으나 사직소를 올리고 나가지 않았다.

그는 비록 학문과 교육에 힘쓰고 당쟁에 직접 참여하지 않았으나 당쟁의 풍운에서 벗어날 수는 없었다. 특히 南人과 少論에서 부단히 그를 공격하였고 그도 그들과 논변을 하지 않을 수 없었다. 그는 특히 湖洛論爭에서 남당 한원진과 함께 湖論의 영수격 인물로서 성리학 연구에 전념하였다.

韓弘祚의 本貫은 淸州, 字는 永叔, 號는 捐齋 또는 鳳溪이다. 遂菴의 高弟인데 생졸년은 미상이다.[2] 그는 문과급제 후 司諫을 지냈으며 32세에 요절하였다고 한다. 『淸州韓氏文靖公派

---

1) 卷首題인 ‘江上問答’의 아래부분에 ‘韓弘祚所錄(한홍조가 기록하다)’라는 글이 보이고, 『斯文大義錄』에 보이는 『江上問答』의 諺解本에는 다음과 같이 되어 있다. “슈암 문인 한진ᄉ 셕죄 ᄉ문의 드른 바ᄅ 긔록ᄒ니라”(『宋子學論叢』第三輯. 1996. 363쪽.) 그리고 원문의 첫줄은 다음과 같이 시작한다. “졔가 尼事의 시말을 질문하자, 선생님께서…(某問尼事始末, 先生曰…)” 이 부분을 『斯文大義錄』본 諺解에서는 다음과 같이 번역하고 있다. “내 윤ᄉ의 시말을 뭇ᄌ온대 션ᇰ왈션ᇰ은 슈암 권문슌공 샹하니 우암 뎨ᄌ시라” 이 중 “션ᇰ은 슈암 권문슌공 샹하니 우암 뎨ᄌ시라”는 연세대 귀중본의 『江上問答』에서는 보이지 않는 구절로서 아마도 언해 과정 중 첨가한 듯한데, 의미는 ‘先生은 遂菴 權文純公 尙夏이니 尤庵 弟子이다’이다. 즉 여기에서 ‘某’는 韓弘祚이고 先生은 權尙夏이다. 그렇다면 이 작품은 권상하와 한홍조의 문답을 한홍조가 기록한 것이라 보아야 할 것이다. 그렇다면 이것은 혹시 한홍조가 자기 주장의 객관성을 강화하기 위해 이러한 형식을 취했거나 아니면 나름대로 斯道의 진작을 위해 수암의 입장을 추측하여 지었을 가능성은 없을까? 『江上問答』은 당시 상당히 널리 읽혀졌고 공신력 있는 宮室이나 勢家 등등에서 참고하였는데 어디에서도 위와 같은 문제제기가 없는 점으로 미루어보아 기본적으로 수암의 입장을 전달하고 있다고 보아야 할 것이다.

　書名인 ‘江上問答’에서 ‘江’은 黃江(해제자 주: 충북 청풍에 있는 지명으로 당시 권수암이 여기에 거처하였다.)을 의미하는 데, 황강은 사실상 수암을 지칭한다. 그러니 ‘江上問答’이란 서명도 결국 ‘권수암과 대화한 내용에 대한 기록’이란 의미이다. 그렇다면 『江上問答』의 저자는 권상하이고 편집정리자가 한홍조가 될 것이다. 거의 모든 해제나 설명에서 『江上問答』의 저자로 한홍조만을 들고 있다. 그러나, 최소한 권상하한홍조의 共著라고 말해야 객관적이 될 것이다.

學行錄』에서는 다음과 같이 기록하고 있다.

> 본관은 淸州, 字는 永叔, 號는 捐齋 또는 鳳溪이다. 允元의 아들이고 曄의 손자이다. 수암
> 문하에서 학문을 하였는데 조예가 매우 높았다. 남당 병계 등 선현들과 함께 후세에서 八賢
> 이라 불렸다.

이 기록에서 그가 遂菴門人임을 쉽게 알 수 있다. 그리고 "남당 병계 등 선현들과 함께 후
세에서 八賢이라 불렸다"는 기록은 약간의 논란이 있을 수 있는데, 우선 일반적으로 말하는
遂菴高弟들에 대한 통칭인 江門八學士 혹은 江門八賢은 韓元震・李柬・尹鳳九・蔡之洪・李蓬根・玄尙
璧・崔徵厚・成晚徵으로 한홍조는 여기에 들지 않는다. 그리고 위에서 구체적으로 밝힌 인물인
남당과 병계는 한원진과 윤봉구로서 모두 湖論系 학자들이다. 아마도 한홍조도 호론계 학자
일 것이다. 그리고 위에서 말한 '八賢'이란 것도 아마 당시 湖洛學者들을 망라한 팔현 이외에
도 다른 '八賢說'이 있지 않았을까 여겨진다.

최소한 韓弘祚는 江門諸賢 중의 한 사람임에는 틀림없다. 그리고 비록 길지 않은 시간이나
마 宦海의 격랑에서 보냈던 것을 보면 아마도 권수암보다는 보다 당쟁의 중심에서 직접적으
로 참여하며 느끼고 고민하였을 가능성이 매우 높다.

2) 後洞問答

宋奎濂(1630~1709)3)의 本貫은 恩津이고 字는 道源이며, 號는 霽月堂이다. 조선 후기(인조

---

2) 일부 주장에 의하면 1681~1712 이다.
3) 『後洞問答』은 두 가지 본이 있다. 즉 한문본과 언해본(『宋子學論叢』第三輯에 실림)이다. 언해본은 『斯文大
義錄』의 일부로 편입되어 있는데, 그 중 斯文大義一이 바로 『후동문답』이다. 이 두 본은 한문과 언문이라
는 차이 이외에 내용은 거의 차이가 없다. 그런데 이 두 본에서 말하는 작자는 서로 다르다. 우선 연세대
의 한문본을 보면, 그 말미에 다음과 같이 되어 있다. **"앞의 글은 監役 벼슬을 하는 宋夏明의 저술이다.
송하명의 家大人인 송규정은 윤휴와 姨兄弟가 되면서 두 분의 송선생님 문하에서 수학하였다. 윤휴가 죄
를 얻은 이후 그와의 관계를 끊지 못하자 여러 번 師門의 꾸지람이 있어 同輩들 사이에서 용납되기 어려
운 지경에 이르렀다. 송하명이 이에 『후동문답』을 저술하여 그 본심을 밝혔다.**(右宋監役夏明所著. 其大人
奎禎與鑴爲姨兄弟間, 而師事兩宋門下. 及鑴之得罪後, 不能斥絶, 多被師門責敎, 幾乎難容於儕友間. 監役乃著
此問答, 以明其本心云.)" 이 글에 의하면 『후동문답』의 저자는 宋夏明이며, 저술동기는 家大人의 윤휴에
대한 혐의를 불식시키기 위한 것이다. 즉 당시 師門에서 의심하고 있는 윤휴와의 관계를 명백히 밝히기
위해 지은 책이다. 그런데 언해본에는 위 부분에 대한 언해가 없을 뿐 아니라 한문본과 달리 첫머리에는
다음과 같이 되어있다. **"계월당 송판셔 지은 배니 명은 규렴이오 ᄌᆞ는 셩원이라"** 즉 언해본에서는 『후동
문답』의 작자를 霽月堂 宋奎濂으로 보고 있다. 현재 자료만 갖고는 어느 주장이 옳은지 알 수 없다. 우선
현손 『霽月堂先生集』에는 『후동문답』의 내용이 있다. 단 송규렴이 서인 영수중의 한 사람이고 당시 당쟁
의 중심에서 매우 민감하게 당쟁에 대응하며 일생을 보냈기에 그가 작가일 가능성을 배제할 수는 없다.
특히 『사문대의록』은 본래 상당한 귀중본으로 그 권위를 무시할 수 없다(청음의 구대손 김병주씨는 순조
의 부마인데, 순조의 이녀 복온공주가 하가시에도 언해본 『사문대의록』을 가지고 왔었다고 한다.). 그리고

8년~튨종 35)의 문인이자 문신이다. 이조판서를 지낸 國銓의 아들이고 宋浚吉의 문인이다.

19세 때 사마시에 합격하였다. 1654년 식년문과에 을과로 급제하여 검열·지평·정언·司藝·응교·서천군수 등을 역임하였다. 1674년 효종비 仁宣王后 張氏의 복상 문제에 대하여 남인의 주장인 朞年說이 채택되고 大功說을 주장하던 송시열·송준길 등이 귀양가게 되자 이들의 신원을 주장하다 파면당하였다. 숙종 6년 경신환국으로 서인들이 다시 집권을 하게 되자 다시 기용되어 여러 요직을 거쳤고 대사간이 되어 時弊四條를 올렸다. 1689년 기사환국으로 남인이 집권을 하자 사직하고 고향에서 학문을 닦았다. 1694년 갑술옥사로 정국이 다시 바뀌게 되자 다시 부제학·대사간·대사헌·우참찬·동지중추부사·예조참판을 지냈다. 1699년 기로소에 들어갔다. 이후 지중추부사·우참찬·예조판서·대사헌 등에 임명되었으나 모두 사퇴하고 나가지 않았다. 80세 때에 지돈녕부사에 올랐으나 사퇴하고 고향으로 내려갔다. 학문이 뛰어나 송시열·송준길과 함께 三宋으로 일컬어졌다. 저서로는 『霽月堂集』이 있다. 서인의 중심인물 중 한 사람이다.

宋夏明에 대해서는 자세히 알 수 없으나, 1714년(숙종 40) 증광시 갑과에 급제한 宋必恒의 부친명이 宋夏明으로 되어 있으니 아마도 이 인물이 아닌가 생각된다. 그렇다면 宋夏明도 恩津 宋氏 중의 한 사람이다. 단 한문본에 의하면 송하명 가대인의 성명은 宋奎禎인데, 宋必恒 조부의 성명은 宋奎昌으로 기록되어 있다. 즉 宋夏明은 宋奎昌의 아들이다. 그리고 宋奎禎(字伯興) 宋奎昌(字季興)은 형제로서 모두 우암의 문인들이다. 그렇다면 위 주석에서 말하는 家大人은 親父가 아닌 伯父임을 알 수 있다.

3) 尼城立說

著者 未詳.

단 전반적인 내용으로 보아 老論系 인물임을 알 수 있고 시기적으로도 우암과 그리 떨어지

'後洞'은 언해본『사문대의록』의 주에 의하면 현재 대전시 대덕구 읍내동의 地名이라 한다. 그리고 송규렴은 만년을 대전지역에서 지냈으니 그것도 하나의 간접적인 증거가 될 수 있을 것이다. 宋夏明에 대해서는 자세히 알 수 없으나, 뒤의 설명부분과 『후동문답』의 내용은 약간의 차이가 있다. 한문본의 설명에 따르면 송하명이 그의 가대인인 송규정과 윤휴와의 관계에 대한 혐의를 벗기 위해 이 책을 저술한 것이다. 그렇다면 이 책의 중심 내용은 마땅히 당시 서인과 남인에 대한 서술이 중점이 되어야 할 것이다. 그런데 『후동문답』의 중점은 윤휴가 아니라 윤증이다. 윤휴에 대한 이야기는 윤선거를 다루며 배경인물 정도로 서술하고 있을 뿐이다. 일반적인 상식의 입장에서 보면 쉽게 납득이 되질 않으나 그렇다고 그것이 송하명이 본 책의 작자가 아니라는 결정적인 증거가 되지는 못할 것이다. 그리고 연세대 귀중본 중에『山家菊露』가 있는데, 그 서문에 "『後洞問答』은 月堂 집에서 보았다. 『後洞問答』見於月堂家』라는 말이 보인다. 여기에서 '月堂家'는 아마도 霽月堂의 집이란 의미일 것이다(『山家菊露』에 後洞, 霽月堂所處之地란 글이 보인다). 즉『山家菊露』가 저술될 당시(대략 1880년 전후)에는 '月堂家' 이외에서는 『後洞問答』을 보기 어려웠거나 『後洞問答』은 '月堂家'에 가면 볼 수 있었던 듯하다. 이런 점을 미루어 본다면 『後洞問答』의 작자는 霽月堂 宋奎濂일 가능성이 보다 높아 보인다.

지 않은 듯하다.

4) 黎湖集雜著

朴弼周(1680~1748)의 本貫은 潘南, 號는 黎湖·竹軒·晨門 등이 있고 諡號는 文敬이다. 그의 생애를 간단히 살펴보면 다음과 같다.

숙종 6년(1680) 서울에서 태어났다. 숙종 20년(1694) 부친의 임소인 高陽에 갔다가 여름 양주 선유봉을 유람하였다. 숙종 22년(1696) 부친상을 당하였다. 숙종 24년(1698) 한산이씨와 결혼하였고, 숙종 28년(1702) 黃煒와 편지하여 性情理氣를 논하였다. 숙종 30년(1704) 厚齋 金榦과 '智'의 의미에 대해 편지로 토론하였고, 12월에 道峯書院에서 독서하였다.

숙종 32년(1706) 金昌翕과 편지하여 '寡欲無欲'을 논하였고, 숙종 39년(1713) 부친의 行狀과 모친 辛夫人의 墓誌를 지었다. 숙종 40년(1714) 李顯益과 편지로 未發戒懼의 뜻을 논하였다. 權尙夏에게 부친의 묘갈명을 청하였다. 숙종 43년(1717) 宋相琦가 學行으로 천거하여 시강원 자의에 의망되었다. 숙종 44년(1718) 2월, 諮議에 제수되다. 8월, 종부시 주부가 되었고, 숙종 45년(1719) 9월, 黃江으로 權尙夏를 방문하고 丹陽을 유람하였다. 그 해 12월, 永平 縣令에 제수되었다. 숙종 46년(1720) 2월, 지평에 제수되었으나 사직하고 黎湖로 돌아왔다. 경종 2년(1722) 石室에 가서 金昌翕의 장례에 참여하였다. 경종 4년(1724) 12월, 「心性說」을 지었다. 영조 1년(1725) 2월, 經筵에 시강하라는 別諭가 내렸으나 사양하였다. 8월, 장령에 제수되었고, 12월, 시강원 진선에 제수되었다. 영조 2년(1726) 4월, 집의에 제수되었으나 사직소를 올렸다. 12월, 陶菴 李縡가 방문하였다. 영조 7년(1731) 2월, 龍仁으로 李縡를 방문하였다. 11월, 다시 집의에 제수되었으나 사직소를 올렸다. 영조 9년(1733) 군자감 정, 장악원 정, 집의에 제수되었다. 「人心道心說」을 지었다. 영조 12년(1736) 6월, 春秋類例를 편차하였고, 7월, 「懷尼問答」을 지었다. 영조 14년(1738) 「本天本心辨」을 지었다. 兪肅基에게 편지하여 心氣를 논하였다. 그 해 6월, 「春秋集傳」을 하사받았다. 영조 15년(1739) 4월, 尹宣擧를 비난한 「大尹詩語辨」을 지었다. 영조 16년(1740) 세자 찬선, 호조 참의에 제수되었다. 영조 17년(1741) 8월, 상소하여 箕子, 孔子, 朱子의 三聖書院을 훼철하지 말 것을 청하였다. 11월, 果川 淸溪寺에 머물면서 深衣制를 辨正하였다. 영조 18년(1742) 4월, 형조 참판에 제수되었다. 尹鳳九와 편지로 心性理氣를 논하였다. 영조 19년(1743) 3월, 敬極堂에 입대하였다. 宣政殿에 입시하여 晝講에 참여하고 李縡와 韓元震을 부르기를 청하였다. 4월, 동궁의 書筵에 참여하고 宋時烈을 廟庭에 추향하기를 청하였다. 대사헌에 제수되니 사직소를 올려 趙重晦를 신구하였다. 영조 23년(1747) 朱子의 서찰을 분류하여 편집하였다. 영조 24년(1748) 4월, 우찬성 겸 세자이사가 되었다. 5월, 成均館 祭酒가 되었고, 「古今辨」, 「學誠」를 지었다. 병이 깊어지자 스스로 墓誌를 초하였다. 윤7월 8일, 병으로 졸하였다. 9월, '文敬'으로 시호를 내리고, 同月, 廣州 雙梯里에 장사 지냈다.

영조 31년(1755) 逆獄을 다스린 뒤에 致祭하고 영의정에 추증되었다. 순조 9년(1809) 5월, 年譜가 완성되었다.

2. 구성

1) 江上問答

책의 구성은 序·跋·目錄等이 없이 원문만 있으며 원문은 대부분 問答으로 이루어져있고 일부는 遂菴의 自述의 형식으로 이루어져 있다. 예를 들면 일반적으로는 "某問尼事始末, 先生曰……"이지만 후반부에서는 "선생(즉 수암)께서 다음과 같이 말씀하셨다. 산해와 송강이 태자 세우기를 청한 일의 곡절에 대해 들어본 적이 있는가? ……(先生曰曾聞山海與松江請建儲曲折乎? ……)"와 같이 自述하는 형식도 보인다. 이것을 주제별로 정리해 보면 다음과 같다.

「尼事始末」·「崔愼祭尤菴文之義」·「尼尹書同春所謂機關者」·「草廬甲寅後事」·「光南事」·「孝廟君臣復讐之事」·「姜嬪事」·「栗谷嘗以圃隱爲忠臣而無儒者氣象」·「退溪旣已出去而還參鳳城君啓」·「栗谷則以尹任爲無罪退溪則以爲不無社稷之罪二先生所見不同何也」·「沈靑陽事」·「山海與松江請建儲曲折」·「崔鳴吉事」·「尤庵同春兩先生廟議」·「伯謙向來事顚末」

2) 後洞問答

책의 구성은 序·跋·目錄等이 없이 원문만 있으며 원문은 問答으로 이루어져있다. 언해본의 주석에서는 다음과 같이 설명하고 있다.

이 글은 객과 주인을 설정하여 대화체로 되어 있으나 宋奎濂의 自問自答으로 보인다.

한문본에서도 '所著'라고 되어 있고 언해본에서도 '지은 배'라고 되어 있으니 問答은 실제 문답이라기 보다는 글쓰는 방식으로 사용된 것으로 보인다.

3) 尼城立說

처음 도입부 부분이 있고 그 다음은 본 주제와 관련된 자료만 모아져 있다. 자료는 다음과 같다.

　　　「尹拯與羅良佐書」·「尹拯與李完寧書」·「尹拯與朴玄石書壬戌」·「尹拯上尤菴第一書」·「尤菴答書」·「上尤菴第二書」·「尹拯上尤菴書」·「李打愚答尹拯書」

　4) 黎湖集雜著

구성은 다음과 같다.

　　　「大尹詩語辨」·「懷尼問答」

3. 내용

1) 江上問答

책의 순서에 따라 내용을 살펴보면 다음과 같다.

「尼事始末」
尤庵과 尹拯이 서로 반목하여 분당하게 된 시말을 기록한 것이다. 우선 수암의 입장은 다음과 같다.

　　　老少分黨의 일은 윤증 개인에 관련된 일이 아니라 국가대사이다.

이것은 이 '尼事始末'의 기본적 입장이다. 이 입장을 견지하면서 '始末'이란 말에 걸맞게 우선 西人과 南人의 반목으로부터 사건의 실마리를 풀고 있다. 즉 諸福과 南人의 결탁이 그것이다. 그들은 다음과 같이 생각하고 있었다 한다.

　　　송우암은 서인의 영수이다. 만약 송 아무개를 배척한다면 모든 서인들이 일어나 그를 보호할 것이고, 그들이 일어나 보호하려 할 적에 하나하나 제거한다면 모든 서인을 축출할 수 있을 것인데……

남인은 이러한 목적을 달성하기 위해 己亥禮論을 다시 일으켜 우암을 공격하고 제복은 당시 정승이었던 許積의 妾子인 堅에게 후일 자기가 등극하면 병조판서를 주겠다며 도움을 요청하였다.

이 일은 발각이 되어 未遂에 그쳤으나 제복만 형벌을 받고 남인은 자신들과 무관함을 주장하며 더욱 집요하게 자기들의 목적을 이루려 하였다.

이런 과정 속에서 우암의 친구인 朴玄石이 등용되고 박현석이 윤증을 불러 올리려 하였는데, 윤증이 여러 가지 조건을 이야기 한다. 그 조건은 다음과 같다.

① 추증된 공로를 깎은 뒤에 일을 할 수 있다.(追錄勳削而後可以做事.)
② 외척의 세력을 없애야 일을 할 수 있다.(外戚之黨擯而後可以做事.)
③ 지금의 세태는 자기와 다른 자를 배척하고 자기를 따르는 자를 돕는데, 이런 세태를 제거해야 일을 할 수 있다.(今之時態異己者斥之順己者扶之. 此風除而後可以做事.)

이 중 세 번째의 時態란 사실상 우암을 지칭한다 한다.[4] 즉 윤증은 우암을 제거해야 한다고 보고 있는 것이다. 이에 현석이 우왕좌왕하게 되고 결국 이 틈에서 윤증이 분당을 야기한다는 것이다.

즉 老少分黨은 일반적으로 알려진 바와 같이 尹宣擧의 비문 때문에 일어난 것이 아니라 그것은 윤증이 구실로 삼은 것에 불과하고 사실상은 윤증은 일찍부터 우암을 제거하려는 마음을 먹고 있었고 그것이 情勢의 변화에 따라 이루어진 것이라 보고 있다.

말미에 다음과 같이 말하고 있다.

내(수암)가 "玄石은 관계가 일반적인 外人이고 子仁(윤증의 자)은 사실상 선생님 자제나 진배 없습니다. 선생님께 비록 불미스런운 일이 생긴다 하더라도 子仁이 감히 배반을 하겠습니까!"라고 하자 우암은 다음과 같이 말하였다. "자네가 子仁에 대해서 아는 것이 나만 못할 것일세!" 그후에 우암의 말씀이 그대로 맞아 떨어졌으니 우암은 聖人이라 이를 만하다.

여기에서 이 글쓴이들이 느끼는 기본적 情緒와 입장을 볼 수 있다. 이 기본 정서와 입장은 비단 「尼事始末」뿐이 아닌 전편에 흐르고 있다.

「崔愼祭尤菴文之義」

崔愼이 쓴 우암의 祭文에 "사람들이 윤증이 우리 선생님을 죽였다고 하는데, 그 자취는 비록 은미하지만 그 일은 매우 분명하다. (人言拯也殺我先生. 其迹雖微, 其事甚顯)"라는 말의 의미에 대해 논의하고 있다. 즉 앞의 '윤증은 일찍부터 우암을 제거하려는 마음을 먹고 있었고

---

4) 첫 번째는 金益勳 李師命의 무리를 말하고, 두 번째는 淸城 光城 老峯을 지칭한다.

그것이 情勢의 변화에 따라 이루어진 것'이라는 것을 정황을 통해 설명하는 글이다.

「尼尹書同春所謂機關者」

윤증이 우암을 공격할 적에 '機關'이란 단어를 쓴 적이 있는데, 이 단어는 본래 同春이 우암에게 '모든 것이 기관이다. (都是機關)'이란 말에서 유래한 것이다. 그러나 그 말의 맥락은 윤증이 말하는 것과 전혀 다른 것임을 밝히고 있다.

「草廬甲寅後事」

우암과 초려가 갑인 후에 약간의 갈등을 겪었는데, 그 사건의 전말에 대해 설명하고 있다.

「光南事」

광남사란 당시 역모 사건을 추궁하는 과정에서 발생한 해프닝이다. 이 사건의 전말에 대해 설명하고 있다. 사실 여부를 떠나 내용은 매우 재미있다.

「孝廟君臣復讐之事」

우암과 효종의 북벌계획이 무모했다는 것에 대한 반론이다. 효종은 중국에서 오랜 생활을 하여 중국의 사정에 매우 밝았다. 효종은 당시 중국에 4명의 장수가 매우 유능하다는 것을 알고 그들이 죽기를 기다렸는데 그 4명 중 마지막으로 九王이 죽자 효종도 그 이듬해 승하하였다는 것을 말하고 있다. 즉 북벌이 무모했던 것이 아니라 時運이 북벌을 돕지 않았음[天乎痛哉!]을 말하고 있다.

「姜嬪事」

그 유명한 강빈사건에 대한 전말을 우암과 관련하여 설명하고 있다.

「栗谷嘗以圃隱爲忠臣而無儒者氣象」

율곡은 정몽주를 평가하여 충신이기는 하지만 儒者의 기상은 없다고 하였는데, 그 이유가 무엇인지를 이야기하고 있다.

「退溪旣已出去而還參鳳城君啓」

내용은 퇴계에 대한 율곡의 평가를 이야기하고 있다. 전반적으로는 퇴계에 대해 호평을 하고 있다. 예를 들면 다음과 같은 것이 있다. 晦齋와 退溪가 모두 畜娼을 하였는데 이것에 대해 율곡은 晦齋를 비판하면서 退溪를 관대하게 이야기하였다. 그 이유를 묻자, 퇴계의 畜娼은 學問未成時의 일이고 晦齋는 學問已成時의 일이기에 평가가 달라져야 한다는 율곡의 글을 인용하고 있다.

「栗谷則以尹任爲無罪退溪則以爲不無社稷之罪二先生所見不同何也」

위와 마찬가지로 율곡은 윤임과 퇴계의 같은 사건에 대해 다른 평가를 하였고, 그 이유를 설명하고 있다.

「沈靑陽事」

선조가 청양대비를 싫어하고 결국 그 때문에 西人을 싫어하게 된 연유를 설명하고 있다.

「山海與松江請建儲曲折」

산해가 영상이고 서애가 우상이고 송강이 좌상이었을 때, 선조가 嫡嗣가 없자 建儲를 청하였다. 그 사건의 곡절에 대해 설명하고 있다.

「崔鳴吉事」

최명길에 대한 여러 평가를 설명하고 있다. 우암은 최명길이 여러 문제가 있지만 속죄를 하였으니 그 죄를 씻을 만하다라고 보고 있는데, 이것을 자세히 설명하고 있다.

「尤庵同春兩先生廟議」

국가묘제에 대한 우암과 동춘의 일에 대해 말하고 있다.

「伯謙向來事顚末」

伯謙의 글이 오해를 초래한 유래와 사건을 설명하고 있다.

전반적으로 보면 老少分黨을 중심으로 하기는 하지만 西人史를 시비가 있는 사항별로 간추린 것으로 보는 것이 보다 객관적일 것이다. 즉 權尙夏와 韓弘祚가 당시 서인의 입장에서 밝혀야 할 것을 문답형식을 통해 조목조목 밝히고 있다. 물론 당시 화제의 중심이었던 노소분당에 관한 것은 본 문집의 중심 주제이다.

2) 後洞問答

開卷初段에 다음과 같이 말하고 있다.

　　客이 主人에게 다음과 같이 질문하였다. "윤증집안(과 우암)에 관한 일은 위로는 조정의 대신으로부터 아래로는 일반인에 이르기까지 각기 是非가 다르고 褒貶이 현격하게 다릅니다. 특히 오늘날 羅良佐의 상소문이 나온 이후로는 이론이 더욱 과격해져서 온 세상이 시끌벅적 합니다. 어떻게 하면 그 실상을 알 수 있겠습니까?" 주인이 다음과 같이 대답하였다. "이것은 알기 어려운 논의가 아닌데 세상에 (그 일에 대해) 자세히 아는 사람이 없어서……"

여기에서 尼城尹家事는 비단 윤증만을 지칭하는 것이 아니라 윤선거까지를 포함한 논의이다. 본 책의 내용을 중심으로 보면 오히려 윤선거가 논의의 중점으로 올라와 있는 느낌이다.

특히 위의 인용문에서 '羅良佐의 상소문'이란 아마도 1687년(숙종 13) 羅良佐가 자기 스승인 尹宣擧의 누명을 벗기기 위해 올린 상소문을 말하는 듯하다. 그렇다면 "至於今日羅良佐之疏出"를 근거로 『후동문답』이 즈음에 지어졌고 암암리에 그 목적이 '羅良佐의 상소문'에 대한 답변이란 것을 추측해볼 수 있다.

사실상 주인의 답변은 尹宣擧의 일생행위를 소상하게 설명하고 있다. 특히 윤선거와 윤휴와의 관계에서부터 시작하여 윤선거의 江都에서의 행적 그리고 그 이후 이 사건에 대한 해명과 변천 등 윤선거의 이중인격적 행위 등을 매우 세밀하게 묘사하고 있다.

이처럼 주인이 윤선거의 이중인격적 행위를 설명하자 객은 그와 같이된 이유는 윤선거가 이중인격적인 것이 아니라 윤증이 자기 아버지의 잘못을 덮고 변호하는 과정에서 발생한 것이 아닌가 하는 질문을 한다.

이에 주인은 여러 가지 증거를 가지고 그것은 윤선거의 여러 가지 행실과 인식은 윤증이 자기 아버지를 변호하는 과정에서 잘못된 것이 아니라 윤선거의 실상임을 설명한다.

그리고 마지막으로 우암과 윤선거의 시비는 매우 분명한 시비라는 것을 말하면서 내용을 마치고 있다. 끝에 다음과 같이 말하고 있다.

객이 이 말을 듣고 마음에 품었던 의심이 풀어져서 "예, 맞습니다"하고는 떠나갔다. 주인이 드디어 지금까지 했던 문답을 정리하여 설을 지었다.

여기에서 이 책은 주인이 정리한 것임을 알 수 있는데, 아마도 주인의 設問自答이리라 생각된다.

내용이 상당히 조직적이고 논리적이며 형용과 묘사가 핍진하여 힘이 있을 뿐 아니라 人情에 부합되어 쉽게 이해하고 받아들일 수 있도록 짜여져 있다. 그 내용이 '得其實'하였는지는 다시 많은 연구가 있어야 하겠지만 당시 상당한 영향력을 행사했으리라 생각된다. 『사문대의록』에서는 첫 번째를 「후동문답」으로 하고 있는데 그럴만한 이유가 있다고 생각한다.

3) 尼城立說

도입부 말미에 다음과 같은 말이 있다.

　　대저 美村(尹宣擧의 號)이 윤휴를 대처한 방법은 처음부터 끝까지 懷川(우암을 지칭)과 大同小異하였다. 윤휴의 중용설을 우암이 공격하였고 미촌도 공격하였으며, 경자예송이 있은 뒤에 최천이 윤휴와 절교하였고 미촌도 또한 절교하였으니 이것이 大同한 부분이다. 회천은 "윤휴는 상산이다"라고 말하였고 미촌은 "그가 어찌 감히 상산이 될 수 있겠는가!"라고 말하였으며, 회천은 "윤휴는 바로 南袞·沈貞과 같은 무리이다"라고 말하여서 마치 원수를 보듯하였고 미촌은 "南袞·沈貞의 효시이다"라고 말하고 친구로 대하지 않았을 뿐이니 이것이 小異한 부분이다. 사람들은 각기 견해가 있어 억지로 같을 수 없는 것이니 간절하게 責善하며 강론하는 것은 朋友의 도리이다. 예로부터 지금에 이르기까지 붕우의 사이에 어찌 의견이 좀 다르다고 해서 원한을 품은 것이 이처럼 심각한 경우가 있겠는가! 회천이 미촌을 비판함에 全力을 다하였는데 전후로 그 이유가 세 번 바뀌었는데 매번 점점 더 심각해졌다. 처음에는 윤휴를 절교함이 엄격하지 않다는 것이었고, 중간에는 江都에서 포로가 된 일이었고, 끝에는 다시 윤휴를 거론하며 주자를 배신한 사람이라 하였다. 그 用意가 辛勤하고 託辭가 艱難한 것이 결코 평상심의 발로가 아니니 『대학』에서 말하는 "분노가 있으면 그 올바름을 얻지 못한다"일 것이다. 그렇다면 단지 주자를 높이는 마음이 아니라 윤휴를 미워하는 것이고, 단지 윤휴를 미워하는 마음이 아니라 노여움을 옮긴 것이고, 또한 단지 江都事를 마음속에서 달갑게 여기지 않는 것이 아니다. 江都事와 尹鑴事는 모두 구실이고 분노한 바는 美村에 있는 것이다. 분노한 것은 무슨 일 때문일까? 총명한 사람은 반드시 분명하게 알 수 있을 것이나 나는 내 말을 하지 않겠노라.

　　상당히 교묘한 언론이다. 이 글을 보면 이 책의 근본 주제는 尹宣擧의 위인에 대한 규명이라 할 수 있다. 보다 직접적으로 말하면 우암은 왜 윤선거를 비판하였는가를 살펴보기 위해 저술된 것이다.

　　그리고 끝 부분의 "明者必能卞之! 吾不欲索言也"는 본 문집의 전체 형식을 말해준다. 이 이후 작자는 한마디의 평론이나 주장을 하지 않고 단지 자료만을 보여준다. 즉 일종의 다큐멘타리 형식이라 할 수 있다. 나름대로 객관적으로 보여주겠다는 의지일 것이다.

　　그럼 순서대로 그 자료를 보자.

「尹拯與羅良佐書」
　　윤증이 윤선거의 문인인 나량좌에게 보낸 편지로서 江都事를 설명하고 있다. 즉 윤선거가 강화도에서 죽지 않은 것이 의리상 문제가 없다는 내용이다.

「尹拯與李完寧書」

윤증이 이완녕에 편지를 하여 윤선거가 강도에서 죽지 않은 것은 율곡이 잠시 금강산에 들어간 것보다도 하자가 없다는 내용을 주장하고 있다. 그 일부를 보자.

> 율곡은 정말로 산에 들어간 사실이 있음을 면할 수 없지만 先人(윤선거)는 애초에 죽어야 할 의리가 없었다.

이 부분은 후일 西人의 公憤을 산 곳으로 오래도록 당쟁사에서 인용되는 글이다.

「尹拯與朴玄石書壬戌」

이하 글을 이해하기 위해서는 약간의 당쟁사에 대한 지식이 필요하다. 윤증은 송시열과의 비문사건으로 서로 사이가 유쾌하지는 않았으나 윤증은 송시열의 문하에 왕래하고 있었는데 세 가지 사건이 터지고 만다. 첫째는 '辛酉擬書'로서 윤증이 송시열에게 보내려고 작성했다가 보내지 못했던 편지가 숙종 8년 경에 세상에 나와 갈등이 표면화 된것이고, 둘째는 송시열의 외손인 權以鋌(즉 편지의 權生)이 윤증집에 왔을 때 윤증이 우암을 다방면으로 비난한 일이 있었는데 이것이 초록되어 송시열에게 보고된 일이고, 셋째는 '木川事'로 숙종즉위년에 목천 사람들이 尼山書院에 윤선거가 배향되는 것을 '江都事'를 근거로 반대한 일이다.

이 일들은 모두 송시열과 윤증 그리고 크게는 老少가 分黨하는 기폭제 역할을 한 사건이다.

이 사건들에 대해 박현석에게 설명하는 편지가 바로 이 편지이다. 이 편지에서만 유독 시간(즉 壬戌 1682년)을 밝힌 것은 시점을 밝히려는 의도로 보인다.

「尹拯上尤菴第一書」

윤증이 우암에 대해 강한 불만을 품은 것이 권이정을 통해 알려진 뒤 윤증이 우암에게 올린 글이다. 그 일에 대해 스스로 다음과 같이 말을 하고 있다.

> 편지를 다 써 놓고도 감히 올리지 못한 것은 실로 저번 편지에 드린 말씀과 같습니다. 끝내 그것이 사적인 논의이고 의리에 어긋난다는 것을 깨닫지 못한 것은 誠意가 천박하고 식견이 혼매해서이니 모든 것이 罪일 뿐입니다.

「尤菴答書」

위 편지에 대한 우암의 답서이다. 스스로 반성을 하는 내용이 전반부이고 후반부에서는 시비를 논의하고 있다.

「上尤菴第二書」

위 편지에 대한 답장이다. 전반부에서는 반성과 후회가 전반적이 기조이다. 그러나 중점은 중간 이후에 있는 듯하다.

그러나 중간 이후에서는 반성과 후회의 언사와 함께 자기의 입장을 하나하나 설명하고 우암에게 서운한 감정을 字裏行間에 표현하고 있다.

「尹拯上尤菴書」

마찬가지로 전반부에서는 반성과 후회의 기초를 띠고 있다. 그러나 중간 이후에서는 그간의 서운했던 일에 대해 언급하고 있다.

「李打愚答尹拯書」

이타우가 윤증을 비판하는 글이다. 이 편지의 끝에 다음과 같이 되어 있다.

> 내 심정이 격분되어서 말이 절제되지 않았으니 지나치게 直하기 때문이다. 그러나 直이 아니면 도가 드러나지 않을 것이다.

이 말에서 이 편지의 대체적인 정서와 내용을 알 수 있을 것이다. 비록 격분의 편지이기는 하지만 말은 조리가 있다.

4) 黎湖集雜著

책의 순서에 따라 내용을 살펴보면 다음과 같다.

「大尹詩語辨」

여기에서 大尹은 尹拯의 아버지 尹宣擧를 말한다.

草廬 이유태가 江都事를 예를 들어 윤선거에게 어떻게 하여야 했느냐고 질문을 하자, 윤선거는 "北地王諶이 하듯이 먼저 妻子를 죽이겠노라(欲效北地王諶, 先殺其妻子)"라고 말을 하였고 초려는 "後自殺"이라 세 글자가 빠져있다고 비판하였다.

그런데 윤선거는 당시의 자기의 처지를 북지왕에 비유를 하여 "未效北地王諶死云云"한 敍懷詩가 있는데 이것을 기점으로 논의를 풀어나가고 있다. 이런 이유로 論題를 「大尹詩語辨」이라 하였을 것이다.

윤선거와 윤증 및 소론계에서 주장하는 '無可死之義'에 대한 조목조목의 반박이 주 내용이다.

예를 들면, 윤선거와 북지왕의 처지도 다르고, 또 다른 주장인 孝宗이 죽지 않은 것과 윤선거가 죽지 않은 것은 같은 도리라는 주장도 잘못된 논리라는 등의 주장이다. 상당히 치밀하게 짜여져 있다.

「懷尼問答」

글은 문답의 형식으로 되어 있고 마지막 부분에 "질문자가 '예' '예'하고 나가자 문답을 정리하여 「懷尼問答」을 지었다.(或唯唯而退, 遂第次以爲 「懷尼問答」)"라고 되어 있다.

그 내용은 자료의 집적이 아니라 윤증과 송시열 사이의 갈등을 직접적으로 시비곡직을 판단하며 윤증을 비판한 내용이다.

글이 짜임새가 있고 상당히 논리적으로 이루어져 있다. 끝에 다음과 같은 말이 있는데 여기에서 이 글의 성격을 알 수 있다.

> 그 두 사람 처세의 옳고 그름이 단지 두 사람 一身과만 관련이 된다면 그들의 문제로 놔두면 될 것이다. 현재는 그렇지 않아서 위로는 나라의 흥망과 조정의 진퇴 그리고 아래로는 학술의 顯晦와 生民의 休戚이 모두 이와 관련이 있으니, 세상을 근심하는 사람이 黨色의 논의라 여겨지는 것을 꺼려하여 끝내 크게 입을 벌려 논의를 하지 않는 것이 옳겠는가! 나의 뜻은 단지 이와 같을 따름이다. 보고 동의하고 반대하는 것은 그 사람에게 달려 있으니, 내가 감히 알 바가 아니다.

기본적으로 黨爭을 國事로 보고 있으며, 「회니문답」은 자기의 憂國衷情에서 나온 眞談임을 밝히고 있다. 그런 이유로 '直敍所懷, 敢論是非'의 방법으로 글을 진행하고 있다. 상당히 조리가 있다.

4. 가치

현재 연세대 소장본인 이 책은 필체가 일전한 것으로 보아 한 사람이 필사한 듯하다. 단 연세대 이외에도 동일한 내용의 『江上問答』 혹은 『黃江問答』이 있는 점으로 미루어 보아 필사자가 편찬자가 아닐 가능성이 높다. 단 누가 편집을 하였는지는 모르지만 이 편집은 노론계의 당론을 매우 체계적이고 효과적으로 정리하고 있다. 이런 이유로 당시 노론계에서 널리 퍼져 있었던 듯하다. 당쟁사 연구의 자료 중 일부가 될 것이며 동시에 노론계의 당쟁에 대한 인식을 집약적이고 효율적으로 알 수 있는 작품이다. 그 각각의 가치를 살펴보면 다음과 같다.

1) 江上問答

첫째, 당론을 연구하는 데 귀중한 자료가 될 수 있다. 특히 우암 사후 서인계 인사의 당론 인식을 보여줄 수 있는 것이며, 그 중 일부 내용은 당시 일반적으로 알기 어려운 것들로서 사실 여부를 알 수 없지만 참고자료로서는 충분한 가치가 있다. 예를 들면 북벌에 대한 설명이나 당시 정치가들의 사적인 대화 내용 등은 모두 역사연구에 참고 가치가 있을 것이다.

둘째, 『江上問答』은 『斯文大義錄』의 일부로 편입되어 언해되어 있다. 언해본 『江上問答』과 한문본 『江上問答』을 비교해보면 여러 가지 사실을 알 수 있다. 몇 가지 예를 들어 보겠다. 한문본 『江上問答』에 다음과 같은 말이 있다.

時西人當路, 恐難售計.

언해본 『江上問答』에는 다음과 같이 되어 있다.

그 째 셔인이 당노ᄒᆞ매 그 계교롤 발뵈기 어려워

이 중 '발뵈기'는 '售'의 번역어인데 현 언해본 주석에는 '발빼기'라고 되어 있다. '발빼기'라고 하면 의미도 통하지 않는다. 즉 한문본과 언해본을 정밀하게 대조해 보면 17·8세기의 한글 연구하는 데에도 도움을 줄 것이다.

그리고 한문본의 '彼國'을 언해본에서는 '대국'이라 번역하고 있는데 이것은 한문본 작성시와 언해할 당시 상황의 차이에 기인한 것으로 보인다. 한문본과 언해본의 비교는 단순한 한글 연구뿐이 아닌 당시의 여러 정황 및 심리들을 우리에게 알려 줄 수 있을 것이다.

셋째, 『강상문답』은 『후동문답』등과 함께 상당한 영향력을 가지고 있었던 당론서이다. 이것은 당론의 사실을 연구하는 것 이외에도 당시의 당론 인식에 대한 연구에도 매우 중요한 자료라 할 수 있다.

2) 後洞問答

첫째, 당론을 연구하는 데 귀중한 자료가 될 수 있다. 특히 우암사후 서인계 인사의 당론 인식의 일단을 매우 조리있게 정리하고 있어 참고의 가치가 있다. 작자는 우암 뿐만이 아니라 윤휴 윤선거 윤증 등에 대해 나름대로 많은 정보를 가지고 있는 사람이란 인상을 준다.

둘째, 『후동문답』은 『斯文大義錄』의 일부로 편입되어 언해되어 있다. 언해본 『후동문답』과 한문본 『후동문답』을 비교하면서 보다 치밀한 연구가 진행될 수 있을 것이다.

3) 尼城立說

당론을 연구하는 데 귀중한 자료가 될 수 있다. 특히 다큐멘타리의 형식으로 이루어져 글쓴이와 다르게 읽을 수도 있을 것이다. 당쟁에 관한 일련의 자료가 모아져 있어 매우 편리하다.

4) 黎湖集雜著

박필주의 연보에 의하면, 「懷尼問答」과 「大尹詩語辨」이 그의 작품임에는 의심의 여지가 없다. 그리고 그의 당색5)을 고려해 보아도 위 작품이 그이 생각과 이탈되지 않음을 알 수 있다.

그러나 현존 『黎湖集』은 상당히 문제가 많다. 洪直弼이 지은 그의 행장에 의하면 완성된 여러 작품과 미완의 몇 편 작품이 있지만 그 문집의 편차나 간행 여부를 알 수 없으며 현존하는 것도 단지 필사본일 뿐이다. 그런데 그 필사본이라는 것이 불완전하여 그가 지었다고 하는 많은 작품을 수록하지 않고 있다.

「大尹詩語辨」·「懷尼問答」은 모두 연보에는 보이지만 문집에는 보이지 않는 작품들이다. 이런 의미에서 『黎湖集雜著』는 매우 중요한 의미를 가지고 있다. 『黎湖集』을 보충할 수 있는 자료이기 때문이다. 그리고 『黎湖集雜著』란 제목도 눈여겨 볼 필요가 있다. 만약 당시 『黎湖集』에 이 내용이 없었다면 아마도 『黎湖雜著』라는 등의 書名이 되어야 할 것이다. 불충분하기는 하지만 아마도 현재 우리가 모르는 『黎湖集』이 있었다는 증거가 될 수 있을 것이다. 즉 박필주의 당론의식을 이해할 수 있는 매우 중요한 자료이다.

그리고 이 자료는 당시 노론의 노소에 관한 인식을 매우 압축적이면서도 조리있게 정리하고 있다. 당론에 대한 일차자료가 아니라 당론에 대한 일부 인식을 압축적으로 알 수 있는 자료이다.

5. 기타

연세대 귀중본에 있는 『江上問答』을 보면 그 내용이 「江上問答」·「後洞問答」·「尼城立說」·「黎

---

5) 그는 老論系 인물이며, 洛論을 지지했던 인물이다. 그는 師承이 불분녕하고 초기에는 권수암에 왕래하고 후에는 도암과 교유하여 후에 梅山 洪直弼이 그의 행장을 저술한 것을 보면, 그는 獨學으로 서인의 길을 선택하고 후에 호락에서 낙론에 동의한 인물로 보인다. 즉 크게 보면 노론계 성리학자라고 볼 수 있다.

湖集雜著」로 되어있다. 문제는 이것을 독립된 한 冊으로 간주할 수 있는가 이다. 즉 書名이 '江上問答'이고 안의 구성이 「江上問答」·「後洞問答」·「尼城立說」·「黎湖集雜著」인가 하는 문제이다.

문집의 내부에의 卷首題에는 '江上問答'·'後洞問答'·'尼城立說'·'黎湖集雜著'만 있을 뿐 아니라, 이 네 작품의 작자도 모두 다르다. 그리고 당시 이것은 각기 독립된 책들이다. 예를 들면 『斯文大義錄』을 보면 그 구성이 「後洞問答」·「江上問答」·「獨對說話」·「己亥封事」·「進修堂奏箚」·「請以孝宗大王廟爲世室疏」·「己巳五月遺疏」이다. 그러므로『강상문답』의 내용이 「江上問答」·「後洞問答」·「尼城立說」·「黎湖集雜著」으로 이루어져 있다는 것은 성립할 수 없다.[6]

현 『강상문답』의 편찬인은 알 수가 없지만 당론서를 모아놓고 앞의 책의 이름으로 表題를 삼은 것에 불과하다. 表題를 근거로 '후동문답' 등이 '강상문답'의 일부로 볼 수 없다.

따라서, 『江上問答』·『後洞問答』·『尼城立說』·『黎湖集雜著』은 각각 한 책으로 간주되어야 한다.

【서대원】

---

6) 『강상문답』에 대한 기존의 해제에서는 다음과 같이 말하고 있다. "조선 숙종 때의 학자 權尙夏(1641~1712)가 제자들과 黨論에 대해 문답한 것을 그의 제자인 韓弘祚(1681~1712)가 기록해 놓은 책이다."
   "87장 1책짜리 필사본으로 서문이나 발문이 없다. 이 자료는 일명 '黃江問答'이라고도 한다. 책이름은 권상하가 당시 남한강에 있는 황강촌에 살았기 때문에 붙여진 이름이다."
   "내용은 크게 「江上問答」과 「後洞問答」으로 나누어져 있으며, 그 뒤에 여러 가지의 서간들이 실려있다."
   이것은 『江上問答』이 「江上問答」·「後洞問答」·「尼城立說」·「黎湖集雜著」로 구성되어 있다는 의미이다. 즉 「江上問答」·「後洞問答」·「尼城立說」·「黎湖集雜著」는 『江上問答』의 각 챕터들임을 말한다.
   이 주장은 성립될 수 없다. 그 이유는 다음과 같다.
   (1) 書名과 내용이 불일치한다. 「江上問答」·「後洞問答」·「尼城立說」·「黎湖集雜著」중 황강에서 이루어진 것은 「江上問答」이고 나머지는 모두 다른 장소에서 편찬된 글이므로 '江上問答'에 포괄될 수 없다.
   (2) 作者의 불일치이다. 위 주장에 의하면, 「江上問答」·「後洞問答」·「尼城立說」·「黎湖集雜著」모두가 '權尙夏가 제자들과 黨論에 대해 문답한 것을 그의 제자인 韓弘祚가 기록해 놓은 책'이어야 하지만 사실은 그렇지 않다.
   (3) 『斯文大義錄』에는 그 수록 순서가 「後洞問答」·「江上問答」·「獨對說話」… 로 되어있다. 만약 「江上問答」에 「後洞問答」이 포함되는 것이라면 『斯文大義錄』의 목차는 설명할 수가 없다.
   (4) 적지 않은 서인계 당론서에는 그 일부로 「江上問答」나 「後洞問答」이 단독적으로 들어가 있다. 이것도 위와 같은 주장에서는 설명할 수가 없다.
   결국 「江上問答」·「後洞問答」·「尼城立說」·「黎湖集雜著」는 독자적인 작품들로 보아야 한다. 즉 '江上問答'이란 표제 안에 「江上問答」, 「後洞問答」, 「尼城立說」, 「黎湖集雜著」이 합철되어 있는 것이다.

遣閑雜錄

沈守慶(1516~1599) 編.
寫本. 1卷 1冊(56張) : 26.5×17cm. 10行 20字.

1. 편자

沈守慶(1516~1599)의 本貫은 豊山, 字는 希安, 號는 聽天堂이다. 그의 조부는 沈貞(1471 ~1531)이다. 심정은 중종반정의 핵심인물이면서, 또한 趙光祖(1482~1519) 등을 비롯한 사림파를 숙청한 己卯士禍의 주동인물이기도 하다. 그의 부친은 沈思孫(1493~1528)이다. 심사손은 서북 변경에 야인들의 준동이 심해지자, 특별히 滿浦鎭 僉節制使로 나갔다가 야인들의 기습에 살해된 인물이다.

심수경은 28세 되던 1543년(중종 38)에 式年 生員試와 進士試에 모두 2등으로 及第하고, 31세 되던 1546년(명종 1)에 식년 문과에 장원으로 급제하였다. 이후 그는 이듬해 1월 司諫院 正言을 시작으로, 1598년 83세의 나이로 致仕할 때까지 실로 다양한 관직을 경력하였다. 왕조실록에 나온 공식적인 기록만 간단하게 정리해 보아도, 1547년(명종 2) 12월 戶曹佐郞, 동년 12월 弘文館 副修撰, 1548년 3월 司諫院 正言, 동년 9월 兵曹佐郞, 동년 10월 吏曹佐郞, 1549년 4월 弘文館 副修撰, 1550년 12월 吏曹正郞, 1551년 12월 議政府 檢詳, 1552년 10월 弘文館 副應敎, 1553년 1월 弘文館 應敎, 1554년 10월 弘文館 典翰, 1555년 5월 弘文館 直提學, 동년 8월 通政大夫 同副承旨, 동년 11월 左副承旨, 동년 12월 兵曹參知, 1556년 7월 江原道觀察使, 1557년 8월 戶曹參議, 1558년 5월 承政院 左承旨, 동년 10월 平安道 兵馬節度使, 1559년 2월 漢城府 右尹, 동년 2월 淸興道觀察使, 1560년 7월 掌隷院 判決使, 동년 10월 全羅道觀察使, 1561년 10월 京畿觀察使, 1563년 3월 慶尙道觀察使, 동년 10월 司憲府 大司憲, 동년 10월 平安道觀察使, 동년 12월 成均館 大司成, 1564년 2월 忠武衛 上護軍, 동년 2월 刑曹參判, 1565년 5월 開京府 留守, 1569년(선조 2) 6월 咸慶監司, 1573년 10월 副摠管, 1574년 1월 兵曹參判, 1575년 2월 漢城府 判尹, 동년 11월 刑曹判書, 1583년 6월 兵曹判書, 1590년 右議政 등이 그것이다.

그의 관직 경력을 보면 크게 정치적으로 부침을 했던 흔적은 보이지 않는다. 1562년(명종 17)에 경기관찰사로 있으면서 大興가 한강을 건너는 船艙을 설치하지 않은 죄로 외직으로 쫓겨난 일과 1563년(명종 18) 명종이 특별히 심수경에게 司憲府 大司憲을 시키자, 많은 관료들이 "심수경은 물망이 가벼워 風憲의 장이 되기 어렵다"는 반대에 부딪힌 것 정도라 하겠다. 하지만 전자는 경상도 관찰사로 자리를 옮기는 것으로 마무리가 되었던 듯하다. 후자는 평안도 관찰사로 자리를 옮기라 하자, 심수경은 그 곳은 첩의 고향이라 하여 끝내 체직을 하고 결국 성균관 대사성이 되는 것으로 마무리가 된다. 이처럼 그의 관직 경력은 큰 문제없이 순탄하게 지냈음을 알 수 있다. 그의 관력은 화려하지만, 그렇다고 해서 그의 업적이 빼어난 것도 아니다. 그의 관직에서의 생애는 왕조실록에 씌어진 다음의 기록이 가장 적절해 보인다. 선조 30년(1597) 때의 기록이다.

(심수경은) 조정에 나선지 40년에 비록 칭송은 없었으나 일에 임해서는 거리낌이 없었고, 옥사를 처리할 때는 공평하고 바르게 하니 이 때문에 배척은 받았지만 역시 원망이나 비방은 없었다. 늙어서는 여론이 자기에게 미치지 않았는데도 하루아침에 짤막한 상소를 올려 사직하고 대궐문 밖에 나가 야인의 복장으로 고향에 돌아가니, 옛사람의 은퇴를 생각한 풍모가 있었다. 할아버지 沈貞의 허물을 덮을만하다고 하겠다.

저작으로는 『聽天堂詩集』과 『遺閑雜錄』(또는 『聽天堂遺閑錄』)이 있다.

2. 구성

『견한잡록』은 이야기를 어떻게 이해할 것인가에 따라 이야기 편수가 달라질 수밖에 없다. 한 예로 과거에 급제한 이야기가 있다면 그 이야기를 한 편으로 묶을 수도 있고, 그와 달리 과거의 종류나 성격에 따라 세부적인 내용을 각편으로 볼 수도 있기 때문이다. 그런데 해제의 대상이 된 이 책에는 목차가 씌어져 있다. 목차에 씌어진 기록을 준신한다면 이 책에 수록된 이야기는 총 100편이 된다. 물론 100편의 제목은 다른 본에서는 볼 수 없으며, 이 책의 필사자가 임의로 작성한 것으로 보인다.

그런데 목차는 실제 이야기 순서와 상당한 차이를 보인다. 실제 이야기는 『大東稗林』에 실린 『견한잡록』과 동일한데, 목차는 당착을 보인다. 실제로 이 책에서 제일 먼저 수록했다고 밝힌 「一家疊爲壯元」은 이 책의 두 번째 이야기다. 이러한 현상은 이 책이 다른 본을 전사하는 과정에서 빚어진 오류로 보인다. 논의의 편의를 위해 우선 이 책에 씌어진 목차를 보이면 다음과 같다. 제목 뒤에 붙은 괄호 안의 숫자는 원래 순서를 의미한다.

1. 「一家疊爲壯元」(2) · 2. 「科擧置爲壯元」(1) · 3. 「司馬榜中爲壯元」(4) · 4. 「五子登科」(3) · 5. 「司馬榜中爲議政」(6) · 6. 「前朝龍頭會」(5) · 7. 「三公二相皆壯元」(8) · 8. 「壯元爲議政」(7) · 9. 「宰相年八十以上」(10) · 10. 「議政二相皆耆老」(9) · 11. 「讀書堂創於世宗」(12) · 12. 「耆老會自唐宋」(11) · 13. 「丙子生作契」(14) · 14. 「癸卯司馬及第蔭職」(13) · 15. 「國朝大提學」(16) · 16. 「乙卯夏巡從事」(15) · 17. 「議政年過七十」(18) · 18. 「年少八相者」(17) · 19. 「僧人詩軸」(20) · 20. 「名妓上林春」(19) · 21. 「舍人司蓄鶴」(22) · 22. 「文廟送洞庭橘」(21) · 23. 「申文景過止亭」(24) · 24. 「宋沈爲舍人同僚」(23) · 25. 「生員進士稱蓮榜」(26) · 26. 「榜中尊待狀元」(25) · 27. 「挹翠止亭容齋」(28) · 28. 「吾鄕耆老有二會」(27) · 29. 「南大門外宰相五人」(30) · 30. 「林公賦酒詩」(29) · 31. 「及第同年五獨在」(32) · 32. 「余有五幸」(31) · 33. 「元朝屠蘇飲」(34) · 34. 「庶孽不許科擧」(33) · 35. 「白樂天自警詩」(36) · 36. 「俗節祭墓」(35) · 37. 「俚語長歌」(38) · 38. 「童蒙先習」(37) · 39. 「喪祭禮載五禮儀」(40) · 40. 「碑銘墓誌」(39) · 41. 「曆書大政」(40) · 42. 「光化門鐘樓有大鐘」(41) · 43. 「一等三人皆議政」(44) · 44. 「陸放翁

集」(43)・45.「婦人能文」(46)・46.「拔英登俊試」(45)・47.「訥齋律詩」(48)・48.「奕棊等雜技」(47)・49.「車天輅能文」(50)・50.「學古詩者棄韓蘇」(49)・51.「癸卯司馬生存三人」(52)・52.「萬里嶼老會生存三人」(51)・53.「尙州素稱文獻」(54)・54.「宋知事生員壯元」(53)・55.「重興寺聯句」(56)・56.「七十五生男」(58)・57.「別試出於近代」(57)・58.「釋奠祭飮福」(59)・59.「幼學及第爲飛簾」(60)・60.「圓點爲館試」(59)・61.「辛亥奉使關西」(60)・62.「使命有薦枕妓」(61)・63.「星州妓莫從」(64)・64.「庚申按湖南」(63)・65.「唐宋老會」(66)・66.「成徵君詩」(65)・67.「作詩燔造盞臺」(68)・68.「讀書堂蟠蜍杯」(67)・69.「柳淑送友人歸田」(70)・70.「寧邊圖記詩」(69)・71.「國喪時留防甲山」(72)・72.「國喪改喪制」(71)・73.「蔡齊喜酒改過」(74)・74.「癸丑春爲應敎」(73)・75.「文潞公同甲契」(76)・76.「讀書堂同時被選」(75)・77.「禪家傳道傳衣鉢」(78)・78.「壯元爲大提學」(77)・79.「洪相賜几杖詩改作」(80)・80.「一品七十賜几杖」(79)・81.「兪議政退憂亭」(82)・82.「讀書堂新堂」(81)・83.「凡官職有天賦」(84)・84.「庶孽能文」(83)・85.「林參議爲潭陽府使」(86)・86.「榮養慈母」(85)・87.「地理虛誕」(88)・88.「儒士好卜」(87)・89.「洗心臺最勝」(90)・90.「楮子島絶勝」(89)・91.「耆老所許從二品」(92)・92.「崔澄等登第元朝」(91)・93.「蘇齋十靑亭」(94)・94.「先君與季父同榜」(93)・95.「永川明遠樓」(96)・96.「蘇齋七十詩次韻」(95)・97.「六臣被禍」(98)・98.「李奎報陳澕文章」(97)・99.「逍遙堂題詠」(100)・100.「科場借述」(99)

또한 이 책 말미에는 찬자가 직접 쓴 발문이 붙어 있다. 발문을 보면 이 책의 성격을 이해하는 데에 도움이 되리라 본다.

예와 지금의 문인들이 雜記를 저술한 것이 많다. 내가 구해 본 것은 『南村輟耕錄』·『江湖記聞』·『酉陽雜俎』·『詩人玉屑』·『鶴林玉露』 등과 같은 책과 고려조 李仁老의 『破閑集』, 李齊賢의 『櫟翁稗說』이 있고, 조선조 徐居正의 『太平閑話』·『筆苑雜記』·『東人詩話』, 李陸의 『靑坡劇談』, 成俔의 『慵齋叢話』, 曺伸의 『謏聞錄』[1], 金正國의 『思齋摭言』, 宋世琳의 『禦眠楯』, 魚叔權의 『稗官雜記』, 權應仁의 『松溪漫錄』이 모두 보고들은 것을 기록한 것으로, 한적함을 보내려는 자료로 삼았던 것이다. 내가 辛卯년 가을부터 눈으로 보고 귀로 들은 것을 기록하여 둔 것이 모두 몇 조항이 되기에 이를 모아 이름하여 '견한잡록'이라 하였다. 비록 한적함을 보내려는 것이 중심이 되어 옹잡하고 황란하기도 하지만, 모두가 허무맹랑하고 무익한 이야기만은 아닐 것이다. 보는 사람들은 비웃지나 말아 주시기를….

萬曆 己亥年 봄에 聽天堂이 쓴다.

이 기록을 통해 보면 이 책은 1599년, 즉 심수경이 죽은 해에 책자의 형태로 내보냈음을 알 수 있다. 또한 이 책의 성격이 고려 때 李仁老(1152~1220)가 지은 『파한집』이나 李齊賢(1287~1367)이 지은 『역옹패설』과 같은 맥을 잇고 있으며, 조선조의 다양한 필기 문학과 연

---

1) 이는 조신의 『謏聞瑣錄』을 뜻함.

계되고 있다는 점도 알 수 있다. 발문을 읽어보더라도 심수경은 이 책에 대해 부끄러운 저술로 여기지 않고 오히려 다른 사람에게 읽히고 싶어하는 마음이 그대로 드러나 있다. 이러한 서문은 필기가 지닌 속성을 잘 보여주는 것으로, 이 책 역시 필기의 전형적인 면모를 드러내고 있다. 그 양상에 대해서는 내용 부분에서 좀더 자세히 살펴보기로 하자.

3. 내용

모든 필기 문학에 나타나는 현상이기도 하지만, 이 책은 다양한 내용의 이야기로 구성되어 있다. 인물들의 일화, 풍습이나 제도 소개, 시와 관련된 다양한 詩話, 신변잡담 등 실로 다양하다. 그 중에서 가장 많은 비중을 차지하는 이야기는 '시화'라 할 만하다. 시화는 여기에 수록된 이야기 100여 편 중에 대략 40여 편 안팎이다. 그리고 자신의 신변잡사를 기록한 이야기는 20여 편 남짓이다. 이 두 가지 유형의 이야기가 이 책의 60% 정도를 차지하고 있는 셈이다.

시화는 다른 필기류에서도 상당한 비중을 차지한다. 이러한 점을 고려할 때 이 책에서 시화의 비중이 높은 것은 그리 큰 문제가 되지 않는다. 하지만 신변잡사에 대한 이야기의 비중이 크다는 것은 흥미롭다. 다른 필기류에서는 신변잡사에 대한 이야기의 비중이 그리 크지 않다. 오히려 제도나 풍습을 소개하는 것이라든지, 인물들 간의 일화가 큰 비중을 차지하는 것이 일반적이다. 그런데 이 책에는 이런 이야기가 많다는 점에서 이 책이 지닌 특성을 엿볼 수 있다. 즉 이 책은 전대의 필기류의 전통을 이으면서도 나름대로 자신의 일상사에 대한 이야기를 담아내고 있었던 것이다. 실제로 「七十五生男」은 심수경 자신이 75세와 81세에 각각 두 비첩에게서 자식을 보았다고 하는 일로, 다른 필기류에서는 좀처럼 나타나지 않는 이야기다. 따라서 심수경 자신도 이러한 내용을 담아내는 것이 민망한지, 이 이야기를 시화의 형태로 만들어낸다. 이 이야기를 보면 다음과 같다.

> 내가 75세에 아들을 낳고, 81세에 또 아들을 낳았는데, 모두 비첩에게서 난 것이다. 80세에 아들을 낳는 일은 근세에 드문 일이라 사람들은 경사라고들 하지만, 나는 災變이라는 생각이 든다. 장난삼아 절구 두 수를 지어 宋西郊와 安竹溪 두 늙은 친구에게 시를 보냈는데, 두 친구도 화답을 하였다. 이 시가 널리 퍼졌는데, 오히려 우스울 뿐이다. "75세에 아들 낳음은 세상에 드문데, 어찌하여 80세에 또 아들을 낳았네. 조물주가 참으로 다사하여, 이 쇠약한 늙은이 하는 대로 맡겨두었음을 알겠네. 80세 아들 낳음은 재앙일까 두려우니, 칭찬은 하지 말고 비웃음이 마땅하네. 괴이한 일이라 사람들은 다투어 말하지만, 風情이 아직도 없어지지 아니하니 어찌하겠소?"

심수경은 이처럼 자신의 신변잡사를 다루면서도 필기가 지닌 갈래적인 속성에서 벗어나려고 하지 않았던 것이다. 필기의 속성에서 벗어나는 듯이 보이지만, 결국은 다시 필기의 울타리 안으로 되돌아오는 것이다.

『견한잡록』은 이처럼 다른 필기류와 달리 다분히 자신의 신변잡사를 많이 드러내고 있지만, 필기의 본질에서 벗어나지는 않는다. 실제로 「文廟送洞庭橘」이나 「申文景過止亭」과 같은 작품은 고증을 위주로 하는 전형적인 필기의 속성을 잘 나타내준다. 전자와 같은 경우는 세종이 동정귤을 누구에게 보냈는가를 따진다. 이는 서거정의 『필원잡기』와 성현의 『용재총화』에도 실려 있는데, 이들을 종합하면서 스스로 해답을 찾아가는 양상은 필기의 전형적인 면이기도 하다.

이러한 점을 통해 볼 때, 심수경은 『견한잡록』을 통해 자신의 이야기를 많이 이야기하고 있지만, 그 일탈은 필기라는 장르적인 속성에서 벗어나지 못하고 있음을 짐작할 수 있다. 즉 필기라는 장르를 최대한 활용하면서 자신의 이야기를 드러내고 있지만, 그래도 필기를 벗어나는 본질적인 틀까지 부정하고 있지는 못한 것으로 이해할 수 있겠다.

4. 가치

이 책은 16세기 말에 씌어진 필기집이다. 필기류는 이미 고려조 이인로의 『파한집』이나 이제현의 『역옹패설』에서부터 비롯되었다. 그리고 조선조에 이르러 徐居正(1420~1488)은 갈래 인식을 새롭게 하면서 『筆苑雜記』·『太平閑話滑稽傳』·『東人詩話』를 창출한다. 서거정이 분류한 이 갈래 인식은 조선 초에도 상당히 유효하게 작용하는데, 대체로 이 틀에서 벗어나는 필기류는 존재하지 않는다. 그런데 이러한 틀 역시 언제나 변하지 않는 것은 아니다. 시대적인 변화와 문학 향유층의 변화에 따라 언제든지 갈래 인식은 달라질 수밖에 없다. 특히 임진왜란이나 병자호란처럼 외세에 의해 갑자기 사회의 변화를 맞이해야 할 때에는 그 양상은 더욱 적확하게 드러나게 된다. 이 점에서 심수경의 『견한잡록』은 일정한 의미를 갖는다고 할 수 있다.

『견한잡록』은 바로 임진왜란이 끝난 직후에 쓰여진 것이다. 따라서 전대의 필기류의 방식이 어떻게 변모하고, 또한 후대의 변모된 필기류와 어떠한 차이가 있는가를 보여주는 적절한 자료가 아닌가 한다. 실제 『견한잡록』은 전대에서 볼 수 없는 새로운 움직임, 즉 신변에 대한 이야기가 확장되고 있다. 또한 이전의 필기류의 이야기 체계와도 『견한잡록』은 일정한 차이를 보인다. 전대의 필기의 이야기 체계는 대체로 역사에 대한 찬술자의 주관에서 시작하는 경우가 많았다. 역사에 대한 자신의 견해를 보인 다음, 사물이나 객체에 대한 찬술자의 견해나 논평을 드러내며, 이어서 자신의 생활 체험과 사대부 일화까지 다루는 것이 보통이다. 그런데『견한잡록』에는 이러한 방식이 상당 부분 파괴되어 있다. 이는 곧 필기류의 형식적 변화로 이해할 수 있다. 이 점은 17세기로 접어들면서 필기류의 변화와 야담의 등장과 관련해서도 시사점을 주고 있다고 하겠다. 모든 문학 형태는 어느 한 순간에 생겨나는 것이 아니다. 이 점에서『견한잡록』은 필기류의 변모와 새로운 문학 갈래의 등장과 관련하여 변모하는 움직임을 다소나마 보여주고 있다는 점에서 그 일정한 가치를 인정할 수 있겠다.

【김준형】

經山日錄

鄭元容(1783~1873) 著.
草稿本. 不分卷 17冊：32.5×20.5cm. 10行 20字.

癸卯 二月十八日戌時生于漢京南部會賢坊本第即清

乾隆五十八年我 正宗之即位七年也 四柱 卯癸
卯乙
甲戌

甲辰
乙巳 卯乙
甲戌

丙午 九月二十一日一妹生即徐生稷輔內也

丁未 紅疹○始學書

戊申 秋經痘疹膿時甚重如安載運諸醫俱命藥以仁蔘

癸卯 甲辰 乙巳 丙午 丁未 戊申

醫官李行訥即世交也來住家中其言曰此兒氣

1. 저자

鄭元容(1783~1873)의 本貫은 東萊, 字는 善之, 號는 經山이다. 돈녕부 도정 鄭東晚(1753~1822)의 아들이며, 5조 판서와 우찬성을 지낸 鄭基世(1814~1884)의 아버지이다. 저자의 증손자인 위당 정인보 선생은 이 책을 연희대학교에 기증하면서 그 사연을 친필로 이렇게 밝혔다.

이 책은 영의정 鄭公 諱 元容이 정조 계묘년(1783)부터 고종 계유년(1873)까지 공사의 대소사를 기록한 것이다. 상세한 것도 있고 대략적인 것도 있는데, 오직 평소에 귀와 눈으로 몸소 경험한 실제 사실들이다. 국가의 당시 일이 때때로 역사서 밖에서 나온 것도 있다. 그러므로 살아계실 때에 옮겨 적어 17책을 이루었는데, 직접 쓰고 검토하신 것이 전해 내려왔다. 증손인 정인보가 기록한다.

책은 家廟에 보관되어 4대를 내려왔는데, 지금부터 학문을 이어받은 선비들에게 주려고 한다. 공의 책이 어찌 한 집안에서만 개인적으로 기릴 것이겠는가? 돌이켜보면 마음이 아픈 점도 있지만, (이 책을) 함께 좋아할 만한 사람들에게 돌리는 것이 위로가 되겠다. 그 이유를 듣고 문득 이 책의 제목을 붙인 뒤, 유래를 설명해 참고자료로 삼고자 한다.

저자의 아들인 鄭基世는 1831년부터 1883년에 이르는 53년간의 생애를 15책의 『日錄』으로 남겼고, 손자 鄭範朝(1833~1898)도 1859년부터 1897년에 이르는 39년간의 벼슬생활을 19책의 『日錄』으로 남겼다. 정기세의 『日錄』 속에는 손자 鄭寅昇(1859~1938)의 9년간 일기(1882~88, 1892~3)도 섞여 있다. 정원용·기세·범조·인승 4대가 115년 동안 기록한 연 192년의 일기는 세계에서 그 유례를 찾아보기 힘든데, 유일본이 모두 연세대학교 중앙도서관에 소장되었다.

저자의 생애는 『고서해제』 I, 「경산집」에 소개되었다.

2. 구성

不分卷 17책인데, 10행 20자, 1책이 보통 80장 안팎이다. 날짜가 바뀔 때마다 행을 달리하여 썼다. 가장 얇은 제4책이 35장, 가장 두꺼운 제16책이 102장인데, 신묘년(1831)과 임진년(1832)의 일기만 실린 제4책은 이 시기의 燕行日記인 『燕槎錄』이 따로 정리되어 있기 때문에 얇아졌으며, 제16책은 경복궁 重建에 관한 기록이 많은 을축(1865)·병인년(1866) 시기이기 때문에 두꺼워졌다. 저자 만년에 서리를 시켜 淨寫했으므로 글씨가 고르며, 본인이 검토

했으므로 틀린 글자도 많지 않다. 저자가 지방에 나가 있을 때에 조정에서 있었던 일은 대개 朝報를 보고 기록했는데, 이 부분은 본문 위 書眉에 구분하였다. 이따금 書脚에 小註를 달았다. 표지에는 干支를 밝혀, 목차를 대신하였다. 제16책부터는 다른 사람이 필사하였다.

분량으로 보면 假注書에 추천된 계해년(1803)부터 본격적으로 일기를 쓰기 시작한 듯하다. 史官의 임무가 사실을 기록하는 것이기 때문에, 자신에 관한 기록도 남기기 시작했을 것이다. 그 이전 시기에 관한 기록도 이때 한꺼번에 기록한 듯한데, 자신이 태어나던 계묘년(1783)부터 할아버지가 돌아가시던 기유년(1789)까지가 1장, 순조가 태어나던 경술년(1790)부터 최황과 함께 수학하던 무오년(1798)까지가 1장, 기미년(1799)부터 庭試文科에 급제하던 임술년(1802)까지가 1장인데, 假注書에 추천된 계해년(1803)분은 2장이다. 벼슬하면서 보고 들으며 기록으로 남길 만한 것들이 많아졌기 때문이다. 1책에는 계묘년(1783)부터 신미년(1811)까지 29년이 기록되었지만, 2책에는 임신년(1812)부터 기묘년(1819)까지 8년이 기록되었으며, 나이가 들고 벼슬이 높아질수록 분량이 많아졌다. 계미(1823)·갑신년(1824)은 부친상으로, 을유(1825)·병술년(1826)은 모친상으로 벼슬하지 않고 廬幕을 지켰으므로 각각 2장 분량 밖에 기록하지 않았다. 모두 1,292장 분량이다.

저자의 아들인 鄭基世는 1822년부터 1883년까지 일기를 썼고, 손자 鄭範朝도 1859년부터 1897년까지 일기를 써서, 1859년부터 1873년까지 15년 동안은 3대가 각기 별도의 일기를 썼다. 각기 다른 직책을 맡아 벼슬하고 있었으므로, 같은 사건에 대해서 어떻게 다른 기록을 남겼는지 비교할 수도 있다.

3. 내용

이 일기는 정원용이 태어난 날, 즉 1783년 2월 18일부터 시작된다. 물론 본격적으로 일기를 쓰기 시작한 이후에 보완한 것이지만, 자신에 대한 기록을 철저히 보완했다는 점 자체가 그의 완벽한 성격을 보여준다. 태어난 날의 일기는 이렇다.

계묘년 2월 18일. 戌時에 한성 南部 會賢坊 본가에서 태어났다. 청나라 乾隆 58년이니, 우리나라 正宗 즉위 7년이다.
四柱는 계묘년 을묘월 기묘일 갑술시이다.

당시 어린이들에게 마마는 아주 무서운 병이었는데, 그는 6세 되던 1788년 일기에서 마마에 대한 기억을 이렇게 기록하였다.

가을에 마마를 앓았는데, 열꽃의 고름이 몹시 심했다. 안재운 같은 의원들은 모두 인삼을 약으로 쓰라고 했다. 의관 이행눌은 우리 집안과 세교가 있었으므로, 집안에 와 살고 있었는데, 그는

"이 아이의 기질은 양기가 부족한 것이 아니므로, 열 때문에 고름이 아물지 않는 것 같습니다. 牛黃 두 푼을 젖에 타서 마시게 하면, 반드시 효험이 있을 것입니다."

라고 말했다. 그러자 아버님께서 그 말대로 하셨다. 우황 한 푼을 썼더니 밤중에 편안히 잠을 잤으며, 고름도 잘 아물었다. 마치 약속이라도 한 듯이 잘 나았다.

이같이 자세하게 기록한 91년간의 일기의 내용과 분량을 간단히 소개한다.

제1책

계묘(1783, 1세) 2월 18일에 한성 남부 회현방(지금의 중구 회현동)에서 태어남.

을사(1785, 3세) 첫째 누이동생이 태어남.

병오(1786, 4세) 紅疫을 앓고 글을 배우기 시작함.

무신(1788, 6세) 천연두를 앓음. 醫官 李行訥의 처방으로 나았음.

기유(1789, 7세) 외할아버지, 외할머니께서 돌아가심. 둘째 누이동생이 태어남. 할아버지께서 돌아가심. (이상 1장)

임자(1792, 10세) 할머니께서 돌아가심.

계축(1793, 11세) 할머니를 廣州 산소에 合葬함. 병을 앓으면서 자람. 庠製에 응시하여 二上으로 장원함.

을묘(1795, 13세) 동생 憲容이 태어남.

정사(1797, 15세) 7월에 冠禮를 행하고 판서 김화진의 손녀, 참판 김계락의 딸과 栢洞에서 혼인함. 陞補試와 監試에 응시함.

무오(1798, 16세) 작은아버지께서 會試에서 壯元하심. 외삼촌의 임소인 경기감영에서 머물다 돌아옴. 崔瓚과 함께 수학함. (이상 1장)

경신(1800, 18세) 글뜻을 풀이하고, 벗과 어울려 시를 지음. 正祖가 승하하자 대궐 바깥의 哭하는 반렬에 나아가 참례함. 외삼촌께서 유배됨.

신유(1801, 19세) 季父를 따라 鷺江書院에서 공부함. 慶科 增廣監試를 봄. 式年監試에 급제함.

임술(1802, 20세) 庭試文科에 乙科 2등으로 급제함. 인정전 뜨락에서 御賜花를 꽂고, 紅牌를 받음. 金祖淳의 딸이 純元王后가 됨. (이상 1장)

계해(1803, 21세) 假注書에 추천됨. 太廟의 景慕宮에서 처음으로 왕을 알현함. 仁政殿에 큰 불이 남. 대왕대비가 수청을 거둬들임. (2장)

갑자(1804, 22세) 한학문신전강에 불참한 일로 인해 좌승지 홍의호(洪義浩)가 '의금부로 잡아들여 처단하라'고 아뢰어, 수십 명이 동시에 의금부에 나아가 심리를 받음. '다음부터는 이리 하지 말라'고 전교하신 뒤에, 잘못을 빈틈없이 적어두고 풀어주심. 태릉 正朝祭의 大祝 으로 임명됨. 승문원에 분관되어 처음으로 녹봉을 받음. (3장)

을축(1805, 23세) 貞純王后 김씨께서 승하함. 朔書에 입격하여 상 받음. 딸이 태어남. (10장)

병인(1806, 24세) 가주서에 첫째 후보로 올라 낙점됨. 李肯翊이 세상을 떠남. 북한산에서 잠시 머묾. (8장)

정묘(1807, 25세) 남산 春享의 監祭가 됨. 혜경궁의 환후로 약원에서 입직하는 일이 많음. 實注書의 후보에 오름. 춘당대 翰林召試에서 2등으로 뽑혀, 예문관 검열로 임명됨. (12장)

무진(1808, 26세) 북한산과 한강의 監祭에 임명됨. 예비 한림으로 출근함. 奉敎로 陞付됨. (18장)

기사(1809, 27세) 의금부에 잡혀가 조사를 받음. 贖錢을 내고 풀려남. 중궁전에서 원자가 태어남. 평안도 일대를 다니면서 과거를 주관함. (11장)

경오(1810, 28세) 부수찬에 첫째 후보로 오름. 弘文館 副校理에 첫째 후보로 오름. 아버지 가 영유현령으로 부임하자, 부모 병을 이유로 휴가를 얻어 覲親함. (8장)

신미(1811, 29세) 司憲府 持平에 특별히 제수됨. 連坐되어 파직됨. (7장) 소계 82장

제2책

임신(1812, 30세) 享官이 됨. 問禮官이 되어 의주에 감. 홍문관 副應敎에 제수됨. (5장)

계유(1813, 31세) 부친과 장인의 회갑연을 치름. 奎章閣 직각 겸 교서관 교리에 제수됨. 아버지께서 재령군수가 되심. (9장)

갑술(1814, 32세) 아버지 생신을 맞아 申緯, 金祖淳 등과 詩會를 가짐. 아들 基世가 태어 남. 『列聖御製』합부본이 완성되어 수령함. (13장)

을해(1815, 33세) 장인께서 돌아가심. 光陵 정자각에 불이 나 왕께서 避殿하심. 思悼世子妃 혜경궁 홍씨가 돌아가심. (8장)

병자(1816, 34세) 南公轍에 의해 관찰사에 추천됨. 동래에서 잠시 머물다 돌아옴. 둘째 아들 경손이 태어남. (13장)

정축(1817, 35세) 殿試 對讀官이 됨. 世子侍講院 兼輔德이 됨. 두 아들이 마마를 앓음. (8장)

무인(1818, 36세) 아버지께서 牧使로 계시는 진주에 근친을 감. 건강이 좋지 않음. 左承旨에 제수됨. (11장)

기묘(1819, 37세) 刑房 右承旨에 제수됨. 大司諫에 낙점됨. 딸의 혼례를 치름. (21장) 소계

88장

제3책

경진(1820, 38세) 영변부사로 부임함. 박천 소림의 사건을 조사함. 箋文을 다섯 차례 지어 바침. (12장)

신사(1821, 39세) 영변부사로 關西慰諭使를 겸하여 괴질이 퍼진 서북지방을 수습함. 호적에 의거하여 환곡을 균등하게 나누어 줌. 평안도의 民弊를 조사·보고함. (15장)

임오(1822, 40세) 釋奠祭의 제물 봉하는 것을 감독함. 旬製를 실시하여 인재를 시험하고, 향음주계와 향악례를 행함. 아버지께서 돌아가심. (12장)

계미(1823, 41세) 양주의 廬幕에서 보낸 시간이 많음. 庭試의 試官이 됨. 효의왕후 부묘를 행함. (2장)

갑신(1824, 42세) 양주 산소에서 보낸 시간이 많음. 형조참판에 첫째 후보로 오름. 어머니께서 돌아가심. (2장)

을유(1825, 43세) 山役을 마치고, 시흥의 여막에서 보낸 시간이 많음. (2장)

병술(1826, 44세) 시흥의 여막과 고양 현천에서 보낸 시간이 많음. 漢城府 左尹에 첫째 후보로 올라 낙점됨. 병조참판에 첫째 후보로 올라 낙점됨. (2장)

정해(1827, 45세) 備邊司 堂上에 임명됨. 전라감사와 동지중추부사에 첫째 후보로 낙점됨. 강원도 관찰사가 됨. (9장)

무자(1828, 46세) 억울하게 수감된 삼척의 죄인을 조사하여 풀어줌. 학질을 앓음. 호조참판에 첫째 후보로 올라 대점됨. (7장)

기축(1829, 47세) 대사간에 기존후보로 올라 대점됨. 회령부사에 제수됨. 백일장과 활쏘기 시험 등을 보임. (9장)

경인(1830, 48세) 御眞을 宙合樓에 봉안함. 孝明世子가 돌아가심. 회령부사로 재직하게 됨. (8장) 소계 80장

제4책

신묘(1831, 49세) 형조에서 재직함. 판중추부사에 단독 후보로 오름. 冬至使로 청나라 燕京에 감. (17장)

임진(1832, 50세) 淸에서 3월에 돌아옴. 공조판서, 형조판서에 첫째 후보로 낙점됨. 막내 아들 기명의 혼사를 치르고, 김조순이 세상을 떠남. (18장) 소계 35장

제5책

계사(1833, 51세) 시흥과 광주에서 잠시 머물다 돌아옴. 창덕궁의 희정당에 불이 남. 홍석

주, 서희순, 남공철 등과 모임을 가짐. (19장)

갑오(1834, 52세) 經術試에 試官으로 나감. 순조께서 승하하심. 맏손자가 태어남. (16장)

을미(1835, 53세) 압록강변에서 동지사 일행을 맞이함. 규장각 관리들과 함께 실록과 『日省錄』 정리. 신명원, 김응근, 윤국렬 등과 모임을 가짐. (22장)

병신(1836, 54세) 史局에 나감. 서유구, 홍석주, 조인영 등과 의논함. 건강이 좋지 않아 말미를 얻어 잠시 쉼. (26장) 소계 83장

제6책

정유(1837, 55세) 예조판서에 오름. 掌樂院의 업무를 봄. 아들 기세가 庭試 文科에 丙科로 급제함. (26장)

무술(1838, 56세) 祈雨 초고를 짓자 소나기가 옴. 太廟秋享과 景慕宮의 제사를 모심. 병으로 말미를 얻어 시흥에서 지냄. (27장)

기해(1839, 57세) 의금부에서 죄인 후송하는 일에 대해 의논함. 表文, 疏 등을 지어 올림. 藥院의 업무에 대해 의논함. (22장) 소계 75장

제7책

경자(1840, 58세) 樂民樓의 詩會에 나감. 남공철이 세상을 떠남. 가래와 번열기가 심해짐. (22장)

신축(1841, 59세) 우의정이 됨. 司饔院의 도제조 · 제조의 일과 좌의정 金弘根의 辭免 문제를 의논함. (30장)

임인(1842, 60세) 좌의정이 됨. 3차례에 걸쳐 祈雨함. 朴永元, 趙寅永 등과 가벼운 죄인을 처벌하는 규정에 대해 의논함. (25장) 소계 77장

제8책

계묘(1843, 61세) 判中樞府使가 됨. 헌종비 효현왕후 김씨가 돌아가심. 부인의 회갑을 맞음. (33장)

갑진(1844, 62세) 東會試에 나감. 헌종께서 경희궁으로 옮기시고 妃(정휘왕후 홍씨)를 책봉하심. 인천에서 잠시 머물다 돌아옴. (22장)

을사(1845, 63세) 정시문과가 실시되어 시관으로 나감. 평양에 머물다 돌아옴. 막내와 큰며느리를 데리고 연안에 다녀옴. (15장)

병오(1846, 64세) 趙萬永이 세상을 떠남. 綏陵을 新陵으로 遷奉하게 됨. 上梁文, 啓辭 등을 지어 올림. (병오년 書眉에 小註가 많이 있음) (19장) 소계 89장

제9책

정미(1847, 65세) 손자 範祖가 혼례를 치름. 景慕宮 春享과 太廟의 夏享을 모심. 嬪宮을 再揀하는 일이 있어 敬嬪의 冠禮에 祝辭를 지어 올림. (19장)

무신(1848, 66세) 영의정이 됨. 손자 範朝가 監試에 응시함. 經術文學과 拿鞫하는 일에 대해 논의함. (25장)

기유(1849, 67세) 헌종께서 승하하심. 德完君(철종)의 迎立을 주관하며, 강화도에 가서 모셔옴. 中樞府領事가 되었다가 말미를 얻어 쉼. (11장) 소계 76장

제10책

기유(1849, 67세) 건강이 안 좋아짐. (書眉에 小註가 많이 있음) (48장)

경술(1850, 68세) 皇太后께서 돌아가심. 趙寅永이 세상 떠남. (33장) 소계 81장

제11책

신해(1851, 69세) 『憲宗實錄』이 간행됨. 후추, 생게 등을 하사받음. 庭試 文科가 실시되어 試官으로 나감. (30장)

임자(1852, 70세) 흉년으로 유랑민이 많아진 일에 대해 수습할 일을 의논함. 外邑都結이 금지되었음. 權敦仁이 풀려 나왔으므로 맞이함. (29장)

계축(1853, 71세) 아들 基世가 江華府留守에 임명됨. 가뭄에 굶어 죽는 이에 대한 대책을 의논함. 새로 영의정이 된 金左根과 자주 만남. (20장) 소계 79장

제12책

갑인(1854, 72세) 庭試 文科와 道內의 백일장에 試官으로 나감. 순천, 구례, 곡성 三邑에 水災가 심하여 수습, 위로차 다녀옴. 아들 기세가 전라도 관찰사가 됨. (26장)

을묘(1855, 73세) 영의정 김좌근 등과 松石園에서 大臣會를 가짐. 며느리들이 손자들을 데리고 陜川에 감. 건강이 좋지 못하여 쉼. (29장)

병진(1856, 74세) 원주에 머물다 돌아옴. 영남에 水災가 심하여 대책을 의논함. 新陵에 金井 틀을 놓는 일을 감독함. 박회수, 이돈영, 홍익주 등과 다녀봄. (22장) 소계 77장

제13책

정사(1857, 75세) 순조비 純元王后께서 돌아가심. 순종의 廟號를 순조로 고침. 仁政殿을 수리하는 일을 박회수, 김도희, 조두순 등과 의논함. (32장)

무오(1858, 76세) 庭試 文科에 조카 基會가 응시함. 손자 범조가 이천에서 돌아옴. 손자사위가 질병으로 죽음. (24장)

기미(1859, 77세) 영의정이 됨. 官紀가 문란해지고 민란이 빈발하므로 암행어사 椎邑의 고법을 부활할 것을 건의함. 손자 범조가 增廣 文科에 丙科로 급제함. (27장) 소계 83장

제14책

경신(1860, 78세) 한성에 전염병이 크게 퍼짐. 손자 범조가 弘文館에 등용됨. 외손 윤자복이 병으로 죽음. (26장)

신유(1861, 79세) 경희궁을 보수하는 일이 완료되어 철종께서 경희궁으로 옮기심. 손자 범조가 待敎가 되어 牙牌를 받듦. 손자 善朝가 관례를 행함. (29장)

임술(1862, 80세) 진주, 익산 등에서 민란이 일어나고, 충청, 경상, 전라 각지로 확대됨. 임술민란이 일어남. 아들 기세가 判義禁府事와 刑曹判書가 됨. (24장) 소계 79장

제15책

임술(1862, 80세) 三政釐正廳의 總裁官이 됨. 삼정의 문란을 시정하고자 노력함. 삼정에 관한 옛 법규를 복구하고자 함. (9장)

계해(1863, 81세) 철종께서 승하하심. 대왕대비 趙氏의 전교로 홍선군의 둘째 아드님 命福(고종)께서 즉위하심. 고종께서 즉위하기까지 院相이 되어 국정을 관장함. (32장)

갑자(1864, 82세) 실록청의 총재관이 되어 철종실록의 편찬을 주관함. 왕의 행차에 玉堂이 수행하는 것을 제도화했음. 아들 기세가 병조판서에 오르고, 손자 범조가 左參贊에 오름. (35장) 소계 76장

제16책

을축(1865, 83세) 경복궁을 重建하는 일을 의논함. 宗親府와 儀賓府는 조회하는 동쪽 반렬에 入參하게 함. 式年 文科 會試가 실시되어 試官으로 나감. (30장)

병인(1866, 84세) 경복궁 중건 공사를 하던 중 큰 화재가 발생함. 藏譜閣의 실화로 御眞을 冷泉亭으로 移奉하였음. 洋人(프랑스인)이 탄 배 4척이 정박하여 방화, 약탈후 돌아감. (32장)

정묘(1867, 85세) 式年 文武科 殿試에 試官으로 나감. 대원군과 새로 영의정이 된 金炳學 등과 일을 의논함. 철종의 御眞을 天漢殿으로 移奉함. (16장)

무진(1868, 86세) 왕께서 '老', '經', '山' 3자를 친히 써서 내려주심. 왕께서 春塘臺에서 參班儒武를 실시하심. 사위 尹周鎭이 질병으로 죽음. (19장)

기사(1869, 87세) 왕이 社稷壇에서 祈穀大祭를 행하는 일에 동참함. 전라도에 민란, 화재 등이 잇달아 일어남. 경무대에서 실시된 慶科 庭試에 試官으로 나감. (5장) 소계 102장

제17책

기사(1869, 87세) 文廟 수리가 완성되어 應製試가 실시되고, 손자 景朝와 謹朝가 응시함. 鐘路에 큰 불이 일어나 鐘閣이 소실됨. 증손 百慶이 三加禮를 행함. (5장)

경오(1870, 88세) 楊州에 잠시 머물다 돌아옴. 대왕대비전 탄신일을 맞아 世子, 世孫의 墓號가 園으로 승격됨. 庭試 文武科가 실시되어 試官으로 나감. (8장)

신미(1871, 89세) 경무대에서 謁聖文武科가 시행되어 試官으로 나감. 건강이 좋지 않아 궁중의 여러 행사에 모두 불참함. 말미를 얻어 약을 먹으며 쉼. (7장)

임신(1872, 90세) 齋陵과 厚陵에서 왕이 親祭를 행하실 때 모시고 동참함. 謁聖文武科가 시행되어 試官으로 나감. 營建都監을 폐지하기로 한 데 따라 康寧殿, 慶會樓 등의 상량문을 지음. (8장)

계유(1873, 91세) 1월 1일에 茶禮에 동참함. 91세 생일은 드문 일이므로 고종이 賀宴을 베푸실거라는 말을 전해 들음. 쌀, 목화, 기름 등을 하사받음. 1월 2일에 痰滯, 惡寒 등의 증세로 약을 지어 먹음. 1월 3일에 세상을 떠남. (2장) 소계 30장

『經山日錄』의 중요성은 왕조실록에도 실려 있지 않은 사실을 자세히 기록한 점에 있다. 『憲宗實錄』에는 헌종이 세상을 떠나던 날인 1849년 6월 5일의 기록이 "약원에 명하여 윤직하게 하였다(命藥院輪直)"는 다섯 글자뿐이다. 그러나 『經山日錄』에는 실록에 없는 글과 자신이 듣고 본 헌종의 마지막 모습을 상세하게 기록하였다. 그는 판중추부사(종1품)로 있으면서 왕실의 신임을 얻고 있었기 때문에, 승하와 즉위 과정에서 막중한 임무를 맡게 되었던 것이다. 너무 긴 느낌이 있지만 참고삼아 인용하기로 한다.

저녁에 藥房掌務官이 임금의 상태가 더 심해졌다고 글로 알려왔다. 들어가서 교대로 숙직하였는데, '사정이 훨씬 더 놀랍고 걱정스럽다'고 계가 내려왔다. 임금의 상태는 지난 겨울에 橘皮湯 2제를 올렸고, 또 滯症 때문에 항상 香砂君子湯을 올려왔다. 정월부터 물리셔서, 약을 올려도 자주 체하고, 편안히 자지 못하는 등의 증세가 있었다. 매번 안에서 의관을 불러 들일 때마다 변종호·이하석·김형선 등이 들어가 진료하여 약을 올렸으나, 平胃煎과 養胃煎을 군자탕 등에 가미한 처방에 불과했다. 여러 증상이 나아졌다 못해졌다 일정치가 않았다. 임금의 얼굴이 야위고 누렇게 떴으며, 통통했던 피부가 말랐다. 앞의 모든 사정이 우려되었다. 위에서는 밖에 소동이 일어날까 염려해서 숨기고 알리려 하지 않았다. 그래서 의관들도 감히 드러내놓고 말하지 못했으며, 藥院에서도 자세히 알지 못했다. 4월 20일 후 약방도제조 권돈인이 의관을 데리고 들어가 의약 등절로 진료하였다. 약방에서 주관하여 우러러 청하여, 비로소 약원에서 들어가 진료했다. 또 탕제를 들고 와 기다리며 아뢰었다.

"또 歸茸君子湯 스무첩을 올립니다."

5월 13일에 영중추부사가 온 김에 임금을 문안하였다. 영중추부사 조인영이 지난 해부터 다리에 병이 있어 임금께서 입궐하지 말도록 했는데, 이날에 이르러 처음으로 문안한 것이다.

참판 조병준, 승지 조병기도 이튿날 입궐하였다. 의약 등절을 영중추부사가 주장하였다. 들어가 진료하고 약을 의논하는데, 약방에서 제대로 다 알지 못했다. 권도상도 병이 있어 약원에 오지 못했다. 그 사이에 면천에 사는 시골 의사 이명위가 궁궐문에서 藥吏를 불렀기에, 그를 올라오게 하였다. 그가 들어와 진료한 뒤에 大加味腎氣湯을 내면서

"脾經과 腎經이 모두 허하다."

고 말했다. 그 약을 들여왔으나, 영중추부사가 "재료가 많다"는 이유로 쓰지 않았다. 또 해주군수 박제안이 들어와 진료하더니, 蔘芪君子湯을 내오게 하였다. 여러 첩 올렸더니, 며칠 전부터 또 한기가 일었다 열이 났다 하는 증상이 있었다. 사지와 복부의 부기가 이미 한 달 가까이 되었고, 소변이 적어졌다. 하룻밤에 예닐곱 번 소변을 보아도 요강의 반쯤밖에 안 되었다. 부기가 혹시 좀 빠지면 원기가 더욱 손상되었다. 이에 이르러 설사까지 점점 심해졌으나 약원에서도 자세히 몰랐다. 며칠 전에 임금의 잠자리가 편치 못하고 미음도 잘 넘기지 못한다는 말을 들었다. 글로 도상에게 물으니,

"임금의 諸節이 조금씩 나아져서 회복을 바랄 만하다는 의관의 말을 들었다."

고 대답하였다. 도상도 잘 모르고 그렇게 말한 것이었다. 의관은 변종호와 이기복이 밤새 숙직을 했으며, 이하석이 드나들었다. 이하석이 매번 도상의 집에 가서 알렸다. 이날 저녁에 급한 소식을 듣고 저녁을 먹은 뒤에 궁궐로 향했는데, 가는 길에 '차례대로 숙직한다'는 소식을 들었다. 朝房에 나아가니 영중추부사 조대감이 조방에 있었다. 내가 임금의 제절을 묻자,

"더 위중해져서 문의 자물쇠를 잠그려 하기 때문에 나왔다."

고 대답하였다. 도상은 또 자물쇠를 따라 궁궐 문지기를 내보내고 본가로 향하였다. 내 생각에 도상이 본가로 향하니 임금의 제절에 시급한 근심은 없는 것 같았다. 그래서 문에 남아 있었다. 정전의 뜰에 나아가 차례대로 숙직에 참여한 다음, 임금께 문안하고 나와보니 이미 3경이 지났다. 여러 관료와 2품 이상이 모두 돌아갔다.

나도 집으로 돌아와 잠시 앉아 있다가 조방에 나아갔다. 이날이 초엿새였다. 자물쇠가 열리기를 기다려 정전의 뜰에 나아가 문안에 참여하였다. 좌의정 김도희·판부사 박회수와 함께 약방에 갔더니 제조 서좌보와 부제조 홍종응이 약원에 있었다. 도상은 병 때문에 들어오지 않았다. 내가 '가마를 타더라도 꼭 약원에 들어와야 한다'는 뜻을 도상에게 알리게 했다. 도상이 조금 후 들어왔기에, 내가 말했다.

"어찌 숙직을 청하지 않는 게요? 대신이 또 어찌 문안 여쭙기를 청하지 않는 게요?"

도상이 말했다.

"숙직을 청하는 것은 지금 역시 시간이 지났습니다. 만약 할 수 있다면 소생이 어찌 하지 않겠습니까?"

영중추부사가 '임금께서 싫어하신다'는 말을 듣고 숙직을 청하지 못하게 했다고 말하는 것이었다. 영중추부사가 일찍 문안을 여쭈러 들어갔다가 듣고서 곧 廚院에 나와 앉았다. 나는 '임금의 환후가 조금 나아져서 영중추부사가 나와 앉았구나'라고 생각했다. 잠시 있다가 桂附君子湯에 인삼 한 냥쭝을 달여서 들였다. 임금께서 놀라고 근심스럽게 한 다음에 또 '안에서

영중추부사를 들랍신다'는 말을 들었고, 영중추부사가 도상에게 글을 맡기는 것을 보았다. 그를 시켜 곧 '숙직을 옮기라'고 청하니, 온 약원이 크게 놀랐다. 급히 일어나 주원으로 가는 길에 '대신과 閣臣은 입시하라'는 하교가 있었다고 들었다. 들어가려는 즈음 아랫사람이 전하는 말을 들었는데, '중희당 방안에서 이미 곡성이 났다'는 것이었다. 슬프구나! 이 무슨 일이란 말인가?

헌종이 승하한 소식이 5일 날짜 끝부분에 기록되었지만, 사실은 6일이다. 그가 잠을 자지 않았기 때문에 잇달아 기록했을 뿐이다. 자물쇠가 열리기 전부터 기다리다가 정전 쪽으로 향했는데, 이미 곡소리가 났다. 임금이 세상을 떠나면 세자가 이어 즉위해야 하는데, 헌종 경우에는 세자를 미리 정하지 못했다. 그래서 왕실의 어른인 대왕대비 순원왕후가 원로대신들의 의견을 들어 후사를 정했는데, 정원용이 강화도령 이원범을 모셔다가 즉위하는 과정까지 책임을 맡았다. 그래서 6일의 일기도 實錄보다 훨씬 더 자세하다.

판부사 권돈인·좌상 김도희·판부사 박회수 및 閣臣 김학성·서희순 등과 함께 중희당에 들어가 뵈었다. 중희당 뜰에 들어가자마자 곡소리가 방안에서 나왔다. 내가 계단에서 마루에 오르자, 영중추부사 조인영이 마루에서 일어나 물러났다. 내가 옷깃을 잡고 말했다.

"이게 무슨 일이오?"

이어서 함께 방을 통해 협방으로 갔다. 장지문을 열어보니 임금께서 아래켠에 누워 검은색 겹이불을 덮고 계셨다. 방의 가리개 안에서는 내전께서 곡소리를 내고 계셨다. 영중추부사가 이불을 걷어보니 얼굴부분이 백지로 덮여 있었다. 그 모습을 보자 놀랍고 애통하여 소리를 질렀으며, 나도 모르게 목이 메도록 통곡하였다. 여러 대신들이 도승지 홍종응을 시켜 大寶를 찾게 하였다. 좌상에게 맡겨 대보를 대왕대비전에 바치자, "도승지가 寶櫃의 자물쇠를 열라"는 전교가 글로 내렸다. 내가 말했다.

"살피고 삼가는 방법은 이렇습니다. 大寶를 봉한 종이를 찢어서 보고 살핀 다음에 종이를 바꾸어 봉합니다. 자물쇠를 채운 뒤에, 종이에다 '신 아무개가 삼가 봉합니다'라고 써서 봉해야 됩니다."

도승지가 내 말대로 했다. 承傳色에게 청해 東朝에 바쳤다. '종묘 사직과 산천에 기도를 행하려 하는데, 축문 가운데 쓴 사람이 누구라고 칭할 것이냐'고 香室에서 통지가 왔다. 영중추부사가 일렀다.

"마땅히 중전이라고 써야 한다. 왕비 홍씨가 아무개 관원을 보내 분명하게 아뢴다고 칭하여라."

동조에 아뢰자, 그렇게 쓰라고 하교하셨다. 그러자 여러 사람들이 "종묘 사직의 축문에는 內殿이라고 쓸 수 있겠지만, 산천의 축문에는 써서는 안 되니, 좌상이 쓴 것으로 하는 것이 옳다"고 하였다. 영중추부사도 역시 "그 말이 옳으니 또 아뢰어 정하자"고 하였다. 내가 말했다.

"좌상이 어찌 삼가 아무개 관을 보내어 太廟에 아뢴다고 할 수 있습니까?"

영중추부사도 그렇다고 여겨 "'시켜서[使]'라고 쓰는 것이 옳겠다"고 말하고는, 끝내 이렇게 거행하였다. 내 생각은 대신이 태묘에 고하는 것이 왕비가 관리를 보내 고하는 것만 못하다는 것이었다. 비록 산천으로 말하더라도 이 역시 바로 우리나라의 산천이니, 국왕의 妃가 기도하는 것이 예에 어찌 안될 것이 있단 말인가?

대비께서 "權判府事를 院相으로 삼으라"고 전교를 내리셨다. 이것은 본래 영의정이 하는 직임이었으나, (이번에는) 原任大臣이 대신 행하게 되었다. 옛날에는 이런 경우가 없었다. 어떤 이는 "원임대신이 한 적이 있다"고 말하는데, 이는 제대로 알지 못하는 자이다. 성종과 명종께서 들어와 보위를 계승할 때는 위태롭고 불안한 즈음이었기 때문에 時任과 원임대신이 아울러 원상을 하였고, 또 崇品 및 좌찬성·우찬성에게 청해 함께 원상으로 발령을 내었다. 어찌 원상을 한 명만 두면서 영의정이 전적으로 맡지 않았던 예이겠는가? 권대감이 좌상에게 말했다.

"나라에 어찌 하루라도 임금이 없을 수 있겠습니까? 지금은 喪을 거행하고 있으니, 마땅히 동조를 뵙기를 청해 미리 社稷에 대한 계획을 정하는 것이 좋겠습니다."

좌상이 (동조에게) 곧바로 뵙기를 청하지 않자, 권대감이 여러 차례 말하였다.

"對面을 청하기 어렵다면, 판서 김좌근에게 청하여 '오늘 뵙기를 청할 뜻이 있다'고 먼저 동조에 아뢰는 것이 좋겠습니다."

좌상이 말했다.

"원임대신이 함께 들어가는 것이 좋겠소."

권대감이 말했다.

"이것은 시임대신의 일입니다."

이러는 동안에 해는 이미 酉時가 되었다. 동조에서 "시임과 원임 대신들은 들어오라"는 전교가 있었다. 우리들이 희정당에 입시하니 대왕대비전께서 서쪽 上房에 발을 드리우고 계셨다. 우리들이 앞으로 나아가자, 대비께서 슬프게 곡을 하셨다. 우리들도 통곡하였다. 한참 있다가 대비께서 말씀하셨다.

"하늘이 어찌 차마 이러시는지! 하늘이 어찌 차마 이러시는지!"

조인영이 말했다.

"오백년 종사가 오늘 갑자기 이 지경에 이를 줄 어찌 헤아렸겠습니까?"

내가 말했다.

"신들이 복이 없어 이같이 산이 무너지고 땅이 갈라지는 슬픔을 만나게 되니, 천지가 막막하여 무슨 말로 위로를 드리겠습니까? 그러나 지금 宗社의 위급함을 돌아보면 참으로 위태합니다. 신하와 백성들이 우러러 바라보고 있는 분은 오직 우리 대비 전하뿐입니다."

권돈인이 말했다.

"신들이 불충하기 짝이 없어 이런 망극한 변을 만났습니다."

대왕대비전께서 가로막으며 하교하셨다.

"종사를 맡길 일이 시급하니…"

그 나머지는 말씀과 흐느낌이 반반이었고 소리가 작아 여러 신하들이 자세히 듣지 못하였다. 내가 아뢰었다.

"종사의 대계가 시급합니다. 엎드려 바라오니, 너그럽게 감정을 억누르시고 분명히 하교하셔서, 신들이 상세히 받들어 듣게 해 주십시오. 이것은 막중하고 막대한 일이라, 말씀으로만 받들 수 없습니다. 엎드려 바라오니, 글자로 써서 내려주십시오."

대비께서 하교하셨다.

"여기에 글자로 쓴 것이 있소"

발 안에서 종이 한 장을 내놓으시고, 또 하교하셨다.

"차례로 본 후에 眞書로 번역하는 것이 좋겠소"

내시가 무릎을 꿇고 받아서 도승지 홍종응에게 주었다. 홍종응이 무릎을 꿇고 받았다. 내가 홍종응을 시켜 앞에 나아가 큰 소리로 諺文으로 된 교지를 읽게 한 후에, 여러 대신들이 함께 보았다. 홍종응이 번역한 것을 읽어 아뢰었다.

"종사를 맡길 일이 시급하다. 英廟朝의 血脈은 지금 임금과 강화부에 거주하는 이 사람뿐이다. 이 사람에게 종사를 맡기기로 정하라."

(이름) 두 글자 옆에 '즉 玉廣의 셋째 아들이다'라고 쓰여 있었다. 읽기를 마치자, 내가 말했다.

"연세가 지금 얼마입니까?"

대비께서 말씀하셨다.

"열아홉 살이오."

내가 말했다.

"종사의 계획이 정해졌으니, 참으로 신하와 백성들에게 기쁘고 다행스러운 일입니다."

조인영이 말했다.

"먼저 君으로 봉해야 할 것 같습니다."

대비께서 말씀하셨다.

"맞아들여 오는 의례와 절차를 예에 따라 거행하시오."

김도희가 말했다.

"대비께서 垂簾聽政하시고, 節目은 전례에 따라 해당 관아에서 마련하는 것이 좋겠습니다."

대비께서 말씀하셨다.

"새 왕께서 연세가 스물이 가깝고, 나는 나이가 예순이 넘어 정신도 혼미해졌소. 지금 어찌 다시 이 일을 논의할 수 있겠소만 국사가 지극히 중요하여, 지금은 당연히 힘쓰고 따라야 할 일을 회피할 생각은 없소"

조인영이 말하였다.

"종사의 대계가 이미 정해졌으니, 군사를 얼마쯤 먼저 정하여 보내 본가를 지키도록 하는

게 좋겠습니다."

대비께서 말씀하셨다.

"그렇소. 병조와 도총부의 당상관과 낭관이 三營門의 군사를 이끌고 먼저 가서 보호하는 게 좋겠소."

또 하교하셨다.

"宣廟朝謄錄에 상고할 만한 예가 없소?"

조인영이 말했다.

"지금 상고할 만한 곳이 없습니다."

김도희가 말했다.

"지금 이번 봉영 때 정경 대신 가운데 누가 나가야 합니까?"

대비께서 말씀하셨다.

"전례는 어떠하오?"

조인영이 말했다.

"선묘조에 도승지 이양원이 나갔고, 명나라 세종 봉영 때에는 태학사가 나갔습니다."

대비께서 말씀하셨다.

"대신이 나가시오."

도희가 말했다.

"어느 대신이 나갈까요?"

자성께서 말씀하셨다.

"정 판부사가 나가시오."

종응이 말했다.

"어느 승지가 나갈까요?"

대비께서 말씀하셨다.

"도승지가 나가시오."

내가 말했다.

"이번 일은 대단히 중대합니다. 서신을 받들어 공손히 전하고 공손히 받아야 실제로 예절에 부합됩니다. 이제 慈敎를 내리시어, 승정원에서 정서하여 대비께 보이게 하고, 옥새를 찍어 돌려보내서 彩輿에 받들고 儀仗을 갖추어, 신들이 함께 나아가 공손히 전하는 것이 옳습니다."

대비께서 하교하셨다.

"사리가 과연 아뢴대로이니, 그렇게 하면 될 것이오."

또 하교하셨다.

"임금께서 오실 때에 雙轎로 행차하시는 것이 좋겠소."

이에 물러나 사용원에 앉아서 예조의 아전을 불러 儀注를 내오게 하고, 병조의 아전을 불러 陪衛節目을 내오게 했다. (배위절목 줄임)

처음에는 금군 100명, 총영군 200명이었으나 모두 반수로 줄였고, 傳語軍은 200명이 정해진 수였으므로 단지 衛軍 10명으로 部字 안에 명령을 전하게 했으며, 部 밖은 경기감영에서 정해 보내게 하여 폐단을 없앴다. 그리고 三營 및 總營에서 각기 군병의 노자를 내려 보내게 하여, 관청의 주방 및 여염집에 식량을 요구하지 않게 하였다. 이어 籌司로부터 경기 감영에 이 뜻으로 공문을 보냈다.

冠禮 여부를 자세히 알지 못하므로, 상의원에 白袍 및 白帶를 만들어 오게 하여 진상하는 의복을 갖추었다. 승정원에서 도승지가 대비의 교서를 자문지에 정서하여 다시 돌려보냈다. 그 후 (대비의 교서를) 채여에 받들고 의장을 갖추어 돈화문을 나섰다. 기마가 채여를 배행하였다. 도승지 홍종응·한림 윤정선·주서 한경원·병조참판 황호민·부총관 이근우가 동행하였다. 남대문을 나서서 依幕에서 쉬며 저녁밥을 먹었다. 녹사 박재덕·친척인 비장 정학유·겸인 지인석·종 도야지 등 여러 사람이 따로 배행하며 따라갔다.

(약속한 장소에) 경기 감영의 역마가 와서 기다리고 있지 않았다. 초경부터 4경까지 앉아서, 경기감사 김기만이 배행하러 오기를 기다렸다. 藥峴 의막에 앉아 있는데, '기마가 모자라서 앉아있다'는 말을 (경기감사가) 듣고 급히 사인교 한 대와 교군 8명을 보내왔다. 그래서 이것을 타고 전진하였다. 밤이 어둡고 비가 쏟아졌는데, 횃불까지 없었다. 간신히 양화진 나루에 닿았더니, 배는 모두 앞사람이 다 타고 가버렸다. 게다가 바람이 불고 물이 불어나 잠시 쉬었다. 鎭將이 수레 안에서 횃불을 잡고 양화진을 건넜다. 먼저 도승지에게 채여를 배행하여 앞서 가게 하였다.

실록의 몇십 배 되는 2일 동안의 일기만 보더라도, 『經山日錄』의 내용이 얼마나 상세한 지 알 수 있다.

4. 가치

정원용은 20세에 문과에 급제한 뒤에 오랜 기간에 걸쳐 사관이나 승지 벼슬을 하며 임금 측근에서 신임을 얻었다. 청나라 사신을 영접하거나, 동지사로 청나라에 다녀오면서 외교감각을 익히기도 했다. 강원도와 평안도관찰사를 역임하며 백성들을 잘 다스렸고, 예조·이조판서를 거쳐 좌의정에 올랐다. 1848년에 영의정이 되어 철종과 고종을 보필하고 영중추부사에 이르렀다. 벼슬살이 72년 동안 충성과 정직으로 임금을 섬겼으며, 철종과 고종이 즉위할 때에 인망을 얻은 재상으로 과도기를 잘 넘겼다. 일상생활에 검소하여 살림에 관심이 없었으므로, 91세 생신에는 고종이 賀宴을 베풀기까지 했다. 이러한 그의 일생이 『經山日錄』에 그대로 기록되어 있다.

이 일기는 우선 한 개인이 91년 동안 기록한 17책의 분량만으로도 그 가치가 높다. 물론 그가 91세나 살며 장수한데다 72년이나 벼슬생활을 했기에 그 엄청난 분량이 가능했겠지만, 그 긴 세월 동안 날마다 자신의 행적을 기록한 그의 역사의식도 놀랍다. 헌종이 세상을 떠나고 강화도령이었던 철종이 즉위하기까지 숨가쁜 며칠 동안의 일기는 하루에 6~7面씩 썼으니, 實錄에서 미처 기록하지 못한 부분까지, 정권의 핵심에 있었던 자신이 보고 들은 사실들을 기록으로 남겨 뒷날의 사료로 삼으려 했음을 알 수 있다.

이 일기는 단순한 개인 일기를 넘어서, 외척세도가 발호한 철종·고종시대에 안동 김씨가 아니면서도 30년 넘게 재상을 역임한 원로대신의 경륜이 기록되어 있다. 본문에서는 일기의 제목을 『經山從宦日錄』이라고 했으니, 벼슬생활에서 중요하게 생각한 사실들을 기록한 것이다. 하루에도 몇 차례 자신의 벼슬이 바뀌었다는 기록을 보면, 임기가 보장되지 못하고 임금이나 고관들의 마음에 따라 임면되었던 관원들의 애달픔이 느껴지기도 한다. 과거시험을 치르고 급제하여 벼슬생활을 시작하는 과정부터 출퇴근하는 모습이 자세히 기록되어, 사대부의 생활사를 살펴보기에도 좋은 자료이다. 부모가 세상을 떠나면 벼슬을 내어놓고 무덤을 지키는 것이 당시의 예법이었는데, 그의 경우에는 아버지의 삼년상을 마치자마자 어머니가 또 돌아가셔, 벼슬이 한참 올라가던 무렵에 여러 해 동안 벼슬에서 떠나야만 했던 모습을 보여주기도 했다. 그는 철종이 세상을 떠나고 고종이 즉위하는 과정에서도 院相으로 막중한 임무를 맡았다. 이 시기가 노론의 세도정치가 무너지고 대원군이 집권하며 외국 세력이 간섭하기 시작하는 시기이므로, 이 일기는 국내외 정치상황을 알 수 있는 역사적 자료이다.

연세대학교 고서실에는 정원용의 후손들이 기증한 『經山集』·『藥山錄』·『箕城錄』 등의 문집 초고와 『北征錄』·『燕槎錄』·『東征日記』 등의 紀行詩文 등이 소장되어 있어, 『經山日錄』과 함께 연구하면 갑절의 효과를 얻을 수 있다.

【허경진】

庚申錄

李觀徵(1618~1695) 著.

寫本. 1册：27.5×20cm. 10行 23字.

庚申錄　奉賀朝李觀徵以推輓堂上曰見錄此

庚申三月二十三日郞頒相許積賜几杖簑笠延諡宴也各道求

請各司扶助及其宴日文武百官莫不奔走塡街盛滿豐足圓

朝以來兩未有也識者固憂之然慶宴列託病不與宴者前禮

判李觀徵一人而已是日朝飯時大小百官皆會以次坐定而

正卿列虛一座以待兵判金錫冑者日將午而獨兵判期會不

至頒相謂光城府院君金萬基曰兵判尙不來何也光城曰俄

更請之頒相輥送色立請之色立還報曰兵判已裝束乘轎矣

移時且不至右相臭始壽數目光城曰兵判事殊甚可怪尤城

低頭不荅頒相又送伴倘人人不知所向　云座客曰等待一人安

1. 저자

李觀徵(1618~1695)[1]의 本貫은 延安, 字는 國賓, 號는 芹翁・芹谷이다. 1639년(인조 17)에 司馬試에 합격하고, 1653년(효종 4)에 別試 文科에 丙科로 급제하여 孝宗代부터 經筵에 출입하였다. 顯宗代에는 三司의 淸職을 무대로 활동하였으며, 현종 6년에는 弘文錄에 오를 정도로 그 재능을 인정받았다.[2] 그는 洪宇遠(5촌 숙모부)・閔黯(閔昌道가 사위)・李晬光 가문(李晬光 曾孫이 子婦) 등 南人의 거족과 인척 관계를 맺고 있었으며, 許穆・尹鑴 등 소위 '淸南'과 정치적 입장을 같이하였는데, 그의 아들 李沃(1641~1698)이 '허목을 지휘하였다'는 평가를 받을 정도로 청남의 당파적 입장에 충실하였던 것에 비하면[3] 이관징 본인은 비교적 黨論으로부터 초연하였다. 이러한 그의 정치적 태도가 숙종의 호감을 불러 일으켜 1680년 庚申換局으로 尹鑴가 賜死당하고 거의 대부분의 南人이 조정에서 내몰렸음에도 불구하고 그는 살아남아서 庚申年에 일어난 일련의 역모사건을 수사하는 '推鞫堂上'으로 참여하여 이를 기록으로 남길 수 있었던 것이다.

1689년 己巳換局으로 南人이 집권하자 이관징은 다시 출세 가도를 달리기 시작하였다. 吏曹・禮曹・刑曹의 判書를 거듭 역임하였으며, 1693년에는 判中樞府事를 거쳐 致仕奉朝賀가 되었다. 그런데 1694년 甲戌換局으로 또다시 서인이 집권하자 그는 宋時烈과 金壽恒을 처형할 것을 청하는 상소[4]에 연명한 죄로 削奪官爵 門外黜送되었다가 채 1년이 지나지 않아서 右議政 柳尙運의 건의로 官爵이 회복되었다.[5] 이관징은 그의 관작이 회복된 지 며칠 안 되어 죽음을 맞이하고 말았는데, 관직에 연연해하지 않는 그의 태도는 西人들로부터도 인정을 받고 있었다.[6]

이 자료는 '奉朝賀李觀徵'이 '推鞫堂上'으로서 기록한 것으로 되어 있으므로 이관징이 봉조하가 된 1693년에서 그가 죽은 1695년 사이의 기록으로 간주되는데, 그렇지만 이 자료 전체를 이관징이 편찬한 것 같지는 않다. 윤8월 22일에 李師命의 건의로 李沃을 처벌하는 기사가 나오는데, 그 細注에서는 이옥을 '公'이라고 칭하고 있다. 李沃(1641~1698)은 이관징의 아들이므로, 만약 이관징이 이를 편찬하였다면 자기 아들을 '公'이라고 칭하지는 않았을 것이다. 따라서 이 자료는 이관징이 생전에 기록해 둔 것을 그의 후손이 이를 정리하여 편찬한 것으로 보는 것이 온당할 듯하다. 그 후손인 李萬敷(1664~1732)가 星湖 李瀷 형제와 교류한 것

---

1) 본 『庚申錄』의 저자는 李觀徵으로 추정해 볼 수 있다. 이 책의 맨 처음에 '庚申錄'이라는 제목 밑에 '奉朝賀李觀徵以推鞫堂上因見錄此'라고 명기되어 있어 그러하다.
2) 『顯宗實錄』 卷11, 顯宗 6年, 12月 18日, 己巳(36책 492쪽) ; 『息山集』 續集 卷6, 「祖考致政府君墓誌」, 民族文化推進會 刊, 『韓國文集叢刊』 179, 225~8쪽.
3) 『肅宗實錄』 卷4, 肅宗 元年, 윤5月 12日, 己亥(38책 282쪽).
4) 『肅宗實錄』 卷20, 肅宗 15年, 윤3月 28日, 乙丑(39책 171쪽).
5) 『肅宗實錄』 卷28, 肅宗 21年, 2月 10日, 壬寅(39책 367쪽).
6) 『肅宗實錄』 卷28, 肅宗 21年, 2月 16日, 戊申(39책 368쪽).

을 보면7) 이들 가문은 18세기에도 淸南으로서의 정치적 입장을 견지한 것을 알 수 있다. 따라서 본 자료에는 청남 일파가 경신환국을 보는 시각이 반영되어 있다고 볼 수 있다.

2. 구성

이 책은 중간에 소제목 없이 庚申(1680)年 3월 23일부터 9월 11일까지 날짜별로 편찬되었는데, 주로 경신환국으로 집권한 西人이 南人을 처벌하는 과정을 사실에 충실하게 전달하는 형식을 취하고 있다. 크게 보아 네 가지 정도의 사건으로 압축해 볼 수 있는데, 첫째는 경신환국 직후 남인을 숙청하고 서인이 집권하는 과정과 鄭元老·姜萬鐵의 上變으로 許堅과 福善君 李柟이 처형되는 과정이고, 둘째는 李煥의 匿名書 사건을 빌미로 尹鑴를 賜死하는 과정이며, 세째는 李元成의 上變으로 鄭元老, 姜萬鐵, 吳挺昌, 柳赫然 등이 처형되는 과정이고, 네째는 1675년 청국 사신을 접대하고 돌아온 吳始壽를 처벌하는 과정 등이다. 이 가운데 본 자료에서는 마지막 吳始壽를 처벌하는 부분이 그에 대한 수사 기록인 '吳始壽原情'을 수록하다가 중도에 중단되었다. 그 내용은 연대기인『肅宗實錄』·『承政院日記』와 역모사건 수사 기록인『推案及鞫案』에 거의 나오는 것들인데, 작은 글씨로 편찬자가 알고 있는 사건 관련 내용을 기록한 細注는 이 자료만의 특징이다.

이와 유사한 자료로서는『紫橋小藏』에 수록된 또 다른『庚申錄』(이하『경신록 2』로 칭함)과『庚申日錄』이 있고,8) 이들과는 또다른『庚申錄』이 奎章閣에 소장되어 있다(이하『경신록 3』으로 칭함).9)『경신록 2』는 앞 부분에 庚申換局의 배경에 해당되는 사건 관련 기록을 나열하고, 이어서 경신환국 관련 기록은 약간의 출입은 있지만 거의 본 자료를 필사한 것 같다.『경신록 2』가 본『庚申錄』을 필사했다는 것은『庚申錄』의 細注가『경신록 2』에서는 본문에 그대로 노출되어 있는 것을 보면 분명히 알 수 있다. 물론『경신록 2』에는 있는데,『庚申錄』에는 없는 부분도 있다. 예를 들면 庚申(1680)年 8월 10일 李元成 上變에 관한 기록 중 앞 부분이『庚申錄』에는 누락되어 있다.10) 그렇지만 이것은 예외적인 일이고『庚申錄』의 내용은 吳始壽 관련 사건을 제외하고 거의 대부분 그대로『경신록 2』에 수록되었다고 보아도 좋을 것이다. 그리고『경신록 2』에는 吳始壽 事件에 대한 기록이 완전히 빠져 있는 대신 같은 해 10월의 기록이 나와 있어,『庚申錄』의 일실된 마지막 부분을 유추할 수 있게 한다. 어쨌든 이로써『경신록 2』는『庚申錄』과 그 정치적 입장을 같이하는 자들이 편찬한 것임을 알 수 있

---

7) 具萬玉,『朝鮮後期 科學思想史 硏究 Ⅰ』, 혜안, 2004, 354~5쪽 참조.
8) 李離和 編,『朝鮮黨爭關係資料集』제6집, 驪江出版社(1985)에 影印되어 실려 있다.
9) 奎章閣 소장 古 5120~129.
10) 李離和 編, 앞의 책, 24쪽.

다.

　『庚申日錄』은 '日錄'이라는 제목이 무색할 정도로 날짜가 거의 표시되어 있지 않은 채 경신환국 관련 자료들을 나열하고 있는데, 3월과 4월까지의 기록 자체는 상당히 정연하게 정리되어 있다. 여기서도 『庚申錄』의 細注가 본문에 노출된 부분이 있어 양자의 관계를 추론해보게 하지만 많지 않으며, 나머지 대부분의 세주는 거의 누락되었다. 그리고 洪宇遠의 처벌에 관련된 기록이 상세한 것이 특징이다. 홍우원이 이관징과 인척 관계임을 감안하면 『庚申錄』에 이 부분이 누락된 것은 좀 이상한 일이라고 생각된다. 그렇지만 5월 이후의 기록은 앞서와 같은 정연함을 잃어버리고 관련자들의 마지막 수사 기록인 結案만 나열되어 있다. 그리고 끝 부분에는 壬戌(1682)年에 西人 내부에서 나온 偵探政治를 비판하는 상소문이 수록되어 있는 점이 앞서의 자료와 구별되는 특징인데, 이는 이로 인해 서인이 老·少論으로 분당된 이후 소론의 입장을 반영한 것으로 판단된다. 이로써 보건대 『庚申日錄』은 후대의 少論 黨人들이 『庚申錄』을 대본으로 하여 편찬한 것이 거의 확실한 것 같다. 즉 이는 少論과 南人 사이의 정치적 입장의 異同을 보여주는 소중한 사료라고 할 수 있다.

　규장각 소장의 『경신록 3』은 첫머리에 '庚申鞫廳被罪類'라는 제목하에 경신년에 처벌당한 남인측 인사 90여 명의 성명과 처벌 내역을 나열하였다. 본문은 「庚申錄」·「己巳錄」·「甲戌錄」과 壬辰年(1712년, 숙종 38)까지 경신년의 처벌 사실과 기사환국·갑술환국으로 이것이 번복을 거듭하는 과정을 보여준다. 이것은 福昌君 李楨의 이름을 忌諱하여 '某'로 표기한 것으로 보아 李楨의 후손이 기록한 것이 거의 확실하며, 본 『庚申錄』과는 직접 관계가 없는 전혀 다른 자료이다.

　이렇게 본다면 『庚申錄』은 『경신록 2』와 『庚申日錄』이 편찬의 대본으로 삼은 원사료임이 분명하다. 다만 이들 자료들의 異同으로 미루어 볼 때 본 자료 역시 『庚申錄』 원본 그 자체는 아니며, 원본을 다시 필사한 것일 가능성이 높다고 생각된다.

3. 내용

　이 자료에서 다루고 있는 庚申換局은 肅宗代에 西人이 南人을 숙청하고 집권한 사건을 말한다. 仁祖反正 이후 孝宗 年間까지 西人이 주도하는 가운데 南人과 일부 北人들도 참여하는 소위 '朋黨政治'가 지속되었는데, 그 자체 모순에 의해 붕당 간 대립은 격화되지 않을 수 없었다. 그로 인해 顯宗代 터진 사건이 소위 '禮訟'이었다. 잘 알려진 것처럼 예송은 두 차례에 걸쳐 일어났는데, 제1차 예송(己亥·庚子 禮訟, 1659~60년)에서는 西人을 대표한 宋時烈의 朞年說이 尹鑴·許穆 등의 3년설을 압도하였지만 2차 예송(甲寅禮訟, 1674년)에서는 현종이 南人 예론을 지지하여 결국 숙종 초년에 남인이 정국을 주도하기에 이르렀다. 즉 인조반정 이

후 약 50년만에 처음으로 남인이 정국 주도권을 차지한 것이었다. 그렇지만 숙종 초년의 남
인 정권은 王權論 입장에서 개혁 정책을 추구하던 許穆·尹鑴 등의 淸南과 개혁에 반대하는 許
積 등의 濁南으로 분열되어 서로 대립하였다. 이로 인해 개혁 정책은 지지부진한 가운데 西
人이자 현종비 明聖王后의 동생인 金錫冑 등 勳戚이 갖고 있던 병권을 장악하려고 시도하자
숙종은 김석주와 함께 남인을 숙청하고 서인을 다시 불러들였는데, 이것이 바로 庚申換局
(1680년)이었다.

　경신환국 이후 숙종과 김석주 등 훈척 세력은 換局의 명분을 만드는 일에 몰두하지 않을
수 없었다. 이에 金錫冑와 金萬基(肅宗妃 仁敬王后의 父)는 밀정을 심어 기찰을 통해 역모사
건을 上變하게 하여 남인 숙청을 정당화하는 절차를 밟게 되는데, 이에 관련된 기록이 바로
이 『庚申錄』이었다. 먼저 鄭元老와 姜萬鐵의 고변으로 領議政 許積의 庶子인 許堅과 宗室 福
善君 李柟이 역모 혐의로 수사 대상이 되었다. 정원로는 中宗代 名臣 鄭光弼의 庶孼 奉祀孫
이었는데 術士를 자처하면서 許堅·李柟 등과 교류하였으며, 姜萬鐵은 許堅의 처남이었으므로
역시 이들과 친밀하였다. 당시에 숙종이 어린 나이로 왕위를 이었으므로 아직 후사가 없었고,
또 즉위 초년에 숙종의 건강이 좋지 않은 때가 많았으므로 만약 숙종이 死去할 경우 福善君
李柟을 추대하여 국왕이 되게 하자고 모의했다는 것이다. 이에 대해서는 허견과 이남이 즉시
자백하여 교수형에 처해졌고, 허견의 부 허적에 대해서는 숙종이 평민으로 강등하고서라도
살려두고자 하였지만 서인들의 공세가 이어지자 결국 賜死하고 말았다. 福昌君 李楨 역시 이
에 연루되어 賜死되었다.

　다음 단계로 김석주 등은 尹鑴와 柳赫然을 제거하기 위한 공작에 들어갔다. 윤휴는 남인
내에서 왕권론에 입각하여 개혁을 주장하는 청남의 핵심 인물이었고[11] 유혁연은 훈련대장으
로서 실질적으로 병권을 장악한 자였다. 윤휴는 4월 2일에 이미 사헌부의 탄핵을 받고 甲山
으로 遠竄되었었고, 유혁연 역시 허견 옥사에 연루되어 유배되어 있었다. 그럼에도 불구하고
김석주 등은 윤휴가 '서인의 주요 요인을 제거하자'는 내용의 李煥의 匿名書를 把子橋 옆에
내걸게 하고 비밀 차자를 올려 이들을 제거할 것을 주장했다는 명목으로 鞫問할 것을 주장하
여, 윤휴는 추문을 받고 결국 賜死되었다.

　이후 같은 해 8월에는 金錫冑의 軍官이었던 李元成이 上變하여 앞서 허견 옥사를 고변한
鄭元老와 姜萬鐵이 남인들의 역모 사실을 모두 자백하지 않았다고 폭로하였다. 이원성의 상
변은 김석주의 사주에 의한 것이 명백하였는데, 그 초점은 吳挺昌과 柳赫然을 제거하는 것에
맞추어져 있었다. 이로 인해 오정창과 유혁연은 물론이고 정원로 역시 복주되었다. 강만철은
숙종의 비호로 유배되는 것에 그쳤다가 삼사의 끈질긴 논계에 의해 결국 3년 뒤에 伏誅되었
다. 이로써 경신환국 이후 허견 옥사를 상변하였던 두 당사자인 정원로와 강만철은 이원성
상변에 의해 제거된 셈이었는데, 이는 김석주 등이 기찰을 통해서 이 역모 사건을 만들어 냈

---

11) 정호훈, 『朝鮮後期 政治思想 硏究』, 혜안, 2004 참조.

다는 혐의를 은폐하려는 시도로 이해되었다. 즉 경신년에 이루어진 서인에 의한 일련의 남인 숙청 과정은 훈척인 김석주와 김만기 등의 치밀한 각본에 의해 진행된 것이었음이 己巳換局 이후 남인들에 의해 낱낱이 밝혀졌던 것이다.[12]

끝으로 吳始壽는 肅宗 元年 顯宗의 弔問使로 온 청나라 사신을 접대하고 돌아와서 청국 조정에서 '主弱臣强'이라는 말로 조선의 정국을 비판하였다고 전하였는데, 그것의 사실 여부를 수사하여 처벌한 사건이었다. 이 말은 현종대의 정국이 송시열을 필두로 한 서인들에 의해 좌우되면서 현종이 제대로 국왕권을 행사하지 못하는 형세를 집약한 표현이었는데, 숙종과 서인 당국자들이 이를 '先王에 대한 모함'으로 몰아서 그 사실 여부를 규명하려고 하여 발생한 사건이었다. 이로 인해 譯官과 관련자들을 광범위하게 수사하여 그 말이 날조되었음을 밝히고 오시수는 賜死하려 하였는데 明聖王后의 간청으로 圍籬安置하는 데 그쳤다. 앞서 살핀 바와 같이 『庚申錄』에서는 이 사건에 대한 내용의 뒷 부분이 일실되었으며, 『경신록 2』와 『庚申日錄』에는 이에 대한 언급이 누락되어 있다.

4. 가치

경신환국과 관련된 이들 일련의 자료들은 『肅宗實錄』·『承政院日記』 등 연대기 자료와 『推案及鞫案』과 같은 국가 공식 문서뿐만 아니라 『朝野會通』·『燃藜室記述』 등 野史類에도 대부분 나오는 것들이다. 따라서 사료적 가치가 그다지 높지 않다고 볼 수도 있다. 그렇지만 부분적으로는 이들 사료에 없는 내용도 들어있다. 우선 연대기 자료에 누락되거나 축약된 자료의 전문이 나오는 경우가 있다. 예를 들면 4월 1일 대사헌 閔黯의 상소는 『肅宗實錄』은 소략하고 『承政院日記』는 오탈자가 많은 데 이들 자료에는 그것이 상세하다. 특히 이 부분은 『庚申日錄』이 오탈자가 가장 적다. 그리고 5월 26일 鄭元老 上疏의 경우는 그것이 金錫冑와 金萬基·金益勳으로 이어지는 勳戚에 의한 事前 譏察의 사실 여부를 밝히는 중요한 자료인데 『肅宗實錄』에는 간략하고 『承政院日記』에는 누락되었는데 비해 여기에는 그 전문이 실려 있다. 따라서 그 사료적 가치는 연대기 자료를 비롯한 국가의 공식 문서에 못지않게 중요한 측면이 있다.

또한 현상적으로 보면 이들 공문서에 나오는 사건들을 날짜순으로 단순하게 나열한 듯이 보이지만 좀더 주의 깊게 들여다보면 庚申換局으로 집권한 西人 당국자들이 남인을 숙청하고 자신들의 권력을 정당화하기 위해 얼마나 많은 무리를 범하였는가를 보여주기 위해 사건들을 취사선택하여 정교하게 배열하였음을 알 수 있다. 특히 다른 자료에는 없는 편찬자의 細注는

---

12) 『肅宗實錄』 卷21, 肅宗 15年, 7月 18日 壬子(39책 194쪽). 이에 대한 기록을 자세하게 소개한 것이 『경신록 3』이다.

이 부분에서 결정적인 역할을 하고 있다. 예를 들면 정원로 등의 고변이 나오기 전인 4월 3일에 이미 兩司에 의해 許堅과 尹鑴 등에 대한 탄핵 상소가 나왔는데, 여기에 '狃懦名流, 締結驍弁'과 같은 '逆獄張本'이 되는 표현이 고변에 앞서 등장하였다고 지적한 것은 그것을 잘 보여준다. 즉 이것은 정원로 등의 고변이 일련의 각본에 의해 사전에 계획된 것임을 시사하는 것이었다. 또 다른 사례로서 許堅의 招辭에 나오는 '有一人, 使台瑞激動李元禎尹鑴, 以圖復設體府之計'라는 부분이 최종 수사 기록에 해당하는 허견의 結案에는 누락되었다는 점에 대한 지적이다. 이는 당시에 사헌부 계사에서 이미 폭로되었는데, 편찬자는 여기서 李台瑞로 하여금 李元禎과 尹鑴를 선동하여 체찰부를 복설하게 만든 그 장본인을 수사선상에 올리지 않은 잘못을 지적하고 있다. 그 '有一人'은 뒤에 金萬基와 金鎭龜의 사주를 받은 鄭元老임이 밝혀졌던 것이다.[13] 金益勳과 金萬基·金鎭龜 부자는 모두 沙溪 金長生의 후손이고 숙종의 제1왕비인 인경왕후의 친정 집안이었는데, 숙종 초년 남인 정권 하에서 허적과 김석주 사이를 이간하기 위해 노심초사하면서 정탐정치를 자행하였다는 것이다.

편찬자는 許堅과 福善君 李枏의 역모 혐의는 인정하고 있지만 尹鑴, 吳挺昌, 柳赫然의 처벌에 대해서는 그것이 날조된 것임을 세주로 분명히 밝히고 있다. 이는 己巳換局 이후 남인 일반의 경신년 옥사에 대한 입장과 일치한다. 특히 吳挺昌에 대한 죄안이 모두 정원로에 의해 날조된 근거없는 것임을 세주로 자세하게 논증하고 있다. 편찬자는 그것이 '黨論之誤人'이라고 朋黨政治의 모순에서 유래된 것임을 지적하면서 통탄해 마지않았다.

그리고 서인 내부에서도 이와 같은 지나친 남인 처벌에 대해서 이의를 제기하는 사람이 있었다는 것을 거의 빠짐없이 밝히고 있다. 예를 들면 李尙眞·李正英이 尹鑴를 비호하다가 탄핵을 받은 것, 鄭知和와 朴泰遜 등이 윤휴의 죽음을 애통해한다는 죄목으로 吉州牧使 李球를 처벌하는 것에 반대한 것, 鄭知和가 吳挺昌 문초에 소극적이자 李師命이 나서서 고문을 진두지휘한 사실, 김석주가 자신의 내종 형제인 申範華 등을 공신에 추록하여 비호하는 것을 탄핵한 朴泰淳·申琓 등이 그에 해당된다. 이들이나 이들의 후손은 1683(癸亥)年 서인이 노론과 소론으로 분화될 때 모두 少論으로 좌정하였다. 따라서 이 자료는 서인이 老·少論으로 분화되는 원인의 일단을 밝히는 데서도 긴요한 사료가 될 것이다.

결국 『庚申錄』은 『紫橋小藏』에 수록된 『경신록 2』·『庚申日錄』 및 『경신록 3』과 함께 붕당정치가 격화되어 換局이 반복된 肅宗代 정치의 난맥상을 사실적으로 규명하는 데 있어서 긴요한 사료적 가치를 지니고 있다고 볼 수 있다. 인조반정 이후의 서인과 남인의 대립이 결국 기찰에 의한 정탐정치에 의해 상대당을 살륙하는 데까지 이른 양상을 사실적으로 드러내어 이후 당쟁이 격화될 때 어떠한 결과가 초래될 수 있는가를 분명하게 보여주었고, 실제로 그후에 그대로 진행되었다. 1689년 己巳換局으로 집권한 남인이 宋時烈과 金壽恒을 賜死하고 金益勳을 잡아다 문초하는 과정에서 매 때려 죽였으며, 이미 죽은 金萬基와 金錫冑의 관작을

---

13) 『肅宗實錄』卷21, 肅宗 15年, 7月 18日 壬子(39책 194쪽).

추탈한 것 등은 그에 대한 반작용이었던 것이다. 물론 1694년 甲戌換局으로 그러한 처벌이 다시 뒤집어진 것도 마찬가지 결과였다. 이러한 정치 현상은 소위 '朋黨政治論', 즉 朱子學 政治論의 모순에서 유래된 것으로서 이 때문에 西人이 老·少論으로 분화되고 蕩平論이 등장하는 배경이 되었음을 밝히는 데서도 이 자료는 유용하다고 보지 않을 수 없다.

【김용흠】

溪西野譚

編者 未詳.
寫本. 5卷 5冊(金卷은 逸失) : 28.5×19cm.
10行 26字 內外.

溪西野譚 本

李正身者簡外人也門閥雖不高性甚簡亢亢嚴於辛壬
義理以是忤物三山之族大夫及伊臨齋衡諸名流皆許與之
友善吾自正言家貧不厭風雨朝夕之供屢空三山之公憐而憫
之歡將邑業尹判書汲掌銓而適有窠美公以親查之間薦
李擬扵首掌點美李乃大怒擬吏曹政色吏揮毫而呲曰汝
之大監何爲而使我外補云合三呈辭而進三山公徃見而謝
之曰此是吾之所使也吾見君將有餓苑之慮故屢囑于長銓而
爲之矣何乃如是也李泠笑曰此是令監之事耶吾以爲令監
可人也今見此事不勝慨咄令監何待親舊如是薄耶云而竟

1. 편자

編者 未詳.

국문학 연구 초기부터 이 책의 편자는 李羲準(1775~1842)으로 알려져 왔다. 이후 이 책의 편자는 이희준이 아닌 그의 형인 李羲平(1772~1839)으로 정정되었다. 하지만 그 이후의 연구에서 이희평이 찬집한 야담집은 『溪西雜錄』이고, 『溪西野譚』은 후대에 『紀聞叢話』와 『계서잡록』에 실린 이야기를 발췌한 본임이 확인되었다. 따라서 『계서야담』의 편자 역시 자연히 未詳으로 되돌릴 수밖에 없다.

『계서야담』의 편자를 확정할 만한 단서는 아직까지 보이지 않는다. 다만 일본 천리대학에 소장된 『계서야담』 書頭에 다음과 같은 기록이 있어, 편자 문제에 대한 일정한 추론의 여지를 남기고 있다. 참고로 천리대학 『계서야담』 서두에 씌어진 기록을 적기해 둔다.

계서는 상서 이희준의 당호다. 야담은 보고들은 것을 기록한 것이다. 별명이 많아 혹은 기문총화라 하고, 혹은 莘田遺書라 하고, 혹은 德湖野譚이라고도 하는데, 또한 스스로 자신이 기록하여 자신의 호를 썼을진저!

2. 구성

이 책은 총 5책으로 구성되어 있다. 표제는 '溪西野譚', 권차는 '木·土·火·金·水'로 되어 있다. 하지만 이 중 金卷은 일실 되어 총 4책만이 존재한다. 木卷은 총 49장, 土권은 43장, 火권은 44장, 水권은 49장으로 되어 있다.

이 책에는 총 253편의 이야기가 수록되어 있다. 木권에 37편, 土권에 40편, 火권에 21편, 水권에 수록된 155편이 그것이다. 뒤에 붙인 이본 대비표를 보면, 연세대본은 일본 경도대본과 친연성이 확인된다. 즉 일실된 金권은 경도대본 1권과 동일한 체제였다고 할 수 있다. 경도대본 『계서야담』 1권에는 총 45편의 이야기가 수록되어 있다는 점을 감안한다면, 일실된 金권에도 동일한 수의 이야기가 수록되어 있었다고 볼 수 있다. 따라서 이 책이 온전한 5책으로 존재했다면 여기에 수록된 이야기는 최대 298편으로 보아도 무방하겠다.

木·土·火에 실린 이야기 각 편은 비교적 서사성을 갖추며, 그 길이 또한 길다. 그러나 水권에 수록된 이야기의 단편적인 인물 일화가 중심이 되며, 그 길이도 짧다. 전자는 이야기문학으로 경사되는 조선 후기 문학적 흐름을 반영하는 데서 나왔다면, 후자는 전대 필기집에 실린 이야기를 발췌·수록하였기 때문에 나타난 현상이라 하겠다.

각권에 수록된 이야기의 중심인물을 소개하면 다음과 같다. 물론 『계서야담』에는 인물이

등장하지 않는 이야기도 존재한다. 그러나 그런 이야기 대부분은 사물 유래담으로, 작품 전체
에서 차지하는 비중이 그리 크지 않다. 따라서 사물 유래담과 같이 인물이 등장하는 이야기
는 제외하고, 인물에 초점이 놓인 이야기만 드러내 보이면 다음과 같다. 여기에 등장하는 인
물 중 230여 편은 실명으로 이야기에 등장하며, 그 신분은 대부분 상층에 속한다.

木卷 :
李彦世, 李逸濟, 李性源, 金應立, 原州蔘商 崔哥, 趙雲逵, 金煜, 朴右源, 谷山妓 梅花, 洪元
燮, 柳誼, 柳河源, 榮川 儒生 閔某, 큰쇠(大金), 喪配者, 橫城邑內 女子, 平壤妓 江界妓 巫雲,
金應淳, 洪象漢, 郭思漢, 承旨 梁某, 金汝岉, 安東 權某, 李忠武公, 李如松, 尚書 金某, 李安訥,
李節婦, 許生, 金大甲, 江陵士人 金氏, 相國 金某, 韓光近, 李浚慶 傔人 皮氏, 趙泰万.

土卷 :
嶺南 士人, 安東 姜錄事, 李塏, 金鉉, 林慶業, 李如松, 南允默, 琉璃國 世子, 趙顯命, 李遇芳,
南延年, 尹汲, 李源, 趙重晦, 李鼎輔, 北關人 李益著, 宰相之女, 李觀源, 洪鳳漢, 英祖, 洪純彦,
尹拯, 徐起, 洪命夏, 柳常, 趙持謙, 金鎭圭, 洪景來, 武弁 尹某, 金化縣 村兒, 李秉泰, 中和縣
人 李浣, 趙顯命, 高裕, 一宰相, 一新婦, 一武弁.

火卷 :
柳鎭恒, 禹六不, 湖中 士人, 楊士彦, 鄭孝俊, 沈喜壽, 洪宇遠, 李長坤, 湖中士人之妻, 金緻
鄭蘊, 禹夏亨, 淸風 金氏(金仁伯), 柳成龍, 許弘, 李如松, 金千鎰之妻, 盧禛, 李光庭, 安東 權進
士 某, 玉簫仙.

水卷 :
尹游, 金若魯, 尹弼秉, 李溟, 張朋翊, 申汝哲, 世祖, 成宗, 具壽永, 柳雲, 洪暹, 宣祖, 李鳳庭,
貞淑翁主, 金忠烈, 權韠, 許筠, 仁祖, 李時昉, 李珙, 趙之耘, 魚世謙, 金馹孫, 朴淳, 李定, 魚有
沼, 穆祖, 宮女 韓氏, 李好閔, 李曙, 崔恒, 魚孝瞻, 河崙, 廣平大君 李璵, 琉球國 使臣, 韓忠,
李長坤, 沈友勝, 曺臣俊, 金時讓, 成石璘, 李首慶, 南斗柄, 沈詻, 任義伯, 金富軾, 鄭知常, 方運
金守溫, 金顯命, 李洪男, 柳克新, 朱之蕃, 尹繼善, 崔惠吉, 張仲仁, 成汝信, 趙胖, 李世佐, 妓女
紫洞仙, 柳希春, 金庾信, 南袞, 一老兵使, 任統, 權弘, 成聃壽, 李陽元, 李厚基, 南以雄, 黃喜,
尹子雲, 許琮, 趙士秀, 盧守愼, 柳廷亮, 朴啓榮, 申翊聖, 朴錫明, 兪孝通, 順平君, 李自堅, 尹斯
文, 鄭芝衍, 曺彦亨, 金命元, 柳寬, 鄭鵬, 南在, 安坦大, 樂善君 李瀟, 洪允成, 柳塗, 朴篨, 李恒
福, 吳道一, 許稠, 洪奧, 朴英, 李浣, 新羅 紹智王, 李石亨, 權擎, 李石亨, 裴孟厚, 成宗, 李元
翼, 鄭斗卿, 洪逸童, 孫舜孝, 尙震, 金時讓, 許格, 朴以昌, 申用漑, 趙浹, 鄭斗卿, 蔡裕後, 金守
溫, 孫比長, 李荇, 成汝薰, 蔡紹權, 蔡裕後, 洪瑞鳳, 彭原妓 動人紅, 漢陽 士人 崔生, 韓石峯,
李恒福, 南以雄, 趙綱, 鄭太和, 蔡彭胤, 李光庭 奴子 愛男, 張顯光, 金始振, 洪景濂, 鄭孝成, 林

志浩, 元仁孫, 一都事, 金幹, 吳浚, 李王發, 丁玉亭, 宋翼弼, 景宗, 宋時烈, 李義平, 金鍾秀, 洪格, 正祖.

3. 내용

『계서야담』에 실린 이야기 대부분은 전대 야담집『계서잡록』·『기문총화』에 실린 이야기를 발췌하여 재록한 것이다.『계서야담』에 실린 이야기는 251편인데, 그 중 250편이『계서잡록』과 『기문총화』에 실려 있다. 즉 한 편을 제외한 나머지 작품은 모두『계서잡록』과 『기문총화』에서 발췌한 것이다.『계서잡록』·『기문총화』에 실리지 않은 한 편은「洪純彦 이야기」다.

그러나「홍순언 이야기」역시 이 책을 엮은 찬자의 몫은 아니다. 편자가 아직 확인되지 않은 문헌에서 이 이야기를 발췌하여『계서야담』에 실었을 개연성이 높기 때문이다. 실제로 편자는『계서야담』을 편찬하는 데에 전대 문헌을 무비판적으로 수용한다. 심지어『계서잡록』찬자의 언술까지도 아무 거리낌 없이 수용한다. 예컨대『계서잡록』3권에 "큰쇠는 우리집에 오랫동안 있던 종이다. 어렸을 때부터 돌아가신 할아버지를 모셔 시중을 들었는데(大金者, 吾家古奴也. 自幼時, 侍王考守廳)"라는 대목이 있다. 여기에서 말하는 우리집은 溪西 이희평의 집이다. 그런데 이 책 木卷에도 이 내용이 그대로 씌어져 있다.『계서야담』의 편자는『계서잡록』에 실린 이야기를 아무런 비판 없이 옮겨 적은 것이다. 이 양상은『기문총화』의 이야기를 수용할 때도 마찬가지다. 이러한 점을 고려할 때,『계서야담』의 찬자는 창작보다는 기록에 초점을 더 두었다고도 말할 수 있겠다.

이러한 점에서「홍순언 이야기」역시 편자의 창작물이 아니라, 오히려 이 이야기가 실려 있는 전대의 다른 문헌에서 발췌하였을 개연성이 높다. 실제로『계서야담』에 실린「홍순언 이야기」앞부분은『通文館志』에 실린 이야기 앞부분과 완전히 동일하다. 그러나 뒷부분은『통문관지』와 일정한 차이를 보이는데, 이는『통문관지』의 번다한 후반부 대신 흥미 위주로 누군가가 의도적인 개작을 꾀했기 때문이다. 이러한 양상은 기록에 초점을 두고 편찬된『계서야담』의 성격과 일정한 차이를 보인다. 이 점에서『계서잡록』·『기문총화』에서 볼 수 없고,『계서야담』에서만 볼 수 있는「홍순언 이야기」역시 아직 확인되지 않은 전대의 다른 문헌에서 발췌한 것으로 보는 것이 타당할 듯하다.

이 책에 수록된 이야기 형태는 크게 둘로 구분된다. 그 하나는 木·土·火卷처럼 비교적 긴 이야기를 수록한 경우이고, 다른 하나는 인물들의 짤막한 일화를 적은 水卷과 같은 경우다. 이러한 양상은 비슷한 분량의 책인데도 유독 水권에만 많은 이야기가 수록되어 있는 이유이기도 하다. 실제로 水권에 수록된 이야기 중 하나를 보자.

상공 정태화가 일찍이 부인의 배를 가리키며 말하였다.

"저 배에서 장수할 아들, 부자될 아들, 높은 벼슬을 할 아들이 태어날 것이니 어찌 기이하지 않소?"

그 뒤 그의 아들 재악은 80여세에 죽었으니 드물게 장수를 한 것이고, 재륜은 부마가 되었으니 큰 부자가 된 것이고, 재숭은 벼슬이 정승에 이르렀으니 귀함이 지극한 데 이른 것이다.

정태화의 선견지명이 어찌 그리도 신통한가?

이 이야기의 원천은 『螢雪奇聞』이다. 그런데 이 이야기를 수용한 『기문총화』의 찬자는 이 이야기의 출전을 밝히지 않았다. 『계서야담』의 찬자는 이 이야기를 『기문총화』에서 수용하였는데, 역시 출전을 쓰고 있지 않다.

이상에서 본 것처럼 水권에 수록된 이야기는 짧은 인물 일화가 중심을 이룬다. 하지만 木・土・火卷에 수록된 이야기는 비교적 긴 이야기가 중심이 된다. 전형적인 야담 작품으로 널리 알려진 「玉簫仙 이야기」나 「一朵紅 이야기」 등도 그 한 예다. 즉 『계서야담』은 일화로 볼 수 있는 필기류 자료와 야담으로 볼 수 있는 작품이 적절하게 섞여있는 야담집이라 할 수 있겠다.

4. 가치

현재까지 확인된 『계서야담』 이본은 총 5종이 있다. 천리대본 4권 4책, 규장각본 6권 6책, 일본 경도대 河合문고본 3권 3책, 간송미술관본 1권 1책이 그것이다. 이 중 간송미술관본은 확인을 하지 못하였다. 또한 경도대 하합문고본은 목차만 확인이 되었을 뿐, 자세한 대비는 할 수 없었다. 목차만 놓고 볼 때 경도대본은 연세대본과 밀접한 관련이 있는 듯하지만, 자세한 언급은 할 수 없다. 여기에서는 부득이 수합된 천리대본・규장각본과의 이본 대비를 통해 이 책의 가치를 살펴볼 필요가 있다.

먼저 천리대본과 규장각본은 긴밀한 관련을 맺는다. 우선 책 書頭에 두 책 모두 "계서는 상서 이희준의 당호다. 야담은 보고들은 것을 기록한 것이다. 별명이 많아 혹은 기문총화라 하고, 혹은 신전유서라 하고, 혹은 덕호야담이라고도 하는데, 또한 스스로 자신이 기록하여 자신의 호를 썼을진저!(溪西者, 李尙書羲準之堂號也. 野譚者, 隨其見聞而記錄也. 盖多別名, 或曰記聞叢話, 或曰莘田遺書, 或曰德湖野譚, 抑亦自錄而自號歟)"라는 기록이 남겨져 있다. 이 기록은 두 본이 직접적인 관련 없이 이루어질 수 없다. 즉 두 본이 직접적인 영향 관계가 있든지, 혹은 두 본이 동일한 본을 대상으로 필사하였다고밖에 볼 수 없다. 연세대본에는 이 기록은 없다. 따라서 두 본과 연세대본은 일정한 거리가 있음을 짐작할 수 있다.

또한 「큰쇠(大金) 이야기」 말미에 "큰쇠는 희준의 종이다(大金者, 羲準之奴也)"라는 기록이 있는데, 이 기록은 『계서잡록』·『기문총화』를 모두 통틀어도 천리대본과 규장각본 외에 다른 문헌에서는 전혀 보이지 않는다. 즉 천리대본과 규장각본에만 이 기록이 있는 셈이다. 따라서 이 두 본은 직접적인 관련성이 있음이 분명해진다.

내용면에서도 천리대본·규장각본은 이 책(연세대본)과 일정한 차이를 보인다.

① 洪參議大湖元燮 余査丈也 少時 (연木-11) → 洪參議元燮 少時 (천1-11, 규1-11)
② 高王考監司公諱濬 致祭時 (연水-4) → 李監司濬 致祭時 (천4-4, 규6-4)

인용문 중 앞의 것은 연세대본에 씌인 예고, 뒤의 것은 천리대본과 규장각본에 씌어진 기록이다. 두 본을 보면 연세대본은 이희평 집안에 대한 호칭이 그대로 사용되고 있는데 반해, 천리대본과 규장각본에는 그런 호칭이 객관적으로 변개되어 있음을 확인할 수 있다. 또한 연세대본에는 불필요하다고 보이는 부분을 축약하거나 탈락시키는 경우도 보인다.

從籬隙窺見朴氏之妍美 心欲之矣 (규·천본) → 見朴氏妍美 心欲之矣 (연대본)
許生携纏俗 騎名駒 馳至會寧 (규·천본) → 許生馳至會寧 (연대본)

이러한 점에서 연세대본은 다른 『계서야담』 이본과 다른 방향에서 향유되어 왔음이 명백해진다.

이상을 통해 볼 때 이 책의 가치는 분명해진다. 우선 이 책은 『계서야담』의 향유 과정이 전일하지 않았음을 방증하는 자료로서 유의미하다. 연세대본은 축약이나 탈락된 부분이 많다는 점에서 善本이 될 수 없다. 그렇지만 『계서잡록』에 씌어진 이희평의 가계를 그대로 적고 있다는 점에서 오히려 그것이 객관적으로 고쳐진 천리대본이나 규장각본보다 先本의 형태라고 할 수 있다. 따라서 『계서야담』의 원 형태를 재구하기 위해서는 이 책에 대한 정밀한 고찰이 따라야만 가능할 수 있으리라 본다.

다음으로 이 책은 다른 『계서야담』에 수재한 이야기를 발췌한 작품집이라는 점이다. 이 책이 온전한 5책으로 남아 있다 하더라도, 이 책에 수록된 이야기 수는 아무리 많아도 298편을 넘어서지 못한다. 천리대본에 수록된 총 313편에 비해 15편이 적은 수다. 연세대본은 무엇 때문에 15여편의 이야기를 배제했는가를 밝히는 일은 곧 이 책의 편찬 의도를 읽을 수 있다는 점에서 일정한 가치를 갖지 않을까 한다. 실제 모든 『계서야담』은 전대의 이야기를 발췌하여 수록한 것인데, 그 중에서도 柳夢寅의 『於于野談』에 수재한 이야기는 모두 배제하였다. 이는 곧 찬자의 의도에 따른 것으로 보인다. 연세대본에서도 이와 같은 점을 고려할 때, 전대의 문헌을 단순전재하면서도 나름대로 편찬의식을 가지고 있었던 것이 아닌가 한다. 즉 야담의 향유 양상을 밝히기 위한 한 단계로서 이 자료는 일정한 가치를 갖는다고 하겠다.

5. 기타

『계서야담』 이본은 현재 5종이 있지만, 필자가 확인한 이본은 3종이다. 또한 경도대본의 목차는 확인이 되었으므로 이본 대비표에는 경도대본을 포함한 4종의 이본이 포함된다.

	자 료 제 목	天理大本	奎章閣本	延世大本	경도대본
1	李正言彦世	1(1-1)	1(1-1)	1(木-1)	201(3-1)
2	李兵使逸濟	2(1-2)	2(1-2)	2(木-2)	202(3-2)
3	李相性源	3(1-3)	3(1-3)	3(木-3)	203(3-3)
4	金應立者	4(1-4)	4(1-4)	4(木-4)	204(3-4)
5	原州蔘商有崔哥者	5(1-5)	5(1-5)	5(木-5)	205(3-5)
6	趙判書雲逵爲完伯時	6(1-6)	6(1-6)	6(木-6)	206(3-6)
7	趙判書雲逵在完營時	7(1-7)	7(1-7)	7(木-7)	207(3-7)
8	正廟幸永陵	8(1-8)	8(1-8)	8(木-8)	208(3-8)
9	朴綾州右源門外人也	9(1-9)	9(1-9)	9(木-9)	209(3-9)
10	梅花者谷山妓也	10(1-10)	10(1-10)	10(木-10)	210(3-10)
11	洪參議元燮少時	11(1-11)	11(1-11)	11(木-11)	211(3-11)
12	柳參判誼	12(1-12)	12(1-12)	12(木-12)	212(3-12)
13	柳參判河源	13(1-13)	13(1-13)	13(木-13)	213(3-13)
14	榮川儒生閔某	14(1-14)	14(1-14)	14(木-14)	214(3-14)
15	古人有喪配	15(1-15)	15(1-15)	15(木-15)	215(3-15)
16	大金者吾家古奴也	16(1-16)	16(1-16)	16(木-16)	216(3-16)
17	橫城邑內有女子	17(1-17)	17(1-17)	17(木-17)	217(3-17)
18	平壤有一妓	18(1-18)	18(1-18)	18(木-18)	218(3-18)
19	巫雲者江界妓也	19(1-19)	19(1-19)	19(木-19)	219(3-19)
20	金參判應淳少時	20(1-20)	20(1-20)	20(木-20)	220(3-20)
21	洪參判象漢年近八十	21(1-21)	21(1-21)	21(木-21)	221(3-21)
22	郭思漢	22(1-22)	22(1-22)	22(木-22)	222(3-22)
23	梁承旨某	23(1-23)	23(1-23)	23(木-23)	223(3-23)
24	金公汝岉	24(1-24)	24(1-24)	24(木-24)	224(3-24)
25	安東權某	25(1-25)	25(1-25)	25(木-25)	225(3-25)
26	忠武李公	26(1-26)	26(1-26)	26(木-26)	226(3-26)
27	天將李提督如松	27(1-27)	27(1-27)	27(木-27)	227(3-27)
28	金尙書某	28(1-28)	28(1-28)	28(木-28)	228(3-28)
29	東岳李公新娶後	29(1-29)	29(1-29)	29(木-29)	229(3-29)
30	李節婦忠武公後裔也	30(1-30)	30(1-30)	30(木-30)	230(3-30)

	자 료 제 목	天理大本	奎章閣本	**延世大本**	경도대본
31	許生者方外人也	31(1-31)	31(1-31)	31(木-31)	231(3-31)
32	金衛將大甲	32(1-32)	32(1-32)	32(木-32)	232(3-32)
33	江陵金氏一士人	33(1-33)	33(1-33)	33(木-33)	233(3-33)
34	金相國某少時	34(1-34)	34 (2-1)	34(木-34)	234(3-34)
35	韓安東光近	35(1-35)	35 (2-2)	35(木-35)	235(3-35)
36	李東皐傔人有皮姓者	36(1-36)	36 (2-3)	36(木-36)	236(3-36)
37	林將軍慶業	37(1-37)	37 (2-4)	42(土-5)	
38	李提督東征時	38(1-38)	38 (2-5)	43(土-6)	
39	李參判堣	39(1-39)	39 (2-6)	40(土-3)	
40	南斯久允默長子某	40(1-40)	40 (2-7)	44(土-7)	
41	嶺南某郡有一士人	41(1-41)	41 (2-8)	38(土-1)	
42	安東姜錄事	42(1-42)	42 (2-9)	39(土-2)	
43	仁祖朝沈攻瀋國	43(1-43)	43(2-10)	45(土-8)	
44	世傳若通內侍之妻	44(1-44)	44(2-11)	46(土-9)	
45	金鋐者英朝朝臺臣也	45(1-45)	45(2-12)	41(土-4)	
46	英朝戊申嶺板鄭希亮	46(1-46)	46(2-13)	47(土-10)	
47	麟佐之起兵也	47(1-47)	47(2-14)	48(土-11)	
48	尹判書汲	48(1-48)	48(2-15)	49(土-12)	
49	李兵使源	49(1-49)	49(2-16)	50(土-13)	
50	英朝每幸廟祥宮	50(1-50)	50(2-17)	51(土-14)	
51	李判書鼎輔	51(1-51)	51(2-18)	52(土-15)	
52	北關人妻配後後婆	52(1-52)	52(2-19)	53(土-16)	
53	趙侍直泰萬	53(1-53)	53(2-20)	37(木-37)	3-37
54	李益著	54(1-54)	54(2-21)	54(土-17)	
55	有一宰相之女	55(1-55)	55(2-22)	55(土-18)	
56	李觀源	56(1-56)	56(2-23)	56(土-19)	
57	洪翼靖公鳳漢	57(1-57)	57(2-24)	57(土-20)	
58	英廟幸春坊	58(1-58)	58(2-25)	58(土-21)	
59	洪純彦	59(1-59)	59(2-26)	59(土-22)	
60	尼尹以背師	60(1-60)	60(2-27)	60(土-23)	
61	尼尹之不貳尤門時	61(1-61)	61(2-28)	61(土-24)	
62	徐孤靑起	62(1-62)	62(2-29)	62(土-25)	
63	洪相沂川命夏	63(1-63)	63(2-30)	63(土-26)	
64	柳常者肅廟朝名醫也	64(1-64)	64(2-31)	64(土-27)	
65	趙持謙號汪齋	65(1-65)	65(2-32)	65(土-28)	
66	竹泉每每主試	66(1-66)	66(2-33)	66(土-29)	
67	西賊之亂魁則洪景來	67(1-67)	67(2-34)	67(土-30)	
68	尹某卽有地閥之武弁也	68(1-68)	68(2-35)	68(土-31)	
69	金化縣村人父子	69(1-69)	69(2-36)	69(土-32)	
70	李文靖公秉泰	70(1-70)	70(2-37)	70(土-33)	
71	中和縣有一殺獄	71(1-71)	71(2-38)	71(土-34)	
72	柳統制鎭恒	72 (2-1)	72 (3-1)	78 (火-1)	
73	禹六不者	73 (2-2)	73 (3-2)	79 (火-2)	

	자 료 제 목	天理大本	奎章閣本	延世大本	경도대본
74	湖中古有一士迎妹壻	74 (2-3)	74 (3-3)	80 (火-3)	
75	楊蓬萊士彦之父	75 (2-4)	75 (3-4)	81 (火-4)	
76	海豊君鄭孝俊	76 (2-5)	76 (3-5)	82 (火-5)	
77	沈一松喜壽早孤失學	77 (2-6)	77 (3-6)	83 (火-6)	
78	洪宇遠少時	78 (2-7)	78 (3-7)	84 (火-7)	
79	燕山朝士禍大起	79 (2-8)	79 (3-8)	85 (火-8)	
80	湖中一士人行子婚	80 (2-9)	80 (3-9)	86 (火-9)	
81	金監司緻號南谷	81(2-10)	81(3-10)	87(火-10)	
82	鄭桐溪蘊少時	82(2-11)	82(3-11)	88(火-11)	
83	禹兵使夏亨平山人也	83(2-12)	83(3-12)	89(火-12)	
84	清風金氏	84(2-13)	84(3-13)	90(火-13)	
85	柳西崖成龍居安東	85(2-14)	85(3-14)	91(火-14)	
86	麗州地古有許姓儒生	86(2-15)	86(3-15)	92(火-15)	
87	宣廟壬辰之亂	87(2-16)	87(3-16)	93(火-16)	
88	金倡義使千鎰之妻	88(2-17)	88(3-17)	94(火-17)	
89	盧玉溪禛	89(2-18)	89(3-18)	95(火-18)	
90	延原府院君李光庭	90(2-19)	90(3-19)	96(火-19)	
91	安東權進士某者	91(2-20)	91 (4-1)	97(火-20)	
92	古有一宰爲關伯	92(2-21)	92 (4-2)	98(火-21)	
93	李貞翼公浣	93(2-22)	93 (4-3)	72(土-35)	
94	趙豊原君顯命	94(2-23)	94 (4-4)	73(土-36)	
95	高裕尙州人也	95(2-24)	95 (4-5)	74(土-37)	
96	古有一宰相	96(2-25)	96 (4-6)	75(土-38)	
97	古有一士人居于外邑	97(2-26)	97 (4-7)	76(土-39)	
98	古有武弁以宣傳官	98(2-27)	98 (4-8)	77(土-40)	
99	成廟時或微行	99 (3-1)	99 (4-9)		1(1-1)
100	成廟夜行過一洞	100 (3-2)	100(4-10)		2(1-2)
101	成廟夢見黃龍	101 (3-3)	101(4-11)		3(1-3)
102	鄭北窓之友一人	102 (3-4)	102(4-12)		4(1-4)
103	月沙夫人	103 (3-5)	103(4-13)		5(1-5)
104	徐花潭敬德博學多聞	104 (3-6)	104(4-14)		6(1-6)
105	朴曄光海時人也	105 (3-7)	105(4-15)		7(1-7)
106	朴曄有嬖妓	106 (3-8)	106(4-16)		8(1-8)
107	朴曄之按關西	107 (3-9)	107(4-17)		9(1-9)
108	癸亥李廷平諸人	108(3-10)	108(4-18)		10(1-10)
109	癸亥三月反正後朴曄	109(3-11)	109(4-19)		11(1-11)
110	鄭錦南忠信	110(3-12)	110(4-20)		12(1-12)
111	李起築店舍雇奴也	111(3-13)	111(4-21)		13(1-13)
112	錦南以捕將兼都監中軍	112(3-14)	112(4-22)		14(1-14)
113	鰲城文學才諝德行	113(3-15)	113(4-23)		15(1-15)
114	月沙赴燕京	114(3-16)	114(4-24)		16(1-16)
115	東陽尉申翊聖	115(3-17)	115(4-25)		17(1-17)
116	鄭陽坡少時	116(3-18)	116(4-26)		18(1-18)

	자 료 제 목	天理大本	奎章閣本	延世大本	경도대본
117	孝廟亦間間微行	117(3-19)	117(4-27)		
118	肅廟於春塘臺池邊	118(3-20)	118(4-28)		19(1-19)
119	肅廟有患候	119(3-21)	119(4-29)		20(1-20)
120	一儒生投筆而業武藝	120(3-22)	120(4-30)		21(1-21)
121	金進士某	121(3-23)	125 (5-3)		22(1-22)
122	金文谷諱壽恒	122(3-24)	121(4-31)		23(1-23)
123	二憂堂趙忠翼公	123(3-25)	122(4-32)		24(1-24)
124	兪文翼公拓基按嶺南時	124(3-26)	123 (5-1)		25(1-25)
125	三淵金先生諱昌翕	125(3-27)	124 (5-2)		26(1-26)
126	老峯閔公鼎重	126(3-28)	126 (5-4)		27(1-27)
127	申判書袥號寒竹堂	127(3-29)	127 (5-5)		28(1-28)
128	陜川守某年六十	128(3-30)	128 (5-6)		29(1-29)
129	柳生某者洛下人也	129(3-31)	129 (5-7)		30(1-30)
130	洪東錫者惠局吏	130(3-32)	130 (5-8)		31(1-31)
131	連山人金銖者	131(3-33)	131 (5-9)		32(1-32)
132	張武肅鵬翼以家貧	132(3-34)	132(5-10)		33(1-33)
133	延平文進士者	133(3-35)			
134	李忠州聖佑	134(3-36)	133(5-11)		34(1-34)
135	趙泰億之妻沈氏	135(3-37)	134(5-12)		35(1-35)
136	李大將潤城之爲平兵也	136(3-38)	135(5-13)		36(1-36)
137	李土亭之菡生而穎悟	137(3-39)	136(5-14)		37(1-37)
138	李公慶流以兵曹佐郎	138(3-40)	137(5-15)		38(1-38)
139	李文淸秉泰	139(3-41)	138(5-16)		39(1-39)
140	文淸公初除嶺伯	140(3-42)	139(5-17)		
141	李三山台重	141(3-43)	140(5-18)		
142	三山按箕臬也	142(3-44)	141(5-19)		40(1-40)
143	耆隱朴文秀以繡衣	143(3-45)	142(5-20)		45(1-45)
144	尹判書游以副使	144 (4-1)	176 (6-1)	99(水-1)	46(2-1)
145	金相若魯以箕伯	145 (4-2)	177 (6-2)	100(水-2)	47(2-2)
146	尹參判弼秉午人也	146 (4-3)	178 (6-3)	101(水-3)	48(2-3)
147	李監司潒致祭時	147 (4-4)	179 (6-4)	102(水-4)	49(2-4)
148	張武肅公	148 (4-5)	180 (6-5)	103(水-5)	50(2-5)
149	申大將汝哲少時	149 (4-6)	181 (6-6)	104(水-6)	51(2-6)
150	光廟不喜一卑官	150 (4-7)	182 (6-7)	105(水-7)	52(2-7)
151	成廟重愛一王子	151 (4-8)	183 (6-8)	106(水-8)	53(2-8)
152	判中樞具壽永	152 (4-9)	184 (6-9)	107(水-9)	54(2-9)
153	柳恒齋爲人	153(4-10)	185(6-10)	108(水-10)	55(2-10)
154	洪忍齋暹以吏曹佐郎	154(4-11)	186(6-11)	109(水-11)	56(2-11)
155	宣廟聖智出天	155(4-12)	187(6-12)	110(水-12)	57(2-12)
156	貞淑翁主	156(4-13)	188(6-13)	111(水-13)	58(2-13)
157	光廟弘文館書吏	157(4-14)	189(6-14)	112(水-14)	59(2-14)
158	權石洲韠善詩歌	158(4-15)	190(6-15)	113(水-15)	60(2-15)
159	許筠嘗幻作無據之事	159(4-16)	191(6-16)	114(水-16)	61(2-16)

	자 료 제 목	天理大本	奎章閣本	延世大本	경도대본
160	光廟廢世子祇	160(4-17)	192(6-17)	115(水-17)	62(2-17)
161	光廟遷濟州	161(4-18)	193(6-18)	116(水-18)	63(2-18)
162	仁城君珙	162(4-19)	194(6-19)	117(水-19)	64(2-19)
163	趙之耘字耘之	163(4-20)	195(6-20)	118(水-20)	65(2-20)
164	魚文貞公世謙	164(4-21)	196(6-21)	119(水-21)	66(2-21)
165	朴思菴乙酉歲	165(4-22)	197(6-22)	120(水-22)	67(2-22)
166	成眞逸侃	166(4-23)	198(6-23)		
167	宗室江楊君定	167(4-24)	199(6-24)	121(水-23)	68(2-23)
168	魚贊成有沼	168(4-25)	200(6-25)	122(水-24)	69(2-24)
169	我朝穆祖兒時	169(4-26)	201(6-26)	123(水-25)	70(2-25)
170	癸亥反正日光海	170(4-27)	202(6-27)	124(水-26)	71(2-26)
171	五峰李僖公好閔	171(4-28)	203(6-28)	125(水-27)	72(2-27)
172	天安客舍有鬼魅	172(4-29)	204(6-29)	126(水-28)	73(2-28)
173	太虛亭崔文淸公恒	173(4-30)	205(6-30)	127(水-29)	74(2-29)
174	魚文孝公孝瞻	174(4-31)	206(6-31)	128(水-30)	75(2-30)
175	慶州風水	175(4-32)	207(6-32)	129(水-31)	76(2-31)
176	浩亭河崙	176(4-33)	208(6-33)	130(水-32)	77(2-32)
177	廣平大君諱璵	177(4-34)	209(6-34)	131(水-33)	78(2-33)
178	琉球國遣使	178(4-35)	210(6-35)		
179	韓松齋忠	179(4-36)	211(6-36)	132(水-34)	79(2-34)
180	李貳相長坤	180(4-37)	212(6-37)	133(水-35)	80(2-35)
181	沈土進友勝	181(4-38)	213(6-38)	134(水-36)	81(2-36)
182	曹臣俊公著	182(4-39)	214(6-39)	135(水-37)	82(2-37)
183	金判書時讓	183(4-40)	215(6-40)	136(水-38)	83(2-38)
184	成文景公石璘	184(4-41)	216(6-41)	137(水-39)	84(2-39)
185	李校理首慶	185(4-42)	217(6-42)	138(水-40)	85(2-40)
186	崇禎丙子之亂	186(4-43)	218(6-43)	139(水-41)	86(2-41)
187	南袞爲柳子光傳	187(4-44)	219(6-44)		
188	沈判書詻	188(4-45)	220(6-45)	140(水-42)	87(2-42)
189	閭巷間有玩好之物	189(4-46)	221(6-46)	141(水-43)	88(2-43)
190	俗傳金富軾鄭知常	190(4-47)	222(6-47)	142(水-44)	89(2-44)
191	方進士運	191(4-48)	223(6-48)	143(水-45)	90(2-45)
192	金乖崖守溫	192(4-49)	224(6-49)	144(水-46)	91(2-46)
193	戶曹正郎金顯命	193(4-50)	225(6-50)	145(水-47)	92(2-47)
194	鄭松江澈善詼諧	194(4-51)	226(6-51)		
195	李洪男	195(4-52)	227(6-52)	146(水-48)	93(2-48)
196	柳上舍克新	196(4-53)	228(6-53)	147(水-49)	94(2-49)
197	天使朱之蕃	197(4-54)	229(6-54)	148(水-50)	95(2-50)
198	坡潭子尹繼善	198(4-55)	230(6-55)	149(水-51)	96(2-51)
199	崔參判惠吉	199(4-56)	231(6-56)	150(水-52)	97(2-52)
200	張斯文仲仁	200(4-57)	232(6-57)	151(水-53)	98(2-53)
201	嶺南儒臣成汝信	201(4-58)	233(6-58)	152(水-54)	99(2-54)
202	趙復興胖	202(4-59)	234(6-59)	153(水-55)	100(2-55)

	자료제목	天理大本	奎章閣本	延世大本	경도대본
203	李判書世佐夫人某氏	203(4-60)	235(6-60)	154(水-56)	101(2-56)
204	妓女紫洞仙	204(4-61)	236(6-61)	155(水-57)	102(2-57)
205	柳希春自號眉菴	205(4-62)	237(6-62)	156(水-58)	103(2-58)
206	金庾信鷄林人也	206(4-63)	238(6-63)	157(水-59)	104(2-59)
207	南袞爲黃海監司	207(4-64)	239(6-64)	158(水-60)	105(2-60)
208	有一老兵使	208(4-65)	240(6-65)	159(水-61)	106(2-61)
209	任賓客統	209(4-66)	241(6-66)	160(水-62)	107(2-62)
210	金英公之坣	210(4-67)	242(6-67)		
211	權文順公弘	211(4-68)	243(6-68)	161(水-63)	108(2-63)
212	成處士聃壽	212(4-69)	244(6-69)	162(水-64)	109(2-64)
213	鷺渚李相國陽元	213(4-70)	245(6-70)	163(水-65)	110(2-65)
214	李正厚基	214(4-71)	246(6-71)	164(水-66)	111(2-66)
215	市北南政丞以雄	215(4-72)	247(6-72)	165(水-67)	112(2-67)
216	厖村黃翼成公喜	216(4-73)	248(6-73)	166(水-68)	113(2-68)
217	尹文憲公子雲	217(4-74)	249(6-74)	167(水-69)	114(2-69)
218	尙友堂許忠貞公	218(4-75)	250(6-75)	168(水-70)	115(2-70)
219	明廟大司憲趙公士秀	219(4-76)	251(6-76)	169(水-71)	116(2-71)
220	宣廟御經筵	220(4-77)	252(6-77)	170(水-72)	117(2-72)
221	素閑堂柳孝靖公廷亮	221(4-78)	253(6-78)	171(水-73)	118(2-73)
222	朴掌令啓榮	222(4-79)	254(6-79)	172(水-74)	119(2-74)
223	光海朝倖門大開後	223(4-80)	255(6-80)	173(水-75)	120(2-75)
224	李判書溟	224(4-81)	256(6-81)		
225	朴文肅公錫明	225(4-82)	257(6-82)	174(水-76)	121(2-76)
226	兪提學孝通	226(4-83)	258(6-83)	175(水-77)	122(2-77)
227	世宗初設宗學	227(4-84)	259(6-84)	176(水-78)	123(2-78)
228	李知事自堅	228(4-85)	260(6-85)	177(水-79)	124(2-79)
229	有尹斯文者	229(4-86)	261(6-86)	178(水-80)	125(2-80)
230	鄭公芝衍	230(4-87)	262(6-87)	179(水-81)	126(2-81)
231	曹判校彦亨	231(4-88)	263(6-88)	180(水-82)	127(2-82)
232	酒隱金忠翼公命元	232(4-89)	264(6-89)	181(水-83)	128(2-83)
233	夏亭柳文簡公寬	233(4-90)	265(6-90)	182(水-84)	129(2-84)
234	西平韓文淸公繼僖	234(4-91)	266(6-91)		
235	李翼平公克培	235(4-92)	267(6-92)		
236	鄭新堂鵬海州人	236(4-93)	268(6-93)	183(水-85)	130(2-85)
237	鄭校理鵬居善山	237(4-94)	269(6-94)	184(水-86)	131(2-86)
238	龜亭南忠景公在	238(4-95)	270(6-95)	185(水-87)	132(2-87)
239	安公坦大	239(4-96)	271(6-96)	186(水-88)	133(2-88)
240	丙子年間	240(4-97)	272(6-97)	187(水-89)	134(2-89)
241	洪威平公允成	241(4-98)	273(6-98)	188(水-90)	135(2-90)
242	柳斯文塗	242(4-99)	274(6-99)	189(水-91)	136(2-91)
243	朴校理箎	243(4-100)	275(6-100)	190(水-92)	137(2-92)
244	李白沙恒福有賤息	244(4-101)	276(6-101)	191(水-93)	138(2-93)
245	吳西坡道一	245(4-102)	277(6-102)	192(水-94)	139(2-94)

자료 제목		天理大本	奎章閣本	延世大本	경도대본
246	許文景公稠	246(4-103)	278(6-103)	193(水-95)	140(2-95)
247	洪大司憲奧	247(4-104)	279(6-104)	194(水-96)	141(2-96)
248	朴久堂英	248(4-105)	280(6-105)	195(水-97)	142(2-97)
249	李相國浣爲守禦使	249(4-106)	281(6-106)	196(水-98)	143(2-98)
250	新羅紹智王正月十五日	250(4-107)	282(6-107)	197(水-99)	144(2-99)
251	歲時名日	251(4-108)	283(6-108)	198(水-100)	145(2-100)
252	元朝飮屠蘇酒古俗也	252(4-109)	284(6-109)	199(水-101)	146(2-101)
253	中廟末年都中人	253(4-110)	285(6-110)	200(水-102)	147(2-102)
254	祭用油蜜果	254(4-111)	286(6-111)	201(水-103)	148(2-103)
255	高麗文宗時	255(4-112)	287(6-112)	202(水-104)	149(2-104)
256	李延城石亨	256(4-113)	288(6-113)	203(水-105)	150(2-105)
257	權翼平公擎	257(4-114)	289(6-114)	204(水-106)	151(2-106)
258	國朝李石亨裴孟厚	258(4-115)	290(6-115)	205(水-107)	152(2-107)
259	南袞登第唱榜日	259(4-116)	291(6-116)		
260	鄭都憲弘溟	260(4-117)	292(6-117)		
261	成廟嘗遊後苑	261(4-118)	293(6-118)	206(水-108)	153(2-108)
262	崔判尹演	262(4-119)	294(6-119)		
263	李完平元翼	263(4-120)	295(6-120)	207(水-109)	154(2-109)
264	顯廟嘗下敎日	264(4-121)	296(6-121)	208(水-110)	155(2-110)
265	洪中樞逸童	265(4-122)	297(6-122)	209(水-111)	156(2-111)
266	孫贊成舜孝	266(4-123)	298(6-123)	210(水-112)	157(2-112)
267	明廟嘗御後苑	267(4-124)	299(6-124)	211(水-113)	158(2-113)
268	金判書時讓奉命	268(4-125)	300(6-125)	212(水-114)	159(2-114)
269	李平靖公約東	269(4-126)	301(6-126)		
270	處士許格	270(4-127)	302(6-127)	213(水-115)	160(2-115)
271	朴參判以昌尙州人	271(4-128)	303(6-128)	214(水-116)	161(2-116)
272	二樂亭申文景公用漑	272(4-129)	304(6-129)	215(水-117)	162(2-117)
273	安僉知道宗	273(4-130)	305(6-130)		
274	趙滄江涑	274(4-131)	306(6-131)	216(水-118)	163(2-118)
275	鄭東溟斗卿	275(4-132)	307(6-132)	217(水-119)	164(2-119)
276	蔡湖洲裕後字昌伯	276(4-133)	308(6-133)	218(水-120)	165(2-120)
277	金乖崖守溫長於詩文	277(4-134)	309(6-134)	219(水-121)	166(2-121)
278	孫比長	278(4-135)	310(6-135)	220(水-122)	167(2-122)
279	李容齋相公荇	279(4-136)	311(6-136)	221(水-123)	168(2-123)
280	成察訪汝薰	280(4-137)	312(6-137)	222(水-124)	169(2-124)
281	蔡紹權壽之子	281(4-138)	143(5-21)	223(水-125)	170(2-125)
282	蔡湖洲裕後與鶴谷	282(4-139)	144(5-22)	224(水-126)	171(2-126)
283	動人紅彭原妓也	283(4-140)	145(5-23)	225(水-127)	172(2-127)
284	昔漢陽士人崔生	284(4-141)	146(5-24)	226(水-128)	173(2-128)
285	韓石峯	285(4-142)	147(5-25)	227(水-129)	174(2-129)
286	李白沙五歲	286(4-143)	148(5-26)	228(水-130)	175(2-130)
287	南春城以雄	287(4-144)	149(5-27)	229(水-131)	176(2-131)
288	趙龍洲	288(4-145)	150(5-28)	230(水-132)	177(2-132)

	자 료 제 목	天理大本	奎章閣本	延世大本	경도대본
289	鄭相太和	289(4-146)	151(5-29)	231(水-133)	178(2-133)
290	金愼齋少時	290(4-147)	152(5-30)		
291	申平城武人	291(4-148)	153(5-31)	232(水-134)	179(2-134)
292	蔡希菴	292(4-149)	154(5-32)	233(水-135)	180(2-135)
293	李海皐奴子名愛男者	293(4-150)	155(5-33)	234(水-136)	181(2-136)
294	申汾遇	294(4-151)	156(5-34)		
299	乙亥逆獄之伏法	299(4-156)	161(5-39)	239(水-141)	186(2-141)
300	元相仁孫	300(4-157)	162(5-40)	240(水-142)	187(2-142)
301	昔有一都事	301(4-158)	163(5-41)	241(水-143)	188(2-143)
302	金沙川幹	302(4-159)	164(5-42)	242(水-144)	189(2-144)
303	成廟時湖南興德縣	303(4-160)	165(5-43)	243(水-145)	190(2-145)
304	李王發少字宗橲	304(4-161)	166(5-44)	244(水-146)	191(2-146)
305	丁恭安公玉亭	305(4-162)	167(5-45)	245(水-147)	192(2-147)
306	宋龜峯翼弼	306(4-163)	168(5-46)	246(水-148)	193(2-148)
307	景廟患候	307(4-164)	169(5-47)	247(水-149)	194(2-149)
308	孝廟朝尤庵先生	308(4-165)	170(5-48)	248(水-150)	195(2-150)
309	尤庵遭遇孝廟	309(4-166)	171(5-49)	249(水-151)	196(2-151)
310	正廟乙卯	310(4-167)	172(5-50)	250(水-152)	197(2-152)
311	金鍾秀沈煥之輩	311(4-168)	173(5-51)	251(水-153)	198(2-153)
312	洪格者水原人也	312(4-169)	174(5-52)	252(水-154)	199(2-154)
313	正廟爲今上揀擇嬪宮	313(4-170)	175(5-53)	253(水-155)	200(2-155)
314	李萬戶秉晋				41(1-41)
315	凡人之登第				42(1-42)
316	奉朝賀李公秉常				43(1-43)
317	靈城君朴文秀				44(1-44)

【김준형】

恭嬪崔氏事畧

著者 未詳.

寫本 1冊(27張)：四周單邊, 半郭 19.3×13.4cm. 10行 20字,
有界, 註小字雙行, 上花紋魚尾；29×18cm.
版心：霞山閣藏本.

1. 저자

著者 未詳.

2. 구성

　이 책은 恭嬪 崔氏(1428~1473)와 관련된 자료들을 한 책으로 편찬한 것이다. 공빈 최씨는 文宗의 繼妃라고 일컬어지지만 朝鮮朝 正史에는 전혀 나타나지 않는 인물이다. 하지만 공빈 최씨가 문종의 계비였다는 사실은 오랫동안 여러 사람들에 의해 끊임없이 제기되어 왔다.[1] 결국 그 眞僞에 대한 攻防은 고종 때까지 계속되었지만 여전히 결론이 나지 않은 미스테리로 남아 있다. 이 책은 바로 공빈 최씨에 대한 이러한 논쟁들에 대해 그 사실 여부를 파악할 수 있도록 돕기 위한 일종의 자료집으로서의 성격을 지니고 있다. 누가 이 책을 편찬했는지는 알 수 없다. 그러나 책의 전체 내용으로 보았을 때는 공빈 최씨가 문종의 계비였다는 사실을 증명하기 위한 목적으로 편찬되어진 것임은 분명하다. 편찬된 시기는 정확하지는 않으나 고종 때까지의 상소문이 실려 있는 것으로 보아 아마 이 무렵에 편찬되어진 것으로 추정된다.

　序·跋文 없이 1冊 27張으로 이루어져 있다. 책의 표제는 '恭嬪崔氏事畧 全'이라고 되어있다. 글씨는 깨끗하게 필사되어 있으며, 版心에 '霞山閣藏本'이라고 되어 있다. 인용된 자료들은 王朝實錄, 文集, 上疏文, 族譜, 詩 등으로 다양하며 주로 抄錄의 형태로 실려 있다. 인용된 자료들의 전체 목차를 수록된 순서대로 살펴보면, 『明史』抄·『崔氏譜』抄·『實錄』抄·「顯陵誌文」抄·「代宗皇帝封王妃誥文」抄·『正祖實錄』抄·『順庵集』抄·『西湖散人集』抄(「答南秋江書」·「大圓有懷」)·「指環賦」抄·『鶴沙集』抄·「李國應疏」·「書崔氏族譜」抄·「金台濬疏草」·「崔氏遺書」로 되어있다. 그런데 이 자료들 중 『實錄』抄에서 '燕山二年丙辰, 大司諫 金克忸等, 請復昭陵獻議, 曰伏念文宗元妃云云'에서부터 「代宗皇帝封王妃誥文」까지는 관련 자료를 먼저 언급하고 그 다음에 '臣謹按…'이라는 말로 시작하여 그 자료에 대해 하나하나 정확하게 考證하면서 마지막에는 '上奏恭候聖裁'라고 끝을 맺고 있다. 따라서 이것으로 볼 때는 이 『恭嬪崔氏事畧』이라는 책 전체가 상소라는 형식으로 자료와 함께 왕에게 올려진 것일 수 있다. 이렇게 본다면 여기에 언급된 '臣'은 누구인지는 알 수가 없지만 바로 이 '臣'이 이 책의 편찬자로 추정될 수 있다. 하지만 또 한편으로는 이 '臣'의 상소문까지 포함한 전체 자료를 또 다른 제3자가 수집하여 편찬한 것으로

---

1) 영조 23년에 충청도 幼學 朴通源, 정조 15년에 司諫 尹行履, 고종 24년에 李國應 등이 계속하여 상소를 올려 이 문제에 대해 이의를 제기하면서 조사를 해줄 것을 요청한 바 있다. 하지만 이들의 요청은 조사 해본 결과 우리 문헌에 나타나지 않는다는 이유를 들어 모두 받아들여지지 않았다. 박통원과 윤행리의 상소에 따른 상세한 조사의 顚末은 영조와 정조실록에 자세하게 나타나 있다.

도 볼 수 있다.

3. 내용

『明史』「朝鮮列傳」에는 "경태 원년 겨울에 문종과 그 비 최씨에게 고명을 하사하였다.(景泰元年冬, 賜王及妃崔氏誥命)"라고 하였다.[2]

『崔氏譜』에는 공빈 최씨의 曾祖인 崔士康(諡號는 敬節), 祖父인 崔承寧(贈右相), 아버지인 崔道一(贈左相), 그리고 그 후손인 世賢, 邦貴, 嶔 등의 계보를 나타냈다. 이 중 崔道一의 누이는 臨瀛大君의 後室로 갔다고 하였고, 공빈 최씨의 墓는 高陽 大慈洞에 있다고 기록되어 있다.

『實錄』抄에는 世宗朝부터 燕山朝까지의 實錄 중에서 공빈 최씨와 관련될 수 있는 자료들만을 간략하게 抄錄하였다. 몇 가지만 예를 들어보면, 1435년(세종 17) 金氏를 廢하고 權氏와 洪氏, 그리고 그 이름이 나타나있지 않은 한 사람을 포함하여 세 사람을 택하였고, 1441년 (세종 23)에는 顯德嬪 권씨가 卒하였으며, 1450년(문종 즉위년) 8월에는 明의 太監 尹鳳과 侍御 鄭善이 황제의 詔勅을 받들고 왔고, 1496년(연산 2)에는 大司諫 金克忸(1436~1496) 등이 현덕왕후 昭陵의 請復을 獻議하면서 "文宗元妃云云"이라고 한 것과 같은 것들이다. 특히 이 金克忸 등의 獻議를 놓고 '臣謹按…'에서는 金克忸 등이 이 헌의를 할 때는 문종 원년 과의 거리가 47년 정도밖에 되지 않으니, 그 당시의 일을 모를 리가 없다고 하면서 金克忸등 이 '元妃'라고 말하였으니 그 '繼妃'가 있는 것은 의심할 여지가 없다고 고증하였다.

「顯陵誌文」에는 景泰 元年 2월에 세종이 승하하자 황제가 太監 尹鳳을 보내어 諡號와 賻儀를 내리고 또 문종과 妃에게 誥命과 冕服과 表裏를 하사하였다고 기록되어 있다. 이에 대해 '臣謹按…'에서는 당시에 명의 사신이 계속해서 왕래하였는데, 우리 조정의 壼位가 비었는지 아닌지에 대해 모를 리가 없으며, 분명 『明史』에는 바로 "賜妃崔氏誥命"이라고 썼으니 이것이 가장 확실한 증거라고 하였다. 또 「顯德王后遷陵之文」에는 경태 경오년에 문종이 즉위하면서 현덕왕후를 追冊하고, 그 능을 昭陵이라고 하였으며, 황제가 또 찾아서 誥命을 하사하라고 한다는 기록에 대해, '臣謹按…'에서는 '帝亦尋賜'라고 한 말 중 '尋'자의 뜻이 해가 바뀌고 시간이 흘렀다는 뜻이니 이것은 그 前年인 경오년에 황제가 하사한 중궁의 고명과 관복이 두 건이 됨이 확실하여 의심이 없다고 하였다.

---

2) 『明史』에서 이처럼 문종의 妃를 분명히 '崔氏'라고 기록하고 있는 이 부분이 공빈 최씨가 문종의 계비라
   는 사실을 입증하는 데 있어서 가장 확실한 문헌으로 남아있다. 따라서 이 『明史』에 대한 기록을 가장
   앞에다 싣고 있는 것이다. 景泰 元年은 곧 문종의 즉위년인데, 문종의 正妃였던 현덕왕후 권씨는 이 무렵
   사망한지 이미 10년이나 지난 때였다.

「代宗皇帝封王妃誥文」에는 그 아래 小註에 문종 원년 5월 24일에 사은사가 황제의 조칙을 받들고 돌아왔는데, 이것은 다만 追封이어서 誥文의 辭意가 한결같아 前例를 따라서 追封한 것이니, 어찌 詞臣이 자세한 것을 모르고 그렇게 하였겠는가라는 말에 대해 '臣謹按…'에서는 왕의 말을 대신하여 짓는 일은 매우 신중해야 하는 것인데, 明朝의 詞臣이 어찌 追冊과 實封의 다름을 모르고 誥文을 썼겠으며, 또 謝恩使는 本國의 壼位의 자리가 비었는지 아닌지도 모르고 實封의 誥文을 받아와서 이것을 追冊의 誥文으로 삼았겠는가라고 하여 이는 모두 이치에 맞지 않는 말이라고 하였다. 한편 翊贊 安鼎福은 문장에 해박한 선비인데, 그는 10년 동안 木川의 현감으로 있으면서 『東史綱目』100여 권을 撰述함에 그 정밀하고 자세함은 어떤 사람보다도 뛰어났다고 하였다. 그런 그가 그의 문집 가운데에서 공빈 최씨가 문종의 繼妃였다는 사실을 전혀 의심의 여지가 없는 것이라고 말했는데, 그가 분명한 식견 없이 이렇게 말하였겠느냐고 하였다. 또한 이 일은 일대 疑案으로 천하에 이 일보다 더 원통하고 억울한 일은 없다는 말을 일찍이 선배들에게 들은 바가 있다고 하였다.

『正祖實錄』抄錄에는 司諫 尹行履의 상소문과 이에 정조가 내린 批答을 실어 놓았다.(정조 15년 3월 9일) 윤행리는 상소에서 자신이 일찍이 『國朝譜略』을 열람하다가 문종의 妃의 자리가 10년이나 비어 있었던 점에 대해 의아스러움을 금할 수가 없었다고 하였다. 그는 영조 때의 정승 故 金在魯가 본 『明史』와 연산조 때에 金克忸이 말한 '元妃'라는 말과 그리고 최씨 족보에서의 공빈이라는 칭호를 참조해 보면 우연한 일은 아니지만 끝내 단정 지을 수가 없으니, 문헌을 널리 상고하여 빠진 사실을 보충하여야 할 것이라고 하였다. 이에 정조는 批答에서 자신 또한 이 문제가 항상 의혹스러워 감히 마음속에서 잊지 못하던 일이었다고 하면서 춘추관에 있는 영조 때에 이를 조사한 실록 부분을 상고케 하였다. 하지만 조사해본 결과 이 일은 문헌에 전혀 근거가 없음을 들어 공빈 최씨의 일은 없었던 것으로 결론을 내렸다.

『順庵集』抄錄은 안정복의 문집인 『順庵集』가운데에서 공빈 최씨를 다룬 부분만을 뽑아서 실어 놓은 것이다. 안정복은 먼저 세조의 혁명 당시에 단종의 어머니였던 현덕왕후가 追廢되어 庶人이 되고, 왕후의 아버지의 官爵이 追奪되었으며, 그 어머니와 아우가 죽임을 당하고, 또 단종의 누이인 敬惠公主가 長興宮의 노비가 되었으며, 심지어 단종의 妃였던 宋氏마저도 노비가 되었던 극한 시대적 상황 속에서 공빈 최씨의 존재 有無야 말할 수조차 없었을 것이라고 하였다. 그리고 우리나라 문헌은 三四百年 동안 여러 차례의 전쟁통에 散逸된 것이 많았으며, 특히 세조의 혁명 때에는 忌諱한 말들이 많았고, 비록 실록에 있는 것이라 하더라도 후세에 편찬된 것에는 없어진 것들이 많다고 하면서, 至尊에 관한 일이라 감히 質言할 수는 없지만 『明史』와 최씨의 족보는 의심할 수가 없을 듯하다고 하였다. 또 안정복은 공빈 최씨의 집안이 3대에 걸쳐 國婚을 계속해왔음을 밝혔다. 즉 공빈 최씨의 증조부인 崔士康의 두 딸이 誠寧君 禰과 錦城大君 瑜와 혼인하였으며, 또 조부인 崔承寧의 딸은 臨瀛大君 璆와 혼인하였고, 공빈 최씨의 언니는 廣平大君의 아들인 永順君 溥와 혼인하였다고 하였다. 따라서

國典에 보면 왕비의 아버지는 贈領相이 되고, 세자빈의 아버지는 贈左相이 되며, 세손빈의 아버지는 贈右相이 된다고 하였으니, 이에 따라 崔承寧이 贈右相, 崔道一이 贈左相이 되었다고 하였다. 한편 그는 우리나라의 實錄이 疏漏한 것이 많음을 지적하였다. 그 이유로 실록의 편찬이 후대에 이루어져 史官의 뜻에 따라 刊削되었을지도 모르며, 또 그 당시의 법령이 매우 엄하여 史家와 野乘에도 기록하지 못했을 수도 있다고 하였다. 하지만 '恭嬪' 두 글자만은 的實한 斷案이라고 하였다. 그러므로 이 사실에 대한 虛實과 是非는 끝까지 파헤쳐 본 뒤라야 그만두어야 할 것이며, 이미 그 墓가 있으니 宗簿寺에 글을 올려 官에서 직접 묘를 파보고 誌石이 있는지의 有無를 알아보는 것도 괜찮을 것이라고 하였다. 끝으로 그는 忠州의 士人 許鎔의 집에 보관되어 있는 野史에 이 공빈 최씨의 일이 실려 있었는데, 相臣 金在魯가 이를 듣고서 許鎔의 친족인 許鈵을 꼬드겨 그 책을 빌려가서는 되돌려주지 않고 없애버렸다는 이야기를 덧붙였다. 김재로는 처음에 이 공빈 최씨의 일을 전혀 모르고 사신으로 연경에 갔다가 『明史』에 최씨가 왕비로 기록되어 있음을 보고 깜짝 놀라 우리나라는 최씨를 왕비로 삼은 일이 없다고 하여 이것을 고쳐달라고 禮部에다 글을 올렸다고 하였다.

『西湖散人集』抄錄에는 西湖散人 茂豊君 李摠(？~1504)[3]이 쓴 「答南秋江書」抄와 五言絶句로 된 「大園有懷」 한 편을 실어 놓았다. 「答南秋江書」에는 공빈 최씨가 비록 京室의 부녀자는 아니지만 壺儀가 이미 정해졌고 國母에 대한 도리가 엄연히 있는 것인데도 그 묘소를 거친 산 초목에다 두어 여우와 늑대의 굴혈이 되게 하였으니, 이것이 어찌 仁人이 차마 볼 수 있는 일이겠는가라고 탄식하면서 매번 그 무덤 아래를 지나면서 피눈물을 금하지 못한다고 하였다. 「大園有懷」는 "왕후가 되신지 얼마나 되었는가? 내실과 국모의 위엄 온전히 하셨네. 천고에 다하지 못한 한만이 남아, 빈 산의 두견새로 울어대누나.(壺臨曾幾日, 繭舘母儀全. 千古無窮恨, 空山哭杜鵑)"라고 하였다.

「指環賦」는 역시 이총이 쓴 것으로 『續東文選』(卷2)에 실려 있다. 총 168句로 된 장편으로 原註에는 이총이 최씨를 위해 지은 것이라고 하였다. 앞부분에서 4句, 마지막 부분에서 32句만을 抄錄하였다. "절대 가인이 있음이여, 긴 대나무 숲에 기대어 홀로 섰네. 곱고도 이쁨이여, 신선 같아 희롱할 수도 없네(若有絶代之佳人兮, 倚脩竹而獨立. 美妍娟而幼眇兮, 儼神仙之難狎)"라고 최씨의 아름다움을 묘사하는 것으로부터 시작하여 그녀의 절개와 덕행, 외로움과 억울함 등을 노래하였다. 故事를 많이 섞어서 쓴 점이 특징적이다. 이어서 고종 때 이조참의를 지낸 朴性陽(1809~1890)이 쓴 『西湖散人集』의 序·跋文을 소개했다. 박성양은 점필재 김종직의 평생 大義는 단종이었고, 추강 남효온의 평생 대의는 현덕왕후 권씨였으며, 이총의 평생 대의는 공빈 최씨였다고 하였다. 그리고 그 뜻은 각각 「吊義帝文」·「復昭陵疏」·「指環賦」에

---

3) 이총은 자가 百源, 호는 西湖主人·鷗鷺主人이며, 태종의 증손으로 茂豊副正을 지냈다. 1498년(연산군 4) 무오사화에 연루되어 遠城에 유배되었다가 1504년 갑자사화 때 사형 당하였다. 南孝溫·孫裕孫 등과 淸談派의 중심인물로서 시문과 서예에 능하였다.

자세히 나타나 있다고 하였다. 또 그 跋文에서는 이총이 김종직의 문인이었다고 하면서 그 傳受心法이 그 스승에 그 제자라고 하였다.

『鶴沙集』抄錄은 金應祖(1587~1667)의 문집인 『鶴沙集』에서 抄한 것이다. 김응조는 盧德基의 墓碣銘을 쓰면서 노덕기는 공빈 최씨가 세상을 떠났을 때에 그녀를 위해 擧哀撤膳하기를 3일 동안 하였고 또 3년을 居廬하였다고 하였다. 노덕기는 벼슬이 中樞에 이르렀고, 世祖朝에 不服한 신하였으며 蘇齋 盧守愼의 5世祖가 된다.

「李國應疏」는 고종 때의 이국응의 상소문이다. 이 상소에 대한 전후 사정은 『高宗實錄』(고종 24년 8월 15일)에 자세하게 나타나 있다. 즉 『高宗實錄』에는 이 문제에 대해서 일찍이 영·정조 때 朴通源과 尹行履가 상소하여 이미 해명한 것인데, 李國應이 옛 규례에 어두워 잘 살피지도 않고 또 어느 하나도 확실한 근거도 없이 망령된 말을 하였으니 응당 죄를 주어야 하겠지만 어리석고 지각이 없어서 책망하지는 않겠다는 식으로 끝을 맺고 있다. 상소의 내용은 지금까지 공빈 최씨에 대해 논란이 있었던 부분을 다시 언급했다는 점에서 특이한 것은 없다. 다만 「龍飛御天歌」에서 태조의 선조인 翼祖가 正妃였던 孫夫人이 죽자 그 繼室로 貞妃 崔氏를 맞아들여 왕비로 삼았지만 그 당시는 물론이고 조선 오백년 이래 추후로 이 최씨의 尊號를 받들어 올린 사실이 없음을 들어 공빈 최씨의 경우에도 이와 유사한 것이라는 논지를 폈다.

「書崔氏族譜」는 고종 때의 金綺秀(1832~ ?)가 쓴 글이다. 주로 공빈 최씨가 문종의 繼妃로 인정받지 못하고 있음에 대한 원통함에 대해 썼다. 그는 영조가 최씨 성을 가진 한 武官에게 공빈 최씨의 묘소가 어디에 있느냐고 물었을 때에 모른다고 대답하였으니, 대개 그 뜻은 墓所가 復陵이 된다면 최씨 일가로서는 다행한 일이겠으나 한편으로는 공빈의 묘를 찾느라 최씨 성을 가진 많은 묘가 파헤쳐질 것이었기 때문에 죽음에 이르러도 대답하지 않았다고 하였다.

「金台濟疏草」는 고종 때에 同副承旨를 지낸 바 있는 김태제(1827~ ?)의 상소이다. 내용은 역시 大同小異하다.

「崔氏遺書」는 崔士康의 5세손인 崔欽이 1534년(중종 29)에 쓴 글이다. 이 글은 먼저 공빈 최씨의 生沒年과 그 墓所의 위치를 정확하게 밝히고 있다. 그리고 주로 공빈의 원통함에 대해 썼다. 즉 공빈이 하루아침에 폐출이 되어 親家로 돌아가려 하였지만, 당시의 禍端이 극심하여 친가의 형제·숙질들이 다 감옥에 갇히거나 죽고 없어서 결국 永順君의 집에 의탁하여 눈물로 남은 세월을 보냈다고 하였다. 그래서 그의 祖考와 先考는 말이 공빈의 원통함에 이르면 嗚咽하기를 그치지 않았다고 하였다. 한편 공빈의 묘 아래에는 田土가 있어서 묘지기를 두어 그것으로 경작하게 하여 비록 조촐하기는 하지만 先訓을 받들어 봄·가을로 제사를 지내게 하였다고 하였다.

4. 가치

이 책은 『明史』와 『崔氏族譜』 및 기타 口傳으로는 文宗의 繼妃라고 전해져 오지만 정작 우리나라 正史에는 찾을 수 없는 恭嬪 崔氏에 대한 논란들을 모두 수집·편찬한 일종의 자료집으로서의 성격을 지니고 있는 책이다. 물론 이미 王朝實錄에서 이 문제에 대해 그 전말을 자세하게 밝힌 사실이 있기는 하다. 하지만 실록뿐만이 아니라 관련되는 모든 자료들을 거의 빠짐없이 수록하고 있는 것은 이 책이 유일본인 것으로 추정된다. 책의 전체적인 내용으로 보아서는 주로 공빈 최씨가 繼妃였음을 증명하기 위해 편찬된 것이기는 하지만 한편으로는 그 반론까지도 싣고 있어서 결국 그 眞僞에 대한 결론은 독자의 몫으로 남겨두겠다는 편찬자의 의도가 엿보이기도 한다. 결국 이 책은 正史에서 잃어버린 공빈 최씨라는 한 개인의 존재를 모든 자료들을 총동원해 복원시키려는 최대의 고증을 보여주고 있다는 점에서 매우 보기 드문 독특한 가치를 지니고 있는 책이라고 할 수 있을 것이다.

【전송열】

紀聞叢話

編者 未詳.

寫本. 4卷 4册 : 36×22.5cm. 10行 26字 內外.

1. 편자

編者 未詳.
『기문총화』를 편찬한 인물이 누군가는 정확하게 알 수 없다. 다만 편찬자와 편찬시기에 대한 대략적인 정보를 제공하는 것은 이 책 4권 말미에 있는 다음과 같은 기록이다.

『기문총화』는 본래『어우야담』·『파수퇴』·『수문록』·『서계잡록』·『해동이적』·『한총야사』·『한보록』·『남사』·『태수한화』·『동국기』·『이십사도고회시』·『동국사』·『기요편람』에서 찬집한 것이다. 이는 가끔씩 눈 주어 한가함을 덜어주는 데에 도움이 되는 것들이다. 그리하여 책 이름을 기문총화라 하였다. 이렇듯이 기록하여 후세 사람들에게 전해주는 것이 옳으리라. 적우년 아직 초일이 되지 않은 때에 백석선경동 주인 운승자가 찬한다.

『太平閑話』를『太守閑話』로,『溪西雜錄』을『西溪雜錄』으로 쓰는 등 책 제목에 일정한 오류가 있지만, 흥미로운 기록이다. 이 기록이 사실이라면『기문총화』는 '赤牛年'에 雲昇子가 편한 것이 된다. 赤牛年은 곧 丁丑年으로, 1817년, 또는 1877년이 된다. 그러나『기문총화』는 1828년 李義平(1772~1839)에 의해 찬집된『계서잡록』보다 후행하였기 때문에 丁丑年은 1877년으로 볼 수 있다. 그러나 1869년에 형성된『東野彙輯』의 서문에 이미 '紀聞叢話'라는 제명이 드러나고 있다는 점에서[1]『기문총화』가 1877년에 雲昇子에 의해 편찬된 것이라는 기록은 무의미해질 수밖에 없다. 따라서 이 책의 편자는 아직까지 명확하게 확인할 수 없다. 오히려 이 책이 이희평이 편찬한『溪西雜錄』과 긴밀한 관련성을 갖는다는 점에서 일정한 추론을 하는 것이 타당하다.

먼저『기문총화』의 편자는 이희평의 집안에 대해 잘 알고 있는 인물로 보인다. 왜냐하면 이희평은 자신의 家系 인물 중 이름을 밝힐 필요가 없는 경우에는 군이 작품에 그 이름을 노출하지 않는다. 그런데『계서잡록』에 무기명으로 씌어진 인물이『기문총화』에는 모두 실명으로 바뀌기 때문이다.

① 七代祖考佐郎公 以兵曹佐郎 (계잡1-2) → 李公慶流 以兵曹佐郎 (기3-2)
② 庶曾大父萬戶秉晋 以御營廳別軍官 (계잡1-12) → 李萬戶秉晋 文淸公秉泰之庶族也 以御營廳別軍官 (기3-6)
③ 吾家婢莫大者 曾祖妣轎前婢也 (계잡2-75) → 李參判泰永家 有婢莫大者 (기3-25)

이희평은 자신의 가계 인물들에 대해 군이 실명을 밝히지 않는다. 하지만『기문총화』편자

---

1) 李源命,『東野彙輯』序. 余於長夏調疴, 偶閱於于野談紀聞叢話, 頗多開眼處.

는 자신이 이희평이 아니므로 이희평 가계 인물을 객관적으로 바꾸어 기술한다. 그뿐 아니라, 『계서잡록』에 무기명으로 되어 있는 인물도 모두 실명으로 바꿔 놓는데, 그 양상에 조금의 오차도 없다. 이희평의 7대 할아버지를 정확하게 李慶流로 알고 있으며, 李秉晋은 李秉泰의 庶族임도 분명히 알고 있었다. 이러한 예는 이 외에도 많이 보인다. 이처럼『기문총화』편자는 일차적으로 이희평의 집안에 대해 비교적 소상히 알고 있었던 인물임을 짐작할 수 있다.

또한『기문총화』편자는 당파에 대해 비교적 중립적인 인물이었던 것으로 보인다. 이희평은 老論의 입장에서『계서잡록』을 기술한다. 예컨대「柳生 이야기」에서 이희평은 남인 재상(구체적으로 權大運)이 아녀자만 못하다고 하는 대목이 있는데,『기문총화』에서는 이러한 대목을 군이 배제한다. 또한『계서잡록』에서 '朴文秀'라고 기술한 대목도『기문총화』에서는 '朴書房主'로 바꾸는 등 남인이나 노론에 대한 직접적인 언술은 가급적 완곡한 표현으로 바꾼다. 이 점에서『기문총화』편자는 당파에 대해 완곡했던 인물로 추정할 수 있다.

『계서잡록』은 1828년에 편찬된 야담집이다. 그리고 1833년에 沈能淑이 이 책의 서문을 써 준다. 따라서『기문총화』의 편찬 시기는 1833년 이후로 볼 수 있다. 또한 1869년에 李源命이 쓴『東野彙輯』서문에도『紀聞叢話』가 명시된다. 이를 종합할 때『기문총화』는 1833~1869년 사이에 편찬된 것임이 분명하다.

다만 동양문고에 수장된『기문총화』「朴烈婦 이야기」후미에는 필사자가 쓴 낙서가 있는데, 이 기록을 통해『기문총화』의 편찬 시기는 아무래도 1869년보다 1833년에 가까운 때로 짐작할 수 있다. 「박열부 이야기」는 실제로 있었던 일인데, 이 사건은『순조실록』25년 10월 21일(壬戌)조에 기록되어 있다. 박씨는 士族의 청상과부였는데 그 고을 사람인 金祖述의 핍박을 받아 자결한다. 그런데 옥사는 자주 번복되어 3년 동안 판결이 나지 않는다. 그렇지만 결국 박씨의 노복인 萬石이 호소 끝에 비로소 진상이 밝혀진다. 이에 예조에서는 만석을 復戶하고 사후에는 정문까지 세워주라고 처리한 사건이다. 즉 1825년 음력 10월 21일에는 박열부의 일이 '완전하게' 해결되었던 셈이다. 그런데 동양문고본「박열부 이야기」후미에는 "이는 오래지 않은 일이다. 여기에 기록된 것은 베껴쓴 사람이 말을 덧붙인 것이 아니겠는가? 일은 반드시 바른 데로 돌아가는 것이니 족히 후세에 경계의 대상으로 전할 만하다.(此是不久之事, 而錄於此, 無乃膽之人添言耶? 事必歸正, 足可傳後世戒也)" 라는 기록이 있다. '오래지 않은'이라는 말이 갖는 의미는 명확하지 않지만, 아무래도 1869년보다는 훨씬 소급되는 시기가 아닌가 짐작할 수 있겠다.

2. 구성

이 책은 총 4책으로 구성되어 있다. 표제는 '紀聞叢話'로 되어 있다. 1권에는 183편, 2권에는 78편, 3권에는 56편, 4권에는 320편의 이야기를 수록하고 있다. 총 637편의 이야기를 수록하고 있는데, 현전하는 야담집 중에 가장 많은 이야기를 담고 있다.

1권과 4권은 필기류가 중심을 이루고, 2권과 3권은 야담 작품을 중심으로 싣고 있다. 각 권에 수록된 이야기의 중심인물을 소개하면 다음과 같다.

卷1 :

世祖, 成宗, 具壽永, 柳雲, 洪暹, 宣祖, 李鳳庭, 貞淑翁主, 一人, 金應河, 金忠烈, 權鞸, 許筠, 李祗, 李時昉, 仁城君 李珙, 趙之耘・鄭斗卿, 魚世謙・金馹孫, 權節, 朴思菴, 成侃, 江楊君 李定, 魚有沼之遠祖, 穆祖, 宮女 韓氏, 李好閔, 天安客舍之鬼魅, 崔恒之妻, 魚孝瞻, 東京狗, 河崙, 廣平大君, 琉璃國 使, 韓忠, 李長坤, 李山海・南師古, 沈友勝・朴東亮, 曺臣俊, 金時讓, 成石璘, 李首慶, 南斗柄, 成俔, 南袞, 沈洛, 金富軾・鄭知常, 方運, 金守溫, 金順命, 鄭澈, 朴啓賢, 李洪男, 鄭礥, 柳克新, 朱之蕃, 尹繼善, 崔惠吉, 李景魯, 成汝信・金泰始・白見龍, 趙胖, 李世佐之夫人, 妓女 紫洞仙, 論介, 柳希春・白仁傑・宋麟壽, 沈守慶, 金庾信, 南袞, 一老兵, 扶安妓 桂生, 李慶流, 河應臨・任絓, 金之岱, 權弘, 申叔舟, 成聃壽, 車軾, 李陽元, 李厚基, 南以雄, 黃喜, 尹斗雲, 許琮, 丁玉亨, 柳忠寬・柳辰仝, 沈連源, 盧守愼・金誠一, 柳廷亮, 朴啓榮, 申翊聖, 李溟, 朴錫命, 趙元紀・鄭希良, 兪孝通, 順平君, 李自堅, 尹斯文, 金繼輝, 鄭芝衍・鄭澈, 曺彥亨, 李好閔, 金命元, 柳寬, 韓繼禧, 李克培, 鄭鵬, 鄭鵬, 南在, 安坦大, 樂善君, 洪允成, 柳塗, 朴篧, 李恒福, 吳道一, 許稠, 洪興・田霖, 朴英, 李浣, 李浚慶, 姜紳, 新羅 炤知王, 權擎・金秀光, 金安國, 南袞, 鄭弘溟・李明漢・李行遠, 後苑 門直軍卒 貴元, 崔演, 李元翼, 鄭斗卿, 洪逸童, 孫舜孝, 尙震, 金時讓, 朴元宗, 李約東, 許格, 朴以昌, 申用溉, 安道宗・鄭復始, 趙涑・宋民古, 鄭斗卿, 蔡裕後, 金馹孫, 林悌, 金守溫, 孫比長, 李荇, 韓應寅, 成汝薰, 蔡紹權, 蔡裕後・洪瑞鳳, 彭原妓 動人紅, 鄭孝俊, 漢陽 士人 崔生, 韓石峯, 李恒福・南九萬, 南以雄, 趙絅, 鄭太和, 金集, 申景禛, 柳懋, 蔡彭胤, 李光庭 奴子 愛男, 申晸, 張顯光, 金始振, 洪景濂, 鄭孝成, 林志浩, 元仁孫・李鼎輔, 一都事, 金榦, 吳浚, 李璥(李宗禧), 柳淰.

卷2 :

成宗, 一老士人, 李石, 鄭　, 李廷龜夫人, 徐敬德, 朴燁, 朴燁, 朴燁, 朴燁, 朴燁, 鄭忠信, 李起築, 鄭忠信, 李恒福, 李廷龜, 申翊聖, 鄭太和, 孝宗, 肅宗, 肅宗, 一儒生, 金進士某, 金壽恒之妻 羅氏, 趙泰采, 兪拓基, 金昌翕・李德載, 閔鼎重, 申銋, 陜川守之子, 柳生 某, 洪東錫, 金鋏, 張鵬翼, 文進士, 趙泰億 夫人 沈氏, 李潤城・張志恒, 李彥世, 李逸濟, 李性源, 金應立, 原州蔘商 崔哥, 趙雲逵, 趙雲逵, 金熤, 朴右源, 谷山妓 梅花, 洪元燮, 柳誼, 柳河源, 朴烈婦・萬石, 橫城邑內 女子, 平壤妓, 江界妓 巫雲, 金應淳, 洪象漢, 郭思漢, 承旨 梁某(楊士彥之父), 金汝岉, 安東 權某・金宇杭, 鄭忠信, 李如松, 尙書 金某, 李安訥, 李節婦, 許生, 金大甲, 江陵士人 金氏, 相國 金某, 韓光近, 李浚慶, 傔人 皮氏, 林慶業, 李如松, 李堣, 南允默, 嶺南士人, 姜錄事之二女, 琉璃國 世子

卷3 :

李之菡, 李慶流, 李秉泰, 李秉泰, 李台重, 李秉晋, 李德重, 朴文秀, 朴文秀, 尹游, 金若魯, 尹弼秉, 李溎, 張朋翊, 申汝哲, 趙顯命, 金鉉, 李遇芳, 尹汲, 李源・南延年, 趙重晦, 李鼎輔, 柳鎭恒, 禹六不, 湖中 士人, 楊士彦之父, 鄭孝俊, 沈喜壽・一朵紅, 洪宇遠, 李長坤, 湖中士人之妻, 金緻, 鄭蘊, 禹夏亨, 金仁伯, 柳成龍之癡叔, 許弘, 李如松, 金千鎰之妻, 盧禛, 李光庭, 安東 權進士某, 玉簫仙, 李浣, 李浣, 明朝遺民, 鄭姓人, 許積・廉喜道, 權尒啇, 黃仁儉, 趙顯命, 高裕, 一宰相, 一新婦, 一武弁.

卷4 :

林亨秀, 洪允成・田霖 , 柳潁, 朴彛舒, 姜渾・銀臺仙, 金命元, 兪省曾, 任元濬, 李星徵, 朴弼渭, 鄭以吾, 洪天起・徐居正, 權景裕, 蘇世讓・眞伊, 權踶・趙克寬・權克和・金嶝, 李公麟, 眞伊, 眞娘(眞伊), 白光弘, 宋應溉, 梁喜, 李孟昀, 永順君 李溥, 閔大生, 宋言愼, 李恒福・李好閔, 冠紅粧, 崔來吉, 李恒福, 柳永忠, 李敏求, 趙慶起, 沈貞, 趙緯韓・李恒福, 麟平大君第婢, 扶安娼桂生, 鄭民秀, 申混, 蔡裕後, 金谷雲, 任道三, 蘭雪軒 許氏, 一常女, 龍城妓 旴拙, 安東權某之婢, 蘗玄, 朴忠侃, 曹玉缺(=李全仁), 鄭光世, 睦昌明, 宋贊, 齊安大君・韓景琦, 柳子光, 洪允成, 金紐, 金孝元, 姜碩基, 成川妓 得玉, 金碩胄, 韓宗愈, 姜邯贊, 永泰, 李齊賢, 姜邯贊, 金敦, 朴寅亮, 鄭知常, 李穀, 任叔英, 柳堣, 尹弼商, 一盲人, 韓明澮, 韓明澮, 卞季良・金允悗, 任元濬, 金安國, 李浚慶 申曼, 具仁垕之妻, 金尙憲, 李廷龜, 李元翼, 李浣, 成夢井, 鄭太和, 仁烈王后, 鄭礛, 李鐸, 德原令, 柳忠傑, 李咸判, 金麟厚, 金貴榮, 尹怍, 呂聖齋, 閔馨男, 朴信圭, 宋象賢, 李浣, 尹榮, 尹安國, 尹舜擧, 蔡裕後, 李廷馣, 李之菡, 李廷龜, 姜緒, 金育, 田東屹, 李時白之聘家奴 彦立, 辛慶衍, 南赿, 車天輅, 丁彦璜, 鄭百昌, 鄭斗卿, 朴遾, 李萬枝, 許積之傔人 廉時道, 李恒福, 李恒福, 鄭和, 閔齊仁, 吳謙, 鄭之升, 洪鷺祥, 李好閔, 韓浚謙, 姜克誠, 鄭子堂, 金弘度, 南九萬, 妓 盧兒, 洪萬宗, 金穎達, 全穆, 一士人, 一宰相, 李瑞雨, 沈守慶, 張順命, 孫舜孝, 金安老・申光翰, 劉綖, 鄭士龍, 李知白, 一僧, 僧 處默, 李珥, 一商人, 吳道一, 金昌集, 南龍翼, 李恒福, 金昌翕, 徐必遠, 南九萬, 一儒生, 鄭太和, 朴遾, 具集, 李萬元, 趙遠命, 柳淰, 李益炡, 元景夏, 朴師洙, 丹邱妓 杜陽, 趙文命・趙顯命・宋寅明・尹淳, 柳述, 許佖, 李趾光, 趙顯命, 金旵, 洪原妓 紅娘・崔慶昌, 申晸, 李耔, 李性源, 閔德鳳・具鳳齡・丁熖, 柳好仁, 金玄成, 李晬光・南以信, 丁應斗, 李好閔, 閔默・李瑞雨, 李台鼎, 任珽・李天輔, 李世華, 白仁傑, 趙昱, 申光河, 許曅, 尹光莘, 尹趾完, 李元翼, 李元翼, 李曙, 妓 雪中梅, 孫舜孝, 成石璘, 讓寧大君 李禔, 鄭以吾, 朴瀾, 金克孝, 李山海, 洪瑞鳳之母夫人, 金時讓, 鄭百昌・李敬輿, 趙翼, 趙錫胤, 趙錫胤, 金緻, 金得臣・南龍翼, 申曼, 李浣, 許頊, 尹趾善・尹趾完, 李世華, 南龍翼, 一人, 宣祖, 李貴・優人 朴男, 申景禛, 姜緒, 李恒福, 鄭蘊, 鄭太和, 申翊聖, 金藎國, 洪瑞鳳, 洪瑞鳳, 一處子, 柳灌, 林亨秀, 尹元衡, 尙震, 李石亨, 尹淮, 黃喜, 孟思誠, 世祖, 鄭麟趾, 鄭麟趾, 朴堧, 韓明澮, 申叔舟夫人尹氏, 具致寬・申叔舟, 洪允成, 洪允成, 金守溫, 南怡, 李鐸, 尹斗壽・尹根壽, 李元翼, 洪彦純, 沈義, 奇遵, 金安國, 金安國, 金安國, 金正國, 朴英, 福城君 李嵋, 辛碩祖, 朴安信, 金守溫, 楊士彦, 李植, 車天輅, 金悌男, 洪貴達, 蔡壽, 張

順孫, 徐益·李元翼·李山海, 李敬輿, 韓曒, 李恒福, 李恒福·黃汝一, 李恒福, 李恒福, 李恒福, 李恒福, 李恒福, 笑春風, 李泰淵, 老退吏 金姓人, 黃埏, 金堉·申翊聖, 沈喜壽·妓 一朶紅, 權鞾, 鄭經世, 明宗, 閔黯, 孝寧大君 李補, 柳雲, 申光漢, 黃守身, 張順孫·洪春卿, 韓明澮, 蔡壽, 洪暹之母夫人, 金麟厚, 光海朝 天使, 鄭光弼, 朴敎復, 金宗直, 金安國, 尙震, 姜希顔, 高敬命, 朴素立, 柳希春, 李俊民, 孫比長·妓紫雲兒, 成泳, 金安老, 成石璘, 趙云仡.

이 책의 1·4권과 2·3권의 성격은 다르다. 1·4권은 필기류가, 2·3권은 야담 작품이 중심이 된다. 이는 『기문총화』 편자가 야담과 필기의 갈래적 성격이 다름을 인식했던 데서 비롯된 것으로 보인다. 즉 『기문총화』 편자는 야담과 필기의 갈래적 성격을 충분히 인식했기 때문에 1·4권에는 주로 필기류를, 2·3권에는 당대에 유행하던 이야기를 배치하여 수록한 것으로 보인다.

『기문총화』 1권과 4권에 수록된 이야기 대부분은 전대 필기집에서 발췌한 것이라 하겠다. 『기문총화』 1권과 4권에 수록된 이야기 후미에는 그 이야기의 출처를 밝힌 경우가 있다. 『기문총화』 1권에는 총 183편의 이야기가 수록되어 있는데, 이 중 116편은 출전이 씌어져 있다. 『기문총화』 4권에는 총 320편의 이야기 중 123편의 출처를 밝히고 있다. 그렇지만 출전이 씌어져 있지 않은 작품들도 대부분 전대 문헌에 보인다. 이 점을 통해 볼 때 1권과 4권에 씌어진 이야기는 거의 모두가 전대의 필기집이나 패설집에서 발췌한 것이라고 보아도 무방할 듯하다.

실제로 『기문총화』 1권만 놓고 본다면 출전이 씌어진 116편 외에 나머지 67편도 대부분은 전대의 문헌에서 발췌한 것임을 확인할 수 있다. 즉 『遣閑雜錄』에서 1편(124화), 『公私見聞錄』에서 18편(11, 25, 78, 88, 109, 132, 136, 140, 7, 8, 14, 15, 79, 80, 89, 90, 110, 119.), 『菊堂徘語』에서 8편(27, 39, 46, 58, 59, 60, 72, 156.), 『寄齋雜記』에서 11편(5, 37, 51, 100, 104, 117, 118, 138. 3, 130, 145.), 『東閣雜記』에서 4편(23, 31, 128, 139), 『東人詩話』에서 1편(73), 『白雲小說』에서 1편(47), 『夢芸雜記』에서 1편(148), 『補閑集』에서 1편(159), 『丙辰丁巳錄』에서 1편(18), 『涪溪記聞』에서 2편(55, 101), 『思齋摭言』에서 5편(34, 96, 157. 68, 106), 『石崖雜記』에서 1편(151), 『謏聞 錄』에서 3편(1, 22, 142), 『續古今笑叢』 1편(70), 『松窩雜記』에서 3편(62, 105, 107), 『水村漫錄』에서 1편(38), 『於于野談』에서 18편(19, 36, 43·54, 64, 71, 75, 77, 85, 93, 98, 120, 141. 10, 66, 69, 121, 150.), 『五山說林』에서 3편(2, 20, 99), 『慵齋叢話』에서 10편(92, 95, 116, 123, 144, 152, 153. 21, 111, 122), 『龍泉談寂記』에서 2편(33, 83), 『月汀漫筆』에서 1편(131), 『紫海筆談』에서 1편(102), 『霽湖詩話』에서 2편(12, 112), 『終南雜識』에서 1편(154), 『竹窓閑話』에서 3편(4, 86, 87), 『芝峯類說』에서 10편(6, 9, 32, 35, 44, 52, 53, 55, 56, 57.), 『靑坡劇談』에서 6편(63, 74, 76, 81. 50, 61), 『秋江冷話』에서 1편(108), 『太平閑話滑稽傳』에서 3편(48, 49, 97), 『巴

人識小錄』에서 4편(65, 130, 134, 135.), 『破閑集』에서 1편(67), 『稗官雜記』에서 1편(125), 『筆苑雜記』에서 9편(29, 40, 82, 94, 103, 127, 129, 137, 139), 『閑居漫錄』에서 3편(91, 158, 160.), 『閑溪漫錄』에서 3편(16, 26, 42.), 『玄湖 談』서 2편(115, 143), 『螢雪奇聞』에서 6편(161, 162, 163, 164, 165, 166, 167), 『壺谷詩話』서 1편(149), 『檜山雜記』에서 1편(13), 『晦隱雜識』에서 3편(17, 28, 30), 『晦軒雜錄』에서 1편(126), 『鯤鯖 語』에서 2편(41, 84), 『鶴山閑言』에서 4편(180, 181, 182, 183) 등이 그것이다. 『기문총화』 1권에 수재한 183편의 이야기는 총 43종의 전대 문헌에서 171편의 이야기 출전이 확인된다. 확인되지 않는 12편의 이야기 역시 아직 발견이 되지 않았을 뿐이지, 이것이 『기문총화』 편자의 몫은 아니라 하겠다.

『기문총화』 4권도 마찬가지다. 4권에 수록된 320편 대부분도 1권과 비슷한 양상을 보인다. 다만 『기문총화』 1권과 달리 4권은 『梅翁閑錄』에 수재한 이야기를 그대로 전사한 작품이 35편이나 된다는 점에서 일정한 차이를 보인다. 그 외 나머지 자료의 출전을 밝히는 일은 略한다.

1권과 4권에 씌어진 이야기 중에는 『계서잡록』과 겹치는 이야기가 전무하다. 하지만 2권과 3권은 그 양상이 다르다. 2권과 3권에 수록된 이야기는 총 134편이다. 이들 이야기 중 113편은 『계서잡록』에서 발췌한 것이다. 즉 21편을 제외한 나머지 이야기는 모두 『계서잡록』에서 수용한 것이다. 즉 2권 58~78화를 제외한 나머지 이야기는 모두 『계서잡록』에 수용되어 있는 셈이다.

이 점을 통해볼 때 『기문총화』는 전대의 문헌을 수집하여 재배치하는 방식을 중심으로 하였지만, 그 과정에서 찬자의 필요에 따라 자신이 수집한 이야기들도 기록하였음을 알 수 있다.

3. 내용

『기문총화』에 수록된 내용은 실로 다양하다. 그렇기 때문에 이야기 하나하나에 대한 소개를 할 수가 없을뿐더러, 유형화하여 그 내용을 묶어내는 일도 쉽지 않다. 다만 『기문총화』에서 보이는 몇 가지 두드러진 내용적 특징에 주목하면 크게 세 가지 점을 들 수 있겠다.

우선 『기문총화』의 특성은 사실성을 강조하려는 의도보다는 이야기 문학이 지닌 흥미성을 강조한다는 데에 있다. 실제로 『기문총화』에는 이야기 내용은 거의 동일하면서 서사구조만 조금 달라진 이야기가 여러 편 실려 있다. 예컨대 「楊士彦 모친 이야기」도 그러하다. 이 이야기는 『기문총화』에 2편이 실려 있는데, 그 줄거리는 '양사언의 부친이 길을 가다가 우연히 기특한 어린 아이를 보고 부채를 주고 돌아온다. 그 후 그 아이는 다른 곳에 시집을 가지 않고 양사언 부친의 소실이 된다. 그녀는 양사언을 낳고 양사언이 출세할 수 있도록 한다'로 되어 있다. 두 이야기는 후반부가 일정 정도 달라지지만 같은 이야기다. 그런데 『기문총화』에서 아무런 비판 없이 두 이야기를 그대로 수용하고 있는 점은 사실성의 강조보다는 흥미로움을 추구하는 데에 그 목적을 두었기 때문으로 보인다. 이러한 예는 「一朵紅 이야기」・「李慶流 이야기」・「北窓 이야기」 등에서도 쉽게 찾아볼 수 있다.

또한 이야기의 흥미성을 강조하는 측면은 같은 인물에 대해 어느 한 이야기에서는 긍정적으로 평가하다가, 다른 이야기에서는 부정적으로 평가하는 예에서도 확인할 수 있다. 실제 李浣은 허풍장이로 그려지기도 하고, 이와 달리 구국의 영웅으로 그려지기도 하는 등 한 인물에 대한 평가가 일관되지 않는다. 李如松이나 孝宗 등을 바라보는 시각도 마찬가지다. 이러한 점 역시 『기문총화』가 추구한 것은 사실성 확인보다는 흥미 위주로 이야기를 수집하여 기록하였음을 적실하게 보여주는 예라 하겠다.

다음으로 『기문총화』에는 역사의식이 다분히 약화되어 있다는 점이다. 이 점 역시 앞의 경우처럼 이야기는 흥미 위주여야 한다는 생각에서 비롯된 것으로 보인다. 한 예로 북벌론을 바라보는 시각도 그러하다. 한 쪽에서는 반드시 이루어야 할 일로 평가를 하다가, 다른 한 쪽에서는 병사들의 고통만을 가중하는 허세로 평가하기도 한다. 또한 당파적인 면에서도 어느 정도 노론 時派의 입장에 있다고 볼 수 있지만, 그렇다고 僻派에 대한 부정도 강하지 않다. 특히 『기문총화』에서는 『계서잡록』에서 보이던 당파적인 색채가 강렬한 작품은 거의 수록하지 않았다는 점도 이를 방증하는 한 예라 하겠다. 이처럼 역사적인 사건이라든가 역사를 바라보는 시각이 전일하지 않다는 점은 곧 『기문총화』 편자가 이 책을 통해 전달하고자 한 것이 흥미로움에 있었음을 다시금 확인할 수 있겠다.

마지막으로 『기문총화』에 수록된 이야기는 다분히 보수적인 색채를 띤다는 점이다. 1970년대 이후 야담에 대한 평가는 다분히 민중적이며 발랄한 민중들의 삶이 잘 묻어났다고 보는 것이 일반적이다. 하지만 실제로 『기문총화』에는 이러한 민중들의 발랄한 모습은 극히 적다. 오히려 보수적인 이야기가 많다. 한 예로 노복과 주인의 갈등을 다룬 이야기가 『기문총화』에는 없다. 오히려 忠僕談이 중심이 된다. 주인을 위해 자신의 목숨까지 버린 노복들에 대한 이야기가 중심이 된다는 것은 이 책의 성격을 잘 보여준다고 하겠다. 실제로 『기문총화』의 편자는 "선비는 자신을 알아주는 사람을 위해 죽고, 여자는 자신을 기쁘게 해 주는 사람을 위해 얼굴을 꾸민다. 노비는 죽을 곳을 보고 마치 집에 돌아가는 것과 하였으니 … 義에 격하여서 그러했던 것이다(士爲知己者死, 女爲悅己者死, 僕之視死地如歸, … 激於義而然也.)"라 하여 주인을 위해 목숨을 돌보지 않은 노비를 칭찬하고 있을 뿐이다. 다른 야담집에 비해 일부 이야기가 『기문총화』에서 많은 이유도 이러한 측면에서 이해할 수 있겠다.

반면 1권과 4권에 수록된 이야기는 주로 짤막한 인물 일화가 많다. 특히 4권에는 인물 일화 외에 詩話가 많은 것도 한 특징이라 하겠다.

4. 가치

이 책은 우리나라 야담 문학 연구에서 매우 중요한 자료라 하겠다. 『기문총화』는 야담이 생성된 후, '야담'이라는 갈래가 보편적으로 쓰일 수 있도록 매개하는 데에 가장 공로가 많은 야담집이다. 실제 '紀聞叢話(혹은 記聞叢話)'라는 동일한 제명으로 향유되는 야담집 이본이 많다는 점은 차치하더라도 제명을 달리하여 향유되는 야담집의 상당수는 기문총화의 영향 아래 놓여 있다는 점에서도 이는 확인이 된다. 참고로 제명이 다르면서도 『기문총화』의 영향 아래 놓인 작품은 아래와 같다.

> 『叢話』(천리대본), 『紀話』(정문연본), 『海東奇話』(고려대본), 『野錄』(조동필본), 『靑邱叢話』 (동양문고본), 『荷潭漫錄』(천리대본), 『我東奇聞』(가람문고본) 『南溪野談』(서울대본), 『東國瑣談』(천리대본), 『靑邱奇話』(정명기본), 『東國故辭』(서울대본), 『選諺篇』(장서각본, 규장각본), 『瑣語』(천리대본), 『醒睡叢話』(연민본), 『紀聞叢記』(연세대본), 『雜東散』(국도본), 『今古記聞』(국도본), 『集說』(정문연본), 『朝野雜錄』(정문연본)

이는 곧 『기문총화』가 지니는 야담사적 위상을 단적으로 말해주는 것이라 하겠다. 그런데 그 중에서 이 책의 가치는 더더욱 높다. 현재까지 확인된 이본 중에서 最善本으로 보이기 때문이다. 물론 『기문총화』의 향유 과정에서 적어도 세 형태로 나뉘어져서 소통이 되었을 것으로 보인다. 하지만 이러한 양상을 설명할 수 있는 중심점에는 바로 이 책이 있어야만 가능하다. 즉 이 책은 『기문총화』의 원형을 재구하는 데에 중요한 역할을 맡고 있을 뿐 아니라, 『기문총화』의 소통 양상을 밝히는 데에도 중요한 위치를 갖는다고 하겠다.

5. 기타

『기문총화』 이본은 앞서 제시한 제명을 달리한 이본을 포함하여 50여 종이 넘는다. 그 중 주요 이본을 대상으로 하여 이본대비표를 제시하면 다음과 같다.

기문총화계 야담집 이본 대비표

연대기 : 연대 4권4책본, 계잡 : 1권(성대본), 2권·3권(연민본), 4권(일사본), 제아천 : 쉬리대본『東國瑣談』, 동감 : 동양문고 감본
동혜 : 쉬리대본『記聞叢話』, 국기 : 국도본『記聞叢話』, 국조 : 국도본『紀聞叢話』, 임운 : 임형택본『紀聞叢話』, 영운 : 영남대본『紀
聞叢話』, 청기 : 청명문고본『菁邱奇話』, 쉬어 : 연민본『醒睡雜話』, 성종 : 쉬세대본『溪西野譚』, 제아연 : 연민연『溪西野譚』, 제아규 : 규장각본『溪西野譚』, 가잡 : 가람34
장본『溪西雜錄』, 구조 : 구도 2책본『溪西雜錄』, 기좌 : 고려대 2책본『溪西雜錄』, 고잡 : 고려대 2책본, 정문 : 정문연본『紀話』

	자료제목	연대기	계잡	제아천	동감	동혜	국기	국조	임운	아동	영운	청기	쉬어	성종	제아연	제아규	가잡	구잡	고잡	기좌
1	光廟管不喜一舉官	1(1-1)		150(4-7)											105(水-7)	182(6-7)				
2	成廟重愛一王子	2(1-2)		151(4-8)											106(水-8)	183(6-8)				
3	荊中樞具壽永	3(1-3)		152(4-9)											107(水-9)	184(6-9)				
4	柳恒具霽雲	4(1-4)		153(4-10)											108(水-10)	185(6-10)				
5	洪忍齋暹遷	5(1-5)		154(4-11)											109(水-11)	186(6-11)				
6	宣廟聖智出天	6(1-6)		155(4-12)						85					110(水-12)	187(6-12)				
7	宣廟朝內官李鳳庭	7(1-7)		156(4-13)											111(水-13)	188(6-13)				
8	貞淑翁主	8(1-8)		157(4-14)				14		2					112(水-14)	189(6-14)				
9	王辰倭變得倭頭一級者	9(1-9)																		
10	金將軍膺河	10(1-10)						67			34									
11	光海朝弘文箚束金忠烈	11(1-11)		158(4-15)											113(水-15)	190(6-15)				
12	權石洲譯	12(1-12)		159(4-16)							35				114(水-16)	191(6-16)				
13	許筠常幻作無據之事	13(1-13)		160(4-17)											115(水-17)	192(6-17)				
14	光海廢世子祗之將死也	14(1-14)		161(4-18)											116(水-18)	193(6-18)				
15	光海遷瀋州	15(1-15)		162(4-19)											117(水-19)	194(6-19)				
16	仁城君珙	16(1-16)		163(4-20)											118(水-20)	195(6-20)				
17	趙之耘	17(1-17)		164(4-21)											119(水-21)	196(6-21)				
18	魚文貞公世謙	18(1-18)		165(4-22)											120(水-22)	197(6-22)				
19	權栗亭節之始生也	19(1-19)																		
20	朴思菴	20(1-20)		166(4-23)											121(水-23)	198(6-23)				
21	成貞逸亂佪	21(1-21)		167(4-24)												199(6-24)				
22	宗室江楊君定	22(1-22)		168(4-25)											122(水-25)	200(6-25)				
23	魚贊成有沼之遠祖重翼	23(1-23)		169(4-26)				25			36				123(水-26)	201(6-26)				

	자료제목	연대기	제장	제아천	통감	종화	통해	국기	구조	임본	아동	영본	정기	쇄어	성종	제아냥	제아쥬	가장	구장	고장	기회
24	我朝僂祖	24(1-24)		170(4-27)					23							124(水-26)	202(6-27)				
25	癸亥反正日	25(1-25)		171(4-28)												125(水-27)	203(6-28)				
26	五峯李文當公好閔	26(1-26)		172(4-29)					61							126(水-28)	204(6-29)				
27	天安客舍有鬼魅來往	27(1-27)		173(4-30)					24							127(水-29)	205(6-30)				
28	太虛亭崔文靖公恒	28(1-28)		174(4-31)					66							128(水-30)	206(6-31)				
29	魚文孝公孝瞻	29(1-29)		175(4-32)												129(水-31)	207(6-32)				
30	慶州鳳凰水無後餘	30(1-30)		176(4-33)												130(水-32)	208(6-33)				
31	浩亭河崙	31(1-31)		177(4-34)					68							131(水-33)	209(6-34)				
32	廣平大君	32(1-32)		178(4-35)					69		37					132(水-34)	210(6-35)				
33	琉球國遣使	33(1-33)		179(4-36)													211(6-36)				
34	韓松齋忠	34(1-34)		180(4-37)												133(水-35)	212(6-37)				
35	李貳相長坤	35(1-35)		181(4-38)												134(水-36)	213(6-38)				
36	李贐溪山海	36(1-36)																			
37	沈士進友勝	37(1-37)		182(4-39)												135(水-37)	214(6-39)				
38	曹臣俊公耆號無憫翁	38(1-38)		183(4-40)												136(水-38)	215(6-40)				
39	金判書時讚	39(1-39)		184(4-41)					71							137(水-39)	216(6-41)				
40	成文景公石磷	40(1-40)		185(4-42)					72							138(水-40)	217(6-42)				
41	李校理首慶	41(1-41)		186(4-43)												139(水-41)	218(6-43)				
42	崇禎丙子之亂	42(1-42)		187(4-44)					70							140(水-42)	219(6-44)				
43	成蠵齋俔少時	43(1-43)							29			38									
44	南袞鴒柳子光傳	44(1-44)		188(4-45)													220(6-45)				
45	沈判書詻	45(1-45)		189(4-46)												141(水-43)	221(6-46)				
46	閭巷間有玩好之物	46(1-46)		190(4-47)												142(水-44)	222(6-47)				
47	俗傳金富軾覺知常	47(1-47)		191(4-48)												143(水-45)	223(6-48)				
48	方進土蓮	48(1-48)		192(4-49)												144(水-46)	224(6-49)				
49	金乖崖守溫	49(1-49)		193(4-50)					103							145(水-47)	225(6-50)				
50	戶曹正郞金順命	50(1-50)		194(4-51)					73							146(水-48)	226(6-51)				
51	鄭松江澈	51(1-51)		195(4-52)													227(6-52)				
52	朴判書啓賢	52(1-52)							34												
53	李洪男	53(1-53)		196(4-53)					35							147(水-49)	228(6-53)				

번호	자료제목	연비기	제첩	제야친	동강	종희	동뢰	국기	국조	임본	아동	영본	청기	쇄어	성종	제야영	제야규	가장	구장	고장	기화
54	蠻賊與朴判書忠侃	54(1-54)														148(水-50)	229(6-54)				
55	柳上舍岦新	55(1-55)		197(4-54)												149(水-51)	230(6-55)				
56	天使朱之蕃	56(1-56)		198(4-55)												150(水-52)	231(6-56)				
57	坡潭子尹繼善	57(1-57)		199(4-56)												151(水-53)	232(6-57)				
58	崔參判惠吉	58(1-58)		200(4-57)					102		76					152(水-54)	233(6-58)				
59	張斯文仲仁	59(1-59)		201(4-58)							59					153(水-55)	234(6-59)				
60	嶺南儒生成汝信	60(1-60)		202(4-59)					36							154(水-56)	235(6-60)				
61	趙復與胖	61(1-61)		203(4-60)							57					155(水-57)	236(6-61)				
62	李判書世佐之夫人某氏	62(1-62)		204(4-61)					104		86					156(水-58)	237(6-62)				
63	妓女紫洞仙	63(1-63)		205(4-62)							56										
64	論介者	64(1-64)					51				58										
65	柳希春自號眉巖	65(1-65)		206(4-63)							55					157(水-59)	238(6-63)				
66	沈相國聽天堂守慶	66(1-66)									54										
67	金南信	67(1-67)		207(4-64)							53	39				158(水-60)	239(6-64)				
68	南袞譽爲黃海監司	68(1-68)		208(4-65)							52					159(水-61)	240(6-65)				
69	有一老兵使得少妓	69(1-69)		209(4-66)					101		51					160(水-62)	241(6-66)		64(1-64)		
70	扶安妓桂生	70(1-70)									50				47					64(1-64)	
71	壬辰之亂兵曹佐郎李慶流	71(1-71)							41		49										
72	河修撰應臨	72(1-72)							100		47,48										
73	金憲公之岱	73(1-73)		211(4-68)							46						243(6-68)				
74	權文順公弘	74(1-74)		212(4-69)					40							162(水-64)	244(6-69)				
75	申文忠叔舟	75(1-75)							39												
76	成處士瞷土壽	76(1-76)		213(4-70)					99							163(水-65)	245(6-70)				
77	車軾	77(1-77)							98												
78	鷺渚李相國陽元	78(1-78)		214(4-71)					97		45					164(水-66)	246(6-71)				
79	李正厚基	79(1-79)		215(4-72)					96							165(水-67)	247(6-72)				
80	市北南政丞以雄	80(1-80)		216(4-73)					95		44					166(水-68)	248(6-73)				
81	厖村黃翼成公喜	81(1-81)		217(4-74)					94							167(水-69)	249(6-74)				
82	尹文憲公子雲	82(1-82)		218(4-75)												168(水-70)	250(6-75)				
83	尙友堂許貞良公琮	83(1-83)		219(4-76)												169(水-71)	251(6-76)				

#	자료제목	연대기	계장	제아천	동감	총회	통해	구기	구조	임보	아동	영보	청기	쇄어	성충	제아영	제아주	가장	구장	고장	기화
84	丁恭安公玉亭	84(1-84)		306(4-163)												246(水-147)	167(5-45)				
85	柳司諫忠寬	85(1-85)									87										
86	明廟時大司憲趙公士秀	86(1-86)		220(4-77)							88					170(水-72)	252(6-77)				
87	宣廟御經筵	87(1-87)		221(4-78)							89					171(水-73)	253(6-78)				
88	素閑堂柳孝靖公廷莞	88(1-88)		222(4-79)												172(水-74)	254(6-79)				
89	朴掌令啓榮	89(1-89)		223(4-80)							90					173(水-75)	255(6-80)				
90	光海朝僖巨大開	90(1-90)		224(4-81)							91					174(水-76)	256(6-81)				
91	李判書瓊	91(1-91)		225(4-82)							92						257(6-82)				
92	朴文肅公錫命	92(1-92)		226(4-83)						93		42					175(水-77)	258(6-83)				
93	趙文節公元紀	93(1-93)								65		93									
94	歙提學孝通	94(1-94)		227(4-84)												176(水-78)	259(6-84)				
95	世宗初設宗學	95(1-95)		228(4-85)												177(水-79)	260(6-85)				
96	李知事自堅	96(1-96)		229(4-86)							41					178(水-80)	261(6-86)				
97	有尹斯文者	97(1-97)		230(4-87)						37		40					179(水-81)	262(6-87)				
98	金繼輝	98(1-98)								38		39									
99	鄭公芝衍之爲相也	99(1-99)		231(4-88)								94					180(水-82)	263(6-88)				
100	曹判書彦亨	100(1-100)		232(4-89)			52					95					181(水-83)	264(6-89)				
101	李延陵陵好閔	101(1-101)								45			40									
102	酒隱金忠翼公命元	102(1-102)		233(4-90)								96					182(水-84)	265(6-90)				
103	夏亭柳文簡公寬	103(1-103)		234(4-91)						44		38					183(水-85)	266(6-91)				
104	西平韓文靖公繼禧	104(1-104)		235(4-92)														267(6-92)				
105	李翼平公克培	105(1-105)		236(4-93)								37						268(6-93)				
106	鄭新堂鵬海州人	106(1-106)		237(4-94)						43		36					184(水-86)	269(6-94)				
107	鄭校理鵬居華山	107(1-107)		238(4-95)								97					185(水-87)	270(6-95)				
108	龜亭南忠景公任	108(1-108)		239(4-96)												186(水-88)	271(6-96)				
109	安公坦大	109(1-109)		240(4-97)			53					98					187(水-89)	272(6-97)				
110	丙子之間莊烈大妃	110(1-110)		241(4-98)												188(水-90)	273(6-98)				
111	洪威平公九成	111(1-111)		242(4-99)												189(水-91)	274(6-99)				
112	柳斯文堂	112(1-112)		243(4-100)								35					190(水-92)	275(6-100)				
113	朴校理理廈	113(1-113)		244(4-101)								34					191(水-93)	276(6-101)				

번호	자료제목	연버기	제쟝	제아천	동갑	통화	통셰	구기	구초	임문	아동	영포	칭기	쇠어	성종	제아렁	제아쥬	가장	구장	고정	기타
114	李白沙恒福	114(1-114)		245(4-102)					42							192(水-94)	277(6-102)				
115	吳西坡道一	115(1-115)		246(4-103)							33					193(水-95)	278(6-103)				
116	許文景公裯	116(1-116)		247(4-104)							32,99					194(水-96)	279(6-104)				
117	洪大司憲興	117(1-117)		248(4-105)												195(水-97)	280(6-105)				
118	朴松堂英	118(1-118)		249(4-106)					12		31	41				196(水-98)	281(6-106)				
119	李相國浣	119(1-119)		250(4-107)							100					197(水-99)	282(6-107)				
120	政院故事	120(1-120)																			
121	弘文館輪番遞直	121(1-121)																			
122	新羅昭知王正月十五日	122(1-122)		251(4-108)				359			114	42				198(水-100)	283(6-108)				
123	歲時名日所擧之事	123(1-123)		252(4-109)							116	43				199(水-101)	284(6-109)				
124	元朝飮屠蘇酒古俗也	124(1-124)		253(4-110)							115					200(水-102)	285(6-110)				
125	中兩朝末年	125(1-125)		254(4-111)												201(水-103)	286(6-111)				
126	祭用油蜜果	126(1-126)		255(4-112)												202(水-104)	287(6-112)				
127	高麗文宗時	127(1-127)		256(4-113)							117					203(水-105)	288(6-113)				
128	李延城石亭	128(1-128)		257(4-114)							101					204(水-106)	289(6-114)				
129	權襄平公擥	129(1-129)		258(4-115)							118					205(水-107)	290(6-115)				
130	國朝李石亭裵孟厚	130(1-130)		259(4-116)							102					206(水-108)	291(6-116)				
131	南袞登爭唱啐旁日	131(1-131)		260(4-117)							30						292(6-117)				
132	鄭都憲弘淏	132(1-132)		261(4-118)													293(6-118)				
133	成爾瞻遊後苑	133(1-133)		262(4-119)					90			44				207(水-109)	294(6-119)				
134	崔判尹演	134(1-134)		263(4-120)					91								295(6-120)				
135	李完平元翼	135(1-135)		264(4-121)					92							208(水-110)	296(6-121)				
136	顯廟下敎日	136(1-136)		265(4-122)												209(水-111)	297(6-122)				
137	洪中樞逸童	137(1-137)		266(4-123)												210(水-112)	298(6-123)				
138	孫贊成舜孝	138(1-138)		267(4-124)					62							211(水-113)	299(6-124)				
139	明廟嘗御後苑	139(1-139)		268(4-125)					64							212(水-114)	300(6-125)				
140	金判書時讓	140(1-140)		269(4-126)												213(水-115)	301(6-126)				
141	崔武烈公元宗	141(1-141)							89		103					214(水-116)					
142	李平靖公約束	142(1-142)		270(4-127)													302(6-127)				
143	處土許格	143(1-143)		271(4-128)													303(6-128)				

번호	자료제목	영비기	제장	제마천	통강	중회	통례	구기	구조	임훈	아동	영훈	청기	제어	성충	제마엿	제마주	가장	구정	교정	기회
144	朴參判以昌	144(1-144)		272(4-129)												215(水-117)	304(6-129)				
145	二樂亭申文景公用漑	145(1-145)		273(4-130)					60		29					216(水-118)	305(6-130)				
146	安僉知道宗	146(1-146)		274(4-131)													306(6-131)				
147	趙滄江涑宰臨歧也	147(1-147)		275(4-132)							28					217(水-119)	307(6-132)				
148	鄭東溪斗卿	148(1-148)		276(4-133)					59		140					218(水-120)	308(6-133)				
149	蔡湖州裕後	149(1-149)		277(4-134)							137					219(水-121)	309(6-134)				
150	金灌纓馹孫	150(1-150)					54		18		27,139	45									
151	林白湖悌	151(1-151)							58		26										
152	金訒村守溫	152(1-152)		278(4-135)					57		25					220(水-122)	310(6-135)				
153	孫比長	153(1-153)		279(4-136)					56		24					221(水-123)	311(6-136)				
154	李容齋公行	154(1-154)		280(4-137)					54		23					222(水-124)	312(6-137)				
155	韓忠靖公應寅	155(1-155)							55		22										
156	成紫訪汝薰	156(1-156)		281(4-138)					53			46				223(水-125)	313(6-138)				
157	蔡紹權	157(1-157)		282(4-139)					52		21					224(水-126)	143(5-21)				
158	蔡湖州裕後與鶴合洪瑞鳳	158(1-158)		283(4-140)												225(水-127)	144(5-22)				
159	勤人紅影原坡也	159(1-159)		284(4-141)												226(水-128)	145(5-23)				
160	鄭海豊孝俊	160(1-160)							30		20										
161	昔漢陽土人崔生	161(1-161)		285(4-142)												227(水-129)	146(5-24)				
162	韓石峯	162(1-162)		286(4-143)							124	48				228(水-130)	147(5-25)				
163	李白沙	163(1-163)		287(4-144)												229(水-131)	148(5-26)				
164	南春坡以雄	164(1-164)		288(4-145)					87		125					230(水-132)	149(5-27)				
165	趙龍洲	165(1-165)		289(4-146)												231(水-133)	150(5-28)				
166	鄭相公太和	166(1-166)		290(4-147)					49		19					232(水-134)	151(5-29)				
167	金幀齋	167(1-167)		291(4-148)					50								152(5-30)				
168	申平城武人	168(1-168)		292(4-149)							18					233(水-135)	153(5-31)				
169	柳懸上崔上舍啓日	169(1-169)													21						
170	蔡希菴	170(1-170)		293(4-150)					88		17					234(水-136)	154(5-32)				
171	李海皐奴子	171(1-171)		294(4-151)					47		16					235(水-137)	155(5-33)				
172	申汾厓	172(1-172)		295(4-152)					48		15						156(5-34)				
173	張旅軒	173(1-173)		296(4-153)					11		14					236(水-138)	157(5-35)				

	자료제목	역배기	제장	제아천	동강	총회	통쇄	구기	구조	임보	아동	영보창기	쇄아	성충	제아멍	제아주	가장	구장	고장	기회
174	金參判始振	174(1-174)		297(4-154)					10		12				237(水-139)	158(5-36)				
175	晉州有死節兵使忠烈祠	175(1-175)		298(4-155)			55		9		13				238(水-140)	159(5-37)				
176	竇監司孝成	176(1-176)		299(4-156)			56		8		3				239(水-141)	160(5-38)				
177	乙支逆獄	177(1-177)		300(4-157)							11				240(水-142)	161(5-39)				
178	元相仁條	178(1-178)		301(4-158)					46		127			19	241(水-143)	162(5-40)				
179	昔有一都事孝校生講	179(1-179)		302(4-159)					63		128			20	242(水-144)	163(5-41)				
180	金沙川幹淸苦力學	180(1-180)		303(4-160)					86		4				243(水-145)	164(5-42)				
181	成爾朝時吳浚	181(1-181)		304(4-161)			57		7		104,129				244(水-146)	165(5-43)				
182	李璐小字宗禧	182(1-182)		305(4-162)					85		10				245(水-147)	166(5-44)				
183	柳參判浍	183(1-183)																		
184	成爾時或微行	184(2-1)	77(2-1)	99(3-1)							9		56			99(4-9)	1			
185	成爾夜又微行	185(2-2)	78(2-2)	100(3-2)				75			123	47	57			100(4-10)	2			
186	成爾夢見黃龍	186(2-3)	79(2-3)	101(3-3)				76			8		58			101(4-11)	3	2(1-2)	2(1-2)	1
187	北悠之友一人病重	187(2-4)	82(2-6)	102(3-4)							6		61			102(4-12)	6	5(1-5)	5(1-5)	2
188	月沙夫人權判書兌智女也	188(2-5)	86(2-10)	103(3-5)							5		65			103(4-13)	10			3
189	徐花潭釱德	189(2-6)	89(2-13)	104(3-6)							7		68			104(4-14)	13	8(1-8)	8(1-8)	4
190	朴燁光海時人也	190(2-7)	90(2-14)	105(3-7)							131		69			105(4-15)	14	9(1-9)	9(1-9)	5
191	朴燁有雙妓	191(2-8)	91(2-15)	106(3-8)							132		70			106(4-16)	15			6
192	朴燁之坡關西	192(2-9)	92(2-16)	107(3-9)							133		71	46		107(4-17)	16	10(1-10)	10(1-10)	7
193	癸亥李延平諸人將謀擧義	193(2-10)	93(2-17)	108(3-10)							134		72			108(4-18)	17	11(1-11)	11(1-11)	8
194	癸亥三月反正後	194(2-11)	94(2-18)	109(3-11)							135		73			109(4-19)	18	12(1-12)	12(1-12)	9
195	鄭錦南忠信光州人也	195(2-12)	95(2-19)	110(3-12)						35		26	74			110(4-20)	19	13(1-13)	13(1-13)	10
196	李起菜店舍雇奴也	196(2-13)	96(2-20)	111(3-13)				77					75			111(4-21)	20	14(1-14)	14(1-14)	11
197	錦南以捕將都監中軍	197(2-14)	99(2-23)	112(3-14)						69	61		78			112(4-22)	23	15(1-15)	15(1-15)	12
198	繁城文學才謂	198(2-15)	101(2-25)	113(3-15)						20			80			113(4-23)	25	16(1-16)	16(1-16)	13
199	月沙赴燕京	199(2-16)	103(2-27)	114(3-16)				78					82			114(4-24)	27			
200	東陽尉申翊聖	200(2-17)	104(2-28)	115(3-17)									83			115(4-25)	28			14
201	鄭陽坡少時	201(2-18)	108(2-32)	116(3-18)						30	71		87			116(4-26)	32	21(1-21)	21(1-21)	
202	孝廟亦問間微行	202(2-19)	109(2-33)	117(3-19)									88			117(4-27)	33	22(1-22)	22(1-22)	15
203	肅廟朝於春塘怡池邊	203(2-20)	114(2-38)	118(3-20)						1	1					118(4-28)	38	24(1-24)	24(1-24)	16

번호	자료제목	연대기	제장	제아천	통감	총화	통해	구기	구초	임보	아동	영보	청기	쇄어	성충	제아영	제아주	가장	구장	고장	기회
204	蕭爾朝有思候	204(2-21)	115(2-39)	119(3-21)						36							119(4-29)	39	25(1-25)	25(1-25)	17
205	一儒生投筆而業武藝	205(2-22)	118(2-42)	120(3-22)	47					2		16	5	92			120(4-30)	42	28(1-28)	28(1-28)	18
206	金進士某者有智略	206(2-23)	119(2-43)	121(3-23)						27	70		6	93			125(5-3)	43	29(1-29)	29(1-29)	
207	文谷金公諱壽恒	207(2-24)	121(2-45)	122(3-24)						28				95			121(4-31)	45	30(1-30)	30(1-30)	19
208	二憂堂趙忠翼公喪配後	208(2-25)	122(2-46)	123(3-25)										96			122(4-32)	46	31(1-31)	31(1-31)	20
209	歙文翼公拓基拔嶺南時	209(2-26)	123(2-47)	124(3-26)			79			29				97			123(5-1)	47			21
210	三淵金先生昌翕	210(2-27)	124(2-48)	125(3-27)			80			21				98			124(5-2)	48	32(1-32)	32(1-32)	22
211	老峯閔公鼎重	211(2-28)	126(2-50)	126(3-28)			81							100			126(5-4)	50			23
212	申判書銋號寒竹堂	212(2-29)	128(2-52)	127(3-29)						22	83			102			127(5-5)	52	35(1-15)	35(1-15)	24
213	陜川守某年六十	213(2-30)	129(2-53)	128(3-30)						23	68	23		103			128(5-6)	53	36(1-36)	36(1-36)	25
214	柳生某洛下人也	214(2-31)	130(2-54)	129(3-31)	46					19	82			104			129(5-7)	54	37(1-37)	37(1-37)	26
215	洪東錫者惠司卖	215(2-32)	131(2-55)	130(3-32)	48									105			130(5-8)	55	38(1-38)	38(1-38)	27
216	連山金銖者善相人	216(2-33)	132(2-56)	131(3-33)			82							106			131(5-9)	56			28
217	張武蕭鵬翼	217(2-34)	134(2-58)	132(3-34)	49									108			132(5-10)	58	39(1-39)	39(1-39)	29
218	延安文進士者善科工	218(2-35)	161(3-9)	133(3-35)						33										115(補-13)	30
219	趙相國泰億夫人沈氏	219(2-36)	165(3-13)	135(3-37)	51		83										134(5-11)		51(1-51)	51(1-51)	32
220	李大將潤城之爲平兵也	220(2-37)	166(3-14)	136(3-38)			84										135(5-12)		52(1-52)	52(1-52)	33
221	李正言彦世門外人也	221(2-38)	167(3-15)	1(1-1)												1(木-1)	1(1-1)			118(補-17)	34
222	李兵使逸濟	222(2-39)	169(3-17)	2(1-2)												2(木-2)	2(1-2)		54(1-54)	54(1-54)	35
223	李相性源拔京營也	223(2-40)	170(3-18)	3(1-3)												3(木-3)	3(1-3)		55(1-55)	55(1-55)	36
224	金應立者嶺台常陵人也	224(2-41)	172(3-20)	4(1-4)							69					4(木-4)	4(1-4)		57(1-57)	57(1-57)	37
225	原州蔘商有崔哥者	225(2-42)	174(3-22)	5(1-5)						24						5(木-5)	5(1-5)		59(1-59)	59(1-59)	38
226	趙判書逵號完伯時	226(2-43)	176(3-24)	6(1-6)						9	67	21				6(木-6)	6(1-6)			120(補-19)	39
227	趙判書逵在完營時	227(2-44)	177(3-25)	7(1-7)						10						7(木-7)	7(1-7)			121(補-20)	40
228	正廟幸永陵	228(2-45)	180(3-28)	8(1-8)			85			34						8(木-8)	8(1-8)			123(補-22)	41
229	朴綾州台源門外人也	229(2-46)	185(3-33)	9(1-9)			86									9(木-9)	9(1-9)			127(補-26)	42
230	梅花者谷山妓也	230(2-47)	189(3-37)	10(1-10)												10(木-10)	10(1-10)		61(1-61)	61(1-61)	43
231	洪參議元燮少時	231(2-48)	190(3-38)	11(1-11)	52					7	66	20				11(木-11)	11(1-11)		62(1-62)	62(1-62)	44
232	柳參判誼以繻衣	232(2-49)	193(3-41)	12(1-12)						8	65					12(木-12)	12(1-12)		65(2-1)	65(2-1)	45
233	柳判書河源午人也	233(2-50)	194(3-42)	13(1-13)												13(木-13)	13(1-13)		66(2-2)	66(2-2)	47

	자료제목	연대기	제장	제아천	동감	총화	동제	누기	구초	임보	아동	영보	참기	쇄어	성총	제아역	제아규	가장	구장	고장	기화
234	榮川儒生盧某有一子	234(2-51)	195(3-43)	14(1-14)	53											14(木-14)	14(1-14)		67(2-3)	67(2-3)	48
235	橫城呂內有女子	235(2-52)	197(3-45)	17(1-17)						26	70	24				17(木-17)	17(1-17)		69(2-5)	69(2-5)	49
236	平壤有一妓	236(2-53)	199(3-47)	18(1-18)												18(木-18)	18(1-18)		71(2-7)	71(2-7)	50
237	巫雲者江界妓也	237(2-54)	200(3-48)	19(1-19)												19(木-19)	19(1-19)		72(2-8)	72(2-8)	51
238	金參判應淳少時	238(2-55)	201(3-49)	20(1-20)												20(木-20)	20(1-20)		73(2-9)	73(2-9)	52
239	洪判書象漢年八十	239(2-56)	202(3-50)	21(1-21)												21(木-21)	21(1-21)		74(2-10)	74(2-10)	53
240	郭思漢漢玄風人	240(2-57)	204(3-52)	22(1-22)						15	80					22(木-22)	22(1-22)		76(2-12)	76(2-12)	54
241	楊承旨某有遊覽之癖	241(2-58)		23(1-23)						25	130					23(木-23)	23(1-23)				
242	金公汝勖	242(2-59)		24(1-24)	54											24(木-24)	24(1-24)				55
243	安東權某以經學行義	243(2-60)		25(1-25)	55		87									25(木-25)	25(1-25)				56
244	嶺南鄭公	244(2-61)		26(1-26)												26(木-26)	26(1-26)				57
245	天將李提督如松	245(2-62)		27(1-27)						3		17				27(木-27)	27(1-27)				58
246	金尙書某有知人之鑑	246(2-63)		28(1-28)						4	77	18				28(木-28)	28(1-28)				59
247	東岳李公蓂聚後	247(2-64)		29(1-29)	56					14,53	106					29(木-29)	29(1-29)				60
248	李節婦忠武公裔也	248(2-65)		30(1-30)	57											30(木-30)	30(1-30)				61
249	許生者方外人也	249(2-66)		31(1-31)	58					12	75					31(木-31)	31(1-31)				62
250	金衛將大甲	250(2-67)		32(1-32)	59											32(木-32)	32(1-32)				63
251	江陵金氏一士人	251(2-68)		33(1-33)	60					18						33(木-33)	33(1-33)				64
252	金相君某少時	252(2-69)		34(1-34)	61					16						34(木-34)	34(2-1)				65
253	韓安東光近	253(2-70)		35(1-35)												35(木-35)	35(2-2)				66
254	李東皐軍廉人有皮姓者	254(2-71)		36(1-36)						11	74	22				36(木-36)	36(2-3)				67
255	林將軍慶業微時	255(2-72)		37(1-37)						5	78	19				42(土-5)	37(2-4)				68
256	李提督東征時	256(2-73)		38(1-38)	62					6	105					43(土-6)	38(2-5)				69
257	李參判煒有膂力	257(2-74)		39(1-39)	63					13	79					40(土-3)	39(2-6)				70
258	南斯文允默長子某	258(2-75)		40(1-40)	64					32						44(土-7)	40(2-7)				71
259	嶺南某郡有一士人	259(2-76)		41(1-41)						17	81					38(土-1)	41(2-8)				72
260	安東有妄賤事	260(2-77)		42(1-42)	65											39(土-2)	42(2-9)				73
261	仁祖朝倭政琉球國	261(2-78)		43(1-43)						31		25				45(土-8)	43(2-10)				46
262	李土亭之諾生而穎悟	262(3-1)	2(1-2)	138(3-39)	5	1		1				1	1	1	36		136(5-14)				
263	李公慶流以兵曹佐郞	263(3-2)	3(1-3)	139(3-40)	6	2	59	2				2	2	2			137(5-15)				

자료제번호	번호	연대기	제장	제아천	등강	총화	통제	구기	구초	임포	아동	영포	청기	쇄어	성종	제아엿	제아규	가정	구정	고정	기회
李文淸秉泰	264	264(3-3)	5(1-5)	140(3-41)		3		3						3			138(5-16)				
文淸公刻除嶺伯辭不赴	265	265(3-4)	6(1-6)	141(3-42)	7	4		4						4			139(5-17)				
李三山台重牧箕臭也	266	266(3-5)	13(1-13)	142(3-44)		6	60	5						6			141(5-19)				
李萬戶秉晉	267	267(3-6)	12(1-12)		9	7		6						7							
凡人之登第也	268	268(3-7)	16(1-16)		10	8	61	7						8							
奉朝賀李公秉常	269	269(3-8)	20(1-20)		11	9		8						9							
靈城君朴文秀	270	270(3-9)	153(3-1)	144(3-45)	12	10	62	9	39		72	3		10	37		142(5-20)		45(1-45)	45(1-45)	
耆隱朴文秀以罷犬行	271	271(3-10)	154(3-2)	145(4-1)	13	11		10	40			4		11	38				46(1-46)	46(1-46)	
尹判書游	272	272(3-11)	155(3-3)	146(4-2)	14	12		11						12		99(水-1)	176(6-1)			114(補-13)	
金相若魯以箕伯	273	273(3-12)	158(3-6)	147(4-3)	15	13		12						13	39	100(水-2)	177(6-2)		47(1-47)	47(1-47)	
尹參判昉秉午人也	274	274(3-13)	160(3-8)	148(4-4)	16	14		13	38					14		101(水-3)	178(6-3)		49(1-49)	49(1-49)	
李監司璞致祭時	275	275(3-14)	135(2-59)	150(4-6)		15		14						15		102(水-4)	179(6-4)	59	44(1-44)	44(1-44)	
申大將汝哲少時	276	276(3-15)	137(2-61)	44(1-44)	17	17		15				5	7	17	40	104(水-6)	181(6-6)	61	41(1-41)	41(1-41)	
世傳若通內待之妻	277	277(3-16)	138(2-62)	45(1-45)	18	18		16	42					18	41	44(土-9)	44(2-11)	62	42(1-42)	42(1-42)	
金鈒者英嗣師憲臣也	278	278(3-17)	139(2-63)	46(1-46)	19	19	63	17	37					19	42	41(土-4)	45(2-11)	63			
英嗣戊申嶺南賊黌希亮	279	279(3-18)	140(2-64)	47(1-47)		20		18						20		47(土-10)	46(2-12)	64			
麟佐之起兵也	280	280(3-19)	142(2-66)	48(1-48)	20	21	64	19						21		48(土-11)	47(2-13)	66			
尹判書汲	281	281(3-20)	143(2-67)	49(1-49)		22	65	20						22		49(土-12)	48(2-14)	67			
李兵使源提督如松之後也	282	282(3-21)	145(2-69)	49(1-49)	21	23		21	43		84	5	12	23	43	50(土-13)	49(2-15)	69			
英嗣每幸毓祥宮	283	283(3-22)	146(2-70)	50(1-50)	22	24	66	22						24	44	51(土-14)	50(2-16)	70			
李判書胕輔	284	284(3-23)	147(2-71)	51(1-51)	23	25	67	23						25	35	52(土-15)	51(2-17)	71			
柳統制鋌鎭臣少時	285	285(3-24)	148(2-72)	72(2-1)	24	26	68	24	44				15	26	45	72(火-1)	72(3-1)	72			
禹六不者趙相顯命儉從也	286	286(3-25)	151(2-75)	73(2-2)		27		25						27		79(火-2)	73(3-2)	76			
湖中古有一士人	287	287(3-26)	152(2-76)	74(2-3)	25	28		26				15	11	28		80(火-3)	74(3-3)	77			
楊蓬萊士彦之父	288	288(3-27)	205(4-1)	75(2-4)		29		27				7		29	25	81(火-4)	75(3-4)			132(補-31)	
海豊君鄭孝俊	289	289(3-28)	206(4-2)	76(2-5)	26	30	69	28					17	30	10	82(火-5)	76(3-5)		78(2-14)	78(2-14)	
沈一松喜壽	290	290(3-29)	207(4-3)	77(2-6)	27	31		29						31	24	83(火-6)	77(3-6)		79(2-15)	79(2-15)	
洪宇遠少時	291	291(3-30)	208(4-4)	78(2-7)	28	32	70	30						32	31	84(火-7)	78(3-7)		80(2-16)	80(2-16)	
燕山朝士論大起	292	292(3-31)	209(4-5)	79(2-8)	29	33	71	31						34	1	85(火-8)	79(3-8)		81(2-17)	81(2-17)	
湖中一士人	293	293(3-32)	210(4-6)	80(2-9)		34		32					13	35	15	86(火-9)	80(3-9)		82(2-18)	82(2-18)	

번호	자료제목	언매기	제집	제아천	동감	총회	동제	구기	구초	임보	아통	영보	청기	해아	성총	제아역	제아규	가정	구정	고정	기회
294	金監司鐵號南谷	294(3-33)	211(4-7)	81(2-10)		35	72	33						36	12	87(火-10)	81(3-10)		83(2-19)	83(2-19)	
295	鄭桐溪蘊少時	295(3-34)	212(4-8)	82(2-11)	30	36		34						37	31	88(火-11)	82(3-11)		84(2-20)	84(2-20)	
296	禹兵使夏亭	296(3-35)	213(4-9)	83(2-12)	31	37		35						38	32	89(火-12)	83(3-12)		85(2-21)	85(2-21)	
297	洪風金氏嗣先	297(3-36)	214(4-10)	84(2-13)	32	38		36						39	14	90(火-13)	84(3-13)		86(2-22)	86(2-22)	
298	柳西崖成龍居安東家	298(3-37)	215(4-11)	85(2-14)		39		37				29	16	40	27	91(火-14)	85(3-14)		87(2-23)	87(2-23)	
299	驪州地古有許姓孀生	299(3-38)	216(4-12)	86(2-15)	33	40		38	66		62			41	28	92(火-15)	86(3-15)		88(2-24)	88(2-24)	
300	言聞王辰之亂	300(3-39)	217(4-13)	87(2-16)		41		39	67		60	8		42	29	93(火-16)	87(3-16)		89(2-25)	89(2-25)	
301	金信義使干鎰之妻	301(3-40)	218(4-14)	88(2-17)		42		40				9		43	13	94(火-17)	88(3-17)		90(2-26)	90(2-26)	
302	盧玉溪禛	302(3-41)	219(4-15)	89(2-18)	34	43	73	41	68			10	14	44	30	95(火-18)	89(3-18)		91(2-27)	91(2-27)	
303	延原府院君李光庭	303(3-42)	220(4-16)	90(2-19)	35	44		42						45	11	96(火-19)	90(3-19)		92(2-28)	92(2-28)	
304	安東權進士某者	304(3-43)	221(4-17)	91(2-20)	36	45		43						46	33	97(火-20)	91(4-1)		93(2-29)	93(2-29)	
305	古有一宰相爲關西伯	305(3-44)	222(4-18)	92(2-21)	37	46		44					9	47	23	98(火-21)	92(4-2)		94(2-30)	94(2-30)	
306	李貞翼公浣向孝廟舂注	306(3-45)	223(4-19)	93(2-22)		47		45				11	10	48	3	72(土-35)	93(4-3)		95(2-31)	95(2-31)	
307	貞翼公少時	307(3-46)	224(4-20)			48		46				12		49	7				96(2-32)	96(2-32)	
308	崇禎甲申以後	308(3-47)	225(4-21)			49		47					18	50	6					133(補-32)	
309	廣州慶女村有一僿姓人	309(3-48)	226(4-22)		38	50		48						51	26				97(2-33)	97(2-33)	
310	許積以領相當局時	310(3-49)	227(4-23)			51		49						52	2				98(2-34)	98(2-34)	
311	權判書木商	311(3-50)	228(4-24)			52		50						53	16					134(補-33)	
312	黃判書仁儉少時	312(3-51)	229(4-25)		39	53		51						54	4					135(補-34)	
313	趙豐原顯命	313(3-52)	230(4-26)	94(2-23)	40	54		52				13	19	55	5	73(土-36)	94(4-4)		99(2-35)	99(2-35)	
314	高裕恂州人也	314(3-53)	231(4-27)	95(2-24)	41	55		53					20		17	74(土-37)	95(4-5)		100(2-36)	100(2-36)	
315	古有一宰相有同硏之人	315(3-54)	232(4-28)	96(2-25)		56		54							8	75(土-38)	96(4-6)		101(2-37)	101(2-37)	
316	古有一士人居于外邑	316(3-55)	233(4-29)	97(2-26)	42	57		55				14			18	76(土-39)	97(4-7)			136(補-35)	
317	古有武弁以宣傳官	317(3-56)	234(4-30)	98(2-27)	43	58		56	41		73				9	77(土-40)	98(4-8)				
318	林銘湖爲吏曹佐郎	318(4-1)			44	59		57													
319	洪仁山允成居菁坡	319(4-2)				60		58													
320	柳舍人嶺字洗耳	320(4-3)				61		59	31												
321	泌川朴參判緯舒字錫五	321(4-4)				62		60													
322	姜晉山准拔嶺南時	322(4-5)				63		61													
323	金相國命元少時	323(4-6)				64		62													

번호	자료제목	연비기	계장	제야천	동강	총화	동채	구기	구초	임관	아동	영관	청기	쇄아	성종	제야영	제야규	가장	구장	고장	기화
324	柳藍司曾死後	324(4-7)				65		63													
325	任西河元瞻字子深	325(4-8)				66		64													
326	李參議星徵	326(4-9)				67		65													
327	朴姊渭者	327(4-10)				68		66													
328	鄭潑隱以吾爲翰林	328(4-11)				69		67													
329	畵師洪天起	329(4-12)				70		68													
330	權景裕君饒柳順汀智翁	330(4-13)				71		69													
331	蘇陽合世讓少時	331(4-14)				72		70													
332	甲午春權文景公踶	332(4-15)				73		71													
333	李縣令公麟	333(4-16)				74		72	19				21								
334	眞伊開城音女之女	334(4-17)				75		73													
335	眞娘開花罪高洛不仕	335(4-18)				76		74													
336	白訴事光弘	336(4-19)				77		75													
337	宋應溉嘗謂余言	337(4-20)				78	1	76													
338	梁參判臺工於詩	338(4-21)				79	2	77													
339	李參文惠公孟昀	339(4-22)				80		78													
340	宗室永順君溥	340(4-23)				81		79													
341	閔同知大生年九十餘	341(4-24)				82		80	17												
342	宋判書言韻性好色	342(4-25)				83		81	20												
343	李台沙年少氣豪	343(4-26)				84		82													
344	冠紅粧者長安名妓也	344(4-27)				85		83													
345	崔完川來吉	345(4-28)				86		84													
346	李台沙少時	346(4-29)				87		85	32												
347	柳洙湖永忠字恕伯	347(4-30)				88		86													
348	李東洲敏求少時	348(4-31)				89		87	84												
349	趙正慶起	349(4-32)				90		88													
350	沈貞作己卯士禍後	350(4-33)				91		89		89											
351	趙玄谷緯韓	351(4-34)				92		90	83	45											
352	蕭蘭庚申春	352(4-35)				93		91					22								
353	扶安娼桂生工詩	353(4-36)				94		92		73											

번호	자료제목	연대기	계장	제아취	동강	총화	동제	구기	구초	임보	아동	영호	청기	쇄아	성종	제아카	기강	구강	고강	기타
354	有諸儒生會話朴淵下	354(4-37)				95		93												
355	申初庵混	355(4-38)				96	3	94		54										
356	蔡胡洲裕後	356(4-39)				97		95												
357	庚申換局後	357(4-40)				98	4	96												
358	任司藝道三字一之	358(4-41)				99		97												
359	蘭雪軒許氏	359(4-42)				100		98		74										
360	京城有一常女能詩	360(4-43)				101		99		75										
361	旺世龍城妓妓也	361(4-44)				102		100												
362	薛玄卵安東權某之婢也	362(4-45)				103		101												
363	朴判書忠有所愛妓	363(4-46)				104		102	27,51											
364	李晦齋少時	364(4-47)				105		103												
365	鄭判書光世	365(4-48)				106		104	82											
366	睦判書昌明	366(4-49)				107		105												
367	宋判府事贊	367(4-50)				108		106	81											
368	飮食男女人之大慾也	368(4-51)				109		107	80											
369	柳子光嘗在陵朝	369(4-52)				110		108												
370	羅州城隍祠	370(4-53)				111	5	109												
371	金參判紺能文章	371(4-54)				112		110	13											
372	金息庵爲三陟府使	372(4-55)				113		111												
373	姜月塘以仁嚬關卒	373(4-56)				114		112	28											
374	得玉者攷川妓也	374(4-57)				115		113												
375	金淸城死後有神	375(4-58)				116	6	114												
376	復齋韓文節宗愈	376(4-59)				117		115												
377	俗傳有使臣	377(4-60)				118	7	116	78											
378	高麗將仕郎永泰	378(4-61)				119		117	79				23							
379	忠宣王久留元	379(4-62)				120	8	118					24							
380	高麗侍中美邯贊	380(4-63)				121		119	6				25							
381	金台承敎詩	381(4-64)				122		120												
382	朴參議黃克	382(4-65)				123		121		86										
383	俗傳學士鄭知常	383(4-66)				124		122												

번호	자료제목	연대기	제장	제야천	통강	총화	동패	구기	구초	임보	아통	영포	청기	쇄어	성총	계야연	제야주	가장	구장	고장	기화
384	李稼亭上書狀官朝天	384(4-67)				125		123													
385	任疎庵叔英	385(4-68)				126		124													
386	柳相國典	386(4-69)				127		125	77												
387	尹相昉商	387(4-70)				128		126	76												
388	天使王戈夏爾瞻高龍蹯家	388(4-71)				129		127													
389	韓上黨明澮少時	389(4-72)				130		128	75				26								
390	上黨搆亭於漢江之南	390(4-73)				131		129													
391	卞春亭季苑	391(4-74)				132		130													
392	英宗皇帝復正之日	392(4-75)				133		131													
393	金慕齋爲音慰使	393(4-76)				134		132	77			30	27								
394	李東皐爰慶	394(4-77)				135		133													
395	申舟村頲頲	395(4-78)				136	9	134													
396	沈器遠之謀逆也	396(4-79)				137	10	135	74												
397	仁祖朝完平李公當國	397(4-80)				138		136													
398	月沙李公爲卜丁應泰誣	398(4-81)				139		137													
399	梧里退老衿川	399(4-82)				140		138													
400	李里篤完浣爲捕將	400(4-83)				141		139													
401	戎參判夢井	401(4-84)				142		140	85			33	28								
402	陽坡普語計䅾曰	402(4-85)				143		141	21												
403	仁廟反正後光海時宮人	403(4-86)				144		142													
404	北窓世琥東方異人	404(4-87)				145	12	143	22	63			29								
405	李相國嶧登第	405(4-88)				146	13	144	16												
406	德原令善琇供	406(4-89)				147		145	15												
407	柳定山忠傑	407(4-90)				148		146	5												
408	李判書冥之孫咸	408(4-91)				149		147													
409	河西金公	409(4-92)				150		148	3												
410	金東岡貴榮	410(4-93)				151		149	4												
411	尹公怍仁廟朝文科	411(4-94)				152	14	150	2	64	63	28	30								
412	呂雲浦聖齊	412(4-95)				153		151													
413	月沙興閔貳相馨男	413(4-96)				154		152	174												

번호	자료제목	연비기	제잡	제아천	통감	총쾌	통쾌	구기	구초	임포	아동	영포	청기	쇄이	성충	제아영	제아규	가장	구장	고정	기타
414	朴判書信圭	414(4-97)				155		153	1												
415	泉谷宋象賢	415(4-98)				156			175												
416	李貞翼浣判秋曹時	416(4-99)				157				65											
417	尹南陽琛少時	417(4-100)				158															
418	尹監司安國	418(4-101)				159		154													
419	尹童土舜擧爲文尙奇人松	419(4-102)				160		155													
420	蔡湖洲以兵曹堂上入直	420(4-103)				161		156													
421	王辰之亂李公廷馣	421(4-104)				162	15	157	176												
422	李鵝溪士亭之從子也	422(4-105)				163		158	177	46			31								
423	月沙奉使燕京	423(4-106)				164		159													
424	姜秉旨緖與諸僚	424(4-107)				165		160													
425	潛谷金公	425(4-108)				166		161													
426	田東屹全州人	426(4-109)				167	16	162					32								
427	延安李相公時伯之陽家	427(4-110)				168		163	178												
428	辛評事慶衍	428(4-111)				169	17	164	207	88			33								
429	南西溪稼	429(4-112)				170		165	179				34								
430	申五山天略	430(4-113)				171	18	166					35								
431	鄭監司彦璜	431(4-114)				172		167	173												
432	鄭玄谷昌之大人監司	432(4-115)				173		168	172				36								
433	鄭東溟滾少時	433(4-116)				174		169													
434	白沙嘗閉坐	434(4-117)				175		170	189				37								
435	李舒川萬枝	435(4-118)				176		171	190				38								
436	許鎮之康人廉時道	436(4-119)				177	19						39								
437	宣廟朝有放出宮女	437(4-120)				178		172													
438	白沙少時遊洋宮	438(4-121)				179	20	173	191												
439	通事鄭和文翼公之庶子也	439(4-122)				180		174	192												
440	閔立庵年少英邁	440(4-123)				181	21	175					46								
441	吳贊成謙	441(4-124)				182		176													
442	鄭叢桂之升	442(4-125)				183		177		55			40								
443	洪仁齋靈祥	443(4-126)				184	22	178					41								

	자료제목	연바기	계장	제아천	동감	총화	동해	구기	구초	임보	아동	영월	창기	쇄어	성총	제아연	제아규	가장	구장	고잡	기화
444	五峰李公少時	444(4-127)				185		179													
445	韓西平初釋褐時	445(4-126)				186		180					42								
446	姜醉竹克誠	446(4-127)				187		181					43								
447	鄭公子堂	447(4-128)				188		182					44								
448	金南峰弘度	448(4-129)				189		183													
449	南藥泉九萬參同契	449(4-130)				190															
450	成晦朝時有蘆兒	450(4-131)				191		184					45								
451	玄默子洪公萬宗	451(4-132)				192		185		91											
452	金參議忠公萬達	452(4-133)				193		186					47		22						
453	全穩愛忠州妓金蘭	453(4-134)				194		187													
454	有一士人下任嶺南奴僕家	454(4-135)				195		188	171				48								
455	有一宰相晩來後	455(4-136)				196		189													
456	李松谷陽雨	456(4-137)				197		190													
457	沈聽天宇玄秋	457(4-138)				198		191													
458	崔遲川與延陽豁谷少時	459(4-139)				199		192	170	87											
459	孫勿齋舜孝	460(4-140)				200	23	193					49								
460	金安老耤亭東湖	461(4-141)				201		194		76											
461	梁慶遇霽湖詩話日	462(4-142)				202		195													
462	明廟嘗以一圖	463(4-143)				203		196													
463	李知白梨川庶孫也	463(4-146)				204		197													
464	近有一士人	464(4-147)				205		198													
465	僧處默	465(4-148)				206	24	199													
466	栗谷先生	466(4-149)				207		200					50								
467	有一儒生夜宿葛山店	467(4-150)				208		201					51								
468	吳西坡道一	468(4-151)				209		202		47											
469	金夢窩在沈留	469(4-152)				210		203		48											
470	南壺谷見時	470(4-153)				211	25	204													
471	白沙之北竄也	471(4-154)				212		205													
472	三淵自己巳後	472(4-155)				213		206		49											
473	徐必遠未第時酷貧	473(4-156)				214		207	168												

번호	자료제목	연배기	제장	제아천	등강	총회	통례	구기	구초	임포	아동	영포	청기	제아	성총	제아영	제아두	가장	구장	고장	기회
474	南相九萬登科	474(4-157)				215		208	167	50											
475	仁廟朝有儒生	475(4-158)				216		209		51											
476	鄭襲憲太和少時	476(4-159)				217		210	165	90											
477	朴參判遼兒時	477(4-160)				218		211	166												
478	具同知集	478(4-161)				219		212		92											
479	李參判萬元	479(4-162)				220		213	169	93											
480	趙判書遠命	480(4-163)				221	26	214		56											
481	柳參判涑自兒時	481(4-164)				222	27	215	164	94											
482	李判書金徵	482(4-165)				223		216													
483	元蒼霞景夏爲吏判	483(4-166)				224		217													
484	朴判書師洙性急	484(4-167)				225		218	163												
485	丹邱妓杜陽	485(4-168)				226		219													
486	趙豐陵文命	486(4-169)				227		220	162	95											
487	柳承旨述	487(4-170)				228		221	159												
488	許烟客俶	488(4-171)				229		222	160	78											
489	李忠州趾光	489(4-172)				230		223	161	79											
490	趙豐原顯命爲關將時	490(4-173)				231		224	158												
491	永東人金㕦	491(4-174)				232		225													
492	洪原妓紅娘	492(4-175)				233		226													
493	申判書敾臨	493(4-176)				234		227	157												
494	陰崖李耔	494(4-177)				235		228	156												
495	李左相相源	495(4-178)				236	28	229	155	83											
496	明廟庚申	496(4-179)				237		230	154												
497	兪兮富溪好仁	497(4-180)				238		231		96											
498	金南窓律身淸苦	498(4-181)				239		232		70											
499	李芝峰	499(4-182)				240		233													
500	丁貳相應斗	500(4-183)				241		234													
501	李五峰	501(4-184)				242		235													
502	閔文將薦文衡	502(4-185)				243		236		72											
503	我朝大科賜紅牌	503(4-186)				244		237													

	자료제목	연대기	제집	제야친	동감	총회	동해	구기	구초	임보	아동	영로	칭기	쇄어	성총	제아연	제아규	가장	구집	고집	기회
504	任珽爲谷山	504(4-187)				245		238	193												
505	李雙栢世華	505(4-188)				246		239													
506	白忠鼎仁傑	506(4-189)				247		240	194	71											
507	趙龍門昱	507(4-190)				248		241													
508	申承旨光河	508(4-191)				249		242													
509	許草堂曄	509(4-192)				250		243													
510	尹兵使光華	510(4-193)				251		244	195												
511	尹東山相公趾完	511(4-194)				252		245													
512	完平李文忠公元翼	512(4-195)				253		246	184												
513	完平弟仁義洞丙湖洞洞北	513(4-196)				254		247													
514	完平李曙	514(4-197)				255		248	182												
515	太祖開國後	515(4-198)				256		249	183	80		31									
516	勿齋孫文員	516(4-199)				257		250	196												
517	權摠制躒	517(4-200)				258		251													
518	獨谷成文景公石璘	518(4-201)				259		252	180												
519	讓寧大君禔	519(4-202)				260		253	181												
520	鄭郊隱以吾	520(4-203)				261		254	197												
521	銅陽尉朴汾西瀰	521(4-204)				262		255	152	57	64										
522	金四味克孝	522(4-205)				263	29	256	153	58											
523	李鵝溪素以諡鑑名世	523(4-206)				264		257	151	59											
524	洪鶴谷瑞鳳	524(4-207)				265		258													
525	金荷潭時讚丙子前	525(4-208)				266		259													
526	鄭玄谷百昌大人監司孝成	526(4-209)				267		260													
527	趙浦渚文孝翼	527(4-210)				268		261													
528	樂靜趙文孝錫胤	528(4-211)				269	30	262													
529	樂靜家在枰川牛坡	529(4-212)				270	31	263	150												
530	金副學緻栢谷得臣之父也	530(4-213)				271															
531	栢谷與南壺谷相逢一嘅	531(4-214)				272		264		84											
532	申舟村曼	532(4-215)				273		265													
533	李貞翼浣勞時	533(4-216)							198												

번호	자료제목	연대기	제정	제아천	동집	총회	동쇄	구기	구초	임포	아동	영포	청기	쇄아	성충	제아연	제아규	가정	구정	교정	기회
534	許相國頎少時	534(4-217)				274		266	199												
535	尹相國趾華	535(4-218)				275		267	149												
536	雙栢堂李忠憲世華	536(4-219)				276	32	268													
537	壼谷南文憲龍翼	537(4-220)				277		269													
538	光海時僞詠甚多	538(4-221)				278		270	147												
539	宣廟末年召諸孫	539(4-222)				279		271	148												
540	延平李忠翼景禛	540(4-223)				280		272													
541	文坡申忠翼景禛	541(4-224)				281		273	145	97											
542	姜承旨緖卽弘立之從叔也	542(4-225)				282		274	146												
543	仁廟癸亥反正日	543(4-226)				283		275													
544	鄭桐溪蘊夫人有獅子吼	544(4-227)				284		276	200	98											
545	陽坡鄭翼憲太和	545(4-228)				285		277	201												
546	東陽時申文忠翊聖	546(4-229)				286		278	202												
547	金後瘳盖國爲戶判時	547(4-230)				287		279													
548	金寧坡洪文靖瑞鳳	548(4-231)				288		280	143												
549	金寧坡幼時	549(4-232)				289		281	144												
550	仁祖朝爲昭顯世子擢嬪	550(4-233)				190		282	142												
551	松巖側柳相國灌	551(4-234)				291		283	141												
552	鄭彦愨	552(4-235)				292		284													
553	尹元衡乙巳奸人也	553(4-236)				293		285	140												
554	泛虛亭尙成安晨	554(4-237)				294	33	286	139												
555	楷軒李文康石亨	555(4-238)				295		287	138												
556	淸香堂尹文度淮	556(4-239)				296	34	288	137												
557	厖村黃翼成喜	557(4-240)				297	35	289	136	81		32									
558	孟文正思誠	558(4-241)				298		290													
559	世廟朝爲大君	559(4-242)				299		291	131												
560	學易齋鄭文成麟趾	560(4-243)				300		292	132												
561	學易齋家	561(4-244)				301		293	135												
562	朴蘭溪堧	562(4-245)				302		294													
563	韓文忠明澮	563(4-246)				303		295	130												

	자료제목	엮매기	제첩	제아천	동감	총화	동쇄	구기	구초	임굔	아동	영굔	칭기	쇄어	성충	제아연	제아규	가장	구장	고장	기화
564	申文忠夫人尹氏	564(4-247)				304		296	133												
565	貝綾城致覺	565(4-248)				305		297	134												
566	洪相允成少時	566(4-249)				306		298													
567	洪相允成以都元帥	567(4-250)				307		299													
568	金乖崖守溫	568(4-251)				308		300													
569	南怡少時	569(4-252)				309	36	301	129												
570	藥峰李景鼎鐸	570(4-253)				310		302	128												
571	海原尹文靖斗壽	571(4-254)				311	37	303	127	82											
572	梧里李公	572(4-255)					38	304	206												
573	光國功臣唐城君洪彦純	573(4-256)				312		305	124	52		27									
574	沈大觀齋義	574(4-257)				313		306	125												
575	奇服齋遵	575(4-258)				314		307													
576	慕齋金文敬公	576(4-259)				315	39	308													
577	思齋赴燕	577(4-260)				316	40	309													
578	慕齋少時	578(4-261)				317		310	126												
579	思齋亦以知詩名	579(4-262)				318	41	311													
580	朴松堂英少時	580(4-263)				319		312													
581	福城君君嗔	581(4-264)				320	42	313													
582	淵水堂	582(4-265)				321			205												
583	不壞君趙大臨	583(4-266)				322		314													
584	金乖崖成宗丙午爲重試	584(4-267)				323	43	315													
585	楊蓬萊士彦善筆名	585(4-268)				324		316													
586	澤堂李文靖植	586(4-269)				325		317													
587	五山車天輅	587(4-270)				326		318													
588	延興金國舅悌男	588(4-271)				327		319													
589	涵虛亭洪文貴達	589(4-272)				328		320													
590	懶齋蔡襄靖壽	590(4-273)				329		321													
591	張相順係少時	591(4-274)				330		322	187												
592	徐萬竹益	592(4-275)				331		323	188												
593	先王孝曰江府君	593(4-276)				332															

	자료제목	영대기	제장	제아천	통가	총화	통채	구기	구초	임초	이동	영공	청기	쇄어	성종	제아영	제아주	가장	구장	고정	기타
594	韓賛男子于曙	594(4-277)				333		324													
595	白沙李文忠恒福	595(4-278)				334		325	123												
596	白沙與副使月沙李公	596(4-279)				335		326													
597	白沙嘗赴備坐	597(4-280)				336		327	122												
598	宦嗣朝有一賞宰	598(4-281)				337	44	328	120												
599	白沙退去鄉舍	599(4-282)				338		329													
600	白沙與外舅權元帥嘲戲	600(4-283)				339	45	330	119	60											
601	戊午夏白沙在謫感疾	601(4-284)				340		331	118	61											
602	皮膚嘗置酒宴	602(4-285)				341	46	332		62											
603	李詡齋泰淵	603(4-286)				342		333													
604	顧宗王子間	604(4-287)				343		334													
605	副使黃延武科	605(4-288)				344		335	117												
606	潛谷金文貞堉	606(4-289)				345			116												
607	沈聽天守慶	607(4-290)				346			115												
608	權石洲韠	608(4-291)				347		336	185												
609	愚伏鄭文肅經世	609(4-292)				348	47	337	186												
610	明廟不豫時	610(4-293)				349	48	338	203												
611	閔黯洤爲吏判時	611(4-294)				350		339	114												
612	孝寧大君補	612(4-295)				351		340													
613	柳恒齋字從龍	613(4-296)				352		341													
614	申企齋光漢	614(4-297)				353		342	204												
615	黃議政守身	615(4-298)				354		343	106												
616	洪石崖春卿	616(4-299)				355		344	107												
617	韓上黨明澮性貪毒	617(4-300)				356		345	108												
618	蔡仁川壽	618(4-301)				357		346													
619	洪忍齋暹母夫人	619(4-302)				358		347													
620	金河西麟厚	620(4-303)				359		348													
621	光海朝天使之東來也	621(4-304)				360			109												
622	鄭文翼光弼少時	622(4-305)				361		349													
623	朴上舍敦復	623A(4-306)				362		350	110												

번호	자료제목	영배기	제장	제아천	동기	총화	동제	구기	구초	임보	영보	아동	청기	해아	성종	제아염	제아주	가정	구정	고정	기회
624	金佔畢齋宗直	624(4-307)				363	49	351													
625	金慕齋自少	625(4-308)				364		352													
626	尚成安晨烏人覽大	626(4-309)				365	50	353													
627	姜仁齋希顏	627(4-310)				366		354													
628	槐院免新例	628(4-311)				367			111												
629	高霽峰敬命	629(4-312)				368		355													
630	朴參贊素立㘴後	630(4-313)				369		356	112												
631	眉巖柳文節希春	631(4-314)				370															
632	李新菴俊民	632(4-315)				371		357	113			1									
633	孫比長字永叔	633(4-316)				372															
634	壬辰之亂成判書泳	634(4-317)				373						2									
635	李陰崖字金安老	635(4-318)				374		358				3									
636	成蜀谷石璘	636(4-319)				375						4									
637	趙石磵云仡尹江陵	637(4-320)				376															
638	徐孤靑起		80(2-4)	62(1-62)									59		62(土-25)	62(2-28)	4			
639	鄭北窓 順朋之子也		81(2-5)										60				5	1(1-1)	1(1-1)	
640	郭再祐玄風人也		83(2-7)										62				7			
641	金德齡勇力絶倫		84(2-8)	307(4-164)									63				8	3(1-3)	3(1-3)	
642	李月沙廷龜以文章		85(2-9)										64				9	4(1-4)	4(1-4)	
643	李石樓慶全卽鵬溪之子也		87(2-11)										66				11	6(1-6)	6(1-6)	
644	鄭忠州百昌少時		88(2-12)										67				12	7(1-7)	7(1-7)	
645	丙子南漢下城		97(2-21)										76				21			
646	白沙在光海朝陳陵母		98(2-22)										77				22			
647	宣廟幸灣上		100(2-24)										79				24			
648	宋龜峯翼弼		102(2-26)										81		247(水-149)	168(5-46)	26	17(1-17)	17(1-17)	
649	東陽尉善推戴		105(2-29)										84				29	18(1-18)	18(1-18)	
650	洪相沂川命夏		106(2-30)	63(1-63)									85		63(土-26)	63(2-30)	30	19(1-19)	19(1-19)	
651	孝爾朝議仁嗣謚		107(2-31)										86				31	20(1-20)	20(1-20)	
652	孝爾朝尤菴先生		110(2-34)	309(4-166)									89		250(水-152)	170(5-48)	34	23(1-23)	23(1-23)	
653	大爺遭遇孝廟		111(2-35)	310(4-167)											251(水-153)	171(5-49)	35			

번호	자료제목	연대기	계장	제아천	통감	통혜	동화	구기	규초	임	문	아동	영국	구칭	기	제아상충	제아연	제아규	가장	규장	고장	기화
654	尼尹以背師		112(2-36)	60(1-60)													60(土-23)	60(2-27)	36			
655	尼尹之不貳己門		113(2-37)	61(1-61)													61(土-24)	61(2-28)	37			
656	尹判書緯蕭嶠朝人也		116(2-40)	64(1-64)												90	64(土-27)	64(2-31)	40	26(1-26)	26(1-26)	
657	柳判常者蕭嶠朝名醫也		117(2-41)	65(1-65)												91	65(土-28)	65(2-32)	41	27(1-27)	27(1-27)	
658	趙待誄董號迁齋		120(2-44)	66(1-66)												94	66(土-29)	66(2-33)	44			
659	竹泉每每主試		125(2-49)													99			49	33(1-33)	33(1-33)	
660	有一武擧子忘其姓名		127(2-51)													101			51	34(1-34)	34(1-34)	
661	景嶠惠候瀰留		133(2-57)	308(4-165)												107	248(水-150)	169(5-47)	57			
662	張武蕭公嚴於忠逆之分		136(2-60)	148(4-5)			16									16	103(水-5)	180(6-5)	60	40(1-40)	40(1-40)	
663	時姒報日至朝廷		141(2-65)																65			
664	崔相圭瑞		143(2-68)													109			68			
665	洪襄靖公員漢		149(2-73)	57(1-57)													57(土-20)	57(2-24)	74			
666	盧同知者南陽人也		150(2-74)																	43(1-43)	43(1-43)	
667	李臺敏坤		156(3-4)																		113(補-12)	
668	李金箸以義坡宰		157(3-5)	54(1-54)													54(土-17)	54(2-21)		48(1-48)	48(1-48)	
669	金卣魯若營之弟也		159(3-7)	55(1-55)													55(土-18)	55(2-22)		50(1-50)	50(1-50)	
670	有一宰相之女出嫁未畢		162(3-10)	134(3-36)																		
671	李忠州聖佑之從兄也		163(3-11)		45													133(5-11)			116(補-15)	31
672	趙待直泰萁泰億之伯兄也		164(3-12)	53(1-53)													37(木-37)	53(2-20)			117(補-16)	
673	金鐘秀之慈母		168(3-16)														53(土-16)	52(2-19)		53(1-53)	53(1-53)	
674	北關人喪配後娶		171(3-19)																	56(1-56)	56(1-56)	
675	大金者吾家古奴也		173(3-21)	16(1-16)													16(木-16)	16(1-16)		58(1-58)	58(1-58)	
676	李觀源判書畔輔之繼子也		175(3-23)	56(1-56)													56(土-19)	56(2-23)			119(補-18)	
677	趙判書在北營時		178(3-26)																		122(補-21)	
678	英嶠辰謁東陵		179(3-27)																	77(2-13)	77(2-13)	
679	金鐘秀沈煥之輩		181(3-29)	312(4-169)													252(水-154)	173(5-51)			124(補-23)	
680	洪洛者水原人也		182(3-30)	313(4-170)													253(水-155)	174(5-52)			125(補-24)	
681	正嶠爲今上梾擇嬪宮		183(3-31)	314(4-171)													254(水-156)	175(5-53)			126(補-25)	
682	李進士貨卿文外人也		184(3-32)																	60(1-60)	60(1-60)	
683	正嶠朝李左簡與趙時偉		186(3-34)																		128(補-27)	

번호	자료제목	연대기	제장	제아천	동경	총회	동해	구기	구초	임보	보	아동영 및 창기	쇄아성종	제아영	제아규	가장	구장	고장	기회
684	李相愚覬少時		187(3-35)													73		129(補-28)	
685	金基叙若參刑光黙之子也		188(3-36)															130(補-29)	
686	西陝之闕魁則洪景來		191(3-39)	67(1-67)										67(土-30)	67(2-34)			131(補-30)	
687	尹某卽有地閔之武弁也		192(3-40)	68(1-68)										68(土-31)	68(2-35)		63(1-63)	63(1-63)	
688	古人有喪配而悲念不已		196(3-44)	15(1-15)										15(木-15)	15(1-15)		68(1-68)	68(1-68)	
689	金化縣村人父子		198(3-46)	69(1-69)										69(土-32)	69(2-36)		70(1-70)	70(1-70)	
690	金進士掎參刑銃之弟弟也		203(3-51)														75(2-11)	75(2-11)	
691	英廟幸春坊		11(1-11)	58(1-58)										58(土-21)	58(2-25)				
692	李文端公事泰		21(1-21)	70(1-70)										70(土-33)	70(2-37)				
693	中和縣有一殺獄		42(1-71)	71(1-71)										71(土-34)	71(2-38)				
694	李三山台毎以言事		9(1-9)	141(3-43)	8	5									140(5-18)				
695	正廟乙卯		51(1-51)	311(4-168)										251(水-143)	172(5-50)				
696	洪純彦			59(1-59)										59(土-22)	59(2-26)				
697	李大成忠悼				1														
698	李判書森少時				2														
699	李少學於明曆				3														
700	成三問之一脚				4														
701	讓寧大君(丁香傳)				66							8							
702	仁廟大妃昇遐後						11												
703	國朝文科連代者								26										
704	我國名筆								33										
705	沈藍司銓								105				33						
706	古有趙判書家在安東												34						
707	光海時男巫福同																102(補-1)	102(補-1)	
708	政院老諫語入日																103(補-2)	103(補-2)	
709	癸亥反正日後																104(補-3)	104(補-3)	
710	癸亥反正日首相朴承宗																105(補-4)	105(補-4)	
711	龍州趙判枢綱																106(補-5)	106(補-5)	
712	顯廟於一日夜																107(補-6)	107(補-6)	
713	有一士族登科																108(補-7)	108(補-7)	

	자료제목	연대기	계장	제야처	동감	촉화	동해	구기	구초	임보	아동	영보	청기	쇄어	성충	제이연	제야규	가장	구장	고장	기화
714	金爾淨佐明爲兵判時																		109(補-8)	109(補-8)	
715	仁祖朝爾平大君																		110(補-9)	110(補-9)	
716	仁祖丙子冬																		111(補-10)	111(補-10)	
717	戊戌五月十三日爾平大君																		112(補-11)	112(補-11)	

爛餘

金在魯(1682~1759) 編.

寫本. 26卷(册) : 29.5×19.5cm. 10行 24字.

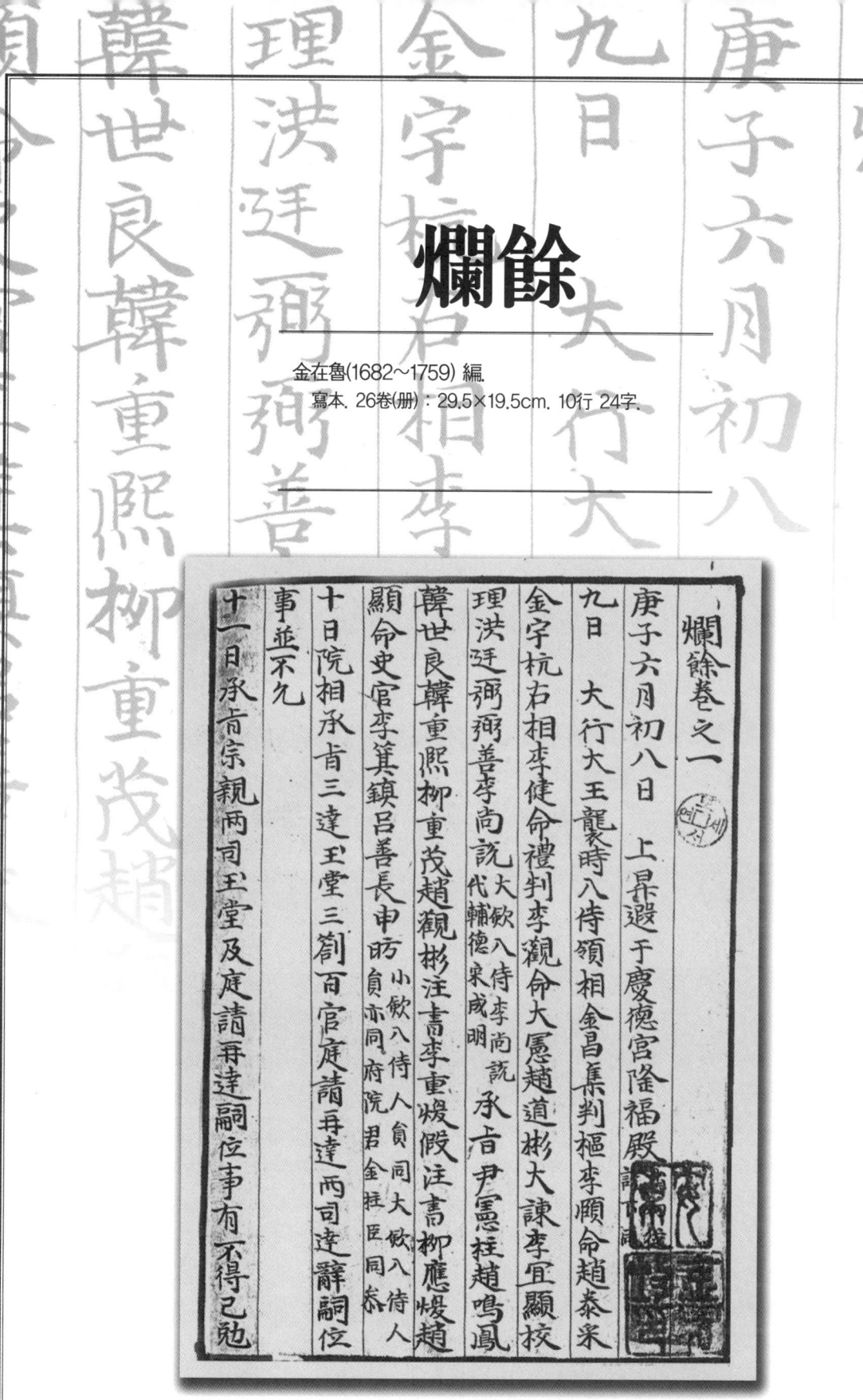

1. 편자

金在魯(1682~1759)[1]의 本貫은 淸風, 字는 仲禮, 號는 淸沙·虛舟子이다. 克亨의 증손으로, 할아버지는 澄이고, 아버지는 우의정 構이며, 어머니는 李夢錫의 딸이다. 김재로는 1710년 文科에 급제했다. 兼說書·檢閱·持平·修撰 등을 역임하였고, 경종 즉위 이후 호조참의·승지·부제학·이조참의 등을 거쳐, 이듬해 대사간 및 병조참판과 예조참판을 지내고 개성유수가 되었다. 1722년 辛壬士禍로 파직되고 유배되었다가 1724년 영조가 즉위하자 풀려나 이듬 해 대사간에 기용되었다. 1734년 우의정을 거쳐 좌의정이 되었다. 1740년 영의정에 올라 1758년 관직을 떠나기까지 네 차례에 걸쳐 10여 년간 영의정을 지냈다. 그는 관직 생활의 절반을 大臣으로 지냈고, 78세에 奉朝賀로 죽었다. 영조의 묘정에 配享되었고 諡號는 忠靖이다.

2. 구성

1) 편술시기

이 책 『爛餘』의 편술[2] 시기는 명확하지 않다. 하지만 인용서목에서 인용서적 편저자의 관직을 밝히고 있으므로 이들이 그 같은 관직을 가지고 있었던 시기를 추정하면 어느 정도 추론이 가능하다. 인용서적 가운데서 『楓溪錄』은 '金注書應淳所錄'으로 되어 있는데, 金應淳은 1753년에 문과에 합격하였고, 뒤에 이조참판 등을 지낸 인물이다. 承政院 좌목에 따르면, 김응순은 1754년(영조 29) 7월 6일부터 1755년 12월 7일까지 假注書로 있었다.[3] 편자 김재로 자신이 1759년에 사망하였으므로, 이 책의 편술 시기는 1754년에서 1759년 사이로 보는 것이 타당할 것이다.[4]

---

1) 책 자체에는 서문이나 발문 등이 없어서 편자를 확인할 수 없다. 하지만 경종 년간의 '辛壬士禍'를 다룬 『辛壬記年提要』가 '金奉朝賀在魯 所編爛餘'를 인용 서목으로 들고 있어, 『爛餘』의 편자가 김재로임을 확인할 수 있게 해준다. 혹시 이 책이 제목만 같은 다른 책일 수도 있지 않은가도 생각해볼 수 있다. 실제로 규장각에는 『爛餘』라는 제목의 다른 책들이 소장되어 있다. 그러나 『辛壬記年提要』의 인용서목에서 『爛餘』의 인용 서목을 따랐다고 밝히고 있는데 그 내용이 이 책의 인용서목과 같으므로, 이 책이 『辛壬記年提要』가 인용하고 있는 『爛餘』, 즉 '金奉朝賀在魯 所編爛餘'임을 확정할 수 있다.
2) 이 책은 경종 재위 동안의 정치사건의 기사를 날짜순으로 기록해서 당시의 정치상황을 일목요연하게 정리하고 있다. 기사내용은 주로 신하들의 啓箚子·上疏, 왕의 傳敎·備忘記批答 등을 날짜순으로 기록하고, 기타 국가의 행사, 인사 동정 등도 기록하였다. 따라서 독자적인 저술이라기보다는 자료를 수집 채록한 편술로 보는 것이 타당할 것이다.
3) 『承政院日記』영조 29년 7월 6일, 영조 30년 12월 7일.
4) 그런데 이런 추론에 걸림돌이 되는 것이 인용서목에 있는 『春坊故事』이다. 『春坊故事』로 현재 남아있는 책은 규장각 소장의 것이 있는데, 이는 정조가 세손이었을 때 시강원에서 강의하였던 내용을 엮은 책이

이 책의 편술 시기를 좀 더 확정할 수 있는 단서는 김재로의 정치적 행적에서 나타난다. 김재로는 영조 즉위 후 정계에 복귀하여 '辛壬士禍'를 일으킨 핵심 인물인 소론 金一鏡의 무고 사실을 상소해 사형케 하고, 1731년 병조판서로 있으면서 '辛壬士禍'로 죽은 노론의 大臣 金昌集・李頤命의 復官을 상소해 신원케 하는 등 노론의 선봉장 역할을 하였다. 1741년(영조 17, 신유년)에는 영조의 집권의리, 노론 입장의 忠逆義理를 밝히는 「大訓」을 지어 고묘하는데 앞장섰던 인물이다. 1755년 나주괘서 사건이 일어나자 이를 반역으로 토죄하고 李光佐, 崔錫恒, 趙泰億의 벼슬을 추탈하는 일이 있었다. 이 사건 후 영조는 그동안 역모 사건의 원인이 자신의 世弟冊封, 代理聽政을 둘러싼 분규 때문이라고 인식하고, '世弟冊封과 代理聽政의 옳은 의리를 천명'하기 위해『闡義昭鑑』을 편찬하도록 명하였다. 당시 영중추부사 김재로와 영의정 李天輔가 편찬의 책임을 맡았다. 김재로는 뒤에『闡義昭鑑 諺解』를 저술하기도 하였다. 『闡義昭鑑』은 1721년(경종 원년)부터 1755년(영조 31)까지의 영조의 執權義理와 노론 입장의 충역의리를 천명한 책으로서, 그 핵심은 世弟冊封, 代理聽政 사건, '辛壬士禍' 등 경종 재위기의 정치 사건을 영조와 노론 입장에서 해석하는 데 있었다.

이러한 상황을 미루어보아 김재로는『闡義昭鑑』의 편찬을 위해서 경종 년간의 정치상황을 자료적으로 정리할 필요를 느끼고,『爛餘』를 편술하였을 것으로 보인다. 따라서『爛餘』의 편술 시기는『闡義昭鑑』의 편찬 년인 1755년에 즈음한 시기로 보아도 좋을 것이다.

연대 소장본『爛餘』의 필사 시기는 인용서목의 '寺谷藏 洪判書 啓禧所錄', '初竹錄 洪注書 趾海 李檢閱 興宗所錄'이란 기사에서, '홍판서'와 '홍주서'를 붓으로 지운 흔적으로 보아, 正祖 시해미수 사건에 홍계회의 손자가 연루되어, 이들의 관작이 추탈되고 逆案에 이름이 올랐던 때 이후의 필사본으로 생각된다.

2) 구성

이 책은 26권(책)으로 구성되어 있다. 분권에 일정한 원칙이 있는 것은 아니고, 시기 순으로 대략 분량을 맞추어 끊어 싣는 방식을 취하고 있다. 때에 따라서는 중요사건을 경계로 분권이 된 경우도 보인다. 전체 수록 시기는 숙종이 사망한 1720년 6월 8일로부터 시작하여 영조가 즉위한 1724년의 12월까지이다. 이 기간을 26권으로 나누어 배치한 것이다.

이 책의 특기할 점은 인용서적을 밝히고 있다는 점이다. 1권의 맨 앞에 이 책 전체에 걸친 引用 書籍 17권의 이름이 수록되어 있다.

각 권의 구성을 보면 먼저 표지에는 권수, 수록 기간을 표시하였다. 표지 다음 장에는 일

다. 그러나『爛餘』에서 인용서적으로 든『春坊故事』는『爛餘』가 경종 당대의 기록을 편집한 것이므로 경종 당대 영조가 世弟로 있던 때를 기록한 책으로 보아야 할 것이다. 실제로『영조실록』1754년(영조 30) 기사에 '徐命膺・李珀가『春坊故事』를 지어 바쳤다'는 기사가 나온다 (『英祖實錄』권82, 영조 30년 10월 30日 乙亥(43책 544쪽).

종의 목차에 해당하는 것으로서 날짜순으로 편술한 주요 기사의 제목을 실었다. 목차는 본문
에 있는 기사 가운데서도 주요한 것만을 뽑아서 제목을 달아 구성하였다. 본문은 날짜를 쓰
고 기사를 쓰는 식으로 구성되었다. 같은 날 여러 기사를 쓸 경우는 'o'로 단락을 나누었다.
해당 기사 밑에 기사의 출처로서 인용 서적의 이름을 기록한 경우도 있다.

각 권의 주요 목차를 보면 다음과 같다.

(1) 권1: 1720년(경종 즉위년) 6월~1720년 12월
7월 21일: 趙重遇請追崇張氏疏
8월 13일: 權世衡等請討申濸等通文, 尹志術答權世衡通文
8월 28일: 安樟等請伸張氏通文, 鄕校答安樟通文, 雙泉答鄕校通文
9월 7일: 尹志術論誌文所懷
12월 1일: 趙泰耉論王弟姪出見箚
12월 11일: 李夢寅等請討尹志術金昌集疏
12월 19일: 李夢寅供招

(2) 권2: 1721년(경종 원년) 1월~1721년 8월 상
8월 20일: 李廷熽請建儲疏, 建儲傳旨, 建儲筵說
8월 21일: 延礽君辭疏
8월 22일: 禮曹建儲稱號收議啓辭, 李頤命賀建儲疏

(3) 권3: 1721년(경종 원년) 8월 하~1721년 10월 상
8월 23일: 柳鳳輝論建儲疏, 延礽君辭儲位疏
8월 25일: 王世弟因柳鳳輝疏引嫌疏
8월 26일: 賓廳論柳鳳輝啓
8월 30일: 王世弟陳柳鳳輝事疏
9월 23일: 鄭澔賀建儲疏槪
10월 7일: 趙聖復請世弟侍側參政疏
10월 10일: 金昌集乞休致箚槪, 大小政事並令世弟裁斷備忘, 東宮春坊請謁筵說, 崔錫恒請收
備忘 論趙聖復筵說
10월 11일: 趙泰億論趙聖復及大臣諸臣筵說, 李光佐論趙聖復及諸臣疏, 兩司論趙聖復啓
10월 12일: 李健命請收金昌集許休兼論時議箚, 朴泰恒等論趙聖復疏, 韓世良論趙聖復疏

(4) 권4: 1721년(경종 원년) 10월 하~1721년 11월
10월 12일: 趙泰耉偕來備忘, 代理備忘, 朴泰恒等疏還給備忘, 世弟辭代理疏, 大臣請對口傳
啓, 賓廳所懷啓, 朝廷再啓

10월 14일: 趙泰耉處備忘, 世弟疏, 趙泰耉請寢代理疏, 世弟慰勞傳敎
10월 15일: 任選等請寢代理疏, 權珪等請寢代理論趙聖復疏, 世弟疏, 庭請啓, 政院庭請啓
10월 16일: 李台佐請寢代理疏, 庭請啓
10월 17일: 金昌集等請依丁酉節目箚, 兩司論泰耉啓
10월 18일: 兩司論泰耉啓
10월 19일: 李重協論趙泰耉及隨入諸人箚
10월 20일: 李重協論趙泰耉及宦侍疏
10월 27일: 建儲奏文二本

(5) 권5: 1721년(경종 원년) 12월 상
12월 6일: 一鏡等請討四大臣疏, 承旨罷職備忘, 三司門黜備忘, 魚有龜論一鏡疏及處分所懷
12월 7일: 洪啓迪島棘備忘, 韓世良放送傳敎, 三司李濟等論四大臣啓, 趙泰耉處別喩
12월 9일: 金昌集李健命遞改備忘
12월 10일: 聖時論四大臣及沈檀疏, 尹志術亟正邦刑備望
12월 11일: 備局請留李光佐啓, 弼夢論洪碩輔及閔鎭遠啓
12월 12일: 一鏡因泰耉筵奏及臺言引嫌疏
12월 17일: 趙重遇贈職致祭傳敎

(6) 권6: 1721년(경종 원년) 12월 하
12월 20일: 趙重遇事被謫人及李夢寅疏下放送傳旨
12월 22일: 鳳輝伸卞前疏, 趙聖復拿來傳旨, 張世相等邊配備忘, 世弟辭位筵說二本
12월 23일: 三司論宦侍筵啓, 大臣以下論宦侍筵啓三本, 師賓客春坊入對筵說, 有道尙儉處斬傳旨. 慈殿諺敎, 泰耉等回啓慈殿啓, 泰耉等請出付宮人啓, 慈殿傳敎, 慈殿諺再敎二本, 泰耉等 再啓慈殿啓
12월 24일: 錫恒等請趙聖復更推啓, 金在魯論閣堅請保護東宮疏
12월 25일: 眞儒等三大臣按律趙圍置合啓, 李濟等論趙聖復及金雲澤民澤祖澤李器之李天紀等
12월 27일: 一鏡及兩司論四大臣及金雲澤趙聖復宋相琦筵說

(7) 권7: 1722년(경종 2) 1월~1722년 2월 상
1월 2일: 鄭澔請保護東宮疏
1월 5일: 眞儒論尹志術所懷時泮堂啓
1월 7일: 眞儒弼夢宗厦論四大臣合啓
1월 10일: 一鏡錫恒 請追報私親立号立祀筵說
1월 22일: 泰耉追報節目箚
2월 22일: 吳斗錫等因崔錫弼李命世姜世龜申懷柳伉林溥李潛誚伸辛巳獄討尤庵李師命四大臣

等

(8) 권8: 1722년(경종 2) 2월 하~1722년 4월 상

3월 3일: 弼夢論洪禹傳啓

3월 8일: 一鏡論時事疏

3월 26일: 鞫廳請拿鄭麟重等啓

3월 28일: 東宮以鞫招引嫌辭位筵說二本

3월 29일: 泰耉等東宮請對筵說槪略

4월 1일: 沈檀引白望招陳卞疏, 泰耉錫恒因白望招陳卞箚, 徐命遇尹會論白望請勉出大臣疏

4월 2일: 一鏡因白望招陳卞疏

4월 8일: 春坊達辭批答

4월 12일: 鄭麟重結案

4월 13일: 錫恒以下論鞫獄筵說二本

(9) 권9: 1722년(경종 2) 4월 하~1722년 5월 상

4월 17일: 師常弼夢李景說尹會四大臣正刑啓, 李景說弼夢論金龍澤李天紀李弘述洪彦度及金龍澤徑斃時守卒啓

4월 19일: 趙遠命以四大臣分等引咎避, 金龍澤李天紀白望招

4월 21일: 一鏡請直斬四大臣論趙聖復疏

4월 22일: 張世相承服招

4월 23일: 兩大臣賜藥勿正法傳教, 兩大臣賜死傳旨

4월 25일: 兩大臣賜死還收備忘

4월 26일: 弼夢以泰耉箚批引嫌避

5월 9일: 兩大臣挐籍還收備忘

(10) 권10: 1722년(경종 2) 5월 하~1722년 6월 상

5월 17일: 就商以名出鞫招陳卞疏批, 金一寬結案

5월 18일: 金弘錫請覈丸藥買來張姓譯啓

5월 19일: 沈檀等金時發文德璘議啓

5월 21일: 鄭壽期論金益勳李師命金春澤韓重姝李翔姜現洪萬朝救趙持謙韓泰東疏

5월 25일: 錫恒請虎龍李三碩褒賞筵說, 錫恒請酌處鞫囚三司論兩大臣筵說

5월 26일: 鄭壽期論李師命李翔陸來善救趙持謙韓泰東啓

5월 27일: 一鏡以陸來善復官因臺啓引嫌疏

6월 4일: 吏曹虎龍論賞啓

6월 11일: 李世德請申尹宣擧拯疏

(11) 권11: 1722년(경종 2) 6월 하~1722년 7월 상
6월 22일: 金壽龜請伸尹宣擧拯疏
6월 24일: 李顯章論四大臣趙聖復李弘述李器之及鞫獄諸招疏
6월 25일: 泰耉疏槪, 一鏡疏槪, 黃爾章疏槪
7월 2일: 禮曹請趙持謙復享啓
7월 4일: 黃昱等請伸尹宣擧拯疏
7월 5일: 申慶濟論四大臣及宋尤庵金春澤尹慤洪碩輔疏
7월 17일: 明彦請報私親嚴宮禁論四大臣及睦來善請放閔鎭遠疏
7월 18일: 金始炯因一鏡疏陳卞避

(12) 권12: 1722년(경종 2) 7월 하~1722년 9월 상
7월 22일: 柳就章結案, 李普昱論李晩成柳就章啓
7월 26일: 憲府論李喜朝啓
7월 29일: 閔鎭遠放送傳敎
8월 6일: 玉堂論四大臣箚
8월 7일: 兩司論四大臣合啓·玉堂論四大臣箚
8월 8일: 泰耉錫恒請申尹宣擧拯回啓
8월 11일: 尹淳所製南九萬配享敎文, 沈珙所製朴世采敎文, 眞儒所製尹趾完敎文, 祔廟頒敎文
8월 12일: 三司伏閤啓
9월 11일: 李德杓等請伸辛巳獄討任敞奬李潛疏
9월 13일: 憲府論李喜朝金普澤及吏堂啓

(13) 권13: 1722년(경종 2) 9월 하~1722년 11월 상
9월 21일: 一鏡討逆頒敎文, 李承源討逆告廟文
9월 24알: 憲府論討逆陳賀不參人及兪夏基啓
9월 27일: 明彦請追私親筵啓
9월 30일: 朴熙晉一鏡論追報及勘勳筵說, 韓在恒論四大臣李喜朝洪啓迪啓
10월 5일: 追報節目金始煥請酌處魚有龍等筵啓, 錫恒請虎龍勘勳金宇杭別喩筵說
10월 11일: 錫恒論討逆科請趙聖復酌處啓
10월 14일: 泰億論勘勳疏
10월 17일: 一鏡趙鎭禧等論金姓宮人合啓
10월 27일: 鳳輝討逆奏文
10월 29일: 私親祠廟節目傳敎

(14) 권14: 1722년(경종 2) 11월 하~1723년 1월

11월 8일: :錫恒請停鞫行都政箚

11월 25일: 鄭壽期因一鏡抵師尙書陳卞疏

11월 26일: 金東弼救光佐泰億論一鏡及朴徵賓韓重熙疏, 政院請敦召錫恒啓

12월 29일: 藥房進藥啓

1월 1일: 求言批旨

1월 19일: 尹宣擧致祭文 鄭壽期, 尹拯致祭文 聖時

(15) 권15: 1723년(경종 3) 2월~1723년 3월 상

2월 2일: 申翊夏辭勳疏

2월 18일: 錫恒泰耉沈檀論勘勳筵說

2월 22일: 錫恒因壽垣疏陳卞請敦召泰耉箚, 眞儒因壽垣疏陳卞請敦召泰恒箚, 眞儒因壽垣疏陳卞疏

2월 23일: 眞儒請金東弼柳壽垣補外朴徵賓移近邑筵啓

2월 25일: 泰耉因壽垣疏陳卞疏, 鳳輝疏批

2월 28일: 泰耉書啓

2월 29일: 京男擊錚原情

3월 3일: 光佐因壽垣疏陳卞疏

3월 9일: 姜祖烈因范甲疏陳卞請勿雪尹拯父子疏

3월 12일: 會盟誓文 聖時. 虎龍敎書 李巨源

3월 13일: 頒軸敎書 李肇

3월 28일: 尤庵黜享時齋任及出去迎奉人員, 原從功臣敎書, 原從功臣錄券

(16) 권16: 1723년(경종 3) 3월 하~1723년 5월 상

4월 1일: 憲府金姓宮人啓

4월 4일: 錫恒請收犯逆人父兄脫爵毀院請鞫囚酌處, 眞儒請汰書院猥疊筵啓

4월 5일: 竄謫秩, 緣坐秩

4월 7일: 盟祭功臣嫡長賞格別單二本

4월 25일: 錫恒請逆家田民分給勳府且炡等加資還收筵說

5월 4일: 金弘錫等請尤庵農岩追奪成文濬院享疏

5월 16일: 洪萬朝請謁私廟疏

(17) 권17: 1723년(경종 3) 5월 하~1723년 8월 상

5월 26일: 金時發處斬議啓, 沈檀請金時發嚴刑任敞正法疏, 一鏡論金時發請召崔奎瑞疏

5월 27일: 姜鳳儀請伸辛巳獄論鞫獄疏

6월 5일: 一鏡論金時發筵啓

6월 14일: 兩司兩大臣追刑合啓
7월 10일: 李顯章論金姓宮人請速完鞫獄及實錄因李台佐罷職陳戒疏
8월 3일: 朴蕃羅廷一因金弘錫疏卞尤庵誣疏

(18) 권18: 1723년(경종 3) 8월 하~1723년 12월 상
8월 4일: 盟祭賞典筵說
8월 20일: 金東弼引金一鏡疏陳卞疏
9월 2일: 一鏡引金東弼疏陳卞疏
9월 6일: 光佐錫恒酌處尹慤柳星樞筵啓
9월 11일: 鄭萬源等卞金弘錫誣尤庵疏
9월 19일: 光佐請韓泰東鄭載嵩廩妻錄孫啓
9월 20일: 錫恒拿鞫筵敎及筵說

(19) 권19: 1723년(경종 3) 12월 하~1724년 2월 상
12월 18일: 眞儒趙遠命尹彬李廣道等論金姓宮人啓
12월 19일: 三司伏閤啓
12월 21일: 眞儒等伏閤啓未蒙允引嫌避
12월 22일: 賓廳討宮人疏
1월 2일: 柳綏論趙氏婢僕及李世最啓
1월 11일: 李眞洙請罷疊院眞儒請毁尹拯疊院筵啓
1월 12일: 致雲因洪禹著疏伸卞晁獄疏
2월 2일: 師相論趙氏獄事及李眞洙筵奏疏
2월 5일: 趙尙慶請勿毁尹拯疊院啓

(20) 권20: 1724년(경종 4) 2월 하~1724년 윤4월 상
2월 7일: 朴泰恒救師尙斥尹容疏
3월 25일: 李端章論鳳輝啓
3월 27일: 眞儒請錄勳都監賞典光佐伸救鳳輝筵啓
4월 25일: 吳復明等請姜栢年院額疏, 鄭鳳徵等請火家禮源流序跋疏, 安鎭等請相尹拯疏
4월 30일: 朴長潤請改明陵誌文啓
윤4월 2일: 玉堂討宮人箚
윤4월 21일: 光佐討金姓宮人箚

(21) 권21: 1724년(경종 4) 윤4월 하~1724년 7월 상
윤4월 23일: 光佐陵誌改埋議

윤4월 25일 : 聖時等百官討宮人疏

윤4월 28일: 吳光運陳戒討宮人疏

5월 10일: 李匡德討宮因請放閔鎭遠收賓受等放釋疏

5월 21일: 李世德討宮人請陵誌改撰下疏批

(22) 권22: 1724년(경종 4) 7월 하~1724년(영조 즉위년) 10월 상

8월 27일: 光佐等梓宮附板議

8월 30일: 卽位頒敎文 泰億

9월 9일: 三司論行藥宮人合啓

9월 23일: 鄭齊斗疏批

10월 1일: 金東弼追卞饌遺諸賊及尹游事疏

10월 8일: 丹岩特放傳旨, 就明李重述請收特放疏

(23) 권23: 1724년(영조 즉위년) 10월 하~1724년 11월 상

10월 30일: 大行大王諡狀

11월 1일: 求言備忘, 光佐鳳輝泰億疏批

11월 6일: 鄭奎相卞尤庵逐庵誣訴, 李義淵論群凶罪惡疏, 巨源李眞洙明誼討李義淵伸救一鏡鳳
輝世良筵說, 又論丹岩筵說

11월 9일: 宋載厚卞尤庵逐庵誣訴討致運一鏡鳳輝論救芝村寒竹丹岩及諸金疏, 一鏡削黜備忘

11월 10일: 鳳輝書啓, 李章述明誼請收一鏡削黜巨源特遞啓, 金相玉柳復明朴師聖討一鏡疏

(24) 권24: 1724년(영조 즉위년) 11월 중

11월 11일: 一鏡島置備忘, 禁堂重推備忘

11월 12일: 崔補討一鏡諸凶救李義淵李鳳鳴疏, 鳳輝因諸疏卞理疏

11월 17일: 泰億論丹岩事筵說

11월 19일: 趙榮世論兩國舅家及斯文疏, 政院請收不論一鏡三司罷職啓

11월 20일: 羅學川請破朋黨論時弊及制服疏

11월 27일: 光佐泰億論敎文改撰筵說

(25) 권25: 1724년(영조 즉위년) 11월 하~1724년 12월 상

11월 28일: 朴允東國挽還給備忘, 巨源李眞淳罷職備忘, 趙最壽以不論一鏡引咎疏

11월 29일: 宋相光等卞斯文誣疏, 朴跬恭等卞斯文誣救李義淵論光佐泰億益寬明彦弼夢巨源宗
厦尹容柳時模疏

12월 1일: 泰億請放丹岩筵說

12월 2일: 金始燁遞補備忘

12월 6일: 李台徵論一鏡獄情請親鞫疏, 洪得一等論一鏡獄情疏

12월 8일: 一鏡虎龍親鞫筵說二本

(26) 권26: 1724년(영조 즉위년) 12월 하

12월 11일: 洪致中請一鏡與虎龍同施逆疏, 光佐泰億李肇論一鏡律名及頒敎文改撰筵說

12월 15일: 大行大王誌 · 諡冊文 · 哀冊文

12월 19일: 趙尙慶請繼述論李義淵, 鄭齊斗疏批

12월 21일: 鄭錫三柳綏論一鏡李義淵收孥傳旨 同異錫三論一鏡辛丑疏非凶疏筵說

12월 27일: 洪致中疏批

3. 내용

1) 인용서목

이 책에는 1권의 맨 앞에 이 책 전체에 걸친 引用 書籍 17권의 이름이 수록되어 있다.

『復恐初終說』(陶庵 李縡) · 『塊山藏』(槐山 李顯道) · 『南泉雜記』(黃遇河) · 『楓溪錄』(金應淳) 『齋谷藏』(李廷郁) · 『陶山藏』(文簡公 李宜顯) · 『盤松藏』(任選) · 『丹巖錄』(文忠公 閔鎭遠) · 『滄桑錄』(洪啓禧) · 『泥谷藏』(李柑) · 『草竹錄』(洪趾海 · 李興宗) · 『地官藏』(戶曹 所藏) · 『寺谷藏』(洪啓禧) · 『平谷錄』(李亮天) · 『斷爛』(趙榮祐) · 『春坊錄』(春坊故事).

인용 서적의 저자 · 편자 가운데 閔鎭遠, 李縡, 李宜顯 등은 경종 연간에 벌어진 '신임사화'의 당사자들로서 이 사건으로 유배되는 등 정치적으로 축출되었다가 영조의 즉위로 해배된 노론의 핵심적 인물들이다. 그리고 홍계희, 김응순, 이계, 임선 등은 이 책의 기술 시기에는 아직 出仕 전이었다. 그 가운데 홍계희는 그 아버지 洪禹傳이 '신임사화'의 당사자였고, 壬選은 당시 성균관 학생으로서 대리청정 사건 때 대리청정의 傳旨를 거두어들이라는 상소를 올렸던 인물이다.5)

이 책의 제목인 『爛餘』는 '斷爛之餘(끊어지고 문드러진 나머지)'의 약어로서, '인멸되고 남은 자료'라는 의미로 쓰였다고 생각된다. 규장각에는 『爛餘』(고 4254-14), 『爛餘』(고 4250-74), 『壬午爛餘』(고 4250-78), 『爛餘日錄』(고 4254-34), 등 『爛餘』라는 제목이 붙은 자료가 여러 종 존재한다. 이 자료들 간의 상관성을 추구해보아야 할 것이다. 특히 『爛餘日錄』은 3책으로 되어

---

5) 『爛餘』 권4: 10월 15일: 任選等請寢代理疏.

있는데, '경종2년 7월부터 영조 즉위년까지의 정치상황을 일지식으로 정리한 책[6]으로서 본서『爛餘』와는 일정한 관련이 있는 것으로 생각된다.[7]

한편『爛餘』라는 책 제목은 朝報와의 상관성을 나타내는 것으로도 생각해 볼 수 있다. 조보를 '爛報', '斷爛朝報'라고도 칭했던 데서, 조보를 자료로 하여 편술한 책에는 주로 '爛'자 돌림의 제목을 붙였던 것으로 보인다. 규장각에는『爛選』(규 5898),『爛抄』(규 7474),『爛錄』(고 4250-28),『爛彙』(고 4206-74) 등의 책이 소장되어 있다. 그리고 장서각(한국학중앙연구원)에는『爛報抄錄』·『中外爛報』·『爛草』·『爛抄』·『爛錄』등이 소장되어 있다. 이들 자료는 조보를 초록하는 등 조보를 자료로 하여 작성한 것으로 보인다. 본서『爛餘』역시 낱장의 조보 원본이나 초록본을 인용하였다고 생각된다.

이러한 추론은『爛餘』의 인용서목 가운데서도 일정하게 확인된다. 인용서적 가운데『斷爛』(趙都正榮祐所錄) 이 책이 나오는데 이는 '斷爛朝報'의 '斷爛'을 의미한다고 생각되므로 아마도 조보의 초록본일 것이다. 또 인용서적에『地官藏』(戶曹藏)이 있는데, 이는 호조에서 보관하고 있던 조보일 것이다. 다른 인용 서적의 경우도 조보를 이용하여 저술한 것이 여럿일 것으로 생각된다.

2) 내용과 특징

이 책은 경종 즉위 때부터 경종이 죽고 영조가 즉위한 해의 12월까지의 기사를 날짜 순으로 수록하였다. 주요한 내용은 경종 즉위 후 노론이 당국한 가운데 이루어진 世弟 책봉, 世弟 代理聽政 사건, 대리청정으로 정국이 반전되면서 노론이 신축·임인 두 해에 걸쳐 소론에게 숙청당하는 '신임사화', 영조 즉위 이후의 노론 등장 과정 등이다.

『爛餘』는 1755년『闡義昭鑑』의 편찬 책임을 맡은 김재로가 이를 자료적으로 뒷받침하기 위해 편술하였기 때문에, 편술의 기본적 입장은 '世弟冊封과 代理聽政의 옳은 의리를 천명'하고 노·소 당쟁의 전말을 노론의 충역의리의 관점에서 기술하는 것이었다. 당연히 기사 내용은 정치적으로 중요한 사건이나 발언, 그 가운데서도 영조와 노론의 입장에서 적극적으로 의미를 부여할 수 있는 자료를 중심으로 구성되었다.

이 책이 지닌 내용상의 특징은 '世弟책봉' 관련기사와 '代理聽政' 관련 기사, '世弟殺害기도'

---

6) 『爛餘日錄』에 관한 규장각 해제 참조.

7) 규장각 해제에 보면『爛餘日錄』3책 가운데서 人篇 1724년 11월 21일 기사에 '『爛餘』卷之25'라는 기사가 나온다고 한다. 이는 본 책『爛餘』의 권25가 1724년 11월 28일부터 시작하고 있는 것과 대략 일치한다. 그리고 『夢梧集』夢梧公 年譜에 '김종수가 1754년(영조 30)에 신임옥사와 관련된 기록으로『爛餘』를 편찬했다'는 기록"(규장각 해제)이 보이므로 대략 본서의 내용, 편찬시기와 일치한다. 아마도『闡義昭鑑』과 편찬에 즈음하여 '『爛餘』'편술의 실무를 김종수가 담당하였고, 규장각 소장의『爛餘日錄』은 바로 본서 '『爛餘』'를 다시 정리하여 3책으로 만든 것이 아닌가 추측해본다.

사건 관련 기사를 살펴보면 잘 드러난다.

'세제책봉' 관련기사는 권2에 실려 있다. 1721년(경종 원년) 8월 20일자 기사를 보면 지평 李廷熽가 延礽君을 世弟로 책봉할 것을 청하는 소를 올리고, 이에 대해 국왕이 大臣에게 의논하여 품처하라고 명한다. 그러자 곧바로 영상 金昌集, 좌상 李頤命, 판부사 조태채, 호판 閔鎭遠 등이 입시하여 그 날 밤 안으로 일을 진행시켜 다음날 새벽 建儲의 傳旨가 나왔다.

『爛餘』는 이 과정을 군더더기 없이 보여준다. 그런데 특기할 사항은 大臣들의 建儲 筵說에 앞서 "延礽君을 儲嗣로 삼는다"는 왕의 傳敎가 있었던 것으로 기술하고 있다는 점이다. 왕의 傳敎 다음에 大臣들의 筵說을 배치하고 있다. 이는 임금이 먼저 延礽君을 저사로 삼을 뜻을 피력하고 그 다음에 大臣들이 임금의 뜻을 받들어 일을 진행하였다는 의미이다. 당시 大臣들로서는 임금이 이미 延礽君을 저사로 삼는다는 뜻을 표명한 만큼, 사안의 중대성을 감안하여 그날 밤 안으로 나라의 큰일을 慈聖에 아뢰어 手筆을 얻은 후 "延礽君을 儲嗣로 삼는다"는 傳旨가 나오도록, 임금의 뜻을 봉행하여 일처리를 한 것으로 설명이 된다. 이는 '한밤중에 군부를 핍박하여 조급히 建儲 전지를 얻어내었다'거나 '임금의 뜻보다는 慈聖의 手筆을 얻어내는데 급급했다'는 소론의 비판에 대응 논리를 편 것으로 이해할 수 있을 것이다.

그리고 인원왕후에게 아뢰기로 하고 대내에 들어간 경종이 합문 밖에서 기다리는 신하들을 밤이 새도록 부르지 않자 金昌集 등이 承傳 內官을 불러 口傳으로 啓하여 임금을 재촉하였던 경위에 대해서는, 별다른 설명 없이 '파루 후에 승전색이 나와서 입시하라고 하였다'고 사실만을 간략히 기재하고 있다. 다만 입시 이후 기사로 넘어가기 전에 李縡의 『初從說』을 출처로 밝히면서 파루 후에 "이미 밤이 깊었는데 성상께서 건강치 않은 몸으로 밤새 취침하지 못하시면 자성께서 우려하실 것입니다"라고 口傳啓하였고, 이후 입시하라는 명이 있었다는 사실을 세주로 간략하게 기입하는 방식으로 처리하고 있다. 建儲에 관한 기사를 마무리하면서 李頤命의 建儲를 경하하는 疏와 임금의 "선왕의 도움이 있어서 이 같은 막대한 기쁨이 있게 되었다"는 비답을 실음으로써, 建儲가 경종의 의지였음을 명확히 표현해 내고 있다.

代理聽政 사건은 권3~4에 걸쳐 실려 있다. 권3은 소론 柳鳳輝가 建儲 과정이 온당치 못했음을 논핵하는 상소로 시작된다. 이후 정국은 상소를 올린 柳鳳輝의 국문을 둘러싸고 노소가 공방하는 상황이 진행되다가 돌연 10월 10일 執義 趙聖復이 世弟를 參政시키자고 청하는 상소를 올림으로써 정국은 '代理聽政' 국면으로 넘어가게 된다. 그런데 『爛餘』에는 趙聖復의 상소가 10월 7일자에 수록되어 있고, 趙聖復의 상소에 대한 비답과 '世弟의 代理聽政'을 명하는 임금의 備忘記는 10일자에 수록되어 있다. 노론으로서는 경종의 '世弟代理聽政' 명령을 만류하는 척 하다가 받아들여 경종에 대한 군신의 의리를 져버렸다는 비판이 가장 뼈아픈 것인데, 이에 대해서 『爛餘』는 世弟의 辭疏, 庭請啓, 관인·유생 층의 계·상소 등을 전문을 싣다시피 하여 충분한 만류 노력이 있었음을 표현하고 있다.

'世弟殺害기도'사건 관련 기사는 권6에 실려 있는데, 당시의 사건이 긴박했음을 '慈殿'의 언교 기사로서 나타내고 있다. 세제의 애통한 처지에 관한 인원왕후의 諺敎가 무려 12차례나 있었다고 밝히고 있다.

『爛餘』가 노론의 입장에서 쓴 책이라는 점은 가장 먼저 책의 목차에서 드러난다. 목차의 기사 제목에는 소론의 중심인물들을 지칭할 때 泰耉, 錫恒, 一鏡, 光佐 등으로 표현하여 그들이 죄인임을 나타내고자 하였으며, 특히 김일경에 대해서는 본문에서도 그 이름을 긋거나 동그라미를 치는 등의 표시를 하기도 하였다. 심지어는 용인 유학 조중우가 올린 상소 기사의 목차에서는 '趙重遇請追崇張氏疏'라고 하여, 장희빈을 단지 '張氏'로만 칭하고 있다.8)

그밖에도 『爛餘』는 기사의 취사선택에서 편술자의 입장을 나타내고 있다. 권1에 실린 용인 유학 趙重遇의 장희빈을 추숭하라는 상소건과 숙종의 '장희빈 賜死'건을 숙종의 誌文에 수록하여야한다는 성균관 장의 尹志術의 所懷文 사건 기사를 들 수 있다. 경종 즉위 후의 정국은 노론이 당국하는 가운데 소론의 도전이 시작되었음을 보여준다. 우선 각각을 대변하는 유생층이 상소를 올리거나 통문을 돌리거나 소회를 표현하는 방식으로 자신들의 정치적 의사를 나타내고 이를 둘러싸고 다시 조정에서 갈등하는 양상으로 전개되었다. 경종 즉위 후 얼마 되지 않은 때인 경종 즉위년 7월 21일에 용인 유학 趙重遇가 '어버이의 명호를 정하라'고 장희빈을 추숭하라는 상소를 올린 사건이 발생하였다. 『爛餘』에는 이 사건의 처리 경과가 자세히 실려 있는데, 특히 趙重遇 등의 공초를 실어서 趙重遇가 상소를 자기 손으로 쓰지 못하고 남의 손을 빌려 쓸 정도의 인물이라는 것을 들추어내고, 상소를 올리는데 관여한 인물들이 애초에 뚜렷한 의지를 가지고 상소를 한 것이 아니라 우연히 끼어들었다는 식의 공초를 실음으로써 사건 자체를 폄하하는 효과를 거두고 있다.

尹志術의 所懷文 사건에 대한 태도는 앞의 趙重遇상소 사건과는 정반대로 나타난다. 경종 즉위년 9월 7일 대사성 黃龜河가 성균관 齋生의 권당 사건을 빌미로 성균관 장의 尹志術의 소회문을 임금에게 아뢰었는데, 『爛餘』는 숙종의 '장희빈 賜死'건을 숙종의 誌文에 수록하여야한다는 尹志術의 소회문 전체를 실었으며, 그 뒤 전개된 尹志術의 처리를 둘러싼 제반 논의 역시 자세히 실어 尹志術의 소회문을 매우 중요한 것으로 부각시키고 있다.

권1의 경종 즉위 7월 15일자에는 '閔鎭遠이 선왕의 뜻을 繼述할 事를 아뢰면서 선왕의 舊臣을 더욱 신임할 것을 아룀' 기사가 있다. 실록에는 이날 閔鎭遠의 이야기 가운데서 '세자궁과 빈궁의 시탄 등을 감제할 事'만을 싣고 있을 뿐이다. 承政院 일기에는 '繼述事'를 포함하여 여러 가지 아뢴 내용을 싣고 이에 대한 왕의 답이 단지 '그리하라(上曰 依爲之)'로만 기술되어 있다. 그러나 『爛餘』에는 閔鎭遠이 '繼述事'를 아뢰자 '왕이 매우 좋은 이야기다(上曰 此說好矣)'라고 답한 것으로 되어 있다. 이 기사의 출처로 閔鎭遠의 일기인 『丹巖錄』을 들고 있다.

---

8) 목차의 인명 표기 방식이 본문과 차이가 있고, 본문의 모든 기사의 제목을 목차로 뽑아 올린 것은 아니라는 점으로 미루어 보아 목차는 처음 책이 편술된 시점이 아니라 이후에 필사자가 목차를 만들어 붙였을 가능성이 높다.

이처럼 『爛餘』는 기본적으로 자료를 편술한 책이지만, 기사 내용의 취사선택, 배치, 목차에
서의 인명 표기방식 등 다양한 형태로 편술자의 입장이 표현되어 있다.

4. 가치

이 책은 현재 확인된 바로는 김재로가 편한 『爛餘』의 유일본이다.

『爛餘』는 '영조의 집권의리와 노론 입장의 충역의리'가 확고히 정립된 시기에 편술된 책으
로서 경종 재위기의 정치적 사건 기사를 노론의 관점에서 기록한 책이라는 데에 1차적인 의
미를 부여할 수 있다. 『爛餘』는 1755년 『闡義昭鑑』의 편찬, 정조 2년의 『경종개수실록』의 편
찬, 19세기 초의 『辛壬記年提要』의 편찬에 이르기까지 노론 입장에서 노소 당쟁의 전말을 기
술한 저술의 기본 자료로 활용되었던 것으로 판단된다.

이 책의 또 하나의 장점은 자료의 풍부함에 있다. 이 책의 기사 내용은 주로 계문, 상소문,
차자, 조정에서의 논의 등을 원문에 입각해서 기술한 것인데, 기사의 포괄범위가 조정이나 관
인 층의 동정만이 아니라 서울과 지방의 유생 층의 움직임에 까지 이르고 있다. 예조의 계목
이나 유생의 통문을 직접 싣는 방식을 통해서 서울과 지방 유생의 권당이나 발통 등 집단적
행위까지도 알 수 있도록 기사를 선택하고 있다. 예를 들면 경종 즉위년 8월 13일자의 청주
통문은 청주에서 흉패한 무리가 '辛巳誣獄伸卞事'를 칭하고 교원에 발통하였다고 이를 징토하
는 權世衡 등의 통문인데 이에 대해서 같은 청주에서 그 반대파들이 다시 28일자에 '신사무
옥신변'을 주장하는 통문을 돌렸는데 통문 원문을 매우 자세히 수록하였다.

또한 형조의 계목이나 공초를 직접 실음으로써, 정치적으로 문제가 된 인물에 대한 심문
내용을 통해 그들의 정치적 동기나 사건 경과를 자세히 파악할 수 있도록 해준다. 예컨대 경
종 즉위년 7월의 趙重遇 상소 이후, 이 상소에 관련된 인물인 趙重遇, 박경수 등의 공초가 7
월 27일자, 8월 3·4일자에 자세히 기술되어 있다.

【김선경】

南漢日記 外

編者 未詳.

寫本. 不分卷 1册(52張) : 25×17cm. 12行 25字 內外.

內容 : 文載道, 「南漢日記」· 申翊聖, 「癸亥反正日記」· 李廷龜, 「辨誣疏」· 林悌, 「愁城誌」· 張
維, 「放言」· 顏之推, 「顏氏家訓」· 宋時烈, 「行狀辨」· 蔡襄, 「戒弄潮文」· 沈顏, 「時日無吉凶辨」.

表題 : 南漢日記.

1. 각 작품 저자

1) 南漢日記

文載道(1575~1643)[1]의 本貫은 南平, 字는 戒器, 號는 休軒이다. 아버지는 文瑞霖으로 內禁衛將軍을 지냈으며 參議에 추서되었고, 어머니는 珍原朴氏로 朴衛之의 딸이다.

임진왜란이 일어났을 때 그의 나이 18세였는데 일찍이 武를 익히지 못한 것을 한탄하면서 병든 어버이를 모시고 피난 가는 여가에도 말 타고 활 쏘는 것을 익혔다. 관리들이 정치를 잘못하여 나라가 어지러운 것을 원망하면서 孫武와 吳起의 병서를 공부하기에 힘썼다.

1604년에 무과에 올라 宣傳官이 되고 그후 備邊司郎廳이 되었으나 광해조 때 간신들이 권력을 행사하는 것을 보고 벼슬을 버리고 고향에 돌아왔다. 1624년 李适이 모반하여 왕이 공주로 피난을 했을 때 임금에게 달려가 모셨다. 얼마 안 가서 임금이 환도를 하자 그가 호위해 모시고 서울로 들어갔으며 1625년에 禦侮將軍에 올랐다.

1630년에 慶州判官에 임명되었으나 임금과 가깝다는 이유로 府伯으로부터 미움을 받아 사임하고 고향에 돌아왔다. 그 후 다시 興海郡守·平海郡守·三南巡檢使 등을 거치면서 직책을 훌륭하게 수행하였으며 왕의 부름을 여러 번 받고 포상을 많이 받았다.

병자년(1636) 12월에 청나라 군사가 서울을 함락하여 임금이 남한산성으로 들어가자 왕을 호위하고 따라가 성을 지켰다. 여기서 軍器寺正으로 특명을 받아 병사들과 함께 성을 방어하는데 진력하였다. 추위에 병이 났으나 수레를 타고 성을 순시하며 밤에도 거의 쉬지 않고 순찰을 돌았다. 이때의 경험을 적은 글이 바로 「南漢日記」이다. 난이 끝나고 釜山浦水軍僉節制使·龍槐內禁衛將·忠武衛·五衛將·高嶺鎭兵馬僉節制使 등의 직책을 맡았다.

高嶺鎭兵馬僉節制使로 있으면서 변경을 자꾸 침범하는 청나라를 대의명분으로 잘 타일러 원만하게 해결하였으며 춥고 굶주린 백성을 구원하여 생활을 안정시켰다. 1640년 봄에 거듭 상소를 올려 사직하기를 청했으나 왕은 허락지 않고 특명으로 瀋陽을 살피는 것을 겸하게 했다. 이때 우리나라는 軍馬를 조련해서 심양으로 보내고 있었다. 북쪽 경계에 변고가 많아 군졸들이 자주 도망하자 왕이 그의 충성심과 부지런함을 생각하여 그로 하여금 다시 진정시키도록 한 것이다.

그 후 겨울에 강변을 순찰하다가 찬바람을 맞아 가슴앓이가 발병해 여러 차례 사직을 청하였으나 받아들여지지 않다가 1642년 12월 4일에야 허락되어 龍驤衛副司로 서울에 돌아왔다. 병을 요양하던 중에 亞將으로 있던 그의 조카 希聖이 1643년 정월 병으로 죽게 되자 비통해

---

1) 이 책에 合綴되어 있는 다른 글들은 모두 저자가 명시되어 있으나 이 「남한일기」만 저자 표시가 없어서 연세대학교 중앙도서관 고서목록에는 저자 미상으로 되어 있다. 그러나 조사 결과 文載道의 문집인 『休軒文集』에 이 글의 원본이라고 할 수 있는 「南漢手錄」이 실려 있어 그가 저자임이 확인된다.

한 나머지 병이 더욱 무거워졌다. 1643년 9월 17일 牛峯里 집에서 향년 69세로 생을 마쳤다.

2) 癸亥反正日記

申翊聖(1588~1644)[2]의 本貫은 平山, 字는 君奭, 號는 樂全堂・東淮居士이다. 영의정 申欽의 아들이며, 선조의 駙馬이다. 貞淑翁主와 혼인하여 東陽尉에 봉해졌고, 임진왜란 때에는 宣武原從功臣 1등에 올랐으며 1606년(선조 39) 오위도총부부총관이 되었다. 광해군 때 폐모론이 일어나자 이를 반대하다가 放逐되었다.

1623년(인조 1) 인조반정 후 재등용되어 이괄의 난이 일어나자 왕명으로 3宮을 호위하였으며, 1627년 정묘호란 때에는 세자를 모시고 전주에 피하였고, 1636년 병자호란 때에는 인조를 호종하여 끝까지 성을 지켜 청군과 싸울 것을 주장하였다.

1642년 명나라와 밀무역하다가 청나라에 잡혀갔던 선천부사 이계가 조선이 명나라를 지지하고 청나라를 배척한다고 고하여, 이 일로써 崔鳴吉・金尙憲・李敬輿 등과 함께 瀋陽에 붙잡혀가 억류당하였으나 조금도 굴하지 않았다. 소현세자의 주선으로 풀려 나와 귀국하여 시・서로써 세월을 보냈다. 문장・시・서에 뛰어났으며, 특히 金尙容과 더불어 篆書의 대가였다. 글씨는 회양 淸虛堂休靜大師碑, 파주 栗谷李珥碑 등이 있고, 저서로는 『樂全堂集』・『樂全堂歸田錄』・『靑白堂日記』 등이 있다. 시호는 文忠이다.

3) 辨誣疏

李廷龜(1564~1635)[3]의 本貫은 延安, 字는 聖徵, 號는 月沙 또는 保晩堂・癡菴・秋崖・習靜이다. 세조 때의 명신인 李石亨의 玄孫이다. 아버지는 문장으로 이름이 있던 현령 李啓이고, 어머니는 金彪의 딸이다. 시에 뛰어났던 月汀 尹根壽의 문인이다.

14세 때에는 陞補試에 장원하여 명성을 떨치게 되었다. 1585년(선조 18) 22세에 진사가되고, 5년 뒤인 1590년(선조 23)에는 증광문과에 병과로 급제하여 承文院에 등용되었다. 1592년 임진왜란을 만나 왕의 行在所에 나아가 設書가 되었으며, 이듬해 명나라 經略 宋應昌의 요청으로 『大學』을 강의하여 학자로서 존경을 받았다.

1598년에 명나라의 병부주사 丁應泰가 임진왜란이 조선에서 왜병을 끌어들여 중국을 침범

---

2) 본 책에서는 저자를 '延平李貴'라고 하였으나 기존의 자료에 의거한다면 이는 「延平日記」를 쓴 申翊聖을 저자로 보아야 할 것이다. 이 「癸亥反正日記」는 『大東野乘』에 실려 있는 신익성의 「연평일기」와 같은 내용이기 때문이다. 자세한 내막은 '4. 내용'편에서 다룬다.

3) 연세대학교 중앙도서관 고서 목록에 저자를 '李恒福'이라고 한 것은 잘못이다. 본 책에서 저자를 月沙라고 명시했는데 이를 白沙로 혼동한 듯하다.

하려고 한다는 무고사건을 일으키자 이정귀는 「戊戌辨誣奏」를 작성하여 陳奏副使로 명나라에 들어가 정응태의 무고임을 밝혀 그를 파직시켰다. 그 뒤에 대제학에 올랐다. 1604년 世子冊封奏請使로 명나라에 다녀오는 등 여러 차례에 걸쳐 중국을 내왕하였다. 병조판서·예조판서와 우의정·좌의정을 지냈으며 시호는 文忠이다.

이정귀의 생애는 어디까지나 조정의 관리로서 소임을 다하는 것이었으므로 致君澤民의 이상과 以文華國의 관인문학을 성실히 전개해 갔다. 이 점에서 그는 정통적인 사대부문학의 전범을 보인 셈이다. 이 때문에 그의 문장은 張維·李植·申欽과 더불어 이른바 한문사대가로 일컬어지게 되었다.

4) 愁城誌

林悌(1549~1587)의 本貫은 羅州, 字는 子順, 號는 白湖·謙齋·楓江·嘯痴이다.

임제는 어려서부터 지나치게 자유분방하여 세상의 습속에 얽매이지 않고 기녀들과 어울리면서 술을 즐기며 지냈다. 22세 되던 어느 겨울날 湖西를 거쳐 서울로 가는 길에 우연히 지은 시가 成運에게 알려지고 이것이 계기가 되어 성운의 문하에 나아갔다.

1576년 28세 되던 해에 성운을 하직하고 생원·진사에 합격하였다. 이듬해에 알성시에 급제한 뒤 흥양현감·서도병마사·북도병마사·예조정랑을 거쳐 홍문관지제교를 지냈다. 그러나 관직에 있는 사람들이 공정함을 잃고 사사로운 이해관계에 얽매이며 功名心만 가득한 현실에 환멸을 느껴 유랑 생활을 하였다.

가는 곳마다 숱한 일화를 남기자 사람들은 임제를 기인이라고 하기도 하고 또 법도에 어긋난 사람이라고도 하였다. 서도병마사로 임명되어 임지로 부임하는 길에 황진이의 무덤을 찾아가 시조 한 수를 짓고 제사지냈다가 임지에 부임도 하기 전에 파직당한 사실과 기생 寒雨와 주고받은 시조의 일화 등이 유명하다.

스승인 성운이 세상을 등진 이래로 知己가 끊어지고, 이리저리 방황하다 고향인 회진리에서 39세로 죽었다. 「愁城誌」·「花史」·「元生夢遊錄」등 3편의 한문소설이 있다. 이밖에 시조 3수와 『林白湖集』 4권이 전한다.

5) 放言[4]

張維(1587~1638)의 本貫은 德水, 字는 持國, 號는 谿谷·默所이다. 아버지는 판서 張雲翼이며, 어머니는 판윤 朴崇元의 딸이다. 우의정 金尙容의 사위이며 효종비 仁宣王后의 아버지이다. 沙溪 金長生의 문인으로 1605년(선조 38) 사마시를 거쳐 1609년(광해군 1) 증광문과에

---

4) 이 책에서는 '倣言'으로 표기되어 있으나 '放言'의 誤記이다.

급제, 湖堂에 들어갔다.

예문관·승문원 등에서 관직생활을 하였으나 北人들의 권력독점 과정에서 1612년 金直哉의 誣獄에 연루되어 파직되었다. 1623년 인조반정에 가담하여 2등공신에 녹훈되었다. 淸要職을 두루 역임하였으며, 1636년 병자호란 때는 공조판서로 남한산성에 임금을 호종하였다.

이듬해 정국을 주도하던 崔鳴吉에 의해 우의정에 임명되었으나 끝내 사퇴하였다. 성격이 곧아 인조반정에 참여하고서도 모시던 국왕을 쫓아낸 일을 부끄러워하였으며, 공신 金瑬의 전횡을 비판하고 소장 관인들을 보호하다 나주목사로 좌천되기도 하였다.

陽明學을 익혀 氣一元論을 취하였으며, 수양의 방법으로 성리학의 居敬이 아니라 精一을 내세웠다. 문장이 뛰어나 조선 중기의 四大家로 꼽혔을 뿐만 아니라 철학적 규범에 대한 문학의 독자성과 순수성을 옹호하는 경향을 보였다. 新豊府院君에 봉해졌고 영의정에 추증되었다. 시호는 文忠이다. 저술로는 문집인 『谿谷集』과 『陰符經註解』가 전해진다. 흔히 그의 별도의 저술로 알려진 「谿谷漫筆」은 원래 문집 속에 편차되어 있는 글인데 독립되어 따로 간행되기도 한 것이다.

6) 顏氏家訓

顏之推(531~591)의 字는 介이며, 중국 六朝時代 말기의 문인·학자이다. 山東省 琅邪의 臨沂縣 출생으로, 顏淵의 후손으로 알려져 있으며 당나라 초기의 유명한 학자인 顏師古의 조부이다. 南朝의 梁나라에서 태어나 문인·학자로서 이름을 날리고 散騎常侍를 지냈으나, 양 나라가 멸망하자 北朝의 北齊·北周에서 벼슬살이를 했다. 隋나라 文帝 때에는 太子가 불러 學士가 되었다.

그는 穩健中正한 사상의 소유자였으며, 그의 학식은 풍부한 체험의 뒷받침과 더불어 당대 최고였다. 그는 특히 가족간의 유대와 가정도덕의 확립을 가장 중요시하여 『顏氏家訓』을 지었다. 또 老莊을 극단적으로 물리치고 불교에는 호의를 나타내어 儒佛의 조화를 주창하였다. 불교의 經義를 믿어 佛經을 內典, 유가 경전을 外典이라고 하였으며, 유학자가 오직 周公·孔子만을 중히 여기고 불교에다 등을 돌리는 것은 어리석은 짓이라고 주장하였다.

7) 行狀辨

宋時烈(1607~1689)의 本貫은 恩津, 字는 英甫, 號는 尤庵·尤齋·華陽洞主이다. 아명은 聖賚였다. 1633년(인조 11) 생원시에 장원급제히여 崔鳴吉의 천거로 敬陵參奉이 되었으니 곧 시직하였으며 1635년 鳳林大君(孝宗)의 사부가 되었다.

두 차례에 걸친 이른바 禮訟으로 심한 정치적 부침을 겪었으며, 1680년 庚申大黜陟으로 남인이 실각하게 되자 中樞府領事로 기용되었다가 1683년 벼슬에서 물러나 奉朝賀가 되었다. 이 무렵 남인에 대한 과격한 처벌을 주장한 金錫胄를 지지함으로써 많은 비난을 받았는데 그 중에서도 제자 尹拯과의 감정대립이 악화되어 마침내 서인은 윤증 등 소장파를 중심으로 한 少論과 그를 영수로 한 노장파의 老論으로 다시 분열되었다.

그 뒤 정계에서 은퇴하고 청주 화양동에서 은거생활을 하였는데 1689년 왕세자가 책봉되자 이를 시기상조라 하여 반대하는 상소를 했다가 제주에 안치되고 이어 국문을 받기 위해 서울로 오는 도중 井邑에서 賜死되었다. 1694년 甲戌獄事 뒤에 伸寃되었다.

李珥의 학통을 계승하여 畿湖學派의 주류를 이루었으며 禮論에도 밝았다. 성격이 과격하여 政敵을 많이 가졌으나 학문에 뛰어나서 그의 문하에서 많은 인재가 배출되었으며 글씨에도 일가를 이루었다. 文廟·孝宗廟를 비롯하여 청주의 華陽書院, 여주의 大老祠, 수원의 梅谷書院 등 전국 각지의 많은 서원에 배향되었다. 저서에『尤庵集』·『宋書拾遺』·『朱子大全箚疑』·『程書分類』·『論孟問義通攷』·『心經釋義』등이 있다.

8) 戒弄潮文

蔡襄(1012~1067)의 字는 君謨이며, 중국 宋代의 문인이자 서예가이다. 仙遊人으로 仁宗·英宗 때의 명신이었다. 仁宗 때인 1030년에 진사에 합격, 翰林學士·三司使등을 거쳐 福州·泉州·杭州知事 등을 역임하였다. 泉州 지사로 있을 때 萬安 나루에 돌다리를 건립하였는데 후세에 이를 洛陽橋라고 부르는 유명한 다리가 되었다.

문학적 재능에도 뛰어났으며, 특히 書에 있어서는 宋代能書의 필두에 거론되어 蘇軾·黃庭堅·米芾과 더불어 송나라의 4대가로 꼽힐 정도였다. 처음에는 왕희지풍의 서체를 잘 썼으나, 후에는 顔眞卿의 서체를 배워 骨力있는 독자적 서풍을 이루었다. 楷·行·草·隷의 각 체 및 飛白體에 이르기까지 뛰어난 솜씨를 발휘하였다. 시호는 忠惠이며 풍류객으로서도 유명하였다. 저서로『茶錄』·『荔枝譜』·『蔡忠惠公集』등이 있다.

9) 時日無吉凶辨

沈顔(? ~ ?)의 字는 可鑄이며, 중국 五代 시기 吳나라의 湖州 德淸 사람이다. 당나라 昭宗의 天復 연간에 진사가 되고 校書郞에 제수되었다. 후에 淮南巡官이 되고 知制誥·翰林學士 등 여러 벼슬을 거쳤다.

문장이 아름답고 거문고와 바둑에도 뛰어난 솜씨를 발휘하였다. 그의 문장은 겉꾸밈이 적고 글 짓는 것이 정밀하면서도 민첩하고 순하여서 당시에 '下水船(물을 따라 내려가는 배)'이라고 일컬어졌다. 일찍이「太祖神道碑」를 써서 훌륭한 솜씨를 인정받았다. 당시의 문장이 부화한 것을 싫어하였으며 저서에 『聾書』·『解聾書』 등이 있다.

2. 구성

이 책은 文載道의 「南漢日記」와 申翊聖의 「癸亥反正日記」, 李廷龜의 「辨誣疏」, 林悌의 「愁城誌」, 張維의 「放言」, 顔之推의 『顔氏家訓』 중 「勉學」편 일부, 宋時烈의 「行狀辨」, 蔡襄의 「戒弄潮文」, 沈顔의 「時日無吉凶辨」이 합철된 책이다. 전체가 불분권으로 된 한 책으로, 각 편의 글은 장을 달리하지 않고 바로 이어서 기록되어 있다. 글씨는 해서체로 비교적 단정하게 쓰여 있다. 서문이나 발문, 筆寫記 등이 없어 필사자와 필사 경위 등은 전혀 알 수 없다.

이 중 『顔氏家訓』은 원전의 극히 일부분에 지나지 않는다. 上卷의 「勉學篇」 중에서도 앞뒤를 생략하고 일부만 실었다. 송시열의 「行狀辨」도 앞의 4행만 남고 뒷부분이 낙장인데, 이 글은 『宋子大全』에도 실려 있지 않아 전체 분량이나 내용을 알 수 없다.

마지막 「時日無吉凶辨」이 끝나고서 비로소 장을 달리하여 우리나라 역대의 주요 문인·학자들 명단이 上·下 2단으로 나뉘어 나열되어 있다. 이름 아래에는 雙行 夾註로 자·호·본관 등 간단한 인적사항을 소개하였다.

맨 앞에는 '前朝四賢'이라는 제목 아래 신라와 고려의 인물들을 열거하였다. 薛聰·崔致遠·安珦·鄭夢周·崔冲까지는 본명으로 기록하였고 金文烈公(金富軾) 이하는 성과 호를 위주로 기록하였다. 제목 아래에 별도의 구분 없이 연이어서 25명을 나열하였는데, 제목으로 보아 정몽주까지를 4현으로 지칭한 것으로 보인다.

그 다음에는 몇 행을 띄우고 六臣이라는 제목 아래 死六臣을 본명으로 기록하였다. 장을 달리하여 '我朝七賢'이라는 제목 아래 조선 후기까지의 주요 문인·학자들 명단이 4장에 걸쳐 나열되어 있다. 여기서도 특별히 구분을 하지 않았지만 7현이라는 말은 맨 처음 일곱 사람(鄭汝昌·金宏弼·趙光祖·李滉·李彦迪·成渾·李珥)을 가리키는 것으로 보인다. 이들 일곱 사람만 본명 앞에 시호를 앞세워 표기했고 그 이하는 성과 호(극소수만 성 다음에 시호)로 표기해서 구분을 두었다.

이 명단 다음에는 '國朝文衡'이라는 제목 아래 역대 문형의 명단이 실려 있다. 이름 아래는 역시 雙行 夾註로 자·호를 소개하였다. 초대 문형인 변계량부터 시작해서 徐宗泰(1652~1719)까지[5] 실려 있는 것으로 보아 이 책의 편자는 숙종 연간의 인물로 추정할 수 있다.

마지막으로 '宗廟配享'이라는 제목 아래 역대 왕의 사당에 從祀된 문신들의 명단을 소개하였다. 표기는 諡號와 본명, 또는 封號와 본명을 적는 방식을 취하였는데 앞의 예와는 달리 자·

---

5) 원전은 종이가 낡아서 徐라는 성씨만 남고 이름 부분이 떨어져 나갔으나 바로 앞에 李畬(1645~1718)가 있으므로 그 다음 문형인 徐宗泰가 맞을 것이다. 徐자 아래 불완전하나마 '宗'자의 흔적이 남아 있다.

호 등은 일체 소개하지 않았다. 太祖室부터 孝宗室까지 모두 44명이 실려 있다.

3. 내용

1) 南漢日記

『남한일기』는 현재 세 가지의 異本이 확인된다. 먼저 저자 文載道의 문집인 『休軒文集』에 「南漢手錄」이란 제목으로 실려 있는데 이것이 가장 선행하는 원본이라고 할 수 있다. 『휴헌문집』은 1888년에 간행된 바 있는데 이를 1960년에 그대로 재간하였다. 그런데 재간한 10여년 만에 10대 봉사손인 文醒桓의 집에서 필사본이 발견되었는데 이는 문집에 실린 내용과 다소 차이가 있으며 제목도 「南漢日錄」으로 되어 있다. 또 하나가 연세대학교 도서관 소장의 이 「南漢日記」이다.

『휴헌문집』에 실린 「남한수록」과 家藏 필사본인 「남한일록」, 연세대학교 도서관의 「남한일기」는 같은 내용을 싣고 있으면서도 상호간에 다소의 편차가 있다. 시작하는 날은 1636년 12월 12일로 모두 같지만, 문집의 「남한수록」이 1637년 2월 26일까지 기록하고 있는데 비해 「남한일록」과 「남한일기」는 2월 2일까지만 기록하고 있다.

또 내용상 중요한 차이점이 있는데, 『休軒文集』에 실린 「남한수록」이 저자 자신의 1인칭 시점으로 기록되어 있고 자신이 병을 무릅쓰고 밤새 순찰을 행한 일 등이 많이 기록되어 있지만 「남한일록」과 「남한일기」에서는 저자와 직접 관련이 있는 기록은 모두 삭제하고 3인칭 관찰자 시점으로 되어 있다. 「남한일록」과 「남한일기」가 「남한수록」과 달리 2월 2일에서 기록이 그치고 있는 이유도, 3일 이후의 기록은 거의 모두 저자 자신이 병고에 시달리는 모습과 임금이 이를 안타깝게 여겨 약제를 하사한 내용들이기 때문이다.

이로써 판단한다면 이 「남한일기」는 家藏 「남한일록」과 같은 계통으로 보인다. 그러나 두 이본 사이에도 다소간 출입이 있으며, 특히 맨 마지막인 2월 2일 조는 「남한일록」이 성의 대문을 열고 철수하여 각자 갈 길로 가고 성에 남은 백관들은 서울로 돌아왔다는 간단한 내용만 담고 끝났는데, 「남한일기」는 계속 이어서 그 동안의 功過에 따라 임금이 신하들에게 賞罰을 실시하는 내용이 상당량 부연되어 있다.

맨 앞부분은 都元帥 金自點이 狀啓를 올려 적의 騎兵이 쳐들어왔음을 알리는 내용으로 시작한다. 적이 파죽지세로 쳐들어오니 궁녀와 왕자들이 먼저 강화도로 피난가고, 임금의 가마도 곧 뒤따라 강화도로 가려고 했으나 남대문에 이르렀을 때 적의 기마병이 沙峴을 넘어왔다고 해서 성을 나서지 못하고 남한산성으로 행차하게 된다. 이때 워낙 위급함을 느낀 나머지 마부들이 도망을 가버렸는데, 임금이 직접 말고삐를 잡고 허둥지둥 서울을 빠져나가는 모습을 신하로서 차마 말로 표현할 수 없을 지경이라고 하였다.

산성으로 피난 가는 과정, 크고 작은 전투의 실상, 성 안에서의 곤궁하고 비참한 생활 등이 상세하게 묘사되었으며, 특히 지루하게 진행되는 和親 협상 과정이 잘 드러나 있고 화의를 주장하는 측과 斥和를 주장하는 측의 갈등 상황도 자세하게 알 수 있다.

항복이 이루어져 세자를 모시고 심양에 인질로 갈 사람들을 뽑을 때에 관원들이 모두 병을 핑계대고 가지 않으려고 하여 대신 무사들을 선발하였는데, 무사들은 "평화로울 때에는 좋은 벼슬을 자기들이 다 하고 난리 중에는 우리들에게 대신하게 하니 분한 일이 아닌가."하고 항변한다. 저자가 武將이었으므로 무사들의 이러한 항변을 외면하지 못하고 기록한 것으로 보인다.

2) 癸亥反正日記

「계해반정일기」는 인조반정의 일등공신 李貴(1557~1633)를 중심으로 반정의 과정을 기록한 책이다. 기록은 거사한 해보다 2년 전인 辛酉년부터 일을 진행시킨 과정이 기록되어 있다. 특히 申景禛(1575~1643) 등과 모사를 꾸민 과정이 자세하게 나와 있다. 이귀가 아들인 李時白과 함께 거사의 대책을 세우고, 崔鳴吉·金自點·沈器遠 등과 함께 공모를 꾸민 과정이 상세하게 기록되었다.

안으로는 훈련대장 李興立을 포섭하고 밖으로는 長湍府使 李曙의 군사와 伊川郡守 李重老의 군사를 지원받아 弘濟院에서 金의 군사와 합류하여 彰義門으로 진군하여 반정을 성공한 전말 및 이귀가 논공행상에 불만을 품은 내용 등이 기록되어 있다.

『대동야승』에 실린 「연평일기」와 같은 내용이지만 상당한 부분에서 차이가 난다. 우선 처음 시작이 『대동야승』의 「연평일기」는 서두에 느닷없이 '先是, 公在咸興時…'라고 하여 앞부분이 떨어져 나간 흔적이 보이는데 「계해반정일기」는 '辛酉, 是時李偉卿等…'으로 시작하여 정상적인 모습을 보인다. 또 「계해반정일기」는 이귀가 계해년에 들어서 정월 2일에 올린 상소문이 실려 있는데 「연평일기」에서는 이를 누락시켰다. 뒷부분도 「연평일기」는 갑자년 이전에서 기록이 끝나는데 「계해반정일기」는 그 후의 사건을 몇 장에 걸쳐 자세하게 기록하고 있다.

또 부분적으로는, 임술년에 이귀가 평산부사에 임명되어 장단부사인 이서와 만나 서로 거사를 의논하는 때를 「연평일기」에서는 '이해 봄(是年春)'이라고 하였으나 「계해반정일기」에서는 '이해 가을(是年秋)'이라고 하였다. 당시 사실을 조사해보면 가을이 맞다.

이런 사실들을 종합해보면 『대동야승』의 「연평일기」는 매우 불완전한 모습이라고 할 수 있으며 이 「계해반정일기」를 통해서 그 불완전한 부분을 보완할 수 있다.

다만, 본 책에서 제목 밑에 저자를 '延平李貴'라고 기록한 것은 기존의 자료를 토대로 본다면 의문점이 있다. 이는 『대동야승』에 실린 신익성의 「연평일기」와 동일한 내용이기 때문이다. 내용을 보면 이귀 자신이 쓴 것이 아니고 제3자가 쓴 것으로 되어 있다. 예를 들면 이귀를 3인칭인 '公'으로 지칭하고 있으며 그밖에도 여러 가지 정황이 그가 직접 쓴 것이라고 보기는 어렵게 되어 있다.

3) 辨誣疏

원래 제목은 「丁主事應泰參論本國辨誣奏」이며 흔히 「戊戌辨誣奏」라고 알려진 유명한 글이다. 『月沙集』 권21의 「무술변무록」에도 呈文 4편과 함께 실려 있다.

앞 부분에서는 임금과 신하의 관계를 아버지와 아들의 관계에 비유하여 조선의 억울한 사정을 호소하였다. 정응태가 조선이 왜국의 사람들을 꾀어 들인다고 한 내용에 대해서 예전부터 왜와 선린우호를 취한 것은 변방을 수호하는 수단이었으며, 왜와 함께 중국을 도모하려고 한다는 것은 이치에 맞지 않다는 것을 설명하였다.

그밖에 조선의 역대군왕이 祖라고 한 것에 대해서는 사실대로 말하여 그간의 외람됨을 시인하기도 하면서, 임진왜란 때 중국과 조선이 협력하여 난을 평정하였다는 사실을 상기시키고, 그런데 지금 왜와 함께 중국을 친다는 것은 상식으로 납득하기 어려운 일이라고 하였다. 끝 부분에서는 정응태가 무고한 이유를 열거하고 결론을 맺었다.

이 글은 당시 국가의 현안문제를 해결한 외교적 성과 때문에 華國文章의 正宗으로 높이 평가되었으며 이정귀의 문명도 이로 인하여 더욱 세상에 떨치게 되었다.

4) 愁城誌

擬人體 한문소설로서 임제가 北評事에서 西評事로 옮겨갈 때에 어사의 앞길을 범한 이유로 탄핵을 받고 나서 지었다고 알려져 있다. 임제의 나이 32세를 전후한 1578년(선조 11)경의 작으로 추정된다.

이미 널리 알려져 있는 것이라 별도로 내용을 정리할 필요는 없고 그 주제만 살펴보면, 인간의 심적 조화의 필요성을 강조하고 인간의 심성인 天君이 愁城(근심의 세계)을 쳐서 愁氣를 물리치고 酒宴을 베풀어 명랑함을 되찾는다는 이야기로서, 인간의 이성과 감정 등 모든 마음의 작용들이 어느 한쪽에 치우치지 않고 조화를 이루도록 노력을 해야 함을 역설한 것이다.

5) 放言

『谿谷集』제3권의「雜著」중에 들어 있는 글로서, 이 책에서「倣言」이라고 표기한 것은 잘 못이다. 문집에는 한 제목 아래 전체 4편이 연속되어 있으며 이 글은 그 중 네 번째 글이다.

세속적인 지혜, 학문, 功名 등이 모두 하찮은 것임을 밝힌 글이다. 네 편의 글 모두『莊子』의 사상을 그대로 반영하고 있으며 특히 이 글도『莊子』중의 한 부분을 읽는 느낌이 들 정도로 유사한 성격을 가지고 있다.

6) 顔氏家訓

『顔氏家訓』은 중국 南北朝 시대 말기의 학자인 顔之推가 자손을 위하여 저술한 교훈서이며 2권 20편으로 隋나라 때 책으로 완성되었다. 가족·도덕·대인관계를 비롯하여 실제적인 경제생활·풍속·학문·종교, 나아가서는 문자·音韻 등 다양한 내용을 구체적인 체험과 풍부한 사례를 바탕으로 하여 논하였다. 당시 귀족생활의 실태를 아는 데 중요한 자료이다. 안지추는 남북조 시대의 극도로 혼란한 세상을 살면서 여러 왕조를 겪는 등 격변하는 인생을 살았다. 그 사이에 터득한 실제적인 인생관이 높은 교양에 뒷받침되어 이 책의 기조를 이루었다.

여기에 실린 부분은 상권의「勉學」편 중 앞·뒷부분을 잘라낸 극히 일부이다. 사람마다 한 가지 정도의 재능은 가지고 있어야 하는데 당시의 귀족 사대부들은 虛名만 가지고 거들먹거린다고 비판하고 있다. 특히 梁나라 전성시대에 귀족 자제들이 온갖 사치와 향락에 빠져있으면서 과거 시험에서 부정이나 저지르고 겉만 번지르르하게 지내다가 전쟁이 일어나고 세상이 뒤바뀌자 몰락하여 초라한 신세가 된 것을 풍자하였다.

이어서 父兄이나 고향, 모국이라도 자신을 보호해 주지 못하므로 자신이 스스로 삶의 모든 문제를 해결해야 한다고 하고, 그러기 위해서는 수많은 재물보다 몸에 한 가지 재주, 즉 책 읽는 재주를 가지고 있어야 함을 역설하였다.

7) 行狀辨

앞부분 4행만 남고 落張이어서 전체 내용은 알 수 없다. 남은 부분의 내용만 보면 암호문처럼 동일어를 반복해가며 재미있게 문장을 엮었는데, 행장이란 그 사람의 행적을 기록하는 것이므로 실정에 맞게 해야 함을 강조한 글이다.

이어서 현명하지도 않고 지혜롭지도 않은데 행장 쓰는 사람에게 현명하고 지혜롭다고 써주기를 바라면 그렇게 요구한 사람의 잘못이고, 현명하지도 않고 지혜롭지도 않은데 현명하고 지혜롭다고 쓰면 그렇게 쓴 사람의 잘못이라고 역설하였다.

이 글은 아마도 尹宣擧의 碑文에 얽힌 사연을 염두에 두고 지은 듯하다. 尹宣擧가 사망한 후 아들 尹拯이 송시열에게 비문 집필을 부탁했는데, 윤선거의 행적을 탐탁지 않게 여긴 송시열이 朴世采가 지은 행장에 따라 생전의 행적과 관직을 기술한 후 "박세채가 극진한 행장을 지었기에 나는 그에 의거하여 서술하기만 하고 새로 짓지는 않는다."고 덧붙여서 비문을 끝맺었고, 이 일로 인해서 제자인 윤증과 사제 관계가 파탄 난 것은 유명한 일화이다.

이처럼 행장을 짓는 데에 있어서도 춘추필법의 엄정함을 요구하는 태도는 윤증이 누차에 걸쳐 부친의 비문을 고쳐주기를 요구했어도 끝내 들어주지 않은 저자의 입장을 변호하는 듯하다.

8) 戒弄潮文

중국 杭州의 潙江 사람들은 파도타기를 좋아하였는데 이를 '弄潮'라고 하였다. 이에 군수로 왔던 蔡襄이 이를 경계하면서 지은 글로서 분량이 몹시 짧은 단편이다.

부모한테서 태어난 귀한 몸을 함부로 놀려 파도타기를 하다가 잘못해서 빠져 죽게 되면 가족들에게 큰 슬픔을 안기니 인륜을 저버리는 행위라고 나무라고, 올해도 파도타기를 하면 벌을 내릴 것이라는 요지이다.

9) 時日無吉凶辨

사람들이 너도나도 사소한 일까지 길흉을 따져 택일을 하는데 이는 크게 잘못된 것임을 비판하는 글이다. 옛날에 국가에서 전쟁이나 제사를 지낼 때 날을 택해서 한 것은 有司에게 필요한 물품을 갖추고 담당자들에게 절차를 익히게 하기 위함이었지 길흉이나 승패 때문이 아니었다는 것이다.

길흉은 사람이 하기에 달려 있지 절대로 時日에 달려 있는 것이 아님을 몇 가지 예를 들어 역설하였다.

4. 가치

이 책에 실린 글들은 거의가 널리 알려진 유명한 것들을 모아 놓은 것이므로 특별히 자료적 가치가 있다고 보기는 어렵다. 다만 「계해반정일기」의 경우는 『대동야승』에 실려 전하는 「연평일기」와 같은 내용인데 「연평일기」의 오류나 생략된 부분을 담고 있어서 기존 「연평일기」의 부족한 부분을 크게 보완할 수 있다.

송시열의 「행장변」은 그의 모든 글을 망라해서 모아 놓은 문집인 『송자대전』에도 실려 있지 않은 것이어서 상당히 중요한 자료로 보인다. 다만 앞부분 일부만 남고 落張인 것이 아쉬운 점이다.

전체적으로 보아서는, 이처럼 장르가 상이한 여러 사람들의 글들을 모아 놓은 예가 드물고, 더구나 우리나라 글과 중국 글을 함께 編次한 경우는 흔한 일이 아니어서 문헌학적인 연구 대상으로 일정한 의의가 있다고 할 것이다.

【김영봉】

湛軒說叢

洪大容(1731~1783) 著.
寫本. 2冊：33×21cm. 12行 30字.
表題：燕彙 湛軒, 卷首題：湛軒說叢.

湛軒說叢
燕行雜記

盤山

盤山在薊州西北三十里據地志上有動石龍潭潮井鍫泉之勝呂純陽嘗飛
劒斬黃龍禪師於山中仙劒尚在崔盤有亭翼之云中盤有少林寺ヽ有八景曰
紫盖峰騰雲峯仙石嶺猿甲石投間橋房石菱角石紅龍池又有石塔可登
前臨薊門烟樹尤異景也近歲新建行宮於山下坡挾林鞍疏泉斲石責歸以
樓臺之盛雖佳廢藻繪足以悅人及衷其幽夐真態亦名區之厄運也三月初
三日自邨均店向北行二十里至宮下宮在平地正宮可百餘間粉墻包半山
亭榭羅絡松石間逮埠如畫也守宮者不許入儻有寺一行少憩堂宇潔净
僧年五十餘瘰癰冷淡道情粹面與之語甚温謹就而執其手肥肉枯寒如氷
觔骨瑩澈余疑其有瘻痺疾也問之僧徵笑云坐病而亦不言其故也副使延

1. 저자

洪大容(1731~1783)의 本貫은 南陽, 字는 德保, 號는 弘之이며 湛軒이라는 堂號로 널리 알려져 있다. 대사간 龍祚의 손자이며, 牧使 櫟의 아들이다. 어머니는 淸風 金氏 군수 枋의 딸이고, 부인은 李弘重의 딸이다. 조선 후기의 실학자이다.

당대의 유학자 김원행으로부터 배웠고, 북학파의 한 사람으로 박지원과 더불어 오랜 친교를 나누었다. 여러 번 과거에 실패한 뒤 蔭補로 선공감 감역이 되었고, 정조가 즉위하던 해 (1777) 사헌부 감찰이 된 다음 태인현감, 영천군수를 지냈다. 명성에 비한다면 그의 관직생활은 그다지 화려하지 않았는데, 1766년 북경여행은 그를 오늘날의 그이기에 한 결정적인 사건이었다. 그의 문집인 『담헌서』는 여행 후 10여 년 사이에 쓰여진 북경 여행기가 거의 대부분을 차지하고 있다.

홍대용은 연행사의 서장관으로 임명된 작은 아버지 檍을 따라 수행군관 자격으로 북경에 갔는데, 60여 일 동안 그곳에 머물면서 두 가지 큰 경험을 하게 된다. 하나는 항주 출신의 중국 학자들과 교문을 쌓은 일, 다른 하나는 그곳의 서양 선교사들을 찾아가 서양문물을 구경하고 筆談을 나눈 일이다. 嚴誠, 潘庭筠, 陸飛 등이 중국학자이며, 劉松齡(Halerstein, A. von), 鮑友官(Gogeisl, A.) 등이 독일계 선교사들인데, 지전설과 우주무한론을 알고 이 같은 자연관에 바탕하여 華夷의 구분을 부정하면서, 민족의 주체성을 강조하고 인간을 자연의 일부로 보는 근대적 사고에 접근하였다. 이 기록 가운데 「劉鮑問答」은 당시 각각 欽天監正과 副正으로 있었던 劉松齡과 鮑友管을 만나 나눈 필담을 통하여 천주교와 천문학의 이모저모를 기록한 내용으로, 서양 문물에 관한 가장 상세한 기록이라 할 만하다. 嚴誠·潘庭筠·陸飛 등과는 귀국 후에도 편지를 통한 교유가 계속되었고, 그 기록은 「杭傳尺牘」으로 그의 문집에 남아 있다. 그의 사상적 성숙에 결정적인 영향을 준 북경 방문은 이 『담헌설총』 속에 상세히 남아 있다. 홍대용은 1783년(정조 7)에 졸하였다.

2. 구성

1) 구성

이 책은 연세대 중앙도서관 소장 '燕彙'라 이름 붙인 시리즈 가운데 필사로 실려 있으며, 권수제는 '湛軒說叢'이다. 洪檍이 三節年貢 兼 謝恩使[1]로, 영조 41년(1765) 11월부터 다음

---

1) 당시 연행사는 상사 順義君 烜, 부사 金善行(1716~1768), 서장관 洪檍(1722~1809)이다. 사행의 정사를

해 4월까지 연행할 때에 조카 홍대용이 그를 수행하면서 견문한 기록이다. 지역과 주요사안을 주제별로 기록하고, 중국에서 만난 중국과 서양 인사들과의 필담이 추록되어 있다. 일기체가 아닌 주제별로 나누어 기술되었다는 특징을 갖고있지만, 방문지의 경우에는 언제 찾아갔는지를 밝혀놓고 있다. 순서는 연행노정의 진행에 맞추어져 있다. 총 2책으로 구성된 이 책의 목차는 다음과 같다.

1책(권1~3)
　권1 〈燕行雜記〉:「盤山」·「夷齊廟」·「桃花洞」·「角山寺」·「望海亭」·「射虎石」·「鳳凰山」·「京城䡄」·「太和殿」·「五龍亭」·「太學」·「雍和宮」·「觀象臺」·「東天主堂」·「法藏寺」·「弘仁寺」·「東嶽廟」·「隆福市」2)·「琉璃廠」·「花草鋪」·「暢春園」·「圓明園」·「西山」·「虎圈」·「萬壽山」3)·「五塔寺」·「入皇城」·「禮部呈表」·「鴻臚演儀」·「正朝朝參」·「元宵燈炮」·「東華觀射」·「城南跑馬」·「城北遊」·「方物入闕」·「京城記略」
　권2 〈燕行雜記〉:「沿路記略」·「幻術」·「場戱」·「市肆」·「寺觀」·「飮食」·「屋宅」·「巾服」·「器用」·「兵器」·「樂器」·「畜物」·「留館下程」·「財賦總略」·「包銀」·「橐裝」·「路程」
　권3 〈燕行雜記〉:「吳彭問答」·「蔣周問答」·「劉鮑問答」·「衙門諸官」·「兩渾」

2책(권4~6)
　권4 〈燕行雜記〉:「王擧人」·「沙河郭生」·「十三山」·「宋擧人」·「鋪商」·「大學諸生」·「張石存」·「葛官人」·「琴鋪劉生」·「藩夷殊俗」·「拉助敎」·「鄧文軒」·「孫蓉洲」·「撫寧縣」·「賈知縣」·「貞女廟學童」·「宋家城」·「孫進士」·「周學究」·「王文擧」·「希員外」·「白貢生」
　권5~6: 〈乾淨衕筆譚〉

2) 이본 소개

연대본의 내용과 특성을 비교하기 위해 몇 가지 이본을 소개한다.

(1) 『湛軒書』 권7~10
　권7

왕족이 맡는 예는 병자호란 이후인 17세기 후반부터 나타난다. 부사 김선행은 1739년 알성문과에 병과로 급제, 도승지, 예조참판, 수원부사, 대사헌, 함경도 관찰사, 한성부좌윤 등 전형적인 관리로 출세하였다. 사행을 떠나기 직전에 왕에게 간언을 올린 것이 문제가 되어 잠시 파직을 당하기도 하였으나, 사행을 다녀온 후 다시 대사헌과 좌윤을 역임하였다. 서장관 홍억은 1753년 알성문과에 장원으로 급제한 후 교리, 부수찬 등을 거쳤으며, 사행에 다녀 온 다음에는 우여곡절이 있었으나 경상도 관찰사, 예조·형조·공조 판서 등 내외의 주요 보직을 두루 거치면서 긴 벼슬살이를 했다. 그가 바로 홍대용을 데리고 간 작은 아버지이다.

2) 목차는 「隆福市」, 본문 제목은 「隆福寺」.
3) 『담헌서』권9에는 「萬壽寺」로 되어있음.

「吳彭問答」·「蔣周問答」·「劉鮑問答」·「衙門諸官」·「兩渾」·「王擧人」·「沙河郭生」·「十三山」·「宋擧人」·「鋪商」·「大學諸生」·「張石存」·「葛官人」·「琴鋪劉生」·「藩夷殊俗」·「拉助敎」·「鄧文軒」·「孫蓉洲」·「撫寧縣」·「賈知縣」·「貞女廟學堂4)」·「宋家城」

권8
「孫進士」·「周學究」·「王文擧」·「希員外」·「白貢生」·「沿路記略」·「京城記略」

권9
「望海亭」·「射虎石」·「盤山」·「夷齊廟」·「桃花洞」·「角山寺」·「鳳凰山」·「京城制」·「太和殿」·「五龍亭」·「太學(附文廟)」·「雍和宮」·「觀象臺」·「天象臺」·「法藏寺」·「弘仁寺」·「東嶽廟」·「隆福市」·「琉璃廠」·「花草鋪」·「暢春園」·「圓明園」·「西山」·「虎圈」·「萬壽寺」·「五塔寺」·「入皇城」·「禮部呈表」·「鴻臚演儀」·「正朝朝參」·「元宵燈炮」·「東華觀射」·「城南跑馬」·「城北遊」

권10
「方物入闕」·「幻術」·「場戱」·「市肆」·「寺觀」·「飮食」·「屋宅」·「巾服」·「器用」·「兵器」·「樂器」·「蓄物」·「留館下程」·「財賦總略」· ·「路程」

　홍대용의 문집인 『담헌서』에도 그 일부가 수록되어 있다. 『담헌서』의 구성은 다음과 같다. 본집은 內集 4권 外集 10권 합 7책으로 되어 있다. 맨 앞에 鄭寅普가 지은 序文이 실려 있고, 總目 없이 각 권별로 目錄이 실려 있다. 이 중, 외집 권7~10이 '燕記'이다.5) 본 해제대상인 연대본 '연휘'의 『담헌설총』과 비교할 때 순서가 뒤섞여 있고 誤記가 몇 개 보일 뿐, 목록은 대동소이하다.

　(2) 규장각본 『湛軒燕記』 6책중 1~4책

　　第1冊: 目錄·「吳彭問答」·「莊周問答」·「劉鮑問答」·「衙門諸官」·「兩渾」·「王擧人」·「沙阿郭生」·「十三山」·「宋擧人」·「鋪商」·「太學諸生」·「張石存」·「葛官人」·「琴鋪劉生」
　　第2冊: 目錄·「藩夷殊俗」·「拉助敎」·「鄧文軒」·「孫蓉洲」·「撫寧縣」·「貞女廟孚童」·「宋家城」·「孫進士」·「周學究」·「王文擧」·「希員外」·「白貢生」·「沿路記略」·「京城記略」
　　第3冊: 目錄·「望海亭」·「射虎石」·「盤山」·「夷齊廟」·「桃花洞」·「角山寺」·「鳳凰山」·「京城制」·「太和殿」·「五龍亭」·「太學」·「雍和宮」·「觀象臺」·「東天主堂」·「法藏寺」·「弘仁寺」·「東嶽廟」·「隆福市」·「琉璃廠」·「花草鋪」·「暢春園」·「圓明園」·「西山」·「虎圈」·「萬壽寺」·「五塔寺」·「入皇城」·「禮部呈票」·「鴻臚演儀」·「正朝

4) 연대본 『담헌설총』과 규장각본 『담헌연기』에는 각각 '童'으로 되어있음.
5) 10권 10책의 『을병연행록』에는 같은 내용이 한글로 기록되어 있다.

朝參」·「元宵燈鋪」·「東華觀射」·「城南鋪馬」·「城北遊」·「方物入闕」
   第4冊: 目錄·「幻術」·「場戲」·「市肆」·「寺觀」·「飮食」·「屋宅」·「巾服」·「器用」·「兵器」·「樂器」·「畜物」·「留
館下程」·「財賦總略」·「包銀」·「橐裝」·「路程」
   第5-6冊: 乾淨衕筆譚.

(3) 규장각본 『湛軒說叢』 6책중 3~6책

   1冊-2冊: 乾淨衕筆譚.
   3冊: 燕行雜記(吳彭問答, 蔣周問答, 劉鮑問答, 衙門諸官, 兩渾).
   4冊: 燕行雜記(王擧人, 沙河郭生, 十三山, 宋擧人, 鋪商, 太學諸生, 張石存, 葛官人).
   5冊: 燕行雜記(盤山, 夷齊廟, 桃花洞, 角山寺, 望海亭).
   6冊: 燕行雜記(沿路記略, 幻術, 場戲, 市肆, 寺觀, 飮食, 屋宅, 巾服).

   (2)·(3)은 규장각본 『湛軒燕記』중 1~4책·『湛軒說叢』중 3~6책이다. 각각 6권 6책의 필사본이다. 서울대 규장각에 소장되어 있는 이 책은 '朝鮮總督府圖書之印'이 찍혀 있다. 그동안 이 책을 바탕으로 북학파 학자로서 홍대용의 견문내용을 그의 실학사상에 체계화하는 데 궤적으로 삼아왔었다. 더욱이 이 책은 『담헌서』와 비교해볼 때, 누락된 것도 있으며 편차도 약간 달라 문집의 것보다 후대에 필사된 듯하다. 홍대용뿐만 아니라 조선 후기 실학 및 북학의 학문체계를 연구하는 데 중요한 자료가 되어 왔다.
   이제 본 해제에서 새로 소개하는 『담헌설총』은 엄밀히 따지면 이 규장각본 『담헌연기』의 異本이라 할 수 있다. 규장각본 『담헌연기』와는 목차에서 많은 차이를 보이고 있다. 『담헌연기』의 제1책이 여기서는 권3~4로 가 있고, 제2책은 권1의 후반과 권2의 전반에, 제3책은 권1에, 제4책은 권2 등으로 가 있다. 이 같은 목차는 『담헌설총』이 주제에 따른 분류 기술이면서도 연행 노정에 따라 정연히 기술되었다는 장점을 갖는다.6) 다만 『담헌설총』은 '연휘' 시리즈에 포함된 2책의 필사본으로 그 상태가 매우 양호하여 善本이라 할 만하다는 점에서 그 위치가 새롭다. '연휘' 시리즈는 일종의 연행록 총서로서, 박지원의 『열하일기』를 비롯 주요한 연행록을 망라하고 있다는 점에서, 그리고 『담헌설총』의 연행록으로서의 위치 등을 가늠할 수 있다는 점에서 의의가 있다. 현재 연세대 중앙도서관 소장된 '연휘'는 박지원의 『열하일기』 26권 4책과 홍대용의 『연행잡기』 2책으로 구성되어 있다. 이외의 국내 소장본 '연휘'에 대해서는 아직까지 알려진 바 없어,7) 최초 편자가 누구인지 어떤 목적에서 엮어진 책인지 알 수

---

6) 물론 이 차례는 北京行에서 얻은 것과 還路에 얻은 것이 섞여 있기는 하다. 예컨대 夷齊廟는 3월 7일에
   방문한 것으로 되어 있는데, 이는 환로의 것이다. 그런가 하면 望海亭은 12월 19일에 방문하는데, 이는
   북경으로 가는 길이었다.
7) 『연휘』의 해외 소장 이본은 현재까지 2종이 알려져 있다. 하나는 일본 동양문고 소장 『연휘』 필사본20책

없다. 다만 당시 유행하던 3대 연행록이 공통적으로 실린 것을 보면, 개인의 기호에 따라 필사해 엮은 것으로 추정된다. 연세대의 경우, 묵용실문고 소장본임을 보아, 丁日宇가 수집하여 베껴두거나 혹은 모아두었다가 이후 후손인 丁鳳泰가 기증한 것으로 생각된다. 책 첫 장에 谷城 丁氏家 장서인 '치생과 독서는 하나라도 빠져서는 안된다~율헌(治生讀書闕一不可栗軒)' '자손 대대로 잘 이어가 서생문호를 善述하라~정율헌(世世子孫善繼善述作書生門戶丁栗軒)' '정일우~내 자손들이 대대로 책을 잃어버리지 말라(丁日宇吾子孫永世勿失)' '정일우 묵용실 장서인(丁日宇默容室藏書印)' '곡성군 관동 정율헌장(谷城郡館洞丁栗軒藏)' '내가 좋아하는 바를 따르겠다(從吾所好)' '능주(稜州)' '능성인 구의서 퇴호인(綾城人具義書推皞人)'등이 찍혀 있다.

3. 내용

권1 : 각 名勝 古蹟에 대한 견문을 적고 있다. 「盤山」·「望海亭」·「射虎石」등 산해관 이남으로부터 薊州에 이르기까지의 명소와, 「夷齊廟」·「桃花洞」처럼 孤竹國 舊墟와 동북 명악인 의무려산을 탐방한 기록이 있다. 「鳳凰山」은 奉天과 安東 사이에 있는 봉황성 (혹칭 安市城) 탐방기이고, 「京城制」·「太和殿」·「五龍亭」·「太學」·「雍和宮」 5편처럼 북경의 城制와 황궁의 궁전과 국학인 태학과 공자를 모신 문묘를 참관한 기록도 있다. 「角山寺」는 만리장성을 구경한 것이다. 「관상대」와 「동천주당」은 천체관측기계와 천주교당 벽화를 참관한 기록이다. 「法藏寺」·「弘仁寺」·「東嶽廟」·「隆福寺」는 북경성내 부근에 있는 불사, 廟宇를 구경한 기록이다. 「유리창」은 북경의 저명한 고서, 골동품점을 구경한 기록이다. 「화초포」는 북경 상류계급에서 애호하는 화초의 종류를 말한 것이고, 「暢春園」과 「원명원」은 강희제와 옹정제의 離宮을 참관한 글이다. 「서산」은 소위 燕都 8경의 하나인 북경 西40리, 밖에 있는 유흥지인 서산 산수의 묘사이다. 「虎圈」은 호랑이 우리를 구경한 것이고, 「만수산」과 「五塔寺」는 서산 부근에 있는 청 황제의 遊賞 처소의 佛殿들을 참관한 것이다. 「入皇城」은 북경성 외의 玉田, 薊州, 棗林, 夏店을 구경하고 通州를 거쳐 다시 27일에 북경시내로 돌아온 여정기인데, 민속과 지방 풍물에 대하여 세심한 관찰을 하고 있다. 「禮賦呈表」는 우리나라 동지사가 북경에 가서 청조의 예부에 國書를 전달하는 것을 말하는데, 홍대용 일행은 을유년 12월 28일 예부에 가서 국서를 전달했다. 이 글은 그 전달의식을 말한 것이다. 「鴻臚演儀」·「정조조참」·「원소등포」·「東華觀射」·「城南跑馬」는 특히 11월에 출발하여 해를 넘기는 연행사들이 행해야 하는 의식이나 관람할 수 있는 것

(叢書部 : 稼齋說叢(조선김창업)-燕行錄10권, 湛軒說叢(조선홍대용)-燕行雜記4권-乾淨筆譚2권, 燕巖說叢(조선박지원)-燕行陰晴4권-熱河日記 12권), 다른 하나는 미 버클리대학소장 『연휘』필사본 18책(아사미문고 총집류 1~12책 :열하일기, 13~18책: 담헌설총, 연행잡기, 건정필담)이다. 모두 고종연간에 필사된 것으로 기록되어 있으나, 편자는 미상이다. (東京;국립국회도서관지부, 『증보동양문고 조선본분류목록』,1979/ 한국서지학회편, 『해외전적문화재조사목록』 아사미편, 102쪽, 1996).

들이다. 歲幣를 청나라에 헌납하는 광경에 대한 기록이고, 맨 뒤에 북경성 내외를 돌며 견문을 기록한 「京城記略」이 있다.

권2 : 「연로기략」은 義州를 출발하여 심양을 거쳐 안동으로까지 오는 사이의 변지의 몽학훈장, 학생, 하급관리, 상인 등을 만나 교담하면서 탐문한 기록이다. 이 밖에 사람의 눈을 속이는 기술에 대한 기록, 연극을 구경한 소감, 북경 시가의 점포·서점·전당포·주점을 구경하고 그 규모와 商道·물정에 관한 것, 지방 곳곳의 佛寺를 구경한 소감 등을 기록하였다. 이외에 음주·다도·果菜 등 생활 관습, 궁궐로부터 일반 민가에 이르기까지 그 가옥 제도와 실내 장식, 柱聯에 대한 것, 의복 제도·車制·船制에 대한 것, 병기·악기에 대한 제도 및 사용법, 여러 가지 가축과 馬政·우정·농정에 관한 것도 기술하였다. 또한 조선 사신이 북경의 관사에 머무는 동안 매일 급식하는 음식의 종류와 그 수량, 중국의 국토 면적과 미곡 보유량, 府와 州의 수, 은의 보유량, 각 省과의 북경과의 거리등을 기록하고 있다. 그리고 동지사 일행이 서울을 떠나 북경까지 가는 노정을 기록한 것도 있다.

권3 : 주로 燕京과 그 沿路에서 만난 사람들에 관해 적고 있다. 吳湘과 彭冠, 蔣本과 周應文, 독일인 선교사 劉松齡과 鮑友官 등이다. 특히 劉·鮑 두 사람과는 그들의 거처에서 본 각종 奇物, 이들에게 들은 天主學, 測候法, 관제·과거제·풍속·음악과 서화 등에 대한 설명과, 천주학·서양서·역법·안경·망원경·자명종 등 서양문물에 관한 고찰이 두루 실려 있다.

권4 : 권3과 마찬가지로 관제, 과거제, 풍속, 음악과 서화 등에 관한 설명과 천주학, 서양서, 역법, 안경, 망원경, 자명종 등 서양문물에 관한 고찰, 정상·황상 등 조선과 무역에 종사하는 상인에 관한 기록이 실려 있다. 「鋪商」은 鄭商·黃商·烏商·陳商·劉商 등 조선과의 무역관계를 그 내용으로 하고 있다. 「貞女廟學堂」·「周學究」에는 童蒙의 교육제도들이 포함되어 있다.

권5, 6 : 북경에 머물면서 강남 출신의 학자인 엄성, 반정균, 육비 등과의 필담, 왕복서간 등을 날짜순으로 기록한 것인데, 주로 양명학과 주자학, 불교와의 관계, 중국과 조선의 가례에 대한 토론, 시화 및 풍류생활에 대한 대담, 교환된 詩·賦·記 등을 수록하고 있다.

4. 가치

이 책의 주요 사안에 대해서는 이미 많은 연구가 진행되었다. 당시 조선에서는 중국과의 사행을 통해 국제 정세를 판단하고, 또한 중국학을 수용해 사회·경제면에 반영하려는 기운이 일고 있는 때였다. 그러므로 그는 사상이나 생활면에서 다양한 관심을 가졌으며, 청 문화에 대한 관심도가 높았다. 서양과학에 관심을 가지고 이에 대해 집중적으로 소개하고 있는 점이 가장 두드러진다 할 것인데, 이것이 다음 연암의 연행에 큰 영향을 미친 점도 이미 지적된 바 있다.

이 『담헌설총』을 통해서 異本의 정치한 대교, 편차의 차이에서 오는 차이와 그 의도 등을 밝혀, 홍대용 연행록의 전모를 세워 살펴볼 수 있을 것이다. 또한 홍대용의 연행록은 이전 연행록과의 承傳연구를 겸비하여, 이후 박지원 연행록으로 계승되는 과정을 밝히는 데도 유효할 것이다. 홍대용과 북학파의 문화사 사상사적 위치가 지대하므로 앞으로 이 분야의 연구는 더욱 계속되어야 하는데, 그런데서 이 이본의 발굴과 소개는 자못 의미가 깊다. 특히 이본대교를 통한 보다 정확한 정본 확립으로 이러한 일은 박차를 가할 수 있을 것이다. 이 책은 조선 후기 실학 및 북학의 학문체계를 연구하는 데 중요한 자료로서, 여기에 실린 견문 내용은 홍대용의 실학 사상을 체계화하는 데 중요한 영향을 끼쳤을 뿐만 아니라 후학들에게도 크게 영향을 미쳤던 것으로 평가된다. 이 책은 전체적으로 저자의 치밀한 관찰성과 현실 인식, 문장력을 바탕으로 두 나라 문화의 차이, 새로운 문명에 대한 경이로움, 여러 부류의 인간의 삶, 각종 가축에 이르기까지 매우 다양한 방면에 걸쳐 쓰여진 旅行記로서, 이후 朴趾源의 『熱河日記』, 朴齊家의 『北學議』에 영향을 준 것으로 평가받고 있다.

특히 '燕彙'라는 일련의 연행록 시리즈가 편찬되었다는 점을 거시적으로 연구할 필요도 있다. 이 시리즈는 어떤 관점과 필요에 따라 편찬되었는가를 유추 파악해 봄으로써, 홍대용의 문화사적 위치도 재구될 것이다.

【금지아】

黨議通略

李建昌(1852~1898) 著.
原稿本. 2卷 2册(卷2 缺, 1册 83張存) : 29×19cm.
10行 22字.

1. 저자

李建昌(1852~1898)의 本貫은 全州, 字는 鳳朝·鳳藻, 號는 寧齋이며 兒名은 松悅이다. 少論에 속하였던 이조판서 沙磯 李是遠(1790~1866)의 손자이며 이조참판 李象學의 아들로 조선 말기 문신, 대문장가로 알려져 있다. 그는 1852년 5월 26일 江華島 沙谷에서 태어났다. 그가 15살되던 1866년(고종 3)에 丙寅洋擾가 있었다. 이때 그의 조부 이시원이 仲弟 止遠과 함께 殉節하였다. 이로 인하여 같은 해(고종 3), 강화에서 別試를 치르게 했고 15세의 어린 나이로 別試文科에 병과로 급제할 수 있었다. 그러나 너무 일찍 등과 했기 때문에 19세에 이르러서야 홍문관직에 나아갔다. 1874년 書狀官으로 청나라에 가서 黃玨·張家驤·徐覆 등과 교유, 이름을 떨쳤다. 이듬해 忠清右道 암행어사가 되어 충청감사 趙秉式의 비행을 낱낱이 들춰 내다가 도리어 모함을 받아 碧潼으로 유배되었고, 1년이 지나서 풀려났다. 公事에 성의를 다하다가 도리어 당국자의 미움을 사 귀양까지 간 뒤에는 벼슬에 뜻을 두려 하지 않았다. 그러나 임금의 간곡한 부름에 못 이겨, 1880년 경기도암행어사로 나갔다. 이 때 관리들의 비행을 파헤치고 흉년을 당한 농민들을 일일이 찾아다니면서 식량문제 등 구휼에 힘썼다. 한편, 세금을 감면해 주어 백성들로부터 인심을 얻어 그의 善政碑가 각처에 세워졌다. 그 뒤 부모상을 당해 6년간 상례를 마치고 1890년 한성부소윤이 되었다. 1891년 승지가 되고 다음 해 상소사건으로 보성에 재차 유배되었다가 풀려났다. 1893년 함흥부의 亂民을 다스리기 위해 按逆使로 파견되어 관찰사의 죄상을 명백하게 가려내어 파면시켰다. 1894년 갑오경장 이후에 황해도관찰사에 임명되었으나 나아가지 않고 학문에 전념하였다. 학문경향은 古文에 충실했으며 철저하게 斥洋主義者의 입장을 견지하였다. 1896년 해주관찰사에 제 수되었으나 극구 사양하다가 마침내 古群山島로 세 번째 유배되었다. 特旨로 2개월 후에 풀려났다. 그 뒤 고향인 강화에 내려가서 서울과는 발길을 끊고 綺堂 鄭元夏, 故園 洪承憲, 仲弟인 耕齋 李建昇 등과 칩거하다 2년 뒤에 47세의 나이로 졸했다.

할아버지가 개성유수로 재직할 때 관아에서 태어나 출생지는 개성이나 선대부터 강화에 살았다. 할아버지로부터 忠義와 文學을 바탕으로 한 家學의 가르침을 받았다. 5세에 문장을 구사할 만큼 재주가 뛰어나 신동이라는 말을 들었다. 장성한 뒤에는 모든 公私 생활에서 할아버지의 영향을 받았다. 姜瑋·金澤榮·黃玹 등과 교분이 두터웠다. 용모가 淸秀하였으며, 천성이 강직해 부정·불의를 보면 추호도 용납하지 않고 친척·친구나 지위의 고하를 막론하고 처단하였다.

이건창에게는 두 명의 동생이 있었는데, 仲弟 建昇(1858~1924)은 시문이 뛰어났고 남다른 애국심이 있어서 을사조약 이후 강화에 啓明義塾을 설립하고 교육 구국 운동을 일으킨 장본인이며, 이후 경술국치를 당하자 滿洲로 망명하였다. 季弟 建冕은 32살의 한창 나이로 타계

한 시인으로 효심 또한 지극하였다. 이건창은 두 동생이 모두 살아있던 때에 지은 시 「月夜」[1]를 보면, 오랜만에 형제가 책상을 사이에 두고 정겹게 앉아 詩書를 익히는 모습과 형제간의 흥건한 우애가 눈에 잡힐 듯 선하다.

이건창은 대인관계에 있어서도 양보가 없이 소신대로 대처하는 성격이어서 인심 포섭에는 도리어 결점이 되기도 하였다. 정사를 처리하는 과정에서 지나친 忠諫과 냉철 일변도의 자세는 벼슬길에 많은 지장을 초래하기도 하였다. 이건승은 이건창의 행장에서 다음과 같이 기록하고 있다.

　　　공은 몸이 보통사람에 지나지 않으나, 미목이 疎明하고 神采가 英發하며 성품이 剛正明白하고, 또 조금도 矯情이 없고 矜色함이 없었으며 , 마음에 기호하는 바가 없고 오직 독서하기를 좋아해서 잠시라도 책을 손에서 떼지 않았다.[2]

이러한 성품으로 병인양요 때에 강화에서 자결한 할아버지의 유지를 받들어 개화를 뿌리치고 철저한 척양 척왜주의자로 일관하였다.

그의 문필은 宋代의 대가인 曾鞏·王安石의 영향을 많이 받았다. 그리고 鄭齊斗가 陽明學의 知行合一의 학풍을 세운 이른바 江華學派의 학문태도를 실천하였다. 그의 저서『黨議通略』은 파당과 문벌을 초월해 공정한 입장에서 당쟁의 원인과 전개과정을 기술한 명저로 높이 평가되고 있다. 한말의 대문장가이며 대시인인 김택영이 우리 나라 역대의 문장가를 추숭할 때에 麗韓九大家라 하여 아홉 사람을 선정하였다. 그 최후의 사람으로 이건창을 꼽은 것을 보면, 당대의 문장가일 뿐 아니라 우리 나라 全代를 통해 몇 안되는 대문장가의 한 사람이라고 해도 과언이 아니다. 글씨에도 뛰어났으며, 저서로는『明美堂集』·『黨議通略』·「讀易隨記」등이 있다. 이 중 그의 문집『명미당집』은 20권으로 되어 있다. 그의 저작『黨議通略』이 문집에 실리지 않은 것은 문집이 발간되기 전에 光文會에서 이미 출간되었기 때문에 문집 속에 포함되지 않은 것이 아닌가 한다.

2. 구성

1) 저술 동기

이 책은 저자가 33세에 모친상, 35세에 부친상을 잇달아 당해 강화도 鄕里에 머무르고 있

---

1) 『明美堂集』권2, 「月夜」. "風進疎廉月隱牆, 解衣銷受北窓凉. 此間未許閒人到, 兄弟詩書共一牀".
2) 李建昇, 『耕齋集』, 「先伯氏參判府君行狀」.

을 때 저술한 것인데, 1890년경에 완성된 것으로 보인다. 활자본 첫 머리에 실린 개요의 일부를 보면 다음과 같다.

건창이 일찍부터 말하였다. "조선의 역사가 본래 난잡하여 후세에 증거로 믿기가 어려운데 또한 당파에서 주장하는 의논으로 인해 결렬되어 서로 치고 공격하여 진실로 공적인 안목을 가진 자가 아니면 옳고 그름을 저울질하여 중용의 도를 얻지 못할 것이다. 이에 각 당파에서 기록한 것들을 참고하여 바로잡았다. 이것은 선조 시대 동인과 서인의 분당으로부터 아래로 懷尼 논쟁이나 辛壬의 옥사를 거쳐 英祖 乙亥년의 案에 이르러 끝난 것이다. 진실로 黨案의 중요한 역사이다."

이 책은 그의 조부 이시원이 수록한 『국조문헌』 백 권 중에서 특히 黨議에 관계된 것만 발췌 정리하여 이를 2권으로 成篇한 것이다. 『당의통략』 서문에서 밝힌 바에 의하면, "선부군께서는 『국조문헌』 100여권을 갖고 계셨는데, 콩알만한 작은 글씨로 자세하게 손수 기록한 것이다. 만일 큰 글씨로 쓰면 권수는 3,4배가 될 것이다. …그러나 선부군께서는 평생 기술하는 데 힘쓰셨을 뿐만 아니라 창작은 하나도 없으셨다. …대개 선부군께서 이 책을 기록할 때는 춘추가 50내외였다. …회고하건대 내가 어려서 글을 배울 때 선부군께서는 무릎에 앉히고는 독서하시는 가운데 문득 문득 옛 일들을 몇 구절씩 얻어들었으니 그것은 야사에 더욱 자상했다(先議政府君, 纂次國朝文獻百有餘卷, 悉皆手錄, 字細如豆. 大則書, 卷可三四倍…然府君平生苦心勤力, 有述無作…蓋府君, 錄此書時, 春秋五十內外,…復惟不肖幼時, 受書府君懷膝間, 課讀之暇, 輒口授故事日若干條, 其於野史尤詳)"라고 하여, 이 책은 조부가 수집 정리한 문헌과 어렸을 때 부친의 가르침을 토대로 한 것임을 밝히고 있다. 이건창이 백 권이나 되는 이 책 가운데서 특히 黨議에 관계된 기사만을 뽑아 2권으로 成篇한 것은, 그가 서문에서 "파당의 의론을 먼저한 것은 그 나름대로 이유가 있다. 우리 조정이 한쪽 당에 치우쳤던 때는 어느 시대에도 없었기 때문이다. 곧 穆陵 乙亥年(선조 8, 1575년)으로부터 元陵 乙亥年(영조 31, 1755년)까지 180년 동안 공적이거나 사적인 문자를 기록한 것이 10에 7·8은 다른 것이 아니라 모두 누구의 옳고 그른 것, 얻고 잃은 것, 바르고 사특한 것, 충신이나 역적을 논한 것들이 대저 당론에서 벗어나지 않았다. 다른 날에 정사를 닦는 이는 반드시 먼저 黨議를 간략히 추려서 司馬遷의 글과 班固의 뜻을 모방하여 따로 一部를 만들어 놓은 연후에 라야 다른 것을 정리하여 흐트러지지 않게 할 수 있다. 이것은 宋史에 먼저 道를 밝힌 다음 '유림문원'을 별도로 한 것과 같을 것이다.(若其先之以黨議者, 抑有說焉. 國朝黨弊爲歷代所未有. 卽自穆陵乙亥, 至元陵乙亥, 一百八十年之間, 公私文字之所紀載, 十之七八, 要非他事, 無論誰是誰非誰得誰失誰正誰邪誰忠誰逆, 大抵不出於黨耳. 他日修正史者, 必先撮略黨議, 仿馬書班志, 別爲一部然後, 其他可整理而不紊. 猶宋史先標道而次別儒林文苑)"라고 밝힌 바와 같이 國朝의 黨弊가 역대에

보지 못한 것으로서, 따라서 당쟁의 시기라고 생각되는 穆陵 乙亥年(선조 8)으로부터 元陵 乙
亥年(영조 31)에 이르는 180년 동안 公私間의 문자에 기록된 것 중에서 10에 7·8이 모두 黨
議와 관계되는 것이므로, 이 당의에 관계되는 기사를 따로 추려서 成篇해두지 않고서는 후세
사가들이 정사를 편찬하는데 있어 그 판단이 흐려지게 될 우려가 있다고 본 데서 기인한다.
그러나 그가 「원론」에서 지적한 바와 같이 고금의 붕당이란 至大, 至久, 至難言한 것일 뿐만
아니라, 더욱이 자신이 당 중의 인물이었기 때문에 기사의 取捨選擇과 기술의 公正에 무척
고심한 것이다.

따라서, 그는 처음부터 끝까지 사실의 기술에 그쳤을 뿐, 그의 의견이나 비평 같은 것은
아예 가하려 들지를 않았다. 이건창의 손에서 나온 글인가 의심할 정도로 오로지 기술만 하
고 精裁를 가하지 않았다고 하면서도 오히려 독자로 하여금 그렇게 밖에 쓸 수 없었던 이건
창의 심경을 이해해줄 것을 부탁하고 있는 것이다. 그의 再從弟인 蘭谷 李建芳(1861~1939)
은 『당의통략』 발문에서, 이건창의 허물은 黨에 있는 것이 아니오, 오히려 黨을 하지 않은 데
있었다고 하였으며, 특히 辛壬獄事와 같은 경우에 있어서는 저편을 두둔하고 이 편을 깎아
내린 것이라 하여 이건창이 黨人이었기 때문에 오히려 自派의 입장을 분명히 드러내지 못한
것을 안타까워 하였던 것이다. 저자 이건창은 소론계의 명문출신으로, 이 저술의 근본 입장도
소론적 견해에서 저술되었다고 볼 수 있으나, 아무리 소론적 처지에서 집필되었다고 해도 이
『당의통략』이 결코 소론의 처지만을 정당화시키고 옹호, 변명하기 위한 저술이라고 보기는
어렵다.

2) 구성과 이본 소개

표제가 '당의통략'上으로 되어있는 이 책의 구성과 목차는 다음과 같다.

> 原序(自序를 말함)
> 宣祖朝 附 光海朝
> 「乙亥黨論」·「癸未三竄」·「乙丑鞫獄」
>
> 仁祖朝至孝宗朝
> 顯宗朝
> 肅宗朝
> 「庚申換局」·「壬戌三告變之獄」·「己酉擬書」·「辛酉擬書」·「尼懷之釁」·「己巳換局」·「甲戌更化」·「丙申
> 處分」·「丁酉獨對」

1冊(83張)의 영본으로, 이건창의 자서, 전체 목차, 본문의 순서로 구성되어 있다. 본문 첫

줄에 『당의통략』이란 권수제가 있으며, 그 아래에, 선조조~부광해조, 仁祖朝, 효종조, 현종조, 숙종조까지의 내용이 남아 있다. 일명 '李建昇 精抄本'으로, 중요한 사건을 表出, 제목화하여 欄外 頭註로 처리하고 있다. 版心題 아래 각 朝代와 페이지가 적혀있다. 이후 필사자 이건승은 庚戌國恥를 당한 후 滿洲로 망명하여, 돌아오지 않고 그곳에서 생을 마감했다. 이 책은 이건창·이건승 형제의 再從弟인 이건방 문하에서 수학했던 위당 정인보 선생[3]이 갖고있던 것을 민영규 선생이 얻어, 연세대에 기증한 것이다.

통행되는 이건방이 기증한 신활자 영인본(조선광문회) 2권 2책[4]의 구성은 다음과 같다. 머리에 이건창의 자서, 목차, 그 다음 본문으로『당의통략』이란 권수제가 있으며, 그 아래에, 선조조~부광해조, 仁祖朝~효종조, 현종조, 숙종조, 경종조, 영조조를 각 각 中題로 삼아 당론 전개의 줄거리를 잡고, 말미에 '原論'을 논술하고 있다. 이어 이건창의 再從弟 李建芳의 발문이 있다. 이 영인본은 연세대 필사본인 이건승 정초본과 내용은 동일하다. 연세대본이 비록 영본이지만, 앞의 목차에 제시된 전체 구성으로 볼 때, 이미 이건방의 발문이 적혀진 후에 이건승이 이것을 재필사 했을 것이라고 생각된다. 하지만 필사 시기는 알 수 없다.

이 외에, 흘림체로 쓰여진 규장각 필사본(2책)도 있다. 이 본은 여강출판사 『朝鮮時代黨爭史資料集』에 영인이 수록되어 있다. 欄外註가 있고, 각 책의 앞과 뒤에 각각 '李仁範印', '李觀鍾印'의 장서인이 찍혀있다. 또, 正字體가 아닌 것으로 보아 이씨 가문의 家傳本으로 보인다. 한국학중앙연구원 장서각에 불분권 1책 鉛印本(1912, 경성; 조선 광문회)이 소장되어있고, 1948년 금융조합연합회 協同文庫로 첫 국역본이 나온 뒤 현재 여러 종의 역주본이 있다.

3. 내용

『당의통략』은 선조 을해년(선조 8)부터 영조 을해년(영조 31)까지의 당론으로 지칭하기는 하나, 서술의 하한년도가 실제로는 정종 즉위년(1776)까지이다. 저자 가문의 黨色인 소론의 입장이 완전히 배제되었다고는 보기 어렵고, 내용이 너무 간략하고 연대표시가 불분명하다는 단점도 있다. 내용은 宣祖-英祖代에 이르는 각 왕대별로 주요한 당론을 기술하는 형식을 취하고 있는데, 1575년(선조 8) 金孝元과 沈義謙의 대립으로 東西分黨이 생겨난 것에서 시작하

---

3) 이건승과 위당은 같은 강화학파 안에서도 특별한 관계에 있다. 위당의 작은 외숙 徐丙壽는 이건승과도 각별한 교유관계를 맺고 있었고, 그것이 이건승으로 하여금 어린 위당에게 관심을 갖는 계기가 되어주었을 것이다. (閔泳珪, 「위당 정인보 선생의 행장에 나타난 몇 가지 문제; 實學原始」『연세실학강좌Ⅱ』혜안, 2003).

4) 이건방본은 2권2책의 필사본으로 전해지던 것을 1910년 光文會에서 신활자본으로 간행했다. 이를 다시 1972년 乙酉文化社에서 영인 간행했다. 아세아문화사에서 영인한 『이건창전집』에 『명미당집』 20권과 함께 실려있다.

여 1755년(영조 31)까지의 약 180년간을 대상으로 하여 黨論 전개의 줄기를 잡고 당쟁의 흐름을 기술했다. 앞의 목차는 일부분 주요사건만을 부분적으로 발췌하여 소략하게 적어두었고, 본문 안에는 小題없이 내리 필사되어있다. 문장 안에, 특히 중요한 사건을 '是謂乙亥黨論' 등으로 기술(연대본은 앞서 제시한 목차가 각 해당 부분 상단 欄外註로 적혀있음)하고 있다.

　본문의 내용에 있어서는 肅宗朝의 분량이 전체의 반 이상을 차지하고 있는데, 이는 이 시기가 당쟁이 치열하게 전개되었음에도 원인이 있지만, 노소분열이 전개된 이 시기 소론의 정치적 입장을 구체적으로 나타내기 위한 저자의 의도가 일정하게 반영된 것이기도 하다.5) 이 책에서 180년간의 우리나라 당쟁사를 다루기는 했지만, 실상 四色이 성립된 것은 숙종 10년 무렵으로서, 이때로부터 영조 31년까지 가장 당쟁이 심했으니 이 기간은 겨우 71년 간에 불과하다. 이제, 연대본 영본(1책)의 내용에 국한하여 이건창이 기술한 당쟁의 시말을 앞의 목차를 위주로 간단히 살펴보자.

1) 선조조~附광해조(17張)

　선조초 영상 이준경의 유차에서 '붕당의 징조가 있다'고 경계하였거니와, 1575년(선조 8)에 외척 심의겸과 신진사류 김효원 2인의 개인적인 시비에서 발단되어 동인·서인으로 분당된 뒤로, 동서가 대립하여 '계미삼찬' '기축옥사' 등 당쟁이 갈수록 심각해졌으며, 심지어는 전대 미증유의 임진왜란으로 국왕은 의주로 몽진하기에 이르렀으나 당론은 수그러지지 않았다. 뒤에 동인은 남인·북인으로 분당되고, 북인은 대북·소북으로, 또다시 골북·육북·유당·남당 등으로 분파되는 등 선조~광해조는 그야말로 당쟁의 연속이었다. 서로 중상모략하고 나아가서는 살육을 자행하는가 하면, 대북에게 농락당한 광해주는 재위 15년 만에 인조에게 왕위마저 빼앗기는 지경에 이르렀다.

(1) 乙亥黨論

　을해년 곧 선조 8년(1575)에 일어난 당론으로 조선 당쟁의 기원이 되는 사건이다. 당시 명성이 높던 金孝元을 지지하는 일파와 明宗妃 仁順王后의 아우 沈義謙을 지지하는 일파와의 반목 대립에서 기인한다. 그 직접적인 원인은 銓郎의 직을 에워싼 암투에 있었다. 銓郎 吳健은 김효원을 자기 후임으로 추천하였으나, 이때 심의겸이 吏曹에 있으면서 반대한 것이 최초

---

5) (영본인 연대본에는 실려있지 않지만), 이 책 끝 부분 「원론」에서는 중국 역대의 붕당사를 간략히 언급한 다음, 붕당이 심했던 원인으로 ① 道學太重, ② 名議太嚴, ③ 文詞太繁, ④ 刑獄太密, ⑤ 臺閣太峻, ⑥ 官職太淸, ⑦ 閥閱太盛, ⑧ 昇平太久 등 여덟 가지를 지적해 붕당에 대한 자신의 기본적인 견해의 일단을 피력하고, 名節을 지나치게 숭상하는 것에서 탈피하여 實用에 힘쓰는 것이 붕당의 폐해를 극복하는 한 방법임을 강조하였다. 또, 자신의 정리는 후일의 正史 편찬에 도움이 되고자 하는 데 그치는 것이라고 하였다.

의 발단이었다. 심의겸의 반대이유는, 김효원이 少時에 權臣 尹元衡의 사위 李肇敏과 한 방에 거처하는 것을 보았으므로 鄙陋한 그 사람을 전랑이 되게 할 수 없다는 것이다. 이조는 문관을 銓衡하여 추천하는 기관이므로 전랑에는 淸名이 있는 인사라야 하는 것이고, 전임자가 후임을 추천하는 것이 관례로 되었다. 김효원은 그 뒤 6~7년만에 전랑이 되어 청류의 명사를 많이 인용하여 명성이 자자하였다. 그가 이임할 때 심의겸의 아우 忠謙을 추천하는 자가 있자, 김효원은 "天官(해제자 주: 吏曹의 별칭)이 어찌 외척의 집 물건인가?(天官豈外戚可物也)" 하고 반대하였다. 또, 심의겸에 대해서도 "이 사람은 미련하여 크게 쓸 인물이 못된다(是夫戇, 不足用也)"라고 비평하였는데, 이때 심의겸을 편드는 사람은, "김효원이 전날의 앙갚음을 한 것이다.(孝元, 修隙矣)" 하였다.

이로부터 朝士들은 동서로 나뉘었다. 김효원의 집이 서울 동쪽 駱峯 아래 乾川洞에 있었으므로 김효원을 지지하는 일파를 東人, 심의겸의 집이 서울 貞陵坊에 있었으므로 심의겸을 지지하는 일파를 西人이라고 불렀다. 동인은 名節을 숭상하는 인사들이고, 서인은 老成한 인사들이 많았으나, 不肖者도 많이 붙었다. 김효원을 지지하는 東人은 金宇顒, 柳成龍, 許曄, 李山海, 李潑, 鄭惟吉, 鄭芝衍 등이었고, 심의겸을 지지하는 西人은 朴淳, 金繼輝, 鄭澈, 尹斗壽, 具思孟, 洪聖民, 辛應時 등이었다.

(2) 癸未三竄

癸未年 즉 선조 16년(1583)에, 三司의 관원인 宋應漑, 許篈과 都承旨 朴謹元 등이 당시 병부판서인 李珥의 專擅驕慢을 논핵하다가 참배 당한 사건이다. 慶安令瑤가 宣祖를 대면하여 時弊를 말하면서, 이것은 柳成龍, 李潑, 金孝元, 金應南 등의 專權誤國에서 말미암았다고 진달하였는데, 이를 받아들인 선조는 東人을 억제하는 한편, 銓郞薦代의 법까지 혁파하도록 명하였다. 동인들은 이것이 모두 慶安令瑤가 李珥의 使嗾를 받은 것으로 여겼다.

때마침 北方에 野人 尼湯介의 침입이 있었는데, 이때에 李珥가 兵曹判書로서 群舞를 맡아 戰馬募集 등에 혹 먼저 거행하고 뒤에 아뢰기도 하고 또 왕의 부름을 받고 闕內에 들어가다가 현기증으로 內兵曹에 누웠다가 나온 일이 있었다. 三司의 宋應漑, 李潑, 許篈 등이 李珥를 '專擅慢君하였다'고 탄핵하였으며, 특히 宋應漑는 疏를 올려 李珥를 詬辱하였는데, '化身還俗' 하였다느니, '權門에 의탁하였다'느니, '조정을 濁亂시켰으니 賣國의 奸臣이다'라는 등의 어구까지 있었다. 당시 왕은 李珥를 신임하고 있었으므로 朴謹元은 江界, 宋應漑는 會寧, 許篈은 鍾城으로 각각 竄配하였다. 뒤에 三竄은 領相 盧守愼의 청으로 석방되었다.

(3) 己丑鞫獄

己丑年 곧 선조 22년(1589)에 鄭汝立의 謀反을 계기로 일어난 獄事이다. 정여립은 全州사람으로, 총명하고 문과에 급제하였는데, 李珥의 추천으로 修撰에 임용되었다. 정여립은 평소

에 李珥를 孔子에 비하였으나, 이이가 죽은 뒤에는 李潑에게 붙어서 李珥를 비방함으로써 西人의 미움을 샀다. 벼슬길에 진출하지 못한 정여립은 고향에 내려가서 鄕射禮를 假託하고 무뢰한을 모아 음모를 꾸몄다. 당시 西人의 謀主로 불리던 宋翼弼이 成渾, 鄭澈의 門人, 賓客으로서 湖南에 있는 자와 왕래하며 모의하여, 정여립의 反狀을 다 얻어 鄕人을 시켜 告變하게 하였다. 고변은 黃海監司 韓準으로부터 아뢰어졌는데, 송익필이 마침 白川에 있었기 때문이다. 정여립이 처형된 뒤에 정여립과 교분이 있던 李潑, 鄭彦信, 白惟讓이 모두 竄配되었다. 이 獄事가 1년을 넘기자, 告變이 잇달아서 연루된 東人이 천명이나 되었다. 그 중에 李潑, 李洁 형제, 鄭彦信, 尹起莘, 曺大中, 柳夢井 등이 억울하게 처형되고, 崔永慶은 賊招에 나온 吉三峯의 누명을 쓰고 獄死하고, 鄭介淸은 '排節義'란 죄명을 쓰고 杖流道死하였으며, 그 밖의 많은 東人들이 竄配되었다.

(4) 南北分黨

東人이 南人·北人으로 分黨된 것을 말한다. 東人 가운데 명망있던 禹性傳이 親喪을 당했을 때 그의 기생이 며느리노릇 한 것을 李潑이 問喪하러 갔다가 그것을 보고 괴이하게 여겨 소문을 퍼뜨리자 鄭仁弘이 탄핵하였는데, 李潑이 그를 주장하였고, 柳成龍, 金誠一, 李誠中 등은 모두 禹性傳을 편들었다. 정여립의 銓郞 임명에 반대한 李敬中을, 鄭仁弘이 탄핵한 적이 있었는데, 鄭汝立이 처형된 뒤에 유성룡이 이경중의 선견지명을 왕에게 아뢰자, 이경중은 贈官되고, 정인홍은 그 일로 被罪하였으며, 또 이발이 죽을 적에 유성룡이 적극 구원하지 않았다하여 정인홍의 당이 그와 원수가 되어 남북으로 갈라졌다. 禹性傳은 南山에, 李潑은 北岳에 살았기 때문이다. 南人에는 李元翼, 鄭述, 金宇顒, 李德馨 등이 가세하였고, 北人에는 李山海, 洪汝諄, 李爾瞻, 柳永慶, 南以恭 등이 가세하였는데, 李山海가 魁首였다.

(5) 大·小北의 分黨

北人이 大北·小北으로 分黨된 것을 말한다. 壬亂 後에 중용되던 南人 柳成龍을 宣祖가 싫어하는 기색이 있자, 北人이 柳成龍을 '主和誤國' 등의 죄목으로 탄핵하고 또 洪汝諄, 鄭仁弘의 지시를 받은 臺諫 文弘道는 疏를 올려 盧杞(唐人), 秦檜(宋人) 등에 비하여 헐뜯었다. 金藎國은 北人이었으나, 文弘道의 말이 너무 심하다하여 글 귀를 고치려 하였고, 吏判 李墍가 홍여순을 大司憲에 추천하려하자 銓郞 南以恭이 붓을 잡고 쓰지않는 등 北人 중에 홍여순 등과 同事하는 것을 부끄럽게 여기는 사람이 많았다. 당시 남이공, 김신국이 늘 요직에 있으면서 명망이 있고 名器(官爵)를 중히 여겼는데, 失志한 사람이 李山海, 洪汝諄에게 나아가 호소하였다. 이에 이산해, 홍여순을 지지하는 사람은 大北, 남이공, 김신국을 지지하는 사람은 小北이 되었다. 大北에는 鄭仁弘, 李爾瞻, 奇自獻, 李慶全, 韓纘男 등이 가세하였고, 小北에는 柳永慶, 柳希奮, 朴彝敍 등이 가세하였다. 大北과 小北은 선조 말년에 王世子(光海) 지지파와 永

昌大君 지지파로 분열되어 갈등이 심하였다.

(6) 大·小北의 各派分黨

北人에서 갈려나간 大北과 小北이 다시 肉北, 骨北, 中北, 柳黨, 南黨으로 분파된 것을 말한다. 小北이 견책당하자 大北의 李山海와 洪汝諄이 권력을 다투었는데, 李山海黨을 肉北, 洪汝諄黨을 骨北이라 하였으며, 鄭仁弘의 제자로서 정인홍의 不終을 예견하고 자립한 鄭蘊을 中北이라 하였다. 선조말에 같은 小北으로서 永昌大君을 옹호하는 柳永慶을 지지하는 사람을 '柳黨'이라하고, 柳永慶에 붙지않는 南以恭, 金藎國 등을 '南黨'이라 하였다. 柳黨은 許頊, 成泳, 朴承宗, 柳永詢 등이 가세하였고, 南黨은 朴彛敍, 任章 등이 가세하였으며, 柳希奮은 광해군 때문에 大北과 일을 계획하기는 했으나 南黨에 속했다.

(7) 附光海朝

광해조에는 大北의 李山海를 院相으로 삼고 鄭仁弘, 李以瞻 등 大北을 擢用하여 小北의 柳永慶, 金大來 등을 誅戮함으로써 '柳黨'이 모두 죄를 받았으나, 小北이 다 배척되지 않은 것은 柳希奮이 用事하였기 때문이다. 大北이 專權하면서 光海의 동기인 臨海君, 永昌大君을 살해하는가 하면, 仁穆大妃(宣祖 繼妃)를 西宮에 幽閉하기에 이르렀다. 이때에 南以恭黨, 大北의 奇自獻, 朴承宗은 廢母論에 불참하였고, 南人의 李元翼, 李德馨, 鄭逑, 西人의 李恒福, 吳允謙, 中北의 鄭蘊 등은 절조를 지켰다.

2) 인조조~효종조(8張)

인조조에서 효종조까지는 南人·北人도 參用되기는 하였으나, 주로 西人이 집권하였다. 仁祖 反正으로 집권한 西人은 민심 수습을 위해 南人으로 淸名이 높은 原任大臣 李元翼을 領相으로 영입하였는데, 이원익은 광해조에 得罪하지 않은 小北, 南人, 北人의 三黨人物을 參用하여 三望으로 삼으니, 時人(西人)이 이를 '三色桃花'라 비꼬았다. 또 李珥, 成渾을 文廟에 從祀하는 문제, 己丑獄에 被罪한 사람들의 得官문제, 仁城君 珙의 治罪 등으로 西·南의 의견이 대립되었으나, 反正에 공이 있는 西人이 主專하였다. 그리고 西人 안에도 勳西·淸西의 충돌, 老西·少西의 대립, 原黨·洛黨·山黨·漢黨의 갈등, 모함 등의 논쟁이 있었으나, 비교적 평온한 시기였다.

(1) 勳西·淸西之目

西人으로서 功臣派인 金瑬, 李貴 등을 勳西라 하고, 淸節을 숭상하는 金尙憲 일파를 淸西라고 하였다.

(2) 老西·少西分派

勳西 중에 金瑬를 주축으로 한 일파를 老西, 李貴를 주축으로 한 일파를 少西라 하였다. 노서인 申欽, 吳允謙, 金尙容 등이 西南을 倂用하려하자, 朴炡, 羅萬甲, 姜碩期 등이 이에 맞서 스스로 '少西'라고 하였다.

(3) 原·洛·山·漢黨之目

인조 말년에 西人 중에 原黨·洛黨·山黨·漢黨으로 분파된 것을 말한다. 원당은 平原府院君 元斗杓를, 洛黨은 上洛府院君 金自點을 주축으로 한 일파로 모두 勳臣이다. 山黨은 金集을 주축으로 宋浚吉, 宋時烈 등이 보좌하였는데, 이들은 모두 連山, 懷德의 山林儒者였으므로 '山黨'이라 한 것이다. 漢黨은 金堉 및 申冕을 주축으로 한 일파로 모두 漢上에 살았으므로 '漢黨'이라 한 것이다. 漢黨의 申冕과 山黨의 金益熙가 서로 주도권 싸움이 있었고, 뒤에 신면이 金自點의 逆謀에 연루되어 고문받다가 죽었는데, 신면의 죽음은 산당에게 미움을 사서 죽은 것이라 한다. 또 閔愼의 承重에 관한 일로 漢黨의 金堉이 臺諫을 시켜 閔愼을 탄핵하였는데, 宋時烈이 연관되어 있었다. 뒤에 김육이 죽자, 佐明이 天子의 禮인 隧道로 장사지냈는데, 송시열이 또 사람을 시켜 그 참람함을 論劾했다. 曺漢英은 金堉을 지지하고 閔鼎重 형제는 송시열을 지지하여 서로 爭訟하였는데, 水火같은 사이가 되었다.

(4) 尹西·申西之目

서인 중에 尹昉과 申欽 두 家門의 자제를 가리켜 부른 것이다. 오래지않아 모두 다시 합하였다.

3) 현종조(4張)

이 시기에는 西人·南人의 연합정권이기는 하나, 서인이 우세하였으며, 주로 西南間의 禮訟이 쟁점이었다.

(1) 己亥禮訟

己亥年 곧 현종 즉위년인 1659년 효종의 喪에, 孝宗의 繼母後인 慈懿大妃 趙氏의 服制문제로 西人·南人 사이에 벌어진 논쟁이다. 효종이 승하하자, 자의대비가 아직 생존하였다. 贊成 송시열이 喪服禮의 "庶子가 비록 承重했더라도 삼년복을 입을 수는 없다(庶子雖承重, 不得三年)"는 말을 인용하여 朞年說을 주장하였는데, 西人이 대체로 지지하였고, 進善 尹鑴는 "禮疏에 第一子가 죽고 第二子가 즉위하여도 長子라 이름한다(第一子死, 立第二子, 亦名長子)"는 등의 고례를 인용하여 斬衰服(삼년복)을 주장하였는데, 남인이 이를 지지하였다. 領相 鄭太和

가 國制에 의거하여 朞年服으로 정하였다. 禮訟은 이후 10여년간 계속되었는데, 특히 송시열이 인용한 '體而不正說'은 南人 許穆, 尹鑴, 尹善道 등의 논핵의 대상이 되었다. 이를 1차 禮訟이라고 한다.

(2) 甲寅禮訟

甲寅年 곧 현종 15년(1674)에 효종의 妃이며 顯宗의 母后인 仁宣王后의 喪에, 인선왕후의 시어머니인 慈懿大妃 趙氏의 服制문제로 西人・南人 사이에 벌어진 논쟁이다. 인선왕후가 승하하자, 자의대비의 복제를 다시 의논하게 되었는데, 禮曹判書 趙珩 등이 처음에 朞年服으로 啓定하였다가 다시 대공복으로 개정하였다. 그해 7월에 영남유생 都愼徵가, 대공복제가 잘못되었음을 상소하였는데, 이 疏에서는 甲寅禮論뿐만 아니라 己亥禮論까지 잘못되었음을 논하였다. 현종은 기해복제 및 갑인복제의 議政에 있어 원용한 전거 경위를 領相 金壽興과 金錫胄에게 묻고는 "경들이 선왕의 후은을 입고 감히 '체이부정설'을 주장한단 말인가?(卿等皆蒙先王厚德, 敢主體而不正之說)"하고 김수홍 등 誤禮諸臣을 竄配하였다. 현종은 '己亥禮論'은 衰年制로, 甲寅禮論은 朞年服으로 정하게 되었다. 이것을 2차禮訟이라고 한다.

4) 숙종조(54張)

숙종 즉위 초에는 西人이 失脚하고 南人이 執權하다가, 숙종 6년(1680) 庚申換局으로 서인이 다시 집권하였으며, 숙종 15년(1689) 己巳換局으로 老少論도 참여하기는 하였으나 남인이 득세하였다. 숙종 20년(1694) 甲戌換局으로 南人이 실각하고 西人(노론・소론)이 다시 집권하였다. 서인은 노론・소론으로 분당되고, 남인도 淸南・濁南의 명목이 있었다. 숙종때에는 재위기간이 46년이나 오래되었지만, 당쟁 사건이 가장 많을 뿐만 아니라, 매우 심각하였는데 이는 숙종이 黨人을 이용한 것이라 한다.

(1) 紅袖之變

숙종 1년(1675) 3월에 明聖大妃(顯宗妃이며 肅宗 母后)의 부친 淸風府院君 金佑明이 福昌君楨, 福平君 㮒이 궁녀들과 간통하여 소생까지 있다고 왕에게 밀고하여, 그들을 下獄治罪하여 靈岩・務安 등지로 각각 유배한 사건이다. 麟平大君의 아들인 福昌君 등이 효종・현종때에 왕의 사랑을 받아 항상 禁中에 있으면서 朝士들과 결탁하였는데, 南人 吳挺緯 형제가 그의 外叔이었다. 淸風府院君 金佑明이 평소에 그와 서로 사이좋게 지냈으나 당색이 다른 南人 吳挺緯의 생질이며 또 主上이 幼弱하고 친형제가 없는데, 강성한 宗室이 不測한 일을 낼까 염려하여 疏를 올려 福昌君들의 奸狀을 密告하고 '宮人이 아들이 있었다(紅袖有子)'고 증명하였다. 왕이 福昌君 형제 및 관련된 內人 常葉 등을 下獄하게하고 金佑明을 불러 따져물었는데, 당초 간통사건이 애매하여 김우명이 난처하게 되었다. 명성대비는 閤內에 나와 통곡하고 또 "紅袖之變은 先王(현종)과 나도 직접 보고 들었는데, 주상은 어려서 모른다. 내가 궁금이 엄하지 못할까 염려하여 부친에게 고하여 이 소가 있게 된 것이다." 하였다. 숙종은 북창군 형제 및 궁인을 참배하였다가, 수개월 만에 모두 석방함으로써 사건이 마무리 되었다. 그러나 이 사건은 종친제거의 목적에서 행해진 사건으로 많은 의혹과 후론이 있었다.

(2) 淸南·濁南之目

숙종초에 南人이 의견대립으로 서로 분파된 것으로 당초 柳命天, 柳命賢 형제와 李沃, 李澂 형제 사이에 상호 비방으로 발단되었다. 許穆의 추천으로 吏判 洪宇遠이 李沃을 副提學에 薦望하자, 吏曹參議 유명천이 반대하였는데 이옥이 송시열에게 보낸 서찰이 卑諂했다는 것이 다. 李沃의 아우 李浮은 또 疏로 柳命天 형제의 탐음한 일을 논하여 헐뜯었다. 이옥은 허목의 당이고 유명천 형제는 許積의 당이었다. 서인 송시열의 誤禮罪의 처벌에 淸峻한 논의를 주장한 허목을 비롯하여 權大運, 權大載, 李鳳徵, 洪宇遠, 尹鑴를 '淸南'이라 하였고, 寬緩의 논의를 주장한 허적을 비롯하여 閔熙, 吳挺昌 형제를 '濁南'이라 하였다. 西人 趙根은 鼎底釜底가 검은 것으로써 서로 비방한다고 남인을 비꼬았다.

(3) 庚申換局

숙종 6년(1680) 西人 金錫胄, 金益勳 등이 南人(濁南)의 영수이며 領相인 許積의 庶子 堅 과 福昌君楨 삼형제가 역모한다고 고발케하여 일대 옥사를 일으켜 許積, 尹鑴, 李元禎 등 南 人들이 賜死 또는 流配, 逐出되고 西人이 집권하게 된 사건이다. 당초 복창군정, 福善君枏이 許堅과 교통하고 鄭元老의 집에 모여 모종의 밀약이 있었다. 허적과 친한 김석주가 主上이 남인을 싫어하는 것을 알고, 申晃의 아들 範華 형제와 鄭元老를 꾀어 枏 등의 은밀한 상황 을 탐지케 하였다. 마침 허적이 자기의 조부 許潛의 '延諡宴' 때에 朝臣을 대대적으로 초청했 는데, 이날 비가 왔다. 숙종은 御用帳幕을 허적의 집에 보내려 하였는데, 허적이 이미 가져갔 다는 것이다. 이에 노한 숙종은 이것은 韓明澮도 감히 하지 못한 일이라며, 곧바로 허적을 영 상에서 파면하고 金壽恒으로 대임하게 하는 한편, 남인을 다 축출하고 서인을 불러 등용하였 다. 며칠 뒤에 鄭元老가 上變하여 許堅·枏 등이 역모죄로 伏誅되고, 金錫胄·鄭元老·李立身 등은 保社功臣에 策錄되었다.

(4) 老·少論분열

서인 중에서 許堅의 獄事 및 南人 제거(庚申換局)에 공이 있는 소위 '保社功臣' 金錫胄, 金 益勳에 대해 긍정적인 입장을 가진 송시열에게 동조한 원로격인사를 老論, 이에 이견을 가진 趙持謙·朴泰輔·吳道一·林泳·韓泰東·朴泰遜 등 淸議를 주장하며 자립한 인사를 少論이라 하였다.

庚申換局과 許堅 獄事에 비밀정탐으로 성사시킨 김석주 등의 처사를 三司 林泳 등이 비판, 논박했고, 羅良佐도 송시열의 뜻이라고 말하는 金昌協에게 그 策勳(保社勳)을 혁파하도록 권하였다. 또 김익훈이 全翊戴를 시켜 柳命堅을 역모죄로 무고한 사건이 일어나자, 박태보, 조지겸 등이 김익훈을 처벌을 강력히 주장하였다. 뒤에 尹拯은 왕의 부름을 받고 果川까지 와서 入京을 권하는 朴世采에게, "西人과 南人의 원한을 풀 수 없고, 三戚(김석주, 김익훈, 민정중)의 문호를 막을 수는 없다. 오늘날의 시태가 자기와 뜻이 다른 자는 배척하고 자기에 순종하는 자만 함께 하는데, 이 풍습도 개혁해야 한다. 공은 할 수 있겠는가?(西南怨毒不可解, 三戚門戶不可杜, 今之時態, 異己者斥之, 順己者與之, 此風亦不可不變, 公能之乎)"하니 박세채도 할 수 없다고 답하였다. 윤중의 뜻은 보사훈적을 삭제하고, 죄안을 분간하며, 金萬基, 金錫胄, 閔鼎重을 저지하면서 송시열도 아울러 규제하려는 것이었다. 또 박세채도 송시열이 建請한 太祖加諡에 반대의사를 표명하였다. 경신환국으로 집권한 서인은 허견 옥사의 공신 追錄에서 太祖加諡에 관한 일에 이르기까지 의견이 갈라져서 노론·소론으로 분열되었었는데, 경종·영조 때에는 매우 심각하였다.

(5) 壬戌三告變之獄

숙종 8년(1682) 兵判 金錫胄와 金益勳이, 남인을 타도하기 위하여 金煥 등을 시켜 許璽, 許瑛, 柳命堅, 閔黯 등을 정찰, 모역으로 고변케 한 사건이다. 신유년(1681) 監試에 南人 十三大家를 列書한 告變書가 空皮封試券으로 들어왔다. 考官의 밀고로 그 일의 정찰을 위임받은 김석주는 김환을 시켜 허이, 허영 등을 정탐하고, 이어 유명견(남인)을 정탐하게 하던 차에 청국에 가면서 그 일을 김익훈에게 부탁했다. 김익훈은 김환에게 李德周도 정찰하게 하였다. 김익훈은 김환을 시켜 고변하게 하고, 김환이 이용한 유명견의 戚黨 全翊戴는 가두었다. 김환의 꼬임에 빠진 허이, 허영은 被逮되었다. 이어 謀逆으로 무고된 유명견을 전익대와 대질시키니 사실무근이었고, 김환이 원인한 이덕주도 사실무근이었다. 또 金重夏가 告變한 閔黯의 사건은 더욱 더 허망한 것이었다. 유명견, 민암은 방면되고 김중하, 전익대는 유배되고 이덕주는 杖斃되었다. 이 사건을 서인 중에 소론 인사들이 들고 일어나 김익훈 등의 처벌을 강력히 주장하였다.

(6) 己酉擬書

己酉年 곧 현종 10년(1669)에 尹宣擧가 宋時烈에게 보내려고 써서 둔 서한이다. 윤선거는 송시열과 평소 교분이 좋았다. 윤선거가 생존할 때에, 송시열 在朝時의 행사에 문제점을 일일이 적어 충고하려 했는데, 마침 송시열이 어떤 일로 조정을 떠나가자 그만 두었던 것이다. 윤선거가 죽은 뒤에, 그의 아들 尹拯이 윤선거의 碣文을 청하면서 이 서한도 보여주었다. 그 내용 중에 "윤휴, 허목, 趙絅, 洪宇遠 등을 끝내 등용을 막을 것이 아니라 마땅히 점점 교화시

켜 써야한다(尹鑴許穆趙絅洪宇遠等, 不可終廢, 宜稍加甄錄)"라는 말이 들어 있었다. 송시열은 그 서한을 보고는 윤선거가 과연 윤휴를 편들었다고 여기고 이때부터 그를 비방하였다고 한다.

(7) 辛酉擬書

신유년 곧 숙종 7년(1681)에 윤증이 송시열에게 보내려고 써서 둔 서한이다. 송시열이 윤증의 아버지 윤선거의 墓碣文을 지으면서 후배인 박세채의 행장에서 나오는 말만 인용하고 자기의 의견이 없는데에 불만을 품고 문구를 고쳐주도록 청했는데, 윤증의 뜻에 만족하도록 고쳐주지 않았다. 윤증이 이 서한을 써서 規戒하였는데, '왕도와 패도를 함께 쓰고, 義와 利를 함께 행하는 것(王伯併用, 義利雙行)'이라느니, '큰 이름은 이 세상을 덮어누르지만, 진실된 덕은 안으로 병든 것이다(大名壓世, 而實德內痰)'라느니, '천자를 끼고 제후를 호령하다시피하다(挾天子, 以令諸侯)'라느니, 송시열에게 불쾌한 문구만 가득하였다. 이 서한을 작성한 뒤에 박세채에게 보였더니 박세채가 보내지 못하도록 강력히 말렸다. 이 서한으로 사제간인 송시열과 윤증의 사이가 더욱 악화되었다.

(8) 尼懷之釁

尼城(魯城)에 살던 윤증과 懷德에 살던 송시열이 서로 싸워 사제의 의리를 끊은 사건이다. 윤선거의 '己酉擬書'와 윤증의 '辛酉擬書'를 본 송시열은 윤선거를 '강화에 포로가 된 노예'라느니 '아내를 협박하여 죽게 한 忍人'이라느니 하며 비방하였고, 또 이에 대한 윤증의 항의 서한에, 송시열은 '許璜(누구인지 알 수 없다고 함)에게 들었다'느니 '金尙書(益熙)의 前後異觀은 내가 감히 알 수 없는 바이니 水濱(강화의 바닷가)에 가서 물어보라'느니 하였는데, 이러한 말들은 송시열이 스스로 지어낸 말이라고 이건창은 적고 있다.

이로부터 윤증은 부모가 욕을 당한 것은 통분히 여겨 송시열과 의절하고 말았다. 이때 노소론이 분열되어 젊은 士類들이 송시열 일파에 눌렸다가 윤증이 송시열과 절의한 것을 보자 윤증을 소론의 종주로 추대하였다. 송시열은 회덕에 살았고 윤증은 니성에 살았으므로 이것을 '회니의 싸움'이라고 한다.

(9) 己巳換局

기사년 곧 숙종 15년(1689)에 禧嬪 張氏 소생의 아들(뒤에 景宗)을 세자로 삼으려는 숙종의 명에 반대한 서인 송시열 등이 축출되고, 이를 지지한 남인이 집권한 일이다. 무진년(1688)에 소의 장씨가 왕자를 낳자, 숙종은 이듬해(1689) 정월에 왕자를 元子로 봉하고 장씨를 희빈으로 봉하였다. 숙종은 大臣, 六經, 三司를 불러 전교하기를, "지금 장차 원자의 호를 정하려하니, 다른 의견이 있는 사람은 벼슬을 내놓고 물러가라(今將定元子號, 不從者納官退

去)"하였다. 吏判 南龍翼은 "中殿(閔氏)의 춘추가 바야흐로 젊으신데, 이렇게 하는 것은 너무 이릅니다.(中殿春秋方盛, 此擧爲太早矣)"하였고, 송시열도 소를 올려 세자를 책봉하는 것이 너무 이르다'고 말하였다. 숙종은 송시열, 남용익 등을 삭직하여 내치고, 睦來善, 金德遠을 임명하여 정승으로 삼고 남인을 다 불러 등용하였다. 또 윤증을 儒賢으로 대우하게 하고 儒疏를 따라 李珥, 成渾을 文廟從祀에서 축출하게 하면서, "이 두 신하가 문묘에 종사된 뒤로부터 송시열이 남을 해치고 나라를 병들게 하였으며 윤증과 다투어 아름다운 윤리가 거의 끊어지게 되었다(自兩臣從祀, 而時烈戕人病國, 至於與尹拯爭而彝倫幾斁絶矣)"하였다. 吏判 沈梓 등이 庚申獄(1680)의 억울함을 호소하고, 大憲 睦昌明 등이 송시열 등을 죽이기를 啓請하자, 이에 保社勳(1680)을 削號하고 許積, 尹鑴 등을 復官하였으나, 許堅, 柟 등은 복관되지 못하였다. 노론의 송시열, 김수항, 김익훈, 李師命 등은 사사 혹은 처형되었다. 이에 민비를 폐출하고 장씨를 왕비로 봉하였다. 이뒤 1689년 갑술환국 때까지 남인이 집권하였다.

(10) 甲戌更化

갑술년 곧 숙종 20년(1694)에 노론의 金春澤, 韓重赫 등이 銀花를 모아 숙종의 폐비인 민씨의 복위와 정국 변환을 도모하여, 남인이 실각하고 서인이 집권한 일이다. 기사년('689)에 숙종이, 서인 閔維重의 딸인 민비를 폐출하고 희빈 장씨를 중궁으로 삼자, 서인은 물론, 남인에서도 반대하는 인사들이 있었다. 갑술년(1694)에 金鎭龜의 아들 春澤이 韓重赫 등과 은화를 모아 민비복위를 도모하면서, 千金으로 궁인의 누이동생을 첩으로 삼고 또 張希載의 처를 몰래 간통하여 남인을 정탐, 정국 변환을 도모하였다. 숙종 20년(1694) 4월에 右相 閔黯, 訓將 李義徵이 그 사실을 알고, 咸以完을 시켜 그들의 음모를 고발하게 하여, 김춘택, 한중혁 등 피의자를 체포 국문하였다. 그날 밤 숙종은 갑자기 엄교를 내려 閔黯 및 判義禁府事 柳命賢을 島配하고 李義徵의 兵符를 빼앗고, 申汝哲, 尹趾完을 兩局大將으로, 南九萬을 領相으로 삼았다. 그리고 남인을 다 축출하고 송시열, 김수항 등을 복관하였으며, 민비를 복위하고 장씨는 희빈으로 강등시켰다. 이후 20년간은 서인이 집권하였는데, 주로 소론이 득세하였다. 민비복위로 집권한 서인들은 노론과 소론 사이에 심한 의견 충돌이 있었는데, 곧 은화를 사용하여 민비 복위를 비밀히 도모한 김춘택 등의 처벌 문제와 장희빈의 사사문제, 그리고 남인의 처벌 등이었다. 김춘택 등에게, 노론은 공을 인정하는 반면, 소론은 처벌을 주장했고, 장희빈에 대해서는 사사를 주장하는 노론과는 달리, 소론은 全恩을 주장하였으며, 남인에 대해서도 소론은 관대한 처분을 주장하는 반면, 노론은 보복차원에서 완전 숙청하자고 주장했다.

(11) 丙申處分

병신년 곧 숙종 42년(1716)에 숙종이 尼懷是非에 있어 老論의 편을 들어 윤선거의 문집 판본을 破毁하게 하고, 윤선거 부자의 관작을 삭탈하게 한 일이다. 甲戌換局(1694) 이후 숙종

은 소론을 중용하였다. 당초 윤선거가 兪棨와 『家禮源流』를 공편하였는데, 양인이 죽자, 윤증
이 續成하였다. 유계의 손자 兪相基가 左相 李頤命에게 부탁하여 이를 출간하였는데, 윤증의
아들 尹行敎가, "이것은 우리 조부의 글이다.(此吾祖父書也)"라고 주장하였다. 유상기는 윤증
을 '背師하였다'고 욕하였고, 鄭澔도 윤증을 헐뜯었는데, 숙종이 처음에는 노론이 옳지 않다고
엄히 배척하였다. 이에 노론과 소론이 서로 소를 올려, 송시열과 윤증의 시비에 논쟁이 극렬
해졌다. 숙종은 윤증의 '辛酉擬書'와 송시열이 지은 윤선거의 墓文을 보고는 다시 노론의 편
을 들어, 송시열을 伸卞하다가 벌받은 사람을 모두 석방하고, 윤선거 부자의 관작을 삭탈하였
는데, 윤선거의 죄목은 "자신이 씻기 어려운 누를 지고 있다(身負難洗之累)"는 것이고, 윤증의
죄목은 "스승을 저버린 죄인(背師之罪人)"이라는 것이다. 이것을 '丙申處分'이라고 한다. 노론
의 金鎭商, 金昌集이 윤선거의 서원 및 文集版을 모두 破毀하기를 청하자, 소론에서 항소하고
이어 윤증을 위해 송면했는데, 소론의 유생 수백명이 떼를 지어 건을 벗고 앞을 다투어 달려
들기도 하였다.

(12) 丁酉獨對

정유년 곧 숙종 43년(1717)에 왕이 갑자기 자주 세자(景宗)의 과실을 준엄하게 책하고, 좌
상 이이명을 特召하여 비밀히 무슨 말을 하였는데, 이것이 '丁酉獨對'이다. 이이명이 나오자,
세자에게 청정을 명하고 다시 하교하기를 '근일의 처분(병신처분)은 斯文(儒敎)에 관계되니
조금도 개변하지 말아라' 하였다. 소론들은, 숙종이 노론을 위해 윤증을 배척하고, 노론이 숙
종을 위해 세자를 바꾸려는 것으로 생각했고, 청정을 시키는 것도 그것으로 인하여 세자에게
티를 잡으려는 것으로 여겼다. 소론 최석정이 파직된 뒤로부터 숙종에게 세자의 보호를 말하
는 자가 없었다. 이때 領府事 尹趾完이 90의 나이로 이 소문을 듣고 관을 가지고 입경하여
世子保護疏를 올리고, 司直 李大成 등도 疏를 올려 獨對때의 일을 명백하게 밝혀야 한다고
주장하였다. 그 뒤 영조연간에 金福澤의 獄事가 있어 독대 내용이 비로소 노출되었다. 숙종은
두 왕자(延齡君, 延祈君)의 장래를 李頤命에게 부탁했고, 이이명은 金春澤의 從弟 龍澤과 李
天紀를 천거했다는 것이다. 이용택, 이천기 2인은 이이명으로부터 부탁을 받고는, 이이명의
子姪 喜之, 器之와 김창집의 손자 省行 등과 모의하여 武士와 衛客을 비밀히 길러 비상사태
에 대비했다. 이 독대가 辛丑, 壬寅(1721~1722)의 대살륙을 초래한 장본이 되었다. 세자가
청정한 4년 동안은 당국한 노론대신 김창집, 이이명이 하자는 대로 따라서 허물을 잡히지 않
았다. 김장생의 문묘종사를 시키면서 송시열, 송준길도 종사시키는 논의를 내는 등 노론이 원
하는 대로 다 이루어졌다.

4. 가치

　　이 책은 1800년대 초부터 각 당파에서 編刊하기 시작한 黨論書의 하나로, 조선의 지식인이 바라본 조선조의 당쟁사라는 의의를 갖는다. 18세기 후반 이후에는 각 黨色에 따라 여러 가지 당론서가 출현하였는데, 이 책은 저자의 家系상 少論의 입장에서 쓴 것으로 南人의 입장에서 쓴 『桐巢漫錄』이나 老論의 입장에서 쓴 『我我錄』 등과는 서술체제에서 많은 차이를 보이고 있다. 전체적인 구성과 접근 시각을 보면, 사건을 순서에 따라 배열하여, 사실의 전개 과정을 명확하게 보여주려 노력하였다. 서술의 주인공들은 대체로 소론계 인물로 되어 있다. 비교적 객관적으로 처리했다는 평가를 받고 있으며 현재에도 조선후기의 정치사를 이해하는 데 필수적인 자료가 된다. 저자 이건창의 仲弟인 이건승 精寫本으로 남아 있는 연세대 소장 귀중본이다.

【금지아】

堂后日記

承政院 注書 · 假注書 編.
原稿本. 12冊：19×15cm. 10行 20字 內外.
本文：草書.

1. 편자

이 『당후일기』는 승정원의 注書, 또는 假注書에 의해서 기록된 것이다. 당시의 주서는 柳 景緝과 尹孝立이었고 가주서는 시기에 따라 약간씩 달라지기는 하지만 주로 裵尙益이 담당하였다. 주서인 유경집과 윤효립은 휴가를 받거나 질병 등으로 인하여 빠질 때도 더러 있는데 배상익은 假注書, 혹은 事變假注書의 직책으로 한 번도 빠지지 않고 참석하였다. 그렇다면 이 『당후일기』는 배상익의 기록으로 볼 수도 있다. 또 한 가지 가능성은 이 세 사람이 기록한 本草冊을 종합하여 승정원일기를 편찬하기 위한 자료로 정리한 草冊일 수도 있다.[1]

참고로 이 세 사람의 인적 사항을 밝혀놓는다.

1) 柳景緝(1587~1656)의 本貫은 文化, 字는 述甫, 號는 竹軒이다. 부친은 柳諲, 祖父는 柳惟寬이다.

1624년(인조 2)에 식년시에 乙科로 급제하였다. 인조 4년에 승정원 주서에 임명되었고 正言·都事를 거쳐 인조 9년 4월에 持平이 되었는데 이해 5월에 遞職이 되었다가 인조 12년에 다시 지평에 임명된다. 인조 13년 9월 獻納, 10월 掌令을 거쳐 인조 19년 8월에 執義에 임명되었으나 9월에 장령 朴敦復·李惕然과 함께 체직을 당하였다. 앞서 監試를 出榜한 뒤에 試卷이 불에 탔다는 이야기가 中外에 퍼져 유경집 등이 이 일로 여러 날 논계하여 방을 파기할 것을 청하였는데, 이때에 이르러 풍문이 사실이 아니었다는 이유로 引避하여 체직된 것이다.

書筵官인 輔德을 거쳐 인조 22년 鍾城都護府使, 인조 25년 9월에 同副承旨, 11월에 黃海監司에 임명되었다. 인조 27년에 左副承旨를 거쳐 효종 즉위년에 承旨에 오른다. 그 후 홍주목사를 지냈는데 재임 중에 春等米를 법에 정해진 외에 추가로 징수하였다고 해서 선혜청의 탄핵을 받아 파직되고 推考를 당한 후 定配되었다. 효종 7년에 다시 承旨에 임명되었다.

2) 尹孝立(1598~ ?)의 本貫은 坡平, 字는 而顯이다. 부친은 尹讓, 祖父는 尹壽民이다. 1625년(인조 3)에 별시 丙科로 급제하였다. 그밖에 인적 사항은 미상이다.

3) 裵尙益(1581~1631)의 本貫은 星州, 字는 益哉, 號는 癡巖이며 寒岡 鄭逑의 문인이다. 1616년(광해군 8) 사마시에 합격하고, 성균관에 재학 중 광해군 때의 廢母論의 疏에 참여하지 않아 배척을 받았다. 1624년(인조 2) 인조반정 뒤 증광문과에 병과로 급제, 이듬해 성균관 學諭를 역임하였다. 1627년 정묘호란 때 假左史로서 인조를 호종하고, 1629년 형조·병조의 員外郎, 이듬해 전라도 등의 亞使 등에 제수되나 나아가지 않았다. 1631년 진주판관으로 부임하던 중 객사하였다. 문집에 『癡巖集』이 있다.

---

1) 本草冊과 草冊에 대해서는 이 글 '내용'편에서 자세히 언급한다.

2. 구성

이 『堂后日記』는 『承政院日記』의 토대가 되는 史草로서 인조 4년 11월 17일부터 인조 5년 3월 13일까지의 내용이 날짜별로 정리되어 12책에 나뉘어 기록되어 있다. 이 기간은 주로 丁卯胡亂으로 後金의 침략을 받고 인조가 강화도로 피난 갔던 시기에 해당한다. 정묘호란은 구체적으로는 1627년(인조 5) 1월에 시작되어 그 해 3월 3일에 강화를 맺었다.

'당후일기'는 원래 매일 기록하는 것이 원칙이나 이 자료는 도중에 빠진 날짜도 있다. 여러 날이 연속해서 누락된 부분은 1책의 丙寅년 12월 2일부터 24일까지와, 2책과 3책 사이 丁卯년 정월 8일부터 24일까지이다. 그러나 중간에 1~2일씩 누락된 날도 있다. 落張이나 落帙일 가능성도 있지만 그보다는 기록 자체가 안 되었을 가능성도 배제하지 못한다. 이때는 정묘호란으로 조정이 경황이 없을 때이며 인조가 강화도로 피난을 가야 할 정도로 긴박했던 기간이었기 때문에 일기를 기록할 상황이 못 되었을 가능성이 큰 것이다. 현재 전하는 『승정원일기』도 이 해의 정월 부분은 여러 날이 누락되어 있음으로 보아 더욱 그러한 가능성은 높다고 보인다.

글씨는 전체가 草書로 되어 있고 중간 중간에 미처 기록하지 못하여 생략 표시(……)를 한 곳도 있어서 언뜻 보면 당시의 注書나 假注書가 현장에서 처음 쓴 1차 사료[本草冊]로 생각되기 쉬우나, 이는 현장에서 쓴 1차 기록을 한번 정리한 2차 기록[草冊]으로 판단된다. 초서이면서도 글씨 크기가 비교적 고르게 쓰였고 극히 부분적이기는 하지만 楷行體가 섞여 있으며 글자 수도 매행 20여자 내외로 일정하고, 가끔씩 細字 雙行으로 夾註도 섞여 있기 때문이다.

현재 연세대학교 도서관에 소장되어 있는 책은 편차에 착오가 있다. 제1책이 丙寅(인조 4)년 11월 26일부터 시작하여 순차적으로 나가서 제7책이 丁卯(인조 5)년 2월 11일까지 진행되었다가 제8책은 날짜가 거슬러 올라가서 丙寅년 11월 17일부터 시작하여 11월 25일까지의 기록이다. 즉 현재 제8책으로 되어 있는 것이 제1책의 바로 앞에 와야 한다. 그 외에는 순서대로 일치한다.

주로 하루를 기준으로 장을 바꿔가며 기록되어 있지만 반드시 그런 것은 아니고 하루의 일이 여러 차례 나뉘어 기록되기도 한다. 그럴 때는 하루 중의 시점을 부기하였다. 예를 들면 丁卯년 정월 29일 같은 경우 무려 다섯 차례나 기록되었는데 각각 '丁正卄九曉', '丁正卄九朝', '丁正卄九巳時', '丁正卄九午時', '丁正卄九申時'로 구분하였다. '丁正'은 '丁卯년 正月'을 略記한 것이다.

그런가 하면 며칠의 기록을 한 항목에 이어서 기록한 곳도 있다. 이때는 장을 바꾸지 않고 단락만 바꾸어 앞날의 기록 바로 뒤에 이어 붙였으며 『승정원일기』의 서두 양식인 座目2) 등도 기록하지 않고 月·日만 앞세운 채 바로 記事로 이어진다. 정묘년 2월 2·3·4일의 경우가 그러하다.

또 하루의 기사가 나뉘어 기록된 곳에서도 어떤 곳은 다음날의 기사가 이어서 附記된 곳도 있다. 예를 들면 丁卯 2월 28일의 경우 午後 기사와 저녁(夕)의 기사로 나뉘어 실려 있는데 저녁의 기사에는 29 · 30일의 기사가 바로 이어서 붙어 있다.

하루별 기사의 구성은 『승정원일기』의 양식과 거의 같다. 먼저 해의 干支와 월, 일, 날짜의 간지, 그날의 날씨 순으로 기록되었다. 다만 『승정원일기』에서는 당시 명나라 연호인 天啓와 해당 年數가 표시되어 있으나 여기서는 그것을 생략하였다. 그러나 날짜의 간지와 날씨는 2책까지만 기록되어 있고 丁卯년 정월 25일부터 시작하는 3책부터는 생략되어 있는 것도 『승정원일기』와는 다른 점이다.

그 다음에는 座目으로 6승지(도승지, 좌승지, 우승지, 좌부승지, 우부승지, 동부승지)의 명단을 상단에 배치하고 하단에는 注書 2명, 假注書, 事變假注書, 修正假注書 등의 명단을 배치하였다. 이들 참석 인원은 날짜에 따라 출입이 많다.

본문 기사의 첫머리는 '上在慶德宮, 停常參經筵'하는 식으로 임금이 위치한 장소와 常參 · 經筵의 실시 여부를 기록하는 것으로 시작하는 것이 일반적이다. 그러나 이 『堂后日記』에서는 이런 規式이 잘 지켜지지 않은 경우도 많다. 본문 중에서 주제가 다른 기사가 이어질 때는 ○표를 하여 구분하였다.

각 책별 기록된 날짜와 분량은 다음과 같다. (쉼표로 구분된 것은 장을 달리하여 새로 기사가 시작되는 것을 의미하며, 가운뎃점은 장을 달리하지 않고 앞날의 기사에 바로 이어 附記된 것을 의미한다)

<제1책>
丙寅 11월 26일(2장 4행), 27일(2장), 28일(1.5장), 29일(1장) / 12월 1일(4장 3행), 25일(6장 4행), 26일(8장), 26일 巳時(13행)

<제2책>
丙寅 12월 27일(4장), 28일(2장), 29일(2장), 30일(11장) / 丁卯 정월 1일(1.5장), 2일(2장), 3일(7장), 4일(2.5장), 5일(8장), 6일(8장), 6일 巳時(7장 5행), 7일(6장)

<제3책>
丁卯 정월 25일 午後(2.5장), 25일 初昏(6.5장), 26일(10.5장), 27일(7.5장), 28일 卯時(3.5장), 28일 巳時(4장)

---

2) 座目(또는 坐目) : 원래는 차례나 서열 자체를 뜻하는데, 관리들이 모여 앉아 있을 때의 앉은 차례, 또는 그것을 적은 목록을 가리키기도 한다. 『승정원일기』는 매일의 기록 첫 머리에 반드시 이 座目을 기록한다.

<제4책>

丁卯 정월 28일 二更(8장), 29일 曉(卯時)(10.5장), 29일 朝(辰時)(2.5장), 29일 巳時(2장), 29일 午時(4장), 29일 申時(2.5장) / 2월 1일(12장)

<제5책>

丁卯 2월 2 · 3 · 4일(9장), 5일(11장), 6일(6.5장), 7일 午(11장)

<제6책>

丁卯 2월 7일 夕(6.5장), 8일(7.5장), 8일 昏(戌時)(6.5장), 9일 朝(11장)

<제7책>

丁卯 2월 9일 昏(5장), 9일 夜半(5.5장), 10일 朝(9장 3행), 10일 午(5.5장), 10일 午後(8장), 10일 夕(2장), 11일 朝(13장)

<제8책>

丙寅 11월 17일(4장), 18일(3장), 19일(4장), 20일(3장), 21일(9장), 22일(4장), 22일 午時(5.5장), 23일(3.5장), 24일(2장), 25일(5장)

<제9책>

丁卯 2월 14일 朝(12장), 15일 朝(8.5장), 15일 巳時(3장), 15일 午後(7.5장), 20일(7장), 21일 午(12장 3행)

<제10책>

丁卯 2월 21일 夕(5장), 22일(5.5장), 23일(7.5장), 24일(6.5장), 27일(2.5장), 27일 夕(5.5장), 28일(2장)

<제11책>

丁卯 2월 28일 午後(4장), 28일 夕 · 29 · 30일(6.5장), 30일 午(6.5장), 30일 夕(6.5장), 30일 夜(3.5장) / 3월 1 · 2일(13.5장)

<제12책>

丁卯 3월 2일 巳時(9장), 2일 午 · 3 · 4 · 5 · 6일(13장), 6일 午(9장), 7일(6.5장), 11일(0.5장), 13일 朝(3.5장), 13일 巳時(1.5장)

3. 내용

堂後(堂后)는 조선시대에 승정원에서 注書(정7품)가 거처하던 방을 뜻하며 注書의 별칭으로도 쓰였다. 주서의 별칭일 때는 堂後官의 略稱으로 쓰인 것이다. 조선 초에 中樞院에 정7품 벼슬로 堂後官을 두었다가, 定宗 2년(1400년)에 중추원의 承旨가 독립하여 승정원으로 될 때에 당후관도 승정원의 소속이 되면서, 略稱도 注書로 바뀌어졌는데 관습적으로 예전의 명칭을 쓰는 경우가 있었다.

'堂後日記(堂后日記)'는 원래 승정원의 승지가 기록한 일기로서 일반명사이다. 현재 남아 있는 것으로는 金宗直(1431~1492)의 『畢齋堂后日記』, 權橃(1478~1548)의 『堂后日記』, 金涌(1557~1620)의 『堂后日記草本』, 權斗紀(1659~1722)의 『堂后日錄』, 필자 미상의[3] 『堂后日記』 등이 있다.

여기서 다루는 본 『堂后日記』는 인조 4년(丙寅) 11월 17일부터 인조 5년 3월 13일까지 승정원에서 기록한 일기로서 『승정원일기』의 토대가 되는 자료이다. 현재 전하는 『승정원일기』는 광해군까지의 자료는 임진왜란, 이괄의 난 등 여러 차례의 兵火로 불에 타서 남아 있지 않으며, 인조 원년부터 3,000여권이 남아 있는데 그것도 몇 차례의 화재로 인하여 후대에 補修한 것이 900여권이나 된다. 영조 20년 승정원의 화재로 다시 『승정원일기』 대부분이 소실되어 영조 22년에 일기청을 설치하고 재차 改修 작업을 하였다. 이때 선조, 광해군 양대의 사료는 거의 인멸되어서 인조 원년(1623)부터 경종 원년(1721)까지만 개수하기로 하여 侍講院 소장의 역대 春坊日記, 朝報를 비롯하여 개인이 소장하고 있는 여러 기록들을 널리 수집하여 개수를 하였다. 그러나 자료의 미비로 인하여 원래 분량의 3분의 1정도에도 못 미치는 것이었다.

따라서 본 『당후일기』는 비록 짧은 기간이기는 하지만 인조조의 부실한 『승정원일기』의 일부 내용을 자세하게 복원할 수 있는 중요한 자료라고 할 수 있다. 현재 전하는 『승정원일기』에 비교할 수 없을 만큼 『당후일기』가 훨씬 자세하게 기록되어 있다. 예를 들면 실록이나 『승정원일기』에서는 天體나 氣象의 이변 상황을 많이 기록하고 있는데, 1627년(인조 5) 정월 6일의 경우 실록이나 『승정원일기』에는 전혀 실려 있지 않은 천체 현상이 자세하게 기록되어 있다. 그 기록을 보면 "밤 2更에 流星이 軒轅星 위로 나왔다. 별 모양은 주먹과 같았는데 꼬리는 길이가 7, 8척 쯤 되고 색은 붉었다. 5경에 流星이 天井星 아래로 나와서 斗魁(북두칠성의 첫째 별부터 넷째 별까지인 樞·璇·璣·權) 안으로 들어갔다. 모양은 사발과 같았는데 꼬리는 길이가 5, 6척 쯤 되고 색은 붉었다."라고 되어 있다. 이러한 기록은 천문학 연구에 보탬이 될 수 있다.

---

3) 이 자료에 나타난 堂后官이 假注書 李象靖(1710~1781)이어서 이상정을 필자로 추정하고 있다.

주서(혹은 가주서)가 현장에서 바로 적은 최초의 사초 기록은 本草冊이라고 하여 속기록 장부 겸 비망록 같은 것이다. 역사학계의 연구 결과를 보면 이 본초책이 『승정원일기』를 편찬하는데 바로 이용되는 것이 아니고 이를 한번 정리한 草冊을 토대로 했음을 알 수 있다. 숙종 33년 3월 경진일 조의 기록을 보면 "右史 洪致中의 기록과 대조하는 중에 차이가 있자 홍치중이 '此草는 베껴낸 것으로 족히 증거 삼을만한 것이 못 된다. 내가 그때 榻前에서 기록한 本草를 찾아 본 뒤에라야 상세히 알 수 있다'라고 하고서 바로 本草冊을 꺼내어서 자세히 보니… 자신의 기록과 과연 크게 다름이 없었다."라고 한 내용이 나오는데 이로 본다면 탑전에서 주서가 급하게 받아 적은 것을 본초책이라고 할 수 있고 草冊은 그 다음 단계로 『승정원일기』를 편찬하기 위해 본초책의 기록을 정리해 옮긴 원고라고 할 수 있다. 본 『당후일기』는 전체적인 체제를 보았을 때 본초책이 아니고 草冊으로 보인다. 그 구체적인 정황은 앞서 구성 편에서 언급한 바와 같다.

본문의 주요 내용은 거의가 조정에서 일어나는 크고 작은 일처리들이다. 그 중에 몇 가지를 들어보면 다음과 같다.

첫 기사인 丙寅(인조 4) 11월 17일조에는 승정원의 주서, 가주서, 사변가주서 등을 임명하는 내용이 나온다.

병인 11월 22일조에는 午時에 召對하여 경연을 열어 『孟子』 「盡心下」편을 강론한다. '高子 禹之'[4]에서부터 시작하여 章注의 '其言約而盡矣'[5]까지 강하였다.

이후 일상적인 일들이 일어나다가 이듬해 정묘년에 후금의 침입으로 나라가 혼란에 빠지는데, 본 『당후일기』에는 그 과정이 누락되어 있다. 『인조실록』의 경우 정월 17일조에 금나라가 침입하자 대책을 논의하는데, 여러 신하들과 모여서 긴박한 상황에 대처하는 모습이 자세하게 실려 있다.

丁卯년 정월 25일조에는 임금이 摠戎副使인 尹履之를 引見하여 남한산성을 지키는 일과 적병을 대비할 일들을 논의하는 내용이 실려 있다. 이 날은 초저녁인 戌時에도 여러 신하들과 모여서 피난 대책을 강구한다. 연평부원군 李貴, 完城君 崔鳴吉 등과 사태를 논의하는 내용이 나온다.

26일 卯時에 임금은 궁궐을 떠나 숭례문을 거쳐 노량진 나루로 향한다. 도중에 길거리에 곡하는 소리가 끊이지 않고 피난하는 사람들이 길거리에 엎드려져 그 참혹한 모습을 차마 보지 못하겠다고 하였다.

28일에는 通津縣에 머물러 있다가 29일 午時에 甲串津(갑곶나루)을 건너서 鎭海樓에서 잠시 쉬는 내용이 나온다.

丁卯 정월29일에는 후금의 사신이 와서 화친을 타진하였다. 이날 강을 건너서 강화 행궁에

---

4) 이른바 '禹之聲'章이며, 『맹자』의 본문에서는 "高子曰, 禹之聲, 尚文王之聲"으로 시작한다.
5) 이른바 '有命有性'章의 朱子 주석 부분이다.

도착하였다. 이날은 하루 종일 사건이 많아서 曉(卯時), 朝(辰時), 巳時, 午時, 申時로 무려 다섯 조항이나 나뉘어 기록되어 있다. 임금과 조정 신하들의 초라하고 경황없는 피난 모습과 강화에 도착해서 임시로 여러 官府를 정하는 일 등 어수선한 모습들이 상세하게 기록되어 있다.

2월 1일부터는 강화도 行宮의 생활이 시작된다. 후금군은 전쟁을 하는 한편으로 이때부터 늘 사신을 보내어 화친을 추진한다. 그러나 太學生 進士 尹鳴殷 등은 상소를 올려 斥和를 주장하기도 한다. 이후로 여러 번 화친이 논의가 분분하게 일어나고 후금의 사신을 접대하는 문제로도 많은 논란이 일어난다. 그런 과정에서 명나라 연호인 天啓를 사용하는 문제로 시비가 일어나고 화친을 하는데 있어 맹약과 희생의 예를 행하는 문제로 조정 내에서도 의견이 엇갈려서 척화파들은 사직을 청하기도 한다. 그러나 결국 3월 3일에 회맹을 하고 화친하기에 이른다.

이런 와중에도 3월 11에는 임금이 남문 밖 野壇에 행차하여 유생과 무사들을 뽑는 시험을 보이는데 시제는 '舞干羽于兩階頌'이었다.

13일 아침에 號召使6) 金長生을 인견하였는데, 그는 원래 충청도 아산에서 은거하고 있었기 때문에 조정의 관습을 잘 몰라 알현할 때에 잘못하여 宰相의 자리에 엎드리는 등 山野의 태도가 많았다고 하였다. 이 자리에서 임금은 김장생에게 연로한 나이에도 불구하고 나라를 위해 고생한 노고를 치하하는데 김장생은 좌우를 돌아보면서 한참동안 아무 말이 없었다. 김장생은 이때 귀가 어두웠고 임금도 그 사실을 들어 알고 있었다. 이에 승지가 큰소리로 다시 임금의 말을 전해주니 그때서야 謝恩하는 답례를 한다.

13일 巳時에는 행궁에서 10여리 되는 곳에 있는 松亭에 행차하여 水軍을 조련하는 모습을 시찰하였다. 이때 길을 절반도 못 가서 소나기가 쏟아져 임금이 말 위에서 雨裝을 차려 입었고 신하들에게도 그렇게 하라고 하였다. 幕次에 이르러서도 비가 더욱 세차게 쏟아져 많은 사람들이 비에 젖고 경황이 없었다.

일기는 여기에서 끝이 난다. 『인조실록』에 의거하면 임금은 이 후로도 약 한달 간을 더 강화도 行宮에 머물렀다가 4월 10에 행궁을 떠나 12일에 경복궁으로 환궁한다.

4. 가치

본 『堂后日記』는 『승정원일기』를 편찬하기 위한 기초 토대 자료로 기록된 것으로서 仁祖조 정묘호란 전후 시기를 연구하는데 매우 중요한 자료로 평가된다. 특히 인조조의 『승정원일기

---

6) 호소사는 난리가 났을 때 임금의 명으로 지방에 나가서 군사를 불러 모으는 일을 맡은 임시 벼슬이다. 김장생은 이때 兩湖號召使로서 군량미 조달에 힘쓰고 청나라와의 화의에 반대하였었다.

」는 화재로 소실된 후 다른 자료들을 참조하여 복원하였는데 그 과정에서 자료의 미비로 인하여 현재 남아 있는 기록은 매우 소략하다. 따라서 이는 인조조 사료로서는 가장 상세한 기록이라고 할 수 있다. 인조가 정묘호란으로 인하여 강화도로 피난 갔을 때의 行宮에서의 政務 내용을 자세하게 담고 있는 자료이다.

　　다만 그 기간이 약 5개월로 너무 짧은데다 초서로 되어 있어 일반인들이 접근하기 어렵다는 문제점을 안고 있다. 이를 빨리 脫草하여 연구자들에게 편리하게 제공할 수 있는 방안을 강구해야 할 것이다.

【김영봉】

大事編年

編者 未詳.

　　寫本. 不分卷 30册(全34册中 册1, 2, 3, 6缺) :
　　34.5×22cm. 10行 22字.

大事編年
中宗紀

中宗恭僖徽文昭武欽仁誠孝大王諱懌字樂天 成宗第
二子貞顯王后以弘治戊申三月五日誕降初封晉城大
君在位三十九年甲辰十一月十五日薨莬靖陵在廣州
妃恭昭順烈端敬王后慎氏籍居昌領議政益昌府院君
守勤女丁巳十二月七日薨莬溫陵在楊州
妃宣昭懿淑章敬王后尹氏籍坡平領敦寧府事坡原府
院君汝弼女乙亥三月二日薨莬禧陵在高陽
妃聖烈仁明文定王后尹氏籍坡平領敦寧府事坡山府

1. 편자

編者 未詳.

2. 구성

『대사편년』은 모두 34책으로 구성되어 있으나 연세대학교 소장본은 4책(책1・책2・책3・책6)이 빠진 30책으로 구성되어 있다. 이 책은 현재 藏書閣과 奎章閣에 完帙로 소장되어 있는데, 이것을 참고하여 빠진 내용을 보충하면 다음과 같다.

太祖朝・定宗朝・太宗朝: 책1(缺)
世宗朝・文宗朝・端宗朝: 책2(缺)
世祖朝・睿宗朝・成宗朝・燕山君: 책3(缺)
中宗朝: 책4
仁宗朝・明宗朝: 책5
宣祖朝: 책6(缺)・책7・책8
光海君: 책9
仁祖朝: 책10・책11
孝宗朝: 책12
顯宗朝: 책13
肅宗朝: 책14・책15・책16・책17・책18・책19・책20・책21・책22・책23의 일부
景宗朝: 책23의 일부・책24・책25・책26의 일부
英宗朝: 책26의 일부・책27・책28・책29・책30・책31・책32・책33・책34

각 朝가 시작할 때마다 왕의 諡號, 諱와 字, 誕辰과 昇遐한 날, 陵號, 왕비의 諡號, 姓氏, 昇遐한 날, 陵號 등 略歷에 해당되는 내용을 적었다. 다음에는 편자가 여러 문헌에서 채록한 내용을 年月에 따라 배열하고 標題를 달아서 보는 사람들이 쉽게 내용을 파악하도록 하였다. 마지막에는 「國恤」이라는 표제를 달았고 왕의 승하와 관련하여 特記할 사항이 있는 경우에는 뒤에 표제를 달아 그 내용을 수록하였다. 예를 들면, 仁宗朝의 「國恤」뒤에는 「渴葬」이라는 표제가, 명종조의 「國恤」뒤에는 「上廟號」라는 표제가 첨가되어 있다.

다음은 각 책마다 편자가 달아놓은 표제를 뽑아 놓은 것이다.

책1: 太祖朝·定宗朝·太宗朝 (缺)

책2: 世宗朝·文宗朝·端宗朝 (缺)

책3: 世祖朝·睿宗朝·成宗朝·燕山君 (缺)

책4: 中宗朝

(略歷)·「反正」·「卽位」·「宣慈旨」·「冊勳」·「安置廢主」·「王妃愼氏遜位」·「奏請天朝」·「重修文廟黜尹妃神主」·「燕山君卒逝」·「柳崇祖上箚葬用陵儀」·「啓復喪禮」·「金趲獄」·「六月冊繼妃」·「李顆獄」·「雪寃追罪」·「頒賜筆墨」·「子光竄死」·「柳洵罷相」·「僧誣儒」·「朴辛之獄」·「平三浦倭亂」·「撤圓覺寺」·「復昭陵祔太廟」·「鄭光弼拜相」·「請復子光勳」·「醫官提擧」·「章敬王后昇遐」·「請復愼妃疏」·「請拏推金朴」·「李荇反駁」·「趙光祖疏斥荇等」·「朝論角立」·「復讀書堂」·「罷忌辰設齋」·「致祭魯山君燕山君墓」·「詗獄相繼」·「冊妃」·「元子出寅」·「有兩君」·「趙光祖陳達」·「趙光祖請對」·「刊布鄕約」·「罷昭格署」·「地震」·「賢良科創設牧議」·「擢拜趙光祖」·「射矢建春門」·「請革女樂」·「賢良科」·「趙光祖啓修擧」·「疏論三公性行」·「進講抄選」·「薦人才」·「元子講學」·「酌獻文廟」·「請削鑑勳功閣」·「康允禧上變」·「神武門士禍」·「罷賢良科」·「請鞫金世弼」·「安處謙獄」·「安瑭坐絞」·「金淨奇遵賜死」·「王世子冠禮」·「竄金安老」·「殺李宗翼」·「疏斥鄭光弼李沆」·「李沆拜相」·「沈思遜爲野人所殺」·「安老復進」·「許沆構朴紹」·「効遞李彦迪」·「廢爲庶人」·「竄成世昌」·「竄沈貞」·「遞李荇左相」·「東宮咀呪之變」·「謹思拜相」·「假像木牌」·「箚論鄭光弼」·「王世子上疏」·「謗書三凶」·「金安老拜相」·「竄鄭光弼」·「洪疊杖流」·「陳宇杖死」·「出沈彦光」·「大小尹」·「三凶賜死」·「請斬三凶疏」·「太學疏」·「黨比」·「內禪罷收」·「李若氷疏」·「書院始比」·「東宮失火」·「下書侍講院」·「外重內輕」·「罷兩尹職」·「賜宴」·「金麟厚箚」·「國恤」

책5: 仁宗朝·明宗朝

(略歷)·「殯殿親祭祭文」·「卜相」·「擢拜」·「特陞尹元衡」·「劾洪彦弼」·「命審理」·「詔使」·「卒哭後白笠」·「太學生三疏批答」·「薦拔遺逸傳敎」·「請復薦科趙光祖等官疏批」·「請參議藥」·「復趙光祖等官復賢良科」·「國恤」·「渴葬」

(略歷)·「垂簾」·「竄尹元老」·「忠順堂士禍本末」·「請對上變」·「白仁傑蜀啓」·「特除」·「順朋疏」·「忠順堂命招」·「賜死傳旨」·「密封單子」·「金明亂密啓」·「安世愚告變」·「賣友」·「鳳城君岏遠竄」·「追刑」·「右相李芑啓復削薦學科」·「尹元老賜死」·「殺安名世」·「殺成遇」·「李芑啓論李彦迪」·「鳳城君請殺啓」·「罷官磁職」·「壁書士禍」·「流官磁」·「殺尹潔」·「竄柳甡李元祿」·「兄告弟誣獄」·「鞫李瀣」·「兩宗禪科」·「竄陳復昌」·「擧遺逸」·「撤簾」·「賜酒太學敎」·「設柵牧場」·「擢拜大司成」·「平倭寇」·「設備邊司」·「殺安順瑞」·「竄擢李樑」·「廢妃卒逝」·「次中以上盡賜第」·「罷榜」·「捕斬獷賊林居正」·「遷靖陵」·「順懷世子卒」·「竄李樑」·「大王大妃昇遐」·「竄妖僧普雨」·「放逐尹元衡」·「豫定國本疏」·「疏釋乙巳後被謫人」·「六條俱備人」·「招賢不至詩」·「罷禪科」·「國恤」·「上廟號」

책6: 宣祖朝 一 (缺)

책7: 宣祖朝 二

「災異」・「持斧上疏」・「鄭女立獄」・「討逆頒敎文」・「梁千會疏」・「白惟咸疏」・「放趙憲」・「贈李敬仲」・「竄金宇顒」・「鞫鄭彦信等」・「府啓洪汝諄」・「趙憲上疏」・「竄宋翼弼」・「再鞫潑洁」・「丁巖壽疏」・「錄勳」・「李山海待罪蹄批」・「罷盧守愼」・「追刑曹大中」・「鞫鄭介淸」・「梁詞疏論鄭彦信」・「李潑等事收議」・「再鞫鄭彦信」・「崔永慶獄」・「再鞫崔永慶」・「李潑等并施籍沒」・「災異」・「通信使還」・「趙憲請倭使疏」・「陳奏倭情」・「請建諸」・「臺啓」・「榜示朝堂」・「梁千頉獄」・「巡視邊備」・「倭寇」・「宋象賢殉節」・「三從事殉節」・「合啓」・「建諸」・「申砬敗績死」・「去邪」・「劾罷李山海召還鄭徹」・「合啓」・「倭賊入京師」・「賊入都城」・「追奉廟主」・「竄李山海」・「李德馨自中道復命」・「斬副元帥申恪」・「斬慶尙兵使李珏」・「臨津敗績」・「議去就」・「李德馨會倭舟中」・「平壤失守」・「駐蹕義州」・「求救天朝議」・「遣使遼東求急」・「副摠兵祖承訓來援」・「三道勤王兵龍仁敗績」・「閑山勝捷」・「遣使請援天朝」・「諸道義兵」・「僧統」・「平壤敗績」・「罪己諭書」・「梨峙捷」・「備邊司啓」・「勅諭」・「皇朝沈惟敬使倭」・「石尙書遣人來規」・「延安之捷」・「北道之陷」・「兩王子被執」・「鄭文孚收復」・「二陵之變」・「晋州之捷」・「臺劾李弘老」・「李弘老疏」・「下御時」・「朴晉收復慶州」・「成渾陞擢」・「皇朝沈惟敬再至」・「臺啓三人」・「柳永吉劾鄭尹」・「天朝大兵來援」・「收復平壤」・「天兵還軍平壤」・「幸州之捷」・「移駐永柔」・「經略宋應昌來駐安州」・「勅賜軍餉」・「倭賊要和」・「提督移陣京城」・「掃淸京城」・「提督追賊旋還」・「天兵繼援」・「兩王子三撥臣還」・「置三道統制使」・「晋州之陷」・「天兵撤還」・「還都」・「設壇文廟」・「世子撫軍」・「司憲宣勅」

책8: 宣祖朝 三

「使請冊封不許」・「土賊宋儒眞伏誅」・「時務疏」・「成渾入朝」・「設訓鍊都監」・「顧咨」・「三司交章攻和」・「慶安令入對論成渾」・「追奪鄭澈追贈崔永慶」・「金應瑞會倭講和」・「鄭起龍討斬土賊」・「陳奏倭情」・「劉綎班師」・「遣使請封不許」・「封倭天使出來」・「封倭正使逃還」・「伴送信使于倭國」・「倭不受封」・「討平土賊李夢鶴」・「金德齡杖死」・「倭賊再入寇」・「李舜臣被拿元均代統制使」・「李舜臣起復」・「珍島之捷」・「朴惺誣疏」・「黃石敗沒」・「天朝再援」・「楊元南原之敗」・「金烏坪之捷」・「勅諭」・「楊鎬攻島山不利」・「楊鎬被劾遣使辨誣」・「天兵水陸東征」・「李舜臣大破倭賊於古今島」・「遣陳奏使李元翼罷領相柳成龍」・「復遣陳奏使李恒福李廷龜」・「天朝下石星沈惟敬獄」・「李舜臣大破倭賊於露梁」・「李舜臣中丸死」・「平秀吉死倭兵撤去」・「天兵留屯」・「削奪柳成龍官爵」・「再啓」・「三啓」・「李元翼箚救柳成龍」・「李恒福自劾疏」・「天朝御史陳效卒」・「天將西還」・「建關王廟」・「還給柳成龍官爵」・「貶削金南之黨」・「錄勳」・「竄郭再祐」・「島倭乞和」・「天兵撤還」・「文景虎誣疏」・「答兩司批」・「答憲府避嫌啓批」・「答大司諫箚批」・「別諭大司憲鄭仁弘」・「成渾追奪啓」・「三啓」・「成渾追奪傳旨」・「批鳥獸草木皆知其名」・「詔使」・「辨誣疏」・「倭使乞和」・「冊妃」・「竄三臺」・「大臣獻議」・「李貴疏論鄭仁弘」・「仁弘上箚自明」・「鄭仁弘啓」・「梁弘澍疏論仁弘」・「倭使乞和」・「盜殺柳熙緒」・「上尊號」・「惟政探倭」・「儒生不可刑訊」・「改定貢案」・「野人之亂」・「惟政還自日本」・「災異」・「永昌大君生」・「詔使出來」・「琉球國移咨」・「卽位四十年陳賀」・「許倭通信」・「回答使」・「傳位傳敎防啓」・「晝

竹」・「首醫發啓立異」・「鄭仁弘疏論柳永慶」・「柳永慶自明疏」・「傳敎」・「獨啓」・「左右相咨啓」・「儒疏」・「領相柳永慶疏批」・「臺啓鄭仁弘李山海李慶全李爾瞻」・「三人竄配」・「國恤」・「遺敎七臣」

책9: 光海君

(略歷)・「論柳永慶」・「重卜」・「放三竄」・「府啓」・「臨海君獄」・「擢拜」・「合啓」・「諭仁弘」・「嚴萬二杳」・「合啓」・「吏判劬望」・「請行大同法」・「殺柳永慶」・「辨戎軍丞」・「封王詔」・「奏文」・「戶牌都監」・「別賦行私」・「五賢從祀」・「從祀立號埋點啓」・「仁弘斥兩賢疏」・「削仁弘儒籍」・「捲堂」・「拜廟望廟」・「移御」・「定運僞勳」・「尊號錄勳」・「金直哉獄」・「詩案」・「追刑」・「議遷都交河」・「朴應犀獄」・「金悌南削奪啓」・「永昌大君按法啓」・「金悌南拿鞫」・「遺敎七臣啓」・「黃愼罷職」・「鄭浹辭連」・「辭連人供辭」・「請永昌按法疏」・「各處兩宮啓」・「立異啓」・「金悌南賜死傳旨」・「告訐獻議」・「金應璧誣告咀呪」・「請斬訐造偉卿疏」・「藝文館一會」・「永昌大君江華圍置」・「僧獄」・「救永昌疏」・「殺永昌」・「鄭蘊安置」・「分司嚴防」・「頒敎文」・「李元翼付處」・「仁弘圈家疏」・「火砲」・「慶運宮四面直宿」・「慶運宮糾 檢」・「分兵曹」・「趙溭下獄」・「申景禧獄-綾昌君」・「李顯門許國拿囚」・「仁弘入對」・「土木賄賂」・「崔沂海州獄」・「追刑金悌南崔沂」・「竄三臣」・「尹善道疏論爾瞻」・「龜川君疏論爾瞻」・「三昌約和」・「兩宮矢書」・「廢論」・「廢論收議」・「不爲獻議」・「立異」・「奇俊格疏討許筠」・「合啓-廢妃」・「館通數-大妃十罪」・「庭啓數-大妃十罪」・「廢大妃庭請進參百官」・「庭請不參」・「合啓」・「廢削節目」・「討奇許疏」・「許筠伏誅」・「天朝徵兵深河之役」・「金應河戰死」・「建奴請和」・「辨誣使」・「水路朝天」・「天朝徵兵」・「論爾瞻等大中北相攻」・「毛文龍椵據椵島」 「科場預題」・「鞫曹友仁」・「儺戲謀逆」

책10: 仁祖朝 上

(略歷)・「靖社本末」・「義兵斬關」・「放火相報」・「李德泂尹知敬植立不拜」・「上詣西宮」・「卽位」・「復爵釋寃」・「移御」・「罪籍」・「密旨誅朴燁等三人」・「卜相」・「除拜」・「安置江華」・「廢東宮掘土跳出」・「奏請天朝」・「廢妃喪禮」・「錄勳」・「詣闕謝」・「命改修實錄」・「屬號禮」・「朴東亮圍置」・「适反」・「一夜殺四十九人」・「去邪」・「露布」・「車駕還都」・「錄勳」・「先斬後聞」・「柳夢寅用逆律」・「李安訥遠竄」・「金盡國知申沈悅銀器」・「朴弘耇獄」・「廟堂通諭文」・「仁城君出置本末」・「睦柳疏斥勳臣」・「兩勳交惡」・「罷洪鎬職」・「啓運宮服制」・「禮論」・「去邪」・「諭賊退兵」・「講和」・「都城灰燼」・「梟尹竄丁」・「祭天約誓」・「還都」・「臺啓弘立」・「皇詔」・「劉海來喝」・「三尹正氣」・「李仁居獄」・「錄勳」・「金鳥竄」・「李忔疏斥和-扈駕江都時」・「柳孝立逆誅」・「錄勳」・「許𥛮錄勳疏」・「仁城君賜死」・「胡差杳還」・「宋光裕誣告獄」・「老西少西」・「論西邊疏」・「毛文龍誅死」・「陳命生獄事」・「李貴封功箚」・「穆陵遷奉」・「請復仁城君」・「論嬪御疏」・「討劉興治」・「趙興賓告變」

책11: 仁祖朝 下

「追崇」·「胡差」·「金時讓鄭忠信減死遠配」·「舟師挾攻」·「姜鶴年疏」·「元宗祔廟」·「詔使」·「兩賢從祀疏卞誣」·「趙絃洪」·「虜使通居」·「探虜情」·「金人入寇」·「去邠」·「南城被圍」·「假王弟假大臣」·「請送王世子」·「宣諭」·「牛酒勞虜」·「我軍敗北」·「鄭世規入援」·「李金忭金塗」·「修歲禮」·「啓疏」·「勤王兵」·「再書虜營」·「三書」·「修國書往淸陣」·「將官帶釼喧呼」·「賊犯西南城」·「將官又鬧」·「江都陷」·「死節」·「出城時國書」·「講定節目」·「城下盟」·「還都」·「王世子北轅」·「汗北歸」·「論罪諸將失律」·「改造列聖神位」·「賞罰」·「年號」·「三田碑」·「淸人破椵島」·「變通謬例箚」·「封勅」·「三罪疏」·「淸徵師」·「請改娶疏」·「臺啓」·「鄭雷卿死」·「淸徵舟師」·「金尙憲疏斥和」·「獨步」·「巫蠱」·「曺漢英密疏畧斥和」·「北囚」·「請改宣廟實錄疏」·「光海喪」·「揭旗朝鮮義士」·「北囚五人移拘義州」·「殺黃一晧」·「崔鳴吉北囚瀋陽林慶業南走登萊」·「誅李烓」·「大明亡」·「勅諭」·「弘光隆武永曆本末」·「沈器遠謀反伏誅」·「李敬輿拘幽」·「南臺」·「世子東還」·「王世子喪禮」·「定儲嗣筵說」·「冊儲」·「姜文星定配」·「姜嬪賜死」·「圍置」·「姜獄」·「殺林慶業」·「守令薦」·「大輪次」·「冊元孫」·「李應蓍遠竄」·「國恤」·「上諭竄諫官」·「山陵議狀」

책12: 孝宗朝

(略歷)·「上卽位」·「群賢彙征」·「宋時烈留疏徑歸」·「鮮于司業」·「被虜婦女請勿還畜內司奴婢請罷」·「請兩賢從祀」·「免金自點相竄申冕等五人」·「宋時烈封事」·「請行大同法」·「金集還鄕」·「淸使壓境金自點遠竄」·「李敬輿上疏」·「閔應亨筵奏」·「三南營將」·「自點獄」·「行大同於湖西」·「徐忭獄」·「翰林薦」·「安邦俊特除」·「始行西洋曆法」·「京圻行量田」·「李浣訓將」·「金弘郁杖死」·「請罷備邊司請收儒布」·「李商翼疏請改文廟祝號」·「管轄關防」·「賜銀盃太學沿海諸島還屬本館」·「閱武」·「行錢」·「請立志得人」·「明遺民苗珍寶」·「放瀓潚島配」·「宋時烈囊封」·「進善尹宣擧疏」·「李敬輿卒」·「擢拜宋時烈」·「賜宋時烈貂裘」·「湖南行大同」·「特賜入對」·「銓曺政注別單調用」·「全減湖西嶺南被災邑賦稅」·「詩諷」·「尹鑴拜進善」·「寅平尉鄭齊賢疏訐李浣」·「毁鄭全郭三人鄕祠」·「瀓潚復爵」·「四學規制」·「戶布事宮房折受事」·「幄對」·「金弘郁復官」·「閔維重論隧道」·「國恤」·「慈懿大妃服制」·「群臣服制議」·「上號」·「山陵」·「陵誌」

책13: 顯宗朝

(略歷)·「卽位」·「命御史竣事後復命」·「吏判宋時烈辭遞」·「宋浚吉袖箚」·「宋時烈陳疏去國」·「洪得箕自明疏」·「許穆論慈懿大妃服制疏禮訟本末附」·「儀禮爲長子喪服圖逐行雙書皆從註疏」·「附尹鑴乙卯疏」·「李正英箚」·「兪棨上箚」·「命罷尼院」·「趙絅應旨疏」·「趙絅疏後傳敎」·「趙絅請黜後大臣請對」·「領左相引入」·「兪棨疏」·「宋時烈入對筵說」·「宋浚吉上箚請留宋時烈」·「宋時烈陳疏去國」·「尹善道加律」·「仁宗明宗當祧議」·「許穆國本疏」·「京畿量田」·「修撰洪宇遠疏救善道」·「宋時烈待罪疏」·「金萬均祖母讐」·「災異」·「上幸溫泉」·「宋時烈落後辨誣疏」·「上幸溫泉」·「嶺儒疏論邦禮」·「引見下敎」·「玉堂箚子討嶺儒」·「館儒疏討嶺儒」·「兩司啓金壽弘削刊」·「冊儲」·「李商翼疏請往耽羅」·「罰鍰」·「竄七諫臣」·「嶺儒疏誣兩宋」·「上幸溫泉」·「漂到漢人解送燕京」·「請設啓聖廟疏」·「上幸溫泉」·「兩宋造朝」·「宋時烈上箚陳勉」·「設倉安興」·「召對安興設倉貢物減省同異」·「徐必遠疏斥許積宋時烈陳疏去國」·「上幸溫泉」·「壽而康終始」·「復貞陵」·「宋時烈箚神德王后復位」·「尹宣擧卒」·「世子冠禮」·「金澄壽宴劾」·「李世直誣獄」·

「別諭儒賢」·「宋時烈疏陳救灾又論兩尹」·「許積引入」·「趙嗣基服制疏」·「尹敬敎劾許積」·「宋時烈待罪疏」·「尹敬敎安置」·「宋時烈引罪辭職因論許積疏」·「寧陵遷奉」·「張應一論山陵」·「卜相」·「宋時烈待罪因論山陵表石疏」·「許積辭職疏」·「院啓論鄭梜趙玠閔漑」·「金佑明請對論斥宋時烈」·「宋時烈引咎疏」·「竄金萬重李翿張應一黜李選削閔鼎重」·「竄成虎徵」·「崔後尙啓」·「朴世采以閔愼事待罪疏」·「宋時烈引咎疏兼論臣强權不在上」·「閔愼原情」·「金佑明疏閔愼事」·「刑曹啓」·「己亥都監堂郞拿處傳敎」·「宋時烈臨歸自訟因論陵寢」·「宋時烈疏後筵說」·「陳辨」·「申翼相陳勉疏」·「宋時烈待罪疏」·「慈懿大妃服制」·「冬至使狀啓吳三桂事」·「放金萬重成虎徵」·「水陸齋」·「都愼徵疏論慈懿大妃服制」·「竄南二星」·「卜相」·「國恤」·「行狀」

책14: 肅宗朝 一

(略歷)·「卽位」·「郭世楗疏」·「兩司請郭世楗罪」·「引見三公郭世楗停擧」·「政院啓」·「卞誣疏」·「政院玉堂請對」·「罷李秀彦等官解郭世楗罰」·「特命改撰志文行狀」·「朴鳳祥疏」·「李端夏疏署」·「顯宗大王行狀追改」·「兩司合啓宋時烈的黜」·「避啓」·「李端夏罷職」·「鄭知和疏抹」·「疏儒定配」·「特除」·「許穆疏」·「虹變備忘記」·「命解儒罰」·「南九萬疏」·「合啓請宋時烈遠竄宋浚吉追奪李惟泰削黜」·「翌日夜對」·「南九萬疏抹」·「李翔眞疏」·「許積箚疏」·「鄭致和疏抹」·「張善徵疏抹」·「金益廉疏抹」·「儒疏」·「黃世楨疏抹」·「尹鑴對黃世楨疏」·「竄尹堦臣强之說」·「仁宣王后小祥餘服節目」·「金佑明箚福昌福平紅袖之獄」·「夜對」·「尹鑴疏抹禎禩」·「洪宇遠疏不貳過」·「宋時烈安置贊閔鼎重李端夏削黜」·「竄李惟泰李翔刜金益廉」·「儒疏遠配」·「趙嗣基疏論宋時烈」·「尹拯疏自訟」·「朴㻩疏內以恐動慈聖」·「誅敎」·「許積箚請遣使者一通文字」·「趙嗣基刜奪」·「許穆箚抹朴㻩」·「尹鑴疏抹朴㻩趙嗣基」·「特放禎禩」·「金壽恒疏抹宋時烈因論洪宇遠朴㻩趙嗣基尹鑴李壽慶」·「合啓」·「斬衰辨議」·「洪宇遠疏自明」·「御製水舟圖」·「貞觀政要」·「復設體府許穆疏斥」·「尹鑴疏辭」·「淸南濁南之分」·「寧平正罷職」·「尹鑴疏斥許積專擅」·「許積對疏」·「顯宗朝廷配壄黜議」·「柳命堅疏論金佐明配享」·「鄭載嵩疏立異」·「許積箚」·「崔鳴吉廟庭追配收議傳敎」·「李沃疏斥鄭太和廟享」·「議親耕旋寢」·「李澊疏告廟事」·「趙嘉錫辨宋時烈論斥許穆廟享議」·「府啓告廟事」·「許穆箚告廟事」·「書講筵奏告廟事」·「鄭知和箚斥告廟」·「三公引見告廟事」·「金錫冑請對斥告廟」·「尹撼江界定配」·「尹鑴疏論服制」·「金錫冑入對」·「疏儒定配」·「告廟論立異」·「院啓告廟事」·「疏儒遠配」·「具綸疏論淸南濁南」·「趙根疏斥淸南濁南」·「戶布」·「兒弱物故」·「崔宣原情」·「增廣試題事」·「試官原情」·「試官分等勘律」·「罷榜」·「尹鑴論閔點」

책15: 肅宗朝 二

「柳李之戰」·「洪宇遠疏斥柳命天」·「李澊疏爲兄訟寃」·「柳命天對李澊疏」·「柳命賢對李澊疏」·「李玄逸啓柳李刪版事」·「柳李拿囚」·「奏請卞誣」·「尹鑴疏論卞誣之失」·「崔錫鼎疏」·「憫旱綸音」·「禎禩放釋」·「巡審江都」·「海西關防疏」·「別祭魯山墓」·「南九萬疏論許堅尹鑴不法」·「許積疏卞」·「尹鑴疏自訟」·「李袤疏伸尹鑴」·「請對伸鑴」·「金宇亨等疏禁松事」·「權大運箚伸尹鑴」·「掠人妻妾事行査」·「韓范濟疏論反獄」·「南九萬遠竄傳敎」·「宋尙敏杖斃」·「江都投書李有禎獄」·「焜焜濟州島置傳敎」·「李有禎伏誅」·「杷子橋掛書李煥獄事」·「尹鑴密箚兩度庚申始下鞫廳」·「引見告廟頒敎事」·「合啓宋時烈加律事」·「許穆箚論

宋時烈」・「閔宗道疏論洪宇遠」・「閔宗道再疏」・「權大載啓覈宗道事」・「洪宇遠疏覈覈宗道」・「閔熙箚告廟頒教文令文衡製進事」・「告廟文」・「頒教文」・「金錫胄疏張三操刀李二償命」・「合啓宋時烈按律」・「請對宋時烈按律」・「李惟泰放」・「府啓閔鼎重等事」・「許穆箚論許積」・「權大載等遠竄」・「金錫胄對許穆疏」・「李后平遠竄」・「鄭太和追配廟庭」・「堅獄始末」・「備忘記」・「起發」・「閔躋議棄啓」・「臺啓」・「兵判密啓堅神事」・「告變鞫獄」・「引見榊堅處分事」・「治逆黨與」・「頒教文」・「尹鑴賜死」・「匿名書獄」・「次玉獄」・「李惟泰疏」・「特放宋時烈」・「鄭勛疏請黜趙絅廟享」・「書講筵說禮訟本末」・「追錄勳」・「告廟首發人李沃遠竄」・「宋時烈給牒敍用」・「復宋浚吉官爵伸宋尚敏免奪尹善道贈職」・「宋時烈造朝」・「中殿國恤」・「領府事留箚出西郊復申鄭載嵩事」・「慈聖降手札于領府事」・「宋時烈箚待罪」

책16: 肅宗朝 三

「宋時烈袖箚陳孝廟志事」・「又箚論追錄勳」・「入侍筵說」・「宋時烈箚請變通貢物兵制」・「軍制變通」・「吳始壽賜死」・「中殿冊封」・「兩賢從祀」・「都下騷屑」・「金萬埰爲父訟冤」・「趙持謙疏斥金萬埰」・「韓泰東疏論金萬埰」・「崔愼疏論尹拯父子又論朴世采」・「朴世采疏斥崔愼」・「筵說大臣筵白不復以儒賢待尹拯」・「尹拯抵史局書」・「朴性義疏醜詆兩賢」・「館學儒疏卞誣」・「文廟從享釐正義」・「朴泰輔疏論文廟黜享又斥李端夏」・「上恭靖大王廟號」・「領府事疏論文廟從享仍請文元公從享」・「海西嶺隘防守節目」・「許璽卞瑛獄事」・「趙持謙疏劾金益勳」・「南九萬疏論獄情」・「四學通文討尹拯」・「藝文館簡通停學四學生」・「憫旱傳教」・「臺啓請金益勳罷職」・「李玄錫流中途」・「韓泰東避啓」・「宋時烈自驪入對」・「何羹陳東歐陽澈等建祠」・「孝宗大王世室」・「貢案裁省議」・「老少岐貳」・「宋時烈箚弱乞就仕」・「仁祖大王世室」・「領府事致仕教文」・「太祖大王加上尊號」・「奉朝賀引啓疏體統」・「朴趙疏請宋時烈收還致仕之命」「朴泰維末徹疏論徽號」・「宋時烈待罪疏朴泰維疏後」・「老少剖判」・「藥房直宿」・「香洞問答」・「大王妃國恤」

책17: 肅宗朝 四

「李震顏疏討尹拯」・「召對筵說」・「崔錫鼎上疏」・「金壽恒箚」・「許墧疏救尹拯」・「李景華疏論尹拯」・「洪受疇疏救尹拯」・「漢城府啓」・「宋時烈疏卞師友誣」・「府啓論洪受疇」・「封金氏爲淑儀」・「李端夏筵白朴泰輔調用事」・「朴泰輔疏駁李端夏筵白」・「李徵明疏」・「閱武施賞」・「李師命兵判」・「宋時烈疏陳春秋大義論尹鑴宣擧父子」・「召對筵說」・「閔鼎重箚」・「羅良佐等疏誣奉朝賀」・「李秀彥疏卞羅良佐」・「韓聖輔等疏卞羅良佐」・「五次加卜」・「張氏封爵」・「東平君特除提調」・「竄金萬重」・「竄李師命」・「李尚眞筵奏伸尹拯」・「李尚眞箚 筵奏後翌日」・「閔鼎重箚 對李尚眞」・「李尚眞三箚」・「金壽恒疏對李尚眞」・「鄭皓劾吳道一」・「南九萬呂聖齊圍置」・「朴世采袖箚」・「國恤」・「王子誕生」・「李翔削去仕版天安淫獄」・「湖儒疏後傳教

책18: 肅宗朝 五

「元子定號」・「竄柳緯漢」・「士禍」・「一番人特除」・「合啓宋時烈圍置」・「合啓論金壽興壽恒」・「李珊命上疏爲父訟冤」・「合啓宋時烈拏鞫正刑事」・「兩賢黜文廟」・「政院啓辭」・「搢紳疏金壽恒賜死」・「金貴人廢黜」・「三司請對合啓宋時烈洪致祥拏鞫」・「中殿遜位」・「李后定疏諫廢妃」・「鞫吳斗寅朴泰輔竄李世華」・「閔昇重削奪」・「李尚眞圍置」・「廢妃頒教文」・「張氏冊妃」・「洪致祥處絞李師命正刑金萬重存棘」・「右相金德遠

旣罷旋仍」・「宋時烈賜死」・「庚申罪人復官」・「壬戌逆獄告變人鞫」・「韓趙特贈」・「合啓金錫胄追奪」・「尹鑴復官爵」・「削庚申保社勳」・「削勳頒赦文」・「天安淫獄三省推鞫李翔拏囚王獄」・「臺啓趙嗣基」・「臺啓閔昇重圍置諸人遠竄」・「復吳朴官爵」・「建諸」・「宋廷奎疏論處變不失其道」・「尹拯削黜」・「尹夏濟疏斥尹拯」・「金德遠龗職」・「趙南遠竄」・「金廷說獄」・「丁時翰削奪」・「復六臣官」・「御製成朋黨詩」・「焚炗」・「棕櫚」・「封崔氏爲淑媛」・「李東標疏」・「鞫延最績」・「陽復之兆」・「杬䖟知之」・「韓重赫等獄事」・「大臣請對金寅等告變」・「反獄處分備忘記」・「特除」・「嗣基拏鞫禡等島置」・「伸雪復官」・「廢妃移處別宮」・「中殿復位」・「復賜張氏舊號禧嬪」・「政院啓辭會議」・「合啓睦來善權大運䨓暨等」・「張希載診書獄」・「南九萬筵斥政院啓辭救希載刑訊」・「嗣基正刑」・「金時傑疏斥徐文重護逆」・「中殿復位先行告廟文」・「尹拯疏自訟」・「吳斗寅朴泰輔贈職」・「李秀彦吳道一兩黜」・「黜賜死希載減死安置」・「兩賢復享文廟」・「復庚申勳」・「合啓睦來善事」・「府啓李玄逸拏勘吳始壽追奪」・「朴世采袖箚」・「禧嬪供奉稱異疏」・「坤殿復位頒敎文」・「朴尙絅疏論南九萬」・「金夢臣疏斥朴尙絅」・「敦諭南九萬」・「韓重赫獄事結末」・「宮家折受」・「兩李復官旋寢」・「業同獄事」

책19: 肅宗朝 六

「庶孽䟽通疏」・「請罷燕京」・「吳道一疏右燕䍿崔錫鼎」・「鄭楷疏論尹拯」・「閔鎭長疏甲子筵奏」・「領相筵奏」・「金昌集疏卜甲子筵奏」・「趙儀祥疏右尹拯」・「申奎魯山復位疏」・「收議」・「追上魯山大君廟號」・「李鳳瑞等疏右尹拯」・「申琓疏」・「閔鎭長䟽斥李鳳瑞」・「金鎭圭疏」・「朴泰昌疏」・「科獄」・「啓聖祠」・「中殿誕恤」・「李鳳徵安置」・「巫蠱獄」・「崔錫鼎箚毋究獄事」・「備忘記禧嬪事」・「崔錫鼎袖箚 全恩」・「崔錫鼎三箚 全恩」・「府啓崔錫鼎」・「尹趾善箚 全恩」・「柳尙運箚 全恩」・「徐文重箚 全恩」・「申琓箚 全恩」・「姜銑疏 全恩」・「朴彙登䟽救崔錫鼎」・「張氏處分」・「李台佐救崔錫鼎」・「姜世龜疏子母鹿」・「院啓討姜世龜」・「希載業同伏誅」・「東平君杬賜死」・「合啓柳命堅等事」・「院啓睦林一等」・「府院啓」・「合啓南柳尹三相」・「李益壽疏救南柳」・「兩司啓李益壽」・「尹德駿疏救崔錫鼎等」・「朴泰昌疏救南柳」・「院啓尹德駿朴泰昌」・「尹行敎救尹趾仁崔錫鼎」・「䟽儒朴奎瑞定配」・「疏儒任敞定配」・「徐宗泰啓救南柳尹三相」・「府啓」・「尹趾善疏救南柳」・「府啓南柳遠竄」・「特放姜世龜」・「尹星駿疏」・「李東彦疏」・「科獄」・「冊妃」・「崔錫鼎重卜金普澤疏斥」・「朴世堂削黜」・「李益明疏卜洪啓迪」・「金鎭圭疏斸對李益明」・「李厦成疏爲祖卜誣」・「金昌協疏卜李厦成」・「大報壇始末」・「請上尊號」・「李藝遠竄南九萬罷職」・「傳禪還收」・「宋奎濂遠配」・「鞫林溥」・「金昌集疏卜」・「進宴」・「鞫李潛」・「金昌集疏」・「崇政門朝參」・「崔錫鼎削黜掃編燒火」・「洪胄亨疏論崔錫鼎尹拯」・「朴弼瑄疏伸尹拯」・「憲府啓救䟽儒」・「崔錫鼎自明疏」・「郭景斗疏斥尹拯崔錫鼎」・「玉堂箚子」・「筵說」・「李泰予疏斥鄭澔等竄配」・「良役變通收議」・「趙尙愚箚陳戶布奬」・「築北漢山城」・「科獄」・「上尊號」・「釐正五禮儀」

책20: 肅宗朝 七

「黃尙老疏斥崔錫鼎」・「京中儒生祭尹拯文」・「崔錫鼎自明疏」・「進家禮源流」・「鄭澔罷職」・「政院啓」・「院啓」・「柳奎等疏伸尹拯」・「院啓」・「李頤命箚論柳奎」・「魚有龜疏論家禮源流」・「院啓」・「府啓」・「館學疏論家禮源流本末」・「朴光世疏斥尹拯」・「大憲權尙夏縣道封章」・「趙尙健疏討尹拯」・「趙尙健啓」・「因院啓趙

尙健遞差」・「政院啓」・「捲堂」・「玉堂箚」・「筵敎」・「府啓」・「李眞儒疏請毁家禮源衎予敍板策論趙泰采」・「李眞儒引見」・「申靖夏疏討眞儒」・「府啓討眞儒」・「左相金昌集疏斥尹拯」・「李晩堅疏討眞儒」・「判府事李畬箚論尹拯」・「閔鎭遠疏斥尹拯」・「尹得和疏斥尹拯」・「政院啓」・「政院又啓」・「左相疏」・「李頤命疏槪」・「崔錫文等疏伸尹拯」・「金純行等疏斥尹拯」・「府啓論金取魯李晩堅」・「捲堂」・「府院啓」・「玉堂箚」

책21: 肅宗朝 八

「洪啓迪疏」・「院啓」・「府啓」・「判府事李畬疏斥尹拯柳鳳輝等」・「柳鳳輝等疏」・「判府事出城後敦諭」・「判府事回啓」・「趙翼命疏論」・「申思喆疏」・「府啓」・「兩司合啓」・「李著志疏」・「館學儒生拜謁聖廟」・「捲堂所懷」・「柳鳳輝疏」・「金始㷜疏論科獄疏儒同成均草記」・「槐院簡通」・「姜樸遠竄」・「李眞儒疏卞原流」・「金鎭望疏」・「院啓」・「柳奫擢拜」・「壬辰科獄更査」・「朴弼夢引見筵說」・「朴弼夢處分傳敎」・「命入擬書墓文」・「政院啓」・「玉堂箚」・「李澤疏論科獄」・「梁廷虎疏」・「諭大憲權尙夏」・「趙相愚箚」・「李箕翊疏」・「玉堂箚」・「府啓」・「院啓」・「禁府」・「安重弼疏」・「尹淳疏論隨時」・「政院啓」・「吳命尹等疏伸尹拯」・「金昌集箚斥尹拯」・「閔鎭遠疏討尹拯」・「府啓討疏儒吳命尹」・「院啓討疏儒吳命尹」・「趙泰耉疏伸尹拯」

책22: 肅宗朝 九

「討尹宣擧道通」・「申球疏討尹宣擧誣聖」・「吳命峻疏對申球」・「嚴慶遂疏討申球」・「李弘躋疏卞申球」・「朴師益上疏論朋黨」・「鄭澔疏論家禮源流」・「李世勉疏斥申球」・「金演疏斥申球」・「金昌集疏請毁尹宣擧文集板」・「林象極疏對左相」・「金昌集箚」・「政院啓」・「備忘記」・「刑曹林象極文川郡定配啓」・「左相疏」・「呂必禧疏斥左相」・「趙相愚疏伸尹宣擧」・「徐宗泰箚伸尹宣擧」・「趙聖復疏討呂必禧」・「李世勉疏伸尹宣擧」・「李世勉特罷」・「府啓斥李世勉」・「金昌集疏討尹宣擧」・「尹拙擘錚原情」・「疏儒遮攔禁門」・「疏儒原情」・「趙泰徵原情」・「閔鎭遠疏疏儒事」・「府啓作弊儒生事」・「閔鎭遠疏」・「宋正明疏伸疏儒」・「趙泰耉疏論左相」・「金昌集箚對泰耉」・「權尙衡原情」・「左相箚論囚供」・「李善溥疏」・「李光佐疏論毁板事」・「左相箚對兩李」・「李台佐疏討申球」・「徐宗泰疏救李台佐」・「大司憲鄭澔上疏尹拯」・「備忘記」・「政院啓」・「左相疏批」・「華陽書院致祭文」・「興巖書院祭文」・「李正臣疏斥左相」・「左相箚對李正臣」・「府啓」・「館學疏請禁尹拯先正僭稱」・「趙泰億疏」・「備忘記尹拯勿復稱儒賢」・「金普澤疏請尹拯父子追奪」・「尹宣擧尹拯追奪傳敎」・「徐宗泰疏目」・「趙相愚疏」・「李世德原情」

책23: 肅宗朝 十・景宗朝 一

「文元公金長生從祀文廟」・「李喜鼎疏斥文廟從享」・「王世子代理獨對」・「李頤命疏」・「王世子上疏」・「尹趾完疏斥獨對」・「諭左相」・「備忘記」・「尹趾完宵命疏」・「趙相愚疏」・「金昌集疏」・「李頤命再箚」・「王世子聽政頒敎文」・「世子嬪服制」・「姜嬪復位」・「上入耆社」・「金鎭商論望哭之非」・「三南均田」・「國恤」・「明陵誌文」・「尹志述疏論服制」

(略歷)・「卽位」・「卜相」・「趙重遇杖斃」・「李頤命疏」・「捲堂所懷」・「宋必恒啓論尹志述」・「還收尹志述遠配」・「徐宗夔駁李光佐」・「李眞儉疏論尹志述」・「延勅都監啓」・「趙泰耉箚論冒嫌」・「領左相箚」・「李夢寅疏論金昌集」・「金昌集箚」・「李夢寅原情」・「金萬胄疏論李眞儉」・「金始煥請解儒罰」・「金雲澤啓」・「金始煥對

疏」・「趙聖復劾金始煥」・「金昌集箚論金始煥」・「金始煥對疏」・「李成龍請竄金始煥」・「李廷熽疏論趙泰耇」・「趙泰耇登疏」・「李頤命自明疏」・「趙文命論朋黨疏」・「建儲」・「延礽君疏」・「禮曹啓」・「閔鎭遠柬勉」・「柳鳳輝疏斥建儲」・「大臣三司合啓鳳輝」・「三司合啓鳳輝」・「趙泰耇箚」・「王世弟疏」・「李頤命箚」・「合啓討泰耇」・「館學疏討眞儉泰耇鳳輝」・「賓廳啓」・「王世弟疏」・「王世弟受冊」・「趙聖復疏請王世弟參政庶政」・「備忘記」・「東宮下令引接」・「崔錫恒請參政庶政還收」・「李健命箚」・「領相許副」・「趙泰億請對」・「李光佐疏論趙聖復」・「趙泰采箚」・「合啓」・「李健命箚請還收領相許休」・「朴泰恒疏斥代理」・「韓世良疏斥代理」・「政院啓事」・「兩司啓論崔錫恒趙泰億朴泰恒」・「又啓」・「洪萬朝論趙聖復及大臣」・「李健命箚」・「別諭趙泰耇」・「代理傳旨再下」・「王世弟疏」・「趙泰耇別諭後疏斥代聽」・「合啓討泰耇」・「權珪等疏斥代聽」・「政院啓」・「合啓請鞫權珪」・「李頤命疏」・「趙泰耇又箚」・「庭請後傳教」・「四大臣聯箚」・「趙泰耇引見還收代理傳旨」・「合啓討泰耇」・「玉堂箚討泰耇」・「府啓討泰耇論同時晉入人」・「禁府啓」・「朴致遠箚討崔錫恒」・「建儲奏文」・「韓配夏疏救趙泰耇崔錫恒」・「李仁復疏救趙泰耇」・「李㙫疏救崔錫恒趙泰耇」・「李台佐疏自明」・「李倚天避啓」・「求言」

책24: 景宗朝 二

「金一鏡應旨疏討趙聖復四大臣」・「換局」・「魚有龜所懷」・「洪啓迪島置」・「三司合啓四大臣島置事」・「府啓趙聖復設鞫事」・「鞫魚有龜事」・「趙泰耇薦人」・「尹聖時疏」・「魚有龜疏」・「尹志述正刑傳教」・「院啓論唯諾諸人」・「趙泰耇箚救尹志述正刑」・「徐命均疏救尹志述」・「徐宗廈啓論沈檀」・「府啓論洪錫輔閔鎭遠」・「院啓論李宇恒」・「合啓四大臣」・「院啓論李緈尹慤李裕民李弘述」・「李仁復自明疏」・「府啓論李晚成金鎭商」・「新卜」・「趙重遇贈職傳教」・「府啓」・「金宇杭箚救四大臣」・「柳鳳輝自明疏」・「內官遠配」・「東宮引接宮僚」・「政院玉堂請對」・「三司合啓」・「政府六曹三司請對」・「領相宮官入對東宮」・「逆臣處斬教」・「諺教」・「請對所懷」・「金宇杭箚斥逆臣直斬」・「禁府」・「鞫廳啓」・「宋相琦疏論金吾政院緩忽」・「鄭亨益等疏斥泰耇」・「柳復明疏論逆獄」・「金在魯疏閟堅設鞫」・「政院自明疏」・「禁堂自明疏」・「合啓三大臣按律」・「府啓請金雲澤等十六人邊配」・「泰耇對宋相琦疏」・「黃一夏疏論掩護緩獄」・「府啓論宋相琦」・「沈宅賢疏論金吾喉司」・「李志達等疏」・「金一鏡請對」・「鞫廳大臣禁堂請對」・「趙泰耇箚薦鳳輝世良」・「泰耇上春宮書」・「鄭澔疏論動搖國本諺教阻格」・「承旨自明疏」・「尙儉伏法」・「追報」・「鄭亨益疏斥追報」・「金一鏡疏斥金宇杭」・「宋寅明疏右鄭亨益」・「崔錫恒疏斥鄭亨益」・「韓世良疏斥黃一夏」・「韓配夏疏右追報」・「金演疏右追報」・「朴弼正疏斥追報」・「崔錫恒箚右追報」・「李眞儒疏右追報」・「金一鏡再疏」・「府啓請鄭亨益朴弼正」・「館學疏斥追報」・「金一鏡三疏對館學儒疏」・「崔奎瑞議」・「趙泰耇箚論祠號」・「李明彦疏論追報」・「崔錫恒箚定大嬪號建祠宇」・「崔鎏疏請任倣施逆律姜世龜易名」・「三諫臣原情」・「許璧疏追崇伸冤私親」・「李德培疏右潛溥斥諸臣誣文正公宋時烈」・「院啓論許璧權牒徐命均李肇」・「吳斗錫疏」・「金興慶疏」・「冊封奏請使狀啓」・「睦虎龍上變」・「白望鞫庭上變」・「東宮下詢辭位」・「大臣請對」・「師賓客請對東宮」・「白望更招三種說」・「敦諭領右相」・「李師尙疏勉出按獄諸臣」・「金一鏡自明疏」・「申銋疏論獄體」・「李師尙請對請申銋罪」・「領右相聯箚自明」・「崔錫恒請對勉出一鏡」・「文衡圈點」・「誣案」・「鞫廳大臣請對」・「領右相收議白望追

刑李天紀金龍澤籍沒」‧「兩司請對合啓四大臣按律」‧「領右相請對」‧「追刑」‧「金一鏡疏鍾巫冀顯
斯高」‧「趙洽誣告」‧「領右相箚」‧「追刑」‧「政院啓盤水加劒」‧「朴弼夢疏」‧「賜死傳旨還收」‧
「賜死傳旨」‧「禁府啓金時發」‧「備忘記因旱災命放獄囚」‧「領右相禁堂請對覆逆疏決」‧「鄭宇寬
更招上變」‧「府啓續永貞行」‧「鄭宇寬再上變」‧「鞫廳大臣兩司請對合啓」‧「府啓」‧「誣案」‧「鞫
廳大臣兩司請對」

책25: 景宗朝 三

「府啓」‧「府啓」‧「寢事」‧「誣案」‧「鞫廳大臣三司請對」‧「延勅」‧「金弘錫疏斥趙泰耉」‧「趙泰耉箚」‧「李世
德疏伸尹拯父子」‧「府啓請鞫李晩成柳就章竄李廷熽」‧「府院啓論李壽民沈檀奏請副使書狀」‧「權益寬
疏」‧「院啓論兪集一尹東衡」‧「李顯章疏請趙聖復正法」‧「三司請對」‧「三司請對」‧「右相三司請對」‧「黃
昱等萬言疏伸卞尹拯父子」‧「申慶濟疏論大臣緩獄請追奪文正公宋時烈官爵金春澤孥籍」‧「雙溪賊黨」‧
「崔錫恒箚」‧「平監査啓」‧「李三齡疏伸辛巳獄」‧「誣案」‧「府啓李晩成柳就章」‧「魚有龜疏斥黃昱」‧「誣案」‧
「閔鎭遠放送傳敎」‧「安允中疏卞黃昱斥尹拯父子」‧「備局儒臣回啓尹拯父子復官建院刊集」‧「三司伏閤
兩大臣孥籍兩大臣按律」‧「大臣三司諸辛請對」‧「尹世顯等削版事」‧「誣案」‧「院啓耆堂論罪」‧「藥房啓黃
水事」‧「崔錫恒陳箚待命」‧「府啓」‧「誣案」‧「府啓趙聖復洪啓迪拿鞫」‧「三司請對」‧「誣案」‧「府啓」‧「白時
耉杖死」‧「三司請拆啓金演龍職」‧「李德壽疏救金演」‧「府啓李德壽」‧「院啓李德壽削版」‧「入學」‧「頒敎
文」‧「告廟文」‧「陳賀」‧「廟庭配享」‧「請對合啓」‧「韓在垣蔡李喜朝李翔事」‧「李景說疏」‧「常參」‧「崔錫恒
啓」‧「院啓趙聖復島棘還收洪啓迪嚴刑」‧「趙泰億疏錄勳事」‧「府啓」‧「兩司合啓金姓宮人趙聖復嚴刑事」‧
「崔錫恒箚趙聖復酌處事」‧「柳述疏金普澤春澤等子侄事」‧「府啓論鄭澔兪夏基」‧「金一鏡疏尙貸其一」‧
「府啓金雲澤嚴鞫事」‧「三司請對趙泰采按律」‧「崔錫恒箚請趙泰采分疏」‧「三司詣閤聯箚論崔箚爽誤
事」‧「崔錫恒箚金雲澤事」‧「復壬辰科」‧「李光佐疏論朝體」‧「啓覆府院君魚有龜元勳定奪」‧「魚有龜疏請
收僞錄勳」‧「金一鏡對魚有龜疏」‧「院啓」‧「魚有龜再疏」‧「合啓」‧「魚有龜三疏」‧「金始㷆疏斥國舅」‧「具
命奎疏論李光佐」‧「諉敎」‧「趙泰億疏文衡事緩急少少分貳」‧「府啓斥尹淳」‧「鄭壽期疏斥一鏡」‧「金東弼疏
斥一鏡」‧「李世最疏救一鏡尹淳」‧「具命奎避嫌啓」‧「院啓論尹淳朴徵賓金東弼」‧「李光佐對具命奎避啓
疏」‧「金一鏡疏對金東弼」‧「崔錫恒啓制收敍洪李」‧「院啓」‧「院啓論洪致中」‧「湯劑」‧「玉堂史官拿推內官
拿勘」‧「朝參李喜朝金普澤金春澤諸弟子侄事」‧「府啓」‧「迎勅」‧「院啓」‧「筵啓李森申㘽復勘勳李潛伸雪」‧
「府啓任敞金時發」‧「李森疏辭勳」‧「申㘽復疏辭勳」‧「院啓」‧「次對請李森重推」‧「院啓請寢勘勳」‧「柳壽
垣疏論按獄大臣鄭壽期等削版李廷濟削版」‧「入對罷勘定奪」‧「請對補外」‧「金范甲疏道峯黜享」‧「次對」‧
「權以鎭疏對金范甲」‧「李喬岳疏斥范甲」‧「姜柤烈疏斥范甲」‧「尹聖時疏斥范甲」‧「會盟祭」‧「崔鐸疏」‧「疏
廳通文」‧「府啓」‧「禮曹回啓」‧「郭鎭緯疏卞范甲誣衊」‧「道峯黜享」‧「錄原從功」‧「林柱國原情」‧「弓對」‧「院
啓」‧「右相議趙聖集事」‧「府啓」

책26: 景宗朝 四‧英宗朝 一

「金弘錫等疏請文正公宋時烈追奪金昌協追奪成文濬配坡山事」‧「尹倪疏對擧金弘錫」‧「李光佐啓申
金量移事」‧「崔錫恒箚洪錫輔事」‧「疏決」‧「院啓」‧「魚有鳳疏卞師誣」‧「沈埈疏」‧「義禁府啓」‧「沈檀疏」‧「姜

鳳儀疏辛巳獄事」·「趙宗世疏請辛巳獄伸冤事」·「李眞儒疏隄防漸弛」·「玉堂請對討姜鳳儀」·「疏紋」·「沈檀疏任敞直斬事」·「府啓」·「吏曹回啓」·「唯諾人遠配」·「疏儒遠配」·「卜相」·「金東弼疏斥一鏡」·「沈獄」·「李光佐筵啓」·「鄭萬源疏」·「李匡世疏論沈檀尹就商」·「崔錫恒拿鞫傳敎還收」·「權益寬疏 趙觀彬兄弟遠配事」·「僞批獄」·「申致雲啓權尙夏追奪事」·「李廷濟啓斥獨啓」·「合啓」·「洪禹著疏斯文事」·「府啓」·「尹恕敎疏金姓宮人事」·「崔錫恒箚」·「申致雲疏對洪禹著」·「元景濂疏對申致雲」·「權斗經疏陳勉」·「柳灦疏斥權斗經」·「府啓」·「崔奎瑞疏陳出處」·「洪致中疏自明」·「院啓斥洪致中」·「李眞儒啓書院毁撤」·「府院啓」·「李仁復疏論許穆書院事」·「陵誌改撰議」·「李匡德疏放閔鎭遠」·「李世德疏」·「藥房啓」·「院啓金東弼等事」·「移御」·「金一鏡疏」·「府啓」·「藥房啓」·「國恤」·「李仁復疏服制事」·「大臣儒臣回啓」·「領相崔奎瑞軍啣肅拜」

(略歷)·「卽位」·「政院啓」·「三司請疏金姓宮人事」·「李眞儉啓尊奉私親事」·「卜相」·「李明彦疏善繼善述」·「院啓」·「朴弼夢夜對疑之嫌之」·「加卜」·「閔鎭遠特放傳敎」·「尹會削黜在天之靈亦必痛惡」·「冬雷求言」·「鄭奎相疏斯文事」·「李義淵疏」·「政院玉堂請對」·「權益寬疏」·「玉堂疏」·「府啓請鞫李義淵」·「柳鳳輝疏」·「李光佐箚」·「金一鏡疏」·「趙泰億請對李義淵島配」·「宋載厚疏」·「崔奎瑞疏」·「李鳳鳴疏」·「李明彦疏請李義淵設鞫」·「金一鏡削黜備忘記」·「政院繳還啓」·「金相玉等疏討一鏡」·「趙翼命疏救耉輝」·「一鏡島棘備忘記」·「李鳳翼疏討李森尹就商」·「李漢東疏請停山陵幸行」·「政院啓」·「崔補疏討一鏡」·「許玧疏討朴弼夢」·「李箕翊疏討一鏡」·「崔補島配李鳳鳴遠配」·「柳鳳輝引見」·「朴弼夢疏討李義淵自明」·「林柱國疏討一鏡鳳輝」·「院啓」·「金弘錫疏」·「趙泰億入侍」·「李光佐入侍」·「羅學川疏」·「三司罷職」·「鄭東後疏論賊鏡血黨」·「傳諭大臣」·「李匡德疏自訟」·「蔡膺福疏」·「府啓」·「備忘記」·「李光佐請對」·「宋相光等論尹拯」·「朴趾爀討光佐泰億等」·「李倚天疏論益寬等」·「金始鐸外補」·「庭鞫備忘記」·「問郞拿推」·「李台徵疏」·「洪得一疏以一鏡治一鏡」·「趙泰億請對請親鞫」·「朴聖輅疏論獄體」·「親鞫一鏡虎龍」·「兩司牌招傳敎」·「一鏡伏誅虎龍追刑」·「李光佐請對三人同罪」·「鄭宅河疏」·「李匡德疏」·「吳命峻疏駁李匡佐」·「李匡佐待命後書啓」·「權𢢜疏」·「李德普停擧」

책27: 英宗朝 二

「柳應煥疏討耉輝恒良鏡儉虎龍」·「一鏡收孥六賊削黜」·「備忘記蕩平收用」·「李聖肇疏討李匡德」·「禁府啓」·「許錫疏討泰耉鳳輝」·「禁府別單」·「方萬規疏」·「方萬規處分」·「李師尙削黜」·「安世甲疏」·「不言三司罷職」·「儒疏批復官復享事」·「特除」·「別單」·「一鏡疏下六賊遠竄」·「吏議獨政」·「兩司合啓討鳳輝光佐泰億」·「方萬規竄」·「天海伏誅」·「鞫方萬規」·「吏判引見」·「合啓」·「卜相」·「請疏決」·「李眞望疏批」·「府啓討李眞望南泰徵」·「道峯復享」·「李倚天疏請鞫沈檀等」·「冊敬義君爲王世子」·「閔鎭遠袖箚」·「右議政箚」·「賓廳會議」·「復官」·「新卜」·「疏決」·「備忘記」·「右相入侍」·「李濳贈職追奪」·「府啓」·「疏決備忘記」·「同日入侍」·「晝講入侍」·「請對人現告」·「左相箚」·「金墰疏」·「院啓」·「贈官贈諡」·「鄭錫三疏斥袖箚」·「兩司啓討錫三」·「右相疏」·「備忘記」·「正言韓德全疏」·「趙觀彬疏」·「知敦寧李觀命疏」·「崇節祠」·「院啓」·「宋必恒疏」·「府啓」·「合啓」·「柳述特竄」·「鄭亨益疏」·「府啓」·「李鳳祥錄用」·「校理洪鉉輔疏訟李重協」·「三司合啓」·「院啓」·「府啓」·「三司請對」·「合啓」·「尹陽來疏」·「李滋避啓斥尹陽來」·「聯箚」·「李倚天避嫌斥尹陽來」·「鞫尹就商」·「侍講院疏」·

「府啓討李眞儉」・「府啓討李師尙」・「院啓朴徵賓事」・「鄭樣疏討光佐」・「三司伏閤」・「左右相率百官庭請」・「尹志絶島安置」・「沈壽賢縣道疏斥鄭樣」・「府啓」・「師尙特用次律」・「徐宗一疏批」・「鳳輝極邊安置」・「親臨王府」・「李倚天疏」・「削勳教文」・「趙觀彬疏」・「府啓」・「鳳輝荐棘」・「趙德隣疏」・「院啓請鞫尹會」・「韓啓震疏」

책28: 英宗朝 三

「李倚天特除承旨」・「院啓」・「召對」・「任徵夏燈嫌啓」・「寃死人別單」・「李倚天筵奏」・「請放歸養」・「竄李世瑾疏」・「領相疏」・「四忠祠」・「金祖澤削黜」・「擅牟奔喪」・「換局」・「魚有龜疏」・「魚有龜再疏」・「魚有龜三疏」・「四疏」・「竄實錄郞廳五人」・「合啓」・「追奪荐棘」・「猶佐希亮擧兵反」・「金在魯疏」・「請有鄭閔」・「李亮臣疏光佐十二罪」・「掛書獄」・「筵說」・「趙明翼疏伸金李兩大臣」・「兪最基疏伸兩大臣」・「光佐入侍」・「柳鑣明疏討光佐」・「疏下賊島棘」・「李觀命疏」・「巫蠱獄」・「閔鎭遠李光佐入侍」・「林徵夏竟死」・「金致垕疏」・「金有慶疏」・「再疏」・「李縡疏扶棘」・「合啓」・「疏決」・「趙觀彬島配」・「洪致中啓」・「下手書」・「閔鎭遠袖箚」・「閔亨洙荐棘」・「王世子誕生」・「聯疏申請復官」・「李載厚疏」・「復李健命趙泰采諡」・「尹淳疏斥復諡」・「金在魯疏卞」・「沈鐸疏斥復諡」・「左相再疏」・「尹汲疏引避」・「朴弼載疏救護」・「金時粲安置」・「請復兩大臣」・「金聖鐸疏訟李玄逸」・「趙顯命疏金聖鐸」・「堂疏斥趙顯命」・「鄭履儉疏救趙顯命」・「尹汲疏卞鄭履儉」・「親鞫尹韓」・「李光佐重卜宣示大誥混沌開闢」・「金致垕疏斥李光佐」・「徐德修伸備忘記」・「閔亨洙疏卞先志」・「復金李兩相官」・「大臣引見筵說」・「李台重投畀」・「改正壬寅試案」・「詩獄」・「金福澤杖死」・「降大訓」・「鞫閔昌洙」・「朴弼周袖箚」・「搢紳疏」・「合啓五凶追奪」・「三司罷職」・「李宗城罷職」・「逆獄」・「王世子聽政」・「恤典」・「李濟遠等罷職」・「溫幸所經地諸相臣墓賜祭」・「吳瓚上書」・「合達光億追奪」・「閔百祥疏」・「上以矯亞筵說」・「吳瓚投畀」・「趙明鼎投畀」・「鞫尹鳳五趙泰彥」・「臺諫投畀」・「邦慶」・「臺諫玉堂投畀」・「洪準海李亮天劾李宗城」・「侍從付籤事」・「崔錫恒復官爵」・「藥房啓及付籤停解」・「大臣入侍及諸謫解放事」・「政院請對」・「潛邸動駕」・「崔錫恒致祭金尹擢授」・「還宮」・「教諭大小臣僚軍民」・「親鞫李世熙」

책29: 英宗朝 四

「三司停達」・「李命植斥補」・「李明煥書論錫恒」・「李澤徵書尹光纘李聖述趙悳事」・「左右相所啓」・「李宗城疏陳勉」・「虎異」・「李厚達書討錫恒尹東度」・「權楠織問」・「毓祥宮上諡兪拓基付處」・「朴道源書斥具宅奎」・「鞫趙觀彬」・「陳賀告廟」・「加上尊號」・「稱慶請對左相排閤」・「李溭運書」・「金會元書四件事」・「申大修達論尹光纘李壽鳳崔載興」・「徐命膺事」・「堂錄後下教」・「趙宗溥書劾李天輔」・「趙榮順上書劾李天輔」・「申曄上書」・「趙曬上書論李天輔眘命采黃景源李昌誼李喆輔」・「尹志李夏徵逆獄」・「少輩討逆疏章」・「鞫囚及諸囚事」・「親鞫諸囚」・「沈鼎衍逆獄」・「巨源等獄」・「儒生獄」・「朴弘儁荐棘」・「儲慶宮尊崇」・「酒禁傳教」・「纂修廳事」・「諸臣上疏」・「頒教」・「府達」・「館職去就」・「逆邵鞫事」・「大妃尊號」・「禁畓事」・「宮園祝號改定」・「李彥衡定配」・「金相度島配」・「兩宋從祀」・「均廳六弊」・「戶議申曉書」・「朴文秀諡事」・「李彥衡金相度放釋事」・「柳巘所達」・「耆老科」・「尹蓍東達」・「李敏坤投畀」・「宋時澤獄事」・「朝參賑政」・「主第臨幸事」・「國恤儀制」・「徐逈修上書」・「鄭尙淳織問」・「趙重明荐棘」・「酒禁事」・「令堂下官靑

袍事」

책30: 英宗朝 五

「朴志源書劾洪啓禧父子」·「文衡擧薦」·「洪景海口招」·「堂錄」·「李潭疏論新錄」·「莊陵修改」·「李存中文衡薦御筆抹去」·「知製教抄選事」·「祔廟時大臣太學被罪事」·「李奎緯停擧」·「中殿嘉禮」·「金時粲上書陳勉」·「朴致遠上書陳勉」·「姜必履書」·「李瀞上書自刎」·「科弊釐正綸音」·「正言洪述海達」·「鞫安相五贓」·「禁酒傳敎」·「李東玉逃不得捕」·「卜相」·「李允郁上書」·「李基敬李思觀不赴藩任」·「李益炕賜第」·「北繡發軍掩捕會寧府使」·「尹冕東魏興祖事」·「沈一鎭事」·「濬川」·「金養心達」·「李世孝上書」·「左相李㙫上箚」·「左相出仕」·「故金煥復官」·「崇節祠」·「慶熙宮移御」·「東宮溫幸」·「鄭枋啓」·「吏判入直本曺」·「李普觀陳勉」·「領相遞免」·「李最中請對東宮」·「金永奕疏斥玉署」·「申鏷應旨疏」·「申大修」·「撤樂」·「金漢老上書論鄭弘淳李聖模」·「世孫入學冠禮」·「上候平復宣諭事」·「安允行李商芝筵奏」·「館儒上書陳勉」·「次對時下教」·「李普觀上書陳勉」·「黃萬錫等上書」·「東宮進見」·「徐志修求對東宮」·「徐命膺上書陳勉」·「尹在謙上書陳勉」·「洪啓禧沈履之事」·「諸臣自卞書」·「金魯鎭事」·「韓光會事」·「尹鳳五書」·「柳正源等書」·「宋明欽書」·「民家借入人被配事」·「李永暉書」·「李鎭恒書論諸試官趙榮進」·「鞫李涎」·「徐志修安置」·「黃景源處分」·「昌德宮臨幸」·「新錄」·「翰圈」·「皇壇從享收議」·「李廷烈刊名仕版」·「沈一鎭處分」·「尹煥決杖」·「東宮國恤」·「嚴弘福」·「親鞫柳綵南景容」·「趙載浩賜死」

책31: 英宗朝 六

「金尙魯罷職」·「金尙魯付處」·「李瀞賞職」·「李基敬啓」·「李興宗所啓」·「府啓」·「鞫趙來鎭維鎭」·「柳善養所啓」·「金養心所啓」·「掌令李鎭恒所啓」·「姜趾煥疏論趙沈· 「姜趾煥啓駁李養源」·「東宮定號」·「諸臣放免」·「朴致隆疏」·「權樞疏」·「洪鳳漢袖箚」·「尹九淵梟示」·「李命肅處絞」·「柳匡國遠配」·「沈一鎭處分」·「勤政殿受賀事」·「金載祿所啓」·「趙暾疏論趙明鼎」·「李迪輔疏」·「宋明欽筵說」·「大司諫李潭啓」·「宋明欽還鄕疏三百赤芾」·「洪啓能疏」·「太學捲堂」·「金亮行疏」·「鄭昌聖請罷」·「福平君給牒」·「思悼練時下教」·「尹汲特罷」·「洪述海疏論藥院」·「妓妾刷還」·「趙甲彬李匡師事」·「曺命采特除」·「酒禁一律減等」·「沈一鎭擬擬」·「姜世胤給牒」·「呈券定式」·「尹光纘事」·「大小科面試」·「濟州諸賊親鞫」·「趙甲彬拿鞫」·「首髻復舊」·「諫通例望」·「海儒疏後傳教」·「尹汲罷職」·「金黃疏釋傳教」·「任希教贓」·「定宗統」·「筵本」·「從享傳教」·「文臣月課」·「長湍亂民」·「具庠罷職」·「犯酒人親問」·「垂恩廟移建」·「金應淳疏」·「掌隷院革罷」·「申曝處分」·「搢紳疏」

책32: 英宗朝 七

「黃最彦疏救申曝」·「鞫沈尹山訟事」·「韓後樂疏論優禮山林」·「右相乍仍旋遞」·「崔益男疏」·「韓翼謨對疏」·「徐浩修處分」·「沈翼雲調用」·「黃景源放」·「沈重奎上疏論具李」·「赴擧儒生並逐渡江」·「鄭履煥大靜縣永爲庶人」·「領左相削職」·「金鍾正投畀」·「科規復舊」·「百官庭啓」·「新錄」·「鞫李廷燮」·「尹光禮島

配」·「右相徐志修罷職」·「毓祥宮動駕」·「沈履之投畀」·「柳知養所懷」·「大訓改定」·「洪相直疏斥黃景源」·
「鍊戎臺舉動」·「宋載經疏論崔益男」·「林鼎遠疏斥趙明鼎」·「崔益男疏卞」·「趙榮進疏論李聖諤」·「鄭厚謙
永不敍用」·「太廟用酒」·「山林解罰」·「士庶祭用酒」·「親耕覽」·「諸論放釋」·「柳知養疏論鄭厚謙」·「鄭亨
復疏陳勉」·「徐志修削職」·「尹鳳九疏爲師申辨」·「市虎」·「李宗榮疏斥李鎭復李章吾兄弟」·「洪九瑞疏陳
勉」·「李命勳疏劾李㴌元仁孫」·「北靑布貢」·「受麥受麰」·「任觀周大靜荐棘」·「諸臣對卞」·「李澤徵小劾鄭
弘淳」·「李昌壽罷職」·「三相復除」·「李奎緯黑山島荐棘」·「金㻐疏卞」·「順悌君殺獄」·「山陰人妖」·「趙昌
逵疏論徐命膺」·「李時中永爲庶人」·「趙瑗逐出江外」·「庭試重試」·「申益彬上疏論庭請口奏」·「姜趾煥疏
論墨商篩頭又劾蔡濟恭」·「洪相直疏論蔡濟恭金善行」·「金致恭疏論順悌君尹光紹睦祖永」·「李廷烈疏
論初仕兩人刊汰」·「金尙黙疏論洪樂性嚇人官兄」·「黨人」·「金會元疏劾沈履之」·「弘錄」·「金若行黑山島
安置」·「李謙彬楸子島荐棘」·「命拿觀象監提調」·「金容甲山投畀」·「申光緝巨濟荐棘尹蓍東南海荐棘」·
「命復李光佐趙泰億官旋寢」·「虫災」·「宋瀷疏劾韓光會」·「朴盛源疏劾趙明鼎」·「儒疏黑山島定配」·「金
履禧免爲庶人屛裔」·「金焌濟州荐棘」·「虎患」·「禁府五部郎宿拿刑」·「權極黑山島限己身爲民」·「文官守
令督還」·「疏需處分」·「李鎭復永刊特從案」·「韓集大靜縣絿投畀」·「翰林處分」·「升抄童蒙」·「李元啓事」·「尹
弘烈南海定配」·「韓瑜疏請斬洪鳳漢」·「鞫韓瑜黑山島定配」·「鞫沈儀之刑配」·「李遠疏訐閔百興父子李
昌壽蔡濟恭」·「除亂刑」·「島配人出陸」·「崔益男杖斃」

책33: 英宗朝　八

「王孫跟隨」·「兩王孫大靜安置洪鳳漢中道付處」·「堂錄」·「權震應李最中荐棘」·「柳得養嚴囚南間旋
放」·「李基敬黑山島荐棘李一曾楸子島荐棘」·「宋聚行劾趙曦」·「朱璘明史綱鑑」·「金光黙啓論趙學善」·
「兩銓論䯈」·「呂善亨黑山島定配」·「韓瑜公州牧梟示」·「沈儀之施逆律」·「洪鳳漢竷啓旋停」·「吏判改正」·
「肇慶廟刱始」·「辦巫使準還」·「諸臺駁疏」·「具善復設鞫後削職」·「李祐祥疏論銓官」·「吏判史議投畀」·「金
致仁免相門黜」·「金致仁遠竄柳僉島配金尹投畀」·「頒賜百世錄」·「金致仁栫棘」·「嚴璘栫棘」·「金鍾秀栫
棘」·「求言下敎」·「閔恒烈放逐鄕里」·「具庠栫棘李東顯準職除授」·「李範濟栫棘」·「武臣子弟禁科」·「金觀
柱疏訐洪鳳漢」·「金龜柱神疏訐洪鳳漢」·「文官禁外除及禁昏牌」·「兩司合啓論洪鳳漢金昏柱」·「蕩平科」·
「李得培前後三代爲庶民」·「宣諭合啓改律」·「光佐等復官」·「毓祥宮議加諡」·「權尊鍾城投畀」·「李觀厚
十世庶民裴允命三族爲奴」·「求對大臣及卿宰並刊版」·「韓必壽尹勉升絶島爲奴」·「原任大臣削職」·「李
潭啓」·「李潭趙重晦陞擢」·「毓祥宮上諡」·「徐有臣辭參啓疏」·「被罪人及三司停啓」·「減賦有罪」·「洪鳳漢
書啓」·「鄭彥暹疏覈沈履之金尙黙」·「上諡尊號」·「禁昏牌及金致仁以下放釋」·「趙榮順甲山庶民」·「兩司
合啓趙榮順依律處斷」·「李最中申益彬遠竄」·「南門殿坐鞫兪彥民」·「睦祖永竄配」·「權尊絶島安置」·「合
啓改措語」

책34: 英宗朝　九

「金植大靜庶民」·「韓翼謨中道付處尋敍」·「金龜柱洪樂仁特除」·「金致仁致仕」·「科弊金進行
充軍」·「湖堂命抄旋寢」·「金若行特除正言」·「金夏材遠竄」·「加諡追崇議」·「湖堂抄記」·「翰
注試才分館」·「湖堂應製」·「堂錄」·「史記」·「李彥一削職」·「洪彬疏請堂錄改正」·「鄭光忠啓劾
金尙黙」·「金若行疏薦人」·「二李子見謁謁聖」·「趙榮順停啓」·「黃昇源黑山島能櫓軍」·「沈煥之

珍島充軍柳義養鍾城庶民」・「兩疏儒遠配李有哲擢拜承旨」・「放黃昇源母與弟」・「書付宮門」・「詣臺諸臣並付籤侍從案」・「李潭迫遞趙曬投畀」・「後三日製權橺甲山爲民」・「趙榮順黃昇源停啓」・「李敬養李商嚴刑配北邊」・「雷不爲災」・「試所定式」・「江上封門」・「翰林謫」・「服藥詢問」・「山呼」・「賢良科」・「登俊試」・「尹光莘尹九淵復官」・「百世錄洗草」・「稱慶」・「求言」・「李最中致仕」・「堂錄」・「張志恒刊版趙晥回示」・「宋趙初仕」・「科弊」・「月食」・「白虹貫日」・「御史挾妓渡海」・「南絳老疏劾李潭」・「臨門南絳老海南李迪輔甲山並三代庶民」・「庭請啓請南李絶島荐棘」・「推鞫南絳老」・「李迪輔黑山島荐棘三族無少長爲庶民」・「南絳老結案」・「鄭厚謙疏自明」・「黃宅仁疏開陽門外洗草」・「鞫黃宅仁」・「李湍啓劾申晦」・「朴盛源黑山島荐棘」・「東宮代理」・「徐命善疏論洪麟漢不必知之」・「聽政陳賀」・「三相削黜旋敍」・「沈翔雲上書溫室樹」・「三司入對討洪麟漢沈翔雲」・「翔雲嚴刑黑山島荐棘」・「申應顯上書討麟漢翔雲」・「李湍上疏麟漢翔雲」・「洪國榮上書」・「合啓停達」・「李灛書劾金相福」・「崔守元趙羽逵援榜」・「柳義養建請命官主文削職」・「府啓停蕩」・「李秉模上書討尹養厚洪良漢」・「李商嚴上疏論尹泰淵」・「李鼎運上書論李秉鼎」・「東宮謁廟後上疏」・「孝章廟加號」・「金樂注上書論李章吾贓」・「申大年上書黜李敬倫」・「李在簡罷職趙載敏加資勿施」・「金相翊定配旋放」・「供洪述海贓」・「國恤」

3. 내용

이 책은 태조조부터 영조조까지 정치적인 사건을 위주로 편년체로 엮어간 기록으로, 편찬시기는 정조 때로 추정된다. 서문과 발문은 없지만 범례를 두어서 이 책의 편찬의도와 방식을 알려주고 있다. 다음은 범례의 내용이다.

첫째, 國朝의 사실을 기재한 것이 너무 浩穰하여 깊이 공부한 자가 아니면 계통을 세우기가 어렵고 그 繁複함에 싫증을 내게 되니, 하물며 어린아이가 처음 보는 경우는 어떠하겠는가. 이에 諸家들의 기록을 대략 적고 그 年月에 따라 각기 標題를 달았다. 예를 들면 詩文을 傳寫하는 경우 이름을 적어 찾아보기에 편리하도록 하였다. 『대사편년』은 大事가 아니면 기록하지 않았다.

둘째, 만일 大事를 기록하는 데에 그친다면 비록 근엄한 체를 터득하게 된다 할지라도 그 斷爛함을 불만스럽게 여기게 되므로 간략하게 野乘의 異聞과 奇蹟을 모아서 참고하고 열람하게 하였다.

셋째, 列朝의 獄案은 가장 구비하기 어려우니 대개 一時之記事가 때로 好惡를 좇게 되어 百世의 是非가 의혹을 불러일으키기 쉽기 때문이다. 나는 모아놓은 책의 범위가 넓지 못하고 考據도 치우치는 바가 있는 것을 애석하게 생각하여 우선 내가 본 책들에서 同異를 節酌하여 疏章啓辭 중에서 大事에 관련된 것은 역시 標題를 세워 詳略함이 마땅하도록 힘썼으니, 보는 사람들은 모름지기 스스로 터득해야 한다.

넷째, 저서를 남기는 사람들은 모두 인용서목을 기록하지만 이 책은 감히 著述이라고 할 수 없고 단지 어린 아이들로 하여금 本朝의 이야기를 기억하게 하고자 할 따름이다. 그러므로 인용서목을 열거하지 않아서 외람되다는 비난을 면하려고 한다.

다섯째, 宗系辨誣 昭陵復陵 元宗追崇 端宗復位 등의 부분에는 前後事實과 疏章에 대한 來歷은 연도를 따를 수 없어 다만 成事한 연도 밑에 한 字를 낮추어 前後의 다름을 표시하였다.

이상의 내용에서 『대사편년』은 童幼들의 학습을 위한 목적으로 만들어졌다는 점. 본문 내용 중에 野乘을 첨가했다는 점, 내용의 객관성을 유지하기 위한 노력을 했다는 점, 그리고 애당초 인용서적을 열거하지 않으려 했다는 점[1] 등을 알 수 있다.

『대사편년』은 전체에서 숙종조(865장)·경종조(303장)·영조조(755장)에 이르는 기간 동안이 가장 많은 비중을 차지하고 있는데, 그 이유는 해당기간에 당쟁이 치열했기 때문이라고 할 수 있다. 다음은 내용을 간략하게 살펴본 것이다.

<中宗朝>

책4에 해당하며 분량은 총 103장이다. 중종의 재위기간은 39년(1506~1544)이다.[2] 反正과 관련된 記事로는 成希顔과 朴元宗이 뜻을 함께 하여 반정을 추진하고 晋城大君을 추대하는 과정, 폐주를 喬桐에 안치한 사실, 반정공신들이 왕비 신씨가 罪人 守勤의 딸이라 하여 중전으로 모시기를 반대하여 河城尉 鄭顯祖의 집으로 보낸 사실과 章敬王后가 책봉된 사실 등이 실려있다.

그 이후 장경왕후가 승하하자 순창군수 김정과 담양부사 박상이 강보에 싸인 원자를 보호하기 위하여 폐비 신씨를 복위시킬 것을 청하는 상소를 올렸으나, 대사간이었던 이행은 폐비를 복위시켜 왕자라도 태어난다면 원자의 처지가 곤란하게 될 것이라고 반박하였다. 결국 김정과 박상이 귀양을 가게 된 기사가 실렸다. 또 도학정치의 실현을 주장하는 조광조가 이행이 臺諫으로 있으면서 오히려 言路를 막는다고 배척하였고 이로 말미암아 훈구관료와 신진관료들이 팽팽하게 대립한 사실 등이 실렸다. 誣獄이 계속 이어졌는데, 그 중에는 童蒙敎官이 제자들을 이끌고 모반을 계획한다고 고한 적도 있었다. 이에 아이들을 잡아다 놓고 보니 스무 살 무렵의 아이들이 數十餘 명, 십오륙세 아이들이 數十 명, 열두 살, 열세 살되는 아이들이 육칠십 명, 열 살 되는 아이들이 수십 명이었다. 정광필의 손자 정유길도 열 살로 그 속에 끼어 있었는데, 나중에 조사해보니, 여러 아이들이 남산에 올라가 나뭇가지를 꺾어 전쟁놀이

---

[1] 그렇지만 본문 중에는 적은 수나마 『誒齋集』·『朴世采遺集』·『陶庵三官記』·『甲戌錄』·『丹巖記事』 등의 인용서목이 보인다.

[2] 중종의 在位元年은 연산군이 폐위된 해부터 시작되기 때문에 다른 왕들과는 재위기간 계산법과는 다르다. 당시에 연산군을 왕으로 인정하지 않았기 때문에 중종의 즉위년을 원년으로 삼았다.

를 했던 것으로 밝혀진 일도 있었다.

정축년에는 문정왕후 윤씨가 책봉되었다. 당시에 승하한 장경왕후의 소생인 원자가 세 살이었는데, 기질이 沈重하였고 말도 가벼이 하지 않아 마치 成人과 같았다고 하였다. 그를 愼妃의 처소(鄭顯祖의 집)로 보내서 민간의 疾苦와 사대부의 風習을 보게 한 적도 있었다.

조광조가 중종에게 정책에 관하여 進達하고 請對한 내용들이 길게 수록되어 있다. 당시까지 先王과 先后의 忌辰은 일반의 풍속처럼 절에서 齋를 올렸는데, 이 때 조광조의 건의로 그 관례를 없앴다. 이 밖에도 연산군 때 없앴던 독서당을 다시 지은 것, 미신타파를 위해 소격서를 없앤 사실, 鄕約을 刊布한 사실, 인재를 등용하기 위해서 현량과를 설치한 사실 등을 실었다. 그 중에서도 현량과를 설치하는 것에 대해서 대신들의 의견을 묻는 과정을 수록하기도 했는데, 유독 정광필이 반대했던 것을 기록하면서 그의 守舊적인 태도를 부정적으로 기술하였다.

조광조가 同知成均館事, 大司憲 등으로 급속하게 拔擢된 사실을 기술하였다. 또 建春門으로 모종의 글을 달아놓은 화살이 날아들어왔는데 이 일에 대해서 上下가 모두 匿名이라 하여 그 내용을 확인하지 않았다. 臺諫에서 女樂을 혁파할 것을 청하였으나 大臣들의 반대로 무산된 일을 실었다.

經筵에서 강론하는 23인의 이름을 수록하였고, 元子講學條에서는 다섯 살이 된 원자의 늠름한 모습과 『小學』을 읽을 때 流暢한 分析과 仁厚한 聲音을 수록하면서 아울러 중종의 기쁨을 감추지 못하는 모습을 史官의 눈을 통해서 기술하였다.

大司憲 趙光祖, 大司諫 李成童 등이 反正功臣 중에서 功에 비해 지나치게 받은 錄勳을 깎을 것을 청하였다. 이에 중종은 난색을 표했지만, 조광조가 자신이 극형을 당하더라도 이 일을 관철하겠다고 極諫하였고 이에 대한 남곤의 반응을 실었다. 당시에 신용개가 세상을 떠났는데, '그의 죽음으로 남곤이 거리낌 없이 기묘사화를 꾸몄다'[3]는 우암의 말을 수록하였다.

또 地震이 일어난 사실을 자연적인 현상으로 보지 않고 人事와 관련시켜 해석하였다. 이때 沈貞이 형조판서로 등용되었는데, 지진을 심정·남곤·홍경주가 일으키는 기묘사화의 전조로 해석하는 내용이다.

神武門士禍條에서는 기묘사화의 顚末이 자세하게 기록되었고 大司諫 李蘋과 執義 柳灌이 賢良科도 없앨 것을 청한 사실, 기묘사화를 통탄한 金世弼의 杖配 등이 기록되었다. 이후 辛巳誣獄인 安處謙의 옥사와 安瑭, 金淨, 奇遵의 죽음을 수록하였다. 생원 이종익이 時事가 잘못되었음을 간하는 상소를 거듭 올려 유배되었다가 죽임을 당하였다.

1520년 원자가 여덟살이 되던 해에 王世子 冠禮가 행해졌다. 掌令으로 있던 이언적이 鄭光弼과 李沆을 배척하는 상소를 올린 사실, 이항이 拜相된 사실, 유배를 떠났던 김안로가 재등장하면서 경빈 박씨가 동궁을 위해하려는 요술을 쓰다가 아들 복성군과 함께 폐서인이 된

---

3) 신용개는 당시 士類의 宗主였고 남곤을 추천한 일이 있어서, 그의 생존시에는 남곤이 처신에 조심하였다.

사실, 김안로로 인하여 성세창과 심정이 유배를 떠난 일, 김안로가 뜻을 얻고 난 뒤 자신의 黨인 金謹思를 우의정으로 발탁한 일 등이 실렸다.

왕세자가 복성군의 신원을 위해 올린 상소의 내용이 실리고 이 글에 중종이 감동을 받아 몇 년 후 복성군이 復官立後 되었다고 기술하였다. 대윤과 소윤의 등장과 김안로가 축출되는 과정을 실었다.

무술년(중종 33)에 갑자기 內禪하겠다는 명을 내리니, 동궁이 눈물을 흘리며 固辭하였고 이에 명을 거두었다. 당시에 동궁이 장성하였으나 자식이 없었고 동생 경원대군(후일의 명종)이 있었다. 김안로가 조정에 돌아온 후에 날마다 인종이 편안치 못하다는 말을 퍼뜨리니 문정왕후도 역시 자신의 소생인 경원대군이 위태롭다고 여기고 外臣에게 의탁하여 자신의 위치를 공고히 하려는 생각을 가지고 있었다, 이에 李芑가 몰래 安固之計를 올려서 윤원로 형제와 결탁하였다.

또 기해년에 한산군수로 있던 李若氷이 노산군과 연산군의 후사를 세울 것과 복성군의 신원을 청하는 상소를 올렸다가 파직되었다. 영의정 정광필과 우의정 김극성의 죽음에 대한 記事가 실렸다. 신축년에는 풍기군수 주세붕이 서원을 처음으로 세웠다. 東宮에 불이 나서 궐내의 사람들이 당황하는데도 세자가 관복을 정제하고 앉아 끝내 움직이지 않자, 중종이 맨발로 뛰어와 부르니, 옥음을 듣고야 비로소 나왔던 일이며, 동궁에 불이 난 일을 세자가 자신의 부덕의 소치로 돌리는 글을 侍講院에 내린 일 등이 실려 있다.

國防과 관련된 기사로는 삼포왜란을 평정한 사실, 沈思遜이 중종의 특명으로 만포진에서 첨절제사로 야인들을 방어하다 그들에게 살해당한 사실 등이 실려 있다.

國恤條에서는 중종에게 宗社를 안정시켜 中興의 공을 세웠다는 점을 들어서 인종이 중종의 묘호를 '宗'에서 '祖'로 바꾸고 싶어 하였으나 반대에 부딪친 일이 마지막으로 실렸다.

<仁宗朝>
책5에 해당하며 분량은 총10장이다. 인종의 재위기간은 8개월로 1544년 11월에 즉위하여 1545년 7월에 승하하였다.

내용은 인종의 극진한 효성을 보여주는 기록들이다. 맨 처음에는 인종이 부왕의 죽음을 애통해 하며 손수 지은 「殯殿親祭祭文」이 실려있다. 윤원형을 특별히 공조참판에 발탁하여 慈殿의 마음을 위로하려 하였고, 兩司가 문정왕후에게 승려를 빈전에 출입하게 勸한 좌의정 洪彦弼을 탄핵했으나 인종은 선왕이 돌아가신 지 얼마 되지 않아 선왕이 우대한 대신을 바꿀 수 없다고 답하였다.

領相 尹仁鏡 등이 成宗朝 정희왕후의 喪制를 따라 卒哭 후에 黑笠을 쓸 것을 청하였으나, 三司에서 祖宗朝는 모두 白笠을 썼으며 성종조에 갑자기 舊制를 바꾼 것이니 五禮儀에 따라 백립을 쓸 것을 청하여 그것을 따르기로 한 일 등이 실렸다. 태학생들이 세 번 상소를 올려

서 조광조, 김정, 기준의 신원을 청하자 인종은 조정에서 논의될 때까지 좀 더 기다리라는 비답을 내렸고 유일을 천발하라는 전교를 내리고 徐敬德과 鄭磏을 발탁하려고 하였으나 끝내 뜻을 이루지 못했다. 대사헌 宋麟壽 등도 薦擧科를 다시 설치하고 조광조 등을 복관시켜 달라는 상소를 올렸으나 선왕께서 하신 일을 갑자기 바꿀 수 없다고 하였는데, 대개 시간이 흘러감을 기다린 것이다. 그 후에 인종이 병이 들자 조광조 등의 직첩을 돌려주고 현량과를 다시 설치하라는 전교를 내린 사실을 기록하였다. 臨薨시에 遺敎를 내리기를, '부왕께서 돌아가신지 오래지 않아 내가 또 이렇게 되니 효를 다할 수 없어 내 마음이 망극하다. 내가 죽으면, 반드시 부모님의 塋域 근처에 묻어 내 뜻을 다할 수 있게 하라. 또 이제 겨우 大喪을 지내서 백성들의 힘이 다하였으니, 나의 상은 소박하게 하여 민폐가 없도록 하라'고 하고는 經筵官 등을 불러 民事를 이야기하기를 멈추지 않았다는 기사를 적었다.

國恤條에서는 '인종이 上聖의 자질로 덕을 쌓아 太平之治를 기대할 수 있었는데, 오래지 않아 승하하고 말았다. 그래서 백성들이 애통해하기를 자신의 부모 잃은 것 같이하니 그 哭聲이 하루 안에 義州까지 이어졌다'고 하였다. 後代에 李珥가 인종의 승하로 을사사화 같은 참혹한 일이 벌어졌다고 안타까워하는 내용을 수록하였다. 또한 마지막 渴葬條에서 大妃가 踰月葬으로 하려 하여 인종의 葬事가 서둘러 치뤄졌음을 적었고, 이에 반대한 丁熿과 太學生들의 상소를 수록하였다. 이같이 갈장을 하게 된 것은 李芑로 말미암은 것이라 백성들의 미움이 극에 달했음을 말하였다.

<明宗朝>

책5에 해당하며 분량은 54장이다. 명종의 재위기간은 22년(1545~1567)이지만, 그 기간에 비해서 적은 분량이 수록되어있다.

맨 처음 기사는 대왕대비의 수렴청정이 시작되었고, 문정왕후와 명종이 함께 주렴 안에 있자 대사헌 洪暹이 간하여 명종을 주렴 밖으로 나와 앉게 하였다는 내용이다. 「忠順堂本末」에는 왕과 대비, 그리고 윤원형·이기를 비롯하여 여러 衆臣들이 忠順堂에서 윤임과 柳灌 등을 벌 주는 것을 의논하여 을사사화로 이어진 과정이 수록되었다. 이러한 결정에 대하여 강하게 반발한 백인걸이 '죄를 결정하는 일이 조정의 대신과 육조판서에게서 나오지 않고 대비의 밀지에서 나온 것은 부당하다'고 지적하는 啓文를 홀로 올렸다가 의금부에 갇히게 된다. 그리고 李芑가 左相으로, 林百齡이 이조판서로, 권벌이 병조판서로, 민제인이 호조판서로, 허자가 대사헌으로 특별히 제수된 사실을 수록하였다.

권벌이 병조판서가 되어 올린 계문을 수록했는데, 원래의 계문에는 "대비는 한 사람의 夫人이고 主上은 六尺 孤兒인데, 윤임이 만일 두 마음을 품었다면 五六日 동안 入侍하지 않고 天位가 정해진 뒤에 감히 다른 계획을 짜려고 했겠습니까?"라고 쓴 구절이 있었다고 한다. 그런데 당시 院相이던 이언적이 보고 놀라서 말하기를, "일이 이 지경이 되었는데, 이런 말이 무슨 이득이 되겠는가" 하고는 위태로운 말이 있는 부분을 지워버렸다는 내용이 附記되어 있다.

정순붕은 윤임과 유관에게 더 강한 처벌을 요구하는 상소를 올렸고 결국 윤임·유관 등을 賜死하는 傳旨가 내려졌다. 그 뒤에도 壁書의 獄이 일어나 송인수 이약빙 봉성군 등이 賜死되는 등 사화의 피해가 크게 확대되었음을 보여주는 내용들이 실려 있다.

승려 普雨가 자칭 得道했다고 하며 궐내에 거주하였고 문정왕후의 절대적인 신임으로 禪科를 다시 설치하게 된 사실을 실었다.

임자년에 成守琛, 李希顔 등의 遺逸을 선발했다. 계축년에 대왕대비가 수렴청정을 거두었지만 뜻에 맞지 않은 일이 있으면 때로 명종의 뺨을 때린 일도 있었음을 기록하였다. 이밖에도 비변사를 설치한 일, 李樑을 총애하여 발탁한 일 등이 실렸 있다.

1565년 대왕대비가 승하한 뒤 보우가 귀양 가고 윤원형이 방축된 사실, 禪科를 폐지한 사실 등이 실렸다. 上廟號條에는 묘호를 明宗, 능호를 康陵이라 하였는데, 명종이 평시에 자신의 시호를 '明'으로 하고 싶어했다고 하였다.

<宣祖朝>

책6, 책7, 책8에 해당하나 결권인 책6을 빼면 분량은 총 208장이다. 선조의 재위기간은 41년(1567~1608)이다.

책7은 1589년(선조 27) 상서롭지 못한 자연현상이 일어났고 趙憲이 東人을 공격하는 持斧 상소를 올렸고, 兩司의 의견을 따라 그를 吉州로 유배를 보냈다. 황해감사 韓準의 密啓로 시작된 정여립의 獄事에 관련된 내용, 討逆頒敎文 등이 실렸다. 또 정여립과 관련된 인물들에게 상벌이 내려졌는데, 김우옹은 정여립과의 친분 때문에 회령으로 유배갔고, 정여립의 반란을 미리 예언한 선견지명 때문에 李敬仲은 이조참판으로 증직되었으며 조헌은 특별히 귀양이 풀렸다. 또 송익필이 私奴로 조정에 원한이 많은 까닭에 조헌의 상소 내용에 송익필의 주장이 들어있다는 등의 이유로 송익필을 원찬시킨 일, 안당의 집안이 멸족하고 나서 庶孫인 安庭蘭이 자신의 族黨을 이끌고 송사련의 무덤을 파서 그 뼈를 부순 이야기, 정여립과 친했다는 죄목으로 李潑 형제가 국문을 받다가 매맞아 죽은 일, 정여립을 천거했다는 죄목으로 노수신을 파직한 일, 노수신이 재상에 재직한 14년 동안 建明한 바가 없었다는 것을 附記하였다. 이밖에도 全羅都事 曹大中, 鄭介淸, 鄭彦信, 崔永慶 등을 벌 준 일 등 정여립 옥사의 여파가 여러 사람들에게 미친 사실 등을 수록하였다.

임진왜란이 일어나기 전 왜국과 관련된 내용으로 황윤길 등이 통신사로 다녀온 후 가져온 倭書의 내용, 倭使를 목베야 한다는 조헌의 상소 등이 실렸다. 또 右相 유성룡과 左相 정철이 建儲를 청하려 했으나 領相이었던 이산해의 농간으로 정철이 유배를 떠나게 된 일, 정여립의 옥사 때에 양천경이 吉三峰을 최영경이라고 무고한 사실을 밝혀져 옥사가 일어난 사실 등이 실렸다.

임진왜란과 관련하여 동래부사인 宋象賢이 殉節한 사실 등 날짜순으로 각지의 戰況을 기록하였다. 위태한 때를 당하여 대신들이 建儲를 청하여 광해군으로 세자를 삼은 일, 申砬과 金汝岉 등이 힘써 싸우다가 강물에 투신하여 죽은 사실, 국정의 책임을 물어 이산해를 파직하고 정철을 불러들인 일, 왜적이 京師로 쳐들어 온 일, 부원수 申恪이 무고로 억울하게 참형을 당한 일, 倭賊이 포로를 통해서 이덕형과 회담하기를 원하였으나 화의는 결렬된 사실, 御駕가 城을 떠나려 할 적에 城中의 백성들이 도끼와 몽둥이를 가지고 길에서 宮人들을 마구 때렸고 판윤으로 있던 洪汝諄은 부상을 당하여 말에서 떨어졌다는 기록 등이 있다. 평양이 함락되고 御駕가 義州에 머물면서 명나라에 구원을 요청하는 논의를 적었고, 遼東에 사신을 보내서 구원을 요청하여 副摠兵 祖承이 구원하러 온 일 등이 있으며, 이순신이 閑山島에서 승리한 일, 各道에서 義兵이 일어난 일, 僧軍이 일어난 일, 명나라가 游擊將軍 沈惟敬을 倭國에 사신으로 보낸 일, 會寧府吏인 鞠景仁이 모반하여 臨海君과 順和君, 황정욱 등을 잡아 왜적에게 넘긴 일, 鄭文孚가 의병을 일으켜 鏡城을 수복하고 회령에 진격하여 국경인의 숙부인 世弼을 죽인 일, 진주에서의 승리, 경주를 수복한 일 등이 수록되었다. 우여곡절 끝에 大駕가 還都하여 貞陵洞 月山大君의 집을 行宮으로 삼고 沈義謙의 집을 東宮으로 삼은 사실을 실었다.

책8에는 명나라로 尹根壽를 보내서 世子책봉을 청했으나 허락받지 못한 사실을 맨 처음 적었다. 領相으로 있던 유성룡의 時務疏의 내용, 成渾이 入朝한 사실, 훈련도감을 설치한 일, 정철의 官爵을 追奪하고 최영경의 官爵을 追贈한 사실, 慶尙兵使 金應瑞가 왜적 行長을 만나 行間한 사실, 왜국이 왕으로 봉해지는 것을 거부하자 조정에서는 왜구가 다시 쳐들어 올 것을 두려워한 내용, 이몽학의 반란을 평정한 내용, 김덕령이 이몽학과 내통하였다는 무고로 杖死한 내용의 顚末 등이 있다.

또 정유년에 왜구가 다시 침략하자 이순신이 체포되고 대신 원균이 統制使가 되었는데, 이는 조정이 東西로 분당되어 國事를 도외시 한 때문이라고 하였다. 원균이 패하여 죽자, 다시 이순신을 등용하고 진도에서 승리를 거둔 이야기, 요새지인 黃石山城을 助防將 白士霖이 성을 버리고 도망하여 咸陽군수 趙宗道 등이 죽음을 맞고 왜구에게 성을 빼앗겼던 일을 적었다.

명나라가 다시 구원하러 군사를 보내고 明將 楊元이 南原에서 패배한 일, 이순신이 古今島에서 왜적을 大破한 일, 이원익을 陳奏使로 보내고 영의정 유성룡을 파직한 일, 다시 李恒福과 李廷龜를 陳奏使로 보낸 일, 이순신이 왜적을 鷺梁에서 대파하고 탄환에 맞아 죽은 일, 平秀吉이 죽자 倭兵들이 撤去한 일, 유성룡이 北人들의 탄핵으로 삭탈관직 된 일, 이원익이 유성룡을 구하는 箚子를 올린 일, 이항복이 스스로를 탄핵한 箚子를 올린 일, 關王廟를 세운 일, 유성룡의 관직을 환급한 일, 金盡國과 南以恭을 삭탈관직하고 내쫓은 일, 왜국에서 여러 번 화친을 원한 일 등이 실렸다.

壬寅년에 繼妃로 이조좌랑 김제남의 딸이 책봉된 사실, 정인홍을 공격하는 상소, 尹根壽와 金命元의 죽음과 평가, 貢案을 改定한 일, 惟政이 일본에 잡혀있던 포로 삼천여명을 데리고 온 일, 丙午년에 영창대군의 탄생과 영창대군을 세자로 세우려는 유영경의 움직임, 선조의 즉 위 40년을 陳賀하는 增廣試를 실시했으나 기실은 39년으로 領相 유영경이 40년이라 한 점, 당시 倭에서 和親을 청하여 宣陵과 靖陵을 훼손한 二人을 보낸 일, 呂祐吉 등을 回答使로 왜 에 보낸 일, 선조가 傳位하려는 전교를 내리려 하였으나 유영경이 그것을 막는 계문을 올린 일, 선조가 대나무를 그린 그림에 얽힌 이야기, 정인홍이 유영경을 공격하는 상소, 유영경이 자신을 해명하는 상소, 세자는 아직 명나라에 책봉을 받지 못했다면서 정인홍을 꾸짖는 선조 의 傳敎 내용, 大諫 李效元 등의 상소로 李爾瞻, 李慶全, 鄭仁弘 등이 멀리 귀양 간 일 등이 있다.

마지막으로 遺敎七臣條 중에는 광해군이 즉위한 후에 영창을 죽이지 않고 大妃에게 효성을 다하여 정인홍이 폐모론을 주장하지 않았다면, 광해군은 賢主로, 정인홍은 名臣으로 남았을 것인데, 세자를 바꾸려고 한 유영경의 음모 때문에 비극이 일어나게 되었다는 내용을 담았다.

<光海君>

책9에 해당하며 분량은 130장이다. 광해군의 재위기간은 15년(1608~1623)이다.

1608년 이이첨·이경전·정인홍이 귀양에서 풀려나고, 임해군은 모반죄로 강화도에 유배되었 다. 또 領相 이원익이 대동법 시행을 청한 내용, 柳永慶, 李弘老, 金大來 등을 配所에서 自盡 하게 하도록 2품 이상의 大臣들이 啓請한 내용, 성혼이 誣告를 당한 것을 풀어달라는 상소들 이 있다. 1609년에 비로소 명나라가 광해군을 왕으로 인준한 詔書의 내용이 실렸고 別試에 私情이 개입되어 문제가 된 일이 있었다.

1610년 士林 五賢으로 김굉필·정여창·조광조·이언적·이황의 文廟從祀가 이루어지자, 정인홍 이 이언적과 이황를 비판하는 내용의 상소를 올렸다. 이에 館學 儒生 오백여명이 정인홍을 儒籍에서 삭제하고 상소를 올렸으나 광해군이 정인홍을 두둔하는 전교를 내리자 捲堂의 사태 가 일어났다.

창덕궁과 창경궁을 重修하여 移御한 일, 金直哉가 모반을 꾀하려 했다고 무고를 당한 사건 으로 晉陵君이 죽임을 당한 내용, 계축옥사의 발단이 되는 朴應犀의 獄事, 김제남을 拿鞫한 일과 賜死한 傳旨의 내용, 영창대군이 강화에 위리안치된 사실, 영창대군을 구하려는 鄭逑의 상소 내용, 강화부사 정항이 영창대군을 燒死시킨 일, 폐모론을 비판하는 상소를 올린 이원익 에 관한 내용, 綾昌君을 추대하기 위하여 반역을 모의했다는 죄로 申景禧의 옥사가 일어난 내용, 해주목사 崔沂가 이이첨의 미움을 받아 獄死한 내용, 遺敎七臣 중 申欽·朴東亮·韓浚謙을 付處한 내용, 윤선도가 이이첨을 논핵한 상소를 올린 일, 龜川君과 錦山君 등이 이이첨을 논 핵하는 상소를 올린 일, 폐모를 논의하는 내용, 명나라의 요청으로 파견한 金應河가 戰死한 일, 후금이 동맹을 요청한 일, 명나라 장수 모문룡이 椵島로 들어온 것을 보고한 내용, 마지막으로 儺戲謀逆條에서는 이이첨 등이 인목대비를 죽이려 하였으나 인목대비의 꿈에 선조가 현몽하여 가까스로 목숨을 건진 일을 수록하였다.

<仁祖朝>

책10, 책11에 해당하며 총 분량은 226장이다. 인조의 재위기간은 27년(1623~1649)이다.[4]

책10권에는 金瑬 등이 綾陽君을 추대하는 反正의 本末이 수록되었고 계해년 3월에 대비의 명으로 인조가 즉위한 사실, 永昌大君과 臨海君·綾昌君·晉陵君·金悌男·金孝男 등을 復爵하고 釋寃한 사실, 朴燁·이이첨·鄭造 三人을 죽이라는 密旨가 내린 일, 廢主·廢東宮·廢妃 柳氏·廢嬪 朴氏를 강화에 안치한 일, 폐세자가 굴을 파고 도망하였으나 다시 잡혀오는 것을 보고 폐빈 박씨가 식음을 전폐하다가 스스로 목숨을 끊은 일, 이괄의 반란에 대한 내용, 이괄의 난 때문에 奇自獻·金元亮 등 49인을 하룻밤에 죽인 내용, 인조가 난을 피하여 남행한 일, 관군이 鞍峴에서 이괄의 군사에게 크게 이기자, 이괄의 수하인 李守白 등이 이괄을 죽인 일, 柳夢寅을 逆律로 다스린 일, 朴弘耉의 옥사, 廟堂通諭文의 내용, 仁城君이 박홍구의 역모에 추대된 사실 때문에 杆城으로 유배된 일, 박승종의 죽음을 死節이라고 한 洪鎬를 인조가 罷職시키자, 趙翼 등이 그를 두둔하는 상소를 올린 일, 정묘호란의 과정, 인조의 강화도 피신, 후금과의 講和, 尹暄을 梟示하고 鄭好恕를 鏡城에 안치시킨 일, 인조가 還都한 사실, 宋光裕의 告變으로 시작된 獄事, 劉興治를 토벌한 일 등이 수록되었다.

책11에는 1632년 인조의 아버지인 定遠大院君을 元宗으로 추존한 사실, 후금에서 사신을 보낸 일, 掌令 姜鶴年이 功臣들의 정치로 인한 폐단을 상소하여 경질된 일, 명나라에서 온 詔使들이 廉恥가 없어 많은 폐단을 낳은 일, 관학유생들이 이이와 성혼을 문묘에 종사하도록 청했으나 받아들여지지 않은 사실, 후금이 皇帝로 僭稱하여 大淸이라 國號를 정하고 사신(虜使로 지칭)을 보냈는데, 臺論儒疏가 목을 벨 것을 주장하자 사신이 도망한 일, 최명길이 淸과의 和議 폐기를 반대한 일, 1636년 12월 청나라 군대가 쳐들어오자 인조가 남한산성으로 피신했으나 포위당한 일, 이때 대신들이 세자를 出送하고 稱臣稱皇帝할 것을 청하던 일, 廟堂에서 虜營으로 牛酒를 보낼 때에 이항복의 庶子를 보낸 일, 정축년 인조가 남한산성에 머물러 있을 때에 좌상 洪瑞鳳 등이 歲禮를 행하고 和好를 청한 일, 각도의 勤王兵이 淸軍에게 패배한 일, 강화도가 함락되고 김상용이 자결한 일, 정축년 1월 30일에 인조가 삼전도에서 치욕적인 항복을 하고 환도한 일, 2월에 왕세자와 빈, 봉림대군과 부인이 모두 볼모로 청나라에 가던 당시의 일, 軍律을 어긴 諸將들에게 논죄한 일, 4월부터 청나라의 연호를 사용하게 된

---

4) 仁祖의 在位元年은 광해군이 폐위된 해부터 시작되기 때문에 다른 왕들과는 재위기간 계산법과는 다르다. 이는 광해군을 왕으로 인정하지 않는다는 생각에서 비롯된 것이다.

사실, 대제학 李景奭이 쓴「三田渡碑文」의 내용, 청나라 사신으로 들어와 악행을 자행한 평안도 출신의 鄭命壽를 죽인 鄭雷卿이 청나라로 끌려오자 소현세자가 구하려 했지만 결국 죽음을 맞은 내용, 김상헌의 斥和疏, 인목대비가 죽은 후 帛書가 나와 인목대비의 소생인 貞明公主가 의심을 받은 일, 김상헌 등이 청나라로 끌려간 일, 신사년에 광해군이 제주도에서 죽은 일, 黃一皓가 崔孝一과 북벌을 의논하다가 발각되어 청나라 군사에게 죽임을 당한 일. 을유년 3월에 소현세자가 돌아왔으나 4월에 죽음을 맞아 王世子의 喪禮에 대해 논의한 내용, 세자를 정하는 筵說의 내용을 적고 인조가 봉림대군을 세자로 정한 사실을 수록하였고 姜嬪이 賜死된 내용과 죽은 姜碩期의 관직이 추탈되었다가 숙종 때 신원된 사실을 적었다. 기축년 오월에 인조가 승하했는데, 上諡에 대해 간한 諫官들이 유배된 사실을 수록하였다.

<孝宗朝>

책12에 해당하며 분량은 58장이다. 효종의 재위기간은 10년(1649~1659)이다.

좌의정에 김상헌, 예조참판에 김집, 장령에 송시열, 송준길을 임명한 사실, 송시열이 大行의 諡號에 대한 疏 13條를 쓰고 귀향한 내용, 이이와 성혼의 문묘종사 문제로 유생들이 분열된 상황, 金集이 金堉과의 不和로 귀향한 내용, 金自點이 북벌계획 등을 청나라에 밀고한 죄를 처벌한 옥사의 내용, 湖西지방에서 대동법을 행한 사실, 安邦俊을 공조참의에 특별히 除授한 일, 처음으로 西洋曆法을 시행한 사실, 鄭太和의 추천으로 李浣을 훈련대장으로 삼은 일, 명나라 遺民 苗珍實에 대한 내용, 宋時烈을 이조판서로 擢拜하고 貂裘를 하사한 사실, 호남지방에 대동법을 행한 사실, 송시열과 송준길에게 入對를 特命한 내용, 四學規制의 내용, 임금이 帷幄에서 송시열을 접견한 내용, 慈懿大妃의 服喪을 송시열과 송준길의 의견을 따라서 朞年制로 정한 사실 등이 수록되었다.

<顯宗朝>

책13에 해당하며 분량은 97장이다. 현종의 재위기간은 15년(1659~1674)인데 주로 禮訟문제로 정국이 시끄러웠다. .

즉위년 12월에 송시열이 상소를 남기고 귀향한 일, 자의대비의 복제에 대해서 허목이 올린 상소의 내용과 예송의 본말이 附記되었고 儀禮爲長子喪服圖의 내용과 함께 참최 삼년복을 입어야 한다고 주장하는 윤휴의 상소도 附記하였다. 기년설을 지지하는 윤계의 상소, 송시열과 송준길이 기년설을 주장하는 내용, 복상 문제로 송시열과 송준길을 공격한 윤선도를 귀양보낸 일, 영남의 유생들이 송시열을 비난하는 상소, 관유들이 영남 유생들을 비난하는 상소, 兩司가 송시열에게 복상문제를 항의한 김수홍을 削刊할 것을 청하는 계문 등이 실려 있다. 尹宣擧의 죽음과 세자 冠禮에 대한 내용, 제주도로 표류해온 漢人들에게 청의 정세를 물은 후에 돌려보낸 내용 등이 있으며 狂症이 있는 아버지를 대신하여 喪主 노릇을 한 閔愼의 일로 빚어진 예론 논쟁으로 金佑明, 박세채 등의 상소가 있다. 갑인년 2월에 효종의 비인 仁宣大妃가 승하하자 인조의 비인 조대비가 어떤 상복을 입을 것인가 하는 문제를 두고 예송이 일어나게 된다. 이 때 예조에서 大功服制를 올렸으나 都愼徵이 반대상소를 올려서 기년설을 관철시킨 일이 실렸다. 이 일은 서인세력이 축출되고 남인 정권이 들어서게 되는 계기가 된다.

<蕭宗朝>

책14, 책15, 책16, 책17, 책18, 책19, 책20, 책21, 책22, 책23의 일부에 해당하며 분량은 총 865장이다. 숙종의 재위기간은 46년(1674~1720)이다.

책14는 숙종 즉위년 9월에 송시열에게 현종의 지문을 짓도록 위촉하자 晉州 幼學 郭世健이 송시열에게 현종의 誌文을 맡겨서는 안 된다는 상소를 올렸다. 이에 곽세건을 국문하여 귀양 보낼 것을 양사가 주장했는데 이에 숙종이 三公을 引見하고 곽세건에게 停擧의 벌을 내렸다. 결국 현종의 지문은 김석주가 짓게 되었고 숙종은 송시열의 제자였던 이단하가 지은 현종대왕의 행장도 고쳐 쓰게 하였다. 이로 말미암아 송시열을 탄핵하는 상소들이 줄을 이어 송시열의 파직으로 이어졌다.

숙종 1년 숙종의 外祖인 金佑明이 福昌君·福平君의 비리를 공식적으로 거론한 일, 숙종이 허적과 권대운·장세징·유혁연 등과 夜對하는 자리에 명성왕후가 대성통곡하며 개입한 일, 이로 말미암아 복창군 복평군 등이 유배된 일, 송시열이 위리안치되고 민정중과 이단하가 삭출된 사실, 송시열의 위리안치를 반대하는 상소를 올린 유생들을 귀양보낸 일, 명성왕후를 비난한 趙嗣基가 삭탈된 일, 허목 등이 告廟를 주장한 일 등이 실려있다.

책15는 숙종 4년인 무오년(1678)에 송시열의 극형에 대해서 異見을 보이는 柳命天과 李沃의 싸움으로부터 시작된다. 이 두 사람을 仕版에서 삭제할 것을 李玄逸이 주장한 일, 윤휴의 주장으로 魯山墓에 제사를 지낸 일에 대하여 許積이 가졌던 생각 등이 실렸다. 1679년 송시열의 문하생인 송상민이 상소를 올린 일로 杖斃한 사실, 강화도에서 李槿가 보낸 封書가 문제되면서 생긴 옥사, 이 때문에 고묘를 단행하고 이 일을 全國에 반포한 사실, 정태화가 현종의 묘정에 배향된 사실, 허적이 그의 祖父가 諡號를 받는 것을 축하하는 延諡宴에서 궁궐의 油幄을 멋대로 빌려가서 숙종의 진노를 샀던 일과 허적의 庶子인 허견이 대흥산성의 병력을 배경으로 복성군 등과 결탁하여 역모를 꾀했다는 옥사의 始末을 싣고 이에 따라 庚申년(1680)에 고묘 주장을 제일 먼저 주장한 李沃을 귀양보내고 송시열이 造朝한 일과 숙종의 정비인 인경왕후의 죽음이 실렸다.

책16은 숙종 7년인 신유년(1681)에 西人이 집권하면서 전개되는 상황에 대한 기록이다. 領府事 송시열이 올린 箚子에 관한 일이 네 차례 연이었고 청나라 조문사가 왔을 때 허위보고로 왕을 기만하였다는 죄목으로 賜死된 吳始壽의 일, 계비로 여흥 민씨가 책봉된 일과 그 날 큰 지진이 있었음을 적었다. 서인의 등장과 함께 성혼과 이이가 문묘에 종사된 일, 그리고

老論과 少論의 분열에 대한 기사가 실렸다.

책17은 숙종 11년인 을축년(1685)의 일로 시작된다. 노론계 인물들에 의해 윤증이 논핵당하는 상소들, 國家의 亂은 女寵의 禍로부터 말미암는다는 李徵明의 상소, 송시열이 윤휴와 윤선거 부자를 春秋大義論으로 논핵하는 상소, 宮人 장씨에게 숙원의 봉작이 내린 사실, 동평군을 특별히 提調로 제수한 일, 김만중과 이사명이 귀양가게 된 일, 남구만과 呂聖齊가 위리안치된 기사, 1688년 왕자가 탄생하면서 입궐하는 장씨모의 屋轎를 持平 李益壽 등이 부순 일, 먼 친척을 모함했다는 이유로 사판에서 李翔이 削去된 일 등이 실렸다.

책18은 숙종15년인 기사년(1689) 元子定號 문제로부터 시작된다. 송시열이 명호를 정한 것이 성급한 처사라고 주장하면서 환국의 상황으로 접어든다. 西人에 대한 응징의 조치로 성혼과 이이가 문묘에서 黜享되었고 송시열, 김수항 등이 축출되었다. 또한 중전의 遜位에 대한 내용, 폐비를 반대하는 상소를 올린 吳斗寅・朴泰輔를 친국하고 李世華를 귀양보낸 내용, 閔昇重을 삭탈하고 이상진을 위리안치한 일, 廢妃에 대한 頒敎文이 내려지고, 장씨가 왕비로 책봉된 일, 그리고 왕자 定號에 반대했던 송시열이 賜死된 일, 경신년 죄인들에 대한 復官 조치, 임술년의 逆獄을 고변한 사람들을 국문한 일, 김석주가 추탈되고 윤휴가 관작을 회복한 일, 1690년에는 왕세자 冊禮가 행해진 일, 윤증의 삭출에 관한 일, 숙종이 친히 朋黨을 경계하는 律詩를 지어 政院에 내린 일, 1693년 宮人 崔氏를 淑媛에 봉한 일, 1694년 유생 韓重赫, 金春澤 등이 몰래 환국을 도모한 일로 폐비 민씨의 복위를 꾀한 일에 대한 옥사, 곧이어 역으로 숙빈 최씨의 독살설을 고변한 西人 金寅의 일이 실려있다. 이에 따라 갑술년에 備忘記가 내려지고 廢妃 閔氏가 복위되고 南人들이 처벌을 받고 서인들이 대거 등용되는 상황에 대한 記事가 실려있다.

책19는 숙종 23년인 정축년(1697)의 일로 이조판서 최석정의 庶孼許通疏를 실었고 1698년은 크게 饑饉이 들어 연경에서 쌀을 살 것을 청하는 내용이 실렸으며 노론과 소론의 대립으로 이어지는 기사들이 수록되었다. 노산대군의 묘호를 단종대왕이라고 追上한 내용, 1701년 중전이 세상을 떠난 일, 장씨의 처벌을 둘러싸고 대립되는 노론과 소론의 의견, 동평군을 사사한 일, 1702년 김씨가 왕비에 책봉되었고 1706년 세자 보호를 위한 움직임으로 任溥, 李潛 등이 국문을 당한 사실, 1710년 최석정, 조상우, 박필명 등이 관직을 삭탈당하고 도성 밖으로 추방되는 일들이 수록되었다.

책20은 숙종 40년인 갑오년(1714)에 소론계인 최석정이 윤증의 제문에서 송시열을 비판한 내용 때문에 최석정을 배척하는 黃尙老의 상소로부터 시작된다. 그렇지만 『家禮源流』와 관련하여 전반적으로 소론의 우세를 보여주는 기사들이 실려있다. 1715년에는 廣興主簿 兪相基가 『가례원류』를 진상하였다. 원래 이 책은 유상기의 祖父인 兪棨와 尹宣擧가 공동으로 편찬하다가 완성하지 못하고 중도에 사망하자 윤증이 탈고한 것이다. 그런데 유상기가 윤증에게 상의도 하지 않고 이이명에게 간행을 청탁하여 숙종의 재가를 받았다. 이 책은 간행될 때 송시열의 수제자인 권상하의 序文과 정철의 현손인 정호의 跋文을 받았는데, 이 책을 열람한 숙종이 윤증을 비방했다는 이유로 정호의 발문을 문제삼아 그를 파직시켰다. 이러한 처분에 대해서 노론의 유생들과 大司諫 李觀命 등이 그 명령을 철회할 것을 호소하였고, 소론들은 윤증을 옹호하고 권상하의 서문도 문제삼았기 때문에 『가례원류』의 간행은 당시의 큰 쟁점이 되었다. 이에 正言 趙尙健이 권상하를 변호하고 윤증을 배척하는 상소를 올렸는데 숙종의 진노를 사서 유배를 떠나게 되고 捲堂의 사태가 벌어졌다. 또 李眞儒는 『가례원류』의 序跋을 삭제할 것을 청하면서 조태재를 논핵하는 상소를 올렸고 김창집과 이여·민진원 등은 윤증을 배척하는 상소를 올리는 등 노론과 소론의 공방전이 계속된 사실들이 실려있다.

책21은 숙종 42년인 병신년(1716)에 노론인 홍계적의 상소로부터 시작된다. 판부사 李畬가 송시열을 옹호하고 윤증과 유봉휘를 배척하는 상소를 올리면서 숙종의 태도가 변화가 보이는 듯하였고 다시 상반되는 의견을 개진하는 노론과 소론의 상소가 빗발치는 내용이 실렸다. 김창집·민진원 등이 파직되거나 삭탈되는 처분을 받았고 姜撲이 遠竄된 일, 소론의 강경파인 朴弼夢이 持平에서 鏡城判官으로 쫓겨난 사정들이 실려있다.

책22는 숙종 42년인 병신년(1716) 후반에 윤선거를 공격하는 내용으로 시작되면서 소론이 축출되는 상황을 보여주는 기사들이 실려있다. 申球는 윤선거를 失節負累之人이라고 공격하는 상소를 올리고 이에 대해 신구를 공격하는 상소와 옹호하는 상소들이 줄을 이었다. 또 윤선거를 옹호하는 상소와 공격하는 상소들이 줄을 이었고 대사헌이 된 정호가 尹宣擧의 문집 『노서유고』가 간행되자, 효종에게 불손한 내용으로 썼다 하여 毁板하게 하였다. 館學의 儒生들이 윤증을 先正이라고 참칭하는 것을 금하도록 청하는 상소를 올린데 대하여 숙종이 윤증을 儒賢으로 칭하지 말라는 비망기를 내린 사실, 그리고 金普澤이 윤증 부자의 관작을 추탈할 것을 청하자 이에 응하는 전교가 내려진 사실 등을 수록하였다.

책23는 숙종 43년인 정유년(1717)에 김장생을 문묘에 종사한 일부터 시작되었다. 또 숙종이 이이명을 불러 독대하고 대리청정을 발표한 사실과 세자의 병세에 관한 『丹巖紀事』의 내용, 왕세자가 대리청정을 거두어 줄 것을 청한 상소의 대략적 내용, 윤지완이 숙종과 이이명과의 독대를 비난하는 상소를 올린 사실과 그에 대한 숙종의 대답, 세자빈 심씨의 죽음과 그 복제에 관한 일, 姜嬪의 復位, 명종의 승하와 誌文, 館學儒生 尹志術이 服制에 관해 올린 상소 등이 수록되었다.

<景宗朝>

책23의 일부, 책24, 책25, 책26의 일부에 해당하며 분량은 총 303장이다. 경종의 재위기간이 4년(1721~1724)인데 비해서 많은 분량이 할애된 것은 王統문제와 관련하여 소론과 노론이 크게 대립했기 때문이다

책23에는 경종 즉위년에 김창집이 영의정에 임명된 일, 소론계 유생인 조중우가 경종의 생

모인 희빈 장씨의 추숭문제를 거론하였다가 杖斃된 일, 노론계였던 성균관의 윤지술이 숙종의 誌文이 편파적으로 기록되었다5)고 하여 유생들을 선동하여 捲堂하게 만든 사건, 충청도 유생 이몽인이 윤지술과 김창집을 논핵한 상소를 올린 사실 등이 실렸다.

다음에는 연잉군의 세제책봉과 대리청정 문제로 노론과 소론의 대립이 격화되는 상황을 보여주는 기록들이 실렸다. 먼저 사간원의 정언이었던 이정소가 연잉군을 세제로 책봉하자는 상소를 올렸고 노론의 후원과 대비의 교서로 세제책봉은 결정되었다. 그러자 이에 반대하여 유봉휘가 올린 상소, 이에 대해서 영상 김창집 같은 大臣들과 三司가 유봉휘를 벌을 내릴 것을 주장하는 계문, 유봉휘를 구하려는 右相 조태구의 箚子, 이진검·조태구·유봉휘를 비난하는 館學生들의 상소들이 이어졌다.

결국 이 해 9월에 왕세제가 冊寶를 받았고 10월에 執義였던 趙聖復이 왕세제가 庶政을 參聽하도록 청하는 상소를 올렸다. 그런데 당일에 경종이 이를 허락하는 備忘記를 내리자 최석항이 밤늦게 대궐에 들어가 왕세제의 庶政 參聽을 還收할 것을 청하여 五更三點에 겨우 경종의 허락을 받은 일을 받았다. 대리청정을 반대하는 朴泰恒, 韓世良 등의 상소와 소론계 대신 최석항 박태항등을 논핵하는 兩司의 상소가 계속되고 다시 경종이 대리청정을 명하는 전지를 내린다. 이 소식을 들은 소론계 우의정 조태구가 대리청정을 환수할 것을 간청하였고 경종은 태도를 바꿔 代理를 환수한다는 전지를 내린다. 그 과정에서 노론계 대신은 대리청정에 대한 입장을 여러 번 번복하는 사태가 벌어진다. 그 외에도 이건명을 청나라로 보내서 세제 책봉을 청한 奏文의 내용이 실렸다.

책24는 경종 1년인 신축년(1721) 12월에 前承旨였던 金一鏡 등이 경종에 대한 不忠罪로 조성복과 노론계 四大臣을 비난하는 상소로부터 시작된다. 이를 계기로 "내가 왕위를 이어받은 후에 조정에서 하는 바를 보면 국가를 輔護하는 일이나 말이 조금도 없으니 時事를 생각하면 애통함을 금할 수 없다. 만일 이들 奸詐輩들과 國事를 함께 한다면 나라는 다스려지지 않고 종사는 위태로워질 것이니 결단코 엄하게 징계하지 않을 수 없다. 그러니 三司의 諸臣들을 모두 門外로 黜送하고 望筒을 비워 안으로 들이라"는 경종의 備忘記가 내려졌다. 이어 계속되는 전교에 承旨 李挺周·金濟謙·훈련대장 李弘述·홍계적 등을 파직한 사실, 이어서 경종의 장인인 魚有龜가 노론을 변호한 글의 내용, 三司에서 노론 사대신을 섬에 위리안치시킬 것을 청하는 상소 내용, 趙聖復·魚有龍 등 노론계 인물들에 대한 죄를 묻는 계문들이 있었다는 사실, 右相 조태구가 崔奎瑞·李台佐·朴泰恒 등의 인물을 추천한 일, 獻納 李明誼 등이 노론 四大臣을 絶島에 圍籬安置시킬 것을 청하는 계문의 내용과 이것이 받아들여진 사실, 민진원·홍석보 등 노론계 인물들을 귀양보낸 사실, 이에 반대하여 金宇杭이 사대신을 변호하는 차자를 올린 사실, 경종과 왕세제를 이간하여 왕세제를 해하려고 했다는 죄목으로 환관 朴尙儉을

---

5) 윤지술은 경종의 어머니 희빈 장씨가 인현왕후를 시역한 죄로 사사당한 사실을 숙종의 지문에 명문화하지 않은 것을 문제 삼았다.

處斬하라는 전교가 내린 사실, 이와 관련하여 大妃가 왕세제의 외롭고 위태로운 상황을 걱정하는 諺敎가 내려진 일과 그에 대한 大臣들의 반응, 계속되는 노론계 인물들에 대한 비난 상소와 귀양, 조태구가 동궁에 올린 글의 내용, 승지 이정신 등이 왕세제에게 무례한 행동을 한 내용, 환관 尙儉의 일을 자세히 적은 내용, 장희빈에 대한 追報 문제로 鄭亨益·宋寅明·韓配夏·崔錫恒·金演·朴弼正·館學의 儒生들이 올린 상소 내용, 辛巳獄에 대한 상소의 내용, 地官이었던 목호룡의 上變에 대한 내용, 東宮이 李明誼·柳弼垣 등에게 辭位를 물은 일, 노론계 인물의 獄事에 관한 일, 노론 사대신에게 賜死傳旨가 내려진 일, 鄭宇寬이 上變한 일과 그에 따른 獄事 등이 수록되었다.

　책25는 이세덕이 尹宣擧 父子를 伸冤해줄 것을 청한 상소 등 윤선거 부자와 관련된 상소 등이 있으며 노론계 인물들에 대한 계속적인 처벌이 있었는데, 여기에 거론되는 인물들은 홍계적, 정호, 김운택, 조태채 등이다. 어유구가 錄勳을 거두어 주기를 청하는 상소를 세 차례나 올린 내용, 승정원에서 좌부승지 兪崇을 비난하는 계문을 올린 일, 이광좌를 논핵하는 具命奎의 상소, 김일경을 배척하는 大司諫 金東弼의 상소문 내용, 김일경과 윤순을 변호한 大司諫 李世最의 상소 내용, 洪致中을 논핵하는 승정원의 계문 내용, 송시열을 도봉서원에서 黜享해야 한다고 주장한 金范甲의 상소의 내용이 실리고 그에 반대하는 상소와 찬성하는 상소 등이 차례로 실렸다.

　책26에는 병조판서로 있던 이광좌가 罪人인 신사철과 김재로의 老母가 칠,팔십이 된다고 하여 그들을 量移시킬 것을 청하는 계문을 올린 일, 楊州儒生 趙宗世가 辛巳獄을 신원할 것을 청한 내용, 송시열을 도봉서원에서 출향시킨 일을 비난한 湖南儒生 羅廷一과 海西儒生 朴蕃을 遠配보낸 일, 권상하를 추탈시킬 것을 청한 申致雲의 계문이 윤허를 받지 못한 일, 경종이 승하하기 열흘 전부터 藥房에서 올린 탕제와 왕의 전교를 적었다. 國恤條에 이어 服制에 관해 언급한 司直 李仁復의 상소 내용이 있고 경종의 病勢에 대한 『단암기사』의 내용이 수록되어 있다.

　　<英宗朝>
　책26의 일부, 책27, 책28, 책29, 책30, 책31, 책32, 책33, 책34에 해당하며 분량은 총 755장이다. 영조의 재위기간은 52년(1724~1776)이다.
　책26에는 영조가 즉위하고 나서 이십여일 지나 예조판서 이진검이 私親을 존봉하는 일을 거론하자, 고칠 것이 없이 仁嬪의 例를 따르라는 대답을 내린 일, 부제학 朴弼夢이 영조를 야대하고 진땀을 흘린 일, 노론인 민진원을 特放하도록 한 사실, 민진원의 일을 거론한 尹會를 削黜시킨 일, 소론계 인물인 유봉휘·조태구·김일경 등을 비난하는 幼學 李義淵의 상소 내용, 승정원과 옥당에서 이의연의 상소내용과 관련하여 영조를 夜對한 일, 이광좌·유봉휘·김일경 등이 올린 상소 내용, 이의연을 島配시킬 것을 청하는 조태억의 상소, 김일경 등을 비난하는 상소들이 나오면서 김일경을 삭출시키는 명이 내려진 사실, 김일경 등을 비난하는 상소들의 내용, 三司를 일제히 파직하는 전교가 내려진 사실, 前 佐郎 李台徵, 우의정 조태억 등이 김일경을 친국하기를 영조에게 청하고 영조가 김일경과 목호룡을 친국한 내용이 수록되었다.

책27에는 영조 1년인 을사년(1725)에 蕩平을 收用하는 備忘記의 내용, 김일경의 일가에 대한 처결 내용과 鄭澔·申銋 등 多數의 노론계 인물들이 귀양에서 풀려나오는 내용의 금부 별단, 탕평책을 반대하는 方萬規의 상소, 이에 富寧으로 원찬시킨 처분, 李師尙을 삭출시킨 일, 방만규와 尹鳳朝를 국문한 내용, 이의천이 소론인 沈檀 등을 국문하기를 청한 일, 우의정 정호가 '卞聖誣 討國賊'을 第一義로 한다는 내용으로 올린 차자, 老論 四大臣을 伸寃하려는 賓廳會議의 내용이 자세하게 수록되어 있다.

임인무옥과 관련해서 영조와 右相 민진원·홍치중 등 여러 신하들과 나눈 이야기, 임인무옥과 관련하여 억울하게 죽은 사람들을 贈官贈諡하는 명을 내림. 崇節祠를 다시 세워 윤지술을 配食하게 하는 命을 내린 일, 조태구와 최석항을 추탈하는 일로 三司가 合啓를 올린 일, 윤지를 絶島에 安置시킨 일, 유봉휘를 경흥에 안치시킨 일 등이 수록되었다.

책28에는 영조 2년인 병오년(1726)에 이의천이 승지에 특별 제수된 일을 비롯하여 사대신의 사당과 윤지술의 숭절사를 세운 것을 비난한 이세진을 유배보낸 일, 丁未換局으로 김창집, 이이명, 이건명 등의 관작이 추탈된 일, 이광좌를 領相에, 심수현을 右相에 임명한 일, 戊申년에 이인좌와 박필현, 정희량이 모반한 일, 이와 관련하여 민진원을 돌아오게 하는 명령을 내린 일, 11월에 孝章世子가 세상을 떠난 사실, 영조가 이광좌와 민진원을 함께 입시하여 화해시키려 하였으나 無爲로 돌아간 일, 선의왕후 어씨가 세상을 떠난 일, 을묘년 영조 11년에 왕세자가 탄생하여 판중추 이의현과 우의정 김흥경이 김창집과 이이명의 復官을 청했으나 허락받지 못한 일, 壬寅獄案을 改正한 일, 민창수를 국문한 일 등이 실렸고 갑자년(1744)과 을축년(1745)의 일은 생략되어 있다. 정묘년(1747)에 三司를 파직시킨 일, 己巳년(1749)에 세자가 15세의 나이로 聽政하게 된 일, 恤典을 시행한 일 등을 수록하였다.

책29에는 영조 29년인 계유년(1753)의 일로부터 시작된다. 이명환이 최석항의 죄를 논핵하는 글을 올린 일, 호랑이가 경희궁의 침전 근처까지 들어가 守卒이 打殺한 일, 兪拓基의 付處, 죽책문의 製進을 거부한 趙觀彬을 국문한 일, 毓祥宮을 上諡한 일을 告廟한 일, 趙宗溥와 趙榮順이 李天輔를 탄핵한 상소. 1755년 尹志와 나주목사 李夏徵이 일으킨 나주괘서 사건에 대한 獄事, 尹志와 뜻을 같이 한 沈鼎衍을 逆獄으로 다스린 일, 執義 박홍준이 上書한 내용이 심정연의 말과 부합하는 곳이 있다 하여 국문을 거행한 일, 元宗의 생모인 仁嬪 김씨의 위패를 봉안하고 향사하면서 儲慶宮으로 높여 부른 일, 禁酒 傳敎를 내린 일, 纂修廳에 대한 일, 송시열과 송준길을 從祀한 일, 李宗城이 입시하여 均廳의 여섯 가지 폐단을 아뢴 일, 李彦衡과 金相度가 귀양갔다가 풀려난 일, 1759년 貞聖王后 徐氏의 服制에 관한 일 등이 실려 있다.

책30에는 영조 34년인 무인년(1758)에 正言 朴志源이 洪啓禧 父子를 탄핵한 일로 시작된다. 1759년 김한구의 딸을 중전으로 맞아들인 일, 김시찬이 부제학을 사양하여 올린 글 속에 불경한 구절이 있다하여 흑산도에 유배간 일, 科場의 폐단을 바로잡는 綸音을 내린 일, 안상오가 뇌물을 받은 일을 친국한 일이 실려 있다.

1760년 영조와 세자가 정치적 견해 차이로 부딪치게 되는 사건으로, 별시에 합격한 儒生 趙進道 처분에 대한 내용이 실렸다. 대간들은 그가 趙德鄰의 손자라는 사실을 들어 削科를 주장했는데, 대리청정을 하던 세자가 그들의 말을 따르지 않았다. 이 사실을 알게 된 영조가 노하여 削科를 허락한 일이다.

이 외에도 金煥의 復官에 관한 일, 兩殿이 慶熙宮으로 移御한 일, 동궁이 다리에 종기가 생겨 온천에 간 일, 持平 鄭枋이 趙泰億을 論劾한 일, 왕세손이 열 살이 되어 入學하고 冠禮를 행한 일, 세자에 관해 上書한 李普觀의 일, 동궁을 모해하려는 홍계희와 沈履之의 일, 1761년 修撰 金魯鎭이 講經에 불참한 죄로 파직당한 일, 黃景源이 李沚의 上言사건에 연좌되어 거제도로 유배간 일, 경종 때 일어난 朴尙儉의 사건에 연루되었던 逆賊 沈益昌의 손자인 師淳의 養子로 입적되어 벼슬길이 평탄하지 못했던 沈一鎭에 대한 처분을 적은 내용, 五月二十日 王世子 薨逝라는 한 줄로 적힌 東宮國恤條, 동궁이 화를 입게 되자 그를 구하려고 서울로 올라왔으나, 오히려 역모로 몰려 종성으로 유배되었다가 賜死된 趙載浩의 일 등이 실렸다.

책31은 영조 38년인 임오년(1762) 六月에 사도세자의 처벌에 적극 참여하였던 金尙魯가 파직되고 부처된 사실로 시작된다. 趙來鎭·趙維鎭을 국문한 일, 鄭夏彦를 삭탈관직하고 문외출송할 것을 청한 柳善養의 啓文을 받아들인 일, 세손으로 동궁을 정한 일, 홍봉한의 袖箚, 禁酒 傳敎가 내려졌음에도 불구하고 南兵使 尹九淵이 私的으로 술을 빚은 것 때문에 梟示된 일, 윤리를 어지럽힌 李命肅에게 絞死를 명한 일, 계미년에 영조가 칠십을 맞아 근정전에서 하례를 받은 일, 贊善 宋明欽이 영조의 비위를 거슬려 파직된 일, 太學의 捲堂, 송명흠이 엄한 견책을 받았을 때 그에 동조하다 영조의 노여움을 사 庶人이 된 金亮行의 일, 尹汲을 파직시킨 일, 同福縣監 任希敎가 뇌물을 받은 일, 長淵의 邊將이 탐학무도하여 백성들이 견디다 못해 그를 생매장한 일에 대한 전교, 1764년 掌隷院이 혁파되고 형조에 병합된 일 등이 실렸다.

책32는 영조 41년인 을유년(1765)에 獻納 黃最彦이 申暐을 구하려는 상소로부터 시작된다. 尹氏와 沈氏가 묘자리를 가지고 다툰 일, 崔益男의 상소에 관한 내용, 持平 徐浩修가 황최언을 庶人으로 만든 사건을 還收할 것을 청하다가 남해로 유배간 일, 沈翼雲을 특별히 持平에 除授한 일, 황경원을 귀양에서 풀어준 일, 沈重奎가 具允明 父子兄弟와 李潭을 논핵한 상소, 鄭履煥을 庶人으로 만든 일, 科規를 復舊한 일, 尹光禮를 섬으로 귀양보낸 일, 右相 서지수를 파직한 일, 沈履之를 귀양보낸 일, 大訓을 개정한 일, 洪相直이 황경원을 배척한 상소를 올린 일, 정후겸을 영구히 敍用하지 못하게 한 일, 太廟에서 술을 사용하도록 한 일, 士庶

人도 제사에 술을 쓰게 한 일, 親耕과 중종조 이후에 행해지지 않던 親蠶을 행한 일, 西門 밖에 호랑이가 나타나 사람을 해친 일, 正言 李宗榮이 李鎭復 형제를 배척한 상소, 金致仁 등을 다시 三相에 제수한 일, 李奎緯를 黑山島에서 荐棘하게 한 일, 宗室 順悌君이 殺人한 일, 山陰의 私婢 終丹이 일곱 살에 아이를 낳은 일로 御史를 보낸 일, 徐命膺을 논핵하는 趙昌逵의 상소, 李時中이 영구히 庶人이 된 일, 趙瑗을 江外로 축출한 일, 姜趾煥이 채제공을 탄핵한 상소를 올린 일, 金若行이 흑산도로 안치된 일, 李謙彬이 楸子島에서 천극하게 한 일, 正言 金容을 甲山으로 귀양보낸 일, 여름에 가뭄이 들고 蟲災가 크게 일어난 일, 金履禧를 서인으로 만들어 변방을 내친 일, 禁府五部 郎官을 잡다가 형벌을 내린 일, 박세채의 從享을 반대하는 영남유생들을 北道로 보낸 일, 尹弘烈을 南海로 定配한 일, 홍봉한을 죽일 것을 청하는 韓瑜의 상소 내용, 최익남이 매맞아 죽은 일 등이 실려있다.

책33에는 영조 47년인 신묘년(1771) 정월부터 시작된다. 여기에는 王孫 跟隨法에 관한 내용, 두 왕손이 제주도의 大靜縣에 안치되고 홍봉한이 中道付處된 일, 權震應과 李最中이 荐棘된 일, 李基敬과 李一曾이 섬에 천극된 일, 宋聚行이 趙曮을 탄핵한 일, 呂善亨을 흑산도로 정배한 일, 홍봉한을 죽일 것을 청한 韓瑜가 다시 상소를 올렸다가 梟示된 일, 沈儀之를 逆律로 다스린 일, 팔도의 유생들이 상소하여 전주 이씨의 始祖와 始祖妃의 위패를 봉안한 肇慶廟를 創始한 일, 辨誣使가 주린의 책에 잘못된 부분을 바로 잡고 돌아온 일, 大諫 이성수가 吏判 李澈을 탄핵하는 상소를 올린 일, 具善復을 국문한 뒤 削職한 일, 李衍祥이 銓官을 논핵한 상소, 이조판서와 이조참의를 귀양보낸 일, 派黨을 조성한 領相 金致仁을 문외출송하고 뒤에 荐棘한 일, 탕평을 찬양하는 글을 모은 『百世錄』을 頒賜한 일, 大司憲 嚴璹와 金鍾秀를 栫棘한 일, 대간에 대한 처분이 지나치다고 상소한 閔恒烈을 鄕里로 放逐한 일, 武臣의 子弟가 登科하여 侍從하면 그 폐단이 문신보다 더하다는 것을 지적하고 禁科한 일, 金觀柱와 金龜柱가 홍봉한을 성토한 상소의 내용, 兩司가 함께 홍봉한과 김구주를 논핵한 사실, 蕩平科를 실시한 일, 조태억・최석항・이광좌 등을 복관시킨 일, 원임대신을 삭직한 일, 毓祥宮에 上謚한 일, 김구주의 상소 이후 물러간 홍봉한을 부르자 홍봉한이 영조에게 올린 글의 내용, 이최중과 신익빈이 遠竄된 내용, 대사헌 권도가 絶島에 안치된 일 등이 실려 있다.

책34에는 영조 49년인 계사년(1773)에 金植을 庶民으로 만든 일, 領相 韓翼謨가 중도부처되었다가 얼마 지나지 않아 敍用된 일, 김구주・홍낙인을 特除한 일, 김치인의 致仕와 이경양과 이상암을 北邊으로 귀양보낸 일, 현량과와 등준시를 치른 일, 李最中의 致仕, 기생을 데리고 제주도에 간 御史 洪相聖을 엄히 다스린 일, 修撰 南絳老가 李潭을 탄핵하여 올린 일, 남강로를 推鞫한 일, 정후겸이 自明하는 상소를 올린 일, 지평 黃宅仁을 국문한 일, 동궁의 대리청정을 명한 일, 서명선이 홍인한・정후겸 등이 왕세손의 대리청정을 막아 세손을 해치려 한다는 상소를 올린 일, 홍인한을 규탄한 서명선의 상소에 대항하여 沈翔雲이 세손을 溫室樹에 비유하며 상소한 일, 三司가 입대하여 홍인한과 심상운을 비난하고 심상운을 엄형으로 다스려 흑산도에서 천극한 일, 신응현이 홍인한과 심상운을 성토하는 글을 올린 일, 동궁이 謁廟 후에 올린 상소의 내용, 효장세자에게 加號한 일, 홍술해가 부정축재 한 사실, 영조가 경희궁 集慶堂에서 승하한 사실이 실렸다.

4. 가치

이 책은 조선의 역사를 공부하려는 學童들이 비교적 쉽게 각 시대별로 중요한 사건이나 쟁점이 될 만한 사항에 다가갈 수 있도록 하려는 의도에서 편찬되었다. 이러한 목적은 현재에 역사를 공부하는 사람에게도 동일하게 적용된다. 특히 숙종조부터 영조조에 이르는 기간 동안 치열하게 벌어진 당쟁에 대해서 많은 양을 할애하고 있어서 당쟁사 연구에 관심을 가진 연구자들에게는 자료적인 가치가 높다. 본문에서 발견되는 인용서적이 비록 노론의 입장을 가진 책들이지만, 편자는 범례에서도 밝혔듯이 객관성을 지향하려는 노력을 보여주고 있다.

【최우영】

東史

著者 未詳.
　　寫本. 2卷 1冊；31.5×21cm. 12行 24字.
　　表題：南遷漫錄.

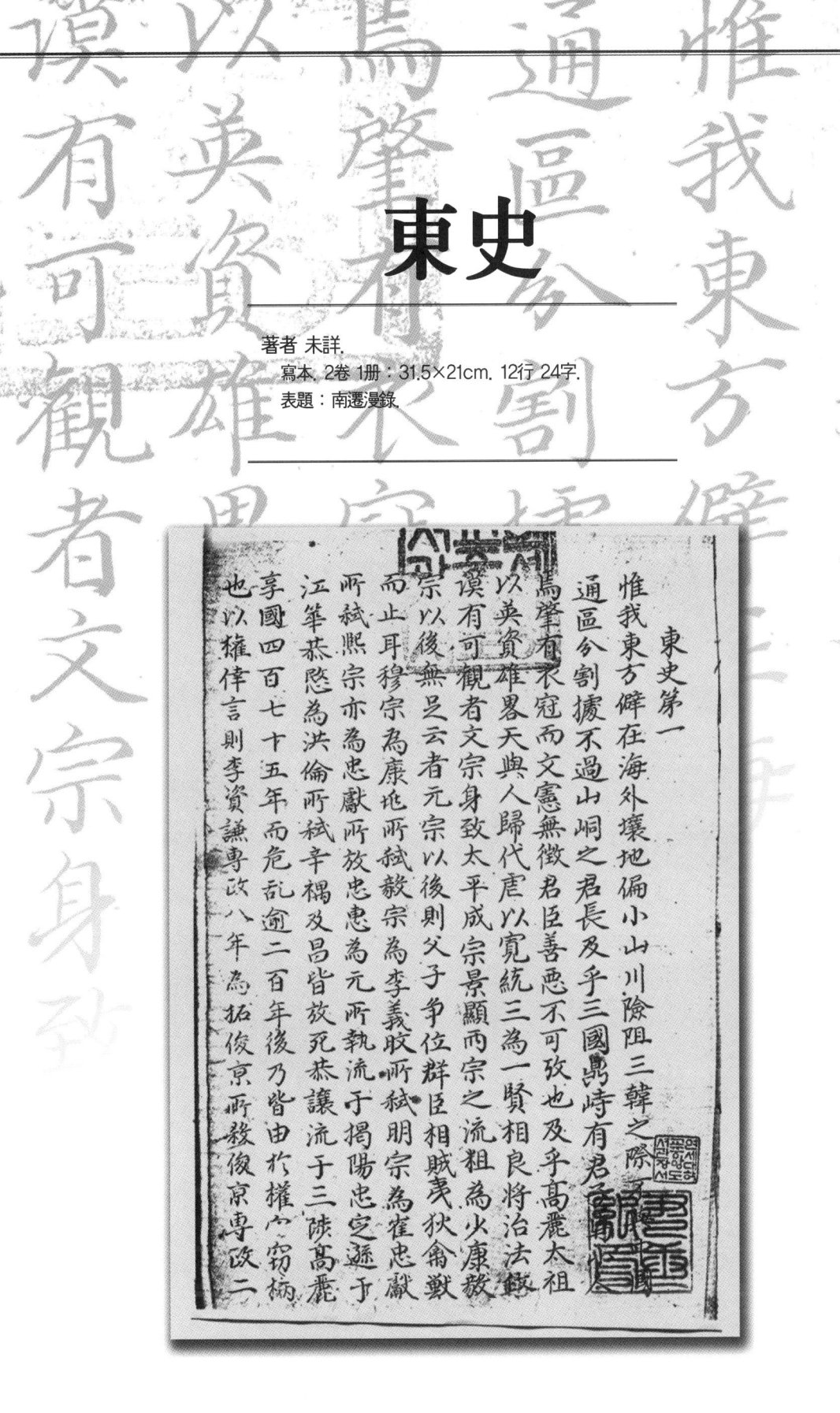

1. 저자

著者 未詳.

2. 구성

『동사』는 2권으로 구성된 私撰 역사서이다. 1권은 檀君과 箕子朝鮮, 衛滿朝鮮으로부터 시작하여 漢四郡, 三韓(馬韓·辰韓·弁韓 順)과 三國(新羅·高句麗·百濟 順)을 거쳐 高麗에 이르기까지의 역사를 주요 王代별로 정리하였다. 2권에서는 朝鮮 太祖로부터 宣祖까지 약 삼 백여년을 중점적으로 다루고 있는데 앞 권과 마찬가지로 編年體로 서술되었다. 별도의 목차가 없는 관계로 각 권을 시기별 주요기사를 중심으로 소개하면 다음과 같다.

1권

檀君 : 東方初無君長有神人降于太白山 卽妙香山 檀木下 國人立爲君 是爲檀君 國號朝鮮 都平壤 後入阿斯.

箕子 : 率中國人五千入朝鮮 武王回封之 都平壤 至四十代孫 否屬於秦 子準立爲衛滿 誘逼浮海南奔.

衛滿 : 燕人衛滿回盧館亂亡命 來渡浿水 誘逐箕準 居王儉城平壤 至孫右渠 漢武帝遣公孫逐滅之 檀君箕子衛滿 皆號朝鮮 東表日出之地 故曰朝鮮.

漢四郡 : 漢武帝討右渠分其地爲樂浪臨屯玄兎眞蕃 雪縣是爲四郡, 漢昭帝以平那玄兎郡爲平州都督府臨屯 樂浪郡爲東府 都督府是爲二府.

馬韓 : 全羅地也 箕子避衛滿居韓地 箕子避衛滿居韓地金馬郡 總國五十四 後百濟王溫祚幷之 自箕子至滿一千餘年.

辰韓 : 慶州地也 秦亡人避入韓 韓割東界以與之常用 馬韓人作主統國十二.

弁韓 : 平壤地也 立國於韓地 不知其始祖 年代屬於辰韓 亦統十二國 是謂三韓.

新羅 : 新羅 始祖赫居世 漢宣帝五鳳元年 立爲君號居西干, 文武王 諱法敏 太宗長子 故高句麗大兄劍牟岑 收拾殘民 迎致前王臧之庶子安勝于漢城爲王, 神文王 諱政明 字日炤 文武王 長子 立國學 高句麗王臧卒於唐卯州, 孝成王 諱承慶 聖德王第二子 唐玄宗遣贊善大夫邪璟 吊祭前王, 景德王 諱憲英 旌孝子向德 門號孝家里, 惠恭王 諱乾運 兩日幷出 三星隕宮庭 哀莊王 諱淸明 改重熙創 伽倻山海印寺, 興德王 諱秀宗 改景徽憲德王無嗣 以弟秀宗爲太子至是立, 弓裔 叛于北原 弓裔 憲安王之庶子也, 弓裔以王建爲鐵圓太守, 孝恭王 諱嶢 憲康王庶子 眞聖封爲太子, 弓裔遣其將王建伐廣州忠州唐城淸州槐懷, 神德王 諱景輝 姓朴氏 阿達羅王遠孫, 泰封諸將立王建爲王 國號高麗 甄萱襲高爵府猝入王都, 敬順王 諱溥 姓金氏 文聖王之裔 甄萱圍古昌郡 麗王與萱戰

萱敗走, 甄萱子神劍與國相能興 謀幽其父於金山佛宇 殺其弟金剛, 尙父王與群臣謀降高麗, 王與群臣謀降高麗.

　　高句麗: 高句麗始祖朱蒙號東明王 漢元帝建始二年 新羅始祖二十一年立 先時東夫餘王金蛙得河伯之女柳花於太白山南優勃水.

　　百濟: 百濟始祖溫祚王姓高 漢鴻嘉三年 新羅始祖四十年立 父高句麗王朱蒙 在東夫餘時 所娶禮氏之子類利爲太子 溫祚與兄沸流 恐不相容 南行.

　　高麗: 高麗太祖聖王 後梁貞明三年 戊寅 卽位, 惠宗 義恭王 諱武 字承乾 母氏吳 流星犯紫微 大匡王規 謀立廣州院君, 定宗 文明王 名堯 字義天 太祖第二子 王奉佛舍利 步至開國寺安焉, 光宗 大武王 諱昭 字日華 元年 大風拔木 王問禳災之術司天奏, 景宗 獻和王 諱伷 字長民 禁擅殺復讐, 成宗 文懿王 諱治 字溫古 太祖孫 元年 令京官五品以上 各上封事論時政得失, 穆宗 宣讓王 諱誦 字孝仲 景宗長子 母皇甫氏 太保內史令徐熙卒, 顯宗 元文王 諱詢 字安世 郁之子 元年 復燃燈及八關會, 德宗 敬康王 字元良 母金氏 命平章事柳韶創置北境關, 靖宗 容惠王 字申炤 德宗母弟 築長城於西北路, 文宗 仁孝王 諱徽 八年 定田制 始行科擧封彌之法, 宣宗 思孝王 字繼天 順宗母弟 御宣政殿 廳斷死囚 停音樂 進素饌, 肅宗 明孝王 諱顒 字天常 古諱熙宗宣母弟 元年 前王出居興盛宮 金謂碑上書請還都南京, 睿宗 文孝王 字世民 二年 以僧曇眞爲王師, 仁宗 恭孝王 諱楷 字仁表 睿宗子 母順德王后李氏 詔曰李資謙於朕爲外祖 其班次禮數 不可與百官同, 毅宗 莊孝王 字日昇 仁宗子 母恭睿大后任氏 元年 八月 夜虎入大明宮 王御西樓 觀擊毬, 明宗 光孝王 字之旦 毅宗母弟 元年 李高與僧修惠等 謀反伏誅, 神宗 靖孝王 諱晫改晫 字至華 二年 崔忠獻以兵部尙書 知吏部事 摠文武注詮, 熙宗 成孝王 諱德改韺 字不陂 以守大師崔忠獻封晋康候, 康宗 元孝王 字大華 遣中書舍人李儀如金奉表, 高宗 安孝王 字大明 諱瞮又改晊 元年 封忠獻妻任氏及王氏 皆加宅主號, 元宗 順孝王 諱禃 字日新 舊諱 高宗長子 以太子入朝蒙古 高宗薨明年還國卽位, 忠烈王 諱諶 後改 元宗長子 元年 大府卿朴楡上疏, 忠宣王 諱璋 改章 字仲昂 元年初 榷鹽法 二年 王在元 凡國事傳旨而已, 忠肅王 諱燾 字宣 元年 上王自記其德十餘條 密下式目都監 令上箋陳賀, 忠惠王 諱禎 肅王長子 母明德太后洪氏 元年 大寧府院君崔有渰卒 上王復位, 忠穆王 諱昕 惠長子 元年 瀋王暠卒, 忠定王 諱胝 忠惠庶子 禧妃尹氏 元年 忠宣子胝入朝 仍令嗣王位, 恭愍王 諱顓 元年 王辮髮 監察大夫李衍宗諫之 王悅解辮 賜衍宗衣褥以寵之, 辛禑 (禑王) 小字牟尼 奴旽取私婢般若生禑 元年 遣崔源如京師告喪請諡及承襲, 恭讓王 神宗七代孫 元年慶尙元帥朴葳以兵船一百艘擊對馬島燒倭.

　　2권

　　太祖朝 李豆蘭爲人所誘殺芳碩芳蕃後 知其見欺悔恨, 太祖朝 河演爲忠淸監司 辭朝之日 餞客多會于漢江 回泛舟流.

　　世宗朝 梅月堂 金時習 年八歲 人皆以奇童稱之 上召見, 世宗大王疾病時 文宗侍疾 晝夜不解帶 坐于寢門之外.

　　世祖卽位 梅月堂 削髮爲僧 繼遊中外, 世祖朝 申叔舟韓明會 因宣召入侍, 世祖大王 一日於白

書忽見文宗后玄德王后.

成宗大王好微行 一日夜深後行 廻街巷有一明燈, 成宗大王好遊宴 嘗於慶會樓 聞鼓樂之聲, 成廟夜深後微行 至玉堂直至上番房, 成廟寬仁愛物待群臣如父子, 成宗朝 相臣尹士昕 貞憙王后之弟也.

中宗朝 朴平城元宗 卽位 大勳之後 位至首, 中廟朝 群賢彙集 每以堯舜地治 自期日入經席 力陳仁義之道.

仁宗自製人鬼賦之後 斷絶女色 以至薨逝, 詔使來領 仁廟刑封詔, 仁宗嘗與侍臣 諮訪人才 或以徐花潭敬德對之.

明廟朝 丁未年間 爲京畿監司 過良才驛 有匿名書掛壁上變, 遂成大獄 一時 名賢誅戮 相繼而已, 明宗大王無嗣 欲擇於德興君 諸子中 乃河源河陵河城 河城卽宣廟也, 明廟嘗言死 而得謚一明字定矣, 御書有御筆得 謚一明字定矣, 翼成燕居 無呵責婢僕之事, 許相公稠 稟性貞潔 不近女色, 國初稱名相者 以黃許兩相爲首, 癸酉靖難時 皇甫仁爲領相 金宗瑞爲左相, 文宗之子世宗之孫 癸酉帝賜誥命冕服 增廣別試 取李崇元等四十人, 明廟 戊午 梧陰文靖公登第 時相李公浚慶 卽文靖公族叔也, 李相浚慶常與曺南溟植 交誼甚厚.

宣廟朝 李完城憲國 性戇直 在上前不諱所欲言, 李鰲城相公 當壬辰車駕在平壤 拜兵判, 李完城憲國於戊戌己亥間 連除吏判 皆辭不受, 車駕在寧邊 日將往義州爲渡邊之計, 尙成安震拜相於明廟, 金河西麟厚 生有異質 號稱神童, 宣廟朝 乙亥年間 梧陰相公 以首揆爲時人所忌疾 三司群起, 宣廟朝 後宮金嬪 最見寵幸, 我朝士林之禍相繼 莫慘於戊午甲子己卯乙巳之烈也.

3. 내용

『동사』 첫머리에 저술 동기와 관점이 잘 나타나 있다. 편찬자는 삼국시대에는 군주와 신하의 선악을 고찰할 수 없음을 안타깝게 여겼다. 반면 고려에 들어서면 태조 왕건의 영웅적인 자질을 높이 평가하였다. 즉 너그러움으로써 虐政을 제거하고 三韓을 하나로 통일하였으며, 어진 재상과 훌륭한 장군들이 법으로 다스려 정치를 안정시켰던 것이다. 문종대 이르러 고려는 태평성대를 이루었고, 성종과 현종대는 小康이라고 평가할 만하다고 보았다. 하지만 의종 이래 혼란을 겪으면서, 원종이후로는 부자간 왕위를 둘러싼 쟁투가 일어났으며, 군신간에 서로 죽이고, 오랑캐가 침략하는 일들이 발생하였다. 그런데 편찬자는 고려중반 이후 혼란스러운 정치상황이 군신간의 대립과 갈등에서 초래되었다는 인식을 가지고 있었다. 이와 관련하여 신하로서 국왕을 죽인 사례로 康兆(? ~1010)와 李義旼(? ~1196), 崔忠獻(1149~1219) 등을 들었다. 이밖에도 李資謙과 拓俊京, 鄭仲夫 등 무신난을 통해 정권을 농단했던 여러 신하들을 열거하였다. 이에 대비하여 전형적인 忠臣으로 裵玄慶·洪儒·卜智謙·庾黔弼·崔凝·申崇謙을 꼽았다. 이상의 언급을 통해 미루어 보건대 편찬자가 직접적으로 저술 동기를 밝히고 있지 않지만 『동사』는 올바른 군주와 신하의 모습을 정립하기 위한 목적에서 저술된 역사서임을 알 수 있다. 주요 내용들을 권별로 정리하면 다음과 같다.

　1권에서는 삼국의 역사를 국왕의 치적을 중심으로 간략히 다루고 있다. 제일 먼저 신라가 등장하며 이어서 고구려와 백제의 순서로 배치되었다. 이와 같은 순차는 편찬자가 생각하는 역사의 전통성이 신라를 통해 계승되고 있다는 역사인식을 표현한 것으로 볼 수 있다. 이 점은 신라사의 연한을 통일이후는 물론 후삼국까지를 포괄한데서 재차 확인할 수 있다. 즉 궁예의 태봉과 견훤의 후백제, 왕건의 고려 건국 등이 모두 신라사의 일부로 편재되었다. 통상적으로 통일이전 신라와 통일신라, 후삼국으로 구분하는 방식과 달리 신라역사 안에 고려 이전까지의 시대를 통섭시킴으로써 한국사의 흐름을 신라를 거쳐 고려로 자연스럽게 이어지게 이해하도록 만들었다. 신라사는 통일이후를 많이 다루고 있다. 편찬자는 군주와 신하의 선악을 파악할 목적에서 충신으로 간주할 수 있는 인물들을 소개하였다. 먼저 문무왕대 金庾信에 대한 기록이 눈길을 끈다. 김유신은 통일이후 정국운영 방식을 묻는 국왕에 질문에 대해 소인을 멀리하고 조정이 화합하면 백성들이 안정될 것이라고 하였다. 신문왕대에는 强首(? ~ 692)가 등장하였다. 강수의 죽음을 소개하면서 고구려와 백제를 평정하기 위해 당나라에 군대 파견을 요청할 때 그의 文辭가 큰 공헌을 했음을 알렸다. 또 한 인물로 崔致遠(857~ ?)이 있다. 최치원이 12세 때 당나라로 유학 간 사실과 18세 登第한후 黃巢의 난을 평정하는데 공을 세운 일, 그리고 眞聖王에게 時務疏를 올렸으며 말년에 伽倻山에 은둔한 내용들이 정리되어 있다. 신라사에 이어 고구려와 백제의 역사가 정리되어 있다. 이 부분에 기술된 내용은 앞서 신라와 마찬가지로 始祖에 대한 설명이 나오고, 국가발전의 沿革이 建國에서부터 중흥기를 거쳐 패망에 이르기까지 간략히 소개되어 있다. 전체적으로 볼 때 고구려와 백제 관련 기사의 양은 신라에 비해 적은 편이며, 백제가 고구려보다는 상대적으로 많다.

　1권의 마지막 '고려'편에서는 왕건이 고려를 건국한 이래 공양왕대 패망에 이르기까지 역사를 주요인물과 사건들을 중심으로 편년체 방식으로 기술하였다. 앞선 시기와 달리 상대적으로 자료가 풍부한 관계로 기사들을 왕대별로 연차를 달리하며 배치하였다. 군신선악의 관점에서 볼 때 주목되는 내용으로 먼저 광종대 雙冀를 등용하여 科擧制를 실시한 내용이 있다. 고려의 문물제도가 정비되었던 성종대에는 崔承老(927~989)와 그의 시무상소가 소개되었다. 또한 중앙 및 지방 관제개편의 양상이 차례로 정리되었다. 목종대에는 徐熙(942~ ?)의 仕宦來歷이 출생에서부터 시작하여 자세히 기술되었다. 현종대에는 姜邯贊(948~1031)이 貴州에서 거란족을 물리친 사실과 이에 대한 포상 내역이 소개되었다. 국왕으로서는 숙종의 치적이 주목을 끈다. 숙종은 동전을 주조하여 상품화폐경제를 활성화시켰는데, 그 목적이 가난한 백성들을 구제하기 위해서였다고 적고 있다. 예종대에는 여진의 침입을 막은 尹瓘의 활약상이 戰功과 함께 소개되었다. 인종대에서는 李資謙의 亂이 다루어졌다. 이자겸은 인조의 外祖로서 조정에서 특별대우를 받았는데 이것이 金富軾(1075~1151) 등 신진관료들과 갈등을 빚는 원인이 되었다. 마침내 인조 4년(1126) 왕위를 빼앗으려 난을 일으켰으나 탁준경의 배신으로 실패에 그쳤다. 이어서 인조 13년(1135) 발생한 妙淸의 난이 실려 있다. 의종으로부터 원종대에 이르기까지는 무신정권의 동향이 중심내용을 이루고 있다. 의종 24년(1170) 정중부와 이의방, 李高, 李義方 등이 일으킨 무신란의 전개 양상이 최씨정권을 거쳐 金浚에 이르도록 기술되었다. 한편 원종대 金方慶의 활약상이 전공과 함께 소개되었다. 충렬왕대에는 국왕에게 충성을 다하며 국사를 위해 자신을 희생한 인물로 郭麟의 사례가 소개되었다. 또한 명 충신의 사례로는 尹宣佐가 있다. 그는 충숙왕 8년(1321) 심양왕 暠를 왕위에 앉히기 위해 權漢功과 蔡洪哲, 李光逢 등이 공작을 펼쳤을 때 단호히 서명을 거절함으로써 왕위 찬탈을 저지하였다. 충혜왕대는 禹倬의 평가가 주목된다. 이 부분은『高麗史』「列傳」부분을 그대로 인용하였다. 무엇보다 忠義의 덕목을 강조하였다. 이로써 보건대『동사』에서 신하의 선악을 평가하는 주요기준이 강상명분임 알 수 있다. 이와 함께 우탁이 程傳을 연구하여 문리를 해득하고 학생들에게 교수한 사실을 부각시키고 있다. 편찬자가 宋代 性理學의 세례를 받은 新進士大夫의 學識과 이로부터 표출되는 충의를 인물 평가의 기준으로 상정하고 있었던 것이다. 이러한 유교적 도덕주의 사관은 공민왕을 평가하는 데 그대로 반영되었다. 일단 공민왕의 원나라로부터 벗어나 주체적으로 국가를 경영하려는 노력을 인정하였다. 하지만 승려 普愚의 讖緯에 귀 기울였던 사실을 질책하였다. 이와 관련하여 尹澤의 일화가 소개되었다. 윤택은 인종이 묘청의 말에 현혹되어 나라가 전복될 뻔한 사실을 상기시키면서 보우의 말을 물리칠 것을 上言하였다. 이이서 周公의 가르침에 따를 것을 종용하는 한편 眞德秀의『大學衍義』와 최승로가 성종에게 올린 글을 進講할 것을 건의했다. 편찬자는 윤택의 다음과 같은 점에 주목하였던 것으로 보인다. 먼저 성리학의 가르침에 충실하여 불교를 배척한 사실이다. 그래서 승려는 어떠한 경우에도 국정에 간여해서는 안된다는 원칙을 국왕에게 간언할 수 있었던 것이다. 한편 윤택은 그저 국왕의 말만 따르는 신하가 아니었다. 국왕에게 聖學을 적극적으로 권면하면서 군주를 선한 길로 인도하려 애썼던 신하였다. 이와 관련하여 공양왕 2년 經筵官을 처음으로 설치한 일과 鄭夢周의 進言이 주목된다. 정몽주는 儒者의 도리로 日用平常의 일을 들면서 이것이 바로 堯舜의 도와 일치한다고 강조하였다.

2권은 태조 이성계로부터 선조대에 이르기까지의 조선시대 역사를 군신선악의 관점에서 정리하고 있다. 제일 먼저 등장하는 인물은 태조대 李豆蘭과 河演으로 해당 개인의 행적과 관련일화가 소개되었다. 세종과 세조대 金時習(1435~1493)이 등장하였다. 어린 시절 세종과의 召見으로부터 승려가 되어 천하를 방랑하기까지의 행적을 소개하면서 그를 조선에서의 伯夷에 비견하였다. 단종에 대한 충성을 높이 산 평가로 결과로 판단된다. 국왕으로서는 문종의 효성을 거론하였다. 문종이 세종이 병들었을 때 밤낮으로 간병하였고 침소를 떠나지 않은 일을 소개하였다. 성종의 경우 여러 신하들과 부자지간처럼 지낸 사례를 들고 있다. 인종은 人龕의 賦를 지은 이후 죽을 때까지 女色을 멀리했던 사실을 높이 평가하였다. 중종대에는 여러 신하들이 경연석상에서 국왕에게 매번 요순의 다스림과 인의의 도를 진언할 사실을 소개하였다. 한편 소인에 대해서 편찬자는 다음과 같은 警句를 소개하였다. "악행을 저지르는 소인은 한때 그 뜻을 얻는 듯 하지만 끝내는 재앙을 입으며, 자신에게 그 화가 미치지 않을지라도 자손들에게 미칠 것이었다"고 하였다. 바로 이 같은 관점에서 명종이래 선조대 치열한 당쟁과정과 그 속에서 활동했던 주요 신료들에 대한 평가가 이어지고 있다. 명종대는 金安國(1478~1543)과 李浚慶(1499~1572), 선조대는 李憲國(1525~1602)와 金麟厚(1510~1560) 등을 열거하면서 각각의 인품를 몇 가지 일화를 통해 소개하였다. 그리고 2권 말미에는 왕조개창 이래 삼백년이 지나는 동안 발생했던 주요 정치사건을 관련 당사자들에 대한 간단한 평가와 함께 시대 순으로 정리해 놓고 있다. 대표적으로 癸酉靖難(1453)과 戊午(1498)·甲子(1504)·己卯(1519)·乙巳(1545)士禍, 東西分黨(1575), 己丑獄事(1589) 등이 거론되었다.

4. 가치

『동사』는 단군이래 조선시대 선조에 이르기까지의 역사를 군주와 신하의 선악을 판정하는 데 초점을 맞춰 정리한 史書이다. 사료가 소략했던 고려이전까지는 주로 건국에서부터 패망에 이르기까지 해당 국가의 연혁을 국왕의 치적을 중심으로 소개하였다. 고려대 들어서 본격적으로 '君君臣臣'이라는 강상명분론에 입각하여 인물을 평가하였다. 정국변화에 따라 다양하게 등장하는 군신관계를 소개하면서 충의를 매개로 국왕을 섬기는 신료의 모습을 높이 평가하였다. 또한 신하로서 충성을 다할 뿐만 아니라 국왕이 바르게 되도록 啓導하는 면모를 부각시켰다. 결국 『동사』는 간략하지만 유교적 도덕주의 사관에 입각하여 쓰여진 私撰 사서로서 조선시대 양반사대부들의 역사관을 파악하는 데 도움이 되는 자료라고 평가할 수 있다.

【원재린】

東史綱目

安鼎福(1712~1791) 著.
原稿本. 20卷 20册:24.5×15.5cm. 行字數 不定.
印記:廣州安鼎福百順庵.

1. 저자

安鼎福(1712~1791)의 本貫은 廣州, 字는 百順, 號는 順庵·漢山病隱·虞夷子·橡軒이다. 提川 출신이다. 고려조에 태조를 도와 가문을 연 安邦傑로부터 대대로 중앙의 고급관료를 지냈으나 안정복의 가까운 선조에 이르러 영락하였다. 즉 그의 고조 時聖은 현감을 지냈고, 증조 信行은 그 보다도 못한 종8품의 氷庫別檢이었으며, 조부대에 이르면 南人의 정치적인 입지에 따라 더욱 영락한 환경으로 전락하였다. 할아버지는 예조참의 瑞羽이고, 아버지는 증 오위도 총부부총관 極이며, 어머니는 전주 이씨로 益齡의 딸이다. 李瀷의 문인이며, 조선 후기의 역사학자·실학자였다. 1712년(숙종 38)에 제천 楡院의 外家에서 출생하여 1791년(정조 15)에 廣州 德谷에서 80년의 생애를 끝맺었다.

그의 80평생은 몇 단계로 나누어서 이해할 수 있다. 그의 生長期인 초기 25년 간은 南人 家의 子姪이라는 것과 당쟁기라는 조건 때문에 京鄕을 전전했던 불안정한 생활이 불가피하였고 이 때문에 그는 뒤에도 자주 少年期의 失學을 自嘆할 만큼 고난과 긴장을 반복해야 했다. 堤川에서 탄생한 그는 5세에 상경했다가 6세에는 靈光으로 가야 했고, 9세에는 다시 還京하여 10세에 입학하였으나 14세에는 다시 조부의 任地 蔚山으로 갔으며, 다음해에는 조부의 해임으로 茂州로 이사했고 다음 해에는 또 祖父喪을 치르고서 廣州에 定居하였기 때문이다.

그의 爲學期라고 할 英宗대에는 그가 廣州에 定住함으로써 학문도 본격화되었고 『性理大全』과 『心經』도 읽었거니와, 29세 때에는 벌써 『下學指南』을 저술할 만큼 성장하였다. 그러나 그의 年譜에는 이보다 앞서 『성리대전』을 읽던 때에 벌써 『治統圖』와 『道統圖』를 저술하였다고 하였으므로 그의 修學은 곧 저술을 할 만큼 본격적인 것이었고 저술과 수학이 병행된 것이었음을 알 수 있다. 또한 그의 修學이나 저술 방향은 道統을 중심한 것이었고 이는 그가 『동사강목』에서 정통론을 존중한 것과도 관련되는 것이라고 보아진다.

한편 그의 實學的 학문의 起點은 35세 때 星湖 李瀷을 進拜한 데서 찾아야 할 것이지만, 그로부터 10여 년 뒤(1759년)에는 벌써 단군 조선으로부터 고려말 까지의 역사서인 『東史綱目』을 완성하였다. 이는 『臨官政要』를 저술한 지 2년 뒤였던 만큼, 40대부터의 實學的 著述에 몰두하던 때였다고 할 것이다. 한편 그의 歷史著述은 이 밖에도 56세에 중국 당 왕조의 역사를 서술한 『列朝通紀』가 있었고, 『讀史詳節』·『史鑑』·『三聖傳』·『三賢傳』·『箕子通記』 등 中國史에 관한 것이 있고, 『東史補闕』·『東國逸史外紀』·『東國高士傳』·『東史例』·『東史外傳』 및 『東國烈女傳』 등 東國史에 관한 것이 있으며 『嶺南先賢傳』·『木川志』 등 地方志類와 『地理考異』 같은 역사·지리에 대한 것도 있다. 이로써 보면 40~50대에는 실학적 저술과 역사 저술이 또한 병행되고 있었다고 할 것이다.

이에 비하여 그의 官運은 불우하였다. 39세 때에 겨우 從士郎에 朝奉大夫가 되어 入京、謝恩하였고, 41세 때에는 通訓大夫로 靖陵直長이 되었으며, 43세에는 司馬府 監察이 되었고, 61

세에는 翊衛司 翊贊으로서 世孫을 교도하는 書筵에 入參하였으나 65세 때에는 다시 外職인 木川縣監이 되었기 때문이다. 그리하여 78세에 그는 겨우 通政大夫에 僉知 中樞府事가 되었고 이어 嘉善大夫에 同知 中樞府事가 되었다가 80세에 세상을 떴다. 그러나 바로 이러한 不運이 그로 하여금 많은 著述을 낳게 하였고 학자로서도 大成하게 하였을지도 모른다. 따라서 그의 名聲은 오히려 歿後에 드높아져서 議政府 左參贊에 증직되었고 사후 80년에는 文肅이라고 贈諡 되었던 것이다.

그는 어릴 때부터 병이 많았다. 또 할아버지의 잦은 관직 이동과 일생을 處士로 지낸 부친 극을 따라 오랜 동안 자주 이사를 하였다. 그 결과 그는 10세가 되어서야 겨우『소학』에 입문할 수 있었다. 그 뒤 일정한 스승이나 師門도 없이 친·외가의 족적인 범위 내에서 학문 활동이 이루어졌다. 조부가 벼슬을 그만두고 茂朱 적상산에 들어가자 그도 그곳에서 생활하는 한편 외가인 전남 영광에도 부친과 함께 자주 왕래하였다. 그는 외가가 孝寧大君의 후손인 관계로 외가의 영향도 많이 받았던 것으로 알려져 있다. 실제로 안정복은 역사에 관심이 깊었던 어머니 贈貞夫人 李氏의 영향을 크게 받았다.

1726년(영조 2)부터 무주에 복거하던 그의 일가는 1735년 조부의 사망으로 이듬 해 고향인 경기도 광주 慶安面 德谷里(지금의 경기도 광주군 경안면 덕곡리, 일명 텃골)로 돌아와 살았다. 텃골로 돌아온 그는 '順菴'이라는 小屋을 짓고 학문 생활에 몰입하였다. 그는 家學을 기본으로 經史 이외에 陰陽·星曆·醫藥·卜筮 등의 技術學과 孫子·吳子 등의 병서, 불교·老子 등의 이단사상, 그리고 稗乘·소설 등에 이르기까지 읽지 않은 것이 없었다. 특히 역학에도 조예가 깊어, 이 때문에 方術家라는 비칭을 듣자 스승 李瀷으로부터 이름을 바꾸라는 충고를 듣기도 하였다. 1746년에는 광주 安山面 星村里(지금의 안산시 성포동)에 거주하던 李瀷을 찾아 문인이 되었는데, 이는 이전부터 연분이 있었음을 의미한다. 이익과의 만남은 그의 사상에 커다란 변화를 주었다. 특히 이익의 문인들과 학문적 토론을 진지하게 하였다. 尹東奎·李秉休 등은 동료나 선배로서 權哲身·李基讓·李家煥·黃德壹·黃德吉 등은 후학 또는 제자로서 이때부터 연을 맺은 인물들이다. 이들과의 교류에서 어느 정도 사상적인 영향을 주고받기도 하였다. 그러나 35세라는 장년기를 家學으로 보낸 탓에 여기에서 형성된 자기 나름의 學問體系와 思惟構造는 성호를 비롯한 그의 문인들과의 교류에서도 쉽게 변화되지 않았다.

유형원의『東史綱目凡例』를 효시로 하여 이익의 조언으로 편찬된 역사서『동사강목』은 유형원→이익→안정복으로의 계보를 잇는 것이라 이해해도 좋을 것이다. 이는 그가『반계수록』을 통해 이익을 찾았고, 이익을 통해 유형원을 더욱 자세하게 배운 결과이다. 따라서 그는 이익을 통해 학문과 사상의 깊이와 폭을 더했고, 이에 자신의 학문은 더욱 견고해져 나름의 경험적인 사상을 체계화하였다. 그의 文集은 여러 가지 시문과 잡저, 묘도문 등을 짓는 대로 그냥 모아 두기만 했으나,『東史綱目』은 저자가 생전에 교정까지 모두 완성한 것으로 보인다.

『동사강목』은 저자가 1756년(영조 32) 45세 때부터 편찬을 시작해 3년만인 1758년에 초고를 완성했다. 그러나 준비한 것은 편찬 시작 5년 전인 1751년『자치통감강목』을 연구하면서 부터이고, 그 이전 柳馨遠의『東史綱目條例』의 초고를 본 뒤 집필을 결심한 듯하다. 초고 완성 후, 스승인 李瀷과 친구인 尹東奎 등과 의견을 교환하였고, 계속해서 초고를 수정 보완하여 편찬을 시작한 지 22년만인 1778년 완성하였다.[1]

이후, 正祖 5년 辛丑 즉 70세 때에 그는 敦寧府 主簿에 이어 獻陵令이 되었는데 이때 王命으로 1本을 謄進하게 되었고 72세 때에는 直齋藏內閣에서 교정·謄寫한 것이 年譜에 보인다. 그러나 안정복의「東史綱目序」는 正祖 2년 즉 67세 때 木川의 用晦堂에서 썼다고 되어있음을 고려한다면, 67세 때에 校正·修補된 것을 70세 때 謄進하게 되어 다시 謄寫를 시작하였고, 이것이 72세에 완성된 것으로 보인다.

이렇게『東史綱目』은 45세(1756년) 때 시작하여 48세(1758년) 때 일단 완성되었다가 다시 刪削 修補되었고, 67세 때에 안정복 自序를 포함한 최종본이 되었으나 ,이것을 다시 교정하여 72세 때에 완성한 것이라고 할 수 있다. 이는 英祖 32년(1756)부터 시작하여 정조 7년(1783)에 끝낸 것이 되는 것이므로 실로 27년이나 소비한 저작이었다고 할 것이다. 이로써『동사강목』은 서문에서 말한 家塾用이라는 좁은 테두리를 벗어나 정조를 비롯한 세인의 관심을 끌게 되었고 마침내 조선 후기를 대표하는 통사로서 자리를 굳히게 되었다. 그가 自序한 글에서도, "책이 된 지 20여 년인데도 오랫동안 선사하지 못했다(書成, 二十有餘年, 而久未繕寫 云云)"라고 한 것을 보면 20여 년이 걸린 것임은 분명하다.

2. 구성

1) 구성

이 책은 古朝鮮에서 高麗 恭讓王까지의 編年體 通史 20권 20책으로 구성된 필사본이다. 본편 17권, 부록(首卷, 附卷上·下) 3권으로 되어 있으며, 서문은 자신이 직접 썼다. 1778년에 順菴이 百順菴에서 쓴 自序와 그 페이지 하단에 '광주안정복백순암'이라는 첫 장에 사각형 朱印이 찍혀있다. 紀年에 대한 중국연호 비교설명이 欄上에 墨書로 補寫되어 있다. 친필임을 보아 안정복의 手澤本임을 알 수 있다. 서술 체재는 편년체이나 주자의『資治通鑑綱目』의 형식

---

1) 順菴의 先師인 星湖의 從子이자 同門이던 貞山 李秉休의「題東史篇面」에는 英祖 38년 ,즉 순암이 51세였고 성호가 82세 때에 이 책이 완성되었음을 말하고 있으며, 정산은 이에 書題했는데, 이로써 보면 영조 35년에는 일단 저술이 완결되어서 성호에게 넘겨졌고 그것이 성호와 정산에게 열람되었던 것이라고 볼 수 있다.

에 의해 綱과 目으로 서술되어 있다. 구성을 보면 다음과 같다.

首卷 : 題東史篇面·序(광주안정복백순암'인기)·目錄·凡例·採據書目·東國歷代傳授圖·歷代地圖·官職沿革圖 (제1책)

권1 : (朝鮮)箕子·箕否·箕準 (馬韓) 武康王箕準 (附: 衛氏朝鮮·四郡二郡·辰韓·弁韓·扶餘·濊·貊·沃沮), 三國(附: 二郡·扶餘·駕洛)

권2~4 : 三國(附:二郡, 帶方, 扶餘, 駕洛, 渤海)~新羅(附:渤海)

권5 :新羅(附:後百濟·泰封·高麗·渤海)

권6~17 :高麗(太祖19년~恭讓王) (제2-18책: 각 책 권수 하단 '광주안정복백순암'인기)

附卷上 : 考異, 怪說辨, 雜說(제19책: 각 책 권수 하단 '광주안정복백순암'인기)

附卷下 : 地理考, 疆域沿革考正, 分野考(제20책: 각 책 권수 하단 '광주안정복백순암'인기)

2) 이본 소개

* 규장각 소장본(20권20책) (奎5916)

『동사강목』은 본래 몇 종의 寫本이 있었던 것으로 보여진다. 奎章閣本은 같은 20권 20책, 27.7×19㎝ 크기의 寫本으로, 역시 1778년의 서문과 徐萬淳(1791~ ?)의 印記가 있다.

首卷 : 題東史篇面·序(印記 없음)·目錄·凡例·傳授圖·地圖·官職圖 (제18책)

권1 : (朝鮮)箕子·箕否·箕準 (馬韓) 武康王箕準 (附: 衛氏朝鮮·四郡二郡·辰韓·弁韓·扶餘·濊·貊·沃沮), 三國(附: 二郡·扶餘·駕洛)

권2~4 : 三國(附:二郡, 帶方, 扶餘, 駕洛, 渤海)~新羅(附:渤海)

권5 :新羅(附:後百濟·泰封·高麗·渤海)

권6~17 :高麗(太祖19년~恭讓王) (제1-17책 : 각 책 권수 하단에 徐萬淳 인기)

附卷上 : 考異, 怪說辨, 雜說. (제19책, 서만순 인기)

附卷下 : 地理考, 疆域沿革考正, 分野考 (제20책, 서만순 인기)

* 首卷이 第18冊, 附卷上下가 제19~20책으로 편제되어 있음.

* 국립중앙도서관본(귀191)

「考異」·「系統」·「地理」·「怪談」 4편 2책으로 된 자필고본의 부록이다.

본서 제 1책 전면에 기록된 편찬 계획을 표시하여 기록한 것을 보면, 「상편고이」라고 기록한 다음 줄을 바꾸어 凡例 10장, 목록 10장, 계통 5장, 고이를 합하여 상하편 1권으로 한다고 하였다. 제 2책에는 권두에 우리나라 판도를 그린 지도들이 있고, 다음으로부터 지리고에 관한 기사가 이어진다. 이 부분은 완성된 목차와 일치하여 탈고 전의 초고본임을 알 수 있다. 제2책 지리고 중간에 藥泉 南九萬(1629~1711)의 「浿水考」가 별지로 첨부되어 있다. 간혹 기재사항이 마음에 들지않는 부분은 삭제 혹은 정정한 곳도 있다. 이상 몇 가지 단서를 통해 이 책은 안정복의 起草중의 자필 초고임을 알 수 있다.

연대본과 규장각본(사본)과 실물을 대조해본 결과, 국립중앙도서관에 소장된 『동사강목』(附錄) 自筆藁本(귀191)과 비교한 결과 동일한 필체임을 알 수 있다. 연대본 실물 확인 결과, 원필사자는 따로 있고, 안정복 자신이 친필로 곳곳에 附箋紙를 이용해 기사를 보완삽입한 것이 더러 보이고, 欄外 註와 圈點 등 표기를 해둔 것을 보아 안정복 수택본임이 확실하다. 간혹 기재사항이 마음에 들지 않는 부분은 붉은 색으로 삭제 혹은 정정·삽입한 곳도 있다. (규장각본에서는 이 부분이 모두 삭제·정리된 듯하다.) 한 예를 들어 보자.

* **연대본** : 밑줄 친 굵은 글씨 부분은 상단에 부전지로 加筆. (안정복 친필임)

'東方之史始於三國, 故三國以前全無可徵. 今此書, 檀箕事蹟, **雜取古記及中國事成之, 三朝始終, 亦無所傳, 取中國**史補入. 又詳雜說(細註).'

* **규장각본·조선고서간행회 활자영인본** : 연대본(부전지 가필 포함)의 것을 모두 넣어 필사·활판 영인함.

凡例·災祥 : '東方之史始於三國. 故三國以前全無可徵. 今此書檀箕事蹟, 雜取古記及中國事成之. 三朝始終. 亦無所傳. 取中國史補入. 又詳雜說(細註).'

동방의 역사는 삼국때부터 비롯되었으므로, 삼국 이전은 전혀 고증할 데가 없다. 이제 이 책에서는, 단군과 기자의 사적은 古記 및 중국 사서의 여기저기에서 따다 만들었고, 삼한의 始終도 전해지지 않은 것은 중국 사서에서 따다가 보충해 넣었다. (雜說에 자세히 보인다)

한편 『古鮮冊譜』에는 20책본 두 종이 저록 되었고, 18卷本과 22卷本이 하나씩 저록되었다. 20冊本은 『西序書目草本』과 『統監府藏書目錄』에 의했고 18卷本은 『總督府解題』, 22卷本은 『增訂文獻備考』 藝文志 3에 의거한 것이었다. 이 밖에도 順菴의 著述目錄에는 10卷本이 있고 東史에 관한 안정복의 저술로서는 『東史例』·『東史外傳』·『東史補闕』 등이 있으나, 이는 『東史綱目』의 일부에 해당하는 것이거나 그 零本으로 보이며, 『安鼎福叢書本』 제18책에는 『東史綱目校草本上』이 있기도 하다.

1915년 『東史綱目』이 조선 고서간행회에서 활자로 간행되었고, 1984년에는 『下學指南』·『萬物類聚』·『木川志』 등을 포함한 『順菴全集』 4책으로 驪江出版社에서 영인되었다. 近者에 景仁文化社에서 다시 영인되어 流布되고 있다. 번역서로는 민족문화추진회에서 『국역동사강목』 10책이 간행된 바 있다.

3. 내용

1) 내용

(1) 首卷(제1책)

목록은 다음과 같다.

> 首卷 :題東史篇面, 東史綱目序, 東史綱目目錄, 東史綱目凡例, 採據書目, **東史綱目圖上**(東國歷代傳授之圖, 箕君世子傳世之圖, 新羅三姓傳世之圖 附駕洛國, 高句麗傳世之圖 附夫餘國 附渤海國, 百濟傳世之圖, 高麗傳世之圖), **東史綱目圖中**(地圖, 朝鮮四郡三韓圖, 三國初起圖, 高句麗全盛圖, 百濟全盛圖, 新羅全盛圖, 新羅統一圖, 高麗統一圖), **東史綱目圖下**(官職沿革圖:三師三公沿革, 宰相政府沿革, 諸部尙書沿革, 憲臺沿革, 諫官沿革, 史官沿革, 學官沿革, 學士沿革, 諸司沿革, 諸小各司, 宮僚沿革, 內職沿革, 宗職沿革, 武職沿革, 閫帥沿革, 監司沿革, 牧守沿革, 中官沿革, 勳爵沿革, 文武散塔沿革上下, 高麗諸司都監各色, 鄕職沿革, 僧官沿革, 古初官號, 古今職官之異) **(제1책)**

수권의 「題東史篇面」은 李瀷이 『동사강목』을 위해 쓴 미완성의 서문으로서, 從子인 李秉休가 小跋을 붙여 소개한 것이다. 그 내용은 洪範說이다. 箕子의 治績은 洪範 8政에 토대를 둔 것으로서, 이른바 8條敎나 평양의 井田制 혹은 白衣 숭상과 婚禮時의 백마 사용 등의 풍속이 모두 기자의 홍범 정치로부터 유래되었다는 것이다. 그리하여 중국 堯·舜·三代의 홍범 전통이 중국에서는 한초에 이르러 부활되지만, 그것은 우리나라의 8조교로부터 거꾸로 배워간 것이다. 그리하여 중국이 우리나라로부터 禮를 배워가지 않으면 안 되는 상황이 되었다는 것이다. 이익이 이 책의 서문에 기자의 홍범 정치를 서술한 것은, 중국의 3대에 못지않은 이상문화가 동방에 꽃피었음을 강조하려는 것으로 생각되는데, 그는 이 글을 완성하지 못한 채 세상을 떠났다. 그러나 『동사강목』의 역사 체계가 檀箕 → 馬韓을 정통으로 부각시킨 것은 결과적으로 이익의 입장과 대체로 일치되는 것이다.

다음은 『동사강목』에 붙인 안정복의 서문을 통해 이 책의 성격과 안정복의 사관이 어떤 것인지를 대개 짐작할 수 있다.

> 우리 동방의 역사도 또한 갖추어져 기전체로는 문열공 김부식의 『삼국사기』와 문성공 정인지의 『고려사』가 있고, 편년체로는 서거정과 崔溥가 명을 받고 편찬한 『동국통감』이 있다. 이어 유계의 『여사제강』과 임상덕의 『동사회강』이 나오고 抄節한 것으로는 權近의 『삼국사략』과 오운의 『동사찬요』 등의 사서가 나와 실로 성황을 이루었다.

그러나 『삼국사기』는 소략하고 實을 잃었고, 『고려사』는 번잡하고도 요긴한 것이 적고, 『동국통감』은 기준이 틀린 것이 많으며, 『여사제강』과 『동사회강』은 그 필법이 그릇되었을 뿐만 아니라, 오류된 것을 그대로 따라 와전된 것이 있다. 모든 사서를 읽어보아 이러한 결함이 있으니 드디어 刊正의 뜻을 가지어 널리 동방 사서와, 중국 사서에서 동방 역사에 미친 것을 취하여 이를 刪節하여 책을 이루었으니, 오로지 주자의 사관을 따랐으나, 이 책은 私室의 광주리에 담아 두어 참고하는 자료로 삼을 뿐, 감히 세상에 내어놓을 수 있는 찬술이라고는 생각지 않는다. 대체로 역사가의 大法은 정통을 밝히고, 纂逆을 엄히 구분하고 是非를 바로잡고 충절을 칭찬하고 典章을 상세히 밝히는 것 등이다. 이러한 점에서 모든 역사를 보건대 논란할 것이 많아, 대략 고쳤고 訛謬함이 심한 것은 따로 고찰하여 부록으로서 뒤에 붙였다. 책을 완성한지 20여 년에 이르도록 오랫동안 수정하지 못하다가 병신년(1776) 겨울, 재주없는 이 사람이 충청도 고을 하나를 맡아 갔을 적에 관무를 보던 여가에 비로소 수정을 끝내어 완본을 이루고 이제 그 뜻을 적어 家塾 자제들을 수업함에 쓰게 하였다. 때는 정조 즉위 후 3년인 무술년(1778) 2월 1일. 안정복은 목천의 用晦堂에서 쓰노라.

『동사강목』의 저술이 시작되던 영조 30년대는 그가 東史에 대한 관심을 한참 기울이던 때였다. 이는 안정복이 이익이나 尹邵南, 李貞山 등에게 「東史問答」을 벌이던 때였고 그의 史評을 담은 「동사문답」이나 「橡軒隨筆」이 저술되던 때였기 때문이다.[2]

『동사강목』의 저술 배경은, 17~18세기에 팽팽하게 일던 역사의식과 주체적 自覺이란 시대정신과 종래의 東國 史書에 대한 그의 批判意識에서 비롯되었다. 시대정신이란 안으로 倭·胡의 전란을 겪으면서 체험한 사회 변동과, 밖으로 明·淸 교체에 수반된 가치관의 변화에 따른 것이었고, 그 표현은 禮論과 禮學 및 禮訟 등으로 표현된 조선조 후기의 당쟁이었고, 이에 따른 義理 名分에 관한 논쟁이나 朱註를 둘러싼 斯文의 논쟁이었다. 이들 黨論이나 사상적 논쟁은 서로 얽혀서 전개되었지만, 결국 명·청 교체에 따른 위기와 이에 대응하는 문제를 둘러싼 대립을 의리의 문제로 집약한 것이었으며, 정치적으로는 體制와 반체제적 대립 문제였던 것이다. 따라서 이에 수반되는 가치관의 변동은 道統論의 강조와 더불어 왕성한 역사의식을 유발하였고, 이것은 자연히 歷史敍述의 유행을 가져왔다고 할 수 있다. 이는 經·史를 一體化시키던 明末 사상과도 부합되는 것이었다. 하여튼 왜란 후 안정복이 存世할 때까지 『동사강목』에 先行된 역사 서술이 많았던 것도 그 단적인 표현이다.[3] 이 책들은 안정복이 채택하는

2) 『순암집』권10, 「東史問答」은 1754년~1760년 사이에 저자가 『東史綱目』을 편찬하면서 역사관이나 기타 史論 등에 대해 李瀷, 尹東奎, 李秉休 등과 문답한 편지 15편을 따로 모아놓은 것이다. 여기에는 綱目의 筆法이나 우리나라 史書의 문제점, 인물평가와 관련된 것, 馬韓 정통설과 지리적인 고증 등 여러 분야에 걸친 논의가 이루어져 역사서의 편찬에 李瀷의 영향이 매우 컸음을 알 수 있다. 구체적으로 보면, 선행된 『東國通鑑』, 『東史纂要』 등을 논평하였고 『麗史提綱』, 『東史會綱』은 가장 정밀하다고는 하였으나 역시 비판의 대상으로 하였다. 여기서는 또한 정통론을 星湖에게 질의하였고, 四郡論을 비롯한 疆域 문제는 尹邵南에게, 동사의 義例는 李貞山에게 각각 문답하였다.
3) 이는 17~18세기에 순암의 『동사강목』에 선행된 것만을 제시한 것이며 그것도 이와 평행되는 중국사에

한편 비판의 대상으로도 한 것이었다. 그러나 이와 같이 왕성했던 역사저술의 유행은 선행된 조선조의 초·중기의 修史가 겨우 『三國史記』·『三國遺事』·『高麗史』·『高麗史節要』·『東國通鑑』 등에 불과하였던 데 비하면, 중·후기에는 놀랄 만큼 많아진 것이며, 이런 경향은 韓末에 갈수록 많아졌던 것이다. 이것은 危機意識이나 가치관의 변동기에는 으레 수반되는 역사의식의 고조와도 유관한 것이었다. 또한 이런 경향은 讀史나 修史를 통하여 우선 自國의 역사를 새로이 인식하고 그 계통을 밝힘으로써 자기 존재의 淵源을 확인하려는 自意識의 표현이었음은 말할 것도 없는 것이다. 중·후기에 왕성해진 이러한 역사의식은 자국사에서 뿐만 아니었다. 中國史에 대해서도 宋徵殷의 『歷代史論』을 비롯한 長短의 사론과 史書가 많이 출간되었고, 이는 안정복에 있어서도 『史鑑』과 같은 저술을 갖게 하였기 때문이다.

다음으로는 종전의 사서에 대한 비판의식의 고조된 것이었다. 이는 중국사서에 대한 비판이나 이와 대비된 자국의 역사서에 대한 비판이 병행된 것이었지만, 그 중에서도 중심이 된 문제는 우선 史體에 관한 것이었다고 하겠다. 사체에 대한 비판의 공통점은 우선 중국 사서에 대해서는 正史體인 紀傳體나 編年體인 通鑑類나 紀事本末體 같은 것이 비판된 대신 朱子의 綱目體가 사체의 제일로 된 것이었다. 이와 같이 기전체나 통감류가 비판된 것은 이들 사서에서는 統系의 투철함이 미흡했기 때문이었음은 물론이었다.

한편 이러한 비판은 곧 東史의 서술에도 적용되었는데 이 경우에도 첫째로 선행된 사서에는 史體의 모순과 통계의 미진함이 있었기 때문이며, 둘째로 중국적 天下觀을 전제로 한 本紀·世家·列傳을 둔 기전체는 중국과 대등한 또 다른 天下意識인 自意識을 가지고서는 자국의 역사를 쓰는데 부적합했을 것이기 때문이다. 이런 관점에서 『三國史記』나 『高麗史』가 비판되었고, 특히 조선조의 건국을 합리화한 『東國通鑑』이 비판되었다. 그러나 이런 경향은 순암의 『동사강목』보다 선행된 兪棨의 『麗史提綱』에서도 보이며, 위의 史書도 모두 이를 비판하였고, 林象德의 『東史會綱』에서도 그러하였던 것이다. 따라서 안정복은 이러한 선행된 사서에 대한 비판 방향을 승계하여 이를 더욱 심화시켰다고 할 것이다.

목록에 이어 『동사강목』 범례에 밝히고 있듯이 주자의 綱目體를 定法으로 하여 그 나름으로 민족사를 재구성하는 데 主眼하였다고 할 수 있다. 그러므로 주자가 發凡·明例를 가지고 『春秋』의 微意를 분명히 하고자 하여 그의 『강목』에서 범례 1권을 따로 만들어 卷首에 넣었듯이, 그도 이를 본받아서 상세한 범례를 권수에 달았다.[4] 주로 자료 취급 방법과 사실 고증에

관한 저술은 제외하였다. 또한 이것은 『동사강목』의 採據 서목에 들어 있는 것이다. 吳澐(1540~1617), 『東史纂要』(8권 8책)1609~13刊/趙挺(1551~ ?), 『東史補闕』1646跋/兪棨(? ~1644), 『麗史提綱』 1667 刊/洪汝河(1621~1678), 『東國通鑑提綱』(13권 7책) 1672刊/洪汝河(1621~1678), 『彙纂麗史』(48권 22책)/ 林象德(1683~1789), 『東史會綱』(12권 10책).

4) 보다 중요한 것은 안정복이 이런 도덕주의를 동국사에 적용함으로써 동국 역사의 정통을 밝히고자 한 데 있었다. 그러므로 그는 범례에서 주자의 정법을 따른다고 밝히면서도 아울러 강목이 華夏를 중심으로 만국을 통괄한 것임을 감안하여 이를 그대로 동국사에 적용하는 것이 부적합한 것도 아울러 인식하고 있었다. 범례의 서문에서 그가 말하기를, " '東國'은 땅이 한 구석에 외져서 禮 다르고, 일이 달랐던 것이니

관한 문제, 그리고 史論에 관한 것이다. 범례는 모두 18節(雜禮 제외)로서, 이는 주자『강목』의 의례와 거의 일치한다. 그리고 한결같이 주자의 정법을 따른다고 밝히고 있다.5) 서술원칙인 '범례'는『자치통감강목』을 모방한 林象德의『東史會綱』의 범례를 참조하여 간략하게 줄였다.

> 統系(10條)·歲年(3條)·名號(6條)·卽位(2條)·改元(1條)·尊位(4條)·崩葬(2條)·簒弑(1條)·廢徒幽囚·祭祀(4條)·行幸(2條)·恩澤(1條)·朝會(7條)·封拜(7條)·征伐(1條)·廢黜(1條)·人事(8條)·災祥(1條)·雜禮(11條)

採據書目을 실으면서 간단한 해제를 붙였다.『동사강목』의 본문에는 새로 보완된 기사들 밑에 일일이 인용 전거를 밝힘으로써 가능한 고증적 述史태도를 견지하고 있다. 인용된 자료들은 국내측 사료와 문집도 많지만, 중국서적도 있다.

> 史書 :『三國史記』·『三國史略』·『三國遺事』·『高麗史』·『高麗國史』·『東國通鑑』·『東史纂要』·『東史會綱』

> 문집·기타 :『破閑集』·『李相國集』·『補閑集』·『牧隱集』·『櫟翁稗說』·『龍飛御天歌註』·『陽村集』·『海東諸國記』·『輿地勝覽』·『應製詩註』·『筆苑雜記』·『東文選』·『退溪集』·『慵齋叢話』·『箕子實記』·『考事撮要』·『東閣雜記』·『不壤志』·『稽古編』·『芝峰類說』·『大東韻玉』·『海東樂府』·『眉叟記言』·『拙翁集』·『輿地考』·『松都雜記』·『經世書補編』·『磻溪隨錄』·『東國總目』·『海東名臣錄』·『麗史彙纂』·『範學全書』(이상 32종)

> 中國書籍 :『史記』·『漢書』·『後漢書』·『三國志』·『南史』·『北史』·『隋書』·『唐書』·『通鑑前編』·『資治通鑑』·『資治通鑑綱目』·『宋元綱目』·『通典』·『文獻通考』·『皇明通紀』·『吾學編』·『盛京通志』·『竹書紀年』(이

부득불 이에 따라서 義例를 세운 것이다. 이는 대소의 형세에 다름이 있기 때문이었으니 보는 이는 마땅히 스스로 알아야 할 것이다."라고 한 것은 중국과 우리는 禮가 다르고, 일이 다른만큼, 修史上의 義例도 또한 다른 것이어야 할 것이라고 판단했을 것이기 때문이다. 따라서 안정복의 뜻에서는 강목의 체를 빌되 그 뜻을 가지고 동안정복은 이 때국 역사의 統系를 독자적으로 정립하려는 데에 뜻이 있었던 것이다. 그러면서도 안정복은 이 때문에 缺할 수밖에 없는 表나 志 또는 書를 대신하여 전수도·지도·관직도를 수록하였다.

5) 주자의『강목』범례는 19강 154목에 걸친 것이었는데 비하면 안정복의 범례는 16강 70목에 불과한 것이지만 이는 兪棨의『麗史提綱』범례가 20목 전후였고 林象德의『東史會綱』범례가 19강 56목이었는 데 비하면 동사의 강목체로서나 그 범례로서는 크게 집성된 것이었다.
　이로 보면 주자의『강목』이나 안정복의『동사강목』이나 임덕상의『동사회강』은 모두 정통의 정립과 이에 따른 褒貶을 전제한 것이었고 역사를 전통과 無統의 반복으로 본 것은 공통적인 思惟였던 것이다. 그러나『동사회강』이나『동사강목』이 이런 사유와 원리를 적용하는 데서는 각기 달랐던 데에 동사 구성에 있어서의 안정복대로의 독자성이 있었다.

상 18종) 이 밖에 『宋史』·『金史』·『元史』도 많이 참고되었으나 참고서목에는 누락되었다.

그러면서도 안정복은 이 때문에 缺할 수밖에 없는 表나 志 또는 書를 대신하여 전수도·지도·관직도를 수록하였다.「東史綱目圖」상편 '전세도'에는 東國歷代傳授之圖라 하여 '檀君箕子傳世之圖: 附 衛氏·新羅三姓傳世之圖: 附 駕洛國·大伽倻國·高句麗傳世之圖: 附 夫餘國·渤海國·백제전세지도·고려전세지도'를 실었다. 신라 이후 고려까지의 도표 뒤에는 『東國通鑑』撰者 崔溥가 역대 왕의 치적을 평가한 사론을 싣고 있다. 이어서 중편 '지도'에서는 당시의 지도는 물론이고 고조선부터 고려시대까지의 역사지도 등을 실었다. 이것은 기존 사서와 구별되는 특징으로 『동사강목』의 지리고를 지도화한 것이다. 안정복이 강역을 중요시하고 있음을 나타내주며, 지리적 요소가 역사에 작용하는 힘을 인식하여 역사지도의 작성에 많은 노력을 기울인 것이다. 하편 '관직연혁도'에서는 삼국시대·고려의 관직 변화를 부서별로 살펴보고, 노비제도·의창·상평창·군현제도에 대한 기사에 사론을 붙였다. 이것은 『동사강목』의 서문에서 말했듯이 역사가는 정통을 소상히 밝혀야 하며, 국가가 잘 통치되느냐 않느냐의 관건은 통치제도에 달려 있다고 생각했기 때문이다. 이들은 모두 紀傳體의 표를 대신한 것이며, 동국사의 정통을 정립한 것이며, 독자적 발전을 제도와 강역에서 일목요연케 한 바, 그의 주체의식을 표현한 것이었다. 그리고 그 실천적 표현인 敎科書로서의 교육적 효율화도 고려한 것이었다고 할 수 있다.

(2) 본문(제1권~제17권 : 제2책~제18책)
그가 분편한 대략의 체계를 보면 다음과 같다.

제1 正統 1301년간 (기묘)기자 원년부터 ~ (기미)신라 아달라왕 26년까지
　　　* 檀箕朝鮮 馬韓 밑에 삼국을 병기
제2 無統 314년간 (경신) 신라 아달라왕 27년부터 ~ (계유)신라 소지왕 15년까지
제3 無統 155년간 (갑술) 신라 소지왕 16년부터 ~ (무신) 신라 진덕 여왕 2년까지
제4　　 177년간 (기유) 신라 진덕 여왕 3년부터 ~(을사) 신라 경덕왕 24년까지
제5 正統　170년간(병오) 신라 혜공왕 2년부터 ~ (을미) 고려 태조 18년 까지
　　　* 후삼국은 僭國으로 다룸.
제6 正統 80년간 (병신) 고려 태조 19년부터 ~ (을묘) 현종 6년까지

　　　* 이하 고려의 정통시대가 됨
제7 正統 88년간 (병진) 현종 7년부터 ~ (계미) 숙종 8년까지
제8 正統 43년간 (갑신) 숙종 9년부터 ~ (병인) 인종 24년까지
제9 正統 50년간 (정묘) 의종 원년부터 ~ (병진) 명종 26년까지

제10 正統 54년간(정사) 명종 27년부터 ~ (을해) 고종 37년까지
제11 正統 25년간(신해) 고종 38년부터 ~ (을해) 충렬왕 원년까지
제12 正統 25년간(병자) 충렬왕 2년부터 ~ (경자) 충렬왕 26년까지
제13 正統 39년간(신축) 충렬왕 27년부터 ~ (을묘) 충숙왕 8년까지
제14 正統 24년간(경진) 충혜왕 후 원년부터~ (계묘) 공민왕 12년까지
제15 正統 14년간(갑진) 공민왕 13년부터 ~ (갑인) 공민왕 23년까지
제16 正統 14년간(을묘) 고려 전 廢王 禑 원년부터 ~(무진) 우 14년까지
제17 正統 14년간 (기사) 고려 후 폐왕 昌 원년부터~ (임신) 공양왕 4년까지

기자조선에서 起筆하고, 고려 공양왕 4년에서 서술을 마치고 있다. 고조선부터 신라말까지가 5권, 고려사가 12권으로 구성되어 있다. 여기서는 길게는 제1에서 1301년간을 기술하였고, 제2에서는 314년간, 제3에서는 155년간, 제4는 117년간, 제5는 170년간을 각각 다루었는데 이 5편에서 도합 2천년간을 다루었다. 이에 비하여 고려 이후 공양왕 4년의 亡國까지약 470년간은 12편으로 분편하였으며 그것도 高麗초 현종까지는 매편 80~90년간을 기술하였고 숙종 이후 고종 37년까지는 매편 10여년간을 기술하였으며 제17은 불과 4년간의 일을한 편으로 묶고 있는 것이다. 이는 고대를 간명하게 기술하였고 하대일수록 상세히 다루었다는 것을 의미하며 그만큼 합리적 서술을 하고 있는 것이다. 이를 『동국통감』과 비교해보면고려 이전의 고대사 부분이 크게 늘어 난 것을 알 수 있다. 또한 『동사강목』이 『동국통감』의비판에서 출발하였고 『동국통감』이 조선왕조 건국의 합리화를 위한 것이었다면 이를 비판한『동사강목』이 고려말의 역사에 상세하고 공민왕 4년까지 기술한 것은 그만큼 麗史에 충실한것이었고 왜곡도 그만큼 바로잡고자 한 實證意識을 표현한 것이었다고 할 것이다. 중요한 사건을 綱으로 표시하고, 그에 관련된 기사는 줄을 낮추어 目으로 서술하여 강목체로 체계화하였다. 그리고 자신의 견해를 붙여야 할 곳에 '살핀다'는 뜻의 '按'자를 붙여 두 줄로 쓰고 있으며, 주석도 두 줄로 썼다. 그리고 본문 서술에서 기자가 동으로 와서 朝鮮侯에 봉해졌다는 기사를 첫 사건으로 綱에서 다루고, 단군에 대한 내용은 그 아래의 目에서 기술하고 있다. 이것은 서두의 傳世之圖나 찬자의 문집 등에 '단군과 기자'라는 말을 쓴 표현과 차이가나는데 이익의 주장이 작용했기 때문인 듯하다.

(3) 附錄(제19책~제20책)
상·하 2권으로 되어 있는데, 이 부분은 주자의 『강목』과는 아무런 관련이 없는, 조선후기역사가들 사이에서 논란이 된 사실고증 등을 정리하면서 자신의 견해를 수록한 것이다.
상권은 「考異編」·「怪說辨證」·「雜說」로 되어 있다. 「考異編」에서는 사마광의 『자치통감』을 모방하여 133개 항의 사료를 비교 검토하여 사실의 옳고 그름을 논하였다. '고이'의 대부분은문헌 고증이며, 그 내용은 삼국 이전, 한강 이북에 있었던 국가에 관련된 것이 대부분을 차지

하고 있다. 「怪說辨證」은 고대와 중세의 신화나 설화의 기록에서 믿을 수 없는 내용을 합리적 시각에서 비판한 것이고, 신화와 설화의 내용중 현실적으로 있을 수 없는 내용을 철저하게 배제하였는데, 유형원의 영향을 받은 듯하다. 「잡설」은 東史에 대한 別說로서, 11개 항에 대한 사실고증을 다루고 있는데 이익의 『星湖僿說』에 실린 글들과 일치되는 논지가 많은데, 이익의 설을 소개하면서 자신의 의견을 개진한 것이다.

하권은 「地理考」・「疆域沿革考正」・「分野考」로 되어 있다. 「지리고」는 『동사강목』의 가치를 높여주는 것으로, 분량도 많고 안정복이 『동사강목』을 지을 때 다른 부분 보다 빨리 1756년에 완성한 부분으로 '先定疆域'이 실현되었다는 점에 주목할 필요가 있다. 기존 우리나라 지리지의 脫略과 오류가 많고 설이 분분하자, 역사는 강역이 먼저 확정되어야 그 강역에서 이루어진 사건을 이해할 수 있다는 문제의식에서 고조선부터 조선 팔도의 연혁에 이르기까지 59항의 지명을 고증하는 등 광범위하게 지리문제를 다루었다. 주된 고증 대상은 고대 북방강역으로서 대략 요동을 포함한 한강 이북에 해당하는 지역이다. 우리 문헌 25종과 중국문헌 36종을 활용하여 단군조선・부여・고구려의 강역을 요동지역으로 비정하는 등 연구성과를 올렸다. 인용서목을 정리하면 다음과 같다.

* 우리문헌(25종) : 史書類(『三國史記』・『三國遺事』・『高麗史』・『東國兵鑑』・『東國通鑑』・『東史纂要』・『麗史提綱』・『東史會綱』)(8종)/地誌類(『東國輿地勝覽』・『輿地考』(韓百謙)(2종)/文集類(『牧隱集』・『陽村集』・『月汀文集』・『芝峰類說』・『磻溪隨錄』・『藥泉集』・『星湖僿說』)(7종)/其他(『九城記』・『周官六翼』・『應製詩註』・『關西錄』・『東國總目』・『讀史隨筆』・『古記』・『稽古篇』)(8종)
* 중국문헌 (36종) : 사서류(『史記』・『漢書』・『後漢書』・『三國志』・『晉書』・『南史』・『周書』・『後周書』・『隋書』・『北史』・『唐書』・『新唐書』・『遼史』・『金史』・『元史』・『通典』・『資治通鑑』・『朱子綱目』・『通鑑』)(19종)/지지류(『水經註』・『括地志』・『古今郡國志』・『遼東志』・『一統志』・『盛京志』)(6종)/경전류(『尙書』・『周禮』・『春秋公羊傳』・『爾雅』・『孟子』)(5종)/기타(『山海經』・『方言』・『說苑』・『潛夫論』・『汲冢周書』・『文獻通考』)(6종)

특히 전략적 요충지인 요동회복의 기회가 3차례나 있었지만 이루지 못한 것을 아쉬워했는데, 안정복의 失地回復意識은 조선후기 서양문물의 유입에 따른 脫中國的인 의식고조와 양란 이후 이민족에 대한 감정 그리고 지리가 역사 발전에 작용하는 힘을 인식하였기 때문이다. 「지리고」 끝에는 우리 나라의 經緯度에 따라 같은 위도 상에 있는 중국 지명을 비교・설명했다. 「고이편」과는 다른 「지리고」의 고증방법은 지방지를 포함한 지리기록에 관한 문헌을 참고하고, 지리에 밝은 주변 학자들의 자문과 의견을 수렴, 언어학적 방법도 적극 활용한 점이다. 특히 직접 지도를 그려보면서 입체적인 고증 방법을 쓴 점도 독특하다. 首卷의 지도와 함께 역사지리의 새로운 측면을 개척한 것이다.

다음으로 「疆域沿革考證」과 「分野考」는 지리고와 별도로 구성되어 있으나, 그 내용이 지리와 관련된 것이므로 오히려 「지리고」의 부록적인 성격을 지닌 것으로 보인다. 「彊域沿革考證」의 夾註에서 "『여지승람』과 『고려사』지리지에 의심난 것이 많기 때문에 이제 傳記를 상고하여 그 대략을 아래와 같이 다시 정한다(輿地勝覽高麗史地誌, 多有可疑者, 故今考驗傳記, 更定其大槩如此)"라고 서술동기를 밝힌 후, 경기도, 충청도, 전라도, 경상도, 강원도, 황해도, 평안도, 함경도, 요동, 寧古塔을 대상으로 고증하였다. 그가 이 편목을 별도로 둔 것은 당시의 彊域 연혁을 분명하게 기록해 놓음으로써 뒷 사람들의 논란을 방지하려는 데 있었다. 이 점은 「지리고」의 '熊津都督府考'에서 "지금 그 중에서 알만한 것은 상고하고 지금의 지명으로 주를 달아 후인들이 연혁의 사실을 알려고 할 때 상고하게 하였다(今考其可知者, 註以今名, 欲使後人知沿革之實而取考焉)"라고 하여 뒷 사람들이 연혁을 알고자 할 때 상고할 수 있도록 현재의 지명을 단다는 의도로도 알 수 있다. 또한 경계를 바로 해야 국가에 뜻하지 않은 事變이 있을 경우, 그 조치가 가능할 것이라고 생각하였던 것이다. 특히 요동과 영고탑을 8道와 함께 서술한 것이 주목된다. 그것은 이 지역들이 우리나라의 옛 강역이었기 때문이다. 그는 요동이 고구려가 멸망한 이래 당, 발해, 요, 금, 원을 거쳐 明에 복속되었다고 밝혔다. 그리고 영고탑 역시 고구려가 멸망한 이후 요에 병합되었다고 하였다. 결국 「지리고」가 과거에 대한 彊域考正이었다면, 「강역연혁고정」은 당대의 관심을 표출한 부분이라고 하겠다. 「분야고」는 조선의 강역을 천문지리와 관련하여 설명하고, 다시 『萬國全圖』의 經緯線으로 표시한 편목이다. 즉 遼河로부터 제주도에 이르는 강역을 표기하고 또한 팔도명을 기록하였다. 뿐만 아니라 「지리고」에서 고증한 주요 지명의 위치도 포함시켰다. 지도를 보면, 왼쪽과 위쪽에는 동일한 경위선에 있는 중국의 지방을 기록하였고, 오른쪽에는 위선을, 아래쪽에는 경선의 수치를 기록하였다. 그는 한성부의 위치를 북위37도, 경위 163도 150리로 보았는데, 위선의 경우는 오늘날의 그것과 다르지 않을만큼 정확하게 이해하고 있었다. 경위선을 사용한 이 지도는 『만국전도』를 참고하여 만들어진 것이다.

2) 『동사강목』의 특징

(1) 정통론과 유교윤리

범례에는, 도덕적으로 정당성을 결여한 국가는 국가로서 인정하지 않는 정통사상이 강하게 표출되어 있다. 이는 李瀷의 三韓正統論을 계승하여 정통왕조를 단군·기자조선- 마한 - 통일신라(문무왕 9년 이후)-고려(태조 19년 이후)로 파악한 것이며, 정통 왕조의 경우, 연대·국왕의 칭호 등을 범례 원칙대로 표기하였다. 이른바 正統으로 간주된 나라들에 대한 평가를 범례를 토대로 정리해보자.

* 단군조선 : 천여년간 '神聖之治'를 한 시대이기 때문에 정통으로 간주된다. 단군은 백성

들에게 編髮과 盖首를 가르치고 군신, 남녀, 음식, 거처의 제도를 만들었으며, 夏의 禹임금이 즉위하자 아들 夫婁를 塗山에 보내 입조케 했다. 이러한 신성한 정치가 가능했던 것은, 檀氏가 속했던 동이족속들이 遼藩 내외의 땅에 살면서 요순의 교화를 일찍부터 받아 이미 中夏之風을 갖게 된데 그 이유가 있다.

*기자조선 : 정통이 된 이유는 마찬가지로 '神聖之治'에 있다. 기자는 홍범의 8政을 가지고 8條教를 시행하고 정전제를 실시함으로써 공자가 '군자국'으로 호칭하고 조선으로 이민오고 싶어할 정도의 문화국가가 되었기 때문이다. 기자조선에는 기자가 죽은 뒤에도 尊周의 뜻을 지닌 朝鮮侯라든가, 大夫禮와 같은 충신들이 나와 높은 도덕정치를 계속 이끌어갔기 때문에, 이 나라가 정통이 되는 것은 당연하다.

* 마한 : 정통이 되는 이유는 기자의 후예인 箕準이 馬韓을 攻破하고 새로운 마한을 세워 기자에 대한 祭祀를 계속했기 때문이다. 이것은 주자 『綱目』에서 전한의 후예인 촉한을 정통으로 간주한 것과 같은 이유이다.

* 통일신라 : 발해를 我史로 간주하지 않은 입장과 표리관계에 있다.

* 통일후의 고려 : 대립되는 왕조가 없기 때문에 정통이다.

또, 삼국시대를 無統의 시대로 간주한다고 밝히고 있다. 삼국을 무통으로 취급한 것은 그 이유가 설명되고 있지 않으나, 주자 『강목』의 서로 대등하여 어느 한 나라를 抑揚하기 어려운 형편일 경우 無統 처리 예를 따른 것으로 볼 수 있다. 그 밖의 나라들은 정통 국가 밑에 附記하는 형식을 취하였다. 僭國·盜賊·小國·기타에 해당하는 나라들은 다음과 같다.

僭國 — 衛滿朝鮮(篡賊), 고려태조 19년까지(叛賊)
盜賊 — 弓裔, 甄萱
小國 — 辰韓, 弁韓, 濊貊, 沃沮, 駕洛加耶
기타 — 扶餘 (列國과 동등하지는 못하지만, 麗·濟의 宗國)
四君·二府(중국의 所爲)
渤海(我史는 아니지만, 그 땅이 고구려 故地)
東夷(我地인 요동에 살았고, 檀氏는 東夷의 일부)

위만조선을 참국으로 취급하는 것은 신하로서 왕위를 찬탈한 篡賊인 까닭이다. 그러므로 단군·기자와 '덕의가 同均한 것'으로 취급해서는 안되고, 『동국통감』에서 삼조선으로 병칭한 것도 잘못이라고 지적하고 있다. 고려 태조가 재위 19년까지 참국이 되는 것은 당시 정통국가인 신라가 아직 망하지 않았기 때문이다. 궁예와 견훤은 신라의 叛賊이므로 『동국통감』처럼 참국으로 취급해서는 안되고 그보다 못한 盜賊으로 보아야 한다. 辰韓·弁韓·濊貊·沃沮·駕洛加耶 등은 정통국가에 예속되었던 나라들이므로 小國으로 취급된다. 이들 외에, 어디에도 넣기가 어려운 나라들이 있다. 그 중의 하나가 扶餘이다. 부여는 너무 먼 북방에 있었고 자료도 없어서 열국과 동등하게 취급할 수는 없으나 고구려와 백제의 宗國이므로 이를 고구려·백제사에서 건국한 예로 써준다는 것이다. 그 다음, 四君·二府는 우리나라 역사는 아니지만, 그 땅이 조선 舊地와 관계되는 까닭에 정통국가인 馬韓의 紀年 밑에 써준다. 발해는 원칙적으로 我史가 아니다. 그것은 발해를 구성하고 있던 말갈족이나 혹은 창업주인 大祚榮을 고구려인으로 보지않는 까닭이다.그렇지만 발해가 차지했던 땅이 고구려 고지로서, 우리나라와 국경을 접하고 있었고 脣齒관계를 맺고 있었던 까닭에 이를 실어 준다는 것이다. 끝으로 東夷에 대한 서술이다. 요동에는 본래 동이가 살았고, 그 요동 땅은 檀箕 이후로 늘 우리 땅이었으므로, 동이에 고나한 역사를 적어둔다는 것이다. 더욱이 단군은 동이의 일파인 까닭에 단군문화를 이해하기 위해서도 동이문화에 대한 이해가 필요하다는 생각이다.

또, 그가 역사 서술에서 고려의 대외항쟁을 詳記하고 여기서 활약한 忠臣과 名將을 顯揚한 것은 그의 鑑戒的 史眼에서일 뿐더러 민족적 自意識을 표현한 것이었고 對民施策에 유의한 서술을 예리하게 한 것은 유교적 養民思想의 표현 이상으로 17~18세기 이후의 心性學者나 實學者들에게서 성장하던 인간적 자의식에 근거하여 사회적 모순을 匡救하려던 經世的 의식을 표현한 것이었다고 할 수 있다.

본문의 서술에서 큰 특색을 이루는 부분은 고려 말의 정치 기사에 대한 서술 부분이다. 『고려사』에서는 우왕과 창왕을 辛旽의 아들이라 하여 왕으로 다루지 않고 반역 열전에 기술했으며, 왕으로 꼭 기술해야 할 경우에는 辛禑·辛昌이라 표현했다. 편년체의 『고려사절요』나 『동국통감』에서도 모두 신우·신창으로 표현해왔다. 그러나 『동사강목』에서는 이를 정략적인 날조라 평가하면서 왕으로 표기했는데, 폐위된 왕이라 하여 폐왕으로 기술하고 있다.

역사에서 충절을 바친 애국 명장에 대해 높게 평가하고, 권력을 휘두른 자와 반역자에 대해서는 신랄하게 깎아내렸다. 그 예로 위만조선에서 한의 침략에 끝까지 항쟁한 成己와 백제의 階伯 및 끝까지 목숨을 바치며 신라군에 항쟁한 백제 甕山城 군사들의 충절을 높게 찬양했다. 신라에서 고려로 벼슬을 한 崔彦撝의 죽음에 대한 기사에서 관직을 기록하지 않고 낮게 평가했으며, 마음대로 권력을 휘두른 고구려의 淵蓋蘇文·고려의 鄭仲夫·崔忠獻 및 역성혁명에 가담한 鄭道傳 등은 貶論하였다. 또 효행이나 열녀에 대한 기록을 중시하여 신라 聖覺의 효행이나 백제 都彌 아내의 정절을 칭송하였다. 그밖에 유교적 가치관에서 신라의 同姓婚 및 火葬 등 불교에 대해 부정적 평가를 하였으며, 『삼국사기』와는 달리 『동사강목』에서는 삼국시대의 여왕이라는 칭호 대신 女主라는 표현으로 격하시켜 사용함으로써 '男尊女卑가 정상인데 여왕의 등장은 常軌가 아니다'는 權近의 평론을 따라 정통 군주로 인정하지 않았다. 역사가는 의리를 밝혀야 한다는 서문의 서술 원칙이 그대로 역사 기술에 적용된 것이다.

(2) 역사 지도의 작성과 지리 고증, 실학적 특성

지리적 바탕 위에서 역사를 이해해야 한다는 사상을 가졌다. 그는 首卷의 彊域圖나 統一圖, 全盛圖 등과 아울러 附卷에서는 地理考를 시도하였다. "讀史者는 먼저 강역을 정한 뒤에야 占據의 형편을 알고 戰伐의 득실과 分合의 연혁을 상고할 수 있다."고 한 그는 단군의 강역을 遼地로 잡았고 그 南界를 漢水로 잡았으며 역대의 지리를 고증하는 한편 한국의 經緯分野圖까지 시도하였다. 또, 국가의 발전과 쇠퇴를 강역의 확장과 축소의 관계로 보았다. 우리 나라 지형이 삼면이 바다이고 한 면이 대륙에 붙어 있는 반도라는 인식을 확실하게 가진 최초의 사가로 평가될 수 있다. 따라서 선린 외교를 하면서도 육군과 수군의 양성에 잠시도 소홀해서는 안 된다고 강조했다. 또한 우리 나라가 약소국이 된 것은 전략적 요충인 遼東지방을 잃었기 때문이라고 논하고, 국내에서의 요충지로서는 북한산을 들고 있다. 이처럼 지리적 요소가 역사에 작용하는 힘이 크다고 인식한 그는 역사 지도의 작성과 지리적 고증에 많은 노력을 기울였다. 이는 역사지리학의 영향을 받았을 뿐만 아니라, 서양 지식에 의해 세계관의 변화를 가져왔음을 의미하는 것이다.

이 밖에 『동사강목』에는 실학적 특성이 엿보인다. 역사 서술에서 믿을 수 없는 자료를 배제하는 합리적인 역사관을 가지고 있었다. 신화나 설화 중 현실적으로 있을 수 없는 내용은 역사 기술에서 철저하게 배제했다. 안정복은 성리학 사상을 자신의 철학으로 삼았으므로 역사관은 성리학적 역사관의 범주에 속한다고 할 것이다. 불교를 이단으로 배척하는 사론, 주자적 예제의 견지에서 과거의 예제를 비판한 점 등이 그것이다. 필자가 강목 형식의 역사 서술을 시도한 점, 정통론을 강조한 점 등은 이러한 성향을 보여주는 것으로 이 책이 가진 보수적인 측면이라 할 것이다. 그럼에도 불구하고, 實理・實事의 下學을 강조한 것, 역사 내용을 고증하기 위해 역사적 지명이나, 연대, 기타의 현대적 註記나 설명이 필요한 부분은 '按' '考' '可考'등의 표시를 하여 보다 구체적인 국사관에 접근하려는 노력을 보이고 있다. 이렇게 광범위한 사료수집과 객관적인 고증에서 보이는 實證主義的 역사방법, 실학자 이익・유형원의 견해를 수용하고 사론으로 실은 점 등은 『동사강목』의 실학적 성격을 보여주는 측면이다.

(3) 史論

안정복의 사학사상은 특히 본문에 쓰여진 870여칙의 '사론'을 통해 명확히 살필 수 있다. 이는 『동국통감』의 382칙의 사론에 비하여 양적으로 2배이상 늘어난 것이다. 특별한 표현을 할 경우에는 그 이유를 사론으로 보충・설명했다. 사론에는 『삼국사기』・『동국사략』・『동국통감』・ 『고려국사』 등에 실렸던 金富軾・권근・崔溥 등의 사론과 유형원・이익 등 실학자들이 쓴 사론이 인용된 것이 많다.

870칙중 344칙은 김부식 이후 역대 史家나 현인들의 사론을 轉載한 것이고, 나머지 526칙은 안정복 자신이 쓴 것이다. 특히 344칙중, 『동국통감』의 사론이 247칙으로 수적으로는 가장 많이 인용되어 있는데, 모두 '崔溥曰'로 바꿔 쓰고 있다. 나머지 97칙의 사론은 曹植

李滉, 周世鵬, 李晬光, 韓百謙, 吳澐, 許穆, 兪棨, 宋時烈, 沈光世, 洪聖民, 洪汝河, 林象德, 柳馨遠, 申欽 등 16~18세기 학인들의 사론을 전재하였다. 적어도 사론에 관한한 안정복은 당색을 가리지않고 老·少·南人의 사론을 모두 수용하고 있다. 이황에 대해서만은, '李子'라고 특별히 존칭어를 쓰고 있는 것이 특이하다. 아마도 자신의 학통을 이황→이익→안정복으로 계보화하는 입장과도 관련이 있는 듯하다. 또, 이익의 설을 소개할 때는 '師'라고 호칭함으로써 여타인을 '氏'로 호칭하는 것과 명백하게 구분하고 있다. 안정복이 344칙의 기성 사론을 전재한 것은 그 사론의 논지를 대체로 긍정한다는 뜻이 전제되어 있다. 그러나 안정복은 기성 사론을 모두 채용하지는 않았다. 그것은 기성사론에 대한 부분적인 불만을 가지고 있는 까닭이었다. 그 자신이 526칙이나 되는 방대한 사론을 따로 써넣은 것은 기성 사론의 미흡함을 보완하려는 의도인 것이다.

찬자 자신이 쓴 사론의 성격을 보면 대부분 도덕적인 유교 윤리를 반영하고 있어 이전 시기 사서의 경향을 계승하고 있다. 그러나 일부 사론은 새로운 성향을 보여주고 있는 것도 있어 주목할 만하다. 예를 들면, 지명에 대한 고증, 사건의 연대에 대한 고증, 인명의 착오에 대한 고증 등이 그러한 예이다. 사실설명을 보충한 것들로는 외국과의 외교, 문화상의 교류와 외국측 기록에 보이는 우리나라의 제도·풍습을 소개한 것들이 주류를 이룬다. 이러한 사실고증혹은 사실 보충과 관련되는 사론이 큰 비중을 차지하는 것은 『동사강목』 서문에서 '전장을 상세히 밝히는 것'을 편찬 목적의 하나로 밝히고 있는 것과 관련되는 것으로서, 『동사강목』이 기왕의 어느 사서보다 자료적 가치를 크게 갖는 이유가 여기에 있다.

이 밖에 사론의 절반 가량이 비평적 성격을 갖는다. 이는 역사편찬의 기본 목적이 '勸誡'를 찾는데 있다고 보는 그의 述史태도에서 비롯된 것이다. 이를 크게 분류하면, 綱常道德에 관한 것, 사대교린에 관한 것, 국방에 관한 것, 이단배척에 관한 것, 지방 제도에 관한 것, 진휼에 관한 것, 과거제도와 문벌을 비판하는 것, 상례와 음악에 관한 것 등으로 나눌 수 있다. 이들은 안정복 사상 체계의 중심을 이루는 것들로서 『동사강목』 이외의 저술들에서도 핵심적으로 다루어진 주제들이다.

4. 가치

『동사강목』은 그의 『열조통기』와 더불어 檀箕朝鮮과 馬韓의 正統說을 가지고 東史의 정통을 밝힌 주체적 歷史敍述이면서, '考異'라는 고증에서 보듯 철저한 사실고증을 거친 사서로 후대에 평가되고 있다. 연세대본 『동사강목』은 안정복의 수택본으로서, 현존하는 몇 종의 필사본 중 완질의 가장 오래된 것이다. 안정복의 고증학적 사료정리의 노력은 그의 책에 표시된 註記를 통하여 잘 알 수 있다. 지명이나, 연대, 기타의 현대적 고증과 細註를 요하는 부분은 '按' '考' '可考'등의 표시를 하여 보다 구체적인 국사관에 접근하려는 노력을 보이고 있다.

본 해제를 통해 부전지로 보충을 해둔 안정복 친필과 해박한 고증의 면모를 엿볼 수 있었고, 후대 이본과의 비교를 거쳐 이 자료의 가치를 재확인할 수 있었다. 후대 활자본으로 영인되는 과정에서 수정·증보된 상황을 연구하는 데 도움이 될 것이다. 또, 목차를 시각적으로 도형화하고, 교과서와 같은 역사지도를 배치하여 교육적 효과도 주고 있음이 여타 사서와 구분되는 점이라 할 수 있다.

【금지아】

東史證說

柳道昇(1866~1944) 著.

　　寫本. 6卷 1冊 : 31.5×21cm. 11行 24字, 註小字雙行.

　　內容 : 1-4卷 己丑證說, 5-6卷 東史證說.

　　表題 : 己丑證說.

1. 저자

柳道昇(1866~1944)의 本貫은 豊山, 字는 振玉이다. 부친은 顯植이고 어머니는 豊山 洪氏이다. 全州 全氏와 결혼하여 膝下에 三男三女를 두었다.

2. 구성

『동사증설』은 조선시대 만들어진 黨論書로서 모두 여섯 권으로 구성되었다. 앞의 4권은 '己丑證說'이라는 제목으로, 5권과 6권은 '東史證說'로 되어 있다. 그리고 마지막에 유도승이 직접 작성한 跋文이 실려 있다. 별도의 목차가 없는 관계로 각 권에 기술된 본문 내용을 조대별로 정리하여 소개하면 다음과 같다.

「己丑證說」卷之一

宣祖 8년(1575) 東西之黨始起. 선조 14년(1581) 9월 汝立貽書李珥有三人, 10월 李珥以吏曹判書肅謝上 引見慰喩. 선조 17년(1584) 李珥卒 汝立始改頭換面 趨於東人. 선조 18년(1585) 5월 徐益陳汝立奸狀, 8월 大司憲 李栻 司諫 李養中等 合啓. 선조 21년(1588) 1월 趙憲 疏. 선조 22년(1589) 10월 2일 黃海道監司 韓準密書狀入啓, 10월 7일 禁府都事 柳湛書狀, 10월 8일 黃海道罪人等拿來, 10월 9일 兩司 啓, 10월 11일 鄭澈自畿甸入來, 10월 14일 命遣督捕御史, 10월 15일 黃海道罪人 李箕等 以鄭汝立同謀 承服行刑, 10월 17일 安岳水軍 黃彦綸方義臣等 承服行刑, 10월 19일 夜 上於宣政殿親鞫, 10월 27일 磔汝立汜等尸于市, 11월 2일 生員 梁千會 疏, 11월 4일 禮曹正郎 白惟咸 疏, 11월 7일 兩司 啓, 11월 8일 鄭澈排右相爲委官, 11월 11일 惟咸遞兩司特竄金宇顒於會寧, 11월 12일 上於宣政殿親鞫, 12월 3일 司憲府 啓, 12월 4일 司諫院 啓, 12월 7일 趙憲擬典籍望, 12월 8일 禮曹判書 柳成龍以名出於白惟讓之書 上疏, 12월 10일 傳于左相李山海, 12월 11일 執義 成泳處置請崔滉黃赫竝出仕, 12월 14일 全羅道儒生 鄭巖壽 疏, 12월 15일 趙憲放還中道上疏, 12월 16일 左相李山海待罪, 12월 18일 李潑杖死, 白惟讓杖死, 12월 29일 李洁杖死, 12월 30일 朴忠侃等 啓. 선조 23년(1590) 1월 14일 李潑母尹氏被囚, 2월 沈守慶排右相爲委官, 2월 16일 傳于大臣, 2월 19일 左議政 鄭澈 右議政 沈守慶 回啓, 3월 13일 全羅都事 曺大中以爲賊流涕行素臺諫論啓, 5월 全羅道儒生 裵莫等 上疏, 5월 14일 李潑母尹氏壓膝死, 5월 16일 湖南人 梁洞梁千頃等 上疏, 5월 19일 大司憲 洪聖民啓, 5월 20일 領相 李山海初度呈辭入啓, 5월 21일 政 特拜洪聖民慶尙監司, 5월 24일 禁府啓目, 5월 26일 傳曰, 5월 27일 領相 李山海 身病出仕 肅拜後引嫌辭職, 5월 28일 以李潑事收議, 5월 29일 吏曹判書 柳成龍拜 右相 崔滉拜, 6월 1일 二品以上收議, 6월 2일 正言 李洽 啓, 6월 9일 館儒 上疏, 6월 12일 柳夢井拿囚, 6월 20일 閉門後 委官鄭

澈秘密啓, 7월 5일 鄭彦信拿來入京, 7월 8일 問事郎以委官意啓, 7월 9일 答收議, 7월 12일 白惟讓之子 振民興民等 自楊州鄕家幷拿來, 7월 13일 柳夢井杖死, 7월 15일 大司諫 沈忠謙 司諫 吳億齡 避嫌, 7월 19일 兩司 合啓, 7월 20일 依啓, 7월 21일 禁府啓, 7월 22일 兩司合啓, 7월 23일 兩司連三啓, 7월 25일 答曰, 9월 1일 白興民狀死, 9월 7일 特命崔永慶放出, 9월 9일 李廷扆狀死, 9월 29일 崔永慶在獄中自盡死, 10월 2일 委官 鄭澈啓, 10월 14일 傳曰.

「己丑證說」卷之二

선조 24년(1591) 윤3월 6일 兩司合啓, 3월 14일 兩司合啓, 3월 16일 傳曰, 6월 2일 都政吏曹擬白惟咸柳拱辰於學官望, 6월 23일 大司憲 李元翼等 合啓, 6월 26일 兩司合啓, 7월 2일 兩司合啓, 7월 5일 兩司論劾, 7월 6일 又因臺啓, 7월 17일 傳曰, 8월 8일 兩司合啓, 9월 大諫 洪汝諄 啓. 선조 26년(1593) 8월 黃廷彧黃赫三省推鞫, 12월 8일 鄭澈 死. 선조 27년(1594) 5월 前縣監權愈 上疏, 5월 19일 喪人 鄭宗溟 上疏, 5월 20일 傳曰, 5월 27일 正言 朴東說 啓, 8월 7일 執義 申欽 啓, 8월 8일 大司諫 李墍 啓, 8월 9일 掌令 李慶涵 持平 趙守翼 啓, 8월 10일 司諫院 啓, 8월 12일 司諫 辛慶晋 啓, 11월 6일 大司憲 金宇顒 獨疏, 11월 11일 兩司合啓, 12월 賜祭文崔永慶. 선조 29년(1596) 12월 前禁府都事 羅德明 疏. 선조 31년(1598) 6월 6일 成渾 死. 선조 32년(1599) 8월 羅州前別座 羅德峻等 疏. 선조 34년(1601) 3월 生員 文景扈等 疏, 12월 12일 大司憲 黃愼 避嫌 啓. 선조 35년(1602) 2월 嶺南儒生 成汝信李宗榮鄭蘊李大約姜克新李埴李秀彦都應兪等 上疏, 3월 獻納 崔忠元 再箚, 7월 朝講 兵判 申礏 啓. 선조 36년(1603) 3월 17일 前直長 安重默 獨疏, 4월 8일 義禁府 啓.

「己丑證說」卷之三

선조 37년(1604) 정월 11일 柳湁 再疏. 선조 39년 10월 前察訪吳益昌鄭忔等上疏. 선조 40년 2월 22일 儒生 梁克遴等 陳疏, 4월 29일 和順前參奉崔弘宇等 疏略, 韓浩 上疏, 羅德潤請伸鄭介淸, 姜鳳賢等疏. 光海君 1년(1609) 2월 5일 兩司請復官還籍啓, 2월 7일 玉堂箚答. 광해군 2년(1610) 2월 宣廟附廟後兩司合啓, 2월 17일 玉堂箚, 2월 26일 5월 18일 三司屢次合啓, 5월 19일 三司合啓, 李元翼 議, 李恒福 議, 李山海 議, 韓應寅 議. 광해군 3년(1611) 10월 12일 禮曹請許崔永慶立後啓, 儒生 羅德顯等疏, 羅德元 等疏. 광해군 8년(1616) 4월 柳光烈等 上疏, 광해군 9년(1617) 羅州生員 羅元吉等 上疏. 仁祖 1년(1623) 3월 13일. 인조 2년(1624) 鄭宗溟弘溟等 上疏, 4월 承旨 曺友仁 進啓, 李元翼 議, 尹昉 議, 申欽 議, 5월 鄭澈復官, 9월 己丑諸人幷復官.

「己丑證說」卷之四

孝宗 8년(1675) 9월 27일 書講 侍講官 閔鼎重啓, 三溪院儒 上疏, 鄭國憲 疏, 4월 6일 前參議 尹善道 上疏, 趙啓遠等 啓, 4월 9일 備忘記, 李端相 疏, 6월 前工曹參議 尹善道 上疏. 肅宗 1년(1675) 白昌迥 上疏, 4월 1일 羅積等 上疏, 4월 10일 儒生 安敏孺漢孺善孺慶曾等

上疏, 숙종 2년(1676) 4월 吳相玉等 上疏. 숙종 3년(1677) 生員 楊夢擧洪天紀等 四百餘人 上疏, 2월 18일 右副承旨 權瑎 啓, 楊夢擧 再疏, 5월 25일 右議政 許穆啓. 숙종 4년(1678) 儒生 徐國賓等 上疏. 숙종 5년(1679) 4월 3일 禮曹佐郎 崔紀錫祭鄭介淸. 숙종 6년(1680) 全羅觀察 任奎 啓, 柳景瑞等 上疏. 숙종 15년(1689) 4월 11일 儒生 羅斗夏等 上疏, 4월 13일 金德遠 啓, 柳命賢 啓, 禮曹 啓, 宋時烈 上疏, 11월 自伊齊擊錚后 禁府回啓, 權大運 議, 金德遠 議, 儒生 吳以振等 上疏, 追補 鄭世規不辨鄭弘溟 疏.

「東史證說」 卷之五

숙종 17년(1691) 11월 22일 全羅儒生 鄭武瑞高斗又洪天奎洪履範等 二百人 上疏, 11월 27일 召對時 吏曹參判 李玄逸啓, 備邊司 啓, 11월 29일 安東前教官 柳後常等 上疏, 12월 2일 司僕正 李宇晉 奉教 李宇謙等 疏, 12월 10일 司諫院 啓, 12월 15일 司諫 成瓛 啓, 12월 16일 正言 朴澄 啓, 諫院處置啓, 李玄逸 進言. 숙종 20년(1694) 6월 南平洪宬一等 疏, 11월 光州進士 朴端等 疏, 숙종 22년(1696) 太學儒生 應旨疏. 숙종 28년(1702) 5월 26일 晝講 侍講官 李晩成啓, 9월 17일 茂長儒生 吳鼎勳等 疏

「東史證說」 卷之六 : 杖死人, 竄配人, 被囚人, 罷職人
跋文

3. 내용

『동사증설』은 유도승이 東人의 입장에서 선조이래 숙종대 이르는 시기 정치권에서 벌어진 己丑獄事를 둘러싼 논의를 私撰한 黨論書이다. 각 권의 주요 내용은 다음과 같다.

먼저 1권은 선조 8년(1575) 東西分黨으로부터 시작되었다. 吏曹銓郞 자리를 둘러싼 金孝元(1542~1590)과 沈義謙(1535~1587)의 갈등에서 비롯된 동서붕당의 내력과 그 전개양상이 선조 16년(1583) 朴謹元과 宋應漑, 許篈이 李珥(1536~1584)를 논척하면서 발생한 '三竄사건'과 '金宇顒의 상소' 등을 통해 설명되고 있다. 바로 이어서 선조 22년(1589) 발생한 기축옥사의 始末이 소개되었다. 기축옥사는 1589년 10월 2일 黃海道觀察使 韓準과 載寧郡守 朴忠侃, 安岳郡守 李軸, 信川郡守 韓應寅 등이 前 弘文館修撰이었던 鄭汝立(1546~1589)이 역모를 꾀하고 있다고 고변하면서 시작되었다. 역모의 혐의로는 정여립이 벼슬에서 물러난 뒤 全州와 鎭安, 金溝 등지를 내왕하면서 무뢰배와 노비들을 모아 '大同契'를 만들어 매월 활쏘기를 익힌 사실이 거론되었다. 또한 '木子는 망하고 鄭邑이 흥한다'는 유언비어를 유포하여 민심을 현혹시킨 뒤 서울로 쳐들어갈 계획을 세웠다는 것이다. 옥사의 전모가 밝혀지는 과정을 10월 7일 義禁府 都事 柳湛이 정여립이 도망갔다는 사실을 書狀을 올려 조정에 알린 이래 10월 9·11·14·15·17일을 거쳐 19일 海西에서 자살했다는 보고가 올라오고, 10월 27일 시신을 棄市하기까지 일련의 전개과정을 일목요연하게 정리하였다. 이와 관련하여 편찬자의 의중을 드러내는 기사가 실려 있다. '宋翼弼 釀禍'을 통해 기축옥사가 단순한 역모사건이 아니라 西人에 의한 정치공작이라는 관점을 숨기지 않고 있다. 당시 서인출신이었던 송익필(1534~1599)이 자신과 그의 친족 70여인을 노비로 전락시키려는 李潑(1544~1589)과 白惟讓 등에게 복수하기 위해 이 사건을 조작했다는 설이 실려 있었다. 이어서 기축옥사가 동인 전반으로 확대된 계기를 초래했던 '梁千會 疏'를 싣고 있다. 10월 28일 양천회는 자신이 역적의 정상을 자세히 알고 있다고 전제하면서 이번 사건에는 정여립 뿐만 아니라 중앙정계의 친절한 朝紳들이 연루되었다고 주장하였다. 즉 이번 역모는 당국자와 결탁하여 상하를 의논하고 聲勢를 서로 의지하고 있었기 때문에 가능했다는 것이다. 양천회의 상소로 다수의 동인들이 옥사에 연루되자 자신의 무고함을 주장하는 상소가 연이어 올라왔다. 그 중 禮曹判書 柳成龍(1542~1607)의 글도 함께 실려 있다. 다음으로 옥사를 처결하는 과정이 자세히 정리되어 있다. 기축옥사는 정국운영의 주도권이 동인에서 서인으로 넘어가는 직접적인 계기였다. 그것은 委官이 동인에게서 서인에게로 넘어가면서 현실화되었다. 옥사에 직간접으로 연루된 혐의 받고 있었던 鄭彦信(1527~1591)이 탄핵을 받아 위관을 사퇴하자 그 자리에 鄭澈(1536~1593)이 임명되었다. 그가 사건을 맡은 이후 옥사는 확대되었고, 옥사와 관련된 訛言으로 화를 입는 사람들이 생겨났다. 대표적으로 全羅都事 曹大中이 옥사가 일어났을 때 역적을 위해 울었다는 이유로 죽임을 당하였고, 이발의 老母 尹氏가 壓膝로 인해 목숨을 잃고 어린 자식도 죽임을 당하였다.

2권에서는 기축옥사를 주관했던 정철의 죄를 묻거나 무고하게 연루된 자들의 伸寃을 요청하는 상소문들이 실려 있다. 선조 24년(1591) 3월 14일 兩司에서 정철의 파직을 요청하였고, 16일 국왕은 정철의 죄상을 방에 적어 祖堂에 붙이게 전교하였다. 이어 3월 23일 양사는 정철 등이 붕당을 만들어 조정을 어지럽게 했다는 혐의로 白惟咸과 李春英 등이 竄配 보낼 것을 合啓하였고, 국왕도 이에 따랐다. 편찬자는 기축옥을 송익필이 주도하고, 정철이 완성시킨 誣獄으로 간주하였다. 이를 위해 당대 논자들이 제기한 바 정철의 혐의를 정리하는 일이 중요하다고 생각한 듯싶다. 이에 조정에 올라온 상소문들을 정리하였다. 선조 27년(1594) 5월 前縣監 權愉는 崔永慶(1529~1590)의 억울함을 호소하면서 정철이 최영경을 옥사에 연루시켜 처벌한 것은 정철의 心術을 알고 만나주지 않은 일로 인한 사적 감정 때문이라고 보았다. 당시 정철은 최영경을 吉三峰으로 몰아 국문하였다. 5월 20일 마침내 전교를 통해 최영경의 追贈과 伸寃이 이루어졌다. 정철과 함께 成渾(1535~1598) 역시 논척의 대상이었다. 성혼은 이이 사후에 정철과 긴밀한 유대관계를 유지하면서 서인의 막후 실력자로 활동했다고 알려진 인물이었다. 영남유생 朴惺은 時弊 16條를 올리면서 9조에 성혼을 奸黨의 首魁를 간주하고 정철과 함께 일을 꾸며 최영경을 죽이는데 일조했다고 진언하였다. 鄭仁弘(1535~1623) 역시 상소를 통해 성혼이 최영경을 陰殺한 혐의가 있다는 시중의 여론을 소개하였다. 이어서 편찬자는 『記言』을 인용하여 성혼이 정철과 더불어 최영경을 길삼봉으로 간주하여 역옥에 연루시키려 했던 정황을 설명하고 있었다. 선조 28년(1595) 羅州進士 羅德潤 등이 정개청과 柳夢井, 이황종의 신원을 청하면서 올린 상소에서도 정철을 무고한 사람들을 함정에 몰아 넣은 주역으로 간주하였다. 그리고 옥사에 연루된 인사들의 무죄를 하나하나 해명하였다.

3권에서도 신원을 요청하는 상소문들이 실려 있었다. 먼저 柳澍는 아버지 유몽정의 억울함을 호소하고 있으며, 오익창 역시 신중하지 못한 옥사 처결과정을 지적하고, 정개청과 이발 등의 평소의 행적과 성품을 거론하면서 무고하게 역적의 혐의를 받았음을 호소하였다. 이외에도 양극린과 최홍우, 韓浩, 姜鳳賢의 상소 모두 추고과정에서 억울하게 연루된 인사들에 대한 신원을 촉구하고 있다. 이같은 기축옥사 연루자들에 대한 동정적인 여론은 선조대를 거쳐 광해군대 이르도록 지속되었다. 광해군 1년(1609) 양사는 합계를 통해 기축역옥을 按獄하는 신하가 기회를 타서 권세를 부린 결과 뜻밖에 禍網에 걸린 士類들이 억울하게 죽은 사건으로 규정하였다. 그리고 이발과 이길, 백유양, 정개청의 관작을 회복하고 籍沒한 것을 되돌려 줄 것을 상달하였다. 한편 정철의 復官을 청하는 상소 역시 실려 있다. 인조 2년(1624) 정철의 아들 鄭宗溟과 鄭弘溟은 자신의 아버지가 기축옥사를 처결하는 과정에서 최영경을 무함하고, 이발과 이익, 백유양을 죽였다는 원망에 불만을 표시하였다. 그리고 다시 한번 당시 정황을 정리하면서 정철의 처결이 틀리지 않음을 부각시켰다. 즉 李光秀와 朴忖, 朴延齡의 공초에서 따라 길삼봉이 최영경이라는 판단은 잘못된 것이 없으며, 역적이 최영경에게 준 서찰이 그 집 문서에서 나온 점을 미루어 볼 때 연루혐의를 부인할 수 없다는 것이다. 이발과 이길, 백유양, 정개청 등에 대해서도 모의 혐의를 확신하면서 자신의 아버지에게 쏟아지는 무고의 혐의를 벗겨줄 것을 호소하였다. 이원익 역시 정철의 복관을 주청하였고 그 해 5월 29일 정철의 관작을 追復하라는 명이 내려졌다.

4권은 효종이래 기축옥사에 연루되었던 인사들 중 정개청과 관련된 조정의 논의를 중점적으로 정리하였다. 그 중에서도 經筵에서 정개청을 모신 서원의 훼철 사태를 둘러싼 논쟁이 화두가 되었다. 정개청을 祭享하는 서원의 훼철과 재건 문제는 그의 신원과 관련하여 1657년(효종 8)부터 1702년(숙종 28)이르기 까지 주요한 논쟁 거리였다. 宋浚吉(1606~1672)은 정개청이 朴淳의 도움을 받으면서 공부했음에도 불구하고 그가 파직을 당하자 정여립에게 빌어붙어 스승을 배척한 일을 거론하였다. 더욱이 기축옥사 당시 선조가 정개청의 집에서 나온 '背節義論'을 보고 귀양 보낸 사실을 거론하면서 정개청을 배척하는 일은 문제될 것이 없다고 보았다. 李端相 역시 송준길과 같은 맥락에서 정개청을 비판하였다. 반면 尹善道(1587~1671)는 정개청을 옹호하는 입장에서 논의를 전개하였다. 그는 유성룡의 평가를 빌어 정개청의 학문을 높이 평가하면서 송준길이 정개청을 배척하는데 활용했던 金長生(1548~1631)의 평가에 대해 당대인이 아닌 그의 평가 속에는 사사로운 의도가 게재되어 있다고 폄하하였다. 정개청을 모신 서원의 훼철을 둘러싼 서인과 남인의 갈등은 숙종대에도 지속되었다. 나주출신 幼學 羅積은 송준길의 주장을 證左를 들어 조목조목 비판하였다. 우선 박순과의 관계에 대해서 정개청은 박순에게 처음부터 스승과 제자의 분수가 없었으며, 뒤에 박순을 공격하여 배척한 사실도 없다고 했다. 또한 기축옥에 연루된 것도 정개청의 이름이 역적의 공초에 나오지 않았음을 들어 그 혐의를 부인하면서 정철의 凶疏에 걸려 무고를 당한 것으로 보았다. 전라도 유생 오상욱 등도 정개청의 학문을 높이 평가하며 정철을 공격하였다. 이어서 송준길의 발언을 문제삼으며 정개청을 모신 祠宇를 헐고 位板을 불태운 행위를 비난하였다. 그리고 전라도 유생 楊夢擧 등이 정철의 관작추탈을 청하는 상소문을 게재하였다. 이와 같이 전라도 유생들의 탄원이 이어지자 許穆(1595~1682)은 훼손된 정개청의 서원을 다시 세울 것을 건의하였다.

5권에서도 정개청을 둘러싼 공방이 정철 관작삭탈 문제와 함께 계속되었다. 전라 유생 鄭武瑞 등이 정철의 관작추탈을 주청하였다. 몇 일 후 李玄逸(1627~1704)이 入對하여 정철의 벼슬을 追削할 것을 청하여 이를 관철시켰다. 이 같은 남인의 공세에 대처하여 숙종 28년 (1702) 李晩成(1636~1708)이 다음의 啓를 올렸다. 이만성은 그 동안 務安縣에 위치한 정개청의 서원에 대한 훼철과 개축을 둘러싼 조정의 논의를 정리하였다. 인조대 김장생이 정개청 享祀의 부당함을 進達한 이래 효종대 閔鼎重(1628~1692)이 정개청의 서원을 철거해야 한다는 의견을 제시하였고, 송준길이 이에 동조하였다. 그 후 무오년에 이르러 尹鑴와 許積 등이 거짓으로 속여 상달하여 중건하였으나 경신년 이후 다시 훼철하였다. 기사년 무렵에 金德遠이 또 重建을 청하였다. 전후 사정을 보고한 후 이만성은 정개청 서원의 훼철을 주장하였고 국왕의 윤허를 받아냈다.

6권에는 기축옥사와 연루되어 治罪를 당한 사람들의 명단과 개별 年譜가 '杖死·竄配·被囚·罷職人' 순서로 실려 있다. 먼저 장사인 명단에는 李潑, 李浩, 白惟讓, 柳德粹, 李貒慶, 金憑, 金況, 白壽民, 金濱, 李汲, 崔永慶, 崔餘慶, 柳宗智, 柳夢井, 李黃鍾, 曺大中, 金榮一, 白振民, 白興民, 洪汝諶, 洪汝誠, 鄭彦憘, 鄭彦忱, 李廷犀, 崔睦, 李傳, 朴希孝, 金景泰, 李彦吉, 尹起莘 등이 들어 있다. 찬배된 사람에는 鄭彦信, 金宇顒, 韓百謙, 洪宗祿, 申杖, 鄭介淸, 洪謹臣, 羅德明, 羅德峻, 羅德潤, 羅德顯, 羅德憲, 李璣玉, 沈憬, 李士浩, 李澐, 李灌, 李沆, 羅表, 羅汝綱, 李隥, 林達, 鄭彦惕, 鄭彦悌, 安衛, 李經, 李緯 등이 있다. 鄭昌衍, 鄭經世, 金敬立, 韓浚謙, 羅士忱, 金昌一, 金沔, 趙宗道, 金贒, 李有慶, 曺敏中, 曺守訓, 曺守誠, 曺守洪, 曺守欽, 曺守敬, 曺守正, 曺守憲, 李大立, 趙鳳瑞, 康復誠, 李克扶, 金克成, 洪次吊, 沈碩道, 金命龍, 金克祧, 鄭弘祚, 申湜 등은 감옥에 갇혔으며, 洪可臣, 尹毅中, 宋言愼, 丁胤福, 金弘微, 任國老, 朴承宗, 盧守信, 鄭琢, 鄭協, 宋瑄, 洪敏臣, 許鎬, 洪峻, 鄭思謙, 李渭, 李純仁, 朴宜, 朴宜는 罷職되었다.

마지막으로 유도승이 1928년 작성한 跋이 실려 있다. 유도승은 기축옥사 연루되어 피해를 입은 동인을 善으로 서인을 惡으로 간주하였다. 철저히 동인의 입장에서 서인의 문제점을 드러냄으로써 기축옥사를 재평가하려는 입장을 견지하였다. 역시 같은 맥락에서 서인출신의 安邦俊(1573~1654)과 南紀濟가 남긴 『己丑記事』와 『我我錄』의 편향됨을 지적하였다. 이에 아직 해명되지 못하거나 僭妄된 내용을 밝히기 위해서 여러 史集을 참고하여 본서를 편찬했음을 밝히고 있다.

4. 가치

기축옥사는 동서분당이후 당쟁이 격화되는 직접적인 원인을 제공한 사건이었다. 그간 학계에서는 기축옥사의 성격을 규명하기 위해 적지 않은 노력을 기울였다. 그 결과 실제 모반이기 보다는 송익필의 음모로 날조된 것이기에 士禍 혹은 誣獄으로 보아야 한다는 주장이 제기되었다. 반면 동인계 일부에 의해서도 모반임을 긍정한 사실을 들어 반역의 혐의가 있었다는 평가도 있었다. 이때 주로 활용되었던 당론서 및 역사서로 『己丑記事』・『己丑錄』・『己丑錄續』・『己丑獄案』・『燃藜室記述』등을 들 수 있다. 『동사증설』이 선조이래 숙종대 까지 기축옥사에 직간접적으로 연루된 인사들에 대한 조정의 논의를 정리해 놓은 책이라는 점에서 기존 사료들과 더불어 해당 사건과 관련된 당쟁의 양상을 파악하는데 유효한 자료라고 생각된다. 이와 관련하여 유도승이 편찬한 『東史摭實』과의 체재 및 내용 비교가 필요하다. 『동사척실』(4권 2책: 藏書閣, 國立中央圖書館, 高麗大學校 圖書館 所藏)은 1932년 대구 嶠南書社에서 간행되었는데, 1930년 작성한 李炳觀의 서문과 1928년 작성한 유도승의 발문이 들어 있다. 편찬 체재는 서문, 범례, 인용서목, 獻議人及上疏人名錄, 목록 및 본문의 순으로 구성되어 있다. 권1에서 권3까지는 1575년(선조 8) 동서분당에서부터 1702년(숙종 28) 趙泰采의 啓에 이르기까지 조정내 논쟁과 관련된 자료가 연대순으로 수록되었다. 권4에는 杖死人과 竄配人, 被囚人과 罷職人 등 기축옥으로 화를 입은 사람들의 명단과 이력이 소개되었다. 체재와 구성이 다소 차이가 날 뿐 내용에 있어서 『동사증설』과 큰 차이가 없을 것으로 보인다. 더욱이 동일인에 의해 편찬된 점에서 철저한 비교검토를 통해 양서의 상관관계를 구명할 필요가 있다.

【원재린】

東稗洛誦

盧命欽(1713~1775) 編.

寫本. 2卷 1冊(79張) : 27×17cm. 11行 25字.

東稗洛誦

○金將軍德齡醮於賽家女醮之翌日入謁岳母因問岳翁卒年岳
丹汪然大慽曰家翁在家考終則猶常也而某鄉有惡奴族大家翁
往而不返無子無兄弟惟有女一塊肉而已未亡人風夜至祝惟在
女長擇配假手淺痛矣聞東床神勇以爲婿者盖以此也金對曰岳
家有大雠待我請明日發速圖之岳母曰新卽何如是甫姑徐之金
國請率六奴而袄赴惡奴軍問知其爲新卽欲然出迎曰上典宅聲
積年阻闊絕奴輩慕常均今因何好風有此新書房主之降臨迺
句請武贖或貢約至累千貴金固疑其詐不欲爲大舉發行有日笑
奴輩告曰避鄉奴僕無由頭訴上典主肯之否金着其
頓爲壯觀奴輩惜三絃偺薄具聊供半日之娛上典主肯之否金着其
氣龜故墮其術中遂乘海舡金野帶六奴欲尾隨之惡黨中數十老

1. 편자

　盧命欽(1713~1775)[1]의 本貫은 交河, 字는 天若, 號는 拙翁이다. 그렇지만 그의 생애에 대해서는 알려진 바가 많지 않다. 단지 기존 연구 성과와 洪龍漢(1734~1809)이 남긴 「盧拙翁傳」을 토대로 재정리하는 것이 지금으로서는 최선의 방법으로 보인다. 노명흠은 청주에 世居하였던 인물이다. 그의 조부 致唐과 부친 聖圭는 小科도 하지 못할 만큼 벼슬길과 거리가 멀었던 집안에서 나고 자란 것으로 보인다. 그런데도 노명흠이 시를 짓는 재주는 상당하여서 청주 지역에 널리 이름이 났었다고 한다. 이후 노명흠은 35세(1747년) 이전에 그의 먼 인척인 宋載禧(1711~1776)의 도움을 입어 서울로 올라왔던 것으로 보인다. 서울로 올라온 노명흠은 여전히 곤궁한 생활을 하였던 것으로 보인다. 그러다가 이 무렵에 노명흠은 송재희의 집에서 나와 당시 思悼世子의 妃인 惠慶宮 洪氏의 부친인 洪鳳漢家에 塾師로 가게 되었던 것으로 보인다. 이는 홍봉한의 아들인 洪樂任(1741~1801)이 쓴 「盧公命欽墓誌銘」에 노명흠이 "우리집에서 객으로 머물지 30여 년"이었다고 밝히고 있다는 점에서도 확인된다. 이후 노명흠은 47세라는 늦은 나이에 비로소 진사에 합격하기도 했지만, 특별한 관직 생활은 하지 못했다. 그저 63세의 일기로 세상을 떠날 때까지 홍봉한 가의 숙사로 지내면서 스스로의 학문을 베풀며 지냈다고 하겠다.

　노명흠의 아들은 科詩로 姜栢과 함께 명성을 드높인 盧兢(1738~1790)이다.

2. 구성

　『동패락송』은 원래 100여 편 정도의 이야기가 수록되어 있었던 것으로 보인다. 이에 대해서는 아단문고본 『동패락송』에는 洪樂受(1755~1819)가 쓴 서문이 있는데, 이 서문에는 "한묵의 여가에 세속에 떠돌아다니는 이야기들을 모아 100여종을 취하여 한 권의 책으로 모았다.(乃於翰墨之暇, 搜羅世俗流傳之說, 掇取百餘種, 裒萃爲一書)는[2] 기록이 있다. 『동패락송』에는 100여편 남짓한 이야기가 실렸음을 확인할 수 있다. 그런데 最善本으로 보이는 연대본 『동

---

1) 국립중앙도서관본 『交河盧氏世譜』盧命欽條에 "문집 다섯 권이 있으며, 동패락송 2권을 편찬하였다(有文集五卷, 撰東稗洛誦二卷)"는 기록에서도 이는 확인된다. 또한 작품 내부에서도 노명흠이 『동패락송』의 편자임을 확인할 수 있다. 예컨대 林熒澤本 『동패락송』 海豊君鄭孝俊條에 쓰여진 "해풍군 정효준은 내 증조모의 외조부(海豊君鄭孝俊氏, 卽余曾王母之外祖考也)"라는 기록이 그러하다. 해풍군 정효준의 증조모는 成後奭의 따님인데, 이 역시 앞의 기록과 일치한다.(이에 대해서는 김영진의 「조선후기 사대부의 야담 창작과 향유의 일양상」(『어문논집』 37, 안암어문학회, 1998)과 임형택의 「동패락송 연구」(『한국한문학연구』 23, 한국한문학회, 1999)를 참조할 것)이를 통해 볼 때 『동패락송』의 찬자가 노명흠이란 사실은 의심의 여지가 없다.

2) 洪樂受, 『杜溪集』 권6, 「東稗洛誦序」(김영진, 앞의 논문, 1998. 부록 참조).

패락송』에는 78편의 이야기만이 실려있다. 100편을 기준으로 했을 때, 총 22편의 이야기가 빠져 있는 셈이다. 빠진 이야기는 서울대본『奇觀』에 수재한 1~28화가 아니겠는가 하는 추정도 있지만, 이 문제에 대해서는 좀더 고찰할 필요가 있겠다.

해제의 대상이 된 이 책에는『동패락송』서문이 실려 있지 않다. 하지만 아단문고에 소장된『동패락송』에는 서문이 실려 있다. 이 서문은 洪就榮(1759~1833)이 쓴 것이다.

졸옹 노명흠 선생은 시로써 이름이 있었다. 만년에는 더욱 該洽하여 제반 책들을 널리 읽어 현묘한 이치를 알았고, 신비한 것들도 찾아 이미 모든 것들에 학문적 축적이 이루어졌다. 더욱이 국조의 故事와 수백 년 간 朝野 원근의 佚聞異事를 논하는 것을 좋아하여 돌아다니며 채록한 것과 이야기한 것을 모아, 매번 사람들에게 이야기해 주었는데 모두가 들을만하지 않은 것이 없었다. 때때로 그것들을 모아 책을 만들었는데, 이름하여『동패락송』이라 하였다. 그리고 다시 그 다음을 서술하고자 하였으나 거기에까지는 미치지 못하였다. 선생의 맏아들 한원공 兢이 일찍이 나에게 맡겨 완본을 만들어달라고 하였다. 그러나 겨를이 없었고, 한원공도 갑자기 죽어버렸다. 나 또한 늙어 정력도 없고, 젊었을 때의 기량을 깨치지도 못하였다. 선생의 손자 弗回 勉正이 그 선인의 수택이 있는 것이라 하여 간절히 돌려받고자 하였다. 그래서 부끄러이 그것을 되돌려주며 말하기를, "예부터 패서라는 것은 날조된 것을 모은 것으로 진실된 것과 망령된 것이 섞여 있는 것이네. 진실로 신괴하고 불경한 말이 아니면 대부분 외설스럽고 윤리에 어긋난 말이라네. 비록 한때의 웃음거리라 할지라도 제해의 남상이 됨은 면할 수는 없는 것이네. 그러나 이 책에서는 名士・碩儒・良將・烈婦에서부터 練丹士, 守紅妓, 朱碑之仙, 金藥之鬼 司星之樵夫, 尸解之丐子의 종종 기이한 행적과 靈怪한 기록에까지 모두 명확한 근거가 있어 틀린 곳이 많지 않으니, 절대로 가공적으로 지어낸 인물들[子虛烏有]이 있다고 의심할 것은 아니라네. 족히 역사를 보충하고 藝苑의 수집으로도 갖추어 둘 만하니 명교의 자가 될 것이네. 자잘한 것은 많지 않네. 선생은 청아한 뜻과 겸양을 가진 사람이어서 비록 스스로 패사라고는 하였으나, 이 책을 어찌 패사라 할 수 있겠는가? 비록 사람들의 家狀의 佚事며, 우리나라에서 전례를 맡은 벼슬아치가 지은 별편이라 하여도 과함이 없을 것이네. 다만 한원의 부탁한 것에 마땅한 사람이 아니며, 세상에는 또한 호사자가 드물어 능히 즐겨 추켜올려 표장하는 사람이 없으니 장차 먼지 쌓인 상자에 방치되어 좀만 먹어가니 진실로 애석하도다. 돌이켜 보건대, 옛날에는 선생을 따라 安北・靑槐洞 골목, 披吟의 亭子・潁草의 軒에서 술을 마시며 등불이 꺼질 때까지 손뼉을 치며 끊임없이 쉬지 아니하고 이야기를 나누었다네. 그 때 나는 어린 아이로서 구석에 앉아 듣기에 탐닉하다 보면, 문득 달은 지고 닭이 울며, 북두성이 반짝거리는 것도 깨닫지 못하였다네. 그것이 오십여 년 전이나, 선생의 용모와 음성, 그리고 말소리와 웃음소리가 아직도 내 눈앞에서 아른거린다네. 선생이 이미 돌아가신지 오래고, 나 또한 늙어버렸구나. 洛社文會에 있었던 일이 까마득한 저 세상의 일만 같으니, 인생이 이와 같을 뿐이네." 라고 하고 드디어 책을 어루만지며, 세 번 탄식하고서 題한다. 戊辰年(1808) 늦가을 鹿隱 洪就榮이 序를 씀.

　　이 서문은 홍취영이 쓴 『鹿隱集』에도 수록되어 있다. 또한 洪樂受(1755~1819)의 『杜溪集』
에는 이와 다른 '東稗洛誦 序'가 있고, 洪稷榮(1782~1842)의 『小洲集』에는 '東稗洛誦跋'이 추
가로 존재한다.

　　이 책에 수록된 이야기는 총 78편인데, 내지에 제목이 씌어져 있다. 여기에는 "추노를 나
갔다가 화를 입었지만 사위를 맞이하여 원수를 갚다. 김덕령(推奴避禍, 迎婿復讐, 金德齡)"이
란 식으로 제목이 달려 있다. 이 제목을 통해 『동패락송』에 실린 각 편의 이야기의 내용과
주인공을 확인할 수 있다.

　　　東稗洛誦 目錄(연대본 표지 오른쪽 상단에 '甲戌 五月日'이라 적혀 있음)

「推奴避禍迎婿復讐 金德齡」·「怒喝地師卽掘幸塚 林慶業」·「精粟武曲理通衆數 朴震憲」·「緣結仙女
亂避玉洞 加平 校生」·「解尸京城敍舊仙山 蔣都令」·「遇仙女遊被虎毬蹴 洪悅」·「仙侶奇遇詩魔相助 成
琬」·「才冠塵世氣壓貴公 崔公」·「恃勇登舟遇敵被鞭 別軍職」·「念彼賢女赦比頑漢 崔水使」·「嚴父施威妬
婦發誓 權士人」·「欲試氣魄潛臥屍叢 許積」·「雖料移壽强許推命 鄭北窓」·「秘穴葬親潛蹤發福 金別監」·
「推奴遇仙得碑定義 成謹甫」·「預告休咎不避祭奠 申叔舟」·「痴叔韜晦倭僧憎服 柳西厓」·「老人設計提督
班師 李如松」·「迎邀一葉俾愼兩山 李士亭」·「相公在座山神告兵 李白沙」·「魂與妻隨橋救母病 李慶流」·
「知人擇配助夫成勳 鄭起龍」·「激義仇報成親榮歸 鄭梅溪」·「殺人避禍遇仙學道 南宮斗」·「感義報仇慕
節作嫂 嶺南士」·「請受霍傳激起金公 朴姓妻」·「藏扇爲幣引刀掩庶 楊蓬萊母」·「獐夢報恩江芬致富 朴醉
琴 後孫」·「分産喫苦致富完眷 許珙」·「始吝終散識達見明 黃富翁」·「窮爲丐者富因良妻 金窮生」·「得詩贖
妓恃才賈禍 尹潔」·「傾篋助需隱寺專節 盧玉溪妾」·「卜靈夢□姦成科決 嶺南 巨擘」·「五女偶戲三生結緣
李延原」·「露骸報恩孝子獲福 麟坪孫」·「殺僧救轎激義受福 洪脩」·「至誠奉先餘慶流後 金仁伯」·「塵埃識
宰粉黛名媛 一朵紅」·「念妓脫身決科贖罪 西伯子」·「痛人罹害感俠復讐 龍山妓」·「一人風采二女殉從 兪
命舜」·「表恙爲證破鏡復合 京城 一朝士」·「臨難運智替婦蘆賊 西伯妻」·「托病避難製疏勸友 昏朝 名士」·
「賭博致財珮瓠敗賊 金千鎰妻」·「拔衆薦引値恤歸養 朴鐸」·「始焉探情末乃失望 皇朝僧」·「捉僧拷掠得臟
爛報 李浣」·「皇靈勸婚福祿盈門 鄭海豊」·「呵叱子弟感回夫君 尹無谷 繼夫」·「歸身避禍藉奴登科 漣川
金生妻」·「貞男毁節賢妻帶喜 新門外 書生」·「替人産子挈家就養 京中窮生」·「指導宦逕拾取富貴 禹夏亨
妾」·「拾銀還主繫獄蒙赦 廉希道」·「埋銀待主化賊爲良 鄭任實」·「匿婢賤家挈女榮道 李校理」·「推命知機
辭勳免禍 金緻」·「設祭共卓顯夢改衣 徐藥峯家」·「孝婿拜床棄妻圓鏡 蔭官某」·「斗米施惠挻織受報 李晩
菴」·「肆氣橫逸棄驪鼬良 李一齋」·「曾比周處今享院宇 朴松堂」·「牡士鎖足狎妻剃髥 禹尙中」·「爲懸病母
生致猛虎 李澄玉」·「處事雖錯風鑑則明 永興倅」·「達友情薄賤倡識明 京城 兩書生」·「壯士忽遇義氣相投
李浣」·「惡鬼自退氣魄可畏 兩班 子支」·「弟賢橫財兄悟管家 有庶弟」·「陰魄訴衷幽冤得雪 趙豊原」·「租爲
痘神孫卜葬地 鴻山 鄭都令」·「乞友痘神活他獨子 公州 姜班」·「公法難枉私惠何顧 黃仁俊」·「老鰥三醮福
祿俱備 鄭參奉」·「爲神行痘助友生財 李寧越」·「高士讀書愚僧悟禮 柳西厓」

3. 내용

『동패락송』에 실린 이야기는 78편인데, 중심이 되는 내용은 귀신이나 신선에 대한 이야기, 남녀간의 애정을 다룬 이야기, 신분간의 갈등을 다룬 이야기, 전란이나 나랏일과 관련된 이야기, 착한 일을 한 사람의 이야기 등 실로 다양한 내용으로 구성되어 있다. 그 중에서도 흥미로운 것은 『동패락송』에는 신이성을 보여주는 이야기보다 현실적인 내용을 담은 이야기가 상대적으로 많다는 점이다. 『동패락송』을 통해 야담이라는 갈래가 점차 전대의 신이적인 측면에서 현실적인 면으로 자리이동하는 양상을 읽어낼 수 있을 듯하다.

또한 일찍이 김태준은 야담의 기원을 논하는 자리에서 "『禦眠楯』은 近四百年前에 醉隱 宋世琳의 作으로서 成汝學의 『續禦眠楯』, 洪萬宗의 『蓂葉志諧』, 盧漢源傳本의 『續笑叢』과 함께 朝鮮 最古의 에로文學일 것이다"라고 지적한 바 있고, 또한 지금은 일실된 것으로 알려진 『續村談解頤』 역시 노명흠의 저작일 가능성이 제기되었다. 『續笑叢』과 『續村談解頤』는 동일한 책으로 볼 수 있을 듯하다. 그리고 이 책은 곧 『동패락송』을 지칭하는 것으로 볼 수 있다. 이러한 추정이 가능하다면, 원 『동패락송』에는 지금은 확인할 수 없는 다분히 해학적인 이야기들도 실려 있었던 것으로 추정할 수도 있겠다.

4. 가치

『동패락송』은 우리나라에서 야담의 형성과 전개 과정에서 더할 수 없이 중요한 자리에 있다는 점에서 그 가치를 갖는다.

1621~1622년에 찬집된 柳夢寅의 『於于野談』은 17세기에 접어들면서 글쓰기 방식의 전환을 보여주는 한 예로 이해할 수 있다. 『어우야담』은 전대에서 행해지던 글쓰기 방식, 즉 필기와 패설의 글쓰기 방식과 조금은 다른 움직임을 보여준다. 전대의 글쓰기 방식을 수용하면서도 부분적으로는 이야기 지향적인 면으로 움직인다. 실제로 이 시기에 접어들면서 鄭泰齊(1612~1669)의 『菊堂徘語』, 鄭載崙(1648~1723)의 『公私見聞錄』과 같이 필기의 외투를 입으면서도 부분적으로는 이야기 문학을 지향하는 방식의 글쓰기가 쓰이기도 했다. 이러한 움직임은 곧 전대와 다른 새로운 갈래의 등장을 예고하는 것이기도 하다. 실제로 『어우야담』 이후 任埅(1640~1724)에 의해 찬집된 『天倪錄』과 노명흠의 『동패락송』이 등장한다. 이 두 작품집은 『어우야담』에서 보여준 이야기 문학을 지향하는 글쓰기를 본격화한 야담집이라 하겠다. 그런데 임방의 『천예록』은 현전하는 이본도 적고, 또한 다른 야담집에 큰 영향력을 미치지 못한다. 하지만 『동패락송』은 李羲平(1772~1839)이 찬집한 『溪西雜錄』에 직접적인 영향력을 미친다.

 『계서잡록』은 야담의 소통 과정에서 가장 중요한 작품집이다. 이 작품집을 토대로 『紀聞叢話』가 형성되고, 또한 『계서잡록』과 『기문총화』가 널리 향유되면서 야담이란 갈래가 보편성을 가졌던 것이다. 그런데 『동패락송』은 그러한 『계서잡록』에 절대적인 영향력을 미친 야담집이다. 실제로 『동패락송』에 실린 이야기 78편 중에 23편이 『계서잡록』에 직접적인 영향을 주었으리만큼 『동패락송』은 『계서잡록』의 형성에 절대적인 역할을 한 것이다. 이러한 점에서 『동패락송』은 야담의 형성과 전개 과정에서 상당히 중요한 가치를 갖는 작품집이라고 말할 수 있겠다.

5. 기타

 『동패락송』의 이본은 연대본, 가람문고 『기문총화』 수재본, 이화여대본, 임형택본, 동양문고본, 천리대본, 국립중앙도서관본, 동경대본 등이 있다. 그 자세한 이본 현황은 다음과 같다.

話番	자료제목	연대본	가람본 기문	이대본 권지이	임형택본 권지이	동양본	천리본	국도	동경본청구	나손 (국문)
1	金德齡	1	76	×	×	4	1			
2	林慶業	2	77	×	×	5	2			
3	朴震憲	3	78	×	×	×	3			
4	加平校生	4	79	×	×	6	×			
5	蔣道令	5	80	×	×	7	4			
6	洪悅	6	81	×	×	×	5			
7	成琬	7	82	×	×	×	6			
8	崔姓人	8	83	×	×	×	7			
9	別軍職	9	84	×	×	×	×			
10	崔水使	10	85	×	×	8	×			
11	權進士	11	×	×	×	9	8			
12	許積	12	×	×	×	10	×			
13	鄭	13	86	×	×	26	9		11	
14	金別監	14	87	×	×	27	×		1	
15	成三問	15	×	×	×	×	10	4	14	3
16	申叔舟	16	88	×	×	28	11	5	15	
17	癡叔	17	89	×	×	29	12	6	16	
18	一老翁	18	90	×	×	30	13	7	17	
19	李之菡	19	91	×	×	31	14	8	18	
20	李恒福	20	×	×	×	×	15	10	19	

話番	자료제목	연대본	가람본 기문	이대본 권지이	임형택본 권지이	동양본	천리본			국도	동경본 청구	나손 (국문)
21	李慶流	21	×	×	×	32	16			9	20	
22	鄭起龍	22	92	×	×	×	17				21	
23	鄭蘊	23	×	×	×	25	×					
24	南宮斗	24	93	×	×	×	18					
25	嶺南士人	25	94	×	×	24	×					
26	朴姓之婦	26	95	×	×	×	19			3		
27	楊士彦	27	96	×	×	23	20				12	
28	朴彭年後孫	28	97	×	×	22	21					1
29	許珙	29	×	×	×	21	22					
30	黃富翁	30	98	×	×	20	×					
31	金窮生	31	99	×	×	19	×					
32	尹潔	32	100	×	×	×	23					
33	盧愼妾	33	×	×	×	18	×					
34	嶺南巨擘	34	101	×	×	17	×					
35	李光庭	35	×	×	×	16	24			2		
36	麟平之孫	36	102	×	×	15	25					
37	洪僑(脩)	37	103	×	×	14	26					
38	金仁伯	38	×	×	×	13	27					
39	一朶紅	39	×	×	×	12	28					
40	玉簫仙	40	×	×	×	11	29(丁香傳)					
41	龍山妓	41	104	41(1)	41(1)	33	南山老儒	30	계잡2	1		
42	柳命舜	42	105	42(2)	42(2)	34	李石	31		3		
43	京城朝士	43	106	43(3)	43(3)	35	徐起	32		4	8	
44	西伯之妻	44	107	44(4)	44(4)	36	鄭	33		5·6	9	
45	昏朝名士	45	108	45(5)	45(5)	37	郭走鬼	34		7		
46	金千鎰妻	46	109	46(6)	46(6)	38	金德齡	35		8	10	
47	朴鐸	47	110	47(7)	47(7)	39	李廷龜	36		9		
48	皇朝僧	48	×	48(8)	48(8)	40	李廷龜妻	37		10		
49	李浣	49	111	49(9)	49(9)	×	李慶全	38		11		
50	鄭孝俊	50	×	50(10)	50(10)	×	鄭百昌	39		12	1	2
51	尹絳再娶女	51	112	51(11)	51(11)	39	徐敬德	40		13		
52	漣川金生妻	52	113	52(12)	52(12)	40		41		14		
話番	자료제목	연대본	가람본 기문	이대본 권지이	임형택본 권지이	동양본	천리본				동경본 청구	나손 (국문)
53	新門外書生	53	114	53(13)	53(13)	41	朴燁	42	계잡	15		
54	京城窮生	54	115	54(14)	54(14)	42	朴燁	43		17		
55	禹夏亨妻	55	×	55(15)	55(15)	43	朴燁	44		18		
56	廉喜道	56	×	56(16)	56(16)	44	鄭忠信	45		19	2	

話番	자료제목	연대본	가람본 기문	이대본 권지이	임형택본 권지이	동양본	천리본				동경본 청구	나손 (국문)
57	鄭任實	57	×	57(17)	57(17)	45	李起築妻	46		20	3	
58	李長坤	58	×	58(18)	58(18)	46	鄭命壽	47		21	4	
59	金緻	59	116	59(19)	59(19)	×	李恒福	48		22		
60	徐渚	60	117	60(20)	60(20)	47	鄭忠信	49		23	5	
61	蔭官某	61	118	61(21)	61(21)	48	宣祖	50		24	6	
62	田東屹	62	119	62(22)	62(22)	49	李恒福	51		25		
63	李混	63	120	63(23)	63(23)	50	宋翼弼	52		26		
64	朴英	64	×	64(24)	64(24)	×	李廷龜	53		27		
65	禹尙中	65	121	65(25)	65(25)	×	申翊聖	54		28		
66	李澄玉	66	122	66(26)	66(26)	×	申翊聖	55		29		
67	永興倅	67	123	67(27)	67(27)	51	洪命夏	56		30		
68	京城書生	68	124	68(28)	68(28)	52	尹臺直	57		31		
69	李浣	69	125	69(29)	69(29)	53	鄭太和	58		32	7	
70	兩班子支	70	×	70(30)	70(30)	54	一舖軍	59		33		
71	庶弟	71	×	71(31)	71(31)	55	鄭致和	60		34		
72	黃仁儉	72	×	72(32)	72(32)	56	韓聖輔	61		37		
73	趙顯命	73	×	73(33)	73(33)	57	尹絳	62		38	13	
74	嶺南鄭進士	74	×	74(34)	74(34)	1	尹大諫	63		39		
75	鴻山鄭道令	75	×	75(35)	75(35)	2	尹絳再娶女	64		40		
76	李嶺越	76	×	76(36)	76(36)	3	柳常	65		41		
77	公州姜班	77	×	77(37)	77(37)	×	李頤命	66		44		
78	柳成龍	78	×	×	× 木棉花記	×	金壽恒妻	67		45		
79							李德載	68		48		
80							閔鼎重兄弟	69		50		
81							申鈗	70		52		
82							劒女	71		54		
83							洪東錫	72		55		
84							四大臣	73		57		
85							張鵬翼	74		58		
86							張鵬翼	75		59		
87							張鵬翼	76		60		
88							申汝哲	77		61		
89							金紘	78		63		
90							李遇芳	79		64		
91							吳命恒	80		65		
92							崔奎瑞	81		67		
93							趙重晦	82		69		
94							柳鎭恒	83		71		

話番	자료제목	연대본	가람본 기문	이대본 권지이	임형택본 권지이	동양본		천리본				동경본 청구	나손 (국문)
95						罷睡錄	1	佟豆蘭	84	東稗	1		
96							1	金百鍊	85		2		
97							2	無學	86		3·4		
98							3	太祖兄	87		5		
99							4	長湍縣人	88		6		
100							×	元天錫	89		7		
101							×	文宗	90		8		
102							8	冶匠父子	91		13		
103							10	朴英	92		16		
104							×	金麟厚	93		17		
105							11	曺植	94		19		
106							12	曺植	95		18		

話番	자료제목	연대본	가람본기문	이대본 권지이	임형택본 권지이	천리본					
107						罷睡錄	13	趙光祖	96	東稗	20
108							×	李滉	97		21
109							14·5	李土亭	98		22·3
110							16	李土亭	99		24
111							17	李土亭	100		25
112							18·9	李土亭	101		26·7
113							20	田禹治	102		28
114							21	徐敬德	103		29
115							22	徐敬德	104		30
116							23	鄭	105		31
117							24	李浚慶	106		32
118							26	徐起	107		34
119							27	徐起	108		35·6
120							28	宋祀連	109		37
121							28	宋翼弼	110		37
122							29	郭再祐	111		
123							30·1	金德齡	112		
124							33	平秀吉	113		
125							34	諸沫	114		

【정명기】

潦霅錄

李敬一(1734~1820) 著.
草稿本, 7册: 31×18cm, 10行 字數 不定.
表題: 潦霅錄

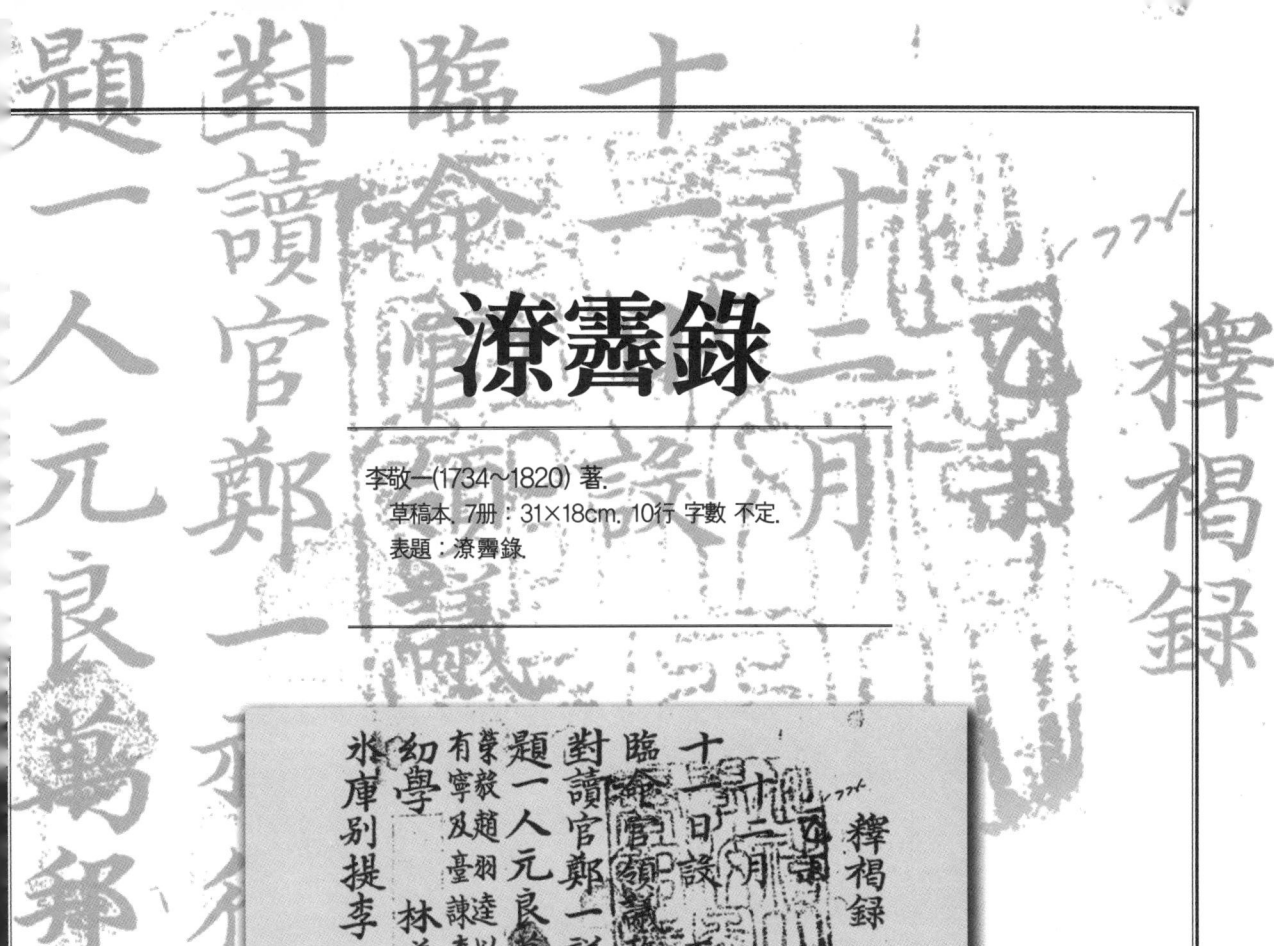

1. 저자

李敬一(1734~1820)의 本貫은 慶州, 字는 元會, 號는 聽軒, 諡號는 孝定이다. 6대조가 영의정을 지낸 李恒福이고, 고조는 이조참판을 지낸 李時術이며, 증조는 이조정랑을 지낸 李世章이다. 할아버지는 李文佐이고, 아버지는 진사 李宗悅이며, 어머니는 姜碩昌의 딸이다. 도사 李宗岳에게 입양되었다.

이경일은 1768년(영조 44) 음서로 온릉참봉·덕산현감을 지내고, 1775년 文科 庭試의 乙科에 급제하여 예조좌랑·사간원정언·홍문관부수찬·대사간·대사성·이조참의·황해도관찰사·이조참판 등을 역임하였다. 1800년(정조 24) 공조판서에 오르고 이어서 대사헌·우참찬·형조판서·한성부판윤·좌참찬 등을 지냈다. 1804년(순조 4)에 우의정을 거쳐 좌의정에 올랐다. 1808년 나이 75세에 奉朝賀가 되고 鰲恩君에 봉하여졌다. 사후에는 예조 판서 金魯敬의 건의에 의해 효행으로 旌閭를 받았다. 저서에는 시문을 모은 『聽軒遺稿』가 있다.

1820년 이경일이 죽었을 때, 순조는 "그의 독실한 행실과 恬靜한 지조와 長壽의 복은 오늘날 찾아볼 때 드물었는데, 방금 전에 그가 영구히 세상을 떠났다는 소식을 듣고 슬퍼하였다. 죽은 봉조하의 成服하는 날에 승지를 보내어 제사를 지내고 3년 동안 녹봉을 실어 보내도록 하라."[1]고 하교하였다.

『순조실록』에는 그의 졸기가 다음과 같이 기록되어 있다. "이경일은 鰲城府院君 李恒福의 奉祀孫인데, 계모를 효성으로 섬기어 이름이 드러났으며, 恬靜篤愼하고 평소부터 지조가 있어서 가정이 가난하였다. 정승에 오른 지 얼마 안 되어 쉬겠다고 청하여 물러가니, 세상이 모두 어질게 여겼다. 다만 정승이 된 초기에 糶糴의 폐단에 대해 극구 진달하면서 社倉을 설치할 것을 청하였으나 의논이 일치하지 않아 시행되지 않았는데, 그가 이처럼 실정에 어두워 시대의 事宜를 몰랐다."[2]

2. 구성

『潦霅錄』은 서문과 발문이 없으며, 권으로 나뉘지 않고 7책으로 구성되어 있다. 각 책에는 해당 연도의 간지를 표시하고, 그 다음에 월을 기록하고, 그 다음에 날짜를 기록하고, 날짜 아래에 내용을 기록하였다. 책별로 포함된 기간을 보면 다음과 같다.

---

1) 『純祖實錄』卷23, 純祖 20年 3月 18日 乙亥(48책 151쪽)
2) 『純祖實錄』卷23, 純祖 20年 3月 18日 乙亥(48책 151-152쪽)

제1책 潦霽錄 一
乙未(1775) 十二月~乙巳(1785) 十二月

제2책 潦霽錄 二
丙午(1786) 正月~辛亥(1791) 三月

제3책 潦霽錄 三
辛亥(1791) 四月~丙辰(1796) 八月

제4책 潦霽錄 四
丙辰(1796) 八月~己未(1799) 十二月

제5책 潦霽錄 五
庚申(1800) 正月~癸亥(1803) 十二月

제6책 潦霽錄 六
甲子(1804) 正月~乙丑(1805) 八月

제7책 潦霽錄 七
乙丑(1805) 九月~庚辰(1820) 四月

3. 내용

『潦霽錄』은 비오는 날과 비갠 날의 기록, 즉 일기라는 의미이다. 제1책 첫 행에 '釋褐錄'이라고 한 것은 글자 그대로 일반인들이 입는 거친 베옷을 벗는다는 뜻으로 관직에 올라 관직 생활을 기록한 일기라는 뜻이다.

이 책은 저자가 출사하여 활동한 시대의 중요 사건을 위주로 기록한 것이 아니라, 자신의 관직 생활을 위주로 기록한 관직 일기이다. 그래서 자신이 어떤 관직에 擬望되고 下批를 받거나 遞職된 것, 그리고 그날그날 수행한 업무 내용들을 기록하고 있다. 특히 지방관으로 재질할 때의 업무는 보다 구체적으로 서술되어 있어서 지방 행정의 단면을 잘 보여주고 있다. 한편, 경연에서의 토론과 직무수행과 관련한 탄핵 및 그에 대한 해명 등은 자세하게 서술되어 있는 점도 특징적이다. 연도별로 중요 사항을 서술하면 다음과 같다.

1) 제1책

제1책에는 乙未(영조 51, 1775) 12월 11일부터 乙巳(정조 9, 1785) 12월30일까지의 10년에 걸친 관직 이력을 기록하였다.

*乙未(영조 51, 1775)
12월 11일 文科 庭試에 합격한 것부터 12월 30일 別提 체직을 청한 것까지 기록하였다. 저자 이경일은 1768년(영조 44) 蔭敍로 온릉 참봉과 덕산 현감을 지냈음에도 불구하고, 1775년 문과 정시의 을과에 급제한 사실을 시작으로 관직 이력을 기록하고 있다. 이 과거시험을 통하여 淸職에 진출할 수 있는 길이 열렸기 때문에 일기의 첫머리에 기록한 듯 하다. 당시 문과 정시 상황을 기록한 것을 살펴보면 다음과 같다.

乙未(영조 51, 1775) 12월 11일 : 왕세손(정조)이 代理聽政한 것을 경축하여 慶熙宮 崇政殿에서 庭試를 거행하였다. 試官은 영의정 金尙喆, 主文 判書 李福源, 讀券官 參判 李宜哲, 對讀官 鄭一祥 徐有寧이었다. 試題는 "一人元良, 萬邦以貞"으로 賦를 짓게 하였다. 이날 삼경에 出榜하였는데, 처음에는 15인을 선발하였다. 그 중 3명은 雷同하였다는 이유로 명단에서 삭제하였다. 12일 : 集慶堂에 入侍하여 각기 성명을 말한 다음 시험답안의 첫 부분을 암송하고 물러나왔다. 16일 : 放榜하였다. 17일 : 謝恩하였다. 18일 : 文廟에 謁聖하였다.

왕조실록에는 '과거시험이 있었으며 15인을 선발했다'는 간략한 기록만이 있는데, 상술한 것처럼 이 기록에는 과거시험의 전 과정이 기록되어 있어 과거시험의 진행과정을 살필 수 있다. 이 과거 시험에서 氷庫別提 李敬一은 2등으로 합격하였는데, 바로 자신이 참여하였기 때문에 소상하게 기록한 것이다.

*丙申(영조 52, 1776)
1월 25일 政事에서 예조좌랑을 除授 받았으나 遞職을 청하였다. 2월에 文科에 응시하였으나 선발되지 못하였다. 12월 都目大政에서 사간원 正言을 제수 받았다.

*丁酉(정조 즉위년, 1777)
1월 1일 永寧殿 春享에 大祝으로 差定되었다. 2월 여러 제사에 大祝으로 차정되었다. 3월 사간원 정언을 제수 받아 사은하고 國祥에 입참하였다. 4월 정언에서 삭직되었다가 6월에 서용되었다. 삭직된 경위가 비교적 자세하게 기록되어 있으나, 임금의 批旨를 중심으로 기록하였으며, 啓辭를 올린 것만 기록하였을 뿐 계사의 내용은 생략되어 있다. 계사의 내용은 실록

의 해당 날짜에도 기록이 없어 알 수 없다. 이경일은 자신의 체직 또는 승진에 관련된 사항
을 위주로 기록하고 있음을 알 수 있다. 7월 5일 병조좌랑을 제수 받았으나, 29일 宮禁이 엄
하지 않아 잡인들이 드나들었다는 이유로 사헌부의 탄핵을 받고 파직되었다. 9월 사면령이
내린 후 서용되었다. 10월 정언에 제수되었고 19일에는 討逆庭試 武二所監試官으로 모화관
시험장소에 나아갔다.

*무술(정조 1, 1778)
2월 14일 경모궁 望祭에 大祝으로 차정되었고, 3월 7일에는 정릉 寒食祭에 大祝으로 차정
되었다. 6월 10일 사헌부 持平을 제수 받았으며 사직상소를 올렸다. 7월 강진 현감에 제수되
었다. 부임과정을 살펴보면 다음과 같다.

　　　7월 1일 : 都目大政이 있었는데, 이경일과 鄭淵淳이 강진현감으로 擬望에 올랐는데, 이경
　　일이 首擬에 올라 下批를 받았다. 2일 : 謝恩하고 熙政堂에 入侍하였는데, 임금이 職과 성명
　　을 묻고 나서 말했다. "강진은 번거롭기 그지없는 곳이다. 전관은 어떻게 하였는가?" 좌상 徐
　　命善이 답하였다. "전관이 잘 다스렸습니다." 임금이 말하였다. "이 사람은 어떻게 다스릴 것
　　같은가?" 좌상이 말하였다. "이 사람 또한 잘 다스릴 것입니다." 17일 : 辭陛하였다. 21일 :
　　출발하여 서빙고를 건너 판교에서 숙박하였다. 22일 : 죽산 백암점에서 숙박하였다. 23일 :
　　진천 읍내에서 숙박하였다. 24일 : 문의 대명촌에서 숙박하였다. 25일 : 달전에서 숙박하였
　　다. 26일 : 니성에서 숙박하였다. 27일 : 전주 삼례역에서 숙박하였다. 28일 : 豊沛館에 임금
　　의 명을 전하고 들어가 巡使 鄭元始를 알현하였다. 29일 : 태인 읍내에서 숙박하였다. 30일 :
　　장성부에서 숙박하였다. 8월 1일 : 나주 읍내에서 숙박하였다. 2일 : 영암군에서 숙박하였다.
　　3일 : 임지에 도착하였다. 4일 : 文廟를 알현하였다.

이 기록에서 우리는 지방수령의 인사발령에 관한 구체적 모습, 즉 후보자 추천과 임금의
낙점, 그리고 사은 과정에서의 문답, 부임과정, 임지 도착, 문묘 알현 등을 알 수 있다. 다만
아쉬운 것은 전 과정이 너무 소략하게 기술된 점이다.

*己亥(정조 2, 1779)
3월 都堂錄에 올라 홍문관 校理를 제수 받았다. 4월 전주에 가서 구 관찰사를 송별하고 돌
아왔다. 7월 영암 군수가 추자도 物故 죄인의 行擲을 청했는데 병으로 가지 못하였다. 8월
전라감사가 행검하지 않은 것을 狀啓하여 파직되었다. 9월에 서울로 돌아와 供招를 받았다.
12월에 서용되어 실록편수관에 차정되었는데 사직소를 올렸다. 22일 召對에 검토관으로 入侍
하였다. 경연에 관한 기록은 매우 자세하게 하였다. 특히 경연에서 자신이 한 발언은 모두 기
록하고 있다. 이 소대에서는 검토관으로 참여하여 45행을 읽고 또 임금의 명으로 沈煥之 대

신 文義를 진술하였는데, 칭찬을 받았다.

*庚子(정조 3, 1780)

1월 史局에 출근하였다. 28일 병조좌랑을 제수 받았다. 5월 23일 政事에서 홍문관 교리를 제수 받았다. 26일 시독관으로 誠正閣의 晝講에 입시하였는데, 이 주강에서 토론된 구체적인 내용을 자세하게 기록하고 있다. 6월 1일 시독관으로 주강에 입시하였다. 이 강의 기록에서는 자신의 발언만을 자세히 기록하고 있다. 19일 黃海監司趙尙鎭 敎書를 製進하고, 27일 仁淑元嬪入廟 祝文을 製進하였다. 8월 10일 문과 제술에 三下로 뽑혀 紙筆墨을 하사받았다. 9월 12일 홍문관 修撰을 제수 받고, 14일 주강에 입시하였다. 10월과 11월에 여러 제사에 大祝으로 차정되었다. 12월 15일 홍문관 교리를 제수 받았다.

*辛丑(정조 4, 1781)

1월 15일 연명으로 상소를 올렸다. 상소 내용은 기록되지 않았다. 2월 3일 仁政門 朝參에서 所懷를 올렸다. 3월 7일 주강에 시독관으로 입시하였다. 16일 체직되었다. 26일 종묘 고유제에 대축으로 차정되었다. 4월과 5월 여러 제사에 대축으로 차정되었다. 윤5월 13일 사헌부 지평을 제수 받았다. 7월 7일 실록이 완성되어 서용의 명이 있었다. 23일 홍문관 부교리를 제수 받았으나 나아가지 않았다. 24일 상소를 올려 사직을 청하였다. 8월 2일 사은하고 이때부터 날마다 예문관으로 출근하였다. 9월 9일 홍문관수찬을 제수 받았다. 14일 次對에서 소회를 진술하였다. 11월 봉상시 正을 제수 받았다. 12월 1일 수찬을 제수 받았다. 6일 부교리를 제수 받았다. 15일 函仁亭 常參에 입시하여 소회를 진술하였다.

*壬寅(정조 6, 1782)

1월 4일 주강에 시독관으로 입시하였다. 5일 朝參에서 소회를 진술하였다. 2월 8일 주강에 검토관으로 입시하였다. 13일 주강에 검토관으로 입시하였다. 17일 사헌부 장령을 제수 받았다. 4월 부수찬, 교리, 수찬, 홍주 목사, 장령 등에 擬望되어 下批를 받았다. 5월 西學 敎授를 제수 받았으나 나아가지 않아 파직되었다. 6월 20일 都目大政에서 冬至書狀官을 제수 받았으나 나아가지 않았다. 7월 22일 부수찬에 낙점되어 숙배사은하고 入直하였다. 8월 3일 홍문관 응교를 제수 받았다. 6일 次對에 참여하였다. 16일 홍문관에서 차자를 올렸다. 10월 10일 상소하여 노모 봉양을 구실로 사직을 청하였다. 12월 12일 庭試 殿試對讀官에 뽑혔다. 13일 사간원 사간을 제수 받았다. 29일 영암 군수를 제수 받았다.

*癸卯(정조 7, 1783)

1월 12일 서울을 출발하여 24일 임지에 도착하였다. 6월 기우제를 지냈다. 12월 司倉에서 진휼을 베풀었다.

*甲辰(정조 8, 1784)

1월 司倉에서 진휼을 베풀었다. 2월부터 4월까지 진휼을 베풀었다. 7월 세자시강원 兼弼善을 제수 받았다.

*乙巳(정조 9, 1785)

1월 13일 영암을 출발하여 24일 서울로 돌아왔다. 25일 홍문관 교리를 제수 받고, 26일 사은하고 주강에 입시하였다. 27일 상소하여 사직을 청했다. 28일 주강에 참찬관으로 입시하였다. 2월 8일 次對에 입시하여 소회를 진술하였다. 11일 어머니의 병환을 이유로 사직을 청했다. 19일 召對에 시독관으로 입시하였다. 23일 주강에 시독관으로 입시하였다. 21일 사간원 司諫에 낙점되었으나 나아가지 않았다. 3월 17일 홍문관 수찬을 제수 받았다. 4월 4일 春坊에 入直하였다. 12일 부응교를 제수 받고 13일 사은하였다. 29일 사헌부 집의를 제수 받았다. 5월 귀향하여 성묘한 후 다시 상경하였다. 6월 사간을 제수 받았으나 나아가지 않았다. 7월 4일 부교리를 제수 받았다. 8월 평안도 경시관으로 차정되어 평안도에 가서 과거를 주관하고 9월 16일 돌아와 복명하였다. 10월 2일 부응교를 제수 받았다. 11월 4일 東學 敎授를 제수 받았다. 23일 부응교를 제수 받았다. 26일 교리를 제수 받았다. 12월 5일 兼弼善를 제수 받고, 6일에 사은하였다. 20일 부응교를 제수 받고, 21일 사은하였다.

2) 제2책

丙午(정조 10, 1786) 1월부터 辛亥(정조 15, 1791) 3월까지의 5년에 걸친 관직 이력을 기록하였다.

*丙午(정조 10, 1786)

1월 13일 사헌부 執義를 제수 받았다. 15일 선정전의 常參에 참여하고, 동궁의 공부에 관한 소회를 진술하였다. 22일 인정전 朝參에 참석하여 전에 진술하였던 소회를 다시 진술하면서 물러날 것을 청했다. 24일 통정대부 승정원 동부승지를 제수 받고, 25일 사은하였다. 2월 8일 예조참의를 제수 받았다. 11일 동부승지를 제수 받았다. 3월 4일 형조참의를 제수 받았다. 4월 사직소를 올렸으나 환급되었다. 22일 출사하였다. 5월 11일 동궁이 홍서하여, 哭班에 참여하였다. 6월 29일 都目大政에서 사간원 사간을 제수 받았다. 7월 17일 대사간을 제수 받았으나 나아가지 않았다. 윤7월 동궁의 喪禮에 참석하였다. 9월 7일 좌부승지를 제수 받았다가 8일 동부승지를 제수 받았다. 10월 대사간에 올랐다. 11월 15일 동부승지를 제수 받고 사은하였다.

*丁未(정조 11, 1787)

1월 17일 대사간을 제수 받았다. 2월 비변사에서 동래 부사로 이경일을 추천하였다. 18일 서울을 출발하여 29일 동래부에 도착하였다. 3월 기민을 구휼하였다. 4월 이후 동래 부사로서 수행한 일상적인 업무가 기록되어 있다.

*戊申(정조 12, 1788)

동래 부사의 일상적 업무가 기록되어 있다. 매달 초하루와 보름에 望闕禮를 행하고, 倭船이 오면 그에 관한 狀啓를 조정에 보내고 지시사항을 받아 일을 처리하였다. 10월 6일 신임 동래 부사와 서문 밖에서 인장을 교환하고 출발하여 29일 서울에 도착하였다. 11월 21일 승지에 낙점되었으나 체직되었다. 12월 5일 대사간을 제수 받았다.

*己酉(정조 13, 1789)

1월 2일 승지를 제수 받았다. 19일 성균관 대사성을 제수 받았다. 2월 21일 대사간을 제수 받았으나 나아가지 않았다. 28일 式年試의 試官에 차정되어 3월에도 계속 시관의 업무를 수행하였다. 4월 13일 대사성을 제수 받고, 14일 사은하였다. 16일 사직소를 올렸다. 5월 6일 동부승지를 제수 받았다. 8일 좌부승지로 승진하여 召對에 입시하였다. 6월 동부승지를 제수 받고 직무를 수행하였다. 8월 2일 비변사가 廣州 부윤으로 추천하여 임명되었다. 9월 수령의 임무를 수행하였다. 10월 20일 승지를 제수 받았다. 25일 경기 감영의 장계로 인하여 27일 파직 放送되었다. 11월 2일 서용되어 11일 유생 殿講 참고관으로 임명되었다. 16일 대사성을 제수 받았으나 나아가지 않았다. 12월 6일 대사성을 제수 받고, 7일 사은하였다.

*庚戌(정조 14, 1790)

2월 형조참의를 제수 받고 근무하였다. 4월 23일 대사간을 제수 받았으나 나아가지 않았다. 5월 1일 우부승지를 제수 받았으나 사퇴하였다. 6일 대사간을 제수 받았으나 나아가지 않았다. 6월 17일 대사성을 제수 받고, 18일 사은하였다. 7월 22일 사직 상소를 올렸다. 8월 5일 형조참의를 제수 받아 사은하고 형조에 나아갔다.

3) 제3책

辛亥(정조 15, 1791) 4월부터 丙辰(정조 20, 1796) 8월까지의 5년에 걸친 관직 이력을 기록하였다.

*辛亥(정조 15, 1791)

4월 4일 황해 감사의 명을 받고 출발하여 9일 임지에 도착하였다. 11일 文廟에 가서 謁聖禮를 행하였다. 이후 12월까지 황해 감사의 업무를 기록하고 있다.

*壬子(정조 16, 1792)

1월 3일 자신을 탄핵하는 상소를 하였다. 3월 관내 지방을 순행하면서 곡식을 나누어 주었다. 12월까지 황해 감사의 직무 수행을 기록하고 있다.

*癸丑(정조 17, 1793)

1월 8일 사직소를 올렸으나 비답이 없었다. 9일 호조참판을 제수 받았다. 22일 鰲恩君을 襲封하도록 명받았다. 2월 6일 병조참판을 제수 받고, 8일 사은하였다. 9일 사직 상소를 하였다. 3월 12일 대사간 신광리가 상소하였는데, 전 황해감사 이경일을 탄핵하는 내용이 있었다. 10월 귀향하여 성묘하였다. 10월 28일 형조참판을 제수 받았으나 나아가지 않았다.

*甲寅(정조 18, 1794)

1월 9일 명정문 조참에 참가하였다. 10일 공조참판을 제수 받고, 11일 사은하였다. 4월 18일 대간을 제수 받았다. 29일 유배를 가게 되어 서울을 출발하여 5월 21일 완도에 도착하였다. 6월 1일 방환되었다. 11월 27일 서울에 돌아왔다.

*乙卯(정조 19, 1795)

1월 17일 사면령이 내린 후 서용되었다. 20일 공조참의를 제수 받았다. 2월 5일 同義禁을 제수 받고, 10일 知義禁을 제수 받았다. 3월 20일 대사헌을 제수 받았다. 6월 4일 공조참판을 제수 받았다. 25일 예조참판을 제수 받고, 27일 사은하였다.

*丙辰(정조 20, 1796)

2월 司圃提調를 제수 받았다. 14일 대사간을 제수 받았다. 4월 6일 형조참판을 제수 받았다. 17일 병조참판을 제수 받고 사은하였다.

4) 제4책

丙辰(정조 20, 1796) 8월부터 己未(정조 23, 1799) 12월까지의 3년에 걸친 관직 이력을 기록하였다.

*丙辰(정조 20, 1796)

9월 6일 경기감사를 제수 받았다. 15일과 19일 대사간을 제수 받았다. 10월 14일 예조참판을 제수 받았다. 11월 20일 정사에서 예조참판을 제수 받았다. 12월 도총관, 예조참판, 호조참판, 知義禁 등에 擬望되어 下批를 받았으나, 12일 知義禁에 대해서 사은하고 의금부로 출근하였다.

*丁巳(정조 21, 1797)

1월 27일 경상 감사를 제수 받았다. 2월 10일 병조참판을 제수 받고 사은하였다. 11일부터 入直하였다. 23일 이조참판을 제수 받았으나 나아가지 않았다가, 엄한 분부를 받고 사은하였다. 3월 26일 예조참판을 제수 받았고, 27일 이조참판을 제수 받았다. 5월 12일 공조참판을 제수 받았다. 6월 1일 이조참판을 제수 받았다. 윤6월 7일 同義禁을 제수 받았다. 7월 11일 병조참판을 제수 받았으나 나가지 않아 체직되었다. 23일 사간을 제수 받았으나, 金吾의 직함으로 사간을 겸할 수 없어 체직되었다. 9월 9일 한성부 右尹을 제수 받았다. 16일 이조참판을 제수 받았다. 2일 홀로 政事를 거행하였다. 12월 4일 牌를 받고 궐에 나아갔다.

*戊午(정조 22, 1798)

1월 5일 別雲劍을 제수 받았다. 10일 패를 받고 政事에 참여하였다. 9일 인사 문제에 관한 사헌부 장령의 상소가 있었다. 11일 상소하여 사직을 청하였다. 3월 입직하여 정사에 참여하였다. 4월 3일 예조참판을 제수 받았다. 6월 6일 대사간을 제수 받았다가 같은 날 우승지를 제수 받았다. 21일 이조참판을 제수 받았다. 7월 19일 이조참판을 제수 받았으나 상소하여 사직하였다. 같은 날 예조참판을 제수 받고, 22일 사은하였다. 27일 이조참판을 제수 받고, 29일 정사에 참여하였다. 11월 26일 호조참판을 제수 받고, 28일 사은하였다. 12월 20일 영흥 부사를 제수 받고 당일 출발하였다.

*己未 (정조 23, 1799)

12월까지 영흥 부사로서의 임무 수행을 기록하고 있다.

5) 제5책

庚申(정조 24, 1800) 1월부터 癸亥(순조 3, 1803) 12월까지의 4년에 걸친 관직 이력을 기록하였다.

*庚申(정조 24, 1800)

1월 30일 자급이 더해져서 肅拜하였다. 2월 10일 별운검을 제수 받았다. 4월 10일 知敦寧을 제수 받았다. 5월 12일 공조판서를 제수 받았다. 13일 상소하여 사직하였으나 허락받지 못하고 24일 숙배 사은하였다. 6월 4일 비변사에서 강화 유수로 천거하였다. 6일 상소하여 체직을 허락받았다. 15일 도총관을 제수 받고, 16일 숙배 사은하였다. 7월 1일 朝哭班과 庭請에 참여하였다. 8월 4일 형조판서를 제수 받았다. 10월 22일 대사헌을 제수 받았으나 나아가지 않았다. 11월 27일 예조판서를 제수 받았으나 나아가지 않았다.

*辛酉(순조 1, 1801)

2월 5일 知春秋을 제수 받았다. 15일 공조판서를 제수 받았으나 나아가지 않았다. 18일 상소하여 사직을 청하였으나 허락받지 못하였다. 5월 11일 예조판서를 제수 받았다. 19일 주강에 입시하였다. 6월 2일 대사헌을 제수 받았다. 11일 형조판서를 제수 받았다. 7월 13일 知實錄事을 제수 받고 史局에 나아갔다.

*壬戌(순조 2, 1802)

6월 5일 知義禁을 제수 받았으나 나아가지 않았다. 8월 2일 별운검에 낙점 받아 直房으로 갔다. 12일 內局提調를 제수 받고, 이후 藥院으로 출근하였다. 9월 3일 한성판윤을 제수 받았다.

*癸亥(순조 3, 1803)

1월 9일 都目大政에서 同成均을 제수 받았다. 2월 19일 의정부 좌참찬을 제수 받았다. 5월 4일 대사헌에 낙점되었으나 나아가지 않았다. 12월까지 패초에 불응하여 나아가지 않았다.

6) 제6책

甲子(순조 4, 1804) 1월부터 乙丑(순조 5, 1805) 8월까지의 1년 반에 걸친 관직 이력을 기록하였다.

*甲子(순조 4, 1804)

1월 20일 별운검에 낙점되었으나 병을 핑계로 나아가지 않았다. 2월 8일 대사헌으로 차출하였으나 9일 상소하여 사직하였다. 13일 판윤을 제수 받고 나가지 않다가 17일 숙배 사은하였다. 3월에도 계속 사직을 청했으나 환급되었다. 15일 대사헌을 제수 받았으나 나아가지 않았다. 22일 병조판서를 제수 받고 사은하였다. 4월 26일 주강에 특진관으로 입시하였다. 5

월 6일 주강에 특진관으로 입시하여 『詩傳』 皇矣章을 강하였다. 6월 24일 수원유수를 제수 받고 부임하였다. 7월 13일 우의정을 제수 받았다. 여러 차례 사직을 청하는 상소를 올렸다. 8월 4일 숙배 사은하고 次對에 참석하였다. 9월 15일 차대에 입시하여 계사를 올렸으며, 이후 계속하여 차대에 참여하였다.

*乙丑(순조 5, 1805)

3월 3일 차자를 올렸다. 계속 조석으로 문안하고 입시하였다. 우의정을 제수 받은 이후 잦은 인사교체는 보이지 않고 주로 업무처리 사항을 간단하게 기록하고 있다. 상소와 차자를 많이 올리고 있으며, 그 내용을 기록하였다.

7) 제7책

乙丑(순조 5, 1805) 9월부터 庚辰(순조 20, 1820) 4월까지의 15년에 걸친 관직 이력을 기록하였다.

乙丑(순조 5, 1805) 10월 들어 13차에 걸쳐 사직을 청하였다. 12월까지 총 55번 사직을 청하였으나 허락받지 못했다. 丙寅(순조 6, 1806) 이후 주로 儀禮에 참여하는 내용들이 기록되어 있으며, 기사의 분량도 점차 줄어든다. 己巳(순조 9, 1809) 이후는 기록한 내용이 매우 적을 뿐 아니라, 내용도 대개 하사받은 물품을 기록하고 있을 뿐이다.

4. 가치

이 책은 1775년에서 시작하여 1820년까지의 무려 46년간의 한 사람의 관직 이력을 총망라하여 기록한 일기라는 점에서 매우 흥미로운 저작이라고 할 수 있다. 그런데 기록된 것을 살펴보면, 다음과 같은 몇 가지 특징이 있음을 알 수 있다. 첫째, 蔭敍로 받은 관직은 기록하지 않고, 문과에 급제한 이후의 관직을 기록하였음을 알 수 있다. 둘째, 본인이 응시한 科擧를 모두 기록하고 있다. 셋째, 正職 뿐만 아니라 兼職까지 기록하고 있다. 넷째, 실제 出仕하지 않았지만 擬望에 올랐거나 의망에 올라 下批를 받은 내용을 모두 기록하고 있다. 다섯째, 자신과 함께 의망에 오른 자를 모두 기록하고 자신이 의망에 오른 순위를 首擬, 副擬, 末擬 등으로 기록하였다는 점이다. 이와 같은 기록상의 특징은 조선시대 人事制度 연구에 매우 귀중한 자료가 될 것이다.

한편, 이 저작에는 왕조실록의 기사에 없는 내용들도 많이 들어 있다. 첫째, 저자가 참여한 경연에 관한 기록은 매우 자세하여 왕조실록의 소략함을 보충할 수 있다. 다만 뒤로 갈수록 경연의 전모를 기록하지 않고 경연에서 임금과 저자 자신의 발언만을 기록하고 있는 점은 아쉬운 점이라고 할 수 있다. 둘째, 자신이 탄핵을 받았을 경우 그에 관한 啓辭나 임금의 처분 등이 소상하게 기록되어 있어 왕조실록 등 관찬 사료의 보조 자료로 활용할 수 있다. 그러나 사건의 전모를 기술하는 데 초점을 두지 않고, 자신과 관련된 사항만을 기술하고 있기 때문에 사건의 전모를 파악하기 쉽지 않다는 한계가 있다. 셋째, 저자는 강진 현감, 영암 군수, 동래 부사, 황해 감사 등 지방의 수령과 관찰사를 역임하였는데, 인사발령에서부터 부임 과정, 그리고 직무 수행 내용을 기록하고 있어서 지방 수령과 감사의 직무를 살필 수 있는 좋은 자료가 된다. 각 지방의 특수성에 따라 직무의 내용이 상당히 다름을 알 수 있다. 다만, 직무의 내용을 자세하게 기술하지 않고 너무 간략하게 기록한 점은 매우 아쉽다고 하겠다. 넷째, 저자는 왕실의 제사 등 많은 儀禮에 참여하고 있는데, 그것을 일일이 기록한 점도 특징이라고 하겠다.

이 저작은 약 46년간에 걸친 관직 생활을 기록한 것으로서 조선후기 관인의 임용, 승진, 좌천, 파직 등 관인 생활 전반을 살필 수 있는 매우 중요한 자료라고 할 수 있다. 다만, 저자 자신의 관직 변동을 위주로 기술되었기 때문에 당시의 총체적인 歷史像을 보여주지는 못하고 있다.

【장동우】

漫筆三錄

編者 未詳.

寫本. 9卷 8册：28.5×18cm. 10行 23字.

表題：漫錄

新羅為國號取德業日新網羅四方之義也初號徐伐羅號居

三國典故

漫筆三錄卷之一

世姓朴初楊山林間有異氣尋之得一卵剖之有嬰兒儀形端

妙浴於東川身生光彩鳥獸率舞以為神立為王是漢帝之五

鳳元年甲子也子南海王立以女妻昔脫解初婆那國娶女國

王女生一卵以為不祥棄以帛浮之江迋辰韓今慶州老嫗見

之育兒以來時鵲隨鳴故鵲字省鳥以昔為姓以解櫝而出故

名脫解及長知識過人南鮮王聞其賢以女妻之委國女國在

扶日本東一千里南鮮王將死謂其儒理及昔脫解日吾苑朴昔

秋余東一千里

1. 편자

編者 未詳.

편자는 누구인지 알 수 없으나, 내용 중에 특별히 陽川 허씨의 조상에 대한 조목(고려조)을 기술하고 조선시대 忠貞公 許琮과 文貞公 許琛의 17대조라고 따로 주를 달아놓은 것을 보면, 편자는 양천 허씨의 후손일 가능성을 배제할 수 없다.

편찬 연대를 추정할 수 있는 근거는 ① 卷之二 끝에 '丁亥仲夏謄書'라고 한 부분, ② 英祖朝까지 기술된 사실, ③ 청나라를 虜로 표현한 부분, ④ 卷之八 景宗朝典故에서 '今上辛丑因領相徐命善筵白加贈吏判諡忠簡'이라고 한 부분이다.

'정해년'은 1767년(영조 43), 1827년(순조 27), 1887년(고종 24) 중의 하나에 해당될 수 있는데, 영조조의 내용이 재위 기간에 비해서 비교적 소략한 것으로 보아 이 책이 만들어진 시기가 영조 때의 일을 忌諱한 때였을 것으로 추측된다. 청나라에 대한 적개심이 강하게 나타나는 시기라는 것과 景宗朝典故에서 '今上'이라고 한 왕이 정조를 지칭하고 있다는 점을 고려하면, 정해년은 1767년일 가능성이 가장 높다.

따라서 이 책이 완성된 것은 정조 때로 보이지만, 책을 쓰기 시작한 것은 영조 말기로 추정된다.

2. 구성

이 책의 表題는 『漫錄』이고, 卷首題는 『漫筆三錄』이다. 만필은 본래 마음 내키는 대로 자유롭게 쓴 글이라는 뜻을 가지고 있지만, 이 책의 경우는 편저자가 역사의 고증을 위한 목적으로 내용을 <典故> · <時事> · <斯文> 세 부분으로 나누어 기술하였다.

내용에 따른 책별 구성은 다음과 같다.

典故: 冊一(권1) 冊二(권2-권3) 冊三(권4)
時事: 冊四(권5) 冊五(권6) 冊六(권7) 冊七(권8)
斯文: 冊八(권9)

각 권의 구성은 다음과 같다.

卷之一: 三國典故 · 太祖朝典故 · 太宗朝典故 · 世宗朝典故 · 文宗朝典故 · 世祖朝典故 · 成宗朝典故 · 燕山廢朝典故 · 中宗朝典故

卷之二: 仁宗朝典故・明宗朝典故・宣祖朝典故・光海廢朝典故

卷之三: 仁祖朝典故・孝廟朝故事

卷之四: 顯廟朝故事・肅宗朝典故上・肅宗朝典故下・景宗朝典故・英宗朝典故

卷之五: 端宗朝時事・中宗祖時事・明宗朝時事・宣祖朝時事

卷之六: 光海廢朝時事・仁祖朝時事

卷之七: 孝宗朝時事・顯宗朝時事・肅宗朝時事(上)

卷之八: 肅宗朝時事(下)・景宗朝時事・英宗朝時事

卷之九 斯文

    附: 禮論

    附: 甲乙往復書-「寒泉答尹參議汲書-甲子九月」・「閔持平遇洙答宋參奉明欽書-甲子十月」・「醉石鄭義河號與權高城養性書-乙丑三月」・「權高城答書-乙丑四月」・「醉石與寒泉書-乙丑二月」・「寒泉答書」・「醉石又與寒泉書-乙丑三月」・「別紙」・「寒泉答書-乙丑六月」「韓掌令元震南塘與權高城書-乙丑三月」・「韓掌令又與權高城書」・「權高城答書-乙丑四月」・「尹執義鳳九與寒泉書-乙丑四月」・「尹執義與閔持平書」

이 책에서 인용한 書目을 살펴보면,『東史撮要』・『象村彙言』・『東閣雜記』・『東皐集』・『任氏墓表・『撫女碑』・『夢窩集』・『左溪裒談』・『朴公墓文』・『芝湖集』・『明史彙』・『寶鑑』・『典故』・『芝峯類說』・『國朝榜目』・『遺墟碑』・『熱河日記』・『重峯集』・『尤庵集』・『三官記』・『文谷集』・『滄桑集』・『雲陽漫錄』・『海東野言』・『荷潭錄』・『壽谷集』・『圃岩集』등 다수의 個人文集, 野史之類, 神道碑文, 墓文, 諡狀 등을 발췌하여 실었다.

3. 내용

이 책의 내용은 <典故>・<時事>・<斯文>의 세 가지 주제별로 여러 가지 기록들을 뽑아 정리한 것이다.

1) 典故

<典故>에서는 신라부터 조선까지를 다루고 있지만 분량 면에서는 조선시대에 주로 할애하고 있다. 명칭에 있어서는 '典故(예: 三國典故・太祖朝典故)'와 '故事'(예: 孝廟朝故事・顯廟朝故事)를 혼용하고 있다.

「三國典故」에서는 그 범위를 新羅・百濟・高句麗의 三國 뿐만 아니라 조선 건국 직전의 高麗까지도 後三國의 시대로 포함하여 다루고 있다. 내용은 건국시조, 國名의 유래, 文武를 떨친

인물, 特記할 사항 등을 간략하게 다루고 있다. 그렇지만 발해에 대한 관심은 전혀 나타나지 않았다. 또한 고려조에 특별히 靺鞨條를 넣고 평주의 승려가 퍼뜨린 자손이 뒤에 청나라로 이어진다는 점을 넣어서 청나라를 비하하는 감정을 드러내었다. 때로 기록이 잘못되거나 뒤섞인 부분들이 있는데 '徐羅伐'을 '徐伐羅'로, '楊萬春'을 '梁萬春'으로 썼다거나 신라 경덕왕 때의 인물인 설총의 삶을 고려조에 넣어 서술한 것 등이다.

조선시대의 내용은 왕위계승 순으로 정리되었지만 단종의 재위기간은 빠져있으며 영조조까지 수록되어 있다. 왕의 재위기간 동안 일어난 사건이나 당시의 인물들에 대한 이야기는 따로 제목을 뽑지 않고 漫筆의 형식을 빌려 서술하였다.

「典故」의 내용을 살펴보면 대략 다음과 같다.

(1)「三國典故」

신라·고구려·백제·가락국·탐라국과 17개 小國·고려의 순으로 기술되었고, 그 중에서 고구려의 비중은 지속기간이나 국력에 비해서 매우 소략하게 기술하였다. 「三國典故」에 高麗朝를 포함시킨 것은 신라·고구려·백제 중에서 신라가 통일을 이룬 것처럼, 통일신라·후백제·고려 중에서 고려가 통일을 이룬 것으로 인식한 때문이다. 그렇지만 후백제는 따로 항목을 만들지 않고 고려를 건국한 왕건의 德을 나타내는 부분에서 잠시 언급되었다.

① 新羅

國號는 '德業日新 網羅四方'의 뜻에서 취한 것으로 처음엔 '徐羅伐'이라고 불렀다고 하면서 신라의 세 성씨인 '박씨'의 난생설화와 석씨, 김씨의 유래를 소개하였다. 마지막 왕인 경순왕의 일로 마감하였다. 신라는 55世 992년 동안 지속되었고, 왕으로는 박씨 10世, 석씨 8世, 김씨 37世, 여왕 3인이 있었다.

② 高句麗

졸본부여에 도읍하였다가 뒤에 평양으로 옮겼으며, 동명왕 주몽의 성은 본래 解씨였는데 자칭 高辛氏라고 하였으며 뒤에 高씨를 성으로 삼았다. 東明王 甲申년부터 寶藏王 戊辰년까지 705년 28世 동안 지속되다가 당나라에 항복하였다. 그리고 특별히 中朝史에 실려있는 楊萬春의 일을 기록하였다.

③ 百濟

시조인 온조왕은 高句麗 주몽의 아들로 예씨 소생의 類利 태자에게 용납되지 않을까 두려워하여 慰禮城(지금의 稷山)으로 도망하였다. 뒤에 사비성(지금의 扶餘)으로 옮겼다. 온조가 도망할 때 십여인이 따라 왔기 때문에 국호를 十濟라고 하였고 뒤에 百姓들이 즐겨 따른다고 하여 百濟라고 고쳤다. 모두 30명의 왕이 재위하였고 의자왕이 당나라 소정방에게 항복할 때까지 678년을 지속하였다.

④ 駕洛國

지금의 金海로 阿刀干 등의 아홉 추장이 백성들과 모여 제사지내며 즐기다가 龜峰에서 이상한 기운이 있어 가보니 金盒이 있었다. 열어보니 여섯 개의 金卵이 있었는데, 하루가 지나지 않아 奇偉壯大한 여섯 남자가 알에서 나왔는데, 처음 나온 자를 우두머리로 세웠으며 머리(首)가 특히 컸으므로 首露王이라고 불렀다. 수로왕은 남천축국 왕녀인 허씨를 맞이하여 아홉 아들을 낳았는데, 그 중의 두 아들이 어머니의 성을 따랐다. 그래서 김해의 김씨와 허씨는 모두 수로의 후예이다. 신라 법흥왕 19년에 항복했는데, 모두 10명의 왕이 있었고 491년동안 지속하였다.

⑤ 耽羅國

지금의 濟州로 사방 백여 리에 인물이 없었으나 良乙那·高乙那·夫乙那가 땅에서 나왔는데, 바다에서 三女와 송아지 망아지, 오곡종자를 얻어 날로 번식하였다. 신라 문무왕 때 고을라의 후예인 高厚가 조공을 바치러 오자 星主라는 작호를 주고 耽羅라 하였다. 이 밖에도 萇山國, 召文國, 伊西小國 외에도 14개 소국의 이름을 거론하였다.

* 최치원: 통일신라까지 거론된 유일한 인물로 당나라에 건너가 관직을 얻고 「토황소격문」을 쓴 일을 기술하였다.

⑥ 高麗:

* 고려는 '山高水麗'의 뜻을 취해서 국호를 정하였다고 하고, 태조 왕건이 궁예의 侍中으로 있다가 추대된 일과 견훤이 투항하고 신라왕이 스스로 귀순한 것을 서술하여 그에게 덕이 있었음을 은연중에 암시하고 있다.

* 광종 때에 중국의 제도를 따라 의복을 입고 처음으로 과거를 설치하였으며 문종 때에 수험자의 이름을 비밀에 부치는 封彌法을 처음으로 시행하여 과거의 공평함을 기하였다.

* 郭輿·李資玄·遍照: 곽여와 이자현은 모두 은거한 처사들로 예종의 후대를 받았다. 편조는 玉川寺 계집종의 아들로, 공민왕이 꿈속에 본 인연으로 王師로 삼았다. 뒤에 환속하여 辛旽이라고 하였는데 공민왕의 극진한 신임으로 국정을 마음대로 휘둘렀다. 당시 신하였던 이제현, 이존오, 정추 등이 그를 비난했으나 왕이 듣지 않았다.

* 般若는 신돈의 비첩으로 신돈의 아들 牟利奴를 낳았다. 그러나 일 년이 되지 못하여 죽자 그를 돌보던 伴僧이 두려워 모습이 흡사한 아기를 구해다가 키웠는데, 어미도 알지 못하였다. 공민왕이 그 집에 들렀는데, 신돈이 양자로 삼아주기를 청하자, 공민왕이 웃으며 아무런 말을 하지 않았지만 마음을 허락하고 그를 태후궁으로 데려다가 禑라고 이름 지었다.

* 洪倫과 宦官 崔萬生이 공민왕을 죽이게 된 始末을 적었다.

* 친원파인 李仁任, 池奫과 친명파인 鄭道傳, 朴尙衷 등이 갈등을 빚었는데, 친명파였던 태조 이성계가 위화도 회군으로 친원파의 한 사람인 최영과 禑를 제거하고 공양왕을 세우는 과정을 적었다. 또한 위화도 당시의 폭우가 하늘의 뜻이 어디에 있었는가를 보여준 것이라고

기술하였다.

* 靺鞨은 조선의 동북쪽에 위치한 肅愼氏의 후예로, 挹婁·勿吉··黑靺鞨이라고 불리기도 했다. 그 종족은 生女眞, 熟女眞이 있는데, 그 중에서 생여진이 가장 강성하였다. 我國 平州의 승려가 생여진에 들어가 자식을 낳고 그 代가 이어져서 金나라를 세우고 稱帝하였으며 그 뒤에 瀋陽을 얻고 국호를 淸이라고 하였다.

* 강감찬은 현종 때에 元帥가 되어 거란군을 大破하니 십만 명에 이르는 시체가 들을 덮었고 살아 돌아간 인원이 겨우 수백에 불과했다고 한다. 이 글이 쓰일 당시에 衿川에 그를 기리는 書院이 있었다.

* 현종 때에 최치원을 文昌侯로, 설총을 弘儒侯로 모두 문묘에 배향했다.

* 崔冲은 九齋를 세우고 敎誨不倦하여 東方學이 그에게서 시작되었으니, 시호는 文憲이다.

* 安裕는 興學을 임무로 삼아 상급관리와 하급관리에게 재물을 거두어 贍學錢을 만들고 공자의 초상화와 칠십 제자들의 그림을 비치하고, 祭器·樂器·六經 등의 책을 구입하고 노비 백명을 국학에 들였다. 또한 주자의 초상을 坐隅에 걸어 景慕를 다하였다. 시호는 文成으로 문묘에 배향되었다.

* 원효가 요석공주를 만나 설총을 낳았는데, 설총은 유학에도 공적이 있었으며 吏札문서를 쓰도록 하였고 花王說을 지어 왕에게 풍유하기도 하였다.

* 고려 오백년에 대한 평으로 태조 왕건을 가장 높이 평가하고 문종 때에는 태평을 이루었지만 그 이후로는 차츰 소강상태에 있다가 이백년이 넘도록 어지러웠는데, 이는 권신들의 竊命 때문이었다.

* 李資謙, 拓俊京, 무신정권기의 무인들이 벌이는 살육의 고리를 서술하였다.

* 최씨 정권이 金仁俊, 林衍에 의해 끝맺을 때까지 5대 64년 동안 계속되었으며, 김인준은 유연의 손에 죽기까지 10년, 유연은 12년 동안 부귀를 누리다가 죽었다.

* 신돈 이후에 백년 동안 '以賊易賊'의 현상이 벌어져 나라가 망하게 되었음을 거론하였다.

* 충선왕은 연경에서 만권당을 세우고 원나라의 명사와 교유하면서 書史를 考究하였고 일만 팔백권의 책을 구입하였으며 송나라 秘閣에 소장되었던 사천 칠십권의 책을 하사받았다. 뿐만 아니라 충선왕이 吐蕃으로 귀양을 가게 되었을 때, 朴仁幹 등 18명의 신하들이 연경에서 일만 오천리나 떨어진 配所까지 호종한 일을 적어 우회적으로 그가 崇文하고 존경받는 훌륭한 군주였음을 말하였다.

* 고려의 中書令, 尙書令, 門下侍中과 조선의 正一品 관직의 俸祿을 비교하였다.

* 양천 허씨는 孔岩村主인 許文宣에게서 시작되며 고려 태조에게 군량미를 제공하는 공을 세워 村主로 봉해지고 食鄕을 하사받았다. 그는 조선조 許琮과 許琛의 17대조이다.

* 고려 공민왕 때에 노국공주의 影殿을 지으려하자 柳濯, 安極仁, 鄭思道 등이 반대하여 죽을 처지에 이르렀는데, 이색이 죽음을 무릅쓰고 간하여 풀려났다.

   * 공민왕 21년에 또 다시 官制를 고쳤는데, 공민왕의 재위 이십년간 官制를 고친 것이 모두 네 번으로 국정에 참여한 자가 육, 칠십인이 되는 폐단이 생겼다. 이 때문에 정사가 제대로 되지 않아 나라가 망하게 된 것이다.

   * 고려조에 절의가 뛰어난 사람은 정몽주나 길재 같은 분들이 있으며 그들이 세운 바는 각기 다르지만 지금까지도 사람들의 칭송을 받는다. 이외에도 金震陽이 臺省에 있으면서 포은과 더불어 協心하여 절의를 다했는데 그들의 精忠大節은 위아래를 따지기 어렵다. 조선이 개국하자 金震陽과 李種學, 李崇仁, 李擴, 崔乙義, 禹洪壽, 禹洪命, 禹洪得 등 일곱 명이 모두 정도전에 의해 杖殺되거나 絞殺되었다. 숙종 때에 李選이 상소하여 그들에게 加爵하게 하였고 김진양은 崧陽祠에 배향하게 하였다.

   * 공양왕 2년 중랑장 李初와 尹彝가 명나라의 힘을 빌려 李成桂를 제거하기 위하여 '이성계가 명나라를 치려고 하며, 이를 반대한 李穡과 禹玄寶 등이 화를 입었다'고 明帝에게 무고하였다. 이 때 사신으로 갔던 趙胖이 명나라에서 그들과 대질하여 그 사실이 근거 없음을 밝혔다.

   * 공민왕 19년에 명나라 태조가 中書省으로 하여금 咨文을 보내서 향시에 뽑힌 사람들을 公據로 赴京하여 會試에 응시하게 하였다.

   (2) 太祖朝典故
   모두 8개의 조목이 실렸으며, 개국 초기에 기반을 다지던 일과 고려조에서 활동했던 인물들을 다룬 내용이다. 그중에서 몇 개를 뽑아보면 다음과 같다.
   * 洪武 甲戌(태조 3) 도읍을 漢陽으로 옮기고 궁궐의 조성도 착수하였다. 亥山(北岳山)을 主山으로 삼고 壬坐丙向(北北西에 앉아 南南東을 바라다봄)의 터를 잡았다. 이 해 12월에 역사를 시작하여 이듬해 9월에 太廟와 宮殿이 낙성되어 태조가 법가를 갖추어 들어갔으니 곧 景福宮이다. 병자년에 도성을 쌓는데, 정월에 역사를 시작하였다.
   * 태조가 즉위하여 前朝의 太祖인 왕건의 신주를 麻田郡으로 옮겨 모시게 하였다.
   * 율곡선생이 일찍이 '포은을 충신이라고 할 수는 있으나 儒者의 기상은 없다'고 한 말 등에 대해서 韓弘祚가 스승인 權尙夏와 서로 주고 받은 내용을 실었다.
   * 개국 초에 정도전 무리들이 왕씨들을 沈殺했는데, 유독 공양왕의 同腹 아우인 정양대군 王瑀만이 살아남았다. 그의 딸이 撫安大君[1]의 부인인 까닭에 歸義君으로 봉하고 崇義殿의 제사를 받들도록 하였다.

   (3) 太宗朝典故
   첫 번째 조목은 李叔蕃의 일이 실렸는데 그 내용은 다음과 같다. 태종이 정권을 잡을 때에

---

1) 撫安大君: 태조의 일곱 번째 왕자인 李芳蕃.

안산군수로 있던 李叔蕃이 景福宮을 포위하여 일등공신이 되고 安城君으로 봉해졌다. 그러나 교만하고 오만함이 날로 더해져서 마침내 咸陽別墅로 유배되었다. 그 뒤『용비어천가』를 지을 때에 태종 때의 일을 잘 안다고 하여 불러들였으나 편찬이 끝나고 난 뒤에 다시 돌려보내졌다. 이보다 앞서 이숙번은 도승지로 있던 金敦에게 순금 허리띠를 뇌물로 보내 풀려나게 해달라고 청하자,『용비어천가』를 편찬할 적에 김돈이 세종에게 太宗朝의 일을 잘 안다고 하여 이숙번을 추천한 것이다. 그러나 세종이 그를 귀양지로 돌려보내자 김돈도 할 수 없이 그 허리띠를 돌려보냈다.

이외에도 李養中, 金德生 등의 일 등 모두 14개의 조목이 실렸다.

(4) 世宗朝典故

명나라와의 관계에서 일어난 일이 맨 앞에 실렸는데, "명나라 宣德 三年에 세종대왕이 사신을 보내서 洪武연간에 國王의 冕服九章과 陪臣의 관복을 받았다. 陪臣 一等은 朝廷의 第三等에 비겨서 五梁冠을 받았는데, 永樂초에 世子 禔2)가 받은 것이 오량관복이므로, 세자가 陪臣 一等과 같은 반열에 있을 수 없다고 하여 다시 제도를 정할 것을 요구하였다. 이에 명나라 황제가 명을 내려 六梁冠을 만들어서 하사하였다."는 내용이다.

이외에도 고려 때부터 내려온 풍습을 혁파한 일, 廣平大君의 죽음, 명재상이었던 黃喜·金宗瑞·柳寬의 일 등, 모두 15개의 조목을 서술하였다.

(5) 文宗朝典故

문종이 우애가 매우 돈독하였다는 내용, 문종의 명으로 공주 땅에서 고려 현종의 遠孫을 찾아 循禮라는 이름을 내리고 고려 역대 왕들의 祠宇를 崇義殿이라고 이름 지은 사실을 적었다.

(6) 世祖朝典故

任元濬이 明나라 英宗의 복위를 축하하는 表箋文을 지어서 세조의 격찬을 받은 이야기를 필두로 세조가 수양대군 시절에 정인지와 結緣한 일, 宗室들의 이야기, 한명회 강희맹 신숙주 등 훈신들과 반란을 일으킨 李澄玉의 일이 실렸다.

(7) 成宗朝典故

첫 번째 조목에는 효성이 지극한 사람에게 벼슬과 음식을 하사한 일을 적었고, 두 번째에는 許氏 부인의 총명함으로 동생들인 許琮·許琛형제가 폐비 윤씨를 賜死하러 가는 임무에서 빠져 뒷날 목숨을 보전하게 된 일을 실었다. 이외에도 성종이 國忌日에 백성들이 遊樂하는

---

2) 禔: 태종의 큰 아들이며 세종의 맏형.

것을 금하지 않은 일을 수록하였다. 이에 대해서 율곡은 '성종이 동방의 聖主이지만 이 일로 인하여 당대에까지 그 폐단이 이르렀다'고 비판한 일을 적었다.

(8) 燕山廢朝典故

연산군의 시 2수와 조신이 차운한 시 2수를 필두로 박영, 김일손, 유호인, 이목, 권오복 등 점필재의 문인들, 정소종, 임희재 등의 일을 실었다.

(9) 中宗朝典故

具壽聃이 당시의 權臣인 李芑를 논박하였는데, 이 일로 강계로 귀양갔다가 갑산에서 사사되었다. 그가 剛正하였으면서도 문하에 두었던 陳復昌의 간악함은 알지 못하였으니 사람을 알아보는 눈이 어두웠다는 『乙巳士禍錄』의 내용을 인용하였다. 鄭磏이 정순붕의 아들로 태어나 자주 아비의 잘못을 고하다가 순붕이 듣지않자 굶어죽은 일을 실었다. 이밖에도 李荇, 金就文, 孟宗仁, 柳藕처럼 중종조에 활동한 인물을 주로 적었지만, 뒷날 을사사화의 주동인물이었던 윤원형, 이기, 정순붕 등의 악행을 미워하는 내용도 실었다.

(10) 仁宗朝典故

홍언필이 妖尼를 中宗의 殯殿에 출입시키고 中宗朝에서는 己卯之人을 사면하는 것을 방해한 악행을 비난하는 내용, 中興의 功을 들어서 先王을 '祖'로 칭하고 싶은 인종의 뜻이 신하들에게 꺾인 내용이 실렸다.

(11) 明宗朝典故

姜克誠이 벼슬에서 파직되어 돌아가면서 시를 지었는데, 명종이 그 시에 탄상하여 특별히 거두어 관직을 다시 준 일이 맨 앞에 실렸다. 또 奇大恒, 安名世, 尹潔, 李俊民, 朴淳, 閔齊仁, 林亨秀, 申潛, 金麟厚, 南師古, 林百齡 등의 인물에 대해서 적었고 특히 윤원형의 흉사함과 악행에 관해서 많은 부분을 할애하였다. 또한 문정왕후가 수렴할 당시, 주렴 안에 있던 명종을 주렴 밖으로 나오게 한 洪暹의 일 등이 실렸다.

(12) 宣祖朝典故

선조가 환도 후에 문묘에 제사를 지내려 하였으나 불에 타버렸고 位版도 없어서 제사를 지낼 곳이 없자 學宮 옆에 단을 쌓고 그 위에 신주를 모시고 몸소 나아가 제사를 지냈다는 내용 외에도 임란 당시에 선조가 龍灣에 行幸했을 때에 지은 시가 소개되었고 유영경, 洪命耈, 柳塗, 李廷立, 김성일 등의 일이 실렸다. 또한 왜적들이 평양을 점거했을 때에 명나라에서 원군을 보낸 내용, 명나라 사신과 함께 일본을 왕래한 黃愼의 일, 海嵩尉 尹公新의 『懷恩錄』 내용의 일부, 명나라 군사였던 楊鎬, 譯官 洪純彦 등의 일이 실렸다.

(13) 光海廢朝典故

명나라에서 징병할 적에 묘당에서 儒將으로 安景深, 李弘望, 尹知養, 趙誠立 등을 천망한 일이 있으며 허균이 중국에 갔다 와서 宗系가 잘못 기록되었다고 거짓으로 고한 일, 광해의 존호가 野乘에 네 번 보인다는 것 등을 적었고 인물로는 金大德, 李慶全, 任就正, 李沖, 柳命立, 李爾瞻 등이 실렸다. 또한 사대부들이 風水에 대해서 말하기를 즐기니, 識者들이 탄식하였다는 사회 분위기도 실려 있다. 또한 선조가 광해군에게 이원익을 의지할 만한 인물로 꼽았기 때문에 이원익이 폐모론 등에 반대했어도 끝내 죽이지는 않았다는 내용도 있다.

(14) 仁祖朝典故

인조 반정 당시 이광정의 행동과 삼전도 비문을 이경석이 쓰게 된 사정을 밝혔다. 병자호란 당시 남한산성에 포위되었을 때에 청나라가 왕자를 볼모로 보낼 것을 요구하자 宗親인 綾峯君과 沈�을 보내게 되는 과정이 비교적 자세히 수록되어있다. 이밖에도 李敏求, 鄭斗卿, 李廷相, 原昌君 玖, 李植, 南斗瞻, 李箕賓 등의 일이 실렸고 그 중에서도 병자호란 때에 정방산성을 맡아 적을 무찌른 李浣의 일이 비중있게 실렸다. 또 인조가 중국사신을 만나 대답할 말이 없어 곤란한 지경에 빠졌을 때 이정구를 불러 그 위기를 벗어난 일 등을 적었다. 또 송준길이 송시열에게 김상용과 김상헌의 例를 통하여 임금을 모시는 태도가 어떠해야 하는가를 묻는 내용도 있다. 또 묘향산에서 불도를 닦다가 명나라 洪承疇 군대에 들어갔던 獨步의 일, 姜士尙의 아들 姜緖가 점술을 좋아했던 일, 난설헌이 自號를 景樊堂이라고 한 까닭, 청태종을 죽이려고 계획했던 車禮亮, 인목대비가 유폐 중에 친필로 쓴 彌陀經 六件이 금강산 유점사에 있다는 사실 등이 실려 있다.

(15) 孝廟朝故事

신묘년에 仁廟를 태묘에 함께 모시는 祔禮를 행하였다는 내용을 서두로 송시열이 조선의 兵制를 논한 내용, 德興大院君의 어머니 昌嬪 安氏의 대우를 두고 송시열과 송준길이 현종에게 異見을 아뢴 내용, 효종이 晝講에서 송준길과 顔回·曾參·子思·孟子를 諱하는 것에 대하여 나눈 대화 내용, 율곡선생의 奉祀문제 등이 실렸다. 이외에도 尹順之, 趙翼, 趙克善 등의 일이 언급되었다.

(16) 顯廟朝故事

현종이 佛寺를 폐하고 儒宮을 세우게 한 일, 속리산 수정봉 위에 서쪽을 향해 머리를 들고 있는 거북이 형상에 얽힌 이야기, 科擧에 관한 일, 효종의 山陵을 조성할 때의 일, 효종의 산

릉을 寧陵이라고 한 연유 등을 『우암집』 등에서 인용하여 적었다. 또 任有後, 申碩, 林瑋, 權
歆, 吳尙廉, 權諰 등의 일을 적었고 오달제, 윤집, 홍익한 三學士에게 증직을 내린 사실을 수
록하였다. 進士 이종명이 신종황제 묘당을 짓자는 상소를 올렸을 적에, 조정의 의견이 한결같
지 않아 그만두었지만, 현종은 그 말을 옳게 여겨 그에게 관직을 준 일을 적었다.

(17) 肅宗朝典故 上·下

上篇은 숙종이 즉위한 직후 송시열의 복제론을 비판한 곽세건을 비난하는 내용을 시작으로
김수항이 珍島에 유배되어 지은 시 2수, 김창집에게 준 편지의 일부가 실려있다. 金宇杭, 朴
亮漢, 金德遠, 李尙說, 吳道一, 兪相基, 洪壽疇, 李宜顯, 李萬謙, 趙鎭禧, 金昌協의 일을 적었
다. 병인년에는 당시 사람들이 武人들을 輕侮하여 무과에 응시하려 하지 않는 풍조를 걱정하
는 내용이 있으며, 김수항이 정철의 시호를 '文介'에서 '文淸'으로 바꾸기를 주장하여 관철된
일 등이 실렸다. 己巳換局으로 문형의 자리가 비게 되자, 당시 문장이 뛰어난 인물이었던 權
愈, 柳命天, 權大載, 柳命賢, 李瑞雨 중에서 권유가 뽑히게 된 과정이 실렸다. 己巳년에 南龍
翼이 元子冊封頒赦文에 쓴 문장이 문제되어 明川으로 유배되어 그곳에서 죽은 일, 辛巳년 擧
子 沈益昌, 兪世基 등이 試官이었던 吳道一, 趙大壽 등에게 通情하여 일어난 試官獄事 등이
있다.

下篇에서는 戊寅년에 申奎의 상소를 계기로 종친과 문무관 사백 구십 여명이 모여 의논하
고 숙종의 결정으로 魯山君을 追復하여 純定安莊景順敦孝大王이라 하고 묘호를 端宗 능호를
莊陵이라고 하였으며, 숙종이 친히 제사를 지낸 일을 기술하였다. 金鎭圭가 그림을 잘 그렸으
나 매번 숙종의 명을 거절하다가 어쩔 수 없이 그리게 된 과정, 淸나라 왕사진의 『池北偶談』
에 林悌를 비롯하여 30명의 시가 실려 있음을 기술하였다. 또 김창흡이 김창협의 『농암집』과
송시열의 『우암집』의 우열에 대하여 비유를 통해서 비교한 내용이 있다. 이외에도 朴淳, 李寅
燁, 金壽興, 李光迪, 沈尙鼎, 李端夏, 李植, 趙嘉錫, 沈壽亮, 南九萬 등의 일을 적었다.

(18) 景宗朝典故

김창집이 임인사화로 유배를 떠날 때에 지은 시가 소개되었고 壬癸年에 李眞儒 등의 得勢
와 趙聖復이 옥중에서 아버지의 기일을 맞아 지은 시를 소개하였으며 뒤에 이조판서로 추증
되고 忠簡의 시호를 받은 것을 기록하였다.

(19) 英宗朝典故

영조 즉위 후에 鄭澔, 閔鎭遠, 申鈗, 李宜顯 등이 벼슬에 임명된 사실, 明朝의『文獻通考』「土
貢考」에 조선의 方物 8종이 실려 있는데, 지금은 몇 종이 늘어났는지 모르나 그 중에 白米,
綿紬, 木棉, 貂皮 등은 늘상 공물에 끼어있다는 점, 태조조부터 영조조까지 登科하고 20년이

되지 않아 入閣한 인물들의 명단을 기록하였는데, 李瑭의 경우는 등과 9년 만에 입각한 전무후무한 경우라고 하였다. 70세가 넘어서 입각한 인물과 젊은 나이에 입각한 인물들의 명단, 父子가 相臣이 된 인물들, 兄弟가 相臣이 된 인물, 一門으로 累代토록 상신이 된 집안, 卜相이 되었으나 쓰이지 못한 인물들의 명단, 三代가 議政府에 들어간 집안, 삼대가 문형이 된 집안, 영조조 50년 동안에 淸白으로 일컬어진 인물 등을 기록했다. 洪聖輔, 朴文秀, 李復泰, 申光直, 宋聚行, 李重煥, 具命奎, 李翊周, 吳光運 등의 일을 적었다.

2) 時事

<時事>는 11왕의 재위기간 중에 있었던 주요사건에 대한 기술로, 그 내용은 대략 다음과 같다.

(1) 端宗朝時事
癸酉靖難 때 죽은 인물들의 일을 적은 내용이다.

(2) 中宗祖時事
이안눌의 富裕함이 조선에서 첫째가게 된 이유가 연산군과 관련됨을 기술하였고, 柳子光이 김종직에게 원한을 가진 이야기 등 무오사화 때의 始末을 상세하게 기록하였다. 또 허목이 쓴 曾祖 許磁에 대한 墓碑文, 기묘사화 때의 일들이 수록되었고 조광조의 죽음에 대한 民心의 一端을 소개하였다. 또한 중종반정시 박원종이 연산군의 처남이며 중종의 장인이었던 愼守勤에게 의견을 물은 내용, 병석에 누워있던 신용개가 사화를 일으키려는 남곤의 마음을 꿰뚫고 꾸짖은 이야기 등이 실려 있다.

(3) 明宗朝時事
尹元老, 尹元衡이 뜻을 얻은 후에 서로 다투다가 윤원로가 유배간 사실, 李芑와 許磁의 대립, 順懷世子의 불행, 李樑이 축출되는 과정, 을사사화와 관련된 인물들을 중심으로 기술되었다. 또 인종의 효성과 우애는 천성에서 나온 것이어서 명종과의 사이에 조금의 틈도 없었는데, 문정왕후의 至親이 宗社와 나라를 위태롭게 하였다는 점, 윤원로가 대왕대비의 수렴청정시에 해남으로 유배가게 된 일들이 실려 있다.

(4) 宣祖朝時事
전체적으로 東人과 西人이 分黨되고 東人이 다시 南人과 北人으로 나뉘면서 黨派에 따라 반목하는 인물들, 또는 그 사이에서 벌어지는 사건에 대한 내용이 실렸다. 정여립의 逆謀와

獄事에 관련된 일들을 수록하면서 이와 관련된 내용으로 이산해와 정철이 서로 틈이 벌어진 빌미 등을 언급하였다. 李元慶, 白仁傑, 朴淳, 沈義謙, 姜士尙, 鄭彦信, 鄭介淸, 曹大中 등의 다수의 인물들에 대한 일과 임진왜란과 관련된 내용도 들어있다.

(5) 光海廢朝時事

宣祖代부터 결탁한 이산해, 이이첨, 정인홍, 유희분 등의 소행과 계축년 옥사에 이르기까지 관련된 인물이나 사건들을 기술하였다. 이밖에도 경술년에 別試를 행할 때 命官은 이항복, 이정귀, 考官은 허균, 이이첨, 조탁, 박승종이었는데, 考官들의 아들, 사위, 아우, 조카 등이 모두 급제하여 말썽이 된 일, 이경전이 이이첨과 결탁하였다가 광해군 말년에 화가 미칠 것을 짐작하고는 아들로 하여금 이이첨의 목을 베라는 상소를 올리게 하여 반정 후에도 목숨을 부지하게 된 사정 등을 기술하였다

(6) 仁祖朝時事

인조반정 전후의 사정과 병자호란 전후의 사건들을 인물 중심으로 서술하였다. 우선 반정 전후의 일과 관련하여 거론된 인물로 金元亮, 鄭經世, 趙璞, 李植, 申欽, 李适 등이 거론되었고, 이괄의 난이 일어났을 때 申翊聖이 處變에 능했음을 말하였다.

또 병자호란 전후로 張維, 李植, 李廓, 羅德憲 등 고위관직에 있던 인물들의 행동을 서술하였다. 그 중에서 이곽과 나덕헌이 兵曹判書로 추증되고 忠烈, 忠剛이라는 諡號도 받게 된 사실을 자세히 기록하였다. 이곽과 나덕헌이 後金의 瀋陽에 春信使로 갔을 적에 마침 後金이 황제 즉위식을 거행하였다. 그때 하례를 거부하다가 매를 맞아서 의관이 엉망이 되고 氣息이 거의 끊어질 뻔 하였지만 끝내 참석하지 않았고 또 답서를 받아오면서는 中路에서 留置하였다. 이에 관서안찰사 등이 그 죄를 물어 효시할 것을 청하였으나 김상헌의 진언으로 간신히 극형을 면하게 되었다. 그 이후 후금에 항거한 사실이 밝혀져서 그 공을 인정받게 된 것이다. 또 병자호란 당시에 참판 李敏求의 아내가 포로로 잡힌 후의 행적에 대해서 상반된 사실이 전해짐을 말하면서, 이는 다른 사대부의 처에게도 해당되는 이야기라고 하였다.

(7) 孝宗朝時事

黃一皓는 인조조에 벼슬을 지냈으나 그의 북벌 의지 때문에 효종조 맨 앞에 서술되었다.또한 兪棨가 인조의 廟號문제로 귀양을 가게 된 일, 趙絅이 인조대왕의 誌文을 製進하였다는 내용, 李尙眞이 상소를 올린 내용 중에 時事에 대해 말하면서 조정의 기강이 쇠퇴함을 아뢴 일 등이 기술되었다.

이 밖에도 효종이 송준길에게 부마들의 교육을 부탁한 일, 송준길이 효종 말에 崇善君, 樂善君3)과 福昌君, 福善君4)이 궁중을 출입하는 데에 節度가 없음을 걱정하는 차자를 올린 내

용이 들어 있다.

(8) 顯宗朝時事

乙巳年에 현종의 병이 낫지 않고 계속되자 大小公事들이 지체되면서 諸臣들의 근심이 커졌으나 감히 말을 꺼내는 자가 없었다. 이에 송준길이 箚子를 올려 顯宗이 적체된 公事를 일시에 裁決한 일, 戊辰년에 柳孝立 鄭沁 등이 仁城君을 추대하여 모반을 기도한 일을 실었다. 李敏迪이 현종 2년에 호서지방에 암행어사로 나갔을 때의 일 등도 실려 있다. 이밖에 거론된 인물은 尹鑴, 鄭太和, 沈之源, 尹昉 등이 있다.

(9) 肅宗朝時事上・下

時事 중에서 가장 많은 분량을 차지하는 부분으로, 대략 庚申換局(1680), 己巳換局(1689), 甲戌換局(1694)과 관련된 인물과 사건들을 수록한 내용이다.

경신환국은 南人이 대거 실각하고 西人이 득세한 사건으로, 許積의 庶子인 許堅이 온갖 비행을 저지르다가 福昌君 형제와 역모를 꾸몄다는 죄목으로 아버지 허적과 함께 주살되었다. 이때 이 일을 고변한 鄭元老, 金煥, 金益勳, 金錫冑, 權大運 등이 일을 진행시킨 과정이 실려 있다. 이밖에 尹鑴, 李袤, 李沃, 李有湞, 李元楨, 吳始壽, 申琬, 趙持謙 등의 인물들과 관련된 내용이 기술되었다.

기사환국은 庚申黜陟으로 失勢하였던 南人이 元子定號 문제로 숙종의 환심을 사서 西人을 몰아내고 재집권한 일로 李尙眞, 金德遠, 睦來善, 呂聖齊, 徐文重, 鄭時翰, 申汝哲 등의 인물들과 관련된 내용이 기술되었다.

갑술환국은 廢妃閔氏의 복위를 반대하던 南人이 失權하고 西人이 재집권하게 된 사건으로 呂聖齊, 吳道一, 朴泰尙, 南九萬, 朴世采, 朴世堂 등의 인물들과 관련된 내용이 기술되었다. 이밖에도 金澄, 金宇亨, 金萬重, 李縡, 金象鉉, 李世白, 李聖肇 등의 일도 수록되었다.

(10) 景宗朝時事

경종 즉위 초부터 世弟의 대리청정 문제와 관련하여 소론이 노론을 숙청한 辛壬사화와 관련된 내용이 실려있다. 경종 원년(신축) 10월에 世弟의 代理聽政을 명하자, 百官들이 還收하기를 청했는데, 李縡 만이 玉署長官으로 있으면서 나아가지 않았던 일을 적었고 이재의 문집인 『도암집』의 내용을 발췌하여 수록하였다. 壬寅년에 경종이 孝寧殿에 春享할 때에 世弟도 역시 동행했는데, 일부 신하들이 자리에서 일어나지 않는 등 불손한 뜻을 보인 일, 또 英祖 병술년에 徐志修가 金龍澤, 李喜之, 李天紀, 沈尙吉, 鄭麟重 등 辛壬士禍와 관련된 인물들을

---

3) 인조의 아들
4) 인조의 손자이며 麟坪大君의 아들

大訓에 이름을 새길 수 있도록 청했던 일 등을 수록했다.

(11) 英宗朝時事

영조의 재위기간에 비해서 비교적 적은 양이 수록되어 있으며 그 내용도 노론과 소론의 대립을 노론의 입장에서 기술한 것이다. 특히 소론을 凶黨, 이광좌를 광좌라고만 표현하는 등 강한 거부감을 보여주고 있다. 李縡, 金有慶, 尹鳳朝 등이 을사년(1725)부터 정미년(1727) 봄까지 『경종실록』을 共修하였는데, 이 해 가을 이광좌가 史局을 맡으면서 숙종 庚申年의 例를 끌어다가 고치기를 청하니, 김유경이 그것을 배척하는 상소를 올린 이야기를 시작으로 申致雲, 趙德麟, 李光佐, 宋寅明, 李縡, 鄭道隆, 尹東洙, 金始燁 兄弟, 金壽弘의 이야기를 실었다.

3) 斯文

<斯文> 은 斯文들에 관한 記事를 수록한 것들로 조선 중기에 생존했던 인물인 조식과 이황의 관계로부터 시작되어 마지막에는 우암의 도봉서원 배향과 관련한 기사로 마무리하고 있다. 여기에서 주로 거론된 인물은 조식, 이황, 이이, 김장생, 이언적, 조헌, 송시열, 송준길 등이며 내용의 비중은 송시열이 가장 크다.

그 밖에도 이언적과 이황에 대한 이이의 의견, 경술년에 광해군이 五賢을 從祀하는 請을 윤허하자, 정인홍이 회재와 퇴계를 비난하고 그 자리에 자신의 스승인 南冥을 넣으려고 상소하여 士論이 크게 일어났던 일, 인조조에 율곡과 우계의 從祀문제로 시끄러웠던 과정, 박세채와 윤증이 서로 주고받은 편지의 내용, 송시열의 門人인 崔愼이 박세채를 배척하는 상소를 올리려 하자 송시열이 매우 꾸짖는 편지를 보내 저지하였던 일, 송시열이 제자인 권상하에게 주는 글, 송시열을 흠모하는 유생들의 이야기들이 실려 있다.

4) 附錄

附錄에는 <禮論>과 <甲乙往復書>가 있다. <禮論>은 『尤菴年譜』나 『圃岩集』의 내용을 참고하여 1659년, 1660년, 1675년, 1679년에 일어난 禮論對立에 대한 記事를 모은 것이다. <甲乙往復書>는 1744년(영조 20, 甲子)과 1745년(영조 21년, 乙丑)에 오간 서신들을 모은 것으로 영조의 탕평책을 부정한 峻論과 湖洛論爭에 관한 내용이다. 편지를 주고받은 이들은 李縡(1680~1746)와 제자 尹汲(1697~1770), 閔遇洙(1694~1756)와 宋明欽(1705~1768), 鄭義河(? ~ ?)와 權養性(1675~1746), 權養性과 李縡, 鄭義河와 李縡, 韓元震과 權養性, 尹鳳九(1681~1767)와 李縡 등이다.

4. 가치

   다음에서는 '서술의 시작은 언제부터인가' '시대를 구분하면서 나타나는 특징은 무엇인가' '북방에 대한 인식은 어떻게 나타나는가' '편자는 어떤 입장을 가지고 서술하였는가' 하는 네 가지 측면에서 이 책의 특성을 살펴보기로 한다.

   고대사 부분에서는 삼국 이전인 단군조선·기자조선·삼한시대를 다루지 않았고 서술은 三國시대부터 시작되었다. 시대를 구분하면서 나타나는 특징의 하나는 高麗를 따로 기술하지 않고 三國시대로 넣어 함께 기술했다는 점이다. 이는 고려를 후백제, 통일신라와 한때 竝存했던 사실을 염두에 둔 것으로 보인다. 그렇지만 후백제에 대한 항목은 설정하지 않았고 궁예가 세운 태봉에 대한 언급도 없다. 이는 신라 백제 고구려가 병존하던 시기에 있던 십여개의 小國을 언급한 것과 대조를 이룬다.

   발해에 대한 관심은 나타나지 않고 고구려에 대한 부분도 극히 미미한 서술을 하고 있어 북방 영토에 대한 인식은 희박했음을 보여준다.

   또한 신라, 가락국, 탐라국 조에서는 건국시조의 탄생설화를 기록하기도 했지만, 고려조의 왕이나 인물들을 기술하는 데에는 편자의 儒家적인 의식이 철저히 적용되었다. 예를 들면 태조 왕건과 충선왕을 높이 평가하였는데, 왕건은 四方에서 歸順할만한 王者의 德이 있었으며 충선왕은 만권당을 세워 書史를 考究하였고 신하들에게 존경을 받은 사실을 비중있게 다루었다. 고려조에서 다룬 대상은 유학을 진흥시킨 공로가 있는 인물, 고려말 절의가 뛰어난 인물, 나라를 어지럽힌 權倖이나 武臣들로, 편자의 표폄의식이 강하게 드러난다.

   이밖에도 고려조 우왕은 공민왕이나 신돈의 자식이 아닌 것으로 서술하였고, 청나라를 비하하려는 의도로 고려조에서 異民族인 鞥鞨族에 대한 언급을 하였다.

   조선시대의 典故나 時事를 서술할 적에는 때로 先輩 유학자들의 의견을 넣어 편자 자신의 의견을 드러냈는데, 주로 노론계 인물의 말이나 문집 등을 자주 인용하였다는 점에서 노론의 입장을 살펴보는 자료로서 활용될 수 있다. 또한 부록에서도 사상적으로나 정치적으로 중요한 의미를 지닌 17세기의 <禮論>, 18세기의 <甲乙往復書>가 노론의 관점에서 정리되어 있다.

【최우영】

文貞公耳目所及

申欽(1566~1628) 著.

寫本. 1冊(22張) : 31.5×19cm. 10行 23字.

原題 : 耳目所及.

文貞公耳目所及

明廟在位二十二年而政出 文定王后即 明廟慈殿也

乙巳之變 明廟僅十歲有餘 仁廟至親及一時元臣

老望士名流殺僇窺無遺存者朝著空虛權奸李芑鄭

朋崔輔漢林百齡尹元衡鄭元懃金明凱尹春年之徒不

幾十相繼以進而附震黃緣驥擢用事者又不知幾百元

文定弟也年家少持權寵久與 文定相終始

衡知而亦 奸孽其初諧由元衡媒進而竟被元衡

黃憲陳復昌等小

至丁巳戊午年間 明廟稍厭元衡所爲乃柄用李樑之亦

1. 저자

申欽(1566~1628)의 本貫은 平山, 字는 敬, 號는 敬堂·玄軒·象村·百拙·南皐·玄翁·放翁이다. 시호는 文貞이며 묘는 경기도 광주에 있다. 아버지는 開城 都事를 지낸 承緒이고 어머니는 宋麒壽의 딸인 恩津 宋氏이다.

7살 되던 해에 모친과 부친을 잃고 외조부인 송기수에게서 성장하였고 15세(선조 13)에 淸江 李濟臣의 딸인 全義 李氏와 혼인하였다. 그는 21세(선조 19)에 문과에 급제한 후 예문관 검열(25세), 이조좌랑(29세), 홍문관 부제학(36세), 예조참판(37세)·병조참판(38세), 도승지(40세), 경기도 관찰사(43세)를 지내는 등 오랫동안 중앙에 머물러 있었다. 선조로부터 영창대군의 보필을 부탁받은 遺敎七臣 중의 한 사람이었기 때문에 1613년(광해군 5)부터 인조반정(1623)이 일어날 때까지 십년을 관직에서 떠나 放歸田里되기도 하였으나 인조가 즉위하자 이조판서(58세), 우의정(59세)을 거쳐 영의정(62세)까지 지냈다. 63세(1628, 인조 6)에 병으로 세상을 떠나고 이듬해 長男인 翊聖이 家塾에서 活字로 문집을 간행하였다. 1651년(효종 2)에 이르러 仁祖의 廟庭에 배향되었다.

2. 구성

筆寫者는 영조와 정조조에 생존했던 상촌의 후손으로 추정된다. 1789년(정조 13)에 쓰여진 발문의 내용에 따르면, 이 책의 원래 제목은 '耳目所及'으로 상촌이 친필로 쓴 것이었는데, 文集에 실리지 않고 副本도 없었다고 한다. 기묘년(1759, 영조 35)에 당시 申晦[1]가 간절하게 보여주기를 청하여 『史傳』과 함께 빌려주었으나 필사자 집안의 喪事 때문에 신회에게서 이 책을 찾아오지도 못했고 게다가 신회의 유배와 죽음으로 인해서 그 자제들이 뿔뿔이 흩어지게 되어 이 책들을 더 이상 찾을 길이 없게 되어 늘상 痛恨으로 여기고 있었는데, 우연히 親友의 집에서 謄本을 발견하게 되었고 곧 그것을 옮겨 적었으나 刪削의 弊가 있었을까 염려하였다. 또한 先祖의 手蹟를 잃어버렸으니 子孫 중에 혹 이 일을 자세히 알고 있다가 그 眞本을 찾게 된다면 다행스럽겠다고 하였다. 그래서 말미에는 작은 글씨로 이 두 책의 모양과 제본에 대해 자세히 묘사하고, 제목인 '耳目所及' 네 글자는 상촌의 친필이고, '史傳' 두 글자는 樂全公[2]의 친필인 듯하다고 적어 후손 중에 이것을 증거로 그 책을 찾게 될 훗날을 기대하

---

1) 申晦 : 본관은 平山, 자는 汝根이다. 1743년 謁聖文科에 급제하고 1755년 병조, 예조판서를 지냈다. 영조가 莊獻世子를 죽일 때 이에 동조하였기 때문에 1776년 정조가 즉위하자 그 죄목으로 洪州에 유배되어, 그곳에서 죽었다.
2) 樂全公은 신흠의 장자인 申翊聖(1588~1644)을 가리킴. 자는 君奭, 호는 樂全堂, 東淮居士. 12세에 貞淑

고 있다.

『문정공이목소급』은 총 50則의 내용을 담았는데, 주로 붕당의 형성과 전개과정을 인물 중심으로 간략하게 서술하고 자신의 논평을 간단히 적기도 하였다. 이 책에 수록된 내용은 주로 선조조에 일어난 것인데, 신흠이 오랫동안 중앙관직에 머물러 있어 보고 들은 바를 적은 것이다. 그 구성을 살펴보면 다음과 같다.

1) 명종조에 대한 언급: 1則 - 4則
2) 선조조에 대한 언급: 5則 - 22則
3) 선조조에 相臣을 지낸 인물 36인 중 28인의 생애와 평가를 적은 부분: 23則 - 50則

3. 내용

신흠이 태어난 해는 명종 21년이지만, 내용은 신흠이 태어나기 전인 명종 즉위이래 20년 간의 일로 시작된다. 이것은 아마도 동인과 서인이 분열되는 시초인 김효원과 심의겸의 불화에는 윤원형이라는 인물이 매개된 데에 이유가 있을 것이다.

각 則에 해당되는 내용을 약술하면 다음과 같다.

1則: 명종의 재위기간이 22년이었지만 政事는 慈殿인 文定王后로부터 나왔고 을사사변 당시 명종은 겨우 십여세 남짓했는데 權奸인 李芑 鄭順朋 崔輔漢, 林百齡 尹元衡 鄭元懋 金明胤 尹春年의 무리들에 의해 殺戮이 자행되었다. 그 중에서 文定왕후의 동생 원형이 나이는 가장 어렸으나 권력을 가장 오랫동안 잡았고 문정왕후와 始終 함께 하였다.

2則: 黃憲, 陳復昌 등은 小小奸孽로 원형에 의해 벼슬에 나오게 되었지만 원형에게 죽임을 당했다.

3則: 丁巳, 戊午년에 이르러 명종이 원형에게 염증을 느껴 李樑을 柄用하였다. 그는 대번에 재상이 되었으나 어리석어 오랫동안 권력을 유지할 수 없었고 黨與를 만들어 一時의 士類들을 배척하려다가 실패로 돌아가고 유배되었다가 죽었다.

4則: 이량이 유배가게 된 것은 심의겸의 힘이다. 심의겸은 김효원이 윤원형의 집에서 庶出子壻와 함께 독서하는 소리를 듣고 그를 좋지 않게 생각하였다. 이후 김효원이 과거에 1등으로 급제한 뒤 郞署가 되고 명성을 떨쳤지만 심의겸을 그를 배척하였고 효원 역시 이에 원한을 품고 심의겸을 외척이라 하여 배척하였다. 이로부터 동인과 서인이 갈리기 시작하였다.

5則: 乙亥년에 의겸과 효원이 함께 조정에 있어서 조정이 분열되자 노수신이 두 사람을 외

翁主와 혼인하여 선조의 사위가 됨. 斥和五臣 중의 한사람.

직으로 내보낼 것을 청하여 의겸은 개성유수로 효원은 부령부사로 나가게 되는 등 외직을 돌았다. 그러나 조정에는 김효원을 따르는 무리들이 날로 성해서 을해년부터 지금까지 44년동안 정권을 좌지우지하고 있다.

6則: 효원을 따르는 무리가 둘로 나뉘어 南人·北人이 되고, 북인은 또 여섯으로 나뉘어 肉北·骨北·大北·小北·淸小北·濁小北이 되었고 緩北·中北도 있었다. 그 분열됨이 여기에서 극에 달하였는데, 派는 효원에게서 나왔으나 효원과의 거리는 실로 멀어졌으니, 효원이 지금 다시 태어난다면 반드시 그들과 함께 조정에 서는 것을 부끄러워 할 것이며 지금 사람들이 본다면 효원도 士流이다.

7則: 효원이 외직으로 나간 뒤에 李潑이 권력을 16년동안 마음대로 휘둘렀고 禹性傳과는 사이가 좋지 않아서, 성전은 하루도 조정에서 편안할 수 없었다. 남인과 북인이라는 명칭은 性傳과 潑에서 비롯된 것이다.

8則: 이산해는 이발을 돕고, 유성룡은 우성전을 도우니, 이산해를 북인, 유성룡을 남인이라고 하였다. 肉北과 骨北이라는 명칭은 李山海와 洪汝諄에게서 비롯된다.

9則: 大北과 小北이라는 명칭은 李爾瞻과 南以恭으로부터 시작되었고 이공과 이첨은 모두 山海를 모셨으므로 모두 북인으로 일컬었다.

10則: 淸小北과 濁小北의 명칭은 柳永慶과 南以恭에게서 비롯된다.

11則: 무신년 이후 이이첨이 세력을 잡게 되고 壬子·癸丑년에는 더욱 세력이 커져서 감히 의견의 차이가 없었으나 수년 후부터 寬緩한 논의가 나오면서 大北 중에서도 緩北과 中北을 구별하였다. 이것이 朝家 사십년간 世變의 대략으로 한마디의 미워하는 말로서 시작되어 조정에 만연되어 오늘날 君臣父子兄弟의 변이 일어나게 되었다.

12則: 李浚慶이 相臣으로 있던 선조 초기에는 붕당의 폐해가 없이 태평하였다.

13則: 宣祖가 즉위한 후 부지런히 학문을 닦고 이황을 등용하니 비록 그가 오랫동안 조정에 있지 않았어도 그 영향으로 정묘년부터 임오년까지는 至治라고 이를 만하다.

14則: 이이가 등용되고 선조의 사랑을 받자 허봉 등이 이를 시기하였다. 상께서 아시고 허봉 등을 내쫓으셨으나 이이가 불행히 단명하였고, 甲申년 이후에는 이산해가 등용되어 幾十年 정권을 잡았다.

15則: 기축년에 일어난 변에는 원통하게 죽은 사람이 많고 노모나 어린 아이까지 함께 질곡 속에 있었다. 천지의 和氣를 상하게 하니 국가의 재난을 불러오지 않겠는가. 이때에 허다한 경대부들이 일망타진되어 임진년에 이르러 왜구가 쳐들어온 것이다.

16則: 임진왜란이 일어나자 귀양 갔던 윤두수, 윤근수, 이산보 등이 기용되었다.

17則: 癸巳년에 유성룡이 재상이 되고 윤두수는 파직되었는데, 이는 이조판서 김응남이 그 자리를 내신하려고 한 짓이나.

18則: 유성룡이 6년 동안 재상으로 있다가 축출된 것은 이이첨의 짓이다. 이산해가 대신했

으나 곧 면직되었다. 己亥·庚子·辛丑 2~3년간에 이항복, 이원익, 이덕형, 이헌국 등이 재상이 되었지만 大小北의 다툼 때문에 그 자리가 편치 않았고, 임인년에 유영경이 재상이 되었으나 끝내 사사되었다.

19則: 선조의 존호 변천과 중국에서 소경이라는 시호를 내린 것, 廟號가 祖에서 宗으로, 다시 祖로 바뀐 과정을 수록했다.

20則: 선조의 山陵을 우여곡절 속에 원래의 자리로 모셨으며, 陵號를 肅陵에서 穆陵으로 고쳤다.

21則: 宣廟의 행장은 이정귀, 諡冊은 유근, 哀冊은 신흠, 誌石은 이산해가 썼는데, 지석에 선묘의 자녀를 기록하지 않은 이유를 알 수 없다.

22則: 宣廟조의 相臣이 모두 36인으로 李浚慶, 沈通源, 李蓂, 權轍, 洪暹, 李鐸, 閔箕, 朴淳, 盧守愼, 姜士尙, 鄭芝衍, 鄭惟吉, 柳墺, 金貴榮, 李山海, 柳成龍, 鄭彦信, 鄭澈, 沈守慶, 李陽元, 崔興源, 尹斗壽, 俞泓, 鄭琢, 李元翼, 金應南, 李德馨, 李恒福, 李憲國, 尹承勳, 金命元, 柳永慶, 奇自獻, 沈喜壽, 許頊, 韓應寅이다.

23則 - 50則: 위에서 거론한 상신 36인 중에 여섯 명을 제외한 28인의 생애를 기록하고 때로 신흠 자신의 생각이나 세상의 평가도 덧붙였다.

李浚慶(23則), 洪暹(24則), 朴淳(25則), 盧守愼(26則), 李鐸(27則), 閔箕(28則), 姜士尙(29則), 鄭芝衍(30則), 柳墺(31則), 柳成龍(32則), 鄭澈(33則), 李蓂(34則), 鄭惟吉(35則), 沈守慶(36則), 李陽元(37則), 金應南(38則), 尹斗壽(39則), 李元翼(40則), 李德馨(41則), 李恒福(42則), 沈通源(43則), 尹承勳(44則), 沈喜壽(45則), 奇自獻(46則), 韓應寅(47則), 許頊(48則), 李山海(49則), 柳永慶(50則)

4. 가치

이 책은 아직까지 다른 곳에서 발견되지 않은 국내 유일본이다. 명종조와 선조조에 일어난 分黨의 과정을 통해서 권력의 흐름을 서술하였다. 특징은 당시 권력의 離合集散을 인물 중심으로 인과적으로 풀어나간 점이지만, 그 속에는 대상인물 각자가 가졌던 입장이나 신념에 대해서는 기술하지 않았다. 그렇지만 단순한 사실만 적은 것이 아니라 신흠 자신의 시각을 보여주는 부분들이 있어서, 이 시기를 주목하는 연구자들에게 다층적인 이해를 도와주는 자료 중의 하나가 될 것이다. 특히 선조조에 임명되었던 相臣에 대한 기록은 신흠이 오랫동안 중앙에서 관료로 있었기 때문에 더욱 생생한 기록이 될 것이다.

【최우영】

嵋巖登科後日記

洪龜燮(1781~1845) 著.

寫本. 1冊(53張) : 25×15cm. 行字數 不定.

表題 : 嵋巖日記.

1. 저자

洪龜燮(1781~1845)의 本貫은 南陽, 字는 洛瑞, 號는 嵋巖이다. 父는 洪秉俊, 祖父는 洪一河이다. 벼슬은 兵曹參知(정3품)를 지냈다. 山林인 李直輔의 문하에서 수학하였다. 과거 합격때의 기록을 보면 전라도 淳昌이 거주지라고 되어 있으며 일기 중의 내용을 보아도 주로 순창 인근 지역이 자주 언급된다. 그러나 이 책의 말미에 붙은 「嵋巖先生門人錄序」의 기록을 보면 中年 나이에 嶺南으로 이주하여 그곳에서 많은 제자들을 기른다.

그에 대한 인적 사항은 다른 문헌에서 찾아보기 어려워 자세한 내력을 알 수 없으나 「嵋巖先生門人錄序」의 기록에 의하면 학문과 덕행이 대단히 뛰어난 인물이었던 것으로 짐작된다. 다음과 같은 기록이 그의 인물됨을 알려준다.

　　일찍이 스스로 頌을 지었는데, "呂侍講[1]이 말하기를 '仁은 요임금만 같지 못하고 孝는 순임금만 같지 못하고 학문은 공자만 같지 못하면, 모두 중도에 포기하는 것이다'라고 하였으니 참으로 뜻이 있도다, 이 말이여. 선비는 마땅히 이것으로 스스로 기대해야 한다."라고 하셨다.

　　일찍이 배우는 자들을 경계하여, "효가 아니면 어버이를 섬길 수가 없고 충이 아니면 임금을 섬길 수가 없다. 일생의 공부를 반드시 충효를 위주로 하면 어찌 백 천 만 가지 일들이 이루어지지 않음을 걱정하리요."라고 하셨다.

　　선생의 시에 이르기를, "북쪽으로 수레를 타고 가면 어버이 생각 절실하고, 남쪽으로 수레를 타고 가면 대궐 그리는 마음 깊도다.", "충 · 효자가 바야흐로 온전한 성품임을 알겠고, 성현의 글을 대하니 온통 봄이로구나."라고 하셨으니 이 두 시를 보면 선생의 평소의 학력을 볼 수 있다.

그가 죽은 후 문인들이 그를 추모하여 嵋山齋에 肖像을 봉안하고 문인록을 엮었다.

2. 구성

---

1) 呂侍講은 송나라 성리학자 呂希哲이다. 자는 原明. 侍講은 그의 관직 이름. 유명한 江西詩社宗派圖를 작성한 남송 사람 呂本中의 조부이다. 인용된 그의 말은 원래 "인이 요임금만 같지 못하고 효가 순임금만 같지 못하고 배움이 공자만 같지 못하면 끝내 성인의 경지에 들어갈 수 없고 끝내 대도에 이를 수 없다. 중도에 포기함을 면치 못하면 앞서 이루었던 공을 스스로 버리는 것이다.(仁不如堯, 孝不如舜, 學不如孔子, 終未入於聖人之域, 終未至於大道. 未免爲半途而廢, 自棄前功也.)"라고 되어 있다.

이 책은 不分卷 1책 53장의 사본으로 卷首題가 '嵋巖登科後日記'라고 되어 있듯이 洪龜燮이 純祖 15년에 春塘臺 親臨 庭試에 급제한 이후의 일을 약 30년 동안 기록한 개인 일기이다. 글씨는 비교적 정제되지 않은 필체이며 글자의 크기도 일정하지 않아 각 면 당 글자 수도 차이가 많은 편이다. 半葉의 행수가 적은 것은 15행에서 많은 것은 24행까지 이르며, 각 행 당 글자수도 25~26자 짜리가 있는가 하면 40자 내외에 이르는 것도 있다. 주로 전반부는 글자가 크고 후반부로 갈수록 현저하게 작아져서 매우 빽빽하게 기록되어 있다. 글자체도 전반부는 楷書 위주로 되어 있으나 후반부로 갈수록 行草書가 뒤섞여 있다.

내용도 앞 부분은 그 날의 일을 극히 간략하게 메모 형식으로 기록하고 있는 것이 대부분인데 후반부에서는 비교적 자세한 내용이 기록되어 있는 경우가 많다. 짧은 내용을 메모 형식으로 기록한 것이 대부분이기 때문에 한 해 동안의 일을 행을 바꾸지 않고 모두 연결시켜 기록하였고 해가 바뀔 때만 행을 달리하였다.

일기는 날짜를 빠뜨리지 않고 매일 기록한 것이 아니고 특기할 만한 일이 없는 날은 더러 생략을 하였으며, 한달 전체가 생략되어 있는 경우도 있다. 매월당 기록된 날짜 수도 출입이 많은 편이다. 그 중에서도 이례적으로 가장 분량이 적은 己卯년(1819)의 경우는 한해를 통틀어 5월 단오일, 10월 14 · 20일, 12월 13 · 24 · 25 · 29일의 7일간만 기록되었을 뿐이다.

이 일기는 날짜를 기록하는 방식에 특이한 점이 있어서 주의를 요한다. 丁丑년(1817) 2월까지는 날짜를 제대로 기록하였으나 3월부터는 10단위나 20단위 날짜를 略記하는 경우가 빈번히 나타나기 때문이다. 우선 2월의 경우 21일 다음에 달이 바뀌지 않았는데 3일 · 6일 · 晦日(그믐날)의 기록이 이어지고 나서 4월로 넘어간다. 이 상황만 놓고 본다면 기록의 실수로 볼 수도 있다.

그러나 이는 실수라기보다는 3일은 23일을, 6일은 26일을 略記한 것으로 보아야 한다. 이러한 예가 여러 번 나오기 때문이다. 바로 이어지는 4월의 예를 들어보면, 1일부터 11일까지 나오다가 그 다음에는 4일 · 7일 · 9일이 나오고, 22일(卄二日)이 끼여든 다음 다시 5일 · 6일 · 晦日로 이어진다. 여기서 11일 다음의 4일 · 7일 · 9일은 각각 14일 · 17일 · 19일의 略記임을 알 수 있으며 22일 다음의 5일 · 6일은 25일 · 26일의 略記임을 알 수 있다. 이러한 날짜 표기 방식은 일기가 끝날 때까지 계속된다.

처음 시작하는 기록에 '乙亥년 10월 초7일 春塘臺에서 純宗이 庭試에 親臨하였다'고 하였는데 여기서의 純宗은 純祖를 말한다.[2] 따라서 이 을해년은 순조 15년인 1815년에 해당한다. 일기를 기록한 기간은 乙亥년(1815)부터 시작하여 乙巳년(1845)까지 약 30년 동안 한해도 빼놓지 않았으나 중간에 壬午년(1822)과 丁亥년(1827) 두 해의 기록은 잃어버려서 훗날 찾게 되기를 기다린다고 하였다. 이로 보아 이 일기는 처음 기록한 원본이 아니고 원본 기록을 토대로 나중에 追錄한 것임을 알 수 있다.

---

2) 純祖의 처음 廟號는 純宗이었으나 哲宗 8년 8월에 宗을 祖로 고쳤다.

　을해년의 기록은 10월 7일 춘당대 친림 庭試에 급제한 사실과 그에 연관된 8·9일의 일, 假注書에 首望으로 낙점되었다는 11일의 일을 기록하고 있는 것이 전부이다. 따라서 실제로는 그 다음해인 병자년부터가 본격적인 일기의 시작이라고 할 수 있다.

　등과 후 일기로는 마지막 해인 을사년의 기록 다음에는 登科 前의 일기가 추가되어 있다. 행이 바뀌고 '以下登科前日記也, 自辛未至乙亥曆子中日記而多落章'이라는 기록을 내세우고 '辛未·壬申·癸酉·甲戌·乙亥' 다섯 해 동안의 일기를 수록하였다.

　등과 전 일기 다음에는 저자의 문인인 薛百源이 쓴 「嵋巖先生門人錄序」가 붙어 있고, 마지막에는 「崇默」·「充量」·「懲忿」·「保終」이라는 제목의 짧은 글 네 편이 실려 있다.

3. 내용

　『嵋巖日記』는 하루의 일 중 주요한 사실을 극히 간략하게 압축하여 기록하고 있는 것이 대부분이다. 여기에는 누구에게서 편지를 받은 사실, 장인의 제사에 참여한 사실, 어느 고을에 도착하여 원님이 기쁘게 맞이했다는 이야기, 누구 집에 도착하여 留宿한 사실 등 개인적인 일들이 더러 있지만 대부분은 조정에서 일어난 일들을 기록하고 있으며 이러한 공적인 생활에서의 기록이 압도적으로 많은 비중을 차지한다. 공적인 일로는 임금의 주요 행사나 과거를 시행한 일, 관직 임명의 사실 등이 주류를 이루는데 집안의 대소사 등 사적인 일은 거의가 극히 간략하게 서술되어 있는데 비해 조정에서의 일은 때때로 상세하게 서술한 부분도 있다.

　처음 시작은 을해년 10월 7일 춘당대 친림 정시에 급제한 사실을 기록하고 있다. 이때 命官(임금이 科場에 親臨하여 직접 임명하는 시관)은 金履陽(1755~1845)이었고 主文(과거를 관장하는 시험관)은 金義淳(1757~1821)이었다. 11일 조에서는 假注書에 首望으로 낙점된 사실을 기록하였고 그 다음에는 榮問錄이라는 제목 아래 正言 李敎源 이하 22명의 명단이 나열되었다. 榮問은 과거에 급제한 사람을 찾아가서 축하한다는 뜻이므로 이 명단은 자신을 축하하러 와준 사람들의 명단이다. 바로 이어서 11월 21일 조항에 到門宴(과거에 급제한 사람이 고향집에 돌아와 친지들을 초청하여 베푸는 잔치)을 연 사실을 밝히고 徐畊輔이하 세 사람의 이름을 밝혔다.

　을해년의 기록은 이것이 전부이고 그 다음 병자년부터가 본격적인 일기라고 할 수 있다. 앞에서 밝힌 대로 이 일기는 워낙 단편적인 사실들을 간략하게 메모 형식으로 기록하고 있기 때문에 전체 분량에 비하면 특기할 만한 내용은 그다지 많지 않다. 그 중 저자의 행적이나 사고방식 등을 읽을 수 있거나 당시 사회상의 면모를 알 수 있는 사건들을 위주로 내용을 정리하면 다음과 같다.

　병자년(1816) 서두에서는 저자의 개인적인 지방 나들이가 여정별로 기록되어 있다. 저자는 이해 正月 初八日에 성묘차 지방 나들이에 나선다. 任實, 鎭邑, 茂朱 등을 거쳐 2월 25일 雲峰에 도착하여 3월 28일에 曾外祖의 산소를 掃墳한다. 29일에 南原 廣寒³⁾樓에 오른 일을 기록하고 이어 4월 3일 眞外祖의 산소를 掃墳한 일을 적고 있는데 그 사이에 다른 지명을 언급하지 않은 것으로 보아 진외조의 산소는 남원에 있었던 것으로 보인다. 4월 12일 북면 조령으로 掃墳의 길을 떠나서 15일 白羊寺를 거쳐 22일 長城에 도착하고, 5월 3일 집에 돌아온다.

정축년(1817) 4월 그믐날조에서는 집에서 기르던 소가 송아지를 낳다가 죽었는데 말이 송아지를 불쌍하게 여겨 대신 젖을 먹여주었고, 송아지를 끌고 갔더니 말이 울면서 슬퍼하였다는 에피소드도 소개하고 있다.

저자는 자신에 대한 비판적인 사건도 빼놓지 않고 기록하는 객관적 태도를 보여준다. 무인년(1818) 정월 6일조에는 掌令 金喆遠이 상소를 올린 내용이 실려 있다. 일기에서는 전후 사정을 생략하고 있어 일기의 기록만으로는 맥락을 파악하기가 쉽지 않다. 『순조실록』을 통해서 내막을 알아보면 이는 그 전해 都目政事에서 새로 擬望된 사람들에 대한 비판인데, 여기에는 김철원이 春坊(世子侍講院)에 擬望된 姜時煥과 저자 자신에 대해 그 자리에 적당하지 않다고 논하고, 이조판서를 파면하기를 청한 내용이 들어 있다. 그리고 이어 9일조에서 "이조판서의 일이 어찌 알고서 일부러 擬望했겠는가. 그대의 말이 지나치다."고 하면서 김철원의 청을 윤허하지 않은 결과를 적고 있는데 『순조실록』에는 이 두 가지 일이 9일조에 같이 실려 있어 일기와는 차이가 있다. 실록은 사관이 그날그날 바로 기록한 官撰 史料이므로 정확성이 더 높다고 본다면, 아마도 일을 분리하여 날짜를 달리 기록한 일기가 잘못인 듯하다.

그런가 하면 실록에는 양일에 걸쳐 기록되어 있는 일을 이 일기에서는 하루의 일로 기록한 것도 있다. 즉 일기에서는 무인년 정월 16일 조에 "이조판서와 이조참의가 閔令儒를 淸官에 추천한 실수를 놓고 서로 疏를 올려 다투었다.(吏判 · 參議, 疏爭閔令儒通淸之失)"고 하였는데 실록에는 16일에 이조판서인 李好敏이 먼저 소를 올려 자신의 입장을 변호하고, 17일에 이조참의 權丕應이 자신을 변명하는 소를 올린 것으로 되어 있다. 이 일 역시 일기에서는 워낙 간단하게 기록하고 있어서 자세한 내막을 알 수 없으나 실록에서는 이 사건과 연관된 내용이 여러 날에 걸쳐 기록되어 있다.

사건의 발단은 閔令儒를 대간의 직책에 임명한데서 비롯하였다. 이때 이조판서는 이호민이었고 이조참의는 권비응이었다. 그런데 민영유는 먼 시골의 보잘것없는 위인이며, 역적으로 몰린 金龜柱에게⁴⁾ 서원을 세우자는 주장을 했다는 이유로 言責을 맡은 자리에 적합하지 않다는 탄핵을 받게 되었다. 아울러 그런 사람을 임명한 이조에도 책임을 묻게 되었다. 이렇게 되자 이조판서와 이조참의가 서로 책임을 회피하는 변명을 하기에 이른 것이다. 먼저 판서인

---

3) 원전에는 漢으로 표기되어 있다.
4) 김귀주는 貞純王后의 오빠로서 사도세자를 죽이게 만든 장본인 중에 한 사람이다.

이호민은 민영유를 후보자로 추천하는 말이 동료들이 모여 있는 자리에서 나왔고 자신은 잘 알지 못하는 사람이라 거부하지 못했다는 것이다. 특히 그 중에서도 참의인 권비응이 추천한 것으로 지목을 하였다. 이에 권비응은 적극적으로 부인하면서 결코 민영유란 세 글자가 자신의 입에서 나온 것이 아니며 자신도 그가 어떤 사람인지 잘 모르기 때문에 가부에 대한 언급도 없었다는 것이다. 결국 이 일로 이호민은 21일에 이조판서에서 체직되고 만다.

실록과 일기의 기록이 같은 사건을 두고 날짜에 약간의 차이를 보이는 것은, 일기를 그날 그날 바로 적지 않고 얼마 정도 시일이 지난 다음에 기억을 되살려 기록한 부분도 있었기 때문인 것으로 추측할 수 있다.

그런가 하면 이 일기는 실록에서 기록하지 않은 세세한 일들도 많이 기록하고 있다. 예를 들면 무인년 2월 17일 조에는 李好敏과 權丕應이 淸官을 추천한 일로 서로 싸운다고 해서 대신들이 그 둘을 함께 파직하기를 청하는 내용이 나오는데 실록에는 기록되지 않았다. 또 경진년(1820) 정월 12일의 경우도 일기에는 元陵(貞純王后, 후에 大妃가 됨)의 기제사라는 사실을 기록하고, 貞純 金大妃의 기일이어서 獻官은 宋祥濂, 贊者는 金昊淳, 典祝은 林翰鎭, 謁者는 홍○○[5]이었다는 기록이 있으나 실록에는 전혀 언급이 없다. 실록의 12일자 기록은 朴周壽를 성균관 대사성으로 삼았다는 내용뿐이다.

실록에서 정순 김대비의 기제사 지낸 일을 기록하지 않은 것은 당색의 영향으로 보인다. 정순왕후(1745~1805)는 정조의 繼妃로서 사도세자와의 갈등이 심하였으며, 사도세자를 뒤주에 가두어 죽이는데 적지 않은 역할을 한 것으로 전해진다. 동생 金龜柱가 이끄는 세력이 영조 말년에 사도세자의 장인인 洪鳳漢 중심 세력과 맞서고, 친정 인물들을 중심으로 하는 僻派가 正祖대에 時派와 대립하는 데 중요한 정치적 배경이 되었으며, 정조가 죽고 장례가 끝나자마자 사도세자에게 동정적이었던 시파 인물들을 대대적으로 숙청하였다. 그러나 나중에 시파인 金祖淳이 벽파의 방해에도 불구하고 정조의 결정대로 딸을 純祖의 비로 들여 국왕의 장인이 된 상황에서 1803년 12월에 수렴청정을 그치게 되자, 정세가 바뀌어 벽파가 조정에서 숙청되고 친정 인물들도 대부분 도태되었다. 이러한 상황에서 사관들이 그의 기제사에 호의적이지 않았을 것이며, 실록에 군이 기록하려고도 하지 않았을 것이다.

을유년(1825) 6월 1일 조에는 獻陵(태종의 능)에서 불법으로 벌목을 한 일에 대해 형조참판 蔡弘遠이 疏를 올려 남벌의 폐단을 논하였으며, 이어서 성균관 유생인 吳羽常·金相喜 등이 소를 올려 申綱·黃允中 등의 무리들이 誣告한 죄를 논하자 임금이 이에 대해 개탄하면서 廟堂으로 하여금 稟處하게 하는 내용이 실려 있다. 그러나 실록에는 채홍원이 헌릉의 남벌에 대한 소를 올리는 것이 5월 26일자에 실려 있으며, 오우상 등이 소를 올린 것은 6월 2일자에 실려 있다.

경인년(1830) 閏4월 2일 조에는 전후 설명도 없이 갑자기 '加味六鬱湯'을 올렸다는 기록이

---

5) 저자인 홍귀섭 자신을 가리킨다.

나온다. 이는 왕세자가 병이 들어서 咯血을 하여 藥院에 청하여 진찰을 하고 약을 올린 것이다. 이로부터 거의 날마다 滋陰降火湯, 淸心逍遙散, 茯笭補心湯, 歸茸地黃湯 등 여러 약제를 올리지만 차도가 보이지 않고 결국 5월 6일에 세상을 떠나게 되는데, 일기와 실록에 모두 그 경과가 실려 있다. 이 왕세자는 후에 翼宗으로 추존된 孝明世子이며 이때 연로한 순조를 대신해서 代理聽政 중이었다.

임진년(1832) 5월 이후로는 특히 일기와 실록의 날짜가 여러 번 차이가 난다. 5월 11일에는 福溫公主가 세상을 떠났다고 기록하였으나 실록에는 12일의 일로 기록되어 있고 에는 23일에 기우제를 지냈다고 하였으나 실록에는 24일에 '첫번째 기우제를 삼각산·목멱산·한강에서 지냈다'고 되어있다. 그러나 6월 초8일에 비가 내렸다는 사실은 날짜가 일치하고 다시 6월 12일에 明溫公主가 세상을 떠났다고 기록하였는데, 실록에는 13일자로 기록되어 있어 역시 하루의 차이가 난다.

이처럼 일기보다 실록이 하루 늦은 날짜로 되어 있지만, 7월 4일의 이조판서 李光文을 李止淵으로 바꾸었다고 하는 기록은 실록에 3일자의 일로 나와 있어 오히려 실록이 하루가 빠르다. 일기는 같은 4일 조에 전에 없는 큰 水災가 나서 많은 집과 사람들이 물에 잠겼다는 사실을 기록하고 있는데 이는 실록과 날짜가 일치한다. 다시 5일에 예조판서에 洪奭周를 임명한 사실을 기록하고 있는데 이는 실록에는 4일의 일로 되어 있다.

같은해 7월 7일 조에는 異國船이 충청도 洪州에 정박한 사실을 기록하고 있는데 '英吉利國' 사람이라고 칭한다고 하였다. 이는 실록에는 훨씬 늦은 21일 조에 公忠監司[6] 洪羲瑾이 올린 장계로 소개되어 있다. 장계에 의하면 이미 6월 25일에 洪州의 古代島 뒷 바다에 와서 정박하였다. 일기에는 간략하게 사실만 소개하였지만 실록의 홍희근이 올린 장계에서는 매우 자세하게 언급하고 있다. 이는 우리나라와 英國의 최초의 만남이다.

저자는 청나라에 대해서는 철저하게 오랑캐라는 인식을 하고 있었던 것으로 보인다. 갑진년 2월에 청나라 사신이 왔는데 누차에 걸쳐서 반드시 '胡勅使'라고 칭하고 있는 것으로 보아 그 점을 알 수 있다.

부록처럼 附記되어 있는 登科 前의 일기는 '辛未·壬申·癸酉·甲戌·乙亥' 다섯 해 동안의 일을 수록하였다. 이중 임신·계유·을해년은 공히 정월부터 4월까지 낙장이라는 주석이 달려 있다.

辛未년에는 茂朱에 살던 스승이 병에 들어 위독하다가 세상을 떠난 사실을 여러 날에 걸쳐 기록하고 있다. 저자는 8월 20일에 병이 위중하다는 급보를 받고 무주로 갔다. 그 사이 병세가 조금 감해졌다가 9월 6일에 극히 위중해지자 점치는 사람에게 사태의 추이를 물어보기 위해 출타하여 9일에 점치는 사람과 함께 茂豊店이란 곳에 이르렀을 때 스승의 사망 소식을 접한다. 그 후 상례를 치르기까지의 과정을 더 기록하고 있다.

그밖에는 특기할 만한 사항이 없으며 계유년 5월 11일에 남원의 백일장에서 장원한 사실

---

6) 忠淸監司를 말한다. 충청도는 이때 公忠道로 개칭되었을 때이다.

이 기록되어 있다.

일기 다음에는 제자인 薛百源이 쓴 「嵋巖先生門人錄序」가 실려 있다. 이 글에서는 '선비가 덕행을 근본으로 하고 문예를 말단으로 삼지만, 덕행을 닦아서 사업에 반영하려면 문예로 윤색하지 않으면 안된다'고 전제하고 두 가지를 겸비한 사람이 세상에 드물지만 선생에게서 그러한 예를 볼 수 있다고 하였다. 이어서 여러 가지 예를 들어서 그의 덕행과 문장을 칭찬하고 특히 충효에 대한 그의 독실한 마음가짐을 강조하였다. 글의 말미에서 저자의 호에 대한 유래를 설명하고 있다. 즉, 저자는 嵋山의 남쪽에 살았기 때문에 그 서재를 嵋巖이라고 불렀다는 것이다. 호를 붙이는 일반적인 방식 중의 하나가 그렇듯이 이것이 그대로 그의 호가 되었다.

맨 마지막에 「崇默」・「充量」・「懲忿」・「保終」이라는 제목으로 네 편의 글이 있는데 구체적으로 작가를 밝히지 않아서 누가 지은 것인지는 알 수 없으나 정황으로 보아 홍귀섭의 작으로 보인다.

「崇默」은, 말이란 아무리 많아봐야 쓸 데 없는 것이며 말이 적은 사람이 存心養氣할 수 있다는 내용이다.

「充量」은 도량을 크게 가지고 작은 일에 일희일비하지 말라는 가르침을 보여준다.

「懲忿」은 七情 중에 분노가 가장 치우친 것이며 사람이 분노를 쉽게 드러내면 일처리를 가혹하게 하고 원망을 불러일으키게 되어 재앙의 기미가 되니 주의해야 한다고 말한다.

「保終」은, 관직 생활하는 것은 시작을 잘 하기도 어렵지만 잘 끝마치는 것은 더욱 어려운 일이며 관리가 초심을 잃고 부패하면 비방과 불명예를 가져오니 조심해야 한다는 가르침이다.

4. 가치

이 책은 조선 후기 순조~헌종 연간의 문신인 洪龜燮의 개인 일기로서 卷首題가 '嵋巖登科後日記'라고 되어 있듯이 주로 관직 생활하면서 궁중에서 일어난 여러 가지 일들을 위주로 기록되어 있다. 하루의 내용이 극히 간략한 메모 형식이고 내용도 일상적인 자질구레한 것이 많아서 다른 일기류에 비하면 그다지 풍부한 정보를 담고 있지는 않다. 또 날짜가 실록과 약간씩 차이가 나는 부분이 많아 주의를 요한다. 다만 조정에서 있었던 여러 가지 행사들이 단편적이나마 수없이 많이 기록되어 있어서 실록 등 관찬 사료에서 누락된 부분을 어느 정도 보완할 수 있을 것이다.

【김영봉】

碧城消暑錄

著者 未詳.

寫本. 1冊(105張) : 24×16cm. 10行 20字.

欄外에 大阪黑川製라는 문구가 적힌 罫印紙.

1. 저자

著者 未詳.
18세기 중·후반의 인물인 듯하다.

2. 구성

『벽성소서록』은 이전 시기의 문헌에서 저자가 관심 있는 항목들을 뽑아서 기록한 책이다. 출전이 간혹 기재되어 있지 않은 경우도 있는데, 누락된 것인지 어떤 것인지는 아직 알 수 없다. 찬자의 평가가 부기되어 있는 항목도 몇 군데 보인다. 총 항목은 25, 이야기는 282편이다. 장수 표시는 되어 있지 않다. 고르게 正書되어 있는데, 간혹 오자도 보인다.

전체 항목의 명칭과 각 항목에 속한 이야기의 수량은 다음과 같다.

家法-5편, 德行-9편, 氣節-6편, 智鑑-4편, 器量-2편, 夙慧-9편, 聰敏-2편, 機警-13편, 諧謔-50편, 譏嘲-25편, 排詆-4편, 詬辱-2편, 猜隙-8편, 讎報-3편, 典故-24편, 俗尙-10편, 科第-15편, 知遇-8편, 寵異-5편, 賢媛-10편, 妬悍-4편, 艶情-27편, 灾妖-13편, 幽怪-10편, 精魄-14편

위에 보인 바와 같이 '器量', '聰敏', '詬辱', '讎報' 등은 분량이 매우 작다. 항목 간에 이야기 수량의 편차가 큰 것으로 보아 항목 분류가 적합하지 않은 듯하다. 항목과 이야기 내용 간에 불일치를 보이는 경우도 있다. 오자도 더러 보이는 것으로 보아 아직 퇴고를 거치지 않은 초고본 정도로 볼 수 있을 듯하다. '機警'이라 함은, '기지가 있고 총명함'을 뜻한다. 그런데 20장 앞면의, '洪興과 田霖'에 대한 기록은 엄격하게 법을 집행하는 것에 초점이 있는 내용이어서 항목 성격과 일치하지 않는다. 이것만이 아니라 이후에 나오는 崔鳴吉이나 李浣 등에 대한 기록도 그렇다. 이 이야기들은 모두 '朝廷綱紀'와 '人物氣像'에 대한 글들이다. 아마도 경계로 삼아야 할 본보기로서, '機警'의 '警'에 부합한다고 같이 다룬 듯하지만, 그 앞에 놓인 이야기들과 차이가 나므로 정확한 분류라고 하기 어렵다.

각 항목별로 세부사항에 대해 중심인물을 앞에 내세우고 출전을 뒤에 붙여서 소개하면 다음과 같다. 출전이 기재되어 있지 않은 경우는 '○'로 표시한다.

< 家法 >
1앞: 鄭麟趾가 처자의 유혹을 거절하자, 처자가 자살하였다. -於于野談

1뒤: 車試은 모친을 봉양할 때 하늘이 감동하여 약을 얻었다. -어우야담
2앞: 李正은 아들을 엄하게 단속하였다. -公私見聞錄
2뒤: 南以雄은 손자며느리 복색이 사치스럽다고 책망하였다. -○
2뒤: 朴筵은 약혼녀가 눈이 멀었다는 말을 듣고도 결혼하였다. -○

< 德行 >
3앞: 金宗直은 喪禮를 극진히 하였다. -秋江冷話
3앞: 慶延은 효도와 喪禮를 극진히 하였다. -추강냉화
3뒤: 安應世는 불의한 음식을 먹지 않았다. -추강냉화
3뒤: 鄭麟趾는 집을 잘못 알고 욕한 이를 관대하게 대하였다. -靑坡劇談
4앞: 沈連遠은 趙士秀의 비판을 수용하고,
　　　金誠一은 盧守愼의 비판을 수용하였다. -竹窓閑話
4뒤: 尹斗壽는 李元翼의 비판을 수용하였다. -公私見聞錄
5앞: 李貴는 李适의 난 때 직임을 다하지 못하였다는 張維의 비판을 수용하였다. -공사견
문록
5뒤: 金壽賢은 國喪 때 하급관리 때문에 成服하지 못하였으나 웃어넘겼다. -○
5뒤: 尹昉은 유생들의 비판을 받아들였다. -○

< 氣節 >
6앞: 李悌胤은 金安老의 뜻을 거슬러 귀양 가는 陳宇를 혼자서 전별하였다. -涪溪記聞
　　　　-尾註: 陳壯元의 이름은 陳宇寧과 비슷하다.
6앞: 金麟厚는 柳希春이 유배 가자 유희춘의 어린 아들을 사위로 삼았다. -東閣雜記
6뒤: 洪純彦은 중국에서 후에 예부시랑 石星의 繼室이 될 여인을 도왔다. -菊堂俳語
8앞: 申翊全은 善人으로 칭해져 趙貴人의 獄 때 무사하였고,
樂善君 李濡은 평소 근신하여 무사하였다. -공사견문록
9앞: 李浣은 麟坪大君과 한 마을에 살다가 직임을 맡자 이사하였다. -공사견문록
9앞: 鄭士龍은 羅湜이 자신의 붓을 빼앗아 題畵詩를 짓자 칭찬하였다. -鮫山詩話

< 智鑑 >
9뒤: 李溟은 청나라 장수가 倭劍을 구하자 예비로 하나를 더 준비하였다. -閑居雜錄
10앞: 金藎國은 하급관리의 허물을 드러내지 않고 파면시켰다. -공사견문록
10뒤: 金時讓은 병자호란 이전 胡寇의 마음을 꿰뚫어보았다. -晦隱雜錄
11앞: 姜緖는 李元翼이 후에 큰일을 하리라 예견하였다. -부계기문

< 器量 >

11뒤: 黃喜는 배나무에 아이들이 돌을 던져도 화내지 않았다. -청파극담

12앞: 황희는 두 婢子의 다툼에 모두 옳다고 하였다. -松窩雜記

< 夙慧 >

12뒤: 金時習은 5살 때 시를 지었다. -어우야담

13앞: 尹孝孫은 시를 잘 지어 相公의 사위가 되었다. -어우야담

13뒤: 鄭礦은 어려서 시를 지었다. -○

13뒤: 金千齡은 어려서 시를 지었다. -淸江詩話

14앞: 洪暹은 어릴 때 자기 배 위로 뱀이 지나가자 가만히 있었다. -어우야담

14앞: 朴篪는 18살에 庭試에서 장원급제하였다. -○

14뒤: 權佚은 13살에 李恒福이 제시한 韻에 따라 시를 지었다. -○

15앞: 柳巷脩 등 어려서 유명해진 이들 소개. -巴人識小錄

15뒤: 吳道一은 어려서 시를 지었다. -玄湖瑣談

< 聰敏 >

16앞: 倪謙은 사신으로 와서 申叔舟의 송별시 100韻에 대해 즉시 화답하였다. -청파극담

16뒤: 鄭招는 군사 백여 명의 이름을 한번 보고 외웠다. -청파극담

< 機警 >

16뒤: 宋純은 외방인으로서 鄕案에 올랐다. -파인지소록

17앞: 許積은 柳赫然의 말을 듣고 아들 堅의 비리를 알았다. -閑居漫錄

17뒤: 世宗은 황희가 청탁을 하였다는 탄핵에 따라 죄를 주었다가 다음해 복직시켰다. -靑坡日月錄

18앞: 世宗은 趙涓 등을 위한 노비의 송사를 가상히 여겼다. -○

18앞: 許稠는 州邑 娼妓를 폐지하는 데 반대하였다. -慵齋叢話

18뒤: 許稠는 상하 복색의 儀制를 분명히 하였다. -筆苑雜記

18뒤: 孫舜孝는 효자 열녀의 閭에 공경을 표하였다. -송와잡기

19앞: 成希安은 재상의 노비가 선비를 욕보이자 決治하였다. -파인지소록

19뒤: 朴英은 남편 죽인 여자의 자백을 받아내었다. -寄齋雜記

20앞: 洪興과 田霖은 엄격하게 법을 집행하였다. -기재잡기

21앞: 崔鳴吉은 鄭太和의 인사 청탁을 거절하였다. -공사건문록

21앞: 李浣은 淑敬公主의 청탁을 거절하였다. -○

21뒤: 吏部 아전들이 朝士들의 평가를 왜곡하였다. -한거잡록

< 諧謔 >

22앞: 永太는 왕의 장난에 賢答을 하였다. -용재총화

22앞: 兪孝通, 偰循, 崔萬理 등이 수염과 文章의 관련에 대해 농담하였다. -太平閑話

22뒤: 許稠는 朱明義를 두고 농담을 하였다. -○

22뒤: 鄭道傳, 李崇仁, 權近 등이 自樂處를 이야기하였다. -태평한화

23앞: 方遇은 이름에 대한 黃鉉의 농담에 잘 대답하였다. -태평한화

23앞: 金守溫은 金佐郎에게 觀相을 본다고 연회를 베풀게 하였다. -태평한화

23뒤: 徐居正은 小民인 朴孝泰와 신랑 아무개가 바뀌었다고 알렸다. -청파극담

24앞: 鄭光世는 腎囊이 매우 컸다. -謏聞瑣錄

24앞: 金禮蒙은 酸物을 좋아하였는데 李塏가 농담하자 바로 응대하였다. -청파극담

24뒤: 金順命과 朴安性이 각각 호조와 예조 正郎일 때 친구로서 농담하였다. -청파극담

25앞: 李溥가 注書 盧盼에게 당직 승지를 물었는데 기생 이름을 대었다. -청파극담

25앞: 李孟畇은 늦도록 자식이 없어 시를 짓자 자식 10을 둔 朝官이 화답시를 지었다. -
태평한화

25뒤: 孫比長이 호남 기생 紫雲兒에게 문장 평가의 등급을 알려주었다. -용재총화

26앞: 閔大生은 90여세일 때 조카가 백세를 누리라고 하자 야단쳤다. -용재총화

26앞: 鄭士龍은 詩文에 능했으나 經術은 닦지 않았다. -思齋撫言
　　　　-史氏의 評

26뒤: 魚得江은 李潤慶과 浚慶 형제가 수수께끼를 모르는 게 단점이라고 하였다. -圃樵雜
錄

26뒤: 姜緒와 喝道가 성균관 釋奠祭에 飮福하고는 취하여 헛소리를 하였다. -芝峯類說

27앞: 鄭澈은 농담을 잘하였다. -寄齋雜記

27앞: 李元翼은 키가 작았는데 어떤 이가 기롱하자 잘 응수하였다. -기재잡기

27뒤: 金繼輝, 姜克誠, 鄭礥, 洪天民 등이 모여서 재담을 주고받았다. -어우야담

27뒤: 李好閔은 흰 머리카락 뽑다가 李德馨과 농담을 하였다. -부계기문

28앞: 朴慶深은 술 훔쳐간 黃克中을 강도라고 하였다. -기재잡기

28앞: 朴啓賢이 정원에 소나무를 심고는 손님과 농담을 하였다. -지봉유설

28뒤: 李洪男은 安氏가 賤産의 이름을 구하자 '印法'으로 하라고 했다. -지봉유설

28뒤: 梁應鼎은 쟁반에 담긴 松子를 두고 손님과 '오래살기' 농담을 하였다. -어우야담

29앞: 李賢은 애꾸눈인데 元彧도 그러하여 농담을 걸고 친구가 되었다. -어우야담

29앞: 沈鋼은 친구들과 함께 기녀들을 불렀다가 놀림을 당하였다. -淸江笑叢

-찬자의 평: 어우야담과 인명이 다르다.
30앞: 朴敦復은 婢子와 간통하다가 발각되었다. -청강소총
30뒤: 宋言愼은 여자를 좋아하여 천 명을 채우겠다고 하였다. -雙泉雜談
31앞: 李恒福은 侍兒를 가까이 하였고, 李好閔이 시를 지었다. -菊堂俳語
31뒤: 黃如一은 좋아한 여자를 남자로 변장시켜 왕래하게 하였다. -국당배어
32앞: 趙緯韓은 美醜를 떠나서 여자의 裳下가 一色이라고 하였다. -破寂雜話
32앞: 李恒福은 동대문 밖에 간다고 말을 빌려서는 금강산에 다녀왔다. -破寂閒話
32뒤: 鄭礥은 글을 짓고 버렸는데 朴忠侃은 글을 모두 외웠다. -어우야담
33앞: 柳永忠은 자주 글제와 어긋난 글을 지어서, 崔鐵堅이 기롱하였다. -어우야담
33앞: 柳克新은 白振民의 놀림을 되받아쳤다. -부계기문
33뒤: 成好善은 林悌에게 남산 蠶頭를 가지고 농담하였다. -지봉유설
33뒤: 尹希宏은 水石을 좋아하였는데 成擇善이 남산 蠶頭로 농담하였다. -어우야담
        -찬자의 비평: 성택선은 성호선의 형이다. 같은 일을 달리 말한 것인지 의심스럽다.
34앞: 朱之蕃은 시가 浩汚하고 酒量이 대단하여 당시 鄭揚과 兪泓에 비겼다. -지봉유설
34뒤: 崔來吉은 기생들에게 '백발도령'으로, 申翊全은 '毁節貞男'이라 불렸다. -국당배어
35앞: 崔惠吉은 美妾이 보고 싶어서 趙緯韓에게 柿餠을 주며 替直을 부탁하였다. -국당배어
35뒤: 李敏求는 李汝璜, 趙休와 山堂에서 공부하다가 꿈을 꾸고 급제하였다. -破寂新話
35뒤: 柳渷은 수염이 없어서 中使로 오해받았다. -국당배어
35뒤: 李敬興는 韓仁及이 承文院 免新禮 때 지은 시를 개작하였다. -국당배어
        -찬자의 비평: 閭巷俚語의 유사한 이야기를 소개.
36앞: 張仲仁이 李景魯에게 卜妾에 대해 이야기하였다. -국당배어
36뒤: 趙正은 韓守仁에게 빌려준 집이 불나자 그럴 줄 알았다고 하였다. -국당배어
36뒤: 成汝信은 70세에 監試 覆試를 보러갔다가 젊은이가 놀리자 되받아쳤다. -국당배어
37앞: 李星徵은 늙어서 登第하였는데 同榜인 李宇冉의 父 李翼老가 新來를 부르러 왔다. -破閑雜話
37뒤: 南老星이 戀敵 武人에게 준 시를 무인이 무식하게 자랑하였다. -파적잡화
37뒤: 睦昌明은 종형 睦昌遇에게 기생 다리를 들지 못하면 死後에 벌을 받는다고 하였다. -破閑新話.

< 譏嘲 >
38뒤: 黃鉉이 韓虎生을 기롱하였다. -태평한화
38뒤: 許誠은 교만한 젊은 文士를 호기 있다고 하였다. -태평한화

39앞: 金時習이 韓明澮를 풍자하였다. -어우야담

39뒤: 韓明澮가 狎鷗亭을 짓고도 물러나지 않자 임금이 시를 지어 송별하였다. -추강냉화

39뒤: 申光漢은 沈貞의 逍遙堂에 그를 풍자하는 시를 지었다. -萍湖雜記

39뒤: 朴祥은 沈貞을 기롱하는 시를 지었다. -圃樵雜錄

40앞: 金文悼는 趙惠가 姜碩德에게 지어준 시를 기롱하였다. -소문쇄록

40앞: 周世鵬은 장서각에 있는 淫怪 문자들을 태워야 한다고 하였다. -포초잡록

40뒤: 曹植은 承召하였을 때, 李恒 탓이라고 기롱하였다. -鰜鯖瑣語

40뒤: 曹植이 出仕한 李希顔을 조롱하였다. -청강시화

40뒤: 曹植이 '隱士'로 칭한 李滉의 碑銘에 대해 조롱하였다. -東閣雜記

41앞: 朱之蕃이 柳永慶의 문장을 칭찬하였는데, 그것은 崔岦이 代作한 것이다. -어우야담

41앞: 崔滉이 淸顯을 자부하였으나 李山海가 挽詩로 비판하였다. -부계기문

41뒤: 沈銓의 貪鄙를 安自裕가 조롱하였다. -石潭日記

41뒤: 成渾의 還鄕을 李陽元이 조롱하였다. -秋淵癸甲錄

41뒤: 柳永慶이 都堂 弘文錄 圈點 때 李浚慶처럼 아들을 배제하였는데, 사실은 달랐다. -荷潭破寂錄

42앞: 柳永慶의 賄賂에 대해 尹安性이 비판하였다. -靑坡日月錄

42뒤: 柳永慶에 대해 칭찬하는 말이 많았으나 패한 후에 申慶基가 삭제하였다. -파인지소록

43앞: 洪汝諄이 임진왜란 때 백성을 무시하였다가 죽을 뻔하였다. -기재잡기

43앞: 李誠中은 정철이 黨論을 일삼는다고 비판하였다. -기재잡기

43앞: 鄭仁弘은 자신을 비방하지 못하도록 단속하였다. -春坡日月錄

43뒤: 李愓이 잘난 체하자 許筠이 조롱하였다. -지봉유설

43뒤: 李東顯이 李一相에게 뇌물을 주어 당시에 비난을 받았다. -국당배어

44앞: 任義伯이 도둑맞고서는 하인배를 의심하여 呪祝하자 南老星이 조롱하였다. -국당배어

44앞: 李端夏가 松葉論을 주장하였는데 송충이 피해가 나자 申晸이 기롱하였다. -晦陰雜誌

< 排詆 >

44뒤: 李浚慶이 曹植을 비난하고 士類를 비방하였다. -西厓雜錄

44뒤: 安自裕가 林永俊의 아첨에 대해 비난하였다. -石潭日記

45앞: 崔永慶이 盧禛의 탐욕을 비난하였다. -석담일기

45앞: 金堉이, 奔喪에 驛馬를 이용한 金世濂을 비난하자 金時讓은 어쩔 수 없는 상황이므로 비난이 잘못되었다고 하였다. -공사견문록

< 詬辱 >

45뒤: 沈貞이 逍遙亭에 시를 적어 걸어놓자 밤에 협객이 와서 꾸짖었다. -玄湖瑣談

46앞: 成泳이 임진왜란 시 母喪 때문에 피병하는 洪思斅를 꾸짖자 그는 성영의 숙부가 왜놈에게 항복한 것을 들어 반박하였다. -하담파적록

< 猜隙 >

46뒤: 金富軾과 鄭知常은 알력이 있었다. -白雲小說

46뒤: 鄭知常은 金富軾에게 죽임을 당하여 원귀가 되었다. -松溪漫錄

47앞: 金台鉉의 東國文鑑 註에 김부식과 정지상 사이에 불평이 쌓였다는 기록이 있다. -筆苑雜記

47앞: 車原頻의 雪冤 註에 김부식이 정지상의 忠貞을 지워버렸다고 하였다. -어우야담

47뒤: 金久同은 卞季良의 시가 볼품없다고 비난했다가 관직을 얻지 못했다. -용재총화

47뒤: 金安老는 徐敬德의 시를 보고 해치려는 마음을 그쳤다. -五山說林

48앞: 沈彦光은 金安老와 사귄 것을 후회하는 시를 지었다. -蛟山詩話

48앞: 李耔는 金安老가 해치려는 마음이 있음을 알고 피하였다. -松窩雜說

< 讎報 >

48뒤: 신용개가 아버지 원수를 갚았다. -松窩雜記

49앞: 柳灌이 鄭順鵬에게 해를 당하자 노비가 복수를 하였다. -○

49뒤: 宋時烈을 압송하면서 모욕했던 金吾 아전이 宋門 子弟가 金吾가 되자 자살하였다. -한거만록

< 典故 >

50앞: 嬴虫錄과 徐居正이 말하는 음양의 이치. -필원잡기

50뒤: 文益漸이 木棉을 가져왔다. -국당배어

50뒤: 崔茂宣이 당나라 상인에게 화약 만드는 법을 배웠다. -국당배어

　　　-찬자의 평: 東史會綱의 내용과 일치하지 않는다.

50뒤: 급제자를 先達이라고 부르는 유래. -소문쇄록

51앞: 공정대왕의 묘호가 없는 이유. -月汀漫錄

51앞: 吳道一이 故事를 모르고 또 定宗 시호를 올렸다. -회은잡지

51앞: 李芳蕃 등의 후사를 세울 때는 이견이 없었는데, 燕山君 등의 후사는 이견이 있어 세우시 못하였다. -思齋摭言

51뒤: 山陵 제사 때는 고기를 쓰지 않는다. -회은잡지

51뒤: 한글 창제. -동각잡기
52앞: 朴堧이 黃鐘을 제작하였다. -○
52뒤: 서원의 유래. -후청쇄어
52뒤: 貢物의 성행. -파인지소록
53앞: 鄭熙台의 시호 논의. -동각잡기
53앞: 玄孟仁은 大祝手로서 축문을 읽지 못했다. -용재총화
53뒤: 驛丞이 察訪으로 바뀌었다. -지봉유설
53뒤: 應敎 직임의 변천. -필원잡기
54앞: 藝文大提學과 弘文大提學의 겸임. -遣閒雜錄
54앞: 朋黨의 원인은 吏曹郎廳 자리. -파인지소록
54뒤: 兵曹의 권한 변천. -파인지소록
54뒤: 성균관 試製 때 유생이 諸宰에게 인사하는 방식 변경. -죽창한화
55앞: 舍人의 연회에는 선생이 아니면 참여하지 못한다. -어우야담
55앞: 승지가 도승지에게 戲言하면 처벌한다. -어우야담
55뒤: 홍문관의 輪番 遞職. -어우야담
55뒤: 玉堂 入番은 피하지 못한다. -파인지소록

< 俗尙 >
56앞: 藥飯 등 歲時名日의 유래. -용재총화
57뒤: 중국과 다른 명절. -견한잡록
58앞: 元朝 때 타인의 이름을 부르며 賣癡하는 풍속. -견한잡록
58뒤: 踏橋하는 모습. -패관잡기
58뒤: 제사 때 油蜜果 사용은 고려 유습이다. -晦隱雜識
59앞: 제사 때 복숭아를 올리지 않는 것은 미신 때문이다. -회은잡지
59앞: 司馬試 同年을 특히 중시한다. -지봉유설
59뒤: 安東에서는 座首를 중시한다. -지봉유설
59뒤: 이혼한 사례. -하담파적록
60앞: 혼례 때 燃燭은 늙은 婢子가 담당한다. -공사견문록

< 科第 >
60뒤: 과거제도의 변천. -필원잡기
60뒤: 講經이 필요하다는 견해. -태평한화
61앞: 1년에 생원시, 진사시, 文科 세 시험에 장원을 한 李石亨 등 소개. -태평한화

61뒤: 重試의 기원. -○

61뒤: 尙震은 자제들에게 科場에서 부정을 저지르지 말도록 당부하였다. -후청쇄어

62앞: 문과 장원을 중히 여기지 않고 사마시 장원을 중히 여긴다. -파인지소록

62뒤: 金馹孫과 南袞 등 2등한 이의 不平. -월정만록

62뒤: 愼思獻이 명종의 배려로 환갑이 넘어서 別試에 급제하였다. -기재잡기

63앞: 李爾瞻이 과거 詩題를 미리 빼내었다. -○

63뒤: 鄭弘溟이 大科에서 동료들의 글을 보고 품평하자 李行遠이 혐의를 피하려고 떨어져 앉았다. -공사견문록

63뒤: 鄭弘溟이, 考官으로서 부정을 저지르면 역적이라고 하였다. -공사견문록

63뒤: 鄭斗卿이 試官일 때 擧子들이 罷場하자 金尙憲이 一所에서 인원을 더 뽑자고 하여 비난을 받았다. -국당배어

64앞: 趙搏이 穆來善의 글을 代寫하여 급제하였다. -○

64앞: 南銑이 高山현감으로 있을 때 그곳 선비 鞠涵을 협박하여 그의 글로 급제하였다. -국당배어

64뒤: 대를 이어 문과에 급제한 이들. -○

< 知遇 >

66앞: 세종은 崔致遠에게 술을 삼가라고 御札을 내렸다. -소문쇄록

66뒤: 계유정란 이전 權擥 때문에 세조의 식사가 늦어져 '寒羹郎'이라 했다. -동각잡기

66뒤: 辛貴元은 후원 문을 지키다가 써놓은 시가 성종의 눈에 띠어 출세했다. -○

67앞: 兪好仁이 성종의 은총을 받았다. -동각잡기

67뒤: 丘從直이 성종 앞에서 『춘추』를 외워서 출세하였다. -오산설림

69앞: 崔寅이 외모가 출중하여 諸公이 좋아하였다. -파인지소록

69앞: 朴崇元과 申湜을 선조가 총애하였다. -지봉유설

69뒤: 현종이 鄭斗卿을 총애하였다. -공사견문록

< 寵異 >

69뒤: 金何는 중국말을 잘하여 세종의 총애를 받았다. -소문쇄록

70앞: 尹淮와 南秀文은 음주를 삼가라는 세종의 경계를 받았다. -필원잡기

70뒤: 洪逸童은 세조의 위협에도 굴하지 않아서 상을 받았다. -필원잡기

70뒤: 申叔舟가 밤새 공부하다 잠이 들자 세종이 貂裘를 덮어주었다. -龍泉談寂記

71앞: 孫舜孝의 술안주가 부족함을 안 성종이 안주를 보내주었다. -기재잡기

< 賢媛 >

71뒤: 고려 禑王의 李謹妃와 崔寧妃의 사적. -청파극담

71뒤: 趙胖이 중국에서 脫脫氏 집에서 지내다가 본국으로 피신해 올 때 같이 지내던 미인이 스스로 방해가 된다고 목숨을 끊었다. -청파극담

72뒤: 申叔舟의 부인이 계유정난 때 신숙주가 자결하지 않음을 책망하였다.-파인지소록

72뒤: 연산군의 비 愼氏가 매번 規諫하였다. -소문쇄록

73앞: 洪允成이 도원수가 되어 전주 여자를 첩으로 삼으려고 하자 그 여자가 처로 삼지 않으면 자살하겠다고 하여, 처가 되었다. -오산설림

74앞: 許琮은 성종이 尹妃를 폐할 때 누이 말을 듣고 논의에 참여하지 않아서 연산군에게 해를 당하지 않았다. -어우야담

74뒤: 李世佐의 부인 趙氏는 성종의 폐비 사건을 듣고, 후에 이세좌가 해를 입을 것이라고 하였다.-松窓雜記

75앞: 柳希春이 귀양 갔을 때 부인이 혼자 걸어서 유배지로 따라갔다. -부계기문

75앞: 成守琮이 南袞 때문에 낙방하고 죽었는데, 후에 夏科를 청하자 대부인이 거절하였다. -기재잡기

75뒤: 朴弼渭가 부정으로 과거에 급제하자 부친의 첩 김씨가 우려를 표했다. -회은잡지

< 妬悍 >

76앞: 고려 恒陽子眞의 부인 민씨의 투기. -破閑集

76앞: 李俊民의 부인이 文益成 부인의 말대로 斷食하는 투기를 부렸다가 죽었다. -어우야담

76뒤: 宋贊이 사통한 婢子를 부인이 가둬버렸다. -부계기문

76뒤: 李尙信이 定州 기생을 좋아하자 부인이 애꿎은 정주 아전을 체벌하였다. -국당배어

< 艶情 >

77앞: 忠宣王이 원나라에 두고 온 情人을 그리자, 李齊賢이 변심했다고 속였다. -용재총화

77뒤: 咸溥霖이 전주 기생을 좋아하여 號牌를 주었다. -용재총화

77뒤: 柳石璘이 정주 기생을 좋아하여 떨어지지 않으려 하였다. -소문쇄록

78앞: 成石璘이 淮陽 기생 纖纖을 좋아하였는데 同年友의 차지가 되었다. -○

78뒤: 鄭以吾가 나주 기생 薔薇를 좋아하였다. -○

78뒤: 趙云仡이 기생의 꿈 이야기를 듣고 시를 지었다. -태평한화

79앞: 齊安大君, 韓景琦, 金紐의 아들 셋은 女色을 몰랐다. -용재총화

79앞: 崔灝가 韓繼禧를 聖人이라고 칭찬하였는데 그도 여종을 희롱하였다. -용재총화

79뒤: 徐居正이 畵師 洪天起의 딸에게 반하였다. -용재총화

80앞: 權景裕와 柳順汀이 기생 玉膚香을 두고 약속하였다. -추강냉화

80뒤: 永川君이 좋아한 紫洞仙은 중국 사신에게도 명성이 알려졌다. -청파극담

81앞: 중종 때 명기 上林春은 申從濩 등에게 시를 받고,

　　　宋寅의 종 石介가 가무를 잘하여 洪遷 등에게 시를 받았다. -견한잡록

　　　-찬자의 평: 예로부터 賤婦가 시인을 만나 이름을 남긴 경우가 많다.

82앞: 姜渾이 星州 기생 銀臺仙을 좋아하였다. -견한잡록

82앞: 沈守慶이 평양 기생 洞庭春을 좋아하다가 홍주 기생 玉樓仙을 좋아하였다. -견한잡록

82뒤: 韓景祿이 기생 玉生香을 좋아하였다. -○

82뒤: 冠紅粧이 韓澍에게 의리를 지키다가 老母 때문에 伊川君에게 갔다. -어우야담

83뒤: 論介가 倭將을 안고 몸을 던졌다. -어우야담

　　　-찬자의 尾註: 논개의 절개를 춘추에 饗祠하고 府妓가 제사지낸다고 들었다.

84앞: 황진이가 徐敬德을 유혹하였으나 실패하였다. -어우야담

84앞: 황진이가 서경덕을 흠모하였다. -파인지소록

84뒤: 황진이가 서경덕에게 松都三絶을 말하였다. -파인지소록

84뒤: 蘇世讓이 결심을 어기고 황진이에게 집착하였다. -秋村漫錄

85앞: 林悌가 황진이에 대한 제문을 지어 제사지냈다. -죽창한화

85뒤: 閔齊仁의 白馬江賦를 기생 星山月이 전파하였다. -어우야담

86앞: 宋麟壽가 扶安 기생을 좋아하였다. -파인지소록

86뒤: 白光弘이 좋아한 기생에게 崔慶昌이 시를 지어주었다. -晴窓軟談

86뒤: 金命元이 암행어사 때 村舍에서 묵다가 潛通하였다. -破閑新話

87앞: 高敬命이 海西 기생 치마폭에 시를 써주었다. -현호쇄담

< 灾妖 >

87뒤: 金安老의 아들 혼사 때 소리개가 날아들더니 禁府都事가 들이닥쳤다. -어우야담

88앞: 柳子光이 부채를 집었더니 거기에 화를 당하리라는 글이 있었다. -사재척언

88앞: 宋麟壽가 賜藥을 받기 전 부친 神主가 스스로 벽을 치며 걱정하는 듯했다. -鯫鯖瑣語

88뒤: 柳永慶 집에서 죽은 사슴이 울더니 온 집안이 화를 당하였다. -어우야담

88뒤: 柳自新이 연회를 베풀 때 귀신이 박수를 쳤다. -공사견문록

89앞: 柳自新의 아들 柳希奮이 홀연 혈서가 보였다. -공사견문록

89뒤: 昭顯世子의 장인 姜碩期가 묘를 만들 때 피 담긴 皮囊이 나왔다. -閑居漫錄

90앞: 沈器遠이 담근 술이 피로 변하였다. -한거만록
90앞: 麟坪大君이 좋아한 기생 得玉을 부인이 무고하게 죽였다가 탈이 났다. -국당배어
90뒤: 麟坪大君 집의 婢子가 대군의 부인 오씨 귀신이 들려서 예언을 하였다. -한거만록
91뒤: 申翊聖은 총애하던 玉率이 기생을 질투하여 자살한 후 병이 나 죽었다. -국당배어
91뒤: 黃一皓는 칼이 은은히 소리를 내니, 凶兆라고 짐작하였다. -한거만록
92뒤: 金錫胄가 죽은 후 평안도 무인이 김석주 귀신이 든 것처럼 꾸며서 그 말을 들은 김석주 집안이 몰락하였다. -공사견문록

< 幽怪 >
92뒤: 李寅甫가 여귀와 동침하였다. -補閑集
93뒤: 洪允成이 羅州 城隍祠의 귀신을 혼내주었다. -오산설림
94앞: 金紐가 귀신 든 집을 사서 부자가 되었다. -어우야담
94앞: 權擘이 전염병이 든 친구에게 갔더니 귀신이 그를 피하였다. -어우야담
94뒤: 金庾信이 귀신에게 당하자 鄭希良이 구해주었다. -月汀漫錄
95앞: 金穎達은 荷葉에 쓰인 神女의 시를 얻었다가 官妓 때문에 잃어버렸다. -어우야담
96앞: 三陟에 귀신이 나타나 府使들이 죽었고, 宋麒壽는 황급히 피하였다. -○
96뒤: 金孝元이 삼척 귀신을 진정시켰다. -어우야담
97앞: 金克孝가 楊口에서 귀신에게 당할 뻔하였다. -한거만록
97뒤: 柳自新이 귀신 말을 듣고 이사 가서 부자가 되었다. -부계기문

< 精魄 >
98앞: 宋軼이 洪貴達의 원혼을 달래주어서 자손이 복을 누렸다. -어우야담
98뒤: 李慶流의 원혼이 형 李慶濬에게 나타났다. -어우야담
99뒤: 河應臨의 혼령이 친구에게 나타나서 집안일을 부탁하였다. -○
99뒤: 朴素立이 死後에 친구에게 나타나서 구슬을 주었다. -국당배어
100앞: 兪昔曾의 혼령이 蕭川 官奴에게 降憑하였다. -국당배어
100뒤: 任絿의 혼령이 아들에게 나타났다. -국당배어
101앞: 姜邯贊은 사람들을 해친 호랑이를 꾸짖어 보냈다. -용재총화
101뒤: 金之岱가 義城官樓에 지은 시가 없어졌는데 미친 여자가 그 시를 외웠다. -東人詩話
102앞: 權弘이 꿈에 나타난 노인의 부탁으로 자라 구우러 가자는 친구 제안을 거절하였다. -청파극담
102앞: 申叔舟에게는 청의동자가 평생 따라다녔다. -어우야담

103앞: 田禹治는 도술을 부리는 것을 宋麒壽가 申光漢 집에서 보았다. -○
103앞: 불교를 좋아한 金自謙이 죽으면서 부인을 吳彦寬에게 부탁하였다. -어우야담
103앞: 楊士彦이 죽을 때 그가 큰 글씨로 써놓은 종이도 날아가 버렸다. -어우야담
104앞: 林鳴殷이 술 취했을 때 마당에 있는 홰나무의 神이 마중을 나왔다. -송와잡기

3. 내용

『碧城消暑錄』은 벽성에서 더위를 잊고자 기록한 글이라는 뜻이다. 벽성에서 여름철에 기록한 것이라고 추측할 수 있다. '벽성'은 황해도에 속한 군(郡)으로서, 해주와 통폐합되기도 하였다.

『碧城消暑錄』은 찬자의 창작이 아니라 기존의 문헌에서 抄寫한 기록이다. 찬자는 매 이야기의 말미에 출전을 기록해 두었는데, 출전의 총수는 56종이다. 찬자가 이용한 문헌과 이야기 수량을 표시하여 소개하면 다음과 같다.

　　　於于野談 34편, 公私見聞錄 15편, 靑坡劇談 12편, 秋江冷話 5편, 竹窓閒話 3편, 涪溪記聞 8편, 東閣雜記 6편, 菊堂俳語 22편, 鮫山詩話 1편, 閑居雜錄 3편, 晦隱雜錄 1편, 淸江詩話 2편, 巴人識小錄 14편, 玄湖瑣談 3편, 靑坡日月錄 2편, 筆苑雜記 7편, 慵齋叢話 15편, 筆苑雜記 7편, 寄齋雜記 10편, 太平閑話 10편, 謏聞瑣錄 7편, 思齋摭言 3편, 芝峯類說 10편, 圃樵雜錄 3편, 淸江笑叢 2편, 雙泉雜談 1편, 破寂雜話 2편, 破寂閒話 1편, 破寂新話 1편, 萍湖雜記 1편, 鰜鯖瑣語 4편, 石潭日記 1편, 秋淵癸甲錄 1편, 荷潭破寂錄 3편, 春坡日月錄 1편, 晦隱雜識 6편, 西厓雜錄 1편, 白雲小說 1편, 松溪漫錄 1편, 五山說林 4편, 蛟山詩話 1편, 松窩雜說 1편, 松窩雜記 2편, 閑居漫錄 6편, 月汀漫錄 3편, 遣閒雜錄 6편, 稗官雜記 1편, 龍泉談寂記 1편, 松窓雜記 1편, 破閑集 1편, 破閑雜話 1편, 秋村漫錄 1편, 睛窓軟談 1편, 破閑新話 2편, 補閑集 1편, 東人詩話 1편.

찬자가 이용한 문헌들의 빈도를 살펴보면 『어우야담』(34편)과 『국당배어』(22편)가 압도적으로 많은 수를 차지하고 그 다음에 『공사견문록』(15편), 『파인지소록』(14편), 『용재총화』(13편), 『청파극담(12편)』, 『기재잡기』(10편), 『태평한화』(10편), 『지봉유설』(10편) 등이 뒤를 잇는다.

출전이 기록되지 않은 이야기는 23편이다. 23편의 각 편에 대해 중심인물을 통해서 시기를 파악하면 다음과 같다.

2뒤: 南以雄(1575~1648), 2뒤: 朴筵(朴說: 1464~1517의 玄孫), 5앞: 金壽賢(1565~1653), 5뒤: 尹昉(1563~1640), 13뒤: 鄭碏(1533~1603), 14앞: 朴篪(선조 때 인물), 14뒤: 權侙(인조 때 문신), 18앞: 世宗, 21앞: 李浣(1602~1674), 22뒤: 許稠(1369~1439), 49앞: 柳灌(1484~1545), 52앞: 朴堧(1378~1458), 61뒤: 重試의 기원,

63앞: 李爾瞻(1560~1623), 64뒤: 문과에 급제한 이들, 78앞: 成石磷(1338~1423), 78뒤: 鄭以吾(고려말, 이조 초의 인물), 82뒤: 淸原尉 韓景祿(中宗의 부마), 96앞: 宋麒壽(1506~1581), 99뒤: 河應臨(1536~1567), 103앞: 田禹治, 宋麒壽

이 가운데 82장 뒷면에 기재된 淸原尉 韓景祿의 이야기는 『지봉유설』 권14 문장부 7 「麗情」에 기록된 이야기를 抄한 것이다. 출전을 기록하지 않은 이유는 단순한 누락으로 보인다. 여타의 이야기들 역시 다른 문헌에서 抄한 경우가 대부분일 것이다. 찬자가 직접 보고들은 일이 아닌 이상에 다른 문헌을 참고하지 않을 수 없기 때문이고, 『벽성소서록』 전반을 보건대 출전의 기록을 변형시키지 않고 그대로 옮겨 적고 있기 때문이다. 물론 抄한 것이 아니라 찬자가 처음 기록한 것도 있을 수 있다.

출전이 기록되지 않은 이야기 가운데 64장 뒷면부터 66장 앞면까지 기재된 '대를 이어 문과에 급제한 이들에 대한 소개' 항목이 주목을 끈다. 그 내용 가운데 "현재 지사 이하원까지 이상 13대에 걸쳐 11명이 문과에 급제하였다(今知事夏源, 以上十三代十一科文科)"와 "현재 판서 민응수의 아들 민백창까지 이상 6대에 걸쳐 문과에 급제하였다.(今判書應洙子百昌, 以上六代文第)"는 부분이 있다. 李夏源은 1696년에 문과에 급제하였고, 閔百昌은 英祖 16년(1740년) 增廣試 丙科에 급제하였다. 이 기록은 『벽성소서록』에 실린 이야기들 가운데 가장 후대의 사실을 기록한 것으로 보인다. 또한 다른 이야기들이 대체로 선조 시대까지의 사건들을 다루고 있는 데 비하여 이 기록은 영조 때의 인물을 기재하고 있다는 점에서 다른 이야기들과 성격이 다르다. 그런 점에서 이것은 다른 문헌에서 그대로 옮겨 적은 것이 아니라 찬자가 직접 작성했을 가능성이 있다. 만약 그렇다면 『벽성소서록』의 찬술 시기는 1740년보다 조금 뒤인 18세기 중후반이 되는 셈이다.

찬자는 다른 문헌에서 抄하면서 표현을 바꾼다거나 하지 않으며 그대로 轉載하는 태도를 취한다. 그런데 간혹 자신이 알고 있는 사실과 다르다거나 보충할 필요를 느끼는 몇몇 경우에는 짤막하게나마 주석이나 비평을 달았다. 여기서 주석은 작은 글씨로 한 줄에 두 행씩 써 내려간 것이고 비평은 본문과 같은 크기의 글자로 쓰인 것을 말한다.

6장앞: 李悌胤은 金安老의 뜻을 거슬러 귀양 가는 陳宇를 혼자서 전별하였다. -涪溪記聞
註: 陳壯元의 이름은 陳宇寧과 유사하다.
26앞: 鄭士龍은 詩文에 능했으나 經術은 닦지 않았다. -思齋摭言
評: 史氏는 말한다. 경연의 進講을 唐瘝에 비유하니 망령됨이 심하다. 정사룡이 文詞에 힘

쓴 것으로도 이러한 근심이 있는데, 하물며 정사룡에게 미치지 못하면서 論思의 지위를 차지하고 있는 자들은 어떠하겠는가?

　　29앞: 沈鋼은 친구들과 함께 기녀들을 불렀다가 놀림을 당하였다. -淸江笑叢
　　評: 『어우야담』에서는 蘇魚를 칼질한 上舍가 판서 盧植이라고 하였는데, 무엇이 옳은지 알 수 없다.

　　33뒤: 尹希宏은 水石을 좋아하였는데 成擇善이 남산 鼇頭로 농담하였다. -於于野談
　　評: 살펴건대, 성택선은 成好善의 형이다. 怪石으로 장난친 동일한 사건을 각각 말한 것이 아닐까?(바로 위의 이야기에서 유사한 내용이 성호선의 일로 되어 있음)

　　35뒤: 李敬興는 韓仁及이 承文院 免新禮 때 지은 시를 개작하였다. -菊堂俳語
　　評: 거리의 이야기를 들으니, 韓氏와 盧氏 둘이 孫必大와 같이 앉아서는 한씨와 노씨 둘이 놀리려고, ‘한씨는 大姓이요 노씨도 大姓이라, 자식을 낳아도 크고 손자를 낳아도 크리라.’라고 쓰자, 孫生이 바로 붓을 들어 大자 옆에 점을 찍으니 犬자로 변하여서, 한씨와 노씨가 도리어 조롱을 받게 되었다는 말이 있다. 두 이야기 가운데 무엇이 옳은지 알지 못하겠다.

　　81앞: 중종 때 명기 上林春은 申從濩 등에게 시를 받고, 宋寅의 종 石介가 가무를 잘하여 洪暹 등에게 시를 받았다. -遣閑雜錄
　　評: 옛적에 賤婦가 시인을 만나서 이름이 남겨지는 경우가 참으로 많다. 黃四娘은 子美, 柳枝妓는 義山, 商婦는 樂天, 國香은 曾直, 朝雲은 子瞻, 安榮坊 倪氏는 瞿宗吉, 우리나라의 上林春은 申次韻, 石介는 林子順에게 그러한 것이다.

　　83뒤: 論介가 倭將을 안고 몸을 던졌다. -於于野談
　　註: 들으니, 논개의 절개를 춘추에 饗飼하고 府妓가 제사지낸다고 한다.

　6장 앞면 이야기에 대한 주석인 “陳壯元의 이름이 陳宇寧과 유사하다.(陳壯元名, 似是宇寧.)”는 말은 陳宇의 이름이 陳宇寧인 듯하다고 평한 것 같은데, 이에 대해서 따로 근거를 적어놓지는 않았다. 『국조인물지』中宗朝를 보면 ‘陳宇’로 되어 있다.
　81앞의 이야기에서는 석개가 洪暹에게서 시를 받았다고 기록되어 있는데, 찬자는 林子順 즉 林悌와 관계된 일이라고 잘못 기재하였다. 아마도 임제가 황진이에게 제문을 쓴 것이 떠올라서 착각한 듯하다.
　주를 달거나 비평을 한 경우는 전체 분량에 비하여 극히 일부분에 한정되어 있다. 이는 앞에서 언급한 편찬자의 편집 태도와 관련 있다. 편찬자는 자신의 관심을 끄는 항목에 대해 원

텍스트의 문면을 훼손하지 않고 그대로 옮겨 놓을 뿐이다. 그런데 위에 인용한 주나 비평을 보면 일단 편찬자는 윤리나 교훈적인 면을 그리 강조하고 있지 않다. 정사룡 이야기만이 예외적이다. 유학자들에게서 보이는 교훈성을 부각시키지 않는 것으로 보아 편찬자는 이야기의 흥미성 즉 감동과 재미에 대해 관심이 있는 듯하다. 원 텍스트와 다른 이야기를 알고 있으면 이를 附記해 놓는 것도 편찬자의 관심도를 알 만하다. 물론 이것은 博學의 관점에서 비롯된 것이고, 직접적으로 이야기의 흥미성을 강조하지는 않았다. 그러나 편찬자가 이야기의 흥미에 관심이 있다는 점은 각 항목의 비중을 살펴보면 분명히 알 수 있다. 전체 25항목 가운데 10편이 안 되는 항목들이 절반(14)을 차지하는 가운데 諧謔의 경우 50편이나 되고, 艶情은 27편, 譏嘲는 25편을 차지한다. 편찬자의 주된 관심사가 해학에 있음을 알 수 있다. 나아가 災妖(13편)나 幽怪(10편), 精魄(14편) 등 귀신과 관련된 기록들로 보아, 찬자는 규범적인 성향에 얽매어 있지 않음을 알 수 있다.

'科第' 항목에 속하는 63장 뒷면에 있는 이야기는 金尙憲에 관한 부정적인 인식을 담고 있다. 이 부분은 작자의 정치적인 성향을 보여주는 것일 수 있다는 점에서 관심을 끈다. 이야기는 다음과 같다.

> 병자년(1636) 가을 監試 二所에 東溟 鄭斗卿이 試官이 되었다. 擧子들이 정두경은 先聖을 모욕하였다고 소요를 일으켜서 罷場하였다. 淸陰 김상헌은 兩試에서 각각 백 명씩 더 뽑아서 二所의 수를 보충하자고 하였는데, 구차함이 심하였다. 識者들이 비난하였다.

위 이야기는 1636년 7월9일에 일어난 사건으로서 『승정원일기』에서 관련기록을 찾아 볼 수 있다. 7월 13일에 기록된 幼學 閔壽 등의 上疏를 보면, 몇몇 擧子들이 鄭斗卿을 비판하는 通文을 만들어 懸題板에 걸고 소요를 일으켰고 결국 罷場하게 되었음을 알 수 있다. 정두경은 京畿都事 시절 振威鄕校에서 先聖을 모욕하였다고 하여, 1635년 2월에 振威 유생들이 상소를 올렸던 것이다.[1] 罷場 사건에 대한 위 이야기와 관련하여 당일에 기록된 正言 林壔의 啓를 보면, 이전에 罷場한 경우가 2, 3곳에 이르더라도 원래 정한 인원수에 더한 경우가 없으므로 '重臣'이 一所에서 200명을 더 취하자고 한 것은 구차하다고 하였다.[2] 위 이야기와 비교해 볼 때 이 '重臣'이 바로 김상헌을 가리킴을 알 수 있다. 『승정원일기』에서는 구체적으로 지명하지 않았는데, 위 이야기에서는 구체적으로 밝힌 것이다. 비난의 강도가 높지는 않지만, 老論 계열 인사라면 김상헌에 관한 부정적인 이야기를 뽑지는 않았을 것이다. 하지만 이러한

---

1) 『大東野乘』 권50 『凝川日錄 7』 을해년(1635) 2월 27일자, 『승정원일기』 인조 13년 2월 8일자 기사 참조.

2) "自前外方罷場者, 雖至二三處, 而覆試試取之數, 則未爲不足, 故本無增損元額之規矣, 聖敎所謂覆試時, 減數試取, 則有傷國體, 重臣所論加取二百於一所, 則事涉苟且, 臣實未知其妥當也." 『승정원일기』 인조 14년 (1636) 7월 9일.

추정은 아직 근거가 충분하지 못하다. 좀더 면밀한 검토가 이루어져야 편찬자에 대해 확정할 수 있을 것이다.

기록 가운데 눈에 띠는 오자를 적시하면 다음과 같다.

6뒤: 洪彦純-洪純彦의 오기. 14뒤: 瑞忽臺-瑞葱臺의 오기. 25앞: 註書-注書의 오기. 32뒤: 倣業-倣業의 오기. 33앞: 絮伯-恕伯의 오기. 48앞: 蚊山詩話-蛟山詩話의 오기. 77앞: 李諸賢-李齊賢의 오기. 80뒤: 求川君-永川君의 오기. 82뒤: 韓宗祿-韓景祿의 오기. 88앞: 鰷鯖瑣話-鰷鯖瑣語의 오기.

4. 가치

『벽성소서록』은 18세기 중 후반에 黃海道 碧城에 거하던 인물이 여러 문헌에서 관심 있는 이야기들을 초록하여 엮은 책이다. 이야기들의 성격은 逸話가 많고, 풍속의 기원을 밝히는 짤막한 記事 등이 그 뒤를 잇는다. 이 책에서 인용한 많은 문헌 가운데에는 쉽게 찾아보기 어려운 문헌들이 꽤 있다. 이 문헌들의 존재를 알려주는 것이 『벽성소서록』의 일차적 가치라고 할 수 있다.

『벽성소서록』에서 출전을 밝혀놓지 않은 기록들이 더러 보이는데, 그것들도 대부분 찬자가 처음 서술한 것이라기보다는 이전 기록을 초록한 것일 가능성이 많다. 물론 그 가운데 찬자가 당시대의 사실을 직접 기록한 것처럼 보이는 것도 있다. 우선은 이러한 것들에 대해 면밀한 검토가 이루어져야 한다.

【이대형】

北槎錄

尹致定(1800~?）著.
寫本. 1册(61張)：23.5×26cm. 8行 10字 內外.

1. 저자

尹致定(1800~ ?)[1]의 本貫은 海平, 字는 士能, 諡號는 文淸이다. 외조부는 柯汀 趙鎭寬(1739~1808), 장인은 方野 李輝正(1760~ ?)으로 노론가 출신이다. 1829년(순조 29) 정시 문과에 병과로 급제, 여러 청환직을 거쳐, 1834년 홍문관에 뽑혔다. 1836년 孝顯王后를 책봉할 때 嘉禮都監都廳에 선임되었고, 병조정랑에 올랐다. 1838~39년 寧邊府使, 1843~44년 義州府尹, 1845년 한성부좌윤, 1846년 대사성, 이어 형조판서 등을 지냈다. 1857년 純元王后가 죽자 國葬都監提調가 되었다. 1858년 大護軍, 1860년 예조판서를 거쳐 의금부판사, 1861~63년 평안감사, 1864년(고종 1) 이조판서를 역임하였다. 글씨를 잘 썼으며 현재까지 문집 등 저술은 발견된 것이 없다.

石醉 尹致定의 시에 文汝, 景賢, 垂雲, 史埜, 蕉田이란 인물이 차운시를 남겼는데, 文汝, 景賢은 누구의 字인지 확인할 수 없고, 垂雲은 成翼曾(1786~ ?)의 號로 正祖의 知遇를 입었던 靑城 成大中(1732~1809)의 손자임이 확인된다. 서얼 명가 출신으로 형 茗山 成祐曾(1783~1864) 역시 문학으로 이름이 있었고, 1818년 동지사 正使 鄭晩錫(1758~1834)을 수행하여 燕行한 바 있다(연행시집 현존). 史埜(野)는 權大肯(1790~ ?)의 호로 정조 연간 병조판서를 지낸 葉西 權襏(1729~1801)의 손자이다. 1823년 문과에 합격한 뒤 벼슬이 예조판서에 이르렀다. 1844년 동지사의 副使로, 1850년 동지사의 正使로 두 차례 燕行한 바 있다. 문집『史野集』(2책, 연세대 소장)이 필사본으로 전한다. 蕉田은 누구의 호인지 미상이다.

2. 구성

이 책은 北京에서의 약식 日記와 그날 지은 詩(次韻作 포함)로 구성되어 있다. 燕行詩集으로는 특이하게 北京에 들어가 체류할 때의 것만이 기록되어 있다. 즉, 1847년 12월 23일부터 1848년 1월 13일까지의 날씨 및 일정, 詩를 수록하고 있다. 12월 23일의 경우를 들어보면,

> 23일 날이 갰다가 어두웠다가 했다. 館(조선관)에 체류하다. ○어제는 例대로 靈臺宴이 베풀어지는 날이었다. 우리 사신들은 이에 참가키 위해 행차를 서둘러 매년 이 날짜에 맞춰

---

1) 본서는 序跋이 전혀 없는 6인 공동의 燕行 詩集이다. 약식 日記는 작은 글씨로 쓰여 있고, 해당 일에 지은 詩는 큰 글씨로 쓰여 있다. 이름은 없이 號와 字로 해당 시의 작자가 명기되어 있다. 시는 전부 42題로 石醉라는 이의 시에 5인의 시인이 次韻한 것으로 구성되어 있다. 石醉는 1847년 冬至使의 副使 尹致定의 號임을 확인할 수 있다.

(북경에) 들어온다. 금년에도 또 이것 때문에 그저께 조선관에 도착하였으나 宴은 베풀어지지 않았다. 다만 例대로 물건이 頒賜되었는데 玻璃器 2건, 玻璃鼻烟壺 1개, 瓷器 1건, 小荷包 2개 (중략) 등이다. 三使가 동일하다.

라는 일기가 있고, 연이어 「梅花」(7언율시)라는 題로 石醉, 文汝, 景賢, 垂雲, 史埜, 蕉田의 시와 「雪」(7언율시)이란 題로 石醉, 文汝, 景賢, 垂雲, 史埜, 蕉田의 시가 수록되어 있다. 石醉의 「梅花」를 소개한다.

瓷盆培土氣相蒸	사기 그릇에 흙을 북돋우니 온기가 무럭무럭
玉立天然畵未能	옥같은 매화 천연스러우니 그려낼 수도 없어라.
如是觀之塵累節	如是觀의 塵累節
等閒交處道心凝	등한히 엇갈리는 곳에 道心이 응결되네.
殊鄕邂逅空多戀	머나먼 땅에서 만나니 부질없이 더 어여쁘구나
此地流離逈一層	이곳에서 떨어지면 한층 더 멀게 느껴지겠지.
羈窓日夜看無厭	客窓에서 밤낮으로 이 매화를 보니
謄忘今行惱飮氷	使行 노정의 괴로움 잊고도 남겠네.

史埜, 蕉田은 12월 25일 이후로는 次韻이 없고, 石醉의 시에 文汝, 景賢, 垂雲만이 계속 次韻을 하고 있는 것으로 보아 文汝, 景賢, 垂雲만 석취 윤치정의 수행원으로 동행한 이들이고, 史埜와 蕉田은 이 사행이 귀국 후에 詩稿를 보고 차운한 것으로 추정된다(史埜의 경우 1월12일조 아래에 「追錄史野次韻」이란 이름으로 <洞庭橋> 이하 27제의 시가 몰아서 수록되어 있다). 필체 역시 한 사람의 것임으로 보아 귀국 후에 개별 詩稿들을 누군가 한 명이 깨끗이 다시 옮겨 적은 것이 분명하다. 표지 '北槎錄' 우측에는 교정을 완료했다는 ○표시가 있는 바, 이 책의 중간 중간에는 교정 가필의 흔적이 많이 있다. 이 책에 수록된 시인별 총 수록 편수는 다음과 같다.

石醉 42제 51수
文汝 34제 38수
景賢 34제 38수
垂雲 34제 38수
史埜 32제 35수
蕉田 6제 6수

3. 내용

　이 사행은 동지사은사로 三使는 正使 成遂默, 副使 尹致定, 書狀官 朴商壽였다. 연행 기간은 1847년 10월부터 1848년 3월까지이다.
　앞서 언급한대로 이 책은 전부 약식 일기와 시로 구성되어 있는 바 그 내용은 다음과 같다.

　　二十三日乍晴乍陰留館　○昨日例設靈臺宴, 東使爲參促行, 每趁此日, 今年亦爲此再昨抵館, 宴則不設, 只頒例賞玻璃器二件(중략)三使同.
　「梅花」(7언율시) 石醉, 文汝, 景賢, 垂雲, 史埜, 蕉田
　「雪」(7언율시) 石醉, 文汝, 景賢, 垂雲, 史埜, 蕉田

　　二十四日晴溫留館
　「水仙花」(7언율시) 石醉, 垂雲, 文汝, 景賢, 史埜, 蕉田
　「紀事」(7언율시) 石醉, 垂雲, 文汝, 景賢, 史埜, 蕉田

　　二十五日晴溫留館
　「紙砲」(7언율시) 石醉, 垂雲, 文汝, 景賢, 史埜, 蕉田
　「紀事」(7언율시) 石醉, 垂雲, 文汝, 景賢, 史埜, 蕉田
　「同行諸君, 日日出遊, 戲題以示」(7언율시 2수)
　「見商儈日閙各房求售諸貨, 戲題」(7언율시 1수)

　　二十六日晴溫留館　○食後三使奉諸正官演禮鴻臚寺(하략)
　「演禮鴻臚寺」(7언절구)
　「洞庭橘」(5언율시) 石醉, 文汝, 景賢, 垂雲
　「紀事」(5언율시 2수)
　「茶(5언율시) 石醉, 垂雲, 文汝, 景賢

　　二十七日微雪陰留館
　「暹羅國人」(5언율시) 石醉, 垂雲, 文汝, 景賢
　「觀太眞沐浴圖」(5언율시) 石醉, 垂雲, 文汝, 景賢

　　二十八日晴寒留館
　「香」(5언율시) 石醉, 垂雲, 文汝, 景賢

「橐駝」(5언율시) 石醉, 垂雲, 文汝, 景賢
「紀事」(7율, 5율 각 1수)

二十九日晴寒留館 ○皇帝祫祭太廟(하략)
「魚缸」(5언율시) 石醉, 垂雲, 文汝, 景賢
「鏡」(5언율시) 石醉, 垂雲, 文汝, 景賢
「赴闕, 紀所見」(5언율시)

三十日晴寒留館 ○參保和殿歲終宴(하략)
「皇廟祫祭」(5언율시) 石醉, 垂雲, 文汝, 景賢
「紀事」(5언율시) 石醉, 垂雲, 文汝, 景賢
「保和殿宴」(5언율시) 石醉, 垂雲, 文汝, 景賢
「餞歲」(5언율시) 石醉, 垂雲, 文汝, 景賢
「除夜」(7언율시)

戊申正月初一日丙子晴寒 ○曉三使赴太和殿庭參賀班(하략)
「元日」(7언율시 3수)

初二日丁丑晴寒留館
「元日」(5언율시) 石醉, 文汝, 景賢, 垂雲
「太和殿朝賀」(5언율시) 石醉, 文汝, 景賢, 垂雲

初三日戊寅晴寒留館
「象」(5언율시) 石醉, 垂雲, 文汝, 景賢
「紀事」(5언율시) 石醉, 垂雲, 文汝, 景賢

初四日己卯晴寒留館
「紀事」(5언율시) 石醉, 垂雲, 文汝, 景賢 각 2수

初五日庚辰晴寒 ○皇帝有疾以四阿哥奕詝(皇帝四子)挾行祈穀祭, 故迎送之禮停之. ○觀幻戲熊猿之技.
「幻戲」(5언율시) 石醉, 垂雲, 文汝, 景賢
「熊猿諸技」(5언율시) 石醉, 垂雲, 景賢, 文汝

初六日辛巳晴溫留館 ○曉赴紫光閣, 因皇帝有疾, 宴則停止. 只頒賞(하략)

「紀事」(5언율시) 石醉, 垂雲, 文汝, 景賢 각 2수

初七日壬午晴溫留館
「紫光閣」(5언율시) 石醉, 垂雲, 文汝, 景賢
「玉蝀橋」(5언율시) 石醉, 垂雲, 文汝, 景賢

初八日癸未晴溫留館
「紀事」(5언율시) 石醉, 文汝, 垂雲, 景賢 각 2수

初九日甲申陰留館
「石經碑」(5언율시) 石醉, 垂雲, 文汝, 景賢
「書肆」(5언율시) 石醉, 垂雲, 文汝, 景賢

初十日乙酉朝晴晚陰留館 ○皇帝幸圓明園, 曉祇送于西三座門外

十一日丙戌陰留館 ○大車始到云

十二日丁亥晴寒留館 ○納方物
「紀事」(5언율시) 石醉, 垂雲, 文汝, 景賢 각 2수

「追錄史野次韻」: <洞庭橘>, <茶>, <暹羅人>, <春浴圖>, <香>, <橐駝>, <魚缸>, <鏡>, <袷祭>, <紀事>, <保和殿宴>, <餞歲>, <元日>, <朝賀>, <象>, <紀事>, <紀事>, <紀事>, <幻術>, <熊猨>, <紀事>, <紫光閣>, <玉蝀>, <紀事>, <石經>, <書肆>, <紀事>

十三日戊子朝陰晚風 ○觀雍和宮, 拜文廟, 觀古石鼓, 登辟雍, 賞石經碑, 拜文丞相祠.
「五龍亭」(7언율시) 石醉, 垂雲, 文汝, 景賢
「萬佛寺」(7언율시) 石醉, 垂雲, 文汝, 景賢

6인의 시 206수가 수록되어 있는데 대부분 북경에서 본 기이한 경물과 풍속, 궁궐 등을 읊은 것이다. 즉, 폭죽[紙砲], 洞庭橘, 茶, 香, 낙타, 어항, 코끼리, 마술[幻戲], 서점 등이 그 것이다. 이외에는 感懷를 읊은 것이 약간 있다.

4. 가치

이 자료는 1847년 冬至使 副使 石醉 尹致定(1800~ ?)과 그 수행원 3인(文汝, 景賢, 垂雲)의 燕行 詩集으로 이들이 귀국한 후 국내 인사 2인(史埜, 蕉田)의 追加 次韻詩가 첨부되었다. 총 수록된 시는 206수이다. 垂雲은 성대중의 손자 成翼曾의 호이고, 史埜는 판서 權大肯의 호임을 확인하였다.

이 자료는 『연행록전집』(임기중 편, 동국대출판부, 2002)에도 누락된 미발굴 연행시집으로, 또 1847년 동지사행의 다른 연행록이 남아 있지 않기에 일정한 자료적 가치를 가진다. 아울러 석취 윤치정의 문집이 현재 발견되지 않고 있다는 점에서 그 문학의 片鱗이나마 확인할 수 있다는 점에서 의미를 지닌다고 할 수 있다.

【김영진】

北轅錄

李義鳳(1733~1801) 著.
  草稿本. 5卷 5冊(1冊 89張, 2冊 71張, 3冊 87張, 4冊 92張, 5冊 112張) ;
  30×18cm. 10行 24字.
  印記 : 完山世家, 李商鳳, 伯祥, 寬悔堂.

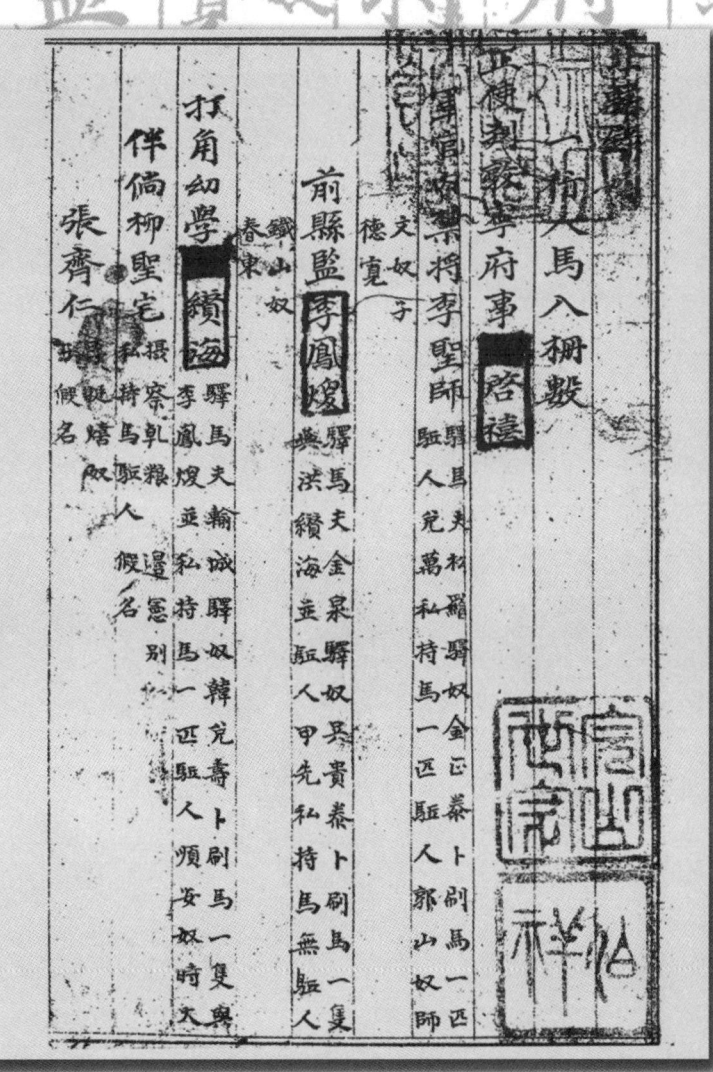

1. 저자

李義鳳(1733~1801)[1]의 本貫은 全州, 字는 伯祥, 號는 懶隱이다. 세종의 5남인 광평대군의 후손으로, 대사헌을 지낸 李徽中(1715~1786)과 달성 서씨(1714~1781, 徐宗玉의 딸) 사이에 3남 1녀의 장남으로 태어났다. 그의 집안은 소론 명가로 증조부 李澤은 아들 다섯을 두었는데 그 중 셋이 文科에 급제하였다. 3남 李顯良(號 月潭, 官 獻納)이 이의봉의 조부이다. 이현량의 네 아들 중 막내 휘중은 文科를 했고, 나머지 셋은 小科만 하였으나 모두 학식이 높았다(둘째 敎中은 『同文彙考』의 편자임). 또 정조 초년 정치사와 학술사에 이름을 남긴 徐命膺·徐命善은 이의봉의 외삼촌이 된다.

이의봉은 1759년(27세)에 생원시에 합격하고, 翊贊 등을 지내다가 1773년(41세) 3월 增廣覆試(文科)에 동생 義駿과 함께 합격하였다. 부친 이휘중은 두 아들이 함께 합격하였다 하여 특별히 공조참판을 제수받았다. 직후 경기암행어사(1773.11), 은산현감(1774 겨울~1775), 부수찬(1776.9), 부사과 등을 지내다가 정조의 즉위와 함께 터진, 사도세자의 죽음에 문제를 제기한 李德師(1721~1776) 사건에 연루되어 감옥에 갇혔다가 1776년 12월 풀려났다. 校理를 지내다가 信川郡守(1788.10~1789.6)로 강등. 修撰(1790.9), 회양부사(1792.1~6), 대사간(1799.10 및 1800.12), 좌승지(1800.4), 공조참판(1800.4) 등을 지냈다.[2] 編·著로는 『懶隱囈語』(일실) 『古今釋林』(40권 20책)·『東國山川志』(연세대 소장, 7권 5책)[3]·『殷山誌』·『淮陽誌』 등이 있다. 이의봉은 初娶 海州崔氏(1732~1756, 崔景興의 딸) 및 再娶 청주한씨(1736~1762) 사이에 모두 자녀를 두지 못하고 동생 의준의 아들인 泌淵을 入系했다.

이의봉의 생애와 저작에 대해서는 일찍이 정인보 선생의 간략한 소개가 있었지만,[4] 그 이름이 학계에 비교적 널리 알려지게 된 것은 어록·어휘 사전인 『古今釋林』(40권 20책)이 영인 소개되면서부터다.[5] 『고금석림』 인용서목에는 자신의 『西轅錄』·『東國山川志』, 부친 李徽中의

---

1) 李義鳳의 初名은 商鳳인데, 1774~76년 사이에 義鳳으로 개명했다. 같은 때에 동생 商駿도 義駿으로 개명했다. 본 해제에서는 학계에 더 많이 알려진 이름인 義鳳으로 통일하여 쓴다.

2) 참고로 동생 이의준 역시 1763년 생원이 된 뒤 1773년 형과 同榜 급제하였다. 1777년 7월 향리방축되었다가, 1784년 8월의 대사면령에 의해 사면되었다. 이후 서산군수(1790.10~1792.윤4월), 종성부사(1793.5~1795.윤2월), 황해도관찰사(1797.4~1798.12) 등을 역임했다.

3) 정조는 방대한 규모의 『해동읍지』 편찬을 지시하여 여러 실무진을 꾸렸다. 이의봉은 各道 山川 부분을 맡았는데 이 책은 이 때 지어 올린 것이다. 『해동읍지』와 관련해서는 이광규 찬, 「선고적성현감부군연보下」 기유년(1789)조 참조.(『청장관전서』 부록)

4) 『국학산고』(『담원정인보전집』2, 연세대출판부, 1983) 참조. 한편 『北轅錄』은 최근 고운기에 의해 해제된 바 있는데(『국학고전 연행록해제1』 2002, 동국대 한국문학연구소). 저자의 출신이나 생애를 考究하지 못하였고, 한글본 『셔원록』의 존재를 언급하지 못하는 등 미진한 부분이 있다.

5) 전4책, 아세아문화사, 1977년 刊. 이 책은 규장각본(규 12253)을 저본으로 영인한 것이다. 규장각에는 이 외에 한 부가 더 있으나 두 본 모두 일제시대에 필사된 後寫本들이다. 연세대소장본은 이의봉 집안에서 나온 이의봉의 수택본으로 보이기에 훨씬 善本에 해당한다.

『大學講義』·『莊子標題』, 조부 李顯良의 『讀孟　錄』, 從祖 李顯相의 『日省錄』, 族祖 李顯益(農巖 金昌協의 제자, 현감)의 『正菴集』 등이 올라 있다. 동생 이의준은 1798년 황해감사로 재임 중에 감영에 난 화재 때 자신이 애지중지하던 類書이자 백과사전인 『玉海』(송 왕응린 편, 200권, 21門)를 구하고자 하다가 火傷으로 죽었다고 하는데(홍한주, 『지수염필』) 이 집안의 家學 성향을 잘 보여주는 예라고 할 수 있다. 우선 가계도를 살펴본다.

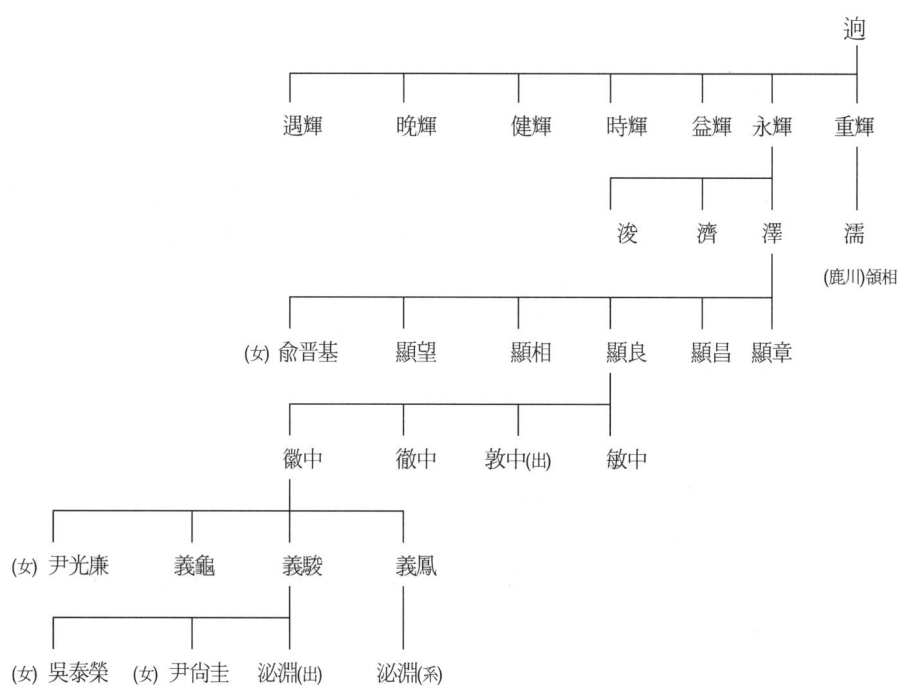

[도표1] 이의봉 집안 가계도(『璿源續譜』 太祖子孫錄 撫安大君派)

서명응·서명선은 이의봉의 외삼촌일 뿐 아니라 양가는 학술면에서도 매우 긴밀한 관계를 가지고 있다. 조선후기 학술사에 상당한 의미가 있으므로 양가의 관계를 좀더 설명한다.

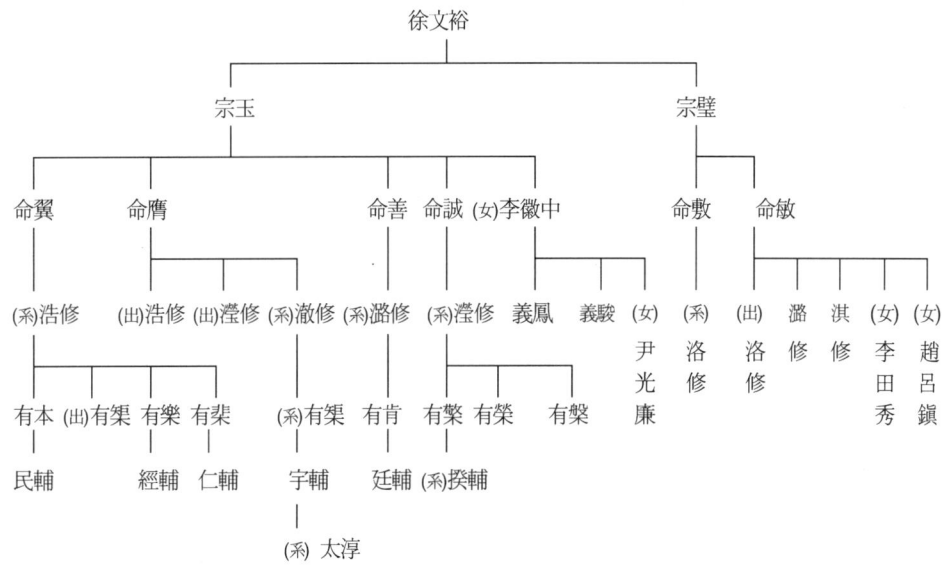

[도표2] 서명응 집안 가계도(『대구서씨세보』)

이 도표를 통해 家系上 눈여겨 볼 부분이 몇 가지 있다. 하나는 서호수·형수 형제와 이의봉·의준 형제가 고종사촌이라는 점이다. 이의준(1738~1798)은 서유구의 스승이기도 하고[6] 『小華叢書』의 편찬·기획에도 깊이 관여하고 있었다.[7] 이 두 형제 모두 학술 방면에 조예가 있었는데, 서유구 집안과 상호 영향 관계가 깊다(한편 이의봉·의준의 매제인 尹光廉은 『幷世集』[8]의 편자 尹光心의 동생이다).

또 하나는 『保晩齋叢書』—『海東農書』—『林園十六志』—『閨閤叢書』—『胎敎新記』(師朱堂李氏 저)—『文通』(柳僖 편) 등 18, 9세기 큰 의미를 갖는 주요 학술 총서들의 찬자가 모두 인척 관계로 얽혀 영향을 주고 있다는 점이다.[9] 1809년 편찬된 『규합총서』는 여성에 의해 편찬된 家

---

6) 이의준은 서유구의 초년 문집인 『楓石鼓篋集』에 이덕무, 성대중과 함께 評도 남겼다. 서유본의 「感舊詩十首幷序」(『左蘇山人文集』 권2)는 서유본이 젊은날 절친했던 10명의 師友(徐瀅修, 이의준, 박제가, 유련, 유득공, 金泳, 沈墪, 金安基, 성대중, 이희경)를 만년에 회고하며 지은 7언시인데, 이의준에 대해서 "鵠立承明侍講班, 纚纚經說動天顏. 他年石室誰題品, 竹坨亭林伯仲間."라고 읊었다.

7) 김영진, 「조선후기 실학파의 총서 편찬과 그 의미-『三韓叢書』·『小華叢書』를 중심으로」(『한국한문학연구의 새 지평』, 이혜순 외 편, 소명출판, 2005)

8) 국립중앙도서관 위창문고 소장 필사본 4권4책. 18세기 중엽 조선 유명 문인의 시문을 작가별로 수록한 책임.

9) 황해도 장연군 진서면 달성서씨가에 소장되었던 빙허각 이씨(1759~1824, 서유본의 부인)의 '빙허각전서' 3부 11책(『규합총서』, 『淸閨博物誌』, 『빙허각고략』)은 新朝鮮社에서 간행을 준비하다가 이루어지지 못하고 後二者는 분실되고 말았다. 이에 대해서는 동아일보 1939.1.31일자 및 『규합총서』 해제(정양완 역주, 보진재, 1975 및 한국정신문화연구원, 2001)를 참조. 『빙허각고략』에는 조선후기의 학자인 柳僖(1773~1837)의 모친 師朱堂 李氏(1739~1821)의 『胎敎新記』에 붙인 跋文도 들어 있었다. 족보를 통해,

庭學 叢書로 또 큰 의미를 갖는 저술이다. 조선후기 학술사에 큰 비중을 차지하고 있는 가문들인데 이처럼 연혼관계로 얽혀 학술적으로도 상호 영향을 주고 있는 점은 큰 의미가 있다.

2. 구성

『北轅錄』은 저자의 親筆 여부는 확정할 수 없으나, 저자의 藏書印이 여러 顆 찍힌 것 등으로 보아 친필본일 가능성이 높은 手澤本이다. 게다가 이 책은 한글번역본(『셔원록』, 전11책 중 한 책 缺, 연세대 소장)이 별도로 남아 있다. 이 한글본 역시 한문본이 나온 직후에 이루어진 것(1765년 5월 번역 및 필사를 시작하여 1769년 4월에 마침)이란 점에서 더 없이 소중한 자료이다.

'北轅', '西轅'이란 말의 '轅'은 수레의 끌채를 뜻한다. 그것이 '北' 또는 '西'로 향했다는 것은 우리나라의 위치에서는 중국쪽 방향을 의미한다. 이 때문에 연행록 가운데 이 이름을 붙인 것이 종종 있다. 굳이 이름을 두 가지로 달리 단 것은 한문본과 한글본을 구별하고자 한 듯 하다.

『北轅錄』은 연행록의 가장 일반적인 형태인 날짜별 기록을 취하였다. 해당 날짜의 날씨와 출발지, 점심, 도착지(숙박)를 한 두 줄로 제시하고 이어 그 날의 일정을 상세히 서술하는 방식을 취하였다.

이 책에는 '明', '國'[조선], '家君'[부친]의 앞에는 한 칸의 空格을 두어 공경의 의미를 두었지만 '淸'의 경우는 이를 사용하지 않았다. 한편 훗날 '逆'으로 규정된 인물의 이름 및 字 등은 附箋紙로 가리거나 먹으로 지웠다. 洪啓禧와 그 아들 洪纘海(자 幼能), 홍계희의 수행원 李鳳煥(자 聖章)이 그런 경우이다.

『북원록』의 구성은 다음과 같다.

> 제1책
> 「一行人馬入柵數」(人共三百一員人名, 馬共一百九十八四)·「方物歲幣數目」·「路程排站」(宿站,中火站)·「入柵報單」·「沿路各處禮單」·「中路宴享」·「入京」·「入京下程」·「表咨文呈納」·「鴻臚寺演義」·「朝參」·「方物歲幣呈納」·「領賞」·「賣回數目」·「告示」·「下馬宴」·「上馬宴」·「辭朝」·「山川風俗總論」[10]·「往來

사주당은 빙허각의 외사촌 동서임이 밝혀져 있다(『규합총서』「청낭결」의 '胎敎'조에는 사주당의 『태교신기』가 많이 참조된 것으로 알려져 있다). 빙허각이씨는 이 시기 서화수장가로 유명했던 六橋 李祖黙(1792~1840)의 고모다. 이조묵은 자신의 문집을 생전에 간행하기도 하였다.

10) 이 부분은 중국 여행 도중에 보고 듣고 느낀 점을 기록한 것으로 총 118칙으로 되어 있다. 이 중 부전지로 ○ 표시를 한 것이 약 절반 가량 되는데 이는 자신의 문집(일실)에 「山川風俗總論」을 별도 편명으로 초록해 넣었다는 의미이다.

總錄」¹¹⁾

　　권1: 7월12일 都政에서 家君 서장관에 임명. 이의봉은 이번 여행에 참조하기 위하여 淸 朱彛尊의 『日下舊聞』을 抄하여 준비. 경진년(1760) 11월 2일 출발일로부터 본격적인 날짜별 기록이 시작됨. 권1은 11월 29일 柵門 도착으로 끝남.
　　제2책
　　권2: 11월 30일 봉황성~12월 20일 楡關.
　　제3책
　　권3: 11월 21일 영평부~신사년(1761) 1월 4일 북경 체류.
　　제4책
　　권4: 1월 5일에서 2월 5일까지 북경 체류.
　　제5책
　　권5: 2월 6일 북경 체류에서 2월 9일 回程. 4월 6일 한양에 들어옴.

이 사행의 路程은 다음과 같다.

　　高陽(1760/11/2)→坡州(11/3)→長湍府→金陵→松都(11/4, 留 11/5)→新金川→平山(11/6)→ 葱秀站→瑞興(11/7)→劍水站→鳳山→黃州(11/8, 留 11/9)→中和→平壤(11/10, 留 11/11)→順安(11/12)→肅川(11/13)→安州(11/14)→嘉山(11/15)→納淸亭→定州(11/16)→郭山→宣川(11/17)→鐵山→龍川 良策館(11/18)→所串→義州(11/19, 留 11/20~26) **自京至義州 1,050리** 九連城(11/27)→金石山→葱秀山(11/28)→柵門(11/29) **自義州至柵門 120리 (1책끝)** 鳳凰城(11/30)→松站(12/1)→八渡河→通遠堡(12/2)→草河口→連山關(12/3)→憩水站→狼子山(12/4)→冷井→太子河 **自柵至此稱東八站** 新遼東(12/5)→爛泥堡→十里舖堡(12/6)→白塔舖→瀋陽(12/7, 留 12/8) **自柵門至瀋陽 445리** 永安橋→邊城(12/9)→黍粘子(西店子)(12/10)→大黃旗堡→大白旗堡(12/11)→二道井→小黑山(12/12)→中安堡→新廣寧(12/13)→閭陽驛→禿老舖店(12/14)→小凌河站→高橋堡(12/15)→連山驛→寧遠衛(12/16)→沙河所→東關驛(12/17)→中後所→兩水河站(12/18)→中前所→山海關(12/19, 自瀋陽至山海關 787리)→范家庄→楡關(12/20) **(2책끝)** 背陰堡→永平府(12/21)→范家庄→沙河驛(12/22)→榛子店→豊潤縣(12/23)→沙流河→玉田縣(12/24)→蜂山店→薊州(12/25)→邦均店→三河縣(12/26)→夏店→通州(12/27)→大王庄→北京(12/28) **북경에서 1761년 2월8일까지 체류. 1월4일까지 3책, 2월5일까지 4책, 自山海關至皇城 667리, 共3,069리**
　　歸路: 北京→通州(2/9)→烟郊堡→三河縣(2/10)→邦均店→盤山 感化寺→薊州(2/11)→宋家庄→蜂山店→玉田縣(2/12)→沙流河→豊潤縣(2/13)→榛子店→沙河驛(2/14)→夷齊廟→永平府(2/15)→背陰堡→楡關(2/16)→范家庄→角山→山海關(2/17)→老鷄屯→兩水河站(2/18)→中後所

────────────

11) 여기에는 중국 여행 도중 본 것을 '第一壯觀', '第一奇觀', '異觀', '古蹟' 등으로 나누어 나열하고 있다.

→東關驛(2/19)→沙河所→寧遠衛(2/20)→連山驛→高橋堡(2/21)→杏山堡→小凌河店(2/22)→禿
老舖店→閭陽驛(2/23)→新廣寧(2/24)→中安堡→小黑山(2/25)→二道井→白旗堡(2/26)→大黃旗
堡→周流河站(2/27)→高家子→邊城(2/28)→永安橋→瀋陽(2/29)→白塔堡→十里舖(3/1)→三道把
→新遼東(3/2)→冷井→狼子山(3/3)→憩水站(3/4)→連關→通遠堡(3/5)→八渡河站→松站(3/6)→
餘溫者介→柵內(3/7, 留 3/8~3/11)→柵外(3/12, 留 3/13~3/18)→溫井坪(3/19)→九連城→義
州(3/20, 留 3/21~3/23)→所串→良策館(3/24)→鐵山→宣川(3/25)→郭山→定州(3/26)→納淸
亭→嘉山(3/27)→安州(3/28)→肅川→順安(3/29)→平壤(3/30)→中和→黃州(4/1)→鳳山→劍水站
→瑞興(4/2)→葱水站→金郊驛(4/3)→平山→金川→松都(4/4)→長湍→坡州→高陽(4/5)→弘濟院
→서울(4/6)

**往返 6개월 총 154일, 去來路程 총 6,222리 연경에서 출입한 것과 길을 우회한 것이 또
460리 총 6,782리**

3. 내용

삼절연공사 삼사 : 정사 洪啓禧(1703~1771)12), 부사 趙榮進(1703~1775)13), 서장관 李徽
中(1715~1786).

연행 기간 : 영조 36년(1760) 11월 2일부터 영조 37년(1761) 4월 6일까지.

삼사 모두 자제군관(홍찬해, 조광규, 이상봉)을 대동하는 등의 일로 인해 약간의 비방['六
使臣']을 듣기도 하였다.14)

이휘중에게는 아들 商鳳, 商駿, 商鷗15)가 있었는데, 상준은 병중이었고, 상구는 약한데 비
해, 상봉은 한번 중국 땅을 밟아보고 싶은 뜻이 있어(특히 외삼촌 서명선의 영향을 크게 입었
다고 함), 드디어 아버지를 모시고 가게 되었다고 한다. 『북원록』가운데, 저자가 자신에 대
해 '朝鮮國 太學生'16)이라 서명하고 있는 것을 보면, 태학(성균관)에 재학 중일 때 연행하였
음을 알 수 있다. 당시 나이는 29세였다.17)

---

12) 본관 남양. 자는 純甫, 호는 淡窩. 1748년 일본 통신사행에 正使로 다녀오고, 다음해 충청도 관찰사로
   있다가 병조판서로 발탁되어 영의정 趙顯命과 함께 均役法 시행을 주도하였다. 이 시기 서얼 시인으로
   이름 높았던 이봉환을 일본과 중국 사행에 계속 書記로 데리고 다닐 만큼 긴밀한 관계를 유지했다. 이봉
   환은 1770년 세손에게 사도세자의 제사를 올릴 수 있도록 해달라는 상소를 올렸다가 영조에게 죽임을
   당하였다. 시문집 『雨念齋詩抄』(9권 4책)가 있다.
13) 본관 양주. 자는 汝揖. 40대에 들어서서야 뒤늦게 벼슬길에 나선 인물인데 성품이 너그러웠다고 한다.
   만년에 형조판서까지 오름.
14) 자제군관을 대동하는 것은 사신들의 나이가 늦어 자식이 가까이서 보좌할 필요가 있을 경우가 있었으나,
   이런 기회에 자식들의 중국유람을 시켜준다는 의도도 있었다.
15) 족보에는 義龜로 나옴. 생몰년은 1742~1801.
16) 1월24일조(권4)에 보면, 미타사에서 김창업이 서명해 놓은 것을 보고 자신도 이렇게 서명했다.

李義鳳은 서장관 李徽中의 子弟軍官으로 동행하였다. 이의봉은 연행 도정 내내 병환으로 고생한 부친의 역할(서장관의 여러 임무 중 가장 중요한 것은 모든 일정을 기록으로 남기는 것이다)을 일정 정도 대신하고 있는 것으로 보인다. 『북원록』은 저자의 詩가 거의 없는(唱和詩 1수 뿐) 연행록이란 점, 연행록을 작성하는 데 참조·인용한 서적이 상당하다는 점(『荷谷朝天錄』, 『老稼齋燕行日記』[18] 등), 유람 장소에 대해 고적의 나열 및 고증 많다는 점[19], 地理에 지면을 크게 할애하여 기술하고 있는 점 등이 특징적이다. 서장관이 기술한 연행록들의 특징적 모습과 집안 본래의 학구적 성향이 배합된 연행록이라 할 수 있다.

주된 내용 몇 가지를 소개한다.

(1) 『古今圖書集成』 書目을 열람

『北轅錄』에는 이의봉의 중국 서책에 대한 관심이 곳곳에 나타난다. 연행 도정 중에 기회가 닿을 때마다 중국인의 書架를 구경하고자 하고 있다(이에 대해서는 (6)에서 제시한다). 그 가운데 가장 중요한 것은 『古今圖書集成』의 書目을 보고 이 책에 대한 정보를 샅샅이 기록한 것이다. 그는 이 책의 방대한 규모와 그 학술적 중요도에 상당한 충격을 받고 있다. 해당 부분을 인용한다.

> 首譯이 欽定 『古今圖書集成摠目』 10책과 『目錄』 30투를 가지고 왔다. 그 권수는 10,000이요, 책수는 5,000이다. 乾象曆法典을 취해 보니 『天學初函』·『數理精蘊』이 빠지지 않았고, 職方邊裔典을 보니 『一統志』·『廣輿記』는 그 아래에 있다. 山川典은 300여권인데 『名山藏』이 미칠 바가 아니다. 將相·公侯·諫諍·忠烈·風節·政事·經學·隱逸·閨媛 등 여러 典 및 氏族典 600권은 또한 『二十一史』·『萬姓統譜』를 포함하여 상세히 기록한 것이요, 살피기에 편리하게 되어 있다. 醫卜·星命·神仙·僧尼 또한 상세히 갖춰지지 않음이 없었다. 博物 한 편 또한 『三才圖會』·『圖書編』·『博古圖』가 비교해 논할 것이 아니었다. 우리 나라의 경우 불과 九邊의 하나임에도 30여권으로 편찬되었다. 그 중에는 또 新羅·百濟·三韓 및 沃阻·駕洛·夫餘로 구분하여 혹 빠트림이 없었다. 그 책의 廣大浩汗함을 가히 알 만하다. 이 책을 보자니 침이 절로 흘러 사소한 책들을 구입코자 하는 마음이 사라져버렸다. 다만 한스러운

---

17) 신사년 2월 6일조(권5)에는, 劉松齡을 모시고 온 徐承恩이라는 사람과 필담을 나누고 있는데, 이 부분에 이런 언급이 있다.

18) 김창업의 이 연행록 인용은 대단히 빈번해서 그 영향력을 잘 보여준다.

19) 이 사행은 정사 홍계희를 비롯하여 유난히도 산수유람의 의지들이 강했다(귀국길에 정사 홍계희 일행만 봉황산을 오르기도 하였다. 제5책 1761년 3월 7일조). 이휘중 이의봉 부자 역시 그랬다. 이 사행은 노정을 벗어난 遊賞도 자주 시도하였다(角山寺, 盤山 등). 가는 길에서의 산해관의 경우 부친과 함께 王法을 어기면서까지 산해관의 樓 위에 오르기도 하였다. 이의봉은 여러 차례 단독으로 대오를 이탈하여 견문하고자 하였으나 부친의 만류로 중지했다(의무려산, 북진묘, 도화동 구경을 따로 가려다가 부친 만류로 回路로 계획을 변경하기도 하고, 千山을 혼자 가려고 하다가 역시 부친의 제지로 실행을 못함). 김창업 등의 연행록을 보고 자기도 밟아보고자 하는 욕구가 강했음.

것은 구분을 나눈 것이 너무 자질구레해서 作者의 全體大意를 볼 수 없는 것이다. 粉紙에 인쇄해서 黃牋으로 粧潢을 하였는데 板本은 또 극히 선명하여 참으로 奇貨라 할 수 있다. 그 開板은 康熙 때 시작하여 雍正 初年에 마쳤다. 天下가 큰데 겨우 다섯 벌만을 인출하여 두 본은 內府에 보관하고, 두 본은 親王에게 나눠주고, 한 본은 駙馬에게 주었으니 이것이 그 본이다. 이 책을 구입코자 하나 값이 매년 뛰어 싸게 팔지를 않는다. 값이 높기에 首譯이 摠目을 얻어 온 것이다. 그 값을 물으니 '2,500냥이네. 당신 나라 사람이 마련할 수 있는 돈이 아니네.'라 했다 한다. 雍正의 自序 대략은 다음과 같다.(하략)(제4책, 1761.1.19)

이의봉이 이처럼 관심을 갖었던 『고금도서집성』은 결국 이후 외사촌인 徐浩修(1736~1799)가 1776년 사행 때 正祖의 명으로 구입해 오게 된다. 그러므로 이에 앞서 이의봉이 이 책을 보고 큰 충격을 받고 자신이 중국에서 본 여러 가지 중에 '第一壯觀'에 넣어 의미를 크게 부여한 것은 주목할 만하다고 생각된다.

(2) 중국 및 기타 나라 사람들과의 교유, 필담. 학술 토론

이의봉은 부친을 수행하여, 또는 자신 단독으로 중국 및 동남아, 서양의 인사들과 만나 필담을 주고받았다. 이 과정에서 조선의 풍토와는 상이한 여러 가지들을 기록으로 남겼다. 예컨대 중국은 경전에 있어서 朱子 註釋은 거의 안 보는 실정이고 오히려 李霈林과 呂留良의 주석을 학인들은 대거 이용하고 있다고 전언하기도 하고(제2책), 이 외에 부친은 安南 등 여러 나라 사신과 唱酬하고 있다(이휘중은 안남 사신에게 「聖謨賢範錄序」를 써 주기도 했다)[20] 한족 출신 擧人 胡少逸과의 필담[21]은 매우 중요해 보인다. 이민족 지배하의 한족 문사의 솔직 대담한 발언들이 상당수 보이기 때문이다. 進士 徐阜年과의 만남, 西洋琴(歐羅鐵絃琴)에 대한 상세한 묘사(제3책, 21일 신묘), 琉球國 蔡生과의 대화(제4책, 8일 무신), 安南國 陳黎와의 대화(제4책, 14일 갑인), 潘君과의 대화(제4책, 15일 을묘), 南掌 사신과 대화(4책, 24일 갑자) 등도 의미있는 부분이다.

(3) 북경에서 천주당을 방문, 루마니아 선교사 할레슈타인(A.von Halerstein, 劉松齡, 1703~1774)과 대담.

이의봉은 부친을 모시고, 또 단독으로 여러 차례 天主堂을 방문하여 루마니아 선교사 할레슈타인과 대담을 나누고 그에게 들은 서양 지리, 서양 풍물, 천문역법, 천주교 등에 대해 상세히 기록하였다. 할레슈타인은 1765년 홍대용이 사행 가서도 만났던 인물이다. 첫 만남 중 극히 일부만을 들어본다.

---

20) 훗날 서호수가 1790년 사행에 가서 안남 사신을 만났을 때 안남 사신은 이휘중에 대해 물어보기도 하였다.(『열하기유』 참조)
21) 제5책 1761.2.7일조 등.

　(전략) 西天主堂에 이르렀다. 正使 副使는 中堂에 의자를 나란히 놓고 앉고 그 빈 사이에 家君께서 앉으셨다. 서양 사람 둘이 또 우리와 마주보고 나란히 앉았다. 흰 머리에 짙은 눈썹 큰 키에 푸른 눈동자로 인간 세상 사람의 기미는 조금도 없어보였다. 비록 청나라의 복식과 관모를 하고 있었지만 몸을 다 가리지 못하였다. 자리 위쪽에 앉은 이는 劉松齡으로 字는 喬年인데 더욱 빼어난 인물이었다. 堂內의 온 벽에는 그림이 그려져 있었는데 活潑逼眞하였다. 宛馬가 고개를 돌리는 모양, 두 마리 개가 서로 쳐다보는 모양 등은 더욱 入神의 경지였다. (중략) 家君께서 붓을 가져오라 명하여 대화를 대신하고자 했으나, 劉가 사양하기를, "漢字를 알지 못합니다."라 하고는 통역을 청하였다. 그래서 역관 邊憲에게 통역을 시켰다.

　"서양에서 온 지 몇 년이 되었소?"

　"22년째입니다."

　"이전에 북경에 온 이로 혹 바로 고국으로 돌아간 자도 있소?"

　"없습니다. 한번 東洋으로 건너온 뒤로는 燕山에 뼈를 묻는답니다."

　"식솔은 데려왔소?"

　"제자도 데려오지 않는데 무슨 식솔이 있겠습니까? 오직 우리 두 사람 뿐입니다. 이것이 이른바 出家이지요."

　"西洋은 여기서 얼마의 거리오?"

　"5만여 리입니다."

　"西洋國은 땅이 얼마나 되오?"

　"西洋은 나라 이름이 아닙니다. 中州의 여러 나라를 東洋이라 통칭하는 것과 마찬가지지요. 서양에는 30개국이 있습니다.

　"西洋에도 中州의 天子처럼 諸國을 총괄하여 다스리는 군주가 있습니까?"

　"없습니다. 각각의 나라에 군주가 있을 뿐입니다."

　"당신은 어디서 왔습니까?"

　"루마니아 사람입니다."

　망원경[遠鏡]을 보기를 청했다. (그는) 조수를 불러 메고 나오게 시켰다. 길이는 8척 정도였는데 둘레는 한 줌에 불과했다. (중략) 곧 밤에 별자리를 보는 기구였다. 양손으로 들고 지붕을 향해 보았더니 游動하여 고정되지가 않았다. 劉가 말하기를, "어찌 기구에다 걸어놓고 보지 않으십니까?"라 하고는 드디어 小門으로 인도하니 문 안에 2층 건물이 있었는데 제1층에 '欽若'이라고 편액되어 있었다. 제2층에는 붉은 커튼을 드리웠는데 앞 쪽에 기둥 두 개가 있는데 두 기둥 사이에 둥근 나무를 얹고 遠鏡을 그 위에 걸었다.

　(중략) 또 天主堂에 이르러 서양 악기를 보았다. 劉가 동료에게 뭐라고 얘기를 하니 그 사람이 즉시 건물 위로 올라갔다. 잠시 뒤 나팔, 피리, 장구, 거문고 등 여러 악기 소리가 번갈아 울렸다. 淸濁高低가 잡다히 섞여 귀에 울려댔다. 우리나라의 軍樂과 대략 비슷했다.

　(중략) 또 오리만한 크기의 새 한 마리가 있었는데 머리와 꼬리는 깃이 길고 털은 짧았다. 붉은 색은 가장 적은데 부리 끝에만 있다. 울음소리는 들오리 같았다. 洋鷄의 숫컷이다. 이들

은 모두 서양 아프리카주 白露國에서 나는 것들인데 조금 흰 것, 회색인 것, 푸른 색 등이 있다. 날 때 살이 쪄 있으며 깃털을 폈다 접었다 할 때는 孔雀과 같다. 새끼를 낳은 후에는 그다지 보호하고 키우는데 관심이 없어 사람이 보살펴줘야만 살아날 수 있다고 한다.

(중략) 다시 한 작은 방에 이르니 방안에는 律曆書들이 쌓여 잇었다. 내가 "『天學初函』을 몇 번 읽으셨습니까?"라고 물으니 劉는 이해하지 못하고, 邊譯을 돌아보며 "『幾何原本』을 말하는 것입까?"라 하였다. 나는, "아닙니다." 劉는 "지금 처음 듣는데 어찌 읽어봤겠습니까?"라 하였다.(제4책, 1761.1.27)

이들과의 대담은 이 외에도 1761년 2월6일조(제5책) 등에 방대한 양으로 실려 있다. 이때는 이의봉 단독으로 가서 유송령에게 F. 페르비스트(南懷仁, 1623~1688)의 「坤輿圖說」, 「方輿圖」를 위주로 한 구라파 아시아 등 6대주에 대한 설명, 구라파의 七奇圖에 대한 얘기, 천문, 역법 등에 대해 들었다. 유송령은 이의봉이 천문역법을 금방 이해하는 것을 보고 매우 똑똑하다고 칭찬하기도 했다. 이 때는 역관을 대동하지 않고 유송령의 수하 인물인 徐承恩(書記, 37세, 徐光啓의 7세손)이 중간에서 필담으로 유송령의 의사를 전달하였다.

(4) 이의봉이 기록한 중국「山川風俗總論」

이의봉은 연행 길에 보고 들은 중국의 산천풍속에 대해 총118칙의 기사를 남겨놓았다. 상식적인 내용으로부터 아주 흥미로운 내용까지 다채롭게 기술되어 있다. 몇 가지를 소개해본다.

義州 三江 이후로부터 柵門 밖에 이르기까지는 그 땅을 비워 살지 않는다. 피차간에 간사한 백성들이 서로 통하는 길을 방지하기 위한 것이다. 이 길을 가는 자는 모두 露宿을 한다. 鳳城으로부터 十里鋪까지를 東八站이라 부른다. 비로소 사람 사는 곳이 나온다.(제1칙)

鎭江城으로부터 鳳凰城까지는 山과 물이 겹겹이 이어지고 왕왕 들판이 열리기도 한다. 鳳凰城부터 狼子山까지는 山이 중첩되어 골짝의 형세가 있다. 골짝은 깊어 위험스럽기도 하다. 大長嶺의 石頭山은 산은 높고 골짝은 원만하여 風水가 극히 좋다. 이로부터 여러 번 큰 물을 건너는데 阿彌庄을 지나면 비로소 遼野가 나온다. 400리를 가서야 처음 비탈길이 보인다. 여기서 北京까지는 비록 소소한 丘陵은 있지만 대개 모두 平原이라 다시 고개를 넘지 않는다. (제2칙)

江南人은 蠻子라고 부르니 江南이 荊蠻의 옛땅이기 때문이다. 山西人은 蚤子라고 부르니 이익을 잘 취하기를 마치 벼룩이 사람 피 빨아먹듯해서다. 山東人은 喀子라고도 하고 또 夸子라고도 하니 健步가 마치 해를 쫓는 夸夫같기 때문이다. 北京人은 油子라고 하니 세상 物

情에 닳고 닳아서 기름처럼 미끄러워 그런 것이다. 淸人은 韃子라고도 하고 또 滿洲를 혹 旗下라고도 하니 八旗에 소속되어 있기 때문이다.(제29칙)

담배는 男女老少 누구나 다 핀다. 손님을 접대할 때 茶와 함께 내놓기 때문에 담배를 '煙茶'라고도 칭한다. 그러나 담배는 가늘게 썰고 너무 건조하게 말려서 전혀 습기가 없어 이 때문에 한 순간에 다 타버린다. 연달아 태우지도 않고 한 대로 그친다.(제69칙)

(5) 이의봉이 꼽은 중국 여행의 '壯觀', '奇觀', '異觀' 및 '古蹟'

이의봉은 중국에서 본 것을 '壯觀', '奇觀', '異觀'으로 품등하여 정리하였다.

'第一壯觀'으로는 角山에서 遼東 벌판을 시원스레 조망한 것, 山海關의 城池, 『古今圖書集成』을, 그 다음으로는 望海亭, 法藏寺, 彌陀塔, 舊遼東 白塔, 廣寧門 밖 天寧寺塔, 薊州 獨樂寺 觀音金身, 東岳廟 塑像, 八里堡 墳園, 天坍 三層圓閣, 午門 밖 五輅, 馴象所의 코끼리를 들었다.

'第一奇觀'으로는 薊門煙樹, 西洋 風樂 및 망원경, 天主堂의 그림, 圓明苑의 宮室을, 그 다음으로는 西洋方輿圖, 太液池 五龍亭, 雍和宮 轉臺, 正陽門 밖 시장[市肆], 寧遠衛 祖氏牌樓, 宋家庄 敵樓, 弘仁寺 萬佛을 들었다.

'異觀'으로는 西洋 熱爾瑪爾亞(루마니아)國[22] · 安南國 · 琉球國 · 南掌國 · 回子國의 사람, 西洋 白露國의 雌雄鷄, 回子國의 大鷹, 弘仁寺 巨骨을 들었다.

이외에 古蹟에 대해서도 남겼는데 즉,

薊州 崆峒山(黃帝問道處), 渤海 碣石(夏禹所導), 永平 孤竹城(商湯所封), 太學 石皷(周宣王獵碣), 遼東 太子河(燕丹走死處), 角山 밖 長城(秦蒙恬故築), 山海關 밖 望夫石(秦築卒妻許氏所望), 陽山 射虎石(漢將李廣所射), 盧龍 盧龍塞(魏曹操行軍處), 豊潤 古鼎古爐(劉宋所鑄), 廣寧門 밖 天寧寺塔(隋開皇所建), 豊潤 秦王山(唐太宗爲秦王時拜荊處), 通州 佑勝敎寺塔(唐貞觀所建), 鳳城 安市城(唐太宗班師處), 遼東 白塔(唐蔚遲敬德所建), 薊州 獨樂寺額(唐李太白墨蹟), 永平 石槽(唐張果飼驢器), 豊潤 還香河(宋徽宗掩泣處), 北京 柴市(宋文丞相受命處), 太學 老槐(元許衡手植), 廣寧門 밖 白雲觀(元道士丘處機所居)이 그것이다.

(6) 중국 書冊 관련 기록

이의봉은 중국에서 서적 외엔 거의 구입한 것이 없을 만큼[23] 서책에 많은 관심을 보이고 구입에 노력했다. 그는 애초 출발 때부터 북경 및 그 주변의 역사와 지리를 상세히 적고 있

---

22) 유송령을 말함.
23) "所用盤纏銀錢紙扇煙竹火鐵, 皆出乾糧, 又別備淸心元三百丸, 各色筆五十柄, 墨五同, 盡入遊觀之費. 回路行李, 書籍之外, 惟八寶糖一部, 慈闈所嗜也."(제1책 총론 부분).

는 『日下舊聞』(주이준 저)을 抄해 갈만큼 준비에 철저했다. 서책의 입수에 적극적인 면모 몇 가지를 소개한다.

서부년 집에서 책상 위에 『盛京通志』가 있어 팔라고 하였으나 구입에 실패. "…買書籍者無數, 而如非奎壁經書, 小說, 八股文之類, 則乃『주회괴校正四書』, 『黃太史三經』也, 無奇文異書之可玩者."(제3책)

書冊來買者又極多, 亦無可意者, 以十扇換『古文觷斯』『字彙』『聖敎序』『蘭亭』『二王草訣』(제3책)

劉秘正 집에서 書樓 구경 및 책 약간 구입(몇 종 서적을 뽑아 吳正에게 구입해오라고 시켰으나 吳正은 『周禮纂疏』와 『漢魏叢書』는 비싸서 안 사고 『禮記體注』만 부채 5개와 바꿔옴. 이의봉 아쉬워함)(제3책)

詣幼成(홍찬해의 자)所, 出示「繡像六才子序」, 金聖歎所作也. 其爲文, 倫得莊生口氣, 專務誕詭變幻之態, 少無平順愨實之意, 驟看若可惑人, 而其實倡優劇戲之類也. 聖歎康熙間人, 爲人誕妄, 以任俠自詡, 竟不得考終, 尤善評書, 『水滸傳』『西遊記』及諸小說, 皆有所評, 行於世云(제4책, 1월 18일)

"聖章幼成往隆福寺場, 多購可觀書籍, 又其價較諸書辦24)所指示者, 不及半云"(상동, 1월19일)

胡擧人이 家君께 올린 편지: "부탁하신 3종서 중에 『杜氏箋注』는 쉽게 구했으나 『白石眞稿』, 『明儒學案』은 금방 구할 수 있는 책이 아닙니다. 또 제가 가진 『合壁事類』가 『淵鑑類函』보다 나으니 의향이 어떠신지."(상동, 2월5일)

或曰『安溪集』(李光地著), 果是好文章. 正使得之, 喜見眉宇." 使僕致意曰: "昨購得之本, 尙有不盡?"(상동)

선교사 유송령이 南懷仁의 『坤輿誌』를 선물로 줌.(제5책, 2월6일)

醫書『達生編』 및 새로 편찬한 『三河縣志』(제4책), 『讀史管見』을 얻음.(제5책, 2월10일)

맹정새라는 이에게 『多寶塔碑』 求得(제5책, 2월11일)

『小學折衷』, 『四書說約』 求得(상동, 3월5일)

(7) 기타

한 편의 독립된 '遊記'라고 할 만한 부분들이 꽤 있음. 분량 많고 상세함. 예컨대 평양 체류 시 평양의 事蹟에 대해 쓴 글은 「遊平壤記」라 할 만한 수준이다(제1책, 11월11일). 이 외에 天壇, 彌陀寺 방문(제4책, 1월24일), 북경 서쪽의 香山 靜宜園 유람(제4책, 2월1일), 燕東第一名勝인 '盤山'에 대한 상세한 기록 및 淸朝에 대한 신랄한 비판(제5책, 2월11일), 角山寺

---

24) 序班을 말하는듯. 序班은 提督府의 書吏로 조선 사신이 중국의 事情을 알고자 할 때에는 늘 이들로부터 구하여 알았다. 또 이들은 대부분 江南 출신이어서 조선 사신이 書冊을 구할 때도 이들을 통해서 구입하였다. 이의현의 「庚子燕行雜識」 등에 관련 기록이 보인다.

(제5책, 2월 17일)를 찾아 헤매는 과정 등도 모두 마찬가지다. 이 사행은 유난히도 노정을 벗어난 遊賞이 많은 것도 특징적이다. 광대놀음[倡戲]을 구경하고 남긴 기록도 여럿 있다(2월 21일 "周遇吉李自成攻守事"를 가지고 하는 倡戲 구경). 일정하게 자료적 가치가 있어 보인다.

4. 가치

이의봉의 이 연행록은 김창업의 『노가재연행록』의 영향을 크게 받는가하면, 또 홍대용의 『湛軒燕記』보다는 5년이 앞서 기록된 것이다. 이 점에서 적어도 홍대용, 박지원 연행록만이 부각되어 있는 18세기 연행록 연구에 상당히 중요한 또 하나의 자료로 의미를 갖는다. 단, 홍대용은 35세, 박지원은 44세 때 연행하였고, 이의봉은 29세로 연행하였다. 이의봉은 지적 호기심은 가득하나 학문의 완숙도에서는 일정하게 한계가 있을 수밖에 없었다.

이 연행록은 전5책 총 451장의 방대한 분량이다. 저자의 부친 서장관 이휘중은 연행 기간 내내 병석에 드러눕고 말았는데, 식사조차 제대로 하지 못하며 위중한 양태를 보였다. 기록의 방면에선 일정 정도 아들 이의봉이 서장관의 역할도 대신하지 않았나 생각된다. 그만큼 자세하고 공식적인 문투가 짙게 배어 있는 연행록이다. 그러므로 이 연행록은 공식적인 燕行事를 알아보는 데에도 중요한 자료 가치를 가지고 있다고 하겠다. 단, 문학 작품으로의 개성이나 재미는 덜한 편이다.

지명, 지리, 고적에 대한 철저한 고증은 이 책의 가장 두드러진 특성이다. 이와 관련하여 중국의 『一統志』가 특히 많이 인용되고 있고, 우리나라 자료로는 『노가재연행일기』가 많이 인용되고 있다.25) 그 외 인용되고 있는 책들로는 『朝鮮賦』(董越)·『輿地勝覽』·『三國史記』·『高麗史』·『平壤府誌』·『水經注』·『豊潤縣志』·『燕山叢錄』·『元史』·『長安客話』·『仙傳拾遺』·『方輿紀要』·『五雜組』(明陳留)·『中山紀畧』(張學禮)26)·『日下舊聞』·『帝京景物畧』·『廣輿記』·『東史』 등이 있다.

이의봉의 『北轅錄』은 한글번역본인 『셔원녹』이 동시에 존재하기에 여러 모로 연구의 여지가 있다. 한문, 한글본이 동시에 존재하는 귀중한 사례이기도 하다.

이의봉은 조선후기 학술사에서 비중있는 가문의 인물이기에 학술적 성향이 녹아 있는 이 연행록에서의 그런 요소를 추출하는 것도 큰 의의가 있다. 이휘중 이의봉 父子의 燕行을 전후하여 인척인 서명응 서호수 부자의 연행이 있었다(이의봉의 중국여행에 대한 열망도 외삼촌 서명선의 영향이었다고 한다). 對淸觀 및 중국의 학술·문물에 대한 관심과 수용의 측면에서 이들 달성서씨가 및 파평윤씨가(尹命圭 등) 등과의 영향 관계 역시 考究해야할 중요한 사안이다.

---

25) 제3책에 보이는 누택원 관련 故事에서는 博聞多識의 김창업조차 이를 놓쳤다고 하면서 자신이 발견한 사실을 매우 기뻐하고 있다.

26) 『오잡조』와 『중산기략』은 유구(오끼나와)에 관련된 책이다.

5. 기타

이의봉의 『北轅錄』은 한글번역본이 남아 있다. 이 책에 대한 상세한 것은 별도의 『셔원녹(西轅錄)』 해제를 참조하기 바라고, 여기서는 서지 및 각 권의 일정 기록만을 보인다.

표제 『西轅錄』[27], 내제 『셔원녹』. 寫本. 총목 1책, 본편 10권10책(이 중 권7 缺) 합 11책.[28] 32.5×21.5cm, 1면 11행, 1행 16자 내외.

필사기: "을유(1765)오월십칠일번역ᄒ기시작ᄒ여칠월이필역ᄒ고졍셔도오월이시작ᄒ여긔축(1769)ᄉ월십오일챵동셔필셔ᄒ다"[29]

연세대 중앙도서관 소장본(용재 백낙준 박사 기증). 번역은 이의봉이 직접했을 가능성이 높으나 친필 여부는 확정할 수 없음.

1책 총목:「일힝인마입칙수」·「방믈셰폐수목」·「노졍비참」·「입칙보단」·「연노각쳐예단」·「듕노연향」·「입경」·「입경하졍」·「표ᄌ문졍납」·「홍노시연의」·「됴참」·「방물셰폐졍납」·「녕샹」·「져회수목」·「고시방」·「하마연」·「샹마연」·「ᄉ됴」·「산쳔풍속총녹」·「왕니총녹」

2책 권지일: 1760년 7월12일 졍(政), (11월)초이일~이십구일긔ᄉ(宿柵門)

3책 권지이: (11월)삼십일경오~(12월)십이일임오(宿小黑山)

4책 권지삼: 십삼일계미(宿中安堡)~이십일일신묘

5책 권지사: 이십이일임진(宿沙河驛)~이십구일긔희(留北京)

6책 권지오: 삼십일경자~(1761년 1월)초오일을사

7책 권지육: 초뉵일병오~이십일일신유(留北京)

8책 권지칠: 缺

9책 권지팔: (2월)초ᄉ일갑슐(留北京)~십일일신ᄉ(宿薊州)

10책 권지구: 십이일임오(宿玉田縣)~(3월)초이일신츅(宿新遼東)

11책 권지십: 초삼일임인(宿狼子山)~(4월)초뉵일을희(入漢陽)

【김영진】

---

27) 중국 사행의 의미로 '北轅'이나 '西轅'은 별 차이가 없다. 아마도 한문본과 한글번역본을 구분해주기 위해 달리 쓴 듯 하다. 이의봉의 『고금석림』에는 『西轅錄』(卽義鳳所著)이라 되어 있다.

28) 한문본과 비교해서 권7 1책 외엔 빠진 것이 없으나 『셔원녹』의 표지 우측 하단에는 '共十二'라고 되어 있어 의문이다.

29) 여기 나오는 '을유' 및 '기축'이 1765년, 1769년임은 이 책 역시 『北轅錄』과 마찬가지로 후대에 '逆'으로 처리된 인물(홍계회, 홍찬해, 이봉환)의 이름을 모두 附箋紙로 가리거나 먹으로 지웠다는 점에서 확정할 수 있다. 즉 이들이 '逆'으로 규정되기 전에 필사가 되었음을 알 수 있는 것이다.

北遊日記

李崙夏(1820~1859) 著.
寫本. 1册(32張) : 28.5×20.5cm. 10行 20字.
表題 : 北遊錄.

北遊日記

己酉九月初四日發北營之行到水㴑風坪忽逢疾
風急㘴過樓院訪烟巖曺侍卽扵雙巖別墅主人適
在欣慰無量寒暄訖飮以酒俾索寒命小僮以栗杏
進之笑謂余曰此是囷收之物盍取咹之俄已午飯
出来山蔌野菜味甚香淡飯已主人曰不欲一覽諸
㘴守余曰諾仍與之携竹筇周覽一遍背水西山作
局甚妙常所居室之前有蓮堂堂之下有池稍寬池
之左右哉竹與花卉由小門而循出墻而行望見最
高㘴有所謂雙巖巖之下有水閣頻有水后之勝新
起棟檻尙未竣役云雨餘草路多濕相距稍間不得

1. 저자

李崙夏(1820~1859)의 本貫은 全州, 字는 斗卿이다. 廣平大君 璵의 후손으로 아버지는 목사를 지낸 寅亮이고, 할아버지는 泌淵, 증조부는 참판을 지낸 義鳳(1733~1801)이다. 어머니는 고령 朴鍾淳(1762~1808)의 따님이다. 이윤하는 1848년 증광시에 병과 제 29로 급제하여 벼슬에 나아갔다. 주로 철종 연간인 1850년대에 執義, 校理, 玉堂, 修撰, 承旨 등의 내직을 역임했다. 아직 문집 등이 발견된 것은 없다. 이 글을 쓴 1849년 작자는 과거에 급제한 직후라 벼슬이 대단치 않았겠지만, 여행 내내 가마를 타고 다녔고, 연로 제읍 수령들의 접대를 받았으며, 한번은 종자들을 시켜 고분고분하지 않은 백성 하나를 관아로 데려가 벌을 받게 할 정도로 유력한 신분이었다. 이는 그가 대대로 관리를 배출한 명문가의 자제였던 때문이기도 했지만, 결정적으로 이 행차가 당시 함경도관찰사였던 외숙을 찾아가는 길이었기 때문이다. 당색은 두드러지지 않지만, 외가가 박문수의 집안이고 기록에 소개되는 인물들의 성향으로 보아 少論에 가까웠던 것으로 보인다.

2. 구성

표지에는 '北遊錄'으로, 내지 본문에는 '北遊日記'로 기재되어 있다. 한 면은 10행 20자로 이루어져 있으며, 전체 32장의 단권이다. 뒤에 작자의 內弟 朴道彬(1828~1866)이 1850년에 지은 발문이 붙어있다. 이를 통해 작가를 추론할 수 있었다.[1] 또 본문이 끝나는 지점에, 이 여행을 한 해 봄에 몇몇 친지와 함께 북청에 약수를 마시러 가기고 했다가 가지 못한 감회를 담은 7언 40구의 고시 한편이 부기되어 있다.

본문은 제목이 말해주는 것처럼 일기의 형식을 갖추고 있다. 이 책은 이윤하가 1849년 9월 함경도감사로 있는 외숙 朴永元 (1791~1854)를 찾아 함흥 감영을 찾아가는 과정과, 함흥에 머물면서 유람한 내용을 기술한 것이다. 1849년 9월 4일부터 10월 21일에 이르는 동안 공간의 이동에 따라 날짜별로 여행의 내용을 기술하였으므로, 여행노정기와 일기의 성격을 복합적으로 지닌 여행일기라 할 수 있다. 본문은 크게 세 부분으로 나눌 수 있다. 첫 번째는 작자가 9월 4일 서울을 떠나 13일 목적지인 함흥에 도착할 때까지의 여정 부분이고, 두 번째는 13일 함흥에 도착하여 10월 12일 귀로에 오를 때까지의 함흥 유람 부분이며, 세 번째는 10월 12일 함흥을 출발하여 21일 서울 집에 도착할 때까지 귀로의 기록이다. 각각의 분량은

---

1) 박도빈은 서문에서 자신이 작자의 內弟임을 밝혔다. 그런데 박도빈의 내종형제는 고모(이인량의 부인)의 두 아들 崙夏와 箕夏 뿐인데, 箕夏는 1832년생으로 박도빈보다 어리니, 윤하가 작자일 수밖에 없다.

28면, 30면, 3면이다. (부록 및 발문 3면) 귀로의 기록은 간략하게 처리했음을 알 수 있다.

3. 내용

1) 노정

포천을 거쳐 豊田·金化·金城·新安·淮陽·鐵嶺·高山·釋王寺·德源·文川·高原·永興을 거쳐 함흥에 이른다. 이 길은 조선 시대 보통 함경도를 갈 때 이용되었던 노정으로, 「北遷日錄」(1618, 정충신) 등 북관 여행기와 비교해볼 때 큰 차이가 없다. 다만 각각의 문헌마다 시대가 다르고, 또 묵었던 곳이나 세부 묘사의 초점이 다르므로, 함경도를 역사지리학적으로 세밀하고 입체적으로 복원하기 위해서는 작은 차이를 면밀하게 검토하는 작업이 필요하다. 이런 의미에서 조선 시대 북관 여행기를 모으고, 시대와 공간에 따라 분류하고 재구하여, 그 입체적 면모와 변화상을 추출해야 하는데, 「북유록」의 노정 기록이 지닌 의미는 이런 작업을 거치면 분명해질 것이다.

2) 산천과 풍물 묘사

이 객점으로부터는 인가마다 板屋이 많은 것이 마치 평안도 지역의 靑石과 같다. 붙어있듯 다닥다닥 이어져 있는데, 겉에서 보아 단단하고 정밀함은 도리어 미치지 못했다. 지붕 아래서 올려다보면 틈이 많아 햇빛이 비 새듯 들어오니 극히 엉성하다. 객점 주인에게 물었더니, 보기는 그래도 빗물이 새지 않고 한번 올리면 5,6년은 간다고 한다. (10면)

9월 8일 강원도 淮陽邑 못 미쳐 있는 한 객점에서 길을 떠나면서 서술한 내용이다. 내용으로 보아 板屋은 너와집임을 알 수 있다. 너와집이 나타나는 지점, 너와집과 돌기와집(靑石집)의 비교, 그리고 외관과는 다른 너와집의 효용 등이 드러난다. 내용은 간략해도 산간 지역의 전통 가옥에 대한 역사 자료로 활용할 수 있다.

(회양) 읍치에 의관령과 덕명묘 두 신사가 있는데, 증조부께서 중수하고 단장한 것이다.

이는 증조부 李義鳳(1733~1801)의 행적을 탐문하고 기리는 맥락에서 언급된 것이지만, 당시 민간신앙의 실태를 추정할 수 있는 단서도 될 수 있다. '義冠嶺德溟墓' 옆 행간에 '신라 경덕왕 때 세운 것으로 고려시대를 거쳐 우리 왕조에까지 이르렀다'라고 주를 달아놓았다. 의관령은 조선시대 국가에서 지방 관아를 통해 제향하게 했던 산 중의 하나이다. 德溟 또한 의관령과 같이 지방 관아에서 제향했던 국가의 공식 祀典으로 정식 명칭은 德津溟所였다.[2] 江神을 모셨던 곳인데, 1579년에도 오래된 사당으로 소개하고 있는 것으로 보아 그 유래가 멂을 알 수 있다.[3] 산천 신을 모시는 사당을 지방 관리가 직접 관리하였고, 그것을 후손이 치적으로 소개하는 것으로 보아, 19세기 중반까지도 산천신에 신앙이 관의 지원 속에 성행하였던 것으로 보인다. 이러한 기사는 산천신앙의 전개 양상 및 사회적 위상을 파악하는 데 유효할 것이다.

> 회양읍으로부터 고개(철령)에 이르는 40리는 점진적으로 올라가니 지형이 그다지 높은 줄을 몰랐는데, 고개 마루에 올라 아래를 굽어보니 땅이 곧장 꺼지는 지세여서 마치 하늘과 땅처럼 떨어진 듯한 것이 참으로 장관이다. 고개 위는 강원도의 경계이고 고개 아래서부터 함경도 경계가 시작된다. 金城에서부터 新安까지, 또 新安에서 淮陽에 이르기까지는 점점 골짝이 깊어지는데 산의 기운이 거칠고 험해 하나도 볼 만한 곳이 없다. 회양서부터 철령까지는 더 심하니 하늘을 찌르는 나무들밖에는 보이지 않아 지루한 마음이 든다. 고개를 넘으면 산세가 웅위하고 아름다우며 전야는 넓게 툭 틔어 눈이 어질어질 한 것이 마치 페르시아의 시장에 들어온 듯하다. 좌우를 멀리 보니 가슴이 시원한 것이, 조롱에서 벗어난 새가 구름 하늘 위에서 마음껏 날개 짓하는 듯하여 문득 행역의 괴로움을 잊었다.(14면)

9월 9일 철령을 넘으면서 본 인상을 기록한 것이다. 강원도와 함경도의 경계인 철령에 대한 기록도 17세기 이후 부쩍 많아지는데, 이는 여러 가지 차원에서 함경도에 대한 관심이 높아진 때문이다. 많은 기행록의 작자들은 철령에서 여행자의 고조된 심경을 토로하였으니, 70 유배객 신세의 이항복도 철령에서 동해를 바라보며 "늙은이가 이번 길이 없었다면 어찌 이런 세계를 볼 수 있었겠는가!" 하며 탄상했을 정도이다. 위 인용문에는 철령 남북의 풍광을 비교하였는데, 여행자의 심경은 철령 위에서 보다는 함경도에 들어서면서 한껏 고조된다. 철령을 기준으로 한 함경도와 강원도의 풍광 품평도 여행문학으로서의 득처라고 하겠다.

> 8로의 장사꾼이 여기 다 모였다. 물화의 축적과 화폐 및 물물거래가 지극히 번화하다. 육지와 바다에서 나는 물건치고 없는 것이 없으니, 은진의 강경포 창원의 마상(산)포와 으뜸을 다툰다. … 저녁 무렵 원산에 도착했는데, 마침 시장에서 교역이 한창인지라 사람과 가축이 뒤섞여 있고 먼지가 자욱하여 눈을 뜨기 어려웠다. 어깨에 멘 자, 머리에 인 자, 소에 실은

---

2) 조선은 건국 초부터 통치 질서를 세우고 민심을 얻는 방법의 하나로 국가의 사전체계를 정비해나갔다. 의관령과 덕진명소는 회양읍이 제향하도록 규정된 국가의 공식 사전이었다. 의관령과 덕진명소의 제도 및 규모 등에 대해서는 『태종실록』 卷28, 태종 14年 8月 21日 辛酉(2책 32쪽) 기사 및, 실록의 관련 기사 참조.

3) 사당을 세운 유래에 대해서는 金誠一, 『鶴峰逸稿』권 3, 「北征日錄」에 나와 있다.

자, 말에 태운 자, 술에 취해 길가에 누운 자, 술 마시고 싸우는 자, 떡을 사서 먹으며 가는
자, 밥을 사서 막 먹으려고 하는 자, 술기운을 이기지 못해 토하는 자, 술에 취해 비틀비틀
걷다가 거꾸러지는 자, 어깨에 멨던 물건을 길가에 풀어놓고 나무 그늘에서 쉬는 자, 의관을
갖춘 양반, 남녀노소가 떼 지어 어지러이 오가는데 엽전 꿰미마냥 그 줄이 끊어지지 않으니
길을 얻어 나아가기가 힘들었다. 시장가에 이르자 길이를 재어 베와 비단을 파는 사람도 있
고, 양을 헤아려 곡식을 사는 사람도 있다. 생선을 사는 자, 돼지고기 소고기를 사는 자, 소
와 말을 거간하는 자, 광주리 사는 자, 키와 삼태기 사는 자, 놋그릇 사는 자, 신발과 자리를
사는 자, 값을 다투어 갔다가 다시 오는 자들이 하도 형형색색이어서 다 기록할 수가 없다.
인가의 즐비함이 마치 邑府와도 같으니 참으로 큰 도회지이다. (19~20면)

원산 덕원포 시장의 번화상을 묘사한 부분이다. 18세기 이후 상업의 발달은 함경도 지역도
예외가 아니었다. 상업 활동이 활발해지면서 도로 및 유통망 또한 비약적으로 발전하였다. 특
히 함경도의 포구는 어물은 물론 산간 지역의 광물과 蔘·녹용 등이 집산하여 활발한 상거래가
이루어졌으니, 인용문에서 말한 대로 덕원의 원산포는 전국 3대 포구 중의 하나로 꼽혔다.[4]
이보다 우리의 주목을 끄는 것은 역동적이고 생생한 시장 묘사이다. 글을 읽으면 마치 18세
기 중반 원산포 시장에 들어가 있는 듯한 느낌을 줄 정도로 묘사가 섬세하다. 또 하나는 이
러한 묘사를 이끌어가는 문체이다. 반복과 열거를 주조로 하면서도 그 사이에 변화를 주는
문체는 판소리 사설을 연상시킨다. 섬세한 묘사와 리드미컬한 문체가 조합하여 당시 풍광을
생생하게 전해주는 위 인용문은 이 글에서 문학적 성취가 가장 뛰어난 부분이다.

3) 함흥의 문화와 풍광

함흥은 조선왕실의 발상지이다. 태조 선대의 무덤이 있고, 그 자신 여기서 유년시절을 보
냈으며, 정종과 태종이 태어났다. 왕위에서 물러난 태조가 말년을 보낸 곳도 함흥이다. 이런
이유로 후대 누차에 걸쳐 기념·정비·복원 사업이 이루어졌다. 함경도의 감영도 여기에 있었으
니, 함흥은 함경도의 역사적·정치적 중심지였다. 작자는 함흥에서 한 달 간 머무르면서 견문
한 것들을 비중 있게 기록하였다.
「의유당관북유람일기」 등이 보여주듯 당시 함흥에서 서울 나그네들을 처음으로 맞이한 것
은 萬歲橋였다. 이윤하 또한 함흥 땅에 들어서면서 만세교의 규모와 구조, 사람은 위로 다니
고 우마는 아래로 다니는 다리 풍경, 이 지역 특유의 農車와 狗皮를 입은 車夫들의 모습을
주목하였다. 그 다음에는 성 밖에 一 자로 길게 늘어선 상점들과 풍부한 物貨들을 인상적으

---

4) 18세기 함경도의 상업 발달과 덕원 원산포의 시장 특성 및 규모에 대해서는 고승희, 「18,19세기 함경도
지역의 유통로 발달과 상업활동」, 『역사학보』151 (역사학회, 1996.9) 참조.

로 보았다. 만세교 근처에 있었다는 '慶尙道觀察使朴公文秀北民感恩碑'에 대해서도 특기하였
다. 1729년 박문수가 경상도관찰사로 있을 때, 하루는 이어 묶인 나무들이 거제도 바닷가에
무수히 떠있다는 말을 듣고 만세교의 나무들일 것이라며, 북관의 수해를 짐작 급히 배편으로
곡식을 보내 위기에 처한 북관 백성들을 구호하였고, 이에 감격한 백성들이 비석을 세웠다는
것이다. 그러면서 일을 밝게 보는 지혜와 백성을 생각하는 그 마음에 깊이 탄복하였다.
(29~30면)

　함흥 유람은 樓亭을 중심으로 이루어졌다. 이윤하는 宣和堂을 비롯하여, 澄淸閣·亦樂齋·玉簫
亭·紅葉樓·知樂亭·樂民樓 등을 찾아보고, 건물들의 위치와 건립 내력 및 사연 등을 상세하게
소개하였으며, 판 위에 적혀있는 제영과 기문과 상량문 등을 빠짐없이 기록하였다. 누정 중심
의 유람 및 풍경 감상은 그 유래가 멀지만, 19세기 조선사회에서는 더욱 두드러진 문화현상
중의 하나이다. 「북유일기」는 19세기 중반 누정문화의 일단을 알려주는 동시에, 작계는 함흥
의 풍경점들을 잘 보여준다는 점에서 그 의의를 찾을 수 있다. 한 예로 1807년 屐翁 李晩秀
(1752~1820)가 지은 「옥소정기」는, 옥소정을 중심으로 한 사방의 지리 및 풍광을 간결하면
서도 아름답게 표현하고 있어,(41면) 독자들로 하여금 시공의 한계를 뛰어넘어 그 시기 함흥
의 풍광을 체험할 수 있도록 한다.

　이밖에도 태조 이성계와 관련된 유적들인 歸州寺·讀書堂·慶興殿·擊毬亭·馳馬臺 등에 대한 서
술이 있고, 지방관으로 부임한 사대부 명사들과의 인연을 토대로 관련 시문을 모아 帖으로
엮은 기녀 可憐이나 兒心 등의 사연도 흥미롭게 소개하였다.

4. 가치

　이윤하의 「북유일기」는 자료가 많지 않은 19세기 함경도 여행기다. 18세기 이후 철령 북
쪽에 대한 여행기가 나오기 시작하여, 이 지역의 산천과 풍물, 언어와 문화, 그리고 지리와
풍토 등에 대한 보고가 이루어지긴 했지만, 상대적으로 다른 지역에 비해 적다고 할 수 있다.
「북유일기」는 19세기 중반 사대부의 여행 풍속, 연로의 산천과 풍속, 그리고 함흥의 문물을
잘 보여준다는 점에서 사료적 가치를 찾을 수 있다. 향후 지방읍지, 「의유당관북유람일기」와
같은 여성의 작품, 「북시곡」 같은 가사 작품, 김창흡이나 홍량호 같은 사대부들의 한문학 작
품 등과의 비교 검토 및 상호 보완 작업을 거치면, 입체적인 지역사의 정립이 가능할 것이다.

【이승수】

四養齋外集桑蓬錄

姜浩溥(1690~1778) 著.
　原稿本. 12卷 6冊；27.5×18㎝. 10行 20字.
　表題：桑蓬錄.

四養齋外集桑蓬錄卷之二

晋山姜浩溥養直 撰

曾孫男 在應編述

崇禎甲申後八十四年今 上英宗即位之三年清

雍正五一年丁未冬余從謝恩兼冬至副使孝侍郎

世瑾將之燕冬至使每於六月都政差出以前期治

行者例也今行副使初以金東弼差出尋為世子

嘉禮副傳陞資憲故遞改繼以黄甫章為之以老疏

遠九月十一日李公差其代公時在忠州楸下奉

教起謝蓋李公及其季中丞公皆目幼受業於我

1. 저자

姜浩溥(1690~1778)의 本貫은 晉州, 字는 養直이다. 聱齖齋 姜錫圭의 側室 소생의 庶子로서, 어머니는 安東 金氏 金成岌의 딸이었다. 강호부의 생애는 그 문인 林在達이 1807년(순조 7)에 작성한 행장(「四養齋姜先生行狀」)을 통해 정리할 수 있다.

강호부는 1690년(숙종 16) 9월 25일 태어났다. 그의 나이 6세 때인 1695년 아버지 강석규가 별세하자 일가족이 漣川으로 이주하였다. 8세 때 族叔 姜錫朋(號 翠巖)에게서 『小學』을 배우기 시작해 六經과 史書를 질정하였다. 부친의 사망 이후 가세가 빈곤하였는데, 彭城의 여자를 아내로 취하여 처가의 경제적 지원을 받았다. 그는 일찍이 노모의 봉양을 위한 목적으로 과거에 응시한 적이 있었다. 그의 나이 13세 때 京畿道 會試에 수석을 차지하였으나 '無籍'이라는 이유로 합격이 취소되었다.[1] 그는 20대 중반쯤 집안의 경제적 여유를 확보한 후, 南塘 韓元震을 배알하고 그 문하에서 성리학에 침잠하였다.[2]

1726년(영조 2) 生員試에 1등으로 합격하였으나,[3] 이후 경학에 매진할 것을 결심한다. 그의 호 四養齋는 이 무렵 만든 것으로 추정된다. 그것은 강호부가 거처하던 방의 편액에서 유래하였는데, '性·氣·材·量' 네 가지를 기르고자 하는 강호부의 학문적 지향을 반영하고 있다. 그는 다음과 같이 말하였다.

> 본래 선한 성품은 사람들에게 균등하게 부여된다. 浩然之氣는 사람이면 누구나 지니고 있다. 재주는 학문에 말미암아 완성되며, 天地를 도와 바로잡을 수 있다. 기량은 학식에 따라 진전되며, 기질을 변화시킬 수 있다(「四養齋姜先生行狀」)

이듬해인 1727년(영조 3) 그는 아버지의 문인이었던 李世瑾의 요청을 받고 연행길에 오르게 된다. 북경에 이르러 강호부는 程瑍과 白受采라는 중국의 선비들과 사귀게 되었다. 程瑍은 程子의 후손으로 易學에 밝은 사람이었고, 白受采는 과거에 합격한 수재였다.[4] 두 사람은 강호부의 학문을 높이 평가하였고, 이후에도 수십 년간 왕래하는 사절편에 서신을 교환하는 등 교유를 지속하였다.

강호부는 1754년(영조 30) 국왕 영조의 회갑을 맞아 시행된 增廣試에 모친의 간청에 의해 응시하게 된다. 南省(試)에 發解된 강호부는 전시에서 2등(전체 3등)으로 합격하여 探花郎의

---

1) 「四養齋姜先生行狀」 "年十三, 冠京畿都會試. 雖以無籍扰去, 而聲名由此益震."
2) 「四養齋姜先生行狀」 "如是十餘年, 家貲果優足, 不復屑意於榮利, 而欲窮淵源之深. 先生自贄謁于南塘韓丈席(元震)門, 沉潛性理之學……."
3) 「四養齋姜先生行狀」 "英宗丙午(1726년 – 인용자), 中生員試一等."
4) 「四養齋姜先生行狀」 "到燕有程瑍者, 程子苗裔, 而精于易學, 名于世. 有白受采者, 甲于科第, 黃金榜其家, 而方被檄召者也."

예에 따라 濟用監 直長을 제수받았고 특별히 典籍으로 승진되었다. 합격자를 발표할 때 국왕 영조가 강호부의 나이와 이미 出身한 사람으로서 다시 과거에 응시하게 된 경위를 물었다. 91세 노모의 간청에 의해 응시하게 되었다는 강호부의 답변에 감탄한 영조는 奉常寺 判官으로 임명하였고 얼마 있어 陽川 縣令을 제수하였다. 강호부는 그해 6월 모친상을 당하여 부임하지 못했다. 이후 幽谷察訪에 제수되었다. 1763년(영조 39) 국왕 영조가 칠순을 맞아 推恩할 때[5] 僉中樞에 제수되었다. 몇 년 후 제자 尹琰 등 12인이 상서하여 "사람을 가르쳐 생원·진사 5명을 배출하면 가자한다"는 국가의 전례에 따라 加資를 청해 同中樞가 되었고, 1773년(영조 49) 知中樞로 승진하였다. 이후 거듭된 추은으로 崇祿大夫(종1품)의 반열에 올랐다. 1778년(정조 2) 11월 30일, 彭城(平澤)의 四養齋에서 생을 마감하였다.

강호부가 20대에 한원진에게 사사받은 것은 어려서부터 그의 학설에 공감했기 때문이었다. 강호부는 한원진의 문하에 들어가기 전부터 당대의 湖洛論爭에 대해 韓元震의 주장이 옳고, 李柬의 논의가 잘못된 것이라고 주장하였다.[6] 그는 心의 선악 문제를 氣質의 淸濁과 관련시켜 이해하였다. 氣質의 淸濁이 반반인 사람은 善이 될 수도 있고, 惡이 될 수도 있으며, 완전히 맑은 기질을 가진 사람은 聖人, 완전히 탁한 기질을 지닌 사람은 愚人[下愚]이 된다고 하였다.[7] 기질의 淸濁粹駁은 聖人과 凡人을 가르는 기준이 되며, 기질의 偏全通塞은 사람과 사물을 가르는 기준이 된다는 것이 강호부의 기본적인 입장이었다.[8] 사람은 仁義禮智의 성품을 부여받은 존재였고, 사물은 그렇지 못한 존재였다. 하늘이 陰陽五行으로 萬物을 化生하는데, 이 과정에서 五行의 이치가 五行의 秀氣에 들어가면 그것은 五常의 성품이 되고, 五行의 秀氣에 들어가지 못하면 五常의 성품을 얻지 못하게 된다는 것이었다.[9] 결국 사람과 사물의 차이는 五行의 秀氣를 얻었느냐, 얻지 못하였느냐에서 결판난다고 강호부는 생각하였다.[10]

강호부는 한원진의 문하에서 많은 문인들과 교유하였다. 宋能相(1709~1758), 權震應, 金謹行(1712~?) 등과 학문적인 토론을 하였고, 金龍慶(1678~1738), 鄭存謙(1722~1794), 趙曔(1719~1777), 李碩載 등의 관료들과도 교유 관계를 가졌다.

저서로는 문집인 『贅言』과 문장론인 『不朽方』 3篇, 역사서인 『史腋』 10篇, 예서인 『喪禮補遺』 1卷, 학자의 실천을 경계한 『下學日課』 3卷, 중국 기행록인 『桑蓬錄』 4卷 등이 있다. 강호부는 일찍부터 "성인의 학문은 모두 『春秋』에 있다"고 하여 『春秋』의 사상적 중요성을 강조했는데, 그가 보기에 역대의 여러 주소들은 경전의 본뜻을 제대로 드러내지 못하고 있었다.

---

5) 『英祖實錄』 卷101, 英祖 39年 1月 1日 己未(44책 121쪽).
6) 「四養齋姜先生行狀」 "先是湖西理氣之說有二歧, 先生自兒時, 聞南塘嵬[巍]巖所爭之論, 卽以爲嵬[巍]非塘是. 吾於南塘之門, 已作受幣處子矣."
7) 「四養齋姜先生行狀」 "先生曰, 氣質淸濁相半者, 可以爲善, 可以爲惡, 十分淸者爲聖人, 十分濁者爲下愚."
8) 「四養齋姜先生行狀」 "先生曰, 淸濁粹駁, 聖凡之大分也. 偏全通塞, 人物之大分也."
9) 「四養齋姜先生行狀」 "先生嘗論人物同異之性曰, 天以陰陽五行, 化生萬物, 人得仁義禮智之性而物不得者, 何也. 夫五行之理, 入於五行之秀氣, 則爲五常之性. 不入於秀氣, 則不得爲五常之性."
10) 「四養齋姜先生行狀」 "盖人物之辨, 惟在於一秀字而已."

이에 그는 『춘추』의 경문 아래 역대의 주소를 기재하고 단락마다 程子와 朱子의 논의를 적었
으며, 정자와 주자의 단안이 없을 경우에는 자신의 안설을 붙여 『春秋源流』라고 이름하였다.
이 책은 100여 편 가까이 되었다고 하는데 탈고하지 못하고 강호부가 사망한 후 잃어버려
지금은 전하지 않는다.[11]

강호부의 저작 가운데 가장 주목되는 것은 역시 『朱書分類』이다. 그것은 『朱子大全』과 『朱
子語類』에 산재되어 있는 각종 논의를 주제별로 분류해서 종합·정리한 것이다. 이는 西人-老
論系의 朱子道統主義와 밀접한 관련을 갖는 사업이었다. 일찍이 이 사업을 시도한 이는 宋時
烈이었고, 이것이 韓元震을 거쳐 姜浩溥에게로 이어졌던 것이다.[12] 그것은 강호부의 40년에
걸친 노력의 결실이었다. 초고가 완성되었을 때 『朱書分類』는 84권의 거질이었는데, 이것은
趙曦의 조력을 얻어 淨本化되었다.[13]

2. 구성

『四養齋外集桑蓬錄』(이하 『桑蓬錄』이라 칭함)은 모두 6책으로 매 책에 두 권씩 수록하였으
므로 전체는 12권이다. 6책의 표제는 六藝의 순서에 따라 禮·樂·射·御·書·數로 편제하였다. 『桑
蓬錄』은 1727년(영조 3) 10월부터 1728년(영조 4) 4월에 걸친 강호부의 중국 사행기가 중심
을 이루고 있다. 각 책의 구성은 다음과 같다.

　　1책 桑蓬錄(禮)
　　　　四養齋外集桑蓬錄 卷1 - 1727년(영조 3) 10월 24일~12월 2일
　　　　四養齋外集桑蓬錄 卷2 - 1727년(영조 3) 12월 3일~12월 10일
　　2책 桑蓬錄(樂)
　　　　四養齋外集桑蓬錄 卷3 - 1727년(영조 3) 12월 11일~12월 18일
　　　　四養齋外集桑蓬錄 卷4 - 1727년(영조 3) 12월 19일~12월 20일
　　3책 桑蓬錄(射)
　　　　四養齋外集桑蓬錄 卷5 - 1727년(영조 3) 12월 21일~12월 25일
　　　　四養齋外集桑蓬錄 卷6 - 1727년(영조 3) 12월 26일~12월 28일

---

11) 「四養齋姜先生行狀」 "先生嘗曰, 聖人之學, 都在於春秋, 而爲諸家註疏所亂, 反使大旨晦而不明, 乃先書四傳
于經文下, 逐段各書程朱之論, 或無程朱斷案, 則以按說自足之, 名曰, 春秋源流. 凡百餘篇而未及脫稿……."
12) 金駿錫, 「朝鮮後期 畿湖士林의 朱子인식-朱子文集·語錄연구의 전개과정-」, 『百濟硏究』 18, 1987 ; 金駿
錫, 「17세기 畿湖朱子學의 동향-宋時烈의 「道統」 계승운동-」, 『孫寶基博士停年紀念 韓國史學論叢』, 지식
산업사, 1988.
13) 「四養齋姜先生行狀」 "……口誦手繕, 垂四十年, 草成者, 爲八十四卷, 而名曰朱書分類, 竟賴趙公曦之仗義衛
道, 專擔出力, 淨本續成, 此所謂千載一時也."

4책 桑蓬錄(御)

　四養齋外集桑蓬錄 卷7 - 1727년(영조 3) 12월 29일~12월 30일

　四養齋外集桑蓬錄 卷8 - 1728년(영조 4) 1월 1일~1월 30일

5책 桑蓬錄(書)

　四養齋外集桑蓬錄 卷9 - 1728년(영조 4) 2월 1일~2월 29일

　四養齋外集桑蓬錄 卷10 - 1728년(영조 4) 3월 1일~3월 25일

6책 桑蓬錄(數)

　四養齋外集桑蓬錄 卷11 - 1728년(영조 4) 3월 26일~4월 8일

　詩(26수)

　　「發慕華館」・「南至夜次書狀學士韻」・「龍灣」・「初以白衣來中路換戎袍戲吟」・「再和書狀學士韻」・「發灣館」・「九連城途中」・「又疊明字」・「其二」・「入柵」・「高嶺途中會寧嶺」・「夜投拙水顧盡林家」・「復疊鬼字」・「靑石嶺候渴喫雪」・「狼子山途中偶吟」・「華表柱」・「所謂華表柱者非眞華表乃大明正德己巳遼東帥臣賀榮所築浮圖也因慨然有吟」・「右北平復疊明字」・「淸聖廟」・「又次碑上祖澤路韻」・「薊門烟樹疊明字」・「燕郊鋪卽古燕市」・「山海關次韓知樞韻」・「澄海樓次壁上韻」・「除夜感懷」・「其二」

　附公從孫存齋公送行詩序

　　「送從祖養直氏之燕序」

　附公與程白書公還後十年丁巳

　　「與程秀才瑍」・「與白擧人受采」・「並附與丁巳冬至副使金僉判借送桑蓬錄書略」・「又附程瑍書半段」

　四養齋外集桑蓬錄 卷12

　附上游四郡山水記

　　「淸風」・「丹陽」・「堤川」・「永春」・「四州總論」

3. 내용

　『桑蓬錄』은 영조 3년(1727) 강호부가 연행 사절을 따라 중국에 다녀온 전말을 기록한 연행록이다. 『상봉록』은 그 기록의 정밀함과 의론의 정확함으로 당대 유자들의 높은 평가를 얻었고 뛰어난 연행록 가운데 하나로 인정받았다고 한다. 그러나 강호부의 원본 『상봉록』은 친구 鄭壽延이 빌려갔다가 잃어버렸다. 副本은 없었지만 다행히 강호부가 어머니에게 보여드리기 위해 언문으로 번역한 諺本 1부가 있었다.[14] 현존하는 『상봉록』은 이 언본을 토대로 강호부의 증손 姜在應이 한문으로 다시 번역하여 編述한 것이다. 강재응이 「編述四養齋桑蓬錄序」

---

14) 姜在應, 「編述四養齋桑蓬錄序」.

를 작성한 것이 1839년(헌종 5)이고, 그가 이 작업을 시작한 것이 십수 년 전이라고 하였으므로, 1820년대 중반부터 작업을 시작하여 이때쯤 완성한 것으로 추정된다.

『桑蓬錄』의 범례는 다음과 같다.

1. '桑蓬'이란 말은 『戴記(大戴禮記)』에서 취한 것이다. 이 기록의 원본은 단순한 燕行記가 아니었다. 그 첫 번째 卷은 公(姜浩溥)의 우리나라 游山記였고, 燕行錄이 제2권 이하에 편집되었던 사실은 公이 丁巳年(1737, 영조 13)의 冬至 副使였던 金公에게 보낸 편지에서 증명할 수 있다.15) 그러나 游山記는 지금 살펴볼 수 없어 다만 燕行錄을 위주로 하였다. 丁未年(1727, 영조 3) 10월부터 戊申年(1728, 영조 4) 4월까지 11편으로 나누고, 옛 원고 가운데서 四郡 山水記 한 (軸)을 구해서 등사하여 한 편을 만들어 卷末에 부쳤다. 모두 12篇으로, 2篇을 1卷으로 만드니 모두 6卷이다.

2. 우리나라 사람들이 책을 엮을 때에는 책의 첫머리에 작자의 이름을 기록하지 않기 때문에 한 질의 책을 다 읽고 나서도 종종 누가 지은 것인지 알지 못하는 경우가 있다. 이것은 진실로 속되고 천한 것인데 습속이 그 잘못을 깨닫지 못하고 있다. 지금 첫 篇의 상단에 삼가 중국인의 책 엮는 예에 따라 公의 本貫과 姓名을 기록하여 德을 표창하고, 그 아래에 또 曾孫 누가 編述하였다는 것을 기재하여 보는 사람으로 하여금 어떤 사람이 지은 책인지 알게 하였다. 그런데 이것은 문집과 다르며, 草藁이고 正本이 아니기 때문에 제2편 이하에서는 생략하였다.

3. 이 편서는 諺書(한글)를 문자(한자)로 번역하였다. 그 地名·山名·水名·人名·官名 등과 같은 것은 모두 그 음만 있고 글자가 없다. 그 가운데 평소에 알고 있는 것 이외에 고루함으로 인해 들어보지 못한 것, 종전에는 일찍이 서적에서 보았지만 기억이 나지 않는 것, 또 집안에 고증할 장서가 없는 것은 모두 빈칸으로 남겨두고 작은 찌지를 그 옆에 붙여 諺字(한글) 원본으로 주를 달아 뒤에 널리 상고해서 차차로 채워 넣기로 한다.

4. 무릇 地名·山名·水名·官名 가운데 널리 채록하여 그것을 참고한 것은 거의 채워 보충하였다. 그런데 인명은 우리나라 사람의 경우 당시 達官 외에 譯官·軍官 이하는 모두 상고할 수 없었고, 중국 사람의 경우는 程瑛·白受采 두 사람을 제외하고 비록 閣老·尙書라 할지라도 진실로 쉽게 그 음을 따라서 그 성명이 무슨 글자인지 확인할 수 없었다. 어쩔 수 없이 종종 억측하여 기록하였지만, 관직이나 문인으로 필경 상고하여 찾을 수 있기 때문에 억측할 수 없는 것은 모두 付籤을 달아 잠시 한글로 기록하였다. 여관 주인과 한 때 만났던 사람으로 이름을 후세에 전할 필요가 없는 사람과 우리나라의 舌人 이하 馬頭·驛卒·軍士들에 이르기까지는 모두 억측하여 이름을 채워 넣었다. 그렇게 한 것은 매번 付籤을 달면 보는데 불편할 것이고, 또 마침내 그것을 채워 넣을 방도가 없기 때문이다. 이것은 진실로 책이 되는데 방해가

15) 『桑蓬錄』 卷11, 「並附與丁巳冬至副使金僉判借送桑蓬錄書略」.

되지 않고, 서문에서 말한 "方皐의 말을 고르는 방법[方皐相馬之術]으로 그것을 본다"고 한 것이 바로 이와 같은 종류이다.

　5. 날짜에 따라 行錄을 기록한 것은 모두 예에 의거하여 평행하게 기록하였고, 시간이 달라졌을 때에는 동그라미를 그리고 기록하였다. 公이 보고 들은 것에 근거하여 입론한 것은 한 글자를 내려 평행하게 기록하여 살펴보기에 편리하게 하였다. 간혹 公이 스스로 주를 붙인 것은 段과 句 아래에 작은 글자로 두 줄로 썼다.

　6. 在應이 편술하면서 간혹 망령되게 按說을 붙인 것은 두 글자를 내려 기록하였고, 또는 두 줄로 주를 붙이기도 하였으며, 혹 추후에 低頭(書眉와 書脚을 뜻함. 곧 상단과 하단의 여백 부분－인용자)에 기록한 경우에는 모두 (頭註를) 시작하는 곳에 하나의 '按'자를 써서 구별하였다(간혹 다른 사람의 문자와 의론도 또한 두 글자를 낮추어 기록하였다).

　7. 公이 연행에서 지은 詩는 지금 모두 잃어버려 전하지 않는데, 지금 여러 낡은 문서[敗楮]에서 얻을 수 있는 것 약간을 篇末에 부록하였다.

　8. 公의 종손 참봉 賁需齋(一號 存齋 : 姜奎煥)가 지은 서문과 公이 연행에서 돌아온 10년 후 丁巳年에 程白에게 보낸 편지, 그리고 副使[副价] 金公에게 보낸 편지와 程秀才에게 보낸 편지는 아울러 수습하여 뒤에 기재하였다.

　洛昌君 李橿이 동지겸사은사의 정사로 임명된 것은 1727년(영조 3) 8월 20일이었다.[16] 당시 부사는 戶曹參判이던 李世瑾이었고, 서장관은 司僕寺正兼執義였던 姜必慶이었다. 강호부는 부사 이세근을 따라갔다. 이세근은 일찍이 1718년(숙종 44)에도 동지사의 부사 자격으로 중국에 다녀온 적이 있었는데,[17] 이때의 경험에 비추어 異域에서의 향수를 같이 나눌 사람으로 강호부를 데려가고자 하였다. 이세근은 강호부의 부친에게서 어려서부터 공부했고, 그 이후로 강호부 형제와 친교를 유지해 왔다.

　강호부는 1727년(영조 3) 10월 24일 彭城의 가족들과 이별하고 이튿날 서울로 들어왔다. 11월 4일 사신 일행은 대궐을 방문해 사조하고 慕華館으로 왔다. 정사·부사·서장관 이외의 인원으로는 上房軍官 4인, 副房軍官 3인, 三房軍官 1인, 首譯 4인, 任譯 9인, 漢學譯官 2인, 淸學 5인, 蒙古學 2인, 倭學 1인, 御醫 1인, 醫官 1인, 日官 1인, 寫字官 1인, 畫員 1인, 行中放料軍官 1인 등이 사신 일행을 수행하였다.

　慕華館查對班

　領議政 李光佐, 左議政 趙泰億, 右議政 沈壽賢, 刑曹判書 徐命均, 漢城判尹 金東弼, 大提學 尹淳, 禮曹參判 呂必容, 右尹 李廷濟, 戶曹參議 徐命淵, 刑曹參議 兪命膺, 工曹參議 李廷弼,

承文正字 尹興茂

사신단이 지참한 表·狀과 方物은 다음과 같다.

　　表：雍正帝冬至表, 正朝表, 聖節表(10월 30일), 謝恩表
　　狀：中宮冬至狀, 正朝狀, 聖節狀

　　雍正帝 冬至方物
　　黃細苧布 10疋, 白細苧布 20疋, 黃細綿紬 20疋, 白細綿紬 20疋, 龍文簟席 2張, 黃花席 20張, 滿花席 20張, 滿花方席 20張, 雜彩花席 20張, 白面[綿]紙 1300束

　　正朝方物
　　冬至方物과 같은데, 다만 滿花方席과 雜彩花席을 각각 5張씩 감한다.

　　聖節方物
　　黃細苧布 10疋, 白細苧布 20疋, 黃細綿紬 30疋, 紫細綿紬 20疋, 白細綿紬 20疋, 龍文簟席 2張, 黃花席 20張, 滿花方席 20張, 雜彩花席 20張, 水獺皮 20張, 白面紙 1400束, 六張聯厚油紙 10部

　　進貢禮物
　　白苧布 200疋, 紅綿紬 100疋, 綠綿紬 100疋, 白木綿 1000疋, 木綿 2000疋, 五道龍席 2張, 各樣花席 20張, 鹿皮 100장, 獺皮 300장, 好腰刀 10把, 好大紙 2000束, 好小紙 3000束, 米 100石 內(본래는 米 30石, 粘米 70石)

　　中宮冬至方物
　　螺鈿梳函 1, 紅細苧布 10疋, 白細苧布 20疋, 紫細綿紬 20疋, 白細綿紬 10疋, 黃花席 10張, 滿花席 10張, 雜彩花席 10張

　　正朝方物(冬至方物과 같음)
　　聖節方物(冬至方物과 같은데, 다만 螺鈿梳函이 없다)

　　各項 方物의 전체수
　　黃細苧布 30疋, 紅細苧布 30疋, 白細苧布 320疋, 黃細綿紬 60疋, 紫細綿紬 80疋, 白細綿紬 190疋, 紅綿紬 100疋, 綠綿紬 100疋, 白木綿 1000疋, 木綿 2000疋, 龍文簟席 6張, 五道龍文席 2張, 黃花席 85張, 滿花方席 55張, 滿花席 65張, 雜彩花席 85張, 各樣花席 20張, 鹿

皮 100張, 水獺皮 320張, 白面紙 4000束, 好大紙 2000束, 好小紙 3000束, 六張聯厚油紙 10部, 螺鈿梳函 2, 好腰刀 10把, 米 100石

모화관을 떠난 사신 일행은 다음과 같은 행로를 거쳐 북경에 도달하였다.

高陽→坡州(11월 5일)→臨津江→長湍→松京→橐駝橋→太平館(宿所, 6일)→舊金川→新金川→平山(7일)→葱秀→瑞興(8일)→劍水站→鳳山(9일)→洞仙嶺→黃州(10일)→(11일 　휴식)→中和→大同江(浿江)→平壤城→練光亭(12일)→(13일 휴식)→順安→肅川(14일)→安州(15일)→(16일 체류)→淸川江→大定江→博川→嘉山(17일)→曉星嶺→定州(18일)→郭山→宣川(19일)→鐵山→龍川(20일)→新串站→箭門嶺→義州(21일)→(22일~26일, 義州 留宿)→鴨綠江 渡江(中江→三江)→九連城→溫井坪(27일)→葱秀山→孔巖→柵門→舊柵門→鳳凰城(28일)→乾子浦→伯顔洞→松站=薛劉村(29일)→三叉河→小長嶺→甕北河→大長嶺→八渡河=半渡河→通遠堡=鎭夷堡(12월 　1일)→沓洞→分水嶺→大・小高家嶺→連山關(2일)→細河→會寧嶺→甛水站(3일)→靑石嶺→小石嶺→狼子山(4일)→王祥嶺→石門嶺→冷井→舊遼東(陽平城)→華表柱(廣祐寺)→太子河→新遼東(5일)→(蔣天錫家)→爛泥堡→烟臺河→山腰堡→五里臺→十里堡(6일)→板橋堡→沙河堡→白塔堡→弘花堡(渾河堡)→混河→瀋陽(7일)→(8일 　체류)→萬壽寺→順治帝 陵→壯元橋→永安橋→大方身→磨刀橋→神農店→孤家子(9일)→周流河=遼河→小黃旗堡→大黃旗堡→蘆口河→古城子→白旗堡(10일)→小白旗堡→二道井→寂隱寺→士子井→煙臺→小黑山(11일)→羊腸河→中安堡→北鎭廟→新廣寧(12일)→雙河→常興店→閭陽驛→二臺子・三臺子・四臺子・五臺子・六臺子→十三山(13일)→禿老舗→大凌河→大凌河店→四同碑→雙陽站(14일)→小凌河→松山堡→杏山堡→十里河→高橋堡(15일)→塔山→塔山店→朱獅河→卓羅山店→連山驛→五里河→長春橋→雙石城→溫井→寧遠城(16일)→靑墩臺→曹庄驛→五里橋→沙河所→乾溝臺→望海店→曲尺河→三里橋→東關驛(17일)→二臺子→六渡河→中後所→一臺子・二臺子・三臺子→沙河站→板橋店→葉家墳邨→口魚河橋→兩水河(18일)→普渡寺→前屯衛店→王家臺→王濟溝→高寧驛→松嶺溝→小松嶺→中前所→兩水湖→王家庄→貞女廟→將壇→八里堡→山海關(19일)→澄海樓→深河→紅花店→范家店→大理店→鳳凰店→望海店→深河堡→網子店→楡關店(20일)→榮家庄→吳管塋→撫寧縣→羊河→五里堡→背陰堡→腰站→盧龍縣→十八里堡→驢槽村→漏澤園→永平府(21일)→漆河→南塢庄→灤河→孤竹城→安河店→野鷄屯→沙河堡→沙河驛(22일)→七家嶺→新店→乾河(草)→扛牛橋→靑龍橋→榛子店→鐵城坎→小嶺[鈴]河→板橋→豐潤縣(23일)→趙家庄→還河[鄕]橋→盧[魯]家庄→高麗堡→草里庄→軟鷄堡→茶棚庵→沙流河→兩水橋→兩家店→龍池庵→玉田城(24일)→八里堡→彩亭橋→蜂山店→螺山店→鱉山店→漁陽橋→薊州(25일)→五里橋→徐家店→孫家庄→邦均店→白澗店→淳沱河→三河縣(26일)→鮑口河→棗林庄→白浮店・圖新店→皇親店→夏店→柳河屯→馬起舗→烟[燕]郊堡→三[方]家庄→鄧[藤]家庄→胡家庄→習家庄→白河→通州(27일)→太平橋→八里橋→大王庄→紅門→彌勒院→東嶽廟→新橋→朝陽門(北京 都城 東門)→乾魚衚衕(28일)

사신 일행의 전체 규모는 다음과 같다.

一行 641인

驛馬·私持馬·義州刷馬 합 535匹

銀 8包, 各司公用 139,180兩(이외에 潛商들이 지참한 것도 비슷하게 많다)

강호부는 11월 13일 잠시 사신 일행이 평양성에 머물면서 표문을 정리하는 동안 평양성 내의 箕子 유적을 답사하였다. 여기서 箕子와 관련된 여러 유적을 돌아보고 나서 箕子井田에 대한 간단한 의견을 기술하였다. 그것은 크게 몇 가지로 정리할 수 있는데, 평양성에 있는 箕子井田이 실제 箕子가 구획한 井田이며, 그것은 周代의 정전과는 다른 殷代의 제도라는 것, 井田이 洛書를 본뜬 것이라면 箕子井田은 河圖를 본떴다는 것, 평양의 箕子井田이 『孟子』가 설명한 殷代의 토지제도와 일치한다는 것, 그리고 그것이 朱子가 말한 殷나라 제도와는 다르지만 朱子가 殷代의 제도를 보지 못한 상태에서 논한 것이므로, 평양의 箕子 유적을 근거로 殷代의 토지제도를 다시 정리해야 한다는 것, 그럼에도 불구하고 이러한 토지제도의 보편적인 실시에 대해서는 회의적이라는 것 등이다. 이처럼 강호부는 평양의 箕子井田 유적을 殷代의 제도로 확신하였으나, 현실적으로 토지의 肥瘠이 다르다는 점에서 그것의 전면적·전국가적 실시에 대해서는 회의적이었다(『桑蓬錄』 卷1, 1727년 11월 13일 乙丑).

강호부는 압록강을 건너 요동 지역으로 들어가면서 일단의 소회를 피력하였다. 그것은 그 땅이 기자 이래로 조선의 영역이었다는 지리인식이었다. 그가 보기에 압록강 서쪽은 옛날의 幽州로 肅愼氏의 땅이었는데, 殷이 망하고 箕子가 조선으로 들어올 때 周 武王이 그 땅을 기자에게 봉했으므로 이때부터 요동 지역은 조선의 영역이 되었던 것이다. 이후 戰國 초기에 燕나라에 땅을 빼앗겼고 隋나라 초기에 고구려가 그 땅을 회복하였으며, 唐 太宗에게 다시금 빼앗기게 되었다고 한다. 요컨대 조선의 옛 영토는 遼河의 廣嶺을 경계선으로 하였던 것인데, 그 땅을 잃어버린 것이 못내 안타깝다는 말이었다(『桑蓬錄』 卷1, 1727년 11월 27일 己卯). 강호부는 遼東이 다시금 조선의 강역으로 편입되기를 희망하였다(『桑蓬錄』 卷1, 1727년 11월 27일 己卯). 이와 같은 관점에서 강호부는 요동 지역의 지도를 구입하고자 노력하였다. 이는 요동 지역이 우리나라의 옛 영역인데 문헌으로 고증할 수 없어 그 내력을 알지 못하고 있는 현실을 안타깝게 여겼기 때문이었다(『桑蓬錄』 卷2, 1727년 12월 8일 己丑). 그는 譯官들을 재촉하여 후한 값을 주고라도 지도를 구입하고자 하였고, 결국 瀋陽地圖를 얻을 수 있었다. 그것은 비록 소략한 것이긴 했지만 鴨綠江으로부터 山海關에 이르는 지역을 묘사한 지도였다. 강호부는 이를 자신의 일기책 안에 모사하여 사람들에게 우리나라 산천의 경계를 알리고자 하였다(『桑蓬錄』 卷2, 1727년 12월 8일 己丑).

강호부는 여기에서 한 걸음 더 나아가 요동의 동쪽만이 아니라 요하와 심양 역시 원래 조선의 강역이었다고 주장하였다(『桑蓬錄』卷3, 1727년 12월 12일 癸巳). 요하의 동쪽과 서쪽이 모두 옛 조선의 영토였다는 주장이다. 이는 18세기 초반 조선 지식인의 대외인식과 지리관의 일단을 보여준다는 점에서 주목되는 사실이다.

사신 일행은 1727년 12월 11일 소흑산에 도착하여 程五材의 집에 묵게 된다. 여기서 강호부는 程瑍을 만나게 된다. 정환은 程明道의 후예로 永平府 山海衛 사람이었고 당시 나이 34세였다. 두 사람은 밤늦도록 관상술, 문장, 중국인들의 조선 인식에 대해 의견을 교환하였고, 정환은 자신의 동리[山海關]에 살고 있는 白受采라는 유학자와 함께 후일 다시 찾아오겠다는 기약을 하고 헤어졌다(『桑蓬錄』卷2, 1727년 12월 11일 壬辰). 강호부와 정환, 백수채의 만남은 사신 일행이 山海關에 도착한 12월 19일에 이루어졌다. 백수채는 과거에 급제하여 擧人의 신분을 갖춘 38세의 유학자였다(『桑蓬錄』卷4, 1727년 12월 19일 庚子). 이번 만남에서는 양국의 과거제도의 차이점, 백수채의 관상술[看命術], 그리고 당시 조선왕조 정부의 초미의 관심사였던 '史誣事'—『明史』에 우리 나라 仁祖의 일을 기록하되 搆誣한 말이 많았었는데, 淸나라가 바야흐로 『명사』를 編修하게 되었기 때문에 전후의 使行이 매양 개정하기를 청했었지만 허락하지 않았다[18]—에 대하여 밤늦도록 필담을 주고받았다.

강호부와 정환의 문답에서 우리는 18세기 초반 이른바 '조선중화주의'의 극단화된 모습을 확인할 수 있다. 그것은 만주족 치하에서 살고 있는 한족 지식인에 대한 우월의식의 표출이기도 했다. 강호부는 '聖賢之君'이 중국과 조선 가운데 어느 곳에서 출현했는가를 묻는 정환의 질문에 다음과 같이 답변하고 있다.

옛날에는 聖王이 진실로 중국에서 많이 나왔지만, 우리 朝鮮은 箕子의 교화를 입어 그로 말미암아 禮義의 나라가 되었으며, 風俗과 習尙이 중국에 뒤떨어지지 않아서 小中華라는 이름으로 천하에 소문이 났다. 또 우리 聖朝께서 스스로 나라를 세운 이래로 禮敎가 크게 밝아지고 弘儒와 大賢이 연이어 나와서 宋나라 程朱의 정통에 접한 바 있어 가르침[治敎]이 옛 周나라에 부끄럽지 않다. 오늘날 우리 동방은 비록 大中華라고 부른다 해도 참람된 것이 아니다. 생각하건대 작은 나라라고 하여 업신여겨서는 안 될 것이다. 宋나라 이전에는 聖賢이 중국에서 나왔다고 할 수 있지만 宋나라 이후에는 聖賢이 우리 동방에서 나왔다(『桑蓬錄』卷3, 1727년 12월 12일 癸巳).

강호부는 당시 청의 지배를 받고 있는 한족들이 명을 생각하는 마음이 없는 원인에 대해 그 나름의 분석을 가하고 있다. 먼저 明末에 가혹한 법제의 시행으로 인심을 잃은 것을 그 중요한 요인으로 거론하였다. 반면에 청의 지배층은 형벌을 관대하게 하고, 세금을 가볍게 하였으며, 법제의 시행을 신중하게 하고 금령을 엄하게 함으로써 인민들의 신망을 잃지 않았다

---

18) 『英祖實錄』卷11, 英祖 3년 閏3월 3일 庚申(41책 628쪽).

는 것이다. 때문에 인민들이 그 치세를 편안하게 여기고 옛날을 그리워하는 마음을 품지 않게 된 것으로 보았다. 이것은 곧 인심을 얻으면 흥하고 인심을 잃으면 망한다는 중요한 경계라고 강호부는 생각하였다(『桑蓬錄』卷3, 1727년 12월 13일 甲午).

강호부는 1727년 12월 25일 玉田縣을 떠나 薊州로 가는 길목에서 岳飛廟를 구경하였다. 그는 악비묘 앞에서 벌거벗은 채로 손을 뒤로 묶인 秦檜 夫妻의 석상을 발견하게 된다. 그는 이것을 보고 조선에서도 이를 본받아 林慶業의 사당 앞에 金自點의 상을 만들어 결박하여 무릎 꿇려 놓으면 죽은 이의 넋을 위로할 수 있지 않겠느냐고 하였다(『桑蓬錄』卷5, 1727년 12월 25일 丙午).

그런데 강호부는 이날 연행길에 오르면서 그 동안 작성해 두었던 시 원고를 잃어버리게 된다. 그 안에는 청의 중원 지배에 대해 불평한 내용들이 많이 포함되어 있었다(『桑蓬錄』卷5, 1727년 12월 25일 丙午). 때문에 강호부는 이 詩藁가 淸人의 손에 들어갔을 경우 불러올 막대한 파장을 염려하여 죽음을 준비하기까지 했다(『桑蓬錄』卷5, 1727년 12월 25일 丙午). 이 사태는 12월 27일 副房 馬頭인 姜忠信이 玉田縣을 떠날 때 창문 앞에 버려져 있던 詩藁를 휴지라고 생각하여 불쏘시개로 사용한 것으로 확인되면서 한 바탕 해프닝으로 일단락되었지만(『桑蓬錄』卷6, 1727년 12월 27일 戊申), 당시 조선 지식인들의 反淸 의식의 일단을 보여주는 사건이라는 점에서 흥미롭다. 예전에 西坡 吳道一(1645~1703)이 비슷한 경우를 당했을 때 그것이 淸人의 손에 들어감으로 인해 많은 양의 은화를 써서 간신히 무마한 전례가 있다고 들었기 때문에(『桑蓬錄』卷5, 1727년 12월 25일 丙午)[19] 긴장했던 것이다.

사신 일행은 1727년 12월 28일 도성의 동문인 朝陽門을 통해 북경에 들어갔다. 11월 4일 한양을 출발한 지 꼭 44일만의 일이었다(『桑蓬錄』卷6, 1727년 12월 28일 己酉). 강호부는 압록강을 건넌 이후 요동 지역을 거쳐 북경에 도착하기까지 사신 일행이 경과했던 주요 지역의 지리적 상황, 역사적 연혁, 당시의 인구와 지방관의 이름, 세액 등에 대해 기록하였다. 예컨대 북경의 경우 分野說에 입각한 지리적 설명, 都城의 건축 연혁, 運河의 개착 경위, 역대 제왕의 宗廟와 文廟의 설치, 陵寢의 위치, 각종 祭法, 宮室과 古跡, 兵制와 官制, 風俗, 地勢, 法制 등에 대해 옛 사람들의 기록에 근거하여 상세히 기재하고 있다(『桑蓬錄』卷6, 1727년 12월 28일 己酉). 따라서 『상봉록』은 중국의 역사와 지리, 제도와 문화를 이해하는 참고자료가 될 수 있으며, 나아가 이를 통해 당시 조선 지식인들의 중국 이해의 수준과 내용을 가늠해 볼 수 있다.

북경에 도착한 이후 관광의 일환으로 강호부는 천주당을 방문하게 된다. 천주당은 궁성의

---

19) "嘗聞西坡吳判書, 以上使入燕時, 一詩略有不平語矣. 偶於中路失之. 一胡人獲焉, 持而至館, 咆哮曰, 誰也作之者. 吾將持往北京秦聞矣. 一行惶懼, 傾行中銀貨充千金以賂之. 萬段誘說, 董得解云." 吳道一의 『西坡集』에는 이 사건이 전혀 다른 맥락으로 기록되어 있으므로 확인을 요한다(『西坡集』卷29, 附錄, 年譜, 丙寅年 [肅宗 12, 1686], 28ㄴ[152책 562쪽]). "又於歸路, 從吏失一絲箱, 內有可諱文字, 而南公憂其宣露. 公曰, 胡見利其貨耳. 如文字, 當泯迹之不暇何慮爲, 卒亦無他."

남문인 太淸門을 나가 도성의 남문인 正陽門 바깥, 도성의 남쪽 제3문인 宣武門 안에 위치하고 있었다(『桑蓬錄』 卷7, 1727년 12월 29일 庚戌). 이른바 '南天主堂'이었다. 강호부는 천주당에서 견문한 내용과 함께 천주교의 전래에 대한 자신의 견해 및 당시 서학을 둘러싼 조선 내부의 논란 등에 대해 상세한 기록을 덧붙이고 있다. 서인-노론 계열의 서학 인식, 異端 인식을 살펴볼 수 있는 중요한 자료라고 하겠다(『桑蓬錄』 卷7, 1727년 12월 29일 庚戌).

『桑蓬錄』 卷11의 후반부에는 부록이 수록되어 있는데, 연행과 관련된 詩 26수와 강호부의 종손인 姜奎煥이 지은 「送從祖養直氏之燕序」, 그리고 강호부가 연행에서 돌아온 10년 뒤인 1737년(영조 13)에 程璵과 白受采에게 보낸 편지(「與程秀才璵」·「與白擧人受采」)와 그 해에 동지사의 부사로 연행을 떠나게 된 金龍慶에게 상봉록을 빌려주면서 쓴 편지(「並附與丁巳冬至副使金僉判借送桑蓬錄書略」), 程璵에게서 온 편지의 일부(「又附程璵書半段」) 등이 그것이다.

『桑蓬錄』 卷12에는 부록으로 永春·堤川·丹陽·淸風의 4개 郡을 둘러 본 기행문 내지 답사기라 할 수 있는 「附上游四郡山水記」가 수록되어 있다. 이것은 연행록은 아니지만 자신의 거주지를 벗어나 여행한 내용을 담은 기록이므로 '桑蓬錄'이라는 명칭의 문집 형태에 어울린다고 판단하여 여기에 수록한 듯하다. 여기에는 각 郡의 간략한 연혁과 郡 내부의 산천과 각종 명승지가 소개되어 있다. 강호부는 이 4郡의 명승이 뛰어난 것은 금강산의 '餘氣遺脉'이라고 평가하였으며, 옛 사람들이 "천하의 명산은 삼한에 많고, 삼한의 명승은 동남쪽이 가장 뛰어나다"고 하였던 것을 이를 통해 확인할 수 있다고 하였다(『桑蓬錄』 卷12, 附上游四郡山水記, 「四州總論」).

4. 가치

『桑蓬錄』은 먼저 燕行錄의 일종으로 당시 대중국 외교의 구체적인 절차와 내용을 엿볼 수 있다는 점에서 흥미롭다. 使行의 구성과 규모, 휴대하는 方物의 종류와 분량, 使行의 경로 등이 구체적으로 명시되어 있고, 지은이가 1720년대 후반 중국에서 직접 보고 들은 여러 사정이 상세히 기록되어 있으므로 앞으로 조선후기 대외관계사 연구에 귀중한 자료로 활용될 수 있을 것이다. 아울러 지은이 강호부가 西人-老論 계열의 朱子道統主義的 학문 경향을 대표하는 학자라는 점에서 『桑蓬錄』은 당시 서인-노론계 일반의 對淸인식, 나아가 華夷觀 및 西學을 비롯한 異端에 대한 태도를 살펴볼 수 있는 중요한 자료이다.

【구만옥】

山家菊露

著者 未詳.
草稿本. 2册：30×19cm. 14行 字數不定.

1. 저자

著者 未詳.

『山家菊露』의 저자가 누구인지 알 수 없다. 단 「山家菊露序」의 결미에 '五癸未結夏翌日菊露翁書'라고 쓰여져 있는 것으로 보아 '菊露'라는 號를 사용했던 인물임을 알 수 있다. 이 菊露翁이 구체적으로 누구인지는 알 수 없지만 우리는 「山家菊露序」등을 통해 그에 대한 적지 않은 정보를 얻을 수 있다.

첫째, 「山家菊露序」에 의하면 菊露翁이 교유하던 집안은 대부분 老論系 집안이다. 예를 들면 洪錫·宋奎濂 등의 집안이다. 즉 국로옹은 철저한 노론계 인물이다. 이것은 『山家菊露』의 내용을 보아도 어렵지 않게 알 수 있다. 단 湖洛 중 어느 계열인지는 분명하지 않다. 문집의 첫머리의 여백에 韓南唐·尹屛溪·李巍巖 등 江門諸賢의 이름을 細筆로 적어놓고 있는데 이것은 국로옹의 기록인지 아니면 이후 소장자의 기록인지 분명하지 않다. 다만 이것이 국로옹 혹은 그 후손의 기록이라면 湖洛을 나누지 않고 함께 기록한 것이 흥미롭다. 『山家菊露』의 내용에서도 그의 호락관을 설명할 단서를 찾을 수 없다.

둘째, 그는 한국의 역사, 넓게는 '우리 것'에 깊은 관심을 가지고 있었다. 그것은 그가 이 『山家菊露』를 집필하게 된 직접적인 원인이다.

셋째, '五癸未結夏翌日菊露翁書'를 근거로 이 『山家菊露』가 1883년 4월 16일에 완성되었다는 것을 알 수 있다. 그리고 '菊露翁'이란 自稱을 근거로 볼 때 국로옹은 이때 이미 장년이나 만년이었을 것이다. 그렇다면 대략 그는 1820년대 이후 태어나서 1900년 정도까지 활동한 학자가 아닌가 추측해 볼 수 있다.

넷째, 그의 둘째 아들 이름은 '思聖'이다. 「山家菊露序」에 '次兒思聖'이란 말이 보인다.

2. 구성

국로옹은 「山家菊露序」에서 다음과 같이 말한다.

> 차례로 단군조선·기자조선·신라·고려의 일을 편찬기록하고, 여러 나라 및 유구국·치칠국[1])·거란의 사적은 보는 대로 수집하였다. 본조(조선)에 관해서는 감히 나의 견해를 첨부하여 年柱[2])에 이름을 붙여놓아 『史記』와 같은 형식으로 하였다.

---

1) '漆齒'은 본래 먼 나라를 의미하나 여기에서는 국명으로 사용한 듯하다.
2) 간지.

그러나 책의 실제 구성을 보면 위의 말과 완전히 일치하지 않는다. 우선 대체적인 구성을 보면 크게 조선 이전의 역사와 조선의 역사로 나누어 구성하고 있음을 볼 수 있다. 조선 이전의 역사는 대략 위의 기록과 같이 편찬되어 있다. 단 위의 문장 중 "列國暨琉球·漆齒·契丹之蹟"이란 아마도 진정으로 유구국·치칠국·거란을 지칭한다기보다는 여러 국가를 말하는 것으로 보인다. 『山家菊露』에서 고대국가에 대해 서술할 경우 대부분 '所統國'이란 형식으로 속국을 표시하고 있다. 예를 들면, 馬韓을 설명하며 '54개의 속국[所統五十四國]'라 말하고 爰襄國·支侵國 등 54개국을 열거하고 있다. 그렇다면 "列國暨琉球·漆齒·契丹之蹟"는 이 땅에 있었던 무수한 작은 국가들에 기록을 가능한대로 모아 편집했다는 의미일 것이다.

본조에 관해서는 조선 이전의 역사보다는 자세히 서술되고 있다. 그러나 서술체제는 전반부와 후반부가 서로 다르다. 그 중 '年柱'를 세워놓고 거기에 따라 기록하는 방식인 일종의 編年體 방식은 극히 일부에서만 보인다.

위에서 말한 "『史記』와 같은 형식"이란 아마도 '評語'를 다는 방식을 지칭할 것이다. 우선 『山家菊露』에서 조선 이전의 역사에 관해서는 일반적으로 자기의 주관적 견해를 거의 말하지 않으며, 있다 하더라도 '案語'의 형식으로 고증적 문제에 대해 의견을 기술할 뿐이다. 그러나 조선의 역사에 들어와서는 '太史公曰', '國露翁曰' 등의 형식으로 자기의 의견을 적극적으로 표현하고 있다.

그럼 구체적으로 『山家菊露』의 구성을 살펴보고 다시 설명을 하겠다.

『山家菊露』卷之一

「山家菊露序」
「檀君朝鮮」·「箕子朝鮮」·「衛滿朝鮮」·「二部」·「馬韓」·「辰韓」·「弁韓」·「新羅」·「高句麗」·「百濟」·「耽羅國」·「高麗」·「本朝」·「太祖大王實錄」·「恭靖大王實錄」·「太宗大王寶錄抄」

『山家菊露』卷之二

「孝宗大王召尤庵獨對筵說」·「孝宗大王御札」·「儒臣宋時烈上疏辭貂裘」·「己亥五月初四日上昇遐壽四十一葬于寧陵廟號曰孝宗」·「顯宗大王壽三十四」·「命儒臣宋時烈議王大妃服」·「命儒臣宋時烈製進大行誌文」·「儒臣宋時烈上疏辭史判」·「儒臣宋時烈上疏辭論山陵」·「儒臣宋時烈上疏辭勸用權制」·「庚子二年掌令許穆上疏論禮」·「辛丑三年前正郎金壽弘長書論禮」·「丙午八年嶺南儒生柳世哲亦上疏論禮」·「儒臣宋時烈上疏辭爵職」·「儒臣宋時烈上疏辭貳師」·「戊申七年儒臣宋時烈上疏辭右相」·「己酉十一年誅誣告人李世長」·「壬子十四年翊衛司司禦洪錫上疏論世子進學之道」·「執義李翔上疏論許積」·「癸丑十五年國舅淸風府院君金佑明上疏論儒宗」·「前參議張應一上疏論山陵」·「削儒臣宋時烈官爵」·「謫儒臣宋時烈于德源府」·「儒生李萬亨等上疏卞誣政院還出給」·「儒臣宋時烈安置于巨濟島」·「謫

前左相金壽恒于憲巖郡」·「追奪故儒臣宋俊吉官爵」·「杖殺生員宋相敏」·「杖流前參奉崔愼于泗川縣」·「掌樂正趙嘉碩應旨上疏」·「附論鑴諸說」·「儒生李師顔上疏論李汯趙嗣基」·「丁巳四年李聃命上疏請告廟頒赦」·「謫生員尹穗于江界府」·「謫儒生尹兒卿于龍川府」·「儒生羅重器上疏呈政院還出給」·「告廟停敎」·「前判書閔鼎重准重等五人遠竄」·「總錄」·「大諫權大載等九人有罪竄」·「前領議政許積賜死」·「召儒臣宋時烈於長鬐」·「前參判吳挺昌承旨趙碻等伏誅謀逆」·「前參判尹鑴有罪賜死」·「前判書李元禎有罪杖死」·「大臣權大運洪宇遠等十餘人皆絕島安置」·「儒臣宋時烈致仕」·「十月王妃金氏昇遐辛酉二月葬于翼陵諡曰仁敬」·「臺官論啓金益勳」·「慈殿杖出宮人張氏」·「壬戌九年冬上行大疫」·「癸亥十月老小論分黨」·「十二月初五日王大妃昇遐甲子四月葬于崇陵諡曰明聖」·「貴人張氏復入宮」·「上納金氏爲嬪」·「宗甲子十一年儒臣宋時烈門人尹拯割席」·「直長崔愼上疏」·「上尤庵書」·「尤庵答書」·「上尤庵書」·「又答尤庵書」·「尤庵答書」·「上尤庵書」·「尤庵答書」·「上尤庵書」·「尤庵答書」·「打愚答西峯書」·「尼山抵史局書」·「玄石與史局書」·「附擬書墓文」·「己酉擬書」·「辛酉擬書」·「美村墓碣文」·「告沙溪先生墓文」·「後洞問答」·「遂庵語錄」

우선 위의 「 」에 들어 있는 것은 모두 『山家菊露』에서 스스로 표제로 삼고 있는 것이다.[3] 그리고 위에서 「本朝」는 조선을 의미하니, 「本朝」이하는 모두 작은 표제목들이라 보는 것이 전체 형식과 조화를 이룰 것이다. 단, 『山家菊露』에서는 본조를 중시하기 때문인지 그러한 문제를 중시하지 않고 있다. 즉, 전반적으로 체제의 통일을 중시하지 않고 있다.

또 하나 설명해야 할 것은 위의 표제로 잡지 않은 것의 역사에 대해서는 어떻게 서술하고 있는가 하는 문제이다. 예를 들면 「太祖大王實錄」·「恭靖大王實錄」·「太宗大王寶錄抄」·「孝宗大王召尤庵獨對筵說」의 표제만 보면 조선 초기 몇몇 君王의 역사만 기록한 듯하나 사실은 그렇지 않다. 이유는 알 수 없으나 위의 군왕에 대해서는 표제를 하고 역사를 기록하고, 그 이외 군왕 때의 역사는 표제 없이 그대로 서술하고 있다. 독특한 점이 있다면 연산군과 광해군 시대의 역사에 대해서는 다른 역사를 서술할 때 보다 약 2자 정도 낮추어서 쓰고 있고 서술도 매우 간략하다. 그러므로 저자가 나름대로 춘추필법을 사용하고 있음을 알 수 있다.

本朝史에 대해서도 卷之一과 卷之二의 성격과 체제가 많이 다르다. 卷之一에서는 대체로 年代順에 따라 사건을 기록하고 있으므로 編年體에 가까운 역사서술 방식을 채택하고 있다면, 卷之二는 記事本末體와 列傳體 및 編年體가 혼용되고 있다. 그리고 卷之二의 마지막 부분에 있는 몇 편의 글은 역사라기보다는 평가를 주로 한 글들이다.

3. 내용

---

3) 책 안에는 표제인지 애매한 곳도 있는데 그런 곳은 우선 기록하지 않았다.

『山家菊露』를 저술한 목적에 대해 국로옹은 다음과 같이 말하고 있다.

어느 날 밤에 초를 바라보며 웃자, 둘째 아들 思聖이 시봉 들며 자리에 있다가 일어나서 질문하였다. "대인께서 무엇을 보고 웃으시는지를 알고 싶습니다." 나는 다음과 같이 대답하였다. "앉거라. 내 너에게 자세하게 말하겠다. 아! 너는 초를 아느냐? 초란 것은 멀리까지 비추어주기는 하지만 가까운 곳을 비추지는 못한다. 그래서 내가 웃은 것이다. 너희들의 학문이 이 같지 않은가! 중국에 대해 이야기하면 불분명한 곳이 거의 없으면서, 우리나라에 대해서는 아는 것이 없으면서도 부끄러워하지도 않고 말이다. 아래 사람과 사귀는 풍속이 이로부터 그렇게 된 것이니 얼마나 근심스런 일인가!

국로옹이 『山家菊露』를 저술한 이유는 조선 사람이 조선의 역사를 모르기 때문에 조선의 역사를 체계적으로 저술하였다는 것이다. 해제자가 보기에 『山家菊露』는 두 가지 목적을 가지고 저술된 것으로 보인다. 첫째, 스스로가 말하는 대로 조선의 역사를 보다 체계적으로 저술하여 조선 사람으로 하여금 조선의 역사를 알게 하는 것이다. 둘째, 당시 의견이 분분하던 당쟁에 대해, 이전의 역사를 통해 국로옹이 보는 올바른 당쟁사를 알리기 위한 것이다. 『山家菊露』의 卷之二가 바로 그러한 내용이다.

그럼 『山家菊露』의 순서에 따라 내용을 살펴보자. 국로옹은 단군조선을 전설이 아닌 역사로 인식하고 있으며, 단군조선의 역사가 1211년이라고 기록하고 있다. 단군에 대한 기록은 일반적으로 알려진 것과 크게 다르지 않다. 일반적인 내용과 다른 것만을 말하면 다음과 같다. 국로옹에 의하면, 곰이 靈藥을 먹고 女神이 되어 환웅과 결혼하였다고 한다. 그리고 태백산은 지금의 묘향산이다. 朝鮮에는 햇빛이 동쪽 끝에서 나온다는 의미가 들어 있어서 붙여진 이름인데, 어떤 사람은 '鮮'은 '山'의 뜻이니 산이 많아서 朝鮮이라 한다고 하였다.

그는 단군조선 다음에 기자조선을 기록하고 있다. 기자조선에 대한 기록은 『唐書』나 「括地志」 등을 인용하고 있다. 그 다음으로 위만조선에 대해 간략하게 설명하고 있다. 위만 조선이 지속된 기간은 三世 87년이라고 한다.

二部에 대해 국로옹은 다음과 같이 설명하고 있다.

漢나라 昭帝 始元五年 己亥에 四郡을 합쳐서 二部를 만들고 각각 都督府를 두었다. 昭帝 元鳳元年 辛丑에 다시 二部를 二郡이라 고쳤다. 元帝 建昭二年 甲申에 高句麗에 병합되었다.

이러한 설명을 한 뒤에, 국로옹은 이 二部에 예속됐던 국가들에 대해 기술하고 있다. 예를 들면 尼鷄國은 본래 위만조선의 속국으로서 그 위치는 지금 알 수 없으나, 후에 조선의 왕을 죽이고 漢나라에 투항하였다는 기록 등이다.

삼한에 대해서는 모두 간략한 역사와 그 나라의 속국들을 기록하고 있다. 국로옹은 삼한에 대해 고증하면서, 현재의 경기도·충청도·황해도는 마한의 영토였고, 경상도는 진한의 영토였으며, 전라도는 변한의 영토였다고 말한다.

그 다음 新羅에 대한 역사를 서술하고 있다. 신라의 역사에 대한 서술은 앞의 국가들보다는 비교적 자세하다. 대부분 짧은 이야기를 중심으로 역사를[4] 서술하고 있다. 국로옹은 신라 역사의 서술을 마치면서 "도합 56世이다. 박씨 10세, 석씨 8세, 김씨 36세이며, 여자 황제가 3명이다. 992년의 역사이고 속국이 37개 있었다. 凡五十六世. 朴氏十世, 昔氏8世, 金氏三十八世. 女主三人. 共九百九十二年. 所屬國三十七國."[5]이라고 말하고 있다.

이 뒤를 이어 표제에는 없지만 대가야국·소가야국·태봉·후백제 등의 역사에 대해서도 간략하게 서술하고, 그 다음으로 고구려와 백제의 역사를 기술하고 있다. 이런 내용을 통해 볼 때, 국로옹에게는 현재에 일반적으로 쓰이는 삼국시대·통일신라시대라는 시대구분이 없었음을 알 수 있다.

고구려와 백제의 역사는 모두 국가가 세워진 유래에 대해 설명한 뒤, 각 군왕들의 역사를 한두 줄씩 기록하고 있고, 끝 부분에 가서 고구려의 속국 19국과 백제 속국 4국을 밝히고 있다.

그 다음 탐라국에 대해 설명하고 있는데, 탐라국은 百濟 文周王 2년부터 백제에 조공을 하였고 백제가 망하자 新羅를 섬겼다고 말하고 있다.

고려에 대해서는 이전의 역사보다는 자세히 기록되어 있다. 고려에 대해서도 이전과 마찬가지로, 처음에 왕씨가 松嶽에 도읍을 정한 것과 행정구역에 대해 설명하고, 그 다음으로는 太祖로부터의 역사를 하나하나 기술하고 있다. 기술의 분량에 있어서, 태조에 대해서는 一面 半 정도로 기술하였고, 다른 군왕에 대해서는 일반적으로 삼분의 일면에서 반면 정도를 할애하여 설명하였다. 고려의 역사는, 牧隱의 두 아들인 種學과 種德이 고려 말 과거에 급제하여 顯達한 삶을 누렸는데 이성계의 혁명이 성공한 후 절개를 고치지 않아 杖殺을 당했고 牧隱도 은거했다는 이야기로 끝을 맺고 있다.

고려 이후에는 본조, 즉 조선의 역사를 서술하고 있다. 卷之一에서의 조선 역사는 그 이전의 역사 서술 방식과 크게 다르지 않다. 다만 이전의 역사에 비해 훨씬 자세하다는 점에서 다르다. 예를 들어, 고려의 역사를 기술하는데 있어서는 고려의 개국에 대해 설명하면서 곧바로 고려의 수도와 행정지역 등을 설명하였지만, 조선의 건국에 대해서는 태조 이성계의 시조로부터 시작하여 그 집안의 역사를 자세히 설명하고 있다. 이 부분(卷之一의 本朝事)의 사료는 대부분 實錄에 의지하고 있다.

「太祖大王實錄」에서는 먼저 태조가 즉위의 재위기간을 설명한 뒤, 태조의 일생을 시간의 순서에 따라 설명하고 있다. 여기에는 上疏文 등이 인용되는 등 비교적 구체적인 기술을 하

---

4) 이 중 상당부분의 이야기는 우리가 어릴 적에 신화 혹은 이야기 역사라는 형식으로 읽었던 내용들이다.
5) 이 인용문의 구체적인 내용에 대해서는 미심적은 부분이 있다.

고 있다.

「恭靖大王實錄」에서는 태조와 태종의 사이에 있었던 정치적인 암투에 대해 기록하고 있다.

「太宗大王宝錄抄」의 앞 부분에서는 태종에 대해 고려 말에서부터 설명하고, 그 이후에는 年柱를 세워 역사를 기록하고 있다. 상당부분이 태종을 찬양하는 내용이다. 예를 들면 다음과 같다. 태종이 강연에서 『대학』을 다 읽고 "내 이제야 학문이 인간에게 유익함을 알겠노라"고 말하였는데, 이 말을 들은 講官들이 치하를 하려 하자 "아는 것이 어려운 것이 아니라 행하는 것이 어려운 것이다. 내가 능히 실행할 수 있게 된 뒤에 치하하여도 늦지 않다. 책 한 권을 읽은 것이 무슨 축하할 일이겠는가?"라고 말했다는 기록 등이 보인다.

세종의 역사는 「太宗大王宝錄抄」 다음에 표제 없이 기록되어 있다. 이 시기에 대해서는 '世傳'이란 형식으로, 황희 정승이 정승을 했을 때가 海東의 堯舜時期라고 칭할 만 하다는 것과 세종이 매달 저녁 고요할 무렵 단종을 안고 集賢殿에 납시어 성삼문, 신숙주 등에게 "과인의 천추만세 뒤에 반드시 이 아이를 생각하라!(寡人千秋萬歲之後, 須念此兒)"라고 당부한 이야기를 전한다. 세종 시기의 역사 기록 이후에는 모두 표제가 없으며, 文宗・端宗・世祖・德宗 등으로부터 憲宗까지의 역사를 기술하고 있다.

『山家菊露』卷之二에 이르러서는 체제나 형식이 완전히 달라진다. 우선 중요한 것은 卷之二에서는 철저하게 宋時烈을 중심으로 역사가 서술되어 있으며, 어떤 문제나 사건에 대해 본말 혹은 그 내용을 자세히 수록하고 있는 경우도 있고, 그와 관련된 자료를 나열해 주는 경우도 있다. 즉 『山家菊露』卷之二는 기본적으로 우암을 중심으로 한 黨爭事의 기록이라 볼 수 있다. 언뜻 보기에 卷之二의 내용이 卷之一에서와 같은 國事 중심의 역사기록에서 개인적인 일인 당쟁사 중심의 기록으로 바뀌는 것이 의아하기도 하지만, 국로옹은 이것이 당시 역사 사건 중 가장 중요한 國事라고 여기고 있는 듯하다. 국로옹은 권수암의 다음과 같은 말을 인용하여 자기의 이런 관점을 나타낸다.

> 永叔이 尼事 일의 始末에 대해 질문하자, 선생은 다음과 같이 말하였다. "이것은 尼事가 아니라 바로 國事이다".6)

여기에서 尼事란 '尹鑴의 일'이란 의미이며, 구체적으로는 노소분당의 시말을 뜻한다. 그리고 인용문에 나오는 선생은 권수암을 지칭한다. 여기서 尼事는 노소분당을 지칭하지만, 넓게는 우암을 중심으로 한 당쟁사를 의미한다고 말할 수 있을 것이다. 즉 국로옹은 이런 관점 아래 國事를 기록하였다고 볼 수 있으며, 최소한 국로옹이 보기에『山家菊露』卷之一과 『山家菊露』卷之二는 모두 國事를 기록하고 있다는 점에서 차이가 없다.

『山家菊露』卷之二를 이해하기 위해서는, 우선 국로옹이 尤庵 宋時烈과 당시 당쟁에 대해

---

6) 「遂庵語錄」.

지녔던 관점을 알아야 한다. 먼저 尤庵에 대한 그의 서술을 살펴보자. 「孝宗大王召尤庵獨對筵說」에 대한 기록 끝에 '太史公曰'이란 제하에 다음과 같은 글이 실려 있다.

　　예로부터 군신들간의 만남이 무슨 한량이 있겠는가마는 栗谷先生은 『東湖問答』에서 역대 군신들간의 만남을 일일이 서술하고 단지 이윤과 탕임금, 부열과 고종의 관계만을 지목하고, 제갈량과 유비의 관계는 이와 비슷하다고 하셨다. … 내가 군신의 만남에 대해 살펴본다면, 유비와 제갈량의 관계는 정말 漢唐 이후 첫 번째로서 뒤에 두 번째 예가 없다. 지금 우암이 경연을 하다 독대를 하신 것을 보니 … 아! 옛날 군신이 생긴 이래로 훌륭한 만남이 없었던 것은 아니지만, 어찌 우리 효종이 우암을 얻은 것 같은 것이 있을 것이며, 또 어찌 우암이 효종을 만난 것 같은 것이 있겠는가!

　이것은 비록 우암에 대한 직접적인 평가는 아니지만 여기에서 국로옹의 우암에 대한 관점과 감정을 어렵지 않게 읽을 수 있다. 첫째로, 우암에 대해 넘쳐흐르는 그의 尊慕의 감정을 읽을 수 있다. 둘째, 국로옹이 우암의 입장에 암묵적으로 동의하며 무한한 아쉬움을 내포하고 있음도 어렵지 않게 알 수 있다. 또 하나 주목해야 할 것은, 당시 서인계 혹은 노론계에서 자주 인용하는 栗谷先生의 『東湖問答』으로 논의를 이끌어가고 있다는 점이다.

　다시 「前參判尹鑴有罪賜死」 다음의 국로옹의 발언을 볼 필요가 있다.

　　예전에 저들이 우암을 죽이고자 하여, 위로는 종묘에 주청하여 고하고 아래로는 팔방에 떠들었다. 오늘 저들이 당한 것은 우암의 말을 들먹일 필요도 없이 그들이 죄가 스스로 이른 것이다. 『孟子』는 "너에게서 나온 것은 너에게도 돌아간다."라고 말씀하셨고, 朱子는 "천운은 순환하여 반복하지 않는 것이 없다."라고 하셨으니, 나는 이 말씀들이 격언이라 생각한다.

　여기서는 국로옹이 윤휴에 대해 지녔던 입장도 이해할 수 있다. 윤휴는 淸南 계열인 허미수와 함께 송시열을 공격했던 인물이다. 그러므로 위의 평가는 비단 윤휴 한사람에게만 해당되는 것은 아니고, 당시 우암의 반대 세력이었던 남인 계열까지를 포함한 평가로 보아야 한다.

　송시열과 윤휴에 대한 국로옹의 평가를 이해하면, 「孝宗大王召尤庵獨對筵說」·「孝宗大王御札」·「儒臣宋時烈上疏辭貂裘」…「附論鑴諸說」…「前領議政許積賜死」·「召儒臣宋時烈於長鬐」·「前參判吳挺昌承旨趙磏等伏誅謀逆」·「前參判尹鑴有罪賜死」의 역사 서술을 대략 이해할 수 있다. 이 부분은 대개 송시열을 중심으로 당시의 당쟁사를 서술하는 것이 중심적인 주제이다. 이 부분들은 다음과 같은 주제들로 다시 나눌 수 있다.

　첫째, 우암 송시열과 효종과의 관계에 대한 서술이다. 이미 앞에서 보았듯이 국로옹은 우암과 송시열의 관계가 역사에서 볼 수 없는 이상적인 관계였다고 인식하고 있다.

둘째, 예송 등 우암을 반대하는 사람들의 논의를 기록하고 있다.

셋째, 우암의 사직 및 유배당한 것에 대한 이야기를 하고 있다. 즉 우암이 반대 세력 때문에 위기에 처했음을 의미하는 것이다.

넷째, 우암을 반대하던 윤휴의 주장을 정리해 보여주고 있다.

다섯째, 우암의 반대 세력이 정치적으로 퇴장하거나 賜死 당함을 이야기하고 있다.

여섯째, 우암이 다시 중용되어진다. 국로옹은 이 일련의 사건이 '事必歸正'이라고 여기고 있다.

비록 위의 논의에는 당시 당쟁 특히 윤휴 및 남인과 송시열 사이의 갈등관계가 주된 주제이기는 하지만, 단지 이와 직접적으로 관련 있는 역사만을 기록하고 있지는 않다. 그는 당시 서인계의 일반적인 역사도 함께 기록하고 있으며, 당쟁의 내용을 직접적으로 전면에 내세워 논의하고 있는 부분은 그리 많지 않고, 간접적인 방식으로 논의하고 있는 내용도 적지 않다.

다음과 같은 기록도 있다.

> 己男은 趙湜의 종이다. 조식이 告廟의 論을 力倡하였는데, 기남이 다음과 같이 간언을 하였다. "근래 여러 사람들이 하는 말을 들어보면, 모두 송시열은 정말 군자이고 그를 죽이려는 사람은 소인이라고 생각합니다. 어찌하여 (주인님은) 스스로 소인의 부류에 들어가 꼭 송시열을 죽이려 하십니까?" 조식이 분노하여 매질을 하였다. 기남이 나가서 "주인이 허물이 있는 데도 諫言을 드려 그치게 하지 못하니 살아서 무엇하겠나"라고 말하고는, 스스로 목을 매달아 죽었다. 사람들이 모두 마냥 탄식하면서 애석하게 여겼다.

이것은 비록 간접적이기는 하지만 국로옹의 의도는 매우 명료하다. 국로옹은 己男에 대해 깊은 共鳴과 슬픔을 느낀 모양이다. 이 기록의 바로 옆에 엷은 먹으로 "菊露公이 己男傳을 지었다(菊露公作己男傳)."라고 적혀있는데, 후손이나 소장자가 후일 참고로 적어 놓은 듯 하다.

윤휴의 賜死를 기록한 이후 비록 다른 여러 가지 기록이 있지만, 주제는 老小分黨으로 넘어간다. 즉 대략 卷之二의 끝까지 老小에 대한 기록으로 일관하고 있다. 단 서술하는 방식은 앞의 부분과 다르다. 그 다른 점을 밝히면 다음과 같다.

첫째, 앞의 서인과 남인 혹은 송시열과 윤휴의 관계를 중심으로 서술할 적에는 일반적으로 사건을 중심으로 논의되고, 약간은 산만한 방식으로 논의가 전개되었다. 그러나 이 노소의 사건을 서술할 때에는 보다 집약적이고 정면적인 방법으로 소개하고 있다. 그리고 논의의 초점 등도 상대적으로 전반부보다 자세하고 정면으로 다루고 있다.

둘째, 노소분당과 관련된 자료들을 한 곳에 모아 스스로 열람하고 판단할 수 있도록 하였다. 즉 주제 중심의, 혹은 기사본말적 체제가 보다 강화되었다. 예를 들면 「上尤庵書」·「尤庵答

書」·「上尤庵書」·「又答尤庵書」·「尤庵答書」·「上尤庵書」·「尤庵答書」·「上尤庵書」·「尤庵答書」와 같은 부분은 노소가 분당할 당시 우암과 윤휴 사이에 왕복하였던 서신을 모아 놓고 있다. 물론 一時의 편지가 아니다. 뿐만 아니라 우암이 써준 윤선거의 비문도 수록하고 그에 대한 의견도 첨부하고 있다. 즉 「美村墓碣文」이 이것이다. 아마도 老小 분당의 역사와 실체를 객관적으로 보여주겠다는 의지인 듯하다.

셋째, 논의가 매우 직접적일 뿐 아니라, 우암에 대한 평가 혹은 우암의 당시 심정 부분까지 뒤에서 다루어지고 있다. 애절한 감정에 의탁하여 은연중 송시열을 공격하는 「己酉擬書」·「辛酉擬書」를 수록한 후 국로옹 자기의 의견을 첨부하고 있다. 그리고 「告沙溪先生墓文」은 우암이 사계에게 고하는 형식으로 쓰여진 문장으로서, 우암 자신의 심정을 이야기 한 글이다. 이 글의 말미에도 국로옹의 말이 첨부되어 있다.

이와 같은 특징을 지닌 노소분당에 대한 역사 이외에도 다소 당쟁사와 거리가 있는 역사적 사실도 기록되어 있다. 예를 들면 「十月王妃金氏昇遐辛酉二月葬于翼陵諡曰仁敬」·「壬戌九年冬上行大疫」·「十二月初五日王大妃昇遐甲子四月葬于崇陵諡曰明聖」등과 같은 기록이 그러하다. 그러나 이런 기록도 당시의 당쟁과 전혀 관계가 없다고 말할 수는 없을 것이다.

끝에 있는 두 편인 「後洞問答」과 「遂庵語錄」은 매우 중요하다. 여기에서 後洞은 宋奎濂(1630~1709)을 지칭한다.[7] 만약 『山家菊露』卷之二를 읽는다면 먼저 「後洞問答」과 「遂庵語錄」를 읽고, 『山家菊露』卷之二를 보는 것이 줄거리를 이해하는 데 편리할 것이다. 「後洞問答」의 뒤에 '太史公曰'의 題下에 다음과 같은 글이 있다.

　　　천하에 진실된 시비는 없다. 좋게 여기는 사람은 옳다고 여기고 싫어하는 사람은 그르다고 여겨서, 각기 그 참을 얻고 나서 옳다고 여기고는, (그것이) 진실한 시비라고 말한다. 근세의 우암과 윤증의 시비도 사람들이 그 진실한 시비를 알지 못한다. 우암을 높이는 사람은 윤증이 잘못이라고 하고, 윤증을 높이는 사람은 우암이 문제라고 하여, 진실된 시비를 알지 못하면서 포폄을 한다. 이제 「後洞問答」을 보니, 줄거리가 명료하고 시비곡직을 통쾌하게 밝혀서, 비록 어린아이라도 지각만 있으면 듣고 보고 스스로 분명하게 알 수 있으니, 이것은 이른바 천하의 진실된 是非이다. 대저 어찌 일점의 의혹이나 불분명한 점이 있겠는가!

이에서 보듯이 「後洞問答」은 老小分黨에 대해 기록하고 판단한 기록이다. 상당한 長文으로 이루어져 있다. 그리고 「遂庵語錄」에는 다음과 같은 말이 있다.

　　　그 요점을 말한다면, 윤증은 서인 중의 패륜아로서 남인의 장부를 가지고 있었다. 그래서 화근이 되는 마음이 항상 깔려있었으니, 墓文과 관련된 일은 단지 그가 우암과 대립각을 세

────────────

7) 「後洞問答」의 아래 다음과 같은 自註가 있다. "후동은 제월당이 살던 곳이다後洞, 霽月堂所處之地". 여기에서 제월당은 바로 宋奎濂이다.

우는 구실에 불과하다. 그 일이 복잡하고 그 맥락이 매우 은미하기에 세상 사람들 중에 제대로 아는 사람이 거의 없다.

이 부분과 위 「後洞問答」의 일부를 함께 보면 국로옹의 입장을 비교적 명료하게 알 수 있다. 老小의 是非는 매우 분명함에도, 그 일이 은미하고 복잡하여 제대로 아는 사람이 거의 없었다. 그래서 그 일에 대한 맥락과 시비곡직을 자세히 서술할 필요가 있었던 것이다.

『山家菊露』 卷之二의 내용은 크게 두 가지로 구별해 볼 수 있다. 즉 송시열과 윤휴와의 갈등관계와 송시열과 윤증과의 갈등관계이다. 그런데 이미 위에서 살펴본 바와 같이 이 두 가지를 서술하는 국로옹의 방식에는 차이가 있다. 송시열과 윤휴의 갈등관계에 대해서는 서술방식이 덜 직접적이고 느슨한 반면, 송시열과 윤증의 갈등관계에 대해서는 보다 집요하고 직접적인 방식으로 서술하고 있다. 이것은 아마도 국로옹이 보기에 송시열과 윤휴의 갈등관계는 상대적으로 맥락이 단순하고 시비곡직이 알기 어렵지 않아 이미 대략적인 공론이 형성되어 있는 반면, 송시열과 윤증의 갈등관계는 그 진정한 갈등의 원인이 무엇인지, 또 갈등의 과정은 어떠했는지, 왜 분당의 사태로 갈 수밖에 없었는지의 맥락과 이유가 은미하여 알기 어렵고, 그에 대한 설명방식도 분분하였기 때문에 서로 다른 서술방법을 선택하였을 것이다. 물론 중점은 송시열과 윤증과의 갈등에 있다.

4. 가치

책의 가치란 다방면이고 동시에 다층차적이라고 할 수 있다. 『山家菊露』도 마찬가지이다. 보는 관점에 따라 연구하는 깊이에 따라 다양한 가치를 말할 수 있다. 단 그 중 두 가지 가치는 매우 중요하다.

첫째, 『山家菊露』의 고대사 부분, 즉 三國時代의 서술 부분에서 여러 小國들에 대한 설명에 관한 것 등이다. 비록 『山家菊露』에서 말하는 고대사[8]가 현재 알려진 고대사와 일치하지 않는 것이 많지만, 거기에는 몇 가지 이유가 있을 것이다. 우선 중요한 것을 꼽자면 아직 충분한 연구가 부족한 점을 들 수 있다. 그러나 그 이외에 『山家菊露』에서 취한 사료와 현재 우리가 일반적으로 보는 사료의 다름에도 기인한다. 그러므로 국로옹이 취한 사료와 설명방식은 모두 한번쯤 참고할 가치가 있다. 왜냐하면 현재 우리가 볼 수 없는 사료가 있을 수 있기 때문이다.[9] 특히 국로옹은 한반도에 존재했다고 하는 여러 小國들에 대해 가능한 자세한 설명을 하고 있다. 이 부분에 대한 후속적인 연구가 필요하다.

---

8) 고려사 이후는 현재의 설명방식과 비교적 유사하다.
9) 물론 대부분의 중국의 정사 등에 보이는 사료인 듯하다.

둘째, 『山家菊露』의 중요한 특징 중 하나는 당쟁사에 대한 기록이다. 물론 노론의 입장에서 기술된 당쟁사이다. 아직까지 당쟁사에 대한 어떤 정론이 있지는 않은 듯하다. 그리고 당쟁사는 단지 가치 평가의 문제에 있어서 이견이 분분할 뿐 아니라, 역사적 실체에 대해서도 각 당파의 주장의 서로 다르고 현재 서술되는 것도 역시 일치하지 않는다. 본 『山家菊露』는 이 당쟁사의 실체와 평가에 대해 참고할 가치가 있다. 보다 객관적인 연구가 되기 위해서는 다양한 시각의 서술이 필요하기 때문이다.

이 밖에 『山家菊露』는 서인계에서 서술한 한국역사라는 점에서도 매우 중요하다. 왜냐하면 일반적으로 남인계에서 한국의 역사를 중시하고, 서인계에서는 우리의 역사에 대해 그리 중시하지 않는다고 알려져 왔기 때문이다. 단 『山家菊露』에서 당쟁사 이외 부분의 역사, 특히 고대사가 당색과 관련이 있는지는 차후 연구해볼 수 있는 부분이다.

5. 기타

1) 太史公과 菊露翁은 동일인인가?

『山家菊露』를 보면 태사공과 국로옹이 등장하여 자기의 의견을 밝히고 있다. 『山家菊露』의 전반부에는 거의 없는 반면 黨爭에 대한 기록에서는 비교적 빈번하게 등장한다. 그리고 太史公과 菊露翁이 주장하는 내용을 보면 모두 노론의 입장에서 자기의 입장을 표현하고 있다. 혹은 太史公과 菊露翁이 따로 따로 등장하기도 하고, 혹은 이 둘이 동시에 등장하기도 한다. 즉 동일한 사건에 대해 太史公과 菊露翁이 모두 의견을 밝히는 것이다. 더욱이 「美村墓碣文」의 말미를 보면 '太史公曰' 아래에 評語가 있는 뒤에, 다시 '菊露翁曰'이란 평어가 보인다. 그런데 '菊露翁曰'의 평어에 보면 '太史公云'의 형식으로 太史公의 말을 인용하며 논의를 이끌고 있다.

만약 일반적인 경우라면 太史公과 菊露翁은 두 사람이라 생각하는 것이 정상일 것이다. 왜냐하면 만약 동일인이라면 굳이 평어를 나누어 쓸 이유도 없지만, 스스로 말한 뒤 자기 말을 인용하여 그것을 논거로 삼아 다시 논의를 이끌어 가는 것도 부자연스럽기 때문이다. 그리고 자기를 다시 '太史公'이라 호칭하는 것도 역시 부자연스럽다.

그러나 이것이 太史公과 菊露翁이 두 사람이라는 확증은 되지 못할 것이다. 그 이유는 첫째, 이것은 어쩌면 『史記』의 형식을 나름대로 모방하였을 가능성이 있기 때문이다. 『史記』에 보이는 太史公에 대해서도 여러 가지 이견이 있는데, 그 중 하나는 사마천 자기라고 보는 입장이다. 『山家菊露』에서 밝히고 있듯이, 이 책은 『史記』를 모방하고 있기 때문에, 이러한 점 역시 일종의 모방일 수 있다.[10]

둘째, 이것은 일종의 문학적 표현이라 볼 수 있기 때문이다. 문집에서 자기를 높혀 '子'를 첨가하는 경우가 적지 않다. 이것은 엄밀한 의미의 존칭이라기보다는 문학적 표현 방식이라 보아야 한다. 이처럼 자기의 논의에 보다 무게를 주기 위해, 太史公과 菊露翁등의 표현을 써가며 논의를 진행했을 가능성을 배제할 수 없다.

현재 자료만 가지고는 이에 대해 정확한 판단을 내릴 수 없다. 단『山家菊露』는 필사본이며 草稿本이다.『山家菊露』卷之二의 권미에 '癸未始艸'란 글자가 있다. 그렇다면 太史公과 菊露翁이 비록 두 사람이라 하더라도, 이것은 이 문집이 형성되었을 때 이미 있었던 太史公의 언론을 菊露翁이 참작한 것이지, 太史公과 菊露翁 두 사람의 작품이라든지, 아니면『山家菊露』를 저술함에 太史公과 菊露翁 두 사람이 각기 도와가며 평어를 하였다고 보기는 어려울 것이다. 어쨌든 좀 더 많은 자료가 나오기를 기다려야 할 것이다.

   2)『山家菊露』와『菊露秋寫』는 동일한 책이 아니다.

규장각·장서각·국립중앙도서관·고려대학교 도서관에『菊露秋寫』란 책이 있다. 표지명이 '菊露秋寫'이고 내제명은 '菊露秋寫朝鮮歷史'이다. 이 책은 2권 2책 목활자본으로, 姜璘11)이 1928년 지은 한국의 역사책이다. 제목상『山家菊露』가『菊露秋寫』의 원고본이 아닌가 의심해볼 수 있으나, 이 두 책은 별개의 책이다. 해제자가 고려대 소장본『菊露秋寫』와『山家菊露』를 비교해본 결과 이 두 가지는 내용이 상이하였다.

                                                                    【서대원】

---

10) '太史公'이란 칭호 자체가『史記』의 모방이다.
11)『菊露秋寫』의 서문에 의하면 강린의 호도 菊露이다. 도연명을 좋아하여 '菊'字를 취하여 호를 삼았다고
    한다. 조선 말기 두 명의 菊露가 비슷한 분량(모두 2卷 2冊)의 한국 역사책을 저술하였다는 것은 정말
    보기 드문 우연이라 할 수 있다.

山房錄燕行裁簡

權魯郁(1803~1873) 著.

寫本. 2卷 1冊(上·下) : 33.5×21cm. 10行 20字.
表題 : 燕行便裁簡.

1. 저자

權魯郁(1803~1873)의 本貫은 安東, 字는 汝瞻, 號는 石樵이다. 『산방록연행재간』(이하 『연행재간』) 권하 後識에 '咸豊 二年 海東朝鮮國 嶺南花山府 石樵山人 權魯郁'이라고 밝혀놓은 저자의 호와 사는 곳을 토대로 살핀 결과, 권노욱은 안동 권씨 副戶長公派 鳳儀系로 啓萬의 아들이며 조복의 손자이다. 순조 3년(1803)에 태어나 1873년(고종 8) 71세를 일기로 생을 마감했다. 隸書와 詩文으로 이름났으며, 별다른 관직은 역임한 바 없다. 안동 김문 金景彬의 사위이다.

『산방록연행재간』이 지어진 시기는 저자가 하편 후지에 밝힌 바, 함풍 2년[1] 癸丑, 즉 서기 1853년이다. 이 시를 지은 권노욱이 직접 연행을 간 것은 아닌 것으로 보이고 그 당시 연행 사의 일행에 따라가게 된 '金竹隱'을 위해 지어준 것으로 생각되는데, 상권 권말에 붙은 연경 쌍관재(雙管齋)의 蘭亭西客이 덧붙인 시 16수가 癸丑 다음 해 甲寅年(1854)인 것으로 봐서 당시 연행에 관련되어 지어진 글로 추정된다. 1854년 정월, 연경에 머물러 있을 것으로 추정 되는 것은 계축년 10월에 갔던 進賀謝恩 兼 冬至使 행렬인데, 이는 정사 徐有薰, 부사 李寅皐 서장관 宋謙洙 로 삼정사가 구성되었다. 그 다음번 사행은 1854년 10월의 동지 겸 사은 사행으로 정사 金鏴, 부사 鄭德和, 서장관 朴宏陽의 三正使가 갔으나 정월 이후의 일이므로 金鏴가 김죽은일 가능성은 적다. 甲寅年에는 단 한번의 사행만이 행해진 것으로 알려져 있다.[2]

2. 구성

상편은 '시경, 초사에 뜻을 의탁하여 김죽은을 보내는 연행기정사 백구(托意於毛詩□兮, 楚辭之些, 送金竹隱 燕行記程詞 百句)"라 하여 초사의 형식을 따라서 김죽은을 보내는 연행기정 을 적은 시 100구를 짓고, 각 구절마다 연행노정의 소요 里數와 관련 기사, 그리고 인용 고 사에 대한 기사를 1행 2줄짜리 小註로 붙였다. 100구가 끝난 후에는 「燈火圖」시운에 차운하 여 7언절구 16수를 덧붙였다. 여기에도 "함풍년간 2년 계축년 초겨울에 석초산인 쓰다(咸豊 二年 癸丑 孟冬 石樵山人稿)"라 하여 저자를 밝힌 후에, 이어져 "권 석초산인 절구 열여섯 편 에 받들어 차운하다(奉次 權 石樵山人十六絶句.)"라고 하며 이 편을 빌려 읽고 느끼는 바 있 어 차운했다는 요지와 함께 甲寅年(1854) 정월 23일 蘭亭西客 少白周棠이 燕京 雙管齋에서

---

1) 간지를 봐서는 함풍 3년의 오기인 듯 하다.
2) 남정섭이 편한『朝鮮 科宦譜』(1914년 간행, 한국학 중앙 연구소 소장) 김해김씨 陰司편에 보면 竹隱이라는 호를 가진 사람이 金興柱임을 알 수 있으나, 생몰년과 활동 사항을 더 자세히 알아볼 것이 요구된다.

차운한 시 16수가 붙어있다.

下篇은 '呈 中華太學表札 百句(중화 태학에 드리는 표찰 백구)'라고 권두에 표제가 붙어있고, 그 밑에 '篇內所評, 摠是華人(편 안에 평한 바는 모두 중국인들이 한 것)'이라 하여 본문 아래 소주로 평한 것은 모두 중국인들이 한 것이라고 밝혀 놓았다. 表札이라는 것은 흔히 標札과 통용하여 문패, 명찰이라는 뜻으로 쓰이는데 특정한 문체로서 여기서 쓰였는지는 알 수 없다. 그러나 그 100구의 2,3배 되는 분량으로 각 구마다 역대 시인들과 시화를 차용하여 小註와 평이 달렸다.

3. 내용

상편의 『초사』를 본뜬 연행기정사 100구는 주 내용이 記程, 곧 연행하며 경유하는 지명을 주로 적으면서 시작된다. 맨 첫구 '고개에 높이 올라, 큰 소나무 기대네(高陟坡兮 倚長松些)'에서 보는 바와 같이, '高陽과 坡州, 長湍과 松京'이라는 연행 초기의 경유 지명들을 줄여 완성한 구절들이 대부분을 이룬다. 이들은 단순히 지명의 나열이 아니라, 중의적인 뜻을 가지고 내용이 이어지고 있다. 그러면서도 중간에 "강을 나와 처음 길이 일천 오십 리니, 성상의 만수절 축하 구름 너머 아득한 곳에서 한다네(出江初路爲一千五十里兮, 祝聖壽於雲天縹渺間些)", "책문에 올라 머리를 돌리니, 龍灣(의주)서부터 백 이십리 달려 아뢴다네(上柵門而回首兮, 自龍灣一百二十里而馳奏些)", "이대자, 삼대자 서로 보이는 참이여, 이에 이르니 북경까지 반 쯤 된다 하네(二三四五相望站兮, 此是至北京半程云些)"같은 구절들을 넣어놓아 구체적인 경유 里數와 여정을 충실히 소개하는 본령을 환기하고 있다.

여기서 드러난 주요 연행노정은 다음과 같다.

高陽- 坡州- 長湍- 松都- 金川- 平山- 葱秀站- 瑞興- 劒水 -鳳山 -黃州 -中和- 平壤- 順安 - 肅川 - 安州 -博川- 嘉山 -納淸亭- 定州- 郭山- 宣川- 鐵山- 龍川- 義州(龍灣) - 鴨綠江- 小西江- 中江- 九連城- 松隅- 溫井- 陽站- 葱秀站- 魚龍堆- 沙坪 - 柵門鳳凰 一站- 安市城 - 舊柵門城 - 鳳凰城 - 三叉河 - 乾子浦- 伯顔- 麻姑嶺- 薛劉站- 分水嶺- 大長嶺 - 劉家河- 黃家庄- 林家臺- 范家臺- 通遠堡 - 和尙庄- 草河口橋- 高家嶺 -兪家 嶺 - 連山關- 會寧嶺- 甛水站- 靑石嶺- 小石嶺- 摩天嶺- 頭關站(通家庄)- 三流河- 王祥嶺- 王寶臺(冷井)- 太子河 - 東八站- 爛泥堡- 烟臺河堡- 沙河堡- 白塔堡- 渾河 - 永安橋- 孤家子 - 小·大黃旗堡- 柳河- 小白旗堡- 二道井- 二臺子- 廣寧- 壯鎭堡- 閭陽驛 - 大陵河- 小陵河- 杏山堡- 連山驛 -寧遠衛- 中右所- 東關驛- 前屯衛- 吳家嶺 - 王家嶺- 鳳凰店- 望海店- 柳關- 撫寧縣- 文筆峯- 灤河(이제묘)- 沙河驛- 薊門烟樹 -豊潤

縣 - 軟鷄舖 -漁陽橋- 邦均店 - 燕郊堡 - 白河 -八里堡 - 東岳廟 -朝陽門

이 여정은 18세기 산문연행록에 수록된 것에서 크게 변동되지 않았으나 괄호 안에 이칭을 표시한 몇 군데는 이름이 바뀐 것이 확인된다.

저자는 이 시 안에서 韓愈의 시「送鄭節度時」·「孟郊遠遊」 등을 차용하여 글의 완성도를 높이는가 하면, 『隨園詩話』 등을 인용하여 "문장은 한유를 높이고 시는 두보를 높이는 것이 산에 오르는 사람이 반드시 태산에 올라야하고 물을 건너는 자가 동해로 흘러 들어가야 하는 것과 같다(文尊韓詩尊杜, 猶登山者必上泰山, 泛水者必潮東海也)"라 한다. 그러나 동해, 태산만 잡고서 다른 것이 있는지 알지 못하는 것이 문제이므로 배우는 사람은 마땅히 널리 보고 공교해져야 한다는 의론 전개도 하고 있다. 그리고 낭자산에서는 광해군 때 정탁일이 포로로 잡혔었다는 고사도 소개하여, 본문에 담긴 뜻이 깊어지도록 한다. 또한 "강한[양자강과 한수, 그 부근의 지방] 넓은 곳에 준 것들 있으니, 동으로 가는 뗏목에 『요해편』 실어 보냈네(江漢濶而有所贈兮, 泛東槎而載送遼海編些)"라는 구절에서 조선의 문인 이행, 소세양이 명의 사신 倪謙을 맞는 원접사로서 시를 창화하여 『東槎集』이라는 책으로 엮은 것이 있고, 신숙주·성삼문·하위지 등의 학사 27인 시를 또한 『遼海編』으로 예겸에게 보냈다는 문학교유 사실 등을 소개한 것을 특기할 만 하다.

하편인 <呈 中華太學 表札百句>에서는 좀더 본격적으로 詩 에 대한 의견을 개진한다. 첫 부분부터 "무릇 시의 본래 성격은 사람들이 탄식하고 읊조린 것이니, 시 삼백을 묶은 것(시경을 지칭)에 성명을 밝히지 않은 것은 가히 사랑할 만 하다(夫詩本性情, 人所詠嘆, 編三百而可愛姓名之不著)" 라고 『시경』으로 시작하고 있으며, 각주로 달린 華人들의 의논도 올바른 시의 전범으로 늘 거론되는 『시경』 시에 대한 견해를 소개했다. 뒤에 전개되는 내용 역시 "시는 마땅히 朴해야 하고 기교만 부리면 못쓴다. 그러나 반드시 큰 기교 안의 소박함이 있어야 한다. 시는 마땅히 맑아야지 짙으면 못쓴다. 그러나 반드시 짙은 후의 맑음이어야 한다(詩宜朴不宜巧, 然必須大巧之朴, 詩宜淡不宜濃, 然必須濃後之淡)" 같은 시 자체에 대한 의론, 蘇軾과 黃庭堅, 歐陽修, 杜甫 등 역대 명 시인에 대한 시평, 奇方伯, 龔元超, 張鸞洲 등 시인들의 실제 시 인용이 주를 통해 소개되고 있어, 詩에 대하여 전반적인 생각들을 알 수 있다. 이 중에서 "황산곡의 시는 여자가 남을 볼 적에 먼저 화장을 많이 하고 비로소 보는 것 같고, 구양수 시는 규중의 과부가 일생토록 장식한 아름다움을 보여주지 않는 것과 같다(黃山谷詩, 如女子見人, 先有許多粧, 而作相 歐陽公詩, 如閨中孀婦, 終身不見, 華飾之美)"라는 각주의 인상비평은 전편의 '연행기정사' 각주에도 그대로 나와 있어 주목된다. 이것을 지은 사람의 비평적 성향을 알 수 있을 뿐 아니라, '華人'이 작성했다는 이 내용이 전편 권노욱이 작성한 것으로 추정되는 내용에 '詩話曰'이라는 같은 인용으로 전재된 것이 우연인지, 아니면 실제적 연행자로 추정되는 '金竹隱'이 연행을 다녀와서 기존에 지었던 詞에, 화인이 단 하편의 주석을 보고

기존 자신의 주석을 증보한 것인지 하는 '저작의 선후'를 알 수 있는 단서가 되기 때문이다.3)

4. 가치

　　『산방록연행재간』의 가치는 우선 형식의 독특함에서 찾을 수 있을 것이다. 상편에서 초사를 본뜬 시형으로 저자의 시문 실력을 발현하고, 하편에서는 중국 문인들에게 보여주는 짤막한 메모들의 형식을 택한 『연행재간』은, 기존 酬唱詩 중심의 사행시집, 일기와 잡지 중심의 연행록 서술 방식과는 크게 변별된다.

　　또한 작자의 입장이 특이하다. 저자 권노욱은 연행을 직접 체험하지 못했으나, 연행길을 소개하는 시를 썼다. 이 글의 내용에서는 권노욱이 특별히 연행에 관한 저작을 할 구체적인 관직상의 입장이나 이유가 나와있지 않은 것으로 보아, 그가 이 글을 쓴 것은 '연행' 자체에 대한 개인적 관심 때문인 것으로 추정할 수 있다. 이로써 연행록이 연행을 할 수 있었던 위치와 여건에 있었던 사람들 뿐 아니라 권노욱 같은 鄕村士族에게도 애독의 관심도를 넘어 직접 창작을 시도해보는, '연행'이 가지고 있는 인지도와 관심도를 확인할 수 있다.

　　그렇다면 연행 속의 어떤 부분이 사람들의 관심을 집중했는가가 문제된다. 권노욱의 경우 관심을 끈 것은 다름 아닌 淸人[재청 한인 중심의, 과거를 준비하는 學人들]과의 교유였다. 그러한 관심의 지향을 뚜렷이 보여주는 것이 『산방록연행재간』 하편에 있는 <呈中華太學表札百句>라 볼 수 있다. 제목부터 在淸의 학인이라는 대상을 뚜렷이 하고 있는 이 부분은, 소주로 중국인들의 화답을 자신의 생각보다도 더 많이 싣고 있는데, 그 내용 대부분이 역대 시에 대한 것과 시인 제가에 대한 평가가 대종을 이룬다. 이 부분은 18세기 중후반부터 심화되던 연행록 저자들과 청인들과의 인적 교유와는 또 다른 양상이다. 18세기 홍대용부터 본격화되고 심화되던 교유는 '天涯知己'를 찾아 나가는, 개별적이고 인간적 이해를 꾀하는 것이었다면, 여기 시도되고 드러나는 교유는 그들이 중국인이라는 것만 알 수 있을 뿐, 철저히 말하는 자의 면모가 배제된 교유라 할 수 있다. 물론 이런 양상이, 저자가 직접 연경에 가지 못했을 특수한 상황 때문에 생긴 것일 수도 있다. 그러나 이전의 교유는 얼굴을 보지 못했어도 그를

---

3) 해제자는 기본적으로 '산방록연행재간'을 안동지방의 향촌사족으로 보이는 석초 권노욱이 상편의 詞와 주석, 그리고 하편의 본문을 지어 실제적 연행자인 '金竹隱'에게 송별하면서 주고, 김죽은이 연행 중 하편의 주를 받아온 순서로 저작이 되었다고 파악하고 있다. 안동권씨 대동보에서 찾아본 권노욱의 행적 중 赴試와 관직 역임의 흔적이 없고, 일생에 기념되어 기록될만한 연경 간 기록이 나와있지 않기 때문이다. 그러나 '金竹隱'의 정확한 인적사항과 정확한 연행 시기가 밝혀지지 않는 한 처음 세운 가설을 사실화 할 수 없다. 선행 해제에서는 죽은이 먼저 연행을 다녀오고 석초가 그 다음에 가면서 주석을 달았는지, 두 사람이 동행하면서 합작을 한 것인지, 죽은이 다녀와 시를 쓰고 석초는 여러 가지 자료를 가지고 거기에 주석을 달았는지 세 가지 경우를 상정하고 있다. 고운기,「산방록연행재간 해제」,『연행록 해제』, 5쪽. 동국대학교, 2004

직접 만나고 온 지인의 소개로 편지를 통한 교유를 할 수 있었으므로,4) 여기 드러나는 교유와는 다른 모습이다. 여기에 드러나는 교유는 이전 해제에서도 운위되었듯이 "마치 특별교습을 받듯이 연행사를 따라 중국에 가서 그곳의 문인들에게 이 같은 평을 달아오는 경우"5)라고 표현할 수 있다. 물론 『산방록연행재간』 하나만 보고 19세기 중반 연행록의 청인 교유 양상이 '인간적 교유 중심'에서 '관심사에 대한 정보 교환'으로 다시 돌아갔다고 할 수는 없으나, 청인들과의 교류 양태가 다양해졌다는 것을 이 책을 통해 분명히 알 수 있다.

그러나, 이 글을 쓴 것으로 되어있는 석초산인 권노욱, 그리고 연행을 한 것으로 추정되는 김죽은이 각기 어떻게 이 글의 탄생에 관여했는가를 더욱 세밀하고 정확하게 아는 것이 이 책의 의의와 특징을 설명하는 데 선행되어야 할 것으로 보인다.

【김현미】

---

4) 대표적인 것으로, 홍대용이 만나고 온 청내 한인 孫有義(號 蓉洲)와 燕巖 朴趾源의 경우를 들 수 있다.
5) 고운기, 「산방록연행재간 해제」, 『연행록 해제』5쪽. 동국대학교, 2004

상봉녹

姜浩溥(1690~1778) 著.

寫本. 2卷 2册 : 31×24cm. 18行 28字 內外.

表題 : 연행일기.

1. 저자

姜浩溥(1690~1778)의 本貫은 晉州, 字는 養直이며, 姜錫圭의 측실 소생의 서자로서, 어머니는 안동 김씨 김성급의 딸이었다.[1] 그는 韓元震의 문인이었는데, 20대에 한원진에 사사받으면서 그의 학설에 공감하였기 때문이었다. 실은 한원진의 문하에 들어가기 전부터 당대의 湖洛論爭에 대해 한원진의 주장이 옳고, 李柬의 논의가 잘못된 것이라고 주장하였다.[2]

강호부는 한원진의 문하에서 많은 문인들과 교유하였다. 宋能相(1709~1758), 權震應, 金謹行(1712~ ?) 등과 학문적인 토론을 하였고, 金龍慶(1678~1738), 鄭存謙(1722~1794), 趙曮(1719~1777) 등의 관료들과도 교유 관계를 가졌다.

1754년(영조 30) 통덕랑으로 증광문과에 갑과로 급제하였으며, 같은 해 교리를 거쳐 현감으로 나가 크게 치적을 떨쳤다. 소론에 깊이 관여하였으며, 몇 번이나 어려운 고비를 거치면서 벼슬이 僉知中樞府事에 이르렀다. 정조 초에 벼슬길에서 물러나 성리학 연구에 몰두하였는데, 특히 主氣論의 입장을 취하였다. 그 뒤 저술과 후학육성에 여생을 보냈으며, 편서로『朱書分類』가 있다.

늦게 벼슬을 했고 큰 저작을 남기지 않아 생애에 관한 자세한 사항을 고찰하기 어려우나, 여기 최초로 공개되는 이『桑蓬錄』[3]의 재평가 여하에 따라, 조선조 후기 중요한 문인으로 기록될 만 하다고 보인다.

2. 구성

1) 연행 목적 및 기간과 연행사

---

1) 강호부의 자세한 생애에 대해서는 본『고서해제』Ⅲ에 실린 구만옥의 해제「四養齋外集桑蓬錄」의 저자 부분을 참조할 것.
2) 「四養齋姜先生行狀」 "先是湖西理氣之說有二歧, 先生自兒時, 聞南塘嵬[巍]巖所爭之論, 卽以爲嵬[巍]非塘是. 吾於南塘之門, 已作受幣處子矣."
3) 한글본인『상봉녹』은 따로 한문본을 가지고 있다. 한글본은 사본 2책인데, 매면 1행당 28자 내외 18행, 상권은 79장, 하권은 97장이다. 그러나 실제로는 상하권이 뒤바뀌어 있고, 이보다 앞서 한 권이 더 있었으나, 화재로 소실되었다. 한편 내용이 시작되는 첫 페이지에는 '상봉녹권지상 연힝일긔'라고 적혀 있어서, 이것이 같은 작자의 한문본『桑蓬錄』과 함께 하는 것임을 알 수 있다. 한문본『桑蓬錄』은 사본 12권 6책인데, 책 크기는 27.5×18.0cm, 매면 10행에 1행당 20자씩 정연히 서사되어 있다. 내용 가운데 '崇禎甲申後百九十七年己亥(1839, 헌종 5)'에 증손 在應이 한글본을 가지고 번역했다는 서문이 붙어있다. 그러므로 본디 한문본이 있었고, 이것을 한글본으로 만들었던 것인데, 원본의 亡失 이후 한글본을 다시 한역한 것으로 볼 수 있다. 한문본에 대해서는 앞의 구만옥의 해제를 참조할 것. 두 본 모두 연세대 중앙도서관에서 소장하고 있는 유일본.

이 연행은 謝恩兼冬至使로 6개월간의 여정이었다. 곧 영조 3년(1727) 10월에 떠나 다음 해 4월에 돌아왔다. 연행사는 상사에 洛昌君 樻, 부사에 호조참판 李世瑾, 서장관에 司僕寺正 兼執儀 姜必慶이다. 이 연행록의 저자 강호부는 부사 이세근의 천거로 동행하였다.

북경에 이르러 강호부는 程瑛과 白受采라는 중국의 선비들과 사귀게 된다. 정환은 程子의 후손으로 易學에 밝은 사람이었고, 백수채는 과거에 합격한 수재였다.[4] 두 사람은 강호부의 학문을 높이 평가하였고, 이후에도 수십 년간 왕래하는 사절편에 서신을 교환하는 등 교류를 지속하였다.

2) 형식

출발 당일부터 돌아와 모친에게 근행 가는 날까지 매일 사안별로 기록하였으나, 그 날 그 날의 관심 분야에 따라 배경이 되는 이야기나 논의를 함께 싣고 있다. 출발부터 산해관에 들어가는 전날까지를 싣고 있었을 첫째 권은 소실되었다. 본디 한문으로 된 것을 한글로 번역하였다.

한편 한문본은 출발 당일부터 돌아와 모친에게 근행가는 날까지 매일 사안별로 기록하고, 번역자가 저자의 연행시를 부록으로 첨가하였다.

3) 구성

한글본 『상봉녹』은 저자가 먼저 한문으로 지은 연행록을 어머니를 위해 한글로 번역한 것이다. 한글로 적은 연행록이 희귀한 경우를 감안하면 이 연행록의 가치는 그 하나로 족하다 할 것이나, 내용의 상세함은 다른 한글 연행록을 능가하는 바가 있다. 특히 이것이 저본이 되어 6책 12권의 한문본 『상봉록』이 다시 번역될 수 있었다.

한문본과 비교하여 보면, 한문본의 권1에서 권3까지가 없고, 상권(원본에서는 하권)은 한문본의,

> 권4 : 12월 19일(山海關)부터 12월 20일(澄海樓)까지
> 권5 : 12월 21일(永哥莊)부터 12월 25일(圓通寺)까지
> 권6 : 12월 26일(孫哥莊)부터 12월 28일(玉河館)까지

를 이루고, 하권(원본에서는 상권)은 한문본의,

---

4) 「四養齋姜先生行狀」 "到燕有程瑛者, 程子苗裔, 而精于易學, 名于世. 有白受采者, 甲于科第, 黃金榜其家, 而 方被橃召者也."

권7 : 12월 29일부터 12월 30일까지(北京滯在)

권8 : 정월 1일부터 정월 30일까지(北京滯在)

권9 : 2월 1일부터(北京) 2월 29일(武寧縣 天台山)까지5)

권10 : 3월 1일(山海關)부터 3월 25일(鴨綠江)까지

권11 : 3월 26일(龍川)부터 4월 8일(平澤)까지6)

를 이루고 있다.

권1에서 권6까지가 북경에 이르는 노정, 권7에서 권9의 후반부까지가 북경에서 체류기간 인데, 특히 국경을 넘어선 대목부터 매우 상세하고, 귀국 길은 소략히 적었다. 이는 연행록의 일반적인 현상이지만, 권4에서처럼 단 이틀을 한 권으로 처리하는 등, 대단히 자세한 기록이 다.

한편 이 한글본은 본디 3권으로 되어 있었으나 첫째 권이 소실되어 전하지 않는데, 상권에 서 발견된 쪽지에 실린 글에 따라 그 사실을 확인할 수 있다. 다음은 그 내용이다.

이 상봉녹은 우리 고됴부 ᄉᆞ양지공이 연힝ᄒᆞ야 겨오실터의 중국산쳔이며 풍속을 련노의 피곤ᄒᆞ시믈 이즈시고 딕부인긔 보시미ᄒᆞ랴고 즈셔이 낫낫 긔록ᄒᆞ신 칙이라 즈손ᄃᆞ리 츠츠 젼 ᄒᆞ야 나려오더니 니희미덕 고모긔겨만뒤의 ᄯᅩ흔번 보깃노라 보니라 ᄒᆞ시기 보니엿더니 그 집 의 화지롤 만ᄂᆞ 회록중의 초권이 그 속의 드러 소멸ᄒᆞ니 다른 칙과 다르니 치울수도 업고 다 시는 즈손ᄃᆞ리 초권은 못보디시니 마음의 억식ᄒᆞ고 감챵ᄒᆞ기 억졔키 어렵다 이 두권이나 잘 간수ᄒᆞ야 업셔지지 아니케 ᄒᆞ야라

이 글은 '현손 원회'가 무술년에 쓴 것으로 되어 있는데, 이 무술년은 1838년(헌종 4)으로 보인다.

한편 이 『상봉녹』은 한문본에서 그 내용의 경개를 더 자세히 알 수 있다.7) 이에 따르면 다음과 같다.

저자는 이세근의 從行人으로 연행에 나선다. 그가 종행인으로 나선 것은 그의 부친과 사제

---

5) 그 사이 일행은 2월 22일에 북경을 출발하여 귀가 길에 오른다. 그 기쁨을 "異域經年 馬首向故國 一行喜 氣揚揚 若抉網而披雲"이라 표현한다. 그러면서도 세 가지 한스러움이 있으니, 첫째는 북경의 일부에 그치 고 장안 낙양 같은 곳에 가보지 못한 점, 둘째 최치원 같은 때를 얻지 못해 이곳의 과거에 응시하지 못 한 것, 셋째 명나라 때에 태어나지 못해 天朝의 예악을 구경하지 못하는 점이라 한다. 전형적인 尊明大義 가 아직 살아 있는 셈이다.

6) 사신의 일행은 4월 4일에 한양에 도착함으로써 임무를 마치고, 5일에 저자는 근친을 위해 평택으로 향한 것이다.

7) 이에 대해서는 앞의 구만옥의 해제를 참조할 것.

간인 이세근이 천거하였기 때문이라 한다. 이세근은 1680년생이므로 강호부보다 열 살이 위였다.

이 때 강호부의 나이 38세. 늘 연행에의 꿈을 가지고 있었으나,[8] 막상 결정을 하고 난 다음에는 홀로 되어 倚門而立하는 어머니에게 죄송한 마음이 들었다. 그래서 어머니에게 경솔히 판단하여 연행을 떠난다고 하니, 어머니는 그렇지 않다 하고, 부럽기도 하고 기쁘기도 하다면서 돌아와 자세히 이야기해 달라고 한다. 그런 까닭에 먼저 한문으로 지은 연행록을 어머니를 위해 한글로 번역하여 현재 두 종이 전한다. 그러나 현전하는 한문본은 강호부의 초고가 아니다. 서문에 따르면, 강호부의 친구 鄭壽延이 빌어 갔다가 망실하였는데, 다행히 집안에 한글본이 남아 있어 그것으로 다시 번역을 한 것이다. 이런 성립과정은 연행록 연구에 매우 특이한 점으로 기록되면서, 번역이나 국어학의 영역에서도 연구 대상이 될 수 있게 한다.

이 연행록은 방대한 양에서 압도한다. 老稼齋 연행록 이후 아직 홍대용의 연행록이 나오기 전의 시점에서 이만한 양의 연행록을 보기 어렵다. 양뿐만 아니라 체제상의 특징도 특기할 수 있다. 전체적으로는 일기체를 띠고 있으나, 중간 중간에 들르는 유적지나 중국의 풍경을 역사적으로 고찰하면서 종합적으로 정리해 놓았다. 이 때문에 양이 늘기도 했으나, 아마도 어머니에게 들려주고 싶은 여러 상식적이고 전문적인 이야기들을 아울러 망라하고자 의도한 데서 비롯한 형식인 듯하다.

3. 내용

1) 한글본의 경우

한글본은 "(12월) 십구일 경즈에 청ᄒ다 오늘 산해관 들냐ᄒ니"로 시작한다.[9] 산해관까지 이른 일행에게는 이제 여정이 웬만큼 익숙해 질만도 하다.

그러나 정작 28일에 북경에 도착했을 때는 심신이 지친 사신 일행은 예부에서 내려오는 황제의 세찬을 받을 여력도 없다. 그런 모습을 한글본은 다음과 같이 여실히 그리고 있다.

삼십일 신희예 음ᄒ고 오후에 대풍혹한ᄒ다 스시예 녜부관원이 셰찬셰반을 녕ᄒ야 오니 통관과 졔독이 다 뜰에 ᄂᆞ려 마자드린다ᄒ더라 역관이 니ᄅᆞ되 셰찬은 황졔주ᄂᆞᆫ거시니 삼수신

---

8) '상봉록'은 '桑蓬之志'에서 나온 말이다. 장부로 태어나 큰 꿈을 펼치려는 뜻을 여기에 담았다.
9) 앞서 밝힌 바 이는 한글본 하권의 시작 부분이지만, 실은 여기가 상권이 된다. 또한 상권이라 하지만 앞서 한 권이 더 있을 것으로 보아 중권이 되어야 맞을 것이다.

이 맛당이 일힝을 거느리고 섬 아래셔 녕ᄒ야 밧고 인ᄒ야 샤은녜를 힝한다 ᄒ대 부ᄉ 녕공이 역관으로 ᄒ야곰 녜부관원의게 말ᄋ 전ᄒ되 삼ᄉ신이 쳔니힝역의 감돈ᄒ야 피곤ᄒ 쓰티 어졔 ᄎ풍ᄒ야 긔운이 편치 못ᄒ니 친히 녕수ᄒ기 어려오니 권도를 ᄡ여 역관으로 ᄒ야곰 디ᄒ야 바드미 엇더ᄒ뇨 녜부관이 고집ᄒ야 허치아니ᄒ되 부녕공이 병들와일 콧고 ᄆ춤내 나지 아니ᄒ니 상ᄉ시 셔장으로 더브러 시러곰 마지 못ᄒ야 관디를 닙고 섬 아래 ᄂ려셔 돗우회셔 녕수ᄒ고…

이 연행록이 재미있는 것은 이런 부분에서 솔직히 있는 대로 상황을 묘사하고 있다는 점이다. 황제의 새해 선물을 정상적인 예를 갖추어 받아들이지 않고, 서장관에게 편법으로 받게 했다는 것은 외교상의 문제가 될 만도 한 일인데, 그것은 청 황실에 대한 무언의 시위일 수도 있겠으나, 저자는 이 같은 사실을 있는 대로 적고 있다. 사실 청 황실을 '胡皇'이라 부르고 있는 등, 이때까지 조선국 내에 엄연히 남아 있는 尊明排淸 의식을 여실히 볼 수 있다.

조금 심신을 추스른 일행은 숙소 주변의 구경을 나서기도 하는데, 주변 풍경이 다음과 같이 소개되어 있다.

무신 졍월 초일일 임ᄌ에 음ᄒ다 ᄃ기 우지 못ᄒ야셔 통관과 졔독이 와 관문을 열거ᄂ 삼ᄉ신이 힝즁을 거ᄂ려 삼십원을 치와 다 공복ᄒ고 삼니롤 힝ᄒ야 동챵 문밧긔 니르러 궁셩 밧 담을 둘너 남으로 삼빅여보롤 지나 ᄭ거 셔로 힝ᄒ야 ᄯ 빅여보롤 지나 동화문으로 들어가니 동챵문과 동화문은 다 궁셩 밧 담문이러라

이 장면은 새해 조참을 가는 사신 일행의 모습을 그린 것으로 보인다. 공복을 차려 입고 북경 시내를 걸으며, 거리의 풍경이며 궁성과 문의 위치 등을 상세히 그리고 있다. 김창업의 연행록 이후 이만큼 자세한 기록을 보기 어렵다.

사신 일행이 구경하는 것 가운데 幻術은 빠지지 않았다. 이 신기한 광경을 다음과 같이 소개한다.

(1월) 초ᄂ일 뎡ᄉ에 쳥ᄒ다 상시 환슐ᄒᄂ 사롬을 어더 놀니고 일힝을 쳔ᄒ야 볼시 쯜가온대 ᄒ 탁ᄌ롤 노코 환슐ᄒᄂ 놈이 탁ᄌ 압셔 주머니 가온대로셔 ᄉ긔잔 ᄒ ᄶᆼ을 내야 그 잔을 것구르 드러 온 좌듕을 뵈야 ᄡ여 그 뷘줄을 뵈고 그 잔 ᄒ나홀 탁ᄌ 우희 노코 ᄯ ᄒ 잔을 그 우희 업고 블근보롤 내야 그 잔 우희 더퍼 노코 손으로 탓ᄌ 우흘 그어 부쟉을 그리며 진언을 외오고 하ᄂᆯ을 우러러 공듕의 손을 둘너 잔으로 향ᄒ야 쥐여담ᄂᄃ기 ᄒᄂ 형상을 두어 식경을 ᄒ다가 이윽고 그 보홀 앗고 그 우희 덥흔 잔을 여니 술이 잔 가온대 ᄀ득ᄒ얏고 겨티 잇ᄂ 사롬다려 마트라 ᄒ니 나아가 마타보니 술내 코롤 쏜다 ᄒ더라

역시 저자의 아주 솔직한 성격이 잘 드러나는 대목이다. 사신들이 대부분 연행 중에 환술을 구경한 것으로 되어있으나 이처럼 그 상황과, 환술을 보며 놀라워하는 사신 일행의 모습을 그린 경우가 없다.

일행은 2월 22일에 귀향의 길에 오르는데, 곤한 일정을 마치고 돌아가는 그들의 심정이 잘 그려져 있다.

> 이십이일 계묘에 아춤의 비오고 신시예 개다 일니러 밥을 지촉ᄒ야 먹고 ᄒ힝장을 정돈ᄒ야 암자셔 ᄌ문오기ᄅ 기ᄃ리더니 ᄉ시예 ᄌ문이 비로소 니ᄅ거ᄂᆯ 즉시 장계ᄅ 믄자 뼈 션ᄂᆡ군관 니셰방 윤도와 역관 박슈치ᄅ 내야보낼시 집련지ᄅ 부치고 김시유와 오지철을 쩌르쳐 머무르고 오시예 븍경셔 니발ᄒ다 ᄉ신이 븍경 셩중에셔 가마ᄅᆯ 틋지 못홈이 법이러니 부녕공이 무슐년의 칭병ᄒ고 관소의셔 가마ᄅᆯ 틋고 힝ᄒ엿더니 이번도 ᄯ 그리ᄒ니라 이역에셔 ᄒᆡᄅᆯ 지내고 몰머리 고국으로 향ᄒ니 일힝이 깃거ᄒᄂᆫ 긔운이 양양ᄒ야 그물을 버서ᄇ리고 구름을 헤연 ᄃᆺ ᄒ지라

한문본 『상봉록』에서 이 "이역에셔 ᄒᆡᄅᆯ 지내고 몰머리 고국으로 향ᄒ니 일힝이 깃거ᄒᄂᆫ 긔운이 양양ᄒ야 그물을 버서ᄇ리고 구름을 헤연 ᄃᆺ ᄒ지라"는 부분이 "異域經年 馬首向故國 一行喜氣揚揚 若抉網而披雲"이라 번역되어 있는데, 이 또한 솔직한 저자의 성격이 잘 드러나는 부분이면서, 대부분의 연행자가 지닌 공통된 점이 아닌가 한다. 특히 동지사의 경우, 추운 겨울을 지내야 하고 해를 넘기는 까닭에 고통스러움과 고향에 대한 그리움은 더할 것이었다.

여기에다 사신들의 머리가 문제가 되었다. 자문이 내려와 출발이 결정되자 이발을 한다. 그런데 여기서 "븍경 셩중에셔 가마ᄅᆯ 틋지 못홈이 법이러니"라는 대목이, 북경 체재 내내 가마를 타지 못했다는 것인지, 이발을 할 때 가마를 타줄 수 없다는 것인지 명확하지 않다. "부녕공이 무슐년의 칭병ᄒ고 관소의셔 가마ᄅᆯ 틋고 힝ᄒ엿더니"라는 대목을 보자면 북경 체재 내내 못한 것으로 보이기도 한다.

저자 강호부는 중국 연행에 많은 기대를 걸었고, 스스로 그 가운데 목적을 이룬 바와 아쉬운 점을 토로하고 있으나, 연행 자체의 고달픔은 상상 이상의 것이었다. 압록강 변에 도착하였을 때는 위 아래로 아프지 않은 사람이 없다고 하였으니, 그 정도를 상상할 수 있다.

2) 한문본의 경우

앞서 밝힌 것처럼 최초의 상권을 망실하고 있는 현재의 한글본보다 한문본에서 더 자세한 정보를 얻을 수 있다.[10] 특히 여정 첫 부분은 말할 나위 없다.

---

10) 이에 대해서는 앞의 구만옥의 해제를 참조할 것.

11월 4일부터 시작된 공식 일정은 13일에 평양에 도착하는데, 이 연행록의 특징은 여기서 처음으로 나타난다. 평양의 기자묘에 참배하고, 이곳의 유래와 풍경을 장황히 소개하고 있는 것이 그것이다. 23일에 국경의 의주에 도착하여 도강 직전에는 압록강에 대해서, 28일 봉황성에서는 안시성에 대해서 역시 설명한다. 특히 조선의 古蹟地에 관심을 나타내고, 꽤 주체적인 입장에서 우리 강역이나 성을 힘들여 설명하는 모습을 자주 보여준다.

12월 3일의 기록부터 시작하는 2권 이후에는 이 같은 점이 더욱 강화된다. 7일에 심양에 도착하여, 지형, 전토, 身役, 관원, 군병, 魚皮, 영고탑 등을 소개하고, 명나라 때의 심양의 상황을 기록하여 尊明의 분위기를 남긴다. 특히 효종이 볼모로 있을 당시의 이야기를 상세히 적고 있다. 9일 조에는 정묘호란 때 이곳에 잡혀온 金萬海라는 병사의 파란만장한 삶을 소개한다. 대단히 소설적인 구성. 또한 현지의 중국인과 만나 필담을 나누는 과정에서 나오는 이야기들은 연암이나 담헌 연행록의 전형이 되어 가는 과정을 보여준다.

12월 13일에 雙河를 건너고, 14일에 大凌河, 15일에 소능하를 지나, 16일에 寧遠衛에서는 張炫이라는 역관이 경험한 이야기를 소개한다. 19일에 산해관에 이르거니와, 이는 제4권에 해당하는데, 거의 전부를 산해관의 여러 모습을 소개하는 데다 바치고 있다. 특히 거기서 吳三桂에 대해서 장황하게 의론을 전개한다.

12월 22일에는 夷齊廟를 지나며 수양산의 위치에 대해 고증하고, 백이 숙제의 일을 변론한다. 이곳은 조선의 사신 일행이 의당 들르는 곳이지만, 이제와 주무왕의 갈등을 쉽사리 해결하지는 못한다. 그러나 연행에서 돌아온 한참 뒤인 신유년[11]에 와서 추론까지 붙이며 끈질기게 이 문제를 물고 늘어진다.

12월 24일에 高麗堡를 지난다. 여기서 강호부는 특이한 점 하나를 소개한다. 곧 국경을 넘어 온 뒤 처음으로 水田을 본다고 하면서, 대개 밭이거나 직파하는 벼농사가 전부인데, 여기만 이런 것은 이들이 고려인의 후손이어서 옛 풍속을 지키고 있기 때문이라 말한다. 그러나 언제 어떤 연유로 이들이 여기까지 와서 살게 되었는지 알 수 없다고 덧붙이고 있다.

북경에는 26일에 들어서는데, 玉河館 입관 이후 북경의 모습과 중국의 여러 제도를 상세히 묘사한다. 도성, 운하, 역대 제왕묘, 종묘, 궁실, 황금대, 간의대, 병제, 군현, 관제, 과거제, 풍속, 혼례, 상례, 언어, 지세, 법제, 황제의 이름 등이다. 출발부터 한 달 20일 정도가 소요되었으니, 상당히 빠른 속도이다. 그래서인지 일행은 도착과 함께 심히 지친 모습을 보여준다.

　　30일 辛亥에 흐리고 오후에 大風酷寒하다. 巳時에 예부관원이 歲饌歲飯을 대령하여 오니, 통관과 제독이 다 뜰에 내려 맞아들인다 한다. 역관이, "세찬은 황제가 주는 것이니, 세 사신이 마땅히 일행을 거느리고 섬돌 아래에서 차려 받고, 이어서 사은례 행합니다"하는데, 부사

---

11) 1741년이다. 연행 후 13년이 지났는데, 이 해에 강호부는 어머니를 위해 한글로 번역하였다. 그렇게 번역하면서 다시 추록을 붙인 곳이 여러 군데 있다.

영공이 역관을 시켜 예부관원에게 말을 전하길, "세 사신이 천리행역의 지쳐 피곤한 끝에 어제 감기까지 들어 기운이 편치 못하여 친히 영수하기 어려우니, 권도를 써서 역관으로 하여금 대신 받음이 어떠한가?"하였다.

그러나 종내 이러한 부탁은 들어지지 않았다. 결국 피곤한 몸을 이끌고 세찬을 받아들인다. 이보다 앞서 29일 조에는 천주교에 대한 자세한 논의가 들어 있는데, 흥미로운 것은 번역자 在應이 자신의 견해도 덧붙이고 있다는 점이다. 여기서는 천주교를 비롯한 서양학을 배우려는 사람들과 이를 금하려는 정부 사이의 갈등을 보며, 그 궁극적인 해결책을 모색해 보려하고 있다. 이 같은 논의가 이 연행록 가운데 가장 길다.

1월 4일 조에는 金常明이라는 사람을 소개하고 있다. 증조부가 병자호란 때 포로로 잡혀와 이곳에서 정착하여 살며 낳은 후손이다. 이 연행록에는 이 같은 사람의 사연이 많이 소개된다. 6일에는 상사가 환술을 하는 이들을 불러 구경하는 장면이 나오고, 10일에는 오키나와에 표류한 제주도 사람을, 유구국의 사신이 동행하여 북경으로 데려와 조선 사신에게 인계하는 일도 있다.

2월 7일에는 청나라 황제12)가 神農祠에 가서 친히 제를 지낸다 하고 이는 古禮라고 밝힌다. 그러면서 자신이 어려서부터 이런 관계를 기록한 『讀禮通考』라는 책을 이웃집에서 본 적이 있는데, 이 책을 사기 위해 노심초사하는 장면이 나온다. 사신 및 자제군관들이 북경에서 책을 비롯한 자료를 얻는 데 얼마나 노력하였던가 짐작할 수 있는 대목이다. 12일에는 상사 등 일행이 황제를 알현하고 온다. 16일에 金時裕가 김상명의 집에 가서 「史詆改正本」을 가져오는데, 天啓 원년 8월, 해로로 사신을 가던 당시의 일을 적고 있다. 17일에는 예부로부터 송사은예물표 등의 서류가 도착한다. 이로써 사신 일행은 임무를 마치고 돌아갈 날을 잡게 되고, 22일에 북경을 출발하게 된다. 24일에 盤山을 지나, 26일에 兩水橋, 27일에 茶棚庵, 29일에 무녕현 천태산에 도착한다.

3월 2일에 징해루, 4일에 沙河, 6일에 宋山堡, 7일에 大凌河에 이르는데, 돌아가는 길의 이러한 여정은 매우 간단히 처리되어 있다. 그러나 8일에 일행이 閭陽驛에 이르러 醫巫閭山으로 들어가 桃花洞을 볼 때는, 저자도 함께 따라가 매우 자세히 이곳의 풍경을 그려놓고 있다. 9일에 중안보, 11일에 백기보, 12일에 蘆溝河를 지나 14일에 磨刀橋를 건너고, 16일에 混河, 18일 太子河, 20일에 통원보, 21일 팔도하, 22일 봉황성에 이르는데, 이곳의 풍경 또한 자세히 묘사된다. 25일경 책문을 지나 국경을 지나는 바, 이 무렵 위아래 누구도 아프지 않은 사람이 없다고 말한다.

국내에 들어와 26일 용천, 27일 선천, 28일 가산, 29일 숙천, 30일 평양에 이르거니와, 이때 부사 金洸이 찾아와 노고를 위로한다. 그와 나눈 이야기가 자세히 소개되어 있다. 4월 1

---

12) 이런 경우 늘 '胡皇'이라 표기하고 있다.

일 봉산, 3일 개성, 4일에 고양을 지나 서울로 입성한다.

한편 연행록이 끝난 다음에 번역자 재응은 연행시를 수록해 놓고 있다. 이 시가 원본에도 실려 있었던가 확인할 수 없다면서, 여러 책에서 26수를 골라 여기에 싣는다고 말한다.

4. 가치

한글본 『상봉녹』은 한글본으로서의 가치와 함께 연로의 기사가 이때까지 연행록 가운데 가장 자세한 점으로 주목을 요한다. 또한 18세기 초반 한글 연구자료로서도 가치를 인정받을 수 있을 것이다.

특히 서양선교사와의 접촉은 홍대용의 경우에 과학적 사실을 캐려는 것이었으나, 그 밖의 다른 일도 볼 수 있다. 서양식 畵法을 처음 접촉하여 거기에 인상을 쓰고 있는 점이 주목된다. 초상화를 그리기 위해 서양선교사를 찾아간 이야기는 다른 연행록에서 쉽게 발견할 수 없는 특이한 부분이다.

> (1월) 십일일 임술에 쳥호다 부스 녕공이 무슐년의 스신으로 와실제 듕국 명화를 구호야 어더 화상을 그리려 호되 여러번 일홈난 화스를 다 쳥호야 여러번 그리되 모춤내 방불치 아니혼고로 근쳐더니 이번의 드르니 셔양국 화법이 텬하의 독보혼다호매 홍만운으로하야곰 텬쥬당의 가셔 양인을 보고 녕공 화상 그리기를 쳥혼대 셔양인이 스양호야왈 내 바다밧긔 잇는 사롬으로셔 비야흐로 텬즈의 스랑호난 은혜를 닙어 텬지 비야흐로 텬쥬당을 너희 스신드러는 관우 울혼편의 쓰로별노 짓기를 경영호야 집을 불셔 세윗고 단쳥을 낼노호야곰 맛다호라호니 실노 잠간도 틈이 업사니

화법이 달라 초상화를 그리는 수준이 더 높다는 사실을 인정하고 있는 점은 중요하다. 서양 선교사들에 의해 이미 근대과학적인 문물이 많이 들어 왔으나, 그런 것에 대해 관심을 가지거나 인식하기에는 아직 너무 먼 이야기였을 것이다. 그에 비해 초상화를 그린다는 것은 이미 이들과도 눈높이를 맞출 수 있는 일이 아닌가. 여기서부터 서양과의 접근은 이루어진다는 점에 주목할 필요가 있다. 홍대용과 박지원에 이르러서야 서양을 정면으로 바라보게 되지만, 이 같은 초보적인 단계를 거친 다음에 가능한 일이었다.

결국 서양선교사는 다른 중국 사람을 소개해 주는데, 역시 만족스럽지 못하여, 22일에 다시 천주교당으로 방문하는데 정중한 대접을 받았으나 초상화를 그려 달라는 부탁은 끝내 들어 주지 않아, 사신 일행은 "맹랑한 놈"이라고 생각한다. 역시 저자의 솔직하고 재미있는 성격이 잘 드러난다.

이 같은 일은 곧 홍대용과 같은 후대인이 북경에서 서양인을 접촉하게 만드는 기폭제가 되지 않았나 한다.

한글본이 연로와 체류지에서 고생한 이야기, 보고 들은 신기한 이야기, 거기에 놀라는 사신 일행의 심경 등을 매우 솔직하고 재미나게 쓴 데는, 먼저 한글이라는 표기수단 덕도 있겠지만, 그 독자가 어머니이기 때문이 아닌가 싶다. 어머니로 대표되는 여성 독자들로서야 딱딱한 정치 군사 등을 화제로 삼는 대신에 풍경을 위주로 한 유쾌한 장면을 선호할 것이기 때문이다. 이 같은 한글본의 성격은 한문본이 같은 내용을 번역한 것이면서도, 기록 형태가 달라지고, 독자가 달라지면서 완연 그 방향을 달리 잡는다.

이 연행은 성립과정에서 연행록 연구에 매우 특이한 점으로 기록되면서, 번역이나 국어학의 영역에서도 연구 대상이 될 수 있게 한다. 먼저 저자가 한문으로 기록한 다음 어머니를 위해 국역하였다는 것이며, 이를 다시 후손 재응이 한문으로 번역해 놓은 것이다. 이 때 번역자의 추가기록도 보인다는 점에서도 특이하다. 예를 들어 1월 29일 조에는 천주교에 대한 자세한 논의가 들어 있는데, 여기에 번역자 재응이 자신의 견해도 덧붙이고 있다는 점이다. 한글본에 비해 양이 대폭 늘어나는 것은 이런 까닭이다.

이 연행록은 우선 방대한 양에서 압도한다. 적어도 노가재 이후 가장 방대한 양의 연행록으로 기록될 듯 하며, 이후 홍대용이나 박지원의 연행록에 음으로 양으로 영향을 미쳤을 것으로 보인다. 저자는 날짜별 정도를 넘어 하루하루의 시간대별로 기록하고 있다.

또한 한문본을 국역한 것을 다시 漢譯했다는 특징에서 우리는 많은 것을 시사 받을 수 있다. 한글은 역시 부녀자들 사이에서 통용되었다는 점, 한문으로 된 것이어야 사대부들 사이에 유통시킬 수 있다는 점 등이다. 이 한문본이 나온 것은 1839년, 그러니까 홍대용과 박지원의 연행록 이후 이에 대한 관심이 제고되었을 무렵에, 번역자 재응은 자기 선조 가운데 이 같은 연행록이 있음을 알리고 싶어 했던 것은 아닐까?

한역을 하면서 고유명사 같은 경우에 한자를 정확히 몰라 한글로 그대로 둔 경우도 눈에 띄어 흥미롭다. 예를 들어,

渡산타湖
寺中又嘗有견녕閣者
東北至회긕塔二千餘里

와 같이, 산타·견녕·회긕 등, 한자를 알지 못하는 곳을 한글본 그대로 쓰고 있다. 이런 점을 통해 당시 조선 지식인의 중국에 대한 상식의 정도를 알 수 있다 하겠다.

【고운기】

敍任錄

著者 未詳.
寫本. 1冊(147張) : 29.5×19.5cm. 10行 22字.

乙未年
正月初五日

勅命李允用為警務使○同知中樞院事李主復書東萱
僉知中樞院事柳百均(以上朝官年○八十加資)
臣奏長興府使有闕之代前叅議李教寯差下使之當日
辭朝給馬下送何如奉 旨依允○總理大臣內務大
大臣奏任工務衙門主事崔文鉉○總理大臣工務署理
奏任警務官劉世南內務衙門主事金宅鎮金教性○內
務衙門總巡金元淳罷免代成晉鎬○工務衙門魚川寀
訪趙光涵○內務衙門權周晕金致垕(以上士庶人年)
(百歲直超崇政○)
乙未正月

1. 저자

著者 未詳.

2. 구성

　10행 22자의 필사본으로 147장 294면으로 되어 있다. 『敍任錄』은 乙未年(1895) 정월부터 12월까지의 敍任(敍品과 任職)에 관한 사항을 날짜별로 기록한 책이다. 첫 행의 시작은 '乙未年'으로 되어 있고, 그 뒤는 모두 한 행에 날짜가 기재되고 그 다음 행부터 敍任 기록을 나열해 놓는 형태로 구성되어 있다. 판심의 날짜는 '乙未正月'부터 '乙未十二月'까지 매달 일정 분량씩 기재되어 있고, 본문의 날짜는 '乙未年 正月初五日'부터 '十一月十五日'까지와 建陽 원년 '一月五日'부터 '二月十二日'까지로 기록되어 있다. 敍任 관련 사안이 있는 날에만 그 내용을 높은 관직에서부터 낮은 관직으로 나열하여 기재하고 있는데, 12월 29일의 기록을 마지막으로 하여 1년간의 사안을 모아놓았다. 전체적으로 陰曆을 사용하고 있으나, '建陽'이라는 연호가 사용된 때부터는 양력을 채택하여 본문에서 '一月'로 표기하고 해당 날짜의 기사 맨끝에 細注의 형태로 음력을 기입해 넣었다. 이 해는 甲午更張의 와중에 있던 시기이며, '建陽'은 1896년부터 1897년 8월까지 사용되었던 조선시대 최초의 연호로서, 光武 이전까지 사용되었다. 1895년 乙未事變 이후 김홍집 내각은 일련의 관제개혁을 추진하면서 11월 15일에 칙명으로 연호를 세우기로 하고, 양력으로 1896년 1월 1일이 되는 음력 1895년 11월 17일을 建陽 원년 1일로 정하였다. 따라서 본문에서 11월 21일자부터는 새로이 '建陽元年'에 해당되며 그 이하 모두 판심의 '乙未十一月' '乙未十二月'과는 달리 본문에서는 '一月'과 '二月'로 기재되어 있다. 그래서 마지막 날짜는 음력으로 乙未년 12월 29일이지만 본문에서는 建陽 元年 2월 12일이다.

　전문은 중간중간 먹의 굵기가 약간씩 다르고 필체가 약간의 차이가 있긴 하지만 한 사람의 필체로 보이며, 1년간의 기록을 집중적으로 짧은 시간에 필사한 것으로 보인다. 그리고 판의 외곽 밖의 頭註에 해당 행의 오자를 정정한 것이 47곳 있다. 예를 들면, "피상범 9품을 6품으로 바로잡는다.(皮相範九品以六品正誤)", "김택주를 전택주로 바로잡는다.(金宅周以全宅周正誤)"와 같은 것들이다. 이외에 본문의 행 안에서 직접 교정한 사례도 눈에 띈다. 정월 8일의 기사에 '外務衙門駐日公使館繙譯官補學務主事安泳中'이라는 기록이 있는데, 그 다음날 정월 9일의 기사에 '昨日外務衙門駐日公使館繙譯官補學務主事安泳中二十字誤印'(어제 외무아문 주일 공사관 번역관보 학무주사 안영중(을 임명하였다.)이라고 한 20자는 잘못 인쇄된 것이다.)이라고 한 예가 있으며, 또 3월 1일의 기사에 '宮內府 … 智陵參奉馬圖膺.'이라는 기록이 있는데, 3월 4일자 본문의 기사 첫 줄에 '今初一日宮內府奏本中智陵參奉以和陵參奉正誤.'(이달 1일의 궁내부 奏本 가운데서 지릉참봉이라 한 것을 화릉참봉으로 바로잡는다.)라고 하여, 오탈자의 수정이 아니라 敍任錄 자체의 기록에 대한 正誤를 밝혀놓은 예들이 있다.

3. 내용

乙未년(1895) 1월 5일부터 당해 12월 29일까지의 1년간의 敍任 기록이다. 이 시기는 약 18개월간의 갑오개혁 기간 중 후반 12개월에 해당한다. 甲午改革 또는 甲午更張이라 불리는 이 개혁은 양력 1894년(고종 31) 7월 27일부터 1896년 2월 11일까지 추진되었던 일련의 개혁운동이다. 우리나라의 경우 갑오경장 기간 중에 최초로 음력을 양력으로 바꾸었기 때문에, 갑오개혁이 실패한 날인 1896년 2월 11일은 이『敍任錄』의 마지막 기사날짜인 음력 乙未年(1895) 12월 29일의 하루 전날에 해당한다. 따라서 이『서임록』은 갑오경장 후반부 그 최후의 날까지 서임된 사항을 기록한 책이다.

본래 갑오경장은 1894년 봄의 동학농민운동이 기화가 되었다. 7월 23일에 일본군이 궁중에 난입하여, 親淸 민씨 정권을 타도하고 흥선대원군을 영입하여 신정권을 수립하였다. 그 뒤 7월 27일 개혁추진기구로서 軍國機務處가 설치되고, 영의정 金弘集이 會議總裁에, 그리고 朴定陽·金允植·趙義淵·金嘉鎭·安駉壽·金鶴羽·兪吉濬 등 17명이 의원에 임명되어 내정개혁을 단행하게 하였다. 그뒤 개혁운동은 3차로 나뉘어 추진되었다.

제1차 개혁은 군국기무처 주도 하에 1894년 7월 27일부터 12월 17일까지 추진되었다. 제1차 개혁의 주요 목표는 정치제도의 개편이었다. 국왕의 전통적인 인사권·재정권·군사권에 제약을 가하고, 궁중의 잡다한 부서들을 宮內府 산하로 통합하여 그 권한을 축소시키는 한편, 종래 유명무실하였던 議政府를 중앙통치기구의 중추기관으로 만들고, 그 밑에 六曹를 개편한 내무·외무·탁지·군무·법무·학무·공무·농상 등 8衙門을 분속시켜 그들 아문에 권력을 집중적으로 안배하였다. 관료제도의 개편도 이루어졌다. 종래 18등급의 官等品階를 12등급으로 축소하여 勅任官(正從1·2品), 奏任官(3~6品), 判任官(7~9品)으로 구분하였다. 품계에 따라 주어진 이러한 관직명은 우리나라에 처음 등장한 것으로서, 칙임관은 1等에서 4등까지, 주임관은 1등에서 6등까지, 판임관은 1등에서 8등까지의 등급이 있다. 品階는 정1품에서 9품까지 모두 11단계로 구분하였는데, 칙임관은 正1品에서 從2品, 주임관은 3品에서 6品, 판임관은 7品에서 9品까지였다. 1품에서 2품까지는 正과 從의 구분이 있지만, 3품부터는 구분이 없다. 이러한 관직제도는 隆熙 연간에 칙임관 위에 親任官이 더 부여되기도 하면서 통감부, 총독부를 거쳐 1946년 3월 26일에야 폐지된다. 본래 칙임관, 주임관, 판임관은 일본의 관직명으로 이것이 조선에 처음 소개된 것은 신사유람단이 일본을 시찰한 뒤부터이다.

　　제2차 개혁은 1894년 12월 17일부터 1895년 7월 7일까지 金弘集·朴泳孝의 연립내각에 의해 추진되었다. 청일전쟁에서 승기를 잡은 일본정부는 현직 내무대신인 이노우에(井上馨)를 朝鮮駐箚特命全權公使로 임명하여 조선의 보호국화를 실현하고자 하였다. 이노우에는 군국기무처를 폐지하고 그 대신에 갑신정변을 주도했던 망명정객 박영효와 徐光範을 각각 내부대신과 법부대신으로 입각시켜 김홍집·박영효 연립내각을 수립하였다. 당시 총 213건의 개혁안이 제정, 실시되었는데, 상당수는 앞서 군국기무처에서 의결된 개혁안을 수정, 보완하는 것이었다. 의정부와 각 아문의 명칭이 '內閣'과 '部'로 각각 바뀌면서 농상아문과 공무아문이 農商工部로 통합되어 모두 7부가 되었다. 종래의 道·府·牧·郡·縣 등의 행정구역이 통폐합되어 전국이 23부 337군으로 개편되었다. 내부대신의 지휘·감독 하에 각 부에는 觀察使 1명, 參書官·警務官 각 1명을, 군에는 군수 1명을 파견하여 일원적인 행정체계를 이루었다.

　　제3차 개혁은 1895년 8월 24일부터 1896년 2월 11일까지 제3차 김홍집내각에 의하여 추진되었다. 이 내각에서는 일본세력의 퇴조에 따라 朴定陽을 위시한 친미·친로파가 우세하였다. 김홍집내각은 내정개혁을 추진하여 140여 건에 달하는 법령을 의결, 공포하였다. 그러나 을미사변의 사후처리에 있어 김홍집내각이 보여준 친일적 성격과 단발령의 무리한 실시는 保守儒生層과 일반국민들의 반발을 불러일으켰고, 급기야 국왕의 俄館播遷이 단행됨으로써 김홍집내각은 붕괴되었다.

　　그러나 어쨌든 갑오경장은 조선사회의 내재적인 근대 개혁의 시도를 반영한 것으로서, 일본의 明治維新이나 淸末의 戊戌變法에 대비되는 우리나라 근대화의 중요한 역사적 기점이었다고 할 수 있다.

　　『서임록』기사의 전반부는 갑오경장의 제2차개혁 초기부터 시작되며 이때는 김홍집·박영효 연립내각이 구성되어 개혁을 단행하던 시기이다. 7월 7일 이후의 후반부는, 박영효가 지나친 독주로 고종과 명성황후의 반발을 사면서 일본에 재차 망명한 뒤, 김홍집 내각이 내정개혁을 단행하던 시기이며 아관파천 직전 김홍집 내각이 붕괴되는 그 직전에 기사가 끝난다.

　　이 『서임록』에 나오는 품계와 관직은 모두 1차 개혁 때 정비된 관료제도에 근거하여 작성되었다. '敍任'의 '敍'는 품계와 관련되며, '任'은 관직과 관련된다. 1895년 3월까지의 기사형식과 4월부터의 기사형식은 약간의 차이가 있다. 기본적으로 갑오개혁이 왕권을 제약하고 내각의 권력을 강화하는 방식으로 진행되었는데, 개혁의 초기에 과도한 관직과 관제의 개편으로 문서의 작성에 통일성이 떨어지는 측면이 있었다. 그리고 대략 이해 3월까지는 칙명을 앞세웠으나 그 이후부터는 칙명은 상징적으로만 남고 실질적인 권한을 군국기무처가 행사함으로써 기사의 형식도 약간 달라지는 것이다. 예를 들어 『서임록』의 첫날인 정월 5일의 기사들 ('勅命李允用爲警務使', '同知中樞院事李圭復曹秉直僉知中樞院事柳百均, … '總理大臣工務署理大臣奏任工務衙門主事崔文鉉')을 보면, 기록형식의 통일성이 부족하다는 것을 알 수 있다. 각각 '칙명으로 이윤용을 경무사로 삼았다.' '(칙명으로) 동지중추원사에 이규복과 조병직(을 임

명하고), 첨지중추원사에 유백균(을 임명하였다)' … '총리대신과 공무서리대신이 공무아문 주
사로 최문현을 상주하여 임명하였다'로 해석되는데, 품계는 기록하지 않았으며, 형식적으로는
칙명의 형태를 띠면서 실질적인 임명권은 군국기무처에서 행사하였기 때문에 임명의 주체가
명확하게 기재되어 있지 않으며, 기록의 형식도 통일되어 있지 않다.

그러나 4월부터의 기록은 대단히 형식적이고 통일되어 있다. 예를 들면 4월 3일자의 기록
은 다음과 같다.

'正一品金弘集任內閣總理大臣敍勅任官一等'   '정1품 김홍집을 내각총리대신에 임명하고 칙
임관 1등에 서품한다.'

'從一品金允植任外部大臣敍勅任官一等'   '종1품 김윤식을 외부대신에 임명하고 칙임관
1등으로 삼는다.'

…   …

'三品吳世昌任農工部參書官敍奏任官三等'   '3품 오세창을 농상공부 참서관에 임명하고
주임관 3등으로 삼는다.'

이처럼 갑오경장 시기 관공서의 문서가 전반적으로 통일되어 가는 도중에 있음을 기사형식
의 변화과정으로 유추해 볼 수 있다. 갑오경장 초기에는 지방관서뿐만 아니라 중앙관부에서
도 문서기록양식에 있어 매우 혼란스러워하였다. 급격하게 모든 직명과 서품이 달라지면서
겪는 당연한 결과였을 것이다.

날짜별로 서품 기사의 항목수와 기사분량(행의 수), 중요인물의 서품 변화를 살펴보면 다음
과 같다.

1월 5일(陰曆 正月初五日) : 9항목 9행.
칙명으로 李允用을 警務使로 삼는다. 同知中樞院事에 李圭復과 曹秉直을, 僉知中樞院事에
柳百均을 임명한다. 그 외 총리대신이나 각 아문의 大臣이 상주하여(이하 동일한 형식을 띰)
공무아문 主事, 警務官 등을 임명한다.

1월 8일 : 3항목 4행.
총리대신과 軍務大臣이 春川留守의 牒呈에 따라 本營中軍 朴宗秉을 상주하여 파견한다. 그
외 주일공사 번역관 등을 임명한다.

1월 11일 : 7항목 16행, 12일 : 1항목 1행, 13일 : 2항목 7행.
총리대신과 내무대신이 驪州牧使 李範仁, 忠州牧使 李種元 등을 임명할 것을 주청하고, 이
에 윤허한다. 그 외 내무아문에서 幼學으로 이인희 등 17명, 鄕吏 1명, 閑良 1명을 임명한다.

宮內大臣이 典牲主事에 李範八을, 掌樂主事에 李胤相을 주청하여 임명한다. 궁내부에서 敬陵 參奉에 韓赫東을, 仁陵參奉에 李東夏 등을 임명한다.

1월 14일 : 5항목 9행.
　총리대신과 내무대신이 順興府使에 田愚, 金堤郡守 李聖烈, 德川군수 朴文五 등을 상주하여 임명한다.

1월 26일 : 2항목 2행, 29일 : 5항목 18행.
　궁내대신이 尙衣主事에 李源正을 상주하여 임명하고, 총리대신과 농상대신이 農商衙門參議에 尹相澈을 상주하여 임명한다.

2월 2일 : 13항목 19행.
　칙명으로 許璡을 南兵使로, 尹雄烈을 慶尙左兵使로 임명한다. 칙명으로 李在正을 法務協辦에 임명한다. 그 외 내무아문, 외무아문, 공무아문 등에서 각 아문의 主事를 비롯하여 樂安監牧官, 靈光감목관 등을 임명한다.

2월 5일 : 11항목 31행.
　칙명으로 李鳴善을 內務協辦에 임명한다. 그 외 총리대신과 내무대신이 상주하여 江界府使에 柳翼大, 穩城府使에 金禹用, 安城郡守에 趙寧九, 廣州判官에 徐殷淳 등을 임명한다. 그 외 외무아문에서 駐美公館飜譯官, 군무아문에서 蛇渡 僉使, 古群山 僉使, 平南 萬戶, 玉浦 萬戶, 金城 別將, 鷺梁 別將, 臨津 별장 등을 임명한다.

2월 11일 : 2항목 4행, 12일 : 9항목 28행.
　궁내대신이 仁陵令에 具冕喜, 奎章閣主事에 鄭謹朝 등을 상주하여 임명한다. 궁내대신이 康陵令에 安淇壽 외에 奉常主事, 英陵令, 徽陵令 등을 상주하여 임명한다.

2월 16일 : 1항목 2행.
　勅旨를 내려 군무대신 趙義淵으로 하여금 일본국 병사를 위문케 한다.

2월 19일 : 11항목 23행.
　총리대신과 내무대신이 昌城府使에 尹一成, 穩城府使에 閔致驥 외에 金溝縣令, 木川縣監을 상주하여 임명한다. 그 외 궁내대신이 肇慶廟令에 李章憲 외 永懷園令, 惠陵令, 永禧殿令을 상주하여 임명한다. 그 외 내무아문에서 각도의 視察委員으로 경기도에 金禹用 외 충청좌도와 우도, 경상좌도와 우도, 전라좌도와 우도, 함경도, 황해도, 평안남도와 북도에 1명씩을 임명한다.

2월 22일 : 6항목 12행.

총리대신과 농상대신이 농상협판에 李采淵을 다시 기용할 것을 주청하고, 이에 윤허한다. 그 외 총리대신과 군무서리대신이 상주하여 忠淸水使의 缺員에 前承旨 趙義昌을 임명하고 法聖僉使의 결원에 前 副護軍을, 安東營將의 결원에 前府使 李庸稙을 파견하고, 全州營將 등의 결원에 관리를 파견할 것을 주청하고 이에 윤허한다.

2월 27일 : 9항목 13행.

총리대신과 법무대신이 法務衙門主事에 宋箕鏞으로 하여금 前 主事인 金龍鉉을 대체케 할 것을 주청하고, 이에 윤허한다. 그 외 각 아문의 중하위급 관리들이 임명된다. 군무아문에서는 鹿島萬戶, 突山別將, 長山別將을 임명하고, 법무아문에서는 主事를 교체하고, 공무아문에서는 주사가 병이나 교체한다.

3월 1일 : 7항목 19행.

총리대신과 내무대신이 내무아문의 參議의 결원에 전 監察 尹英烈을 3품으로 품계를 올려 임명할 것과, 경무관의 결원에 監禁書記 蘇興文을 임명할 것을 주청하고, 이에 윤허한다. 그 외 총리대신과 내무대신이 楊州牧使에 任光鎬, 光州牧使에 金敬圭 외에 順興府使, 仁同府使 安岳郡守, 信川郡守 등을 상주하여 임명한다.

3월 4일 : 7항목 13행, 5일 : 2항목 4행.

총리대신과 내무대신이 江界府使에 尹英烈를 陽智縣監에 徐丙甬 등을 임명할 것을 주청하고, 이에 윤허한다. 총리대신과 내무대신이 抱川縣監의 대리로 前 縣監 趙昌鎬를 내려보내고, 文化縣令의 대리로 前 僉使 洪在駿을 내려보내되 이들을 당일 파견할 것을 주청하자, 이에 윤허한다.

3월 12일 : 8항목 9행.

총리대신과 내무대신이 德川郡守가 결원이 생기자 博川郡守 李弼永으로 하여금 대리케 하고 博川郡을 嘉山郡에 합칠 것을 주청하자, 이에 윤허하다. 曹秉直을 昌完君에 봉한다. 내무아문 水原監牧官에 金鎭泰를 임명한다.

3월 15일 : 6항목 7행.

총리대신과 내무대신이 豊川府使에 安浚을, 麟蹄縣監에 權溶鎭을 상주하여 임명한다. 同知中樞院事에 黃耆淵과 李長會를 임명한다. 그 외 군무아문에서 宣沙浦 僉使, 古城첨사, 元山別將 등을 임명한다. 공무아문에서 景陽察訪, 保安察訪 등을 임명한다. 내무아문에서 경무청 總巡 등을 임명한다.

3월 18일 : 2항목 2행, 22일 : 4항목 8행.
判中樞院事에 嚴世永을 임명한다. 총리대신과 군무서리대신이 軍務參議가 결원이 생겨 대신 前 府使 安昌壽와 前 府使 柳敦秀, 前 五衛將 李周會를 파견할 것을 주청하자, 이에 윤허한다.

3월 25일 : 3항목 5행.
총리대신과 군무서리대신이 神光僉使가 결원이 생겨 대신 前 司果 趙正敎에게 3품을 품계하고 파견할 것을 주청하자, 이에 윤허한다. 그 외 工務衙門에서 安奇察訪에 朴勝龍을 임명한다.

3월 29일 : 5항목 19행.
총리대신과 내무대신이 珍島府使가 결원이 생겨 內務參議 李㻐으로 하여금 대리케 하고, 新昌縣監이 결원이 생겨 內務參議 李日贊으로 하여금 대리케 하고, 횡성현감의 결원에 공무참의를 파견할 것을 주청하자, 이에 윤허한다.

4월 1일 : 2항목 9행.
이날의 기사는 이 책의 다른 부분과는 전혀 다른 양식을 띠고 있다. 이때는 갑오경장의 제2차 개혁기간 중에 박영효가 김홍집을 몰아내고 독자적인 개혁을 시작했던 시기로, 의정부와 각 아문의 명칭이 內閣과 府로 각각 바뀌었고, 농상아문과 공무아문이 農商工部로 통합된다. 기사도 이에 준하여 기록되었다.
軍部에서 주관한 서임으로 咸鏡中軍에 李秉和, 忠淸兵虞侯에 姜永泓, 多大僉使에 柳翼潤, 永宗僉使에 李日善 … 등 17명이 임명된다.
농상공부에서 주관한 서임으로 松羅察訪에 林皐鶴 등 3명이 임명된다.
궁내부에서 주관한 서임으로 宮內參議에 朴鏞和, 金暖基, 宮內主事에 李秉觀이 임명된다.

4월 3일 : 96항목 104행.
정1품 金弘集을 내각총리대신에 임명하고 勅任官 1等에 서품한다. ○ 종1품 金允植을 外部大臣에 임명하고 칙임관 1등에 서품한다. …

이날 주요 관직에 임명된 인물과 그 품계를 정리해보면 다음과 같다.

內閣總理大臣 김홍집(칙임관 1등),

外部大臣 김윤식(칙임관 1등),

內部大臣 朴泳孝(칙임관 1등),

度支部大臣 魚允中(칙임관 1등),

軍部大臣 趙羲淵(칙임관 1등),

法部大臣 徐光範(칙임관 1등),

學部大臣 朴定陽(칙임관 1등),

農商工部大臣 金嘉鎭(칙임관 1등),

內閣總書 兪吉濬(칙임관 4등),

外部協辦 李完用(칙임관 3등),

내부협판 李鳴善(칙임관 3등),

탁지부협판 安駉壽(칙임관 2등),

군부협판 權在衡(칙임관 3등),

법부협판 李在正(칙임관 3등),

학부협판 高永喜(칙임관 3등),

농상공부협판 李采淵(칙임관 3등),

내각총리대신 비서관 겸 內閣參書官 尹致昊(칙임관 3등)

…

4월 5일 : 1항목 5행, 6일 : 2항목 2행.

유길준, 이완용에게 1給俸을 주고, 이명선, 권재형, 이재정, 고영희, 이채연에게 2급봉을 준다. 竹山府使 李斗璜을 楊州牧使로 임명한다.

4월 9일 : 27항목 38행.

崔錫敏, 洪在箕, 金吉鍊, 李啓馨, 朴承鍼, 丁在寬, 宋岐玉, 崔基鉉을 內閣主事에 임명하고 判任官 3등에 서품한다. 이날 내각주사에 임명된 자는 최석민 외 7명(판임관 6등)과 3명(판임관 8등)을 포함하여 총 18명이다. 內部主事에는 安琦善 등 2명(판임관 2등), 10명(판임관 4등), 9명(판임관 5등), 4명(판임관 6등), 3명(판임관 7등) 등이 임명되었다. 이외에 軍部錄事에 2명, 軍部主事에 26명, 법부주사에 27명, 학부주사에 11명, 觀象所 技手에 2명, 관상소 書記에 2명, 농상공부주사에 18명이 임명된다.

4월 10일 : 5항목 14행.

이날에는 度支部主事의 서임기사가 기록되어 있다. 度支部主事에 한재진 외 5명(판임관 2
등), 金近植(판임관 4등), 金秉圭 외 15명(판임관 5등), 金鳳煥 외 7명(판임관 6등), 李尙珪
외 27명(판임관 7등)이 임명된다.

4월 11일 : 13항목 12행.
이날에는 중추원과 법부의 서임기사가 기록되어 있다. 中樞院主事에 白南奎(판임관 3등),
韓敬履 외 1명(판임관 6등), 朴仁植(판임관 8등)이 임명된다. 外部主事에 丁大有 외 2명(판임
관 2등), 李啓弼 외 5명(판임관 3등), 張起淵 외 1명(판임관 5등), 沈鍾舜(판임관 6등)이 임명
된다. 그리고 飜譯官補 3명이 임명된다. 法部協辦 李在正과 法部參書官 洪鍾檍은 高等裁判所
判事로 임명된다.

4월 12일 : 9항목 15행, 13일 : 1항목 1행.
이날에는 경무청 관련 서임기사가 기록되어 있다. 警務廳主事에 金觀鎬 외 2명(판임관 2
등), 尹秉孝 외 4명(판임관 8등)이 임명된다. 趙錫求(판임관 3등)가 경무청 監獄署長에, 金庚
熙 외 1명(판임관 6등)이 경무청 看守長에, 朴浩錫 외 1명(판임관 5등)이 경무청 監禁書記에,
康鼎業 외 36명(판임관 4~8등)이 경무청 總巡에 임명된다. 이종일 외 2명(판임관 8등)이 內
部主事에 임명된다.

4월 15일 : 3항목 3행.
警務官 李圭完이 奏任官 2등에 서품되고, 安桓敍가 주임관 5등에 서품되며, 白命基 외 9명
이 주임관 6등에 서품된다.

4월 16일, 20일, 21일, 22일, 24일, 26일 : 각 1항목 1행.
安世中이 內部主事에, 朴用厚 외 2명이 度支部主事에, 李寅性이 法部主事에, 洪祐政 외 3
명이 內部主事에 임명된다. 總巡 李敬佑가 부산항 경무관에 임명된다. 軍部大臣署理에 軍部協
辦 權在衡을 임명한다.

4월 27일, 29일 : 각 2항목 2행.
李元圭를 內部主事에 임명하고, 內閣總理大臣署理에 內部大臣 朴泳孝를 임명한다. 그리고
金永燦과 李會九를 法部主事에 임명한다.

5월 1일 : 3항목 3행.
法部主事 李度翼을 漢城裁判所 檢事에 임명하고 주임관 6등에 서품한다. 金鳳鉉을 軍部主

事에, 趙泳鎬를 법부주사에 임명한다.

5월 2일 : 20항목 13행.
尹庚圭를 農商工部主事에 임명하고 판임관 8등에 서품한다. 이외에 李根敎가 漢城裁判所 判事에 임명되고, 申載永은 法府檢事局長에 임명된다. 學部 學務局長에 李應翼이, 편집국장에 李庚稙이 임명되고 學部參書官을 겸임케 한다. 金奭中은 安東府使에 임명된다. 池錫永은 東萊 府使에 安世中은 禮安縣監에, 李宗植은 原州判官에 임명된다.

5월 5일 : 3항목 4행.
金南軾이 農商工部 技手에 임명되고 판임관 4등에 서품된다. 이외에 洪鍾穩 외 2명(판임관 5등), 徐相哲 외 7명(판임관 6등)도 같은 관직에 임명된다.

5월 7일 : 18항목 16행.
崔俊植이 法部主事에 임명되고 판임관 8등에 서품된다. 이외에 沈宜碩이 內部技手에 임명 되고, 李應翼은 漢城師範學校長을 겸임케 된다. 6품 李道徹은 參領에 임명된다. 9품 申懿均, 4품 趙能顯 외 6명은 參尉에 임명된다. 3품 李雲宰는 軍司에 임명되고 奏任官 4등에 임명된 다. 訓鍊第1大隊 府參尉 金興烈은 副尉에 임명된다. 이외에 이날에는 주로 軍部 인사들의 서 임과 보직이동이 많았다.

5월 6일 : 2항목 2행, 9일 : 3항목 4행.
學部主事 李弼均으로 하여금 漢城師範學校 書記를 겸임케 한다. 학부대신 朴定陽이 內閣總 理大臣에 임명되고 勅任官 1등으로 서품된다. 韓義容이 漢城師範學校副敎官에 임명되고 判任 官 5등으로 서품된다. 朴之陽 외 2명이 한성사범학교 敎員에 임명되고 판임관 6등으로 서품 된다.

5월 11일 : 1항목 1행, 12일 : 11항목 9행.
3품 李寅榮이 內部參書官에 임명되고 奏任官 6등에 서품된다. 종1품 申箕善은 이날 副將 으로 임명된 뒤 곧이어 軍部大臣으로 임명되고 칙임관 1등으로 서품된다. 外部協辦 李完用은 學部大臣에 임명되고 칙임관 1등이 된다. 內閣總書 兪吉濬은 內部協辦에 임명되고 칙임관 3 등으로 서품된다. 9품 徐載弼은 外部協辦에 임명되고 칙임관 3등으로 서품된다. 내각총리대 신 秘書官 尹致昊는 學部協辦에 임명되고 칙임관 3등으로 서품된다.

5월 13일 : 6항목 6행.

魚益善은 外部主事에 임명되고 판임관 6등으로 서품된다. 전 군부협판 權在衡의 군부대신 서리직을 해임한다. 度支部主事에 朴鍾夏 외 2명(판임관 2등), 李命植 외 2명(판임관 5등), 文台源(판임관 8등)을 임명한다.

5월 18일 : 2항목 3행, 19일 : 1항목 1행.

9품 金近植을 度支部參書官에 임명하고 주임관 6등으로 서품한다. 6품 韓在鎭 외 1명을 탁지부 財務官으로 임명한다. 宋錫圭를 농상공부주사에 임명하고 판임관 8등으로 서품한다.

5월 20일 : 2항목 4행, 21일 : 4항목 3행.

兪鎭璜을 內部主事에 임명하고 판임관 6등으로 서품한다. 내각총서 權在衡과 내부협판 兪吉濬에게 1給俸을 주었으며, 외부협판 徐載弼과 군부협판 李周會, 학부협판 尹致昊에게 2급봉을 주었다. 3품 尹成垣을 大邱判官에 임명한다. 4품 徐丙壽는 祥原郡守에 임명된다. 법부참서관 皮相範은 法官養成所長을 겸임하게 된다.

5월 22일 : 3항목 5행, 23일 : 1항목 1행.

軍部 軍務局 軍事課長 參領 柳敦秀로 하여금 訓鍊隊 士官養成所長을 겸임케 하고 주임관 2등으로 서품한다. 이외에 2건의 군부 훈련대 사관양성소와 관련된 보직인사발령이 기재되어 있다. 金泳順을 농상공부주사에 임명하고 판임관 7등에 서품한다.

5월 25일 : 49항목 49행.

宮內府大臣 李載冕을 칙임관 1등으로 서품한다. 宮內府協辦 金宗漢을 칙임관 2등에 서품한다. 이외에 이날에는 대규모의 인사이동이 있다. 沈相薰은 掌禮院卿에 임명되고, 李載純은 侍從院卿 겸 侍從長에 임명되며, 李承五는 奎章院卿 겸 王太子宮日講官에 임명된다. 李夏榮은 會計院長에, 鄭秉夏는 內藏院長에, 金明圭는 侍從院 秘書監中丞 겸 典醫司長에, 金商圭는 宗廟署提擧 겸 社稷署提擧에, 李暐는 敬慕宮提擧 겸 永禧殿提擧에, 洪淳馨은 王太后宮大夫에 임명된다. 이외에 이날에는 주로 궁내부의 인사발령이 있었다. 그 주요관직을 살펴보면, 왕태자궁 日講官, 궁내부대신 비서관 및 참서관, 외사과장, 參理官, 시종원 시강 및 부시강, 掌禮院 奉常司長 및 諸陵司長, 宗正司長, 貴族司長, 侍從院 侍從 및 秘書監 左丞 및 右丞, 시종원 典醫司 典醫, 규장원 校書司長 및 紀錄司長, 회계원 출납사장 및 檢查司長, 金庫司長, 內藏院 寶物司長 및 莊園司長, 濟用院 尙衣司長 및 典膳司長, 主殿司長, 營繕司長, 物品司長, 太僕司長 등이다.

5월 26일 : 209항목 173행.

이날은 가장 많은 보직 인사발령이 있던 날이다. 전날에 이어 각 부의 하급관리들을 임명하고 서품하였다. 그러나 대부분은 궁내부의 관직이다. 朴瀅善 외 1명(판임관 3등)과 金鎭賢(판임관 6등)이 궁내부대신 官房主事에 임명된다. 徐宅煥 외 3명이 궁내부 內事課主事에 임명되고, 安鍾和 외 1명은 궁내부 外事課主事에 임명된다. 윤상섭 외 7명은 장례원주사에 임명된다. 이날의 서품은 모두 判任官이다. 이밖에 이날 발령된 주요관직을 살펴보면 다음과 같다.

掌禮院의 奉常司主事, 協律郎, 諸陵司主事, 宗正司主事, 貴族司主事.

侍從院의 侍御(8명), 侍讀(4명), 秘書監秘書郎(4명), 典醫司典醫補(5명), 典醫司主事(2명).

奎章院의 主事(2명), 校書司 左校書(1명) 및 右校書(1명), 記錄司主事(4명).

會計院의 主事(1명), 出納司主事(8명), 檢査司主事(3명), 金庫司主事(3명).

內藏院의 主事(1명), 寶物司主事(1명), 莊園司主事(5명).

濟用院의 主事(1명), 尙衣司主事(2명), 典膳司主事(4명), 主殿司主事(4명), 營繕司主事(4명), 物品司主事(4명) 등등.

이외에 王太后宮, 王后宮, 王太子宮, 王太子妃宮, 宗廟署, 社稷署, 永禧殿, 景慕宮, 肇慶廟, 慶基殿, 濬源殿, 德陵, 安陵, 智陵, 淑陵, 義陵, 純陵, 定陵, 和陵, 建元陵, 齊陵, 貞陵, 獻陵, 英陵, 顯陵, 莊陵, 思陵, 光陵, 敬陵, 昌陵, 恭陵, 宣陵, 順陵, 靖陵, 溫陵, 禧陵, 泰陵, 孝陵, 康陵, 穆陵, 章陵, 長陵, 徽陵, 寧陵, 崇陵, 明陵, 翼陵, 懿陵, 惠陵, 元陵, 弘陵, 健陵, 仁陵, 綏陵, 景陵, 睿陵, 顯隆園, 順康園, 昭寧園, 徽慶園, 順昌園, 昭慶園, 永懷園, 懿寧園, 孝昌園, 崇義殿, 開城府, 麗顯陵, 崇德殿, 崇善殿, 崇仁殿, 崇靈殿, 箕子陵, 東明王陵 등에 관련된 대규모의 발령이 있었다.

5월 28일 : 23항목 18행.

이날은 농상공부, 군부, 내부의 인사발령이 있었는데, 주로 군부의 발령이 많다. 내용은 다음과 같다.

농상공부의 參書官(1명).

군부의 監督(1명), 參領(1명), 正尉(3명), 副尉(3명), 參尉(4명), 經理局長(1명), 軍部大臣官房副長(1명), 軍務局馬政課長補(1명), 軍務局外國課長(1명), 軍務局課員(4명), 砲工局課員(1명), 軍部大臣官房員(1명), 訓鍊제2大隊中隊長 및 附(3명), 主事(2명).

내부의 주사(4명).

5월 30일 : 34항목 35행.

이날은 이전 며칠간의 인사발령에서 누락된 인사를 추가발령한 것과, 추가적으로 고급관리의 인사발령이 뒤따른다.

추가된 인사발령은 다음과 같다. 濟用院의 主殿司長(1명), 仁陵參奉(1명), 王后宮主事(1명), 王太子宮主事(1명), 王太子妃宮主事(1명), 궁내부 外事課 주사(1명), 내장원의 莊園司主事(1명), 회계원의 出納司主事(1명) 등이다.

이외에 고급관리의 발령은 다음과 같다.

李采淵을 한성부 관찰사로 임명하고 칙임관 3등으로 서품한다. 金奎軾을 인천부 관찰사로 임명하고 칙임관 4등으로 서품한다. 高永周를 개성부 관찰사로 임명하고 주임관 2등으로 서품한다. 趙漢國을 충주부 관찰사로 임명하고 칙임관 3등으로 서품한다. 이외에 대구부 관찰사, 안동 관찰사, 진주부 관찰사, 동래부 관찰사, 전주부 관찰사, 나주부 관찰사, 남원부 관찰사, 제주부 관찰사, 해주부 관찰사, 춘천부 관찰사, 강릉부 관찰사, 함흥부 관찰사, 鏡城府 관찰사, 甲山府 관찰사, 평양부 관찰사, 의주부 관찰사, 강계부 관찰사 등이 임명된다.

윤달 5월 1일 : 4항목 8행.

沈舜澤 외 15명이 特進官에 임명되고 칙임관으로 서품된다. 金斗明 외 2명은 내부주사에 임명되고 판임관 6등으로 서품된다.

윤달 5월 5일 : 30항목 32행.

朴容大 외 7명이 管稅司長에 임명된다.

이외에 진주부 관찰사, 경무관, 농상공부 농무국장, 한성부 참서관, 인천부 참서관, 개성부 참서관, 공주부 참서관, 충주부 참서관, 홍주부 참서관, 대구부 참서관, 안동부 참서관, 진주부 참서관, 동래부 참서관, 전주부 참서관, 나주부 참서관, 제주부 참서관, 해주부 참서관, 춘천부 참서관, 강릉부 참서관, 함흥부 참서관, 경성부 참서관, 갑산부 참서관, 평양부 참서관, 의주부 참서관, 강계부 참서관, 농상공부 협판, 내부 지방국장 등이 임명된다.

윤달 5월 7일 : 36항목 70행.

黃祐永을 외부주사로 임명하고 판임관 3등에 서품한다. 이외에 군부의 參領(10명), 正尉(20명), 副尉(38명), 參尉(40명)를 임명한다. 이날은 대부분 군부의 인사발령으로 채워져 있다. 馬兵 제2대대장, 제1대대 중대장, 제2대대 중대장, 제1大隊附, 제2대대부, 工兵 제1대대 · 제2대대 · 제3대대 · 제4대대 · 제5대대 · 제6대대 · 제7대대 · 제8대대 대대장과 중대장 및 각 大隊附 등이 임명된다.

윤달 5월 9일 : 2항목 2행, 12일 : 2항목 2행.

李台植을 駐箚日本公使館 參書官으로 임명하고 주임관 3등에 서품한다. 趙重應이 인천군수에, 朴世煥이 德源郡守에 임명된다.

윤달 5월 14일 : 16항목 16행.

李正儀가 농상공부 주사에 임명되고 판임관 7등에 서품된다. 이외에 景慕宮 提擧, 孝昌園 참봉, 탁지부주사, 학부주사, 법부주사 등이 임명된다.

이날 고위관리의 인사이동이 단행된다. 내부대신 朴泳孝가 면직되고 그 자리에 내부협판 兪吉濬이 署理大臣事務에 임명된다. 탁지부협판 安駉壽는 警務使에 임명된다.

윤달 5월 17일 : 6항목 6행.

柳正秀가 탁지부 참서관에 임명되고 주임관 4등에 서품된다. 이외에 탁지부 재무관, 농상공부 技師, 한성재판소 판사, 한성재판소 검사, 법부검사 등의 발령이 있었다.

윤달 5월 19일 : 6항목 5행.

監督 朴準成의 품계를 주임관 2등으로 올린다. 이외에 監督補, 군부 경리국장 및 경리국 제1과장, 내각 참서관 등의 보직이 있었다.

윤달 5월 21일 : 3항목 3행.

李鑣永이 내부대신에 임명되고, 尹致昊가 외부협판에 임명된다.

윤달 5월 27일 : 17항목 20행.

金錫胤 외 4명이 正尉에 임명된다. 이외에 副尉, 參尉, 1等軍司, 훈련대 연대장, 훈련대대 대대장 및 중대장들 그리고 大隊附, 餉官 등의 인사발령이 있다.

6월 1일 : 1항목 2행, 2일 : 11항목 13행.

궁내부 특진관 金弘集이 중추원의장에 임명되고 칙임관 2등에 서품된다. 李耕稙이 궁내부 협판에 임명되고 칙임관 3등에 서품된다. 이외에 왕후궁대부, 시종원 右侍講, 濟用院長, 효창원 참봉, 규장원 교서사장, 한성부 주사, 궁내부대신서리사무 등의 인사발령이 있다.

6월 6일 : 32항목 47행.

具相祖 등 6명이 參領에 임명된다. 이외에 군부의 正尉(10명), 副尉(21명), 參尉(21명)의 인사발령이 있고, 공병 부대의 대대장들과, 중대장들, 대대부들의 전면 개편이 단행된다.

6월 10일 : 5항목 19행, 11일 : 18항목 17행.

外部 飜譯官, 농상공부 礦山局長, 徵稅署長들(58명)의 인사발령이 있다. 郵遞技手들, 우체 기수보, 내부주사, 궁내부 참리관, 시종원 시종, 회계원 검사사장, 장례원 掌禮, 왕태자궁 시

독관, 왕태자궁 주사, 규장원 교서사 右校書, 장례원 주사, 효창원 참봉 등의 인사발령이 있다.

6월 12일 : 11항목 9행, 13일 : 18항목 16행.
외부 번역관보, 개성부 주사, 대구부 주사, 강계부 주사, 해주부 주사, 강릉부 주사 등의 인사발령이 있다. 창릉 참봉, 경릉 참봉, 효창원 봉사와 참봉, 왕태후궁 주사, 회계원 주사와 검사, 궁내부 참리관, 장례원 제릉사장, 제용원 영선사장, 회계원 금고사장, 장례원 장례 등의 인사발령이 있다.

6월 15일 : 3항목 4행, 16일 : 1항목 29행.
參尉, 내각주사 등의 인사발령이 있다. 한성부 관찰사 칙임관 3등 李采淵을 포함한 42명에게 3給俸을 주었다.

6월 19일 : 8항목 10행.
鄭載錫 등 10명을 인천부 주사에 임명한다. 법부협판 李在正에게 법부법률기초위원장을 맡게 하고, 법부 민사국장 徐冑淳 등 6명에게 법부법률기초위원을 맡긴다.

6월 20일 : 35항목 24행.
明陵 참봉, 昭寧園 守奉官, 효창원 참봉, 내장원 보물주사, 제용원 물품주사, 시종원 시종 및 비서감, 인천군수, 안성군수, 예산군수, 임실군수, 상주군수, 포천군수, 동래군수, 고성군수, 춘천부 참서관, 전주부 참서관, 1等軍司, 내각주사 등의 인사발령이 있다.

6월 21일 : 6항목 9행.
경무사 安駉壽를 副將에 임명하고 곧이어 군부대신에 임명한다. 군부대신 申箕善이 依願免職되고 곧이어 중추원 1등의관에 임면된다. 魚允中은 중추원 부의장에 임명된다. 權在衡은 군부협판에 임명된다.

6월 22일 : 9항목 9행.
왕태자궁 이사, 장례원 주사, 시종원 시어, 제용원 주사, 의녕원 참봉, 동래부 주사, 의주부 주사 등이 임명된다.

6월 23일 : 7항목 6행.
李允用이 경무사에 임명되고 칙임관 2등에 서품된다. 이외에 군부대신 安駉壽는 임시서리

탁지부대신사무를 맡게 된다. 그 외 경무청 주사, 군부 주사 등이 임명된다.

6월 24일 : 10항목 10행.
掌禮院卿, 왕후궁 대부, 내장원 보물사장, 왕태자궁 시종관 등이 임명된다.

6월 27일 : 7항목 6행.
제용원 물품사장, 궁내부 참리관, 외사과 주사, 회계원 출납사주사 등이 임명된다.

7월 1일 : 42항목 36행.
尹重求가 개성부 경무관보에 임명되고 판임관 4등으로 서품된다. 이밖에 개성부 總巡, 공주부 총순, 충주부 경무관보, 洪州府 경무관보, 대구부 경무관보, 진주부 총순, 전주부 경무관보, 남원부 총순, 제주부 총순, 강릉부 총순, 의주부 경무관보, 강계부 총순, 훈련제1대대 대대장, 훈련제3대대 중대장 등이 임명된다.

7월 2일 : 5항목 8행.
정순룡 등 14명이 경무청 총순에 임명되고 판임관 6등에 서품된다. 이외에 경무청 간수장, 농상공부 주사 및 통신국장, 원산항 총순 등이 임명된다.

7월 3일 : 11항목 11행.
궁내부 협판 李耕稙을 궁내부대신으로 임명하고 칙임관 1등에 서품한다. 이외에 궁내부 협판, 제용원장, 궁내부 참서관, 제용원 태복사장, 소경원 참봉, 회계원 출납사주사, 궁내부 외사과주사, 안동부 주사 등이 발령된다.

7월 4일 : 11항목 10행.
이근명을 춘천부 관찰사에 임명하고 칙임관 3등에 서품한다. 김규식을 충주부 관찰사에 임명하고, 칙임관 4등에 서품한다. 이외에 의주부 관찰사, 진주부 관찰사, 나주부 관찰사, 외부 교섭국장, 군부 포공국 포병과장 등이 발령된다.

7월 5일 : 17항목 15행.
昭慶園 참봉, 회계원 출납사주사, 궁내부 외사과주사, 시종원 비서감비서, 내각주사, 관상소 기수 등이 임명된다.

7월 8일 : 12항목 10행.

소경원 참봉, 회계원 출납사주사, 인천부 관찰사, 양주군수, 평양부 주사 등이 발령된다.

7월 10일 : 4항목 4행, 11일 : 8항목 12행.
궁내부협판 李範晉이 서리대신사무를 맡게 된다. 이외에 소경원 참봉, 나주부 주사 등이 임명된다. 안동부 주사, 제주부 주사, 한성부 주사, 제용원 물품사장 등이 임명된다. 의주부 관찰사 성기운 등 4명에게 2급봉을 주고, 춘천부 관찰사 이근명 등 4명에게 3급봉을 준다.

7월 12일 : 5항목 5행, 14일 : 1항목 2행, 15일 : 6항목 4행, 17일 : 7항목 7행.
시종원 비서감비서, 왕태자궁 시독관, 법부 주사, 탁지부 주사, 이천군수, 밀양군수, 군부주사, 소경원 참봉, 제용원 영선사주사, 내부 주사, 함흥부 주사 등이 임명된다.

7월 18일 : 17항목 14행.
군부대신 安駉壽의 탁지부대신 임시서리사무를 해임한다. 이외에 내부 참서관, 탁지부 재무관, 참령, 부위, 참위, 일등군사, 이등군사, 삼등군사, 군부 군무국 馬政課 과장 등이 임명된다.

7월 19일 : 20항목 17행.
왕태자비궁 대부, 제용원 주전사장, 왕태자궁 시독관, 시종원 비서감비서랑, 회계원 출납사주사, 내장원 보물사주사, 경릉 참봉, 충주부 주사, 춘천부 주사 등이 발령된다.

7월 22일 : 7항목 7행.
종2품 吳益泳을 公州府 관찰사에 임명하고 칙임관 3등에 서품한다. 이외에 내부 技師, 군부 군무국 軍事課員, 훈련대 사관양성소 부관, 한성 재판소 판사, 법부 검사, 고등재판소 검사, 경무관에 임명한다.

7월 23일 : 8항목 7행.
학부 주사, 외국어학교 부교관, 濬源殿 참봉, 順昌園 奉事, 元陵 참봉, 탁지부 주사 등이 임명된다.

7월 24일 : 4항목 4행.
朴聖斌을 경무청 주사에 임명하고 판임관 6등에 서품한다. 이외에 義州府 主事 2명(판임관 4등)이 임명된다.

7월 26일 : 12항목 25행.

이날은 주로 품계의 변동사항이 기록되어 있다. 고등재판소 판사 洪鍾檍 등 5명의 품계를 주임관 4등으로 올린다. 궁내부대신 李耕稙 등 3명의 품계를 정2품으로 올린다. 외부협판 尹致昊 등 6명의 품계를 종2품으로 올린다. 궁내부협판 李範晉, 군부협판 權在衡의 품계를 칙임관 2등으로 올린다. 이외에 濟用院 主殿司長 金良默 등 35명의 품계가 상향조정된다.

7월 28일 : 14항목 19행.

정1품 윤용구가 特進官에 임명된다. 이외에 왕태자궁 詹事, 규장원 校書司長 겸 紀錄司長 등이 임명된다. 이날 고등재판소 판사 洪鍾檍 등 2명에게 1급봉을 준다. 한성재판소 판사 李度翼 등 5명에게 2급봉을 준다. 또 內藏院長, 시종원 시종, 제용원 典膳司長, 회계원 출납사장 등의 발령이 있다.

7월 30일 : 6항목 6행.

제용원 物品司長 및 典膳司主事, 內藏院 寶物司主事 등이 임명된다.

8월 1일 : 19항목 16행.

內部 視察官, 경무관 및 松禾군수, 石城군수, 長淵군수, 黃澗군수 등의 지방관의 발령이 있다. 그 외 법부 검사, 한성재판소 검사, 농상공부 주사, 충주부 주사 등이 임명된다. 이날 군부협판 權在衡과 正尉 元世祿 등 5명은 剿匪軍功調查委員으로 선발된다.

8월 2일 : 11항목 10행.

궁내부 參理官, 제용원 물품사장, 내장원 보물사주사, 인천부 주사 등이 임명된다.

8월 3일 : 1항목 3행, 5일 : 2항목 2행, 6일 : 10항목 10행, 7일 : 3항목 3행.

吳舜善 등 13명이 海州府 주사에 임명되고 판임관 8등에 서품된다. 왕태후궁 주사, 永禧殿 令, 관립소학교 교원을 임명하고, 한성사범학교 교원 3명에게 1급봉을, 관립소학교 교원 2명에게 2급봉을 준다. 그 외 제용원 典膳司長, 侍從院 秘書監秘書郎, 궁내부 외사과 주사, 군부 주사 등이 임명된다.

8월 8일 : 16항목 17행.

농상공부 技師, 경무관, 參領, 탁지부 주사, 개성부 주사, 동래부 주사 등이 임명된다. 이날 고등재판소 검사 金基肇 등 2명에게 2급봉을 준다.

8월 9일 : 5항목 6행, 10일 : 3항목 3행, 12일 3항목 3행.

내장원 보물사주사, 정릉 참봉, 나주부 주사 등이 임명된다. 章陵 참봉, 제용원 전선사주사 등이 임명된다. 관립소학교 교원, 경무청 총순 등이 임명된다. 12일에는 관립소학교 교원 元泳義 등 2명에게 2급봉을 준다.

8월 13일 : 19항목 14행, 14일 : 9항목 8행.

궁내부 특진관 종 1품 閔泳煥을 特命全權公使로 임명하고 칙임관 2등에 서품한다. 곧이어 특명전권공사 민영환에게 駐箚美國을 명한다. 그 외 탁지부의 회계국장, 참서관, 주사 등이 임명된다. 또 군부의 參尉, 馬兵 제2大隊附 등이 임명된다. 新溪郡守, 水原군수, 興德군수 등의 지방관이 발령된다. 14일에는 建元陵令, 장릉 참봉, 정릉 참봉, 내장원 보물사주사 등이 임명된다.

8월 15일 : 18항목 19행.

궁내부협판 李範晉의 署理大臣事務를 해임한다. 그 외 제용원 물품사장, 회계원 출납사장, 永禧殿令 등이 임명된다. 그 외 춘천부 주사, 함흥부 주사 등의 지방관이 발령된다. 이날 부위 成暢基 등 7명은 日本留學을 명받는다.

8월 16일 : 12항목 11행.

훈련제1聯隊附, 훈련 제1대대 부관 등의 군부 인사의 발령이 주를 이룬다. 그 외 平山郡守, 鍾城郡守 등의 지방관과, 郵遞技手의 발령이 있다.

8월 17일 : 5항목 6행.

내부협판 兪吉濬을 의주부 관찰사에 임명하고 칙임관 3등에 서품한다. 그 외 진주부 관찰사, 중추원 1등 의관, 전주부 관찰사 등의 발령이 있다.

8월 18일 : 1항목 2행, 19일 7항목 6행.

궁내부 협판 이범진을 농상공부대신에 임명하고 칙임관 1등에 서품한다. 그 외 淸道郡守, 창녕군수, 시종원 좌시종, 예릉령 등을 발령한다.

8월 20일 : 8항목 9행.

정2품 金嘉鎭을 중추원 1등의관에 임명하고 칙임관 3등에 서품한다. 한성사범학교 교원 朴之陽으로 하여금 성균관 교수를 겸임케 한다. 그 외 정1품 李載冕을 宮內府大臣에 임명하고, 侍從院 右侍講 金宗漢을 宮內府協辦에 임명한다. 趙羲淵을 軍部大臣에 임명하고 곧이어

臨時署理警務使事務를 맡게 한다. 법부대신 徐光範에게 臨時署理學部大臣事務를 맡게 한다. 농상공부협판 鄭秉夏에게 署理大臣事務를 맡게 한다.

8월 21일 : 1항목 1행, 23일 : 6항목 6행, 24일 : 2항목 2행.
경무관, 훈련대 사관양성소 주사, 군부 주사, 경무사 등을 발령한다. 23일 군부대신 조희연의 임시서리경무사사무를 해임한다. 24일 의주부 관찰사 유길준을 내부협판에 임명한다.

8월 25일 : 5항목 5행.
종1품 魚允中을 탁지부대신에 임명하고 칙임관 1등에 서품한다. 내부협판 유길준에게 대신 서사무를 명한다. 종1품 박정양을 중추원 의장으로 임명한다.

8월 26일 : 5항목 6행.
義和君 李堈을 特派大使로 임명하고 영국, 독일, 러시아, 이탈리아, 프랑스, 오스트리아 각 국을 방문케 한다. 서광범을 학부대신에 임명한다. 그 외 법부협판, 법부 민사국장 등을 임명한다.

8월 27일 : 7항목 6행, 28일 14항목 23행, 29일 : 8항목 7행.
법부 형사국장, 법부 參書官, 義州府 관찰사, 定州군수, 原州군수 등을 발령한다. 평양부 주사, 남원부 주사, 춘천부 주사, 제주부 주사 등의 지방관리를 임명한다. 그 외 훈련 제1연대 제1대대부, 제2대대부 등의 군부 인사와 法部主事 등의 발령이 있다. 중추원 1등의관 金嘉鎭에게 特命全權公使를 명하고, 駐箚日本國을 명한다.

9월 1일 : 4항목 7행, 2일 : 5항목 7행, 4일 : 28항목 34행.
경무청 주사, 대구부 주사, 안동부 주사, 郵遞技手, 전주부 주사, 인천부 주사, 강계부 주사, 충주부 주사 등의 하급관리를 발령한다. 그 외 參領, 正尉, 副尉, 훈련대대 중대장, 훈련대대 餉官 등의 군부 인사를 단행한다. 그 외 농상공부 礦山局長, 信川군수, 殷栗군수, 谷城군수 등의 지방관을 임명한다.

9월 5일 : 18항목 12행, 6일 : 4항목 4행.
학부 주사 및 연안군수, 고성군수, 장기군수, 태인군수, 동복군수 함안군수 등의 지방관을 임명한다. 그 외 郵遞技手補 4명을 발령한다. 한성부 주사, 공주부 관찰사, 학부 참서관, 농상공부 통신국장 등을 발령한다.

9월 7일 : 10항목 9행.

正尉, 副尉, 훈련연대 大隊附, 大隊副官 등의 군부 인사를 발령한다.

9월 8일 : 19항목 30행.

參尉 禹永命에게 일본유학을 명한다. 외부협판 尹致昊와 중추원 참서관 尹致昕를 특파대사 수행원에 임명한다. 그 외 탁지부와 학부, 농상공부, 외부, 내각, 내부, 군부 등의 부에서 약간명씩을 세무시찰관으로 임명한다. 그 외 법부 주사, 진주부 주사, 탁지부 주사 등의 하급관리들을 발령한다.

9월 9일 : 19항목 18행.

시종원 비서감중승, 회계원장, 시종원 비서감 좌승 및 우승, 장례원 宗正司長, 濟用院 典膳司長, 회계원 출납사장 등의 하급관리들을 발령한다. 그 외 고등재판소 예비판사, 훈련제1연대 제2대대 중대장 등을 임명한다.

9월 12일 : 5항목 6행.

법부 민사국장 鄭寅興을 법부 법률기초위원장에 임명한다. 법부 형사국장과 회계국장을 법부 법률기초위원에 임명한다.

9월 13일 : 8항목 8행.

6품 崔俊植을 한성재판소 판사에 임명하고 주임관 4등에 서품한다. 그 외 경무관, 학부 참서관, 학부 주사 등을 발령한다.

9월 14일 : 16항목 21행.

내각 기록국장 朴永斗에게 2급봉을 준다. 그 외 개성부 郵遞司長, 공주부 주사 및 훈련연대 대대장, 대대부관, 중대장, 大隊餉官 등의 군부 인사를 발령한다.

9월 15일 : 1항목 1행, 16일 : 10항목 13행, 18일 : 2항목 2행.

중추원 참서관, 내각 참서관 등을 임명한다. 그 외 각 부에서 일정 인원을 세무시찰관을 임명한다. 내부 지방국장 劉世南에게 1급봉을 준다.

9월 19일 : 40항목 38행, 20일 : 3항목 4행.

내장원 莊園司長, 회계원 주사, 제용원 주전사주사, 정릉 참봉, 법부 검사, 한성재판소 검사, 농상공부 참서관, 탁지부 참서관 등을 발령한다. 농상공부 농무국장 李宜貞 등 3명에게 3

급봉을 준다.

9월 21일 : 13항목 13행, 22일 : 4항목 5행.
洪州府 주사, 內閣總書, 동래부 경무관, 담양군수 등을 발령한다. 警務主事, 공주부 주사 등을 발령한다.

9월 23일 : 15항목 11행, 25일 : 8항목 8행, 26일 : 4항목 4행.
參將, 參領, 3등 감독, 2등 및 3등 軍司, 군부 경리국 課員 등의 군부 인사를 발령한다. 제용원 太僕司主事, 典膳司主事, 내각 주사, 중추원 주사 등을 발령한다. 26일 법부 회계국장, 成川군수, 高靈군수 등을 발령한다.

9월 27일 : 4항목 4행, 28일 : 5항목 6행, 29일 : 6항목 7행, 30일 : 4항목 4행.
외부 교섭국장 朴準禹에게 1급봉을 주고, 외부 통상국장 趙性協에게 3급봉을 준다. 28일 안동부 總巡, 인천부 주사 등을 임명한다. 탁지부 司稅局長 李海萬에게 1급봉을 준다. 29일 郵遞技手, 전주부 주사 나주부 주사 등을 임명한다. 30일 농상공부 技師, 울산군수 등을 임명한다.

10월 2일 : 9항목 8행, 3일 : 1항목 1행, 4일 : 3항목 3행, 5일 : 10항목 11행.
제용원 營繕司主事, 회계원 出納司主事, 법부 주사 등을 발령한다. 泰川郡守, 밀양군수, 왕태자궁 부첨사 및 시독관, 회계원 檢査司主事, 鏡城府 主事 등을 임명한다.

10월 6일 : 4항목 5행, 7일 : 7항목 7행, 9일 : 11항목 8행, 10일 : 5항목 6행.
洪禹觀을 외국어학교장으로 임명한다. 兎山군수, 同福군수 등을 발령한다. 조동필을 회계원장에 임명하고 칙임관 4등에 서품한다. 그 외에 시종원, 규장원 등의 하급관리를 발령한다. 1등 軍司, 3등 군사, 군부 경리국 課員, 전주부 總巡, 안동부 주사, 한성부 주사 등을 임명한다. 李道宰를 軍部大臣에 임명하고 칙임관 1등에 서품한다. 탁지부대신 魚允中을 臨時署理軍部大臣事務에 임명한다.

10월 11일 : 6항목 9행, 12일 : 3항목 3행, 15일 : 5항목 7행.
궁내부대신 비서관 鄭萬朝 등 8명에게 궁내부 官制 調査委員을 명한다. 그 외 영흥군수, 성주군수 등의 지방관 임명과, 장례원경 등의 궁내부 관리를 임명한다. 15일 기사는 號外라는 세주가 달려있는데, 이날 궁내부협판 金宗漢 등 3명을 殯殿提擧에 임명한다. 또 장례원경 趙秉鎬 등 3명을 國葬提擧에 임명한다. 또 정1품 閔泳駿 등 3명을 山陵提擧에 임명한다.

10월 16일 : 5항목 4행, 17일 : 6항목 7행, 19일 : 6항목 14행.

正尉, 親衛大隊 중대장 등의 군부 인사와, 시종원 시종 등의 관리를 임용한다. 법부 참서관, 학부 참서관, 한성사범학교장, 수원군수 등을 임명한다. 19일, 장례원 掌禮 徐相甬 등 7명에게 殯殿都廳委員을 명한다. 왕태자궁 試讀官 李蓍宰 등 2명을 國葬都廳委員에 임명하고, 왕태자궁 시종관 李鳳稙 등 6명을 國葬委員으로 임명한다. 시종원 侍讀 李喜和 등 2명을 山陵都廳委員에 임명하고, 貴族司主事 李燦永 등 8명을 山陵委員에 명한다.

10월 20일 : 3항목 3행, 23일 : 1항목 1행, 25일 : 4항목 3행, 26일 : 22항목 22행.

參尉, 親衛大隊附, 제용원 太僕司長 및 尙衣司長 등을 발령한다. 申肯雨를 법부 법률기초위원에 명한다. 그 외 시종원의 비서감 우승, 시종, 장례원의 奉常司長과 諸陵司長, 제용원의 典膳司長, 회계원의 檢查司長 등을 임명한다. 諸葛炯 등 5명에게 山陵相地委員을 명한다.

특명전권공사 종1품 閔泳煥을 중추원 1등의관에 임명하고 칙임관 2등에 서품한다. 학부대신 徐光範을 特命全權公使에 임명하고 곧이어 駐箚美國을 명한다. 그리고 군부대신 李道宰를 學部大臣으로 임명하고, 탁지부대신 魚允中에게 臨時署理軍部大臣事務를 맡게 한다.

10월 27일 : 2항목 2행, 28일 : 14항목 15행, 11월 1일 : 3항목 6행, 2일 : 1항목 1행.

법부 주사 및 參領, 參尉, 공병대대 대대장, 군부 군무국 軍事課員 등의 군부 인사를 발령한다. 고등재판소 예비판사 鄭寅興 등 4명을 특별법원 판사로 임명한다.

11월 5일 : 18항목 17행, 6일 : 9항목 9행,

國葬과 관련한 인사 발령이 있다. 徐正淳 등 2명을 殯殿提擧에 임명하고, 왕태후궁 大夫 洪淳馨을 國葬提擧에 임명하며, 궁내부협판 金宗漢 등 2명을 山陵提擧에 임명한다. 그 외 춘천부 주사, 外部 主事, 탁지부 주사 및 淳昌郡守, 祥原郡守, 吉州郡守 등을 발령한다. 6일, 군부 주사, 시종원 시종, 진주부 주사 등의 하급관을 발령한다.

11월 9일 : 24항목 21행, 11일 : 3항목 3행, 12일 : 18항목 17행.

이날은 주로 밀양군수, 협천군수, 기장군수, 新寧군수, 시흥군수, 廣州군수, 청주군수, 회덕군수 등의 지방관을 임명한다. 그 외 內閣主事, 농상공부 技師, 내각 참서관, 효창원 참봉, 창릉 참봉 등의 하급관을 발령한다. 李能和를 농상공부 주사에 임명하고 판임관 6등에 서품한다. 營繕司主事 李章憲을 國葬委員에 명한다.

11월 13일 : 4항목 4행, 15일 : 21항목 24행.

공사관 3등 참서관, 안동부 주사 등을 발령한다. 궁내부 외사과 주사를 포함하여 시종원, 외부, 탁지부, 장례원의 중하급 관리들을 임명한다. 그 외 장흥군수, 순천군수, 진천군수,

양양군수 등의 지방관을 임명한다.

내부협판 兪吉濬을 內部大臣에 임명하고 칙임관 1등에 서품한다. 법부협판 張博을 法部大臣에 임명하고, 농상공부협판 鄭秉夏를 農商工部大臣에 임명한다.

建陽元年

1월 5일(음력 11월 21일) : 5항목 5행, 6일 : 3항목 3행.

외부대신 金允植을 臨時署理學部大臣事務에 임명한다. 趙秉稷을 學部大臣에 임명한다. 그 외 내부협판, 법부협판, 농상공부협판을 임명한다. 그 외 定州郡守, 崇惠殿 參奉을 임명한다.

1월 8일 : 58항목 47행.

金洪鍾을 安東郡 稅務主事에 임명하고 판임관 8등에 서품한다. 그 외 상주군 세무주사, 문경군 세무주사, 청송군 세무주사, 영천군 세무주사 등 57명의 지방 세무관원을 발령한다. 그 외 李錫應 등 4명을 탁지부 주사에 임명하고 판임관 6등에 서품한다.

1월 9일 : 31항목 29행.

參領 이강하를 軍部大臣官房長補에 임명한다. 그 외 군부 砲工局長補, 외부 번역관보, 농상공부 技手, 郵遞主事, 郵遞技手, 탁지부 司計局長 , 한성부 주사, 나주부 주사 등의 중하급관원들을 발령한다.

1월 10일 : 16항목 12행, 11일 : 2항목 2행.

辛在俊을 해주군 稅務主事에 임명하고 판임관 8등에 서품한다. 그 외 長淵郡 세무주사, 延安郡 세무주사, 豊川郡 세무주사, 殷栗郡 세무주사 등의 세무관원들을 발령한다. 그 외 외부협판 朴齊純과 元山港 知事 金益昇에게 1급봉을 주고, 내부협판 劉世南 등 3명에게 2급봉을 준다. 11일, 參領 군부 砲工局 砲兵課員을 발령한다.

1월 13일 : 68항목 74행.

궁내부협판 金宗漢에게 秘書院卿 典醫司長을 겸임케 하고 칙임관 2등에 서품한다. 종1품 李容元을 經筵院卿 겸 왕태자궁 日講官에 임명하고 칙임관 3등에 서품한다. 종2품 李建昌을 경연원 侍講에 임명하고 칙임관 4등에 서품한다. 궁내부 특진관 沈舜澤 등 7명을 칙임관 1등에 서품하고, 李憲稙 등 3명은 칙임관 2등에, 趙東冕 등 2명은 3등에 서품한다. 그 외 규장원 직학사, 경연원 부시강, 회계원 검사과장, 전의사 전의, 왕태자궁 詹事, 시종원 奉侍, 궁내부 외사과 주사 등을 발령한다.

1월 14일 : 1항목 1행, 15일 : 20항목 18행.

함흥부 관찰사, 춘천부 관찰사, 나주부 관찰사 및 파주군수, 이천군수, 담양군수, 영암군수, 진산군수 등의 지방관을 발령한다.

1월 16일 : 2항목 3행, 17일 : 6항목 6행,
내부 주사, 법부 주사를 발령한다. 인천부 경무관 강화석을 한성재판소 판사로 임명하고 칙임관 4등에 서품한다. 그 외 외국어학교장, 성균관 교수, 한성사범학교 교관 등을 임명한다.

1월 21일 : 52항목 44행.
3등 監督, 1등 軍司, 군부 경리국 제2과원 등의 군부 인사를 발령한다. 동래부 관찰사 池錫永에게 동래재산소 판사를 겸임케 하고, 충주부 관찰사 金奎軾에게 충주재판소 판사를 겸임케 한다. 그 외 홍주부 관찰사로 하여금 홍주재판소 판사를, 공주부 관찰사로 하여금 공주재판소 판사를, 남원부 관찰사로 하여금 남원재판소 판사를 겸임케 한다. 마찬가지로 나주부, 제주부, 진주부, 강릉부, 춘천부, 개성부, 해주부, 의주부, 함흥부, … 등지의 관찰사로 하여금 해당 지역 재판소 판사를 겸임시킨다.

1월 22일 : 10항목 10행.
외부대신 김윤식의 임시서리학부대신사무직을 해임한다. 그 외 내부 주사, 인천부 주사, 내각 주사, 농상공부 주사 및 무관학교장, 무관학교 부관 등을 발령한다.

1월 23일 : 25항목 21행.
6품 이현상을 궁내부 통역관에 임명하고 주임관 5등에 서품한다. 그 외 개성부 관찰사, 義興군수, 成川군수, 여주군수, 강화군수, 경주군수 등의 지방관을 발령한다. 군부협판 白性基에게 2급봉을 준다.

1월 24일 : 10항목 9행.
무관학교의 주사, 번역관보를 발령한다. 성균관 교수 李相㝘에게 성균관장을 겸임케 한다. 그 외 인천부 공립소학교 교원, 대구부 공립소학교 교원 등을 발령한다.

1월 25일 : 6항목 6행, 27일 : 6항목 6행.
義陵 奉事, 智陵 봉사, 定陵 봉사, 和陵 참봉, 純陵 참봉을 임명한다. 27일, 탁지부협판 李在正과 한성재판소 판사 姜華錫에게 2급봉을 준다.

1월 28일 : 44항목 37행.
3품 서상열을 도로교량감독위원에 임명한다. 그 외 대구군 세무주사, 仁同郡 稅務主事, 比

安郡 세무주사, 星州郡 세무주사, 靈山郡 세무주사, 밀양군 세무주사, 義城郡 세무주사 등의 세무관원들을 발령한다.

1월 30일 : 3항목 3행, 31일 : 4항목 5행.
方允極 등 3명을 平壤府 主事로 임명하고 판임관 6등에 서품한다. 趙義淵을 軍部大臣에 임명하고 칙임관 1등에 서품한다. 그 외 李學來 등 4명을 군부 주사에 임명하고, 충주공립소학교 교원 등을 발령한다.

2월 1일 : 30항목 25행.
탁지부 대신 魚允中의 군부대신임시서리사무직을 해임한다. 參領 金用來를 工兵 제6대대 대대장에 임명한다. 그 외 馬兵, 工兵 大隊附 등을 발령한다. 興陽군수, 橫城군수, 淸安군수, 寧邊군수 등의 지방관을 임명한다. 6품 高永憲을 법부 법률기초위원으로 임명한다.

2월 3일 : 35항목 29행.
평양군 세무주사, 황주군 세무주사, 중화군 세무주사 등의 지방 세무관원들을 발령한다. 이날의 敍任 35건은 모두 지방 세무관원들이다.

2월 4일 : 1항목 1행, 5일 : 8항목 7행, 6일 : 7항목 8행.
외부 주사, 고등재판소 檢事試補, 한성재판소 검사시보, 尙州군수, 淮陽군수 등을 발령한다. 그 외 충주부 주사, 강화군 공립소학교 교원, 수원군 공립소학교 교원 등을 임명한다.

2월 7일 : 31항목 27행.
종2품 李命夏를 竹山군수에 임명하고 주임관 4등에 서품한다. 그 외 금화군수, 개천군수, 정의군수 등의 지방관을 임명한다. 남원군 세무주사, 순천군 세무주사, 광양군 세무주사 등의 지방 세무주사를 추가적으로 발령한다. 이날의 서임도 대부분 지방 세무관원들이다. 그 외 6품 權世鎭을 법부 법률기초위원에 임명한다.

2월 10일 : 7항목 7행.
함흥부 주사, 탁지부 주사 등의 하급관원과 거제군수, 옥천군수, 연안군수 등의 지방관을 임명한다.

2월 11일 : 15항목 13행.
궁내부 특진관 金炳始를 內閣總理大臣에 임명하고 칙임관 1등에 서품한다. 이날 각 부의 대신들이 새롭게 敍任된다. 그 내용은 다음과 같다.

李載純, 宮內府大臣, 칙임관 1등.
朴定陽, 內部大臣, 칙임관 1등.
李完用, 外部大臣, 칙임관 1등.
趙秉稯, 法部大臣, 칙임관 1등.
李允用, 軍部大臣, 칙임관 1등.
尹用求, 度支部大臣, 칙임관 1등.
安駉壽, 警務使, 칙임관 2등.

2월 12일 : 20항목 17행.
8품 林昌洙를 營繕司長에 임명하고 주임관 5등에 서품한다. 그 외 太僕司主事, 英陵令, 健陵令, 顯陵令, 順昌園 參奉, 顯隆園令, 順陵令, 弘陵 참봉, 寧陵令, 昭寧園守奉官 등의 궁내부 인사를 발령한다.

4. 가치

본 『서임록』은 약 18개월간 진행되었던 갑오경장 시기 가운데 후반부 12개월간의 관리임용명단책자로서 고급관료인 칙임관에서부터 하급관료인 주임관, 판임관까지의 임용내용과 시기가 분명하게 기재되어 있는 매우 중요한 책이다. 관리임용의 변화를 있게 한 정치적 내용은 기재되어 있지 않으나 갑오개혁기의 여러 사건들과 연관시켜 볼 경우 각 인물들의 관료로서의 부침을 흥미 있게 읽어낼 수 있을 것이다. 또한 관직제도의 개혁에 의해 새로 호칭되는 직명도 한일관계의 정치적 영향관계를 다시 한번 되새겨보도록 하는 중요한 의미를 지니며, 관직명과 품계명의 변천과 관련하여 획기적인 시기가 되는 갑오개혁기의 구체적인 직명과 품계가 모두 열거되어 있다는 점에서 제도사적인 측면에서도 특히 주목해 볼 만한 책자이다. 물론 이 시기의 자료는 비교적 많이 남아 있는 상태이지만, 이 시기의 敍任과 관련된 내용이 한 책에 집성되어 있는 것은 없는 것 같다. 이 책은 연세대학교 중앙도서관이 보유한 유일본으로서 그 가치가 매우 크다고 할 수 있다.

【황병기】

石潭野史

李珥(1536~1584) 著.

原稿本. 1册(73張) : 30.5×21cm. 行字數 不定.

本文 : 草書.

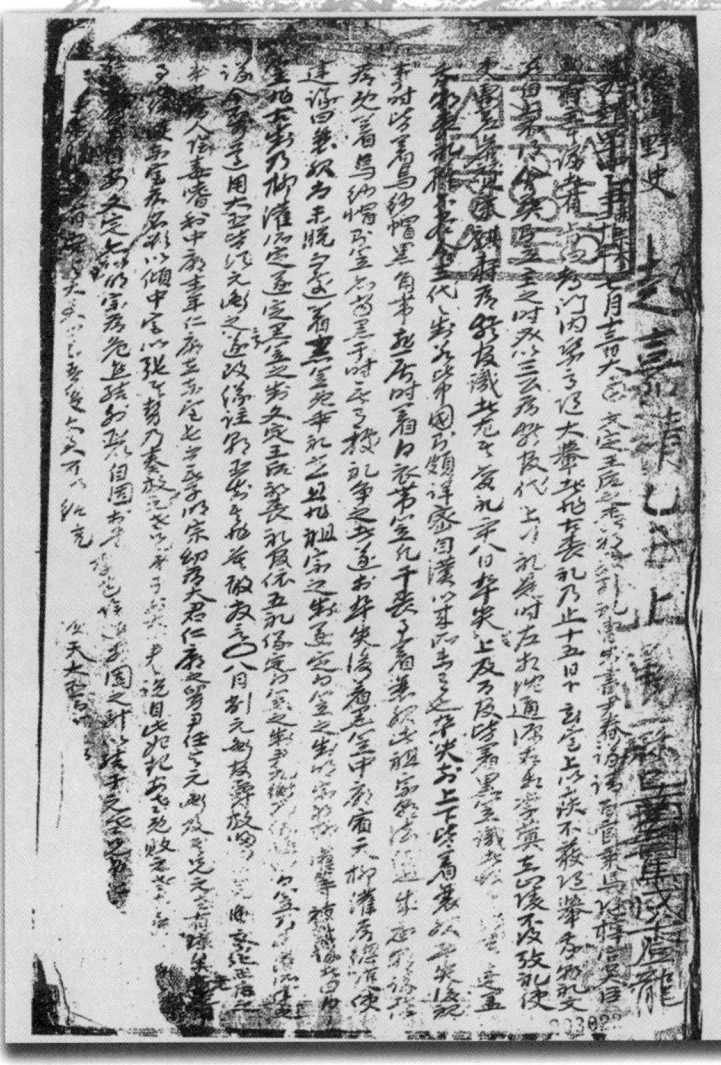

1. 저자

李珥(1536~1584)의 本貫은 德水, 字는 叔獻, 號는 栗谷·石潭·愚齋이다. 강릉 출생의 조선 중기의 학자·정치가이다. 아버지는 증 좌찬성 元秀이며, 어머니는 師任堂申氏이다.

兒名을 見龍이라 했는데, 어머니 사임당이 그를 낳던 날 흑룡이 바다에서 집으로 날아 들어와 서리는 꿈을 꾸었다 하여 붙인 이름이다.

8세 때에 파주 율곡리에 있는 花石亭에 올라 시를 지을 정도로 문학적 재능이 뛰어 났다. 1548년(명종 3) 13세 때 진사시에 합격하였다. 16세 때에 어머니가 돌아가자, 파주 두문리 자운산에 장례하고 3년간 侍墓하였다, 그 후 금강산에 들어가 불교를 공부하고 다음해 20세에 하산해 다시 유학에 전심하였다.

22세에 성주목사 盧慶麟의 딸과 혼인하였다. 23세가 되던 봄에 禮安의 陶山으로 李滉을 방문했고, 그 해 겨울의 別試에서 「天道策」을 지어 장원하였다. 전후 아홉 차례의 과거에 모두 장원해 '九度壯元公'이라 일컬어졌다. 26세 되던 해에 아버지가 돌아가셨다.

29세에 호조좌랑을 시작으로 예조좌랑·이조좌랑 등을 역임, 33세(1568)에 千秋使의 書狀官으로 명나라에 다녀왔다. 부교리로 춘추기사관을 겸임해 『명종실록』편찬에 참여하였다.

이 해에 19세 때부터 교분을 맺은 성혼과 '至善與中' 및 '顔子格致誠正之說' 등 주자학의 근본문제들을 논하였다. 34세에 임금에게 『東湖問答』을 지어올렸다.

37세에 파주 율곡리에서 성혼과 理氣·四端七情·人心道心 등을 논하였다. 39세(1574)에 우부승지에 임명되고, 재해로 인해 『萬言封事』를 올렸다.

40세 때 주자학의 핵심을 간추린 『聖學輯要』를 편찬했다. 42세에는 아동교육서인 『擊蒙要訣』을, 45세에는 기자의 행적을 정리한 『箕子實記』를 편찬했다.

46세는 明宗 20년(1565) 7월에서 宣祖 14년(1581) 11월에 이르는 17년간의 時事를 정리한 『經筵日記』를 완성하였다.

47세에 이조판서에 임명되고, 어명으로 「人心道心說」을 지어 올렸다. 이 해에 『金時習傳』을 쓰고, 『學校模範』을 지었으며, 48세에 『時務六條』를 올렸다.

49세에 서울 大寺洞에서 영면, 파주 자운산 선영에 안장되었다. 문묘에 종향되었으며, 파주의 紫雲書院, 강릉의 松潭書院, 풍덕의 龜巖書院, 황주의 白鹿洞書院 등 20여개 서원에 배향되었다. 시호는 文成이다.

2. 구성

『石潭野史』는 현 『栗谷全書』에 보이는 『經筵日記』의 초고본으로 보인다. 현재 연세대본은 일부 손결이 있기는 하지만 줄거리는 『經筵日記』와 대략 일치한다.

그 목차를 살펴보면 다음과 같다.

隆慶　元年　丁卯(1567)
隆慶　二年　戊辰(1568)
隆慶　三年　己巳(1569)
隆慶　四年　庚午(1570)
隆慶　五年　辛未(1571)
隆慶　六年　壬申(1572)
萬曆　元年　癸酉(1573)
萬曆　二年　甲戌(1574)
萬曆　三年　乙亥(1575)
萬曆　四年　丙子(1576)
萬曆　五年　丁丑(1577)
萬曆　六年　戊寅(1578)
萬曆　七年　己卯(1579)
萬曆　八年　庚辰(1580)
萬曆　九年　辛巳(1581)

이것은 현존 『經筵日記』의 목차이다. 그러나 사실상 역사는 明宗 20年으로부터 시작하니 중국연호를 중심으로 보면 嘉靖 44년부터 萬曆 9년까지이다.

그리고 현 『經筵日記』는 첫 행에 '栗谷先生全書卷之二十八'이 있다 둘째 행에 권수제인 '經筵日記'가 쓰여져 있으며, 셋째 넷째 행에 "起 明宗二十年乙丑七月至今 上四年辛未凡七年[1]"이라 되어 있다. 그리고 그 다음 행에서는 空格 없이 "明宗二十年七月十三日大雨"로 역사기술을 시작하고 있다.

그런데 『石潭野史』에는 체제가 그와 약간 다르다.

첫 행에 空一格을 하여 '石潭野史'란 서명이 있고, 다음 행은 분명하지는 않지만 다음과 같이 시작하고 있다.[2]

嘉靖四十四乙丑聖宰즉二十年七月十三日大雨

그리고 아마도 후인의 글씨인 듯한데 좀 굵은 글씨체로 첫 행의 '石潭野史' 밑에 "起嘉靖

---

1) '凡七年'은 『經筵日記』 전체를 말하는 것이 아니라 '卷一'의 기록 범위를 말하는 것이다.
2) 그 자리에 연세대 소장인이 있어 잘 보이지 않는다.

乙丑止萬曆司馬戊午登龍″이라고 되어 있다.

그렇다면 목차도 위의 목차에 다음과 같이 첨가가 되어야 할 것이다.

嘉靖   四十四年   乙丑(1567)
嘉靖   四十五年   丙寅(1568)[3]

그리고 현재 『經筵日記』와 『石潭野史』를 비교해 보면 내용은 유사하면서 형식은 다르다는 것을 알 수 있다. 현 『經筵日記』는 嘉靖年號를 제외하고는 모두 중국연호를 空格 없이 기록하고 그 다음 줄에 조선 국왕도 또한 空格 없이 같은 크기의 글자로 기록하고 있는 반면 『石潭野史』에서는 다음과 같이 되어 있다.

隆慶元年丁卯의 처음부분을 보자.

『石潭野史』: 隆慶元年丁卯六月辛亥子夜上大漸······
『經筵日記』: 隆慶元年丁卯
　　　　　　明宗大王二十二年辛亥子夜 上大漸······

이와 같은 변화는 栗谷이 초고를 다시 完成本으로 만들 때 바꾼 것인지 아니면 후일 다시 정리하는 과정에서 생긴 것인지 현재로서는 알 수 없다.

그리고 編纂體制를 보면 17년간의 時事를 編年史體로 기록을 하고 그 아래 자기의 論評을 붙인 방식이다.

3. 내용

우선 그 형식을 보기 위해 비교적 간략한 한 부분을 보자.

(1567년) 壬子日이다. 修撰廳을 설치하여 大行王의 행장을 修撰하게 하였으니 중국[明]에 諡號를 청하기 위한 것이었다. 大臣들이 史庫를 열어 實迹을 고찰할 수 있도록 하기를 청하였는데, 史觀들은 史庫 열기를 원하지 않아 箚子를 올려 史庫의 자료를 보지 말 것을 청하였고 兩司도 또한 啓를 올려 史庫를 열지 말 것을 청하니 이에 (史庫를 열려고 하는 시

---

3) 현행 전서본 『經筵日記』도 내용은 동일하다. 단 嘉靖年間의 것은 목차로 잡지 않고 있을 뿐이다. 즉 중국의 연호에 따라 목차가 이루어져 있는데 현 『經筵日記』에는 '嘉靖'을 사용하지 않기 때문에 목차로 잡지 않은 듯하다. 연세대 본 『石潭野史』는 '嘉靖'을 분명히 사용하고 있으니 그것도 目次로 잡아야 할 것이다. 『石潭野史』에서도 그 다음해는 '二十一年'이라 되어 있어 '嘉靖四十五年'임은 기록하지 않고 있다.

도가) 그만 두었다.

살펴건대 다음과 같습니다. : 붓을 들고 올곧게 기록하는 것은 사관의 직무이며, 훌륭한 사관을 죄주지 않는 것은 조정의 책무입니다. 사관이 (기록을) 깊이 숨기는 것은 그 책임은 아니지만 人君이 평소 史冊을 몸소 열람한다면 사관이 죽음을 두려워하여 감고 올곧 게 기록하지 못할 것입니다. 이런 이유로 예전의 사관 중에 (기록을) 비밀로 하여 공개하지 않는 사람도 있었던 것입니다. 근래에 史禍가 매우 참담하였으니 사관들이 더욱 (자료를) 깊 이 숨기는 것으로 직분을 삼았습니다. 이것은 또한 어쩔 수 없는 일이라고 봅니다. 그러나 行 狀을 修撰하는 것은 평상의 일로 치부할 수가 없으니 그럼에도 實迹을 살펴볼 수 없다면 歷 史를 쓸 곳이 없는 것입니다. 뜨거운 국에 입을 데인 후에 찬 음식을 먹을 때도 후후 부는 일과 같다고 할 수 있을 것입니다.

위에서 보는 것과 같이 사실을 기록하고 한 칸을 내려(원본에서는 물론 횡이 아니라 종으로) 율곡 자신의 의견을 부기하고 있다.

위와 같은 형식으로 『石潭野史』에서는 時事를 기록하고 나름대로의 기준에 의해 그것을 평가 및 논의를 하고 있다. 時事가 다양한 만큼 그 평가나 논의도 다양한데 가중 중요한 원칙이 바로 '性理學에 기반을 둔 王道政治'라고 보여진다. 만약 『石潭野史』를 時事가 아닌 '按'을 중심으로 본다면 이 점은 비교적 분명하다.

그 중 몇 가지를 보자.

살펴건대 다음과 같습니다. : 옛날 사람은 반드시 학문이 성취되기를 기다린 뒤에 도를 행하고자 하였습니다. 도를 실행하는 요점은 인군을 바로잡는 것보다 시급한 일이 없습니다. …… 학자들이 이에 理學이 종주로 삼을 만하며 王道는 귀한 것이 되고 覇道는 천한 일이라는 것을 알 수 있게 되었습니다. ……

삼가 살펴건대 다음과 같습니다. : 도학이란 이름은 오래 된 것이 아닙니다. 옛날의 선비들은 집에 들어가면 효도하고 나가면 공손하며 벼슬하면 道로 人君을 섬기다가 맞지 않으면 몸을 받들어 물러났습니다. 이와 같은 것을 '善'이라 하고 이와 같지 않은 것을 '惡'이라 하였지, 따로 道學이란 이름을 세우지 않았습니다. 世道가 쇠미해진 뒤에 …… 비록 선한 사람이라고 불리는 사람도 단지 孝友忠信만을 알 뿐 進退의 義理와 性情의 含意에 대해서는 알지 못하였습니다. (그래서) 가끔씩 실행하면서 그 所當然을 모르고 익숙하면서 그 所以然을 모르는 경우가 있었습니다. 이에 窮理正心하여 道에 의거하여 出處하는 것을 道學으로 불렀던 것입니다. 道學이라고 명명한 것은 衰世에 어쩔 수 없는 일이었던 것입니다. ……

그러나 『石潭野史』에서는 性理說이나 王道政治論 그 자체를 설명하는 경우는 없다. 이미 위에서 인용한 것도 모두 사건에 대한 평가나 인물에 대한 의론 중 그 준거로서 이야기 된 것일 뿐이다. 이런 점에서 율곡의 일부 往復書簡이나 『聖學輯要』와는 현저하게 다른 특징을 가지고 있다.

이런 이유로 『石潭野史』에서 다루어지고 있는 내용은 매우 광범위하며 그 평가나 의론도 거의 전방위적이라고 말할 수 있다.

비교적 자주 등장하는 내용 중 하나가 인물평이다. 그 하나를 보자.

살피건대 다음과 같습니다. : 대신은 도로 인군을 섬기고 불가하면 그만 두는 것입니다. 이 황은 先君의 遺臣 신분으로 이미 다시 조정에 나왔으니 마땅히 새로운 왕을 보좌하여야 하고 그 不可함을 알고 그제서 물러나야 할 것인데 간절하게 사직을 청하기를 계속하니 아마도 『周易』에서 말하는 능력과 한계를 헤아려 다른 사람에게 알려지지 않는 것을 편하게 여기시는 분인가 보다!

이 이외에 예제에 관한 부분도 적지 않다. 그 하나를 보자.

임금이 전대의 전고를 실행하고자 하여 『大典』을 열람하였는데, (『大典』에) "郡邑은 모두 薪과 芻를 쌓아두되, 州府는 芻 십만 束을 쌓아두고 길가에는 萬束을 첨가한다"라는 기록이 있었다. 이에 군읍에 명령을 내려 『大典』에 의거하여 薪과 芻를 쌓아두라고 명령을 내렸다. 조정의 신하중에 啓를 올려 "올해는 흉년이 들어 백성들이 매우 곤궁한데, 만약 거기에다가 芻를 쌓으라 하면 백성들이 견디지 못할 것입니다."라고 주장하는 사람이 있었으나, 임금이 모두 듣지 않았다. 이에 민간에서는 束芻도 귀하게 되어 백성들이 괴롭게 여겼다 수령중에는 이것을 기회로 백성을 괴롭히고 이익을 취하는 자가 많았다.

삼가 살피건대 다음과 같습니다. : 『大典』에 비록 芻를 쌓아두라는 명령이 있으나, 祖宗朝에 폐지되어 실행되지 않았으니 아마도 軍事上 임시법령이지 평소의 법조는 아닐 것입니다. 현재 人君께서는 祖宗의 좋은 법과 훌륭한 의도에 대해서는 復舊하려 하지 않으시고 백성을 괴롭게 하는 법령만을 예의주시하다가 실행하고자 하여 일반 백성으로 하여금 더욱 곤궁하게 하시니 어찌 命이 아니겠습니까? 또 매년 芻를 쌓아두면 썩어서 쓸모도 없고 부질없이 백성의 근심거리만 될 뿐입니다. 가사 출병을 할 때 명령을 내려 薪芻를 장만하게 하여도 어찌 시간이 부족할 근심이 있겠습니까? 더욱이 해안가에 있는 군읍은 단지 왜구만 방어하면 되는데 또한 芻를 쌓아두라 명령하시니, 왜구의 노략질은 모두 여름철에 이루어지는데 말이 여름철에 乾芻를 먹겠습니까? 나라에는 이익이 없고 백성들에게는 해롭게 됨이 이보다 심할 수는 없습니다!

언사에 顧忌가 없고 조리방창함을 알 수 있다. 율곡은 여러 곳에서 예제의 중요성과 회복을 주장하는데 특히 『國朝五禮儀』를 상당히 긍정적으로 평가하고 있음을 알 수 있다.

극히 일부이기는 하지만 經筵과 관련된 내용도 있다.

> 二月이다. 군왕이 경연에 납시어 『春秋』를 강론하였다. 이이가 군왕께 다음과 같이 아뢰었다. "程子께서 '後王이 만약 『春秋』의 의미를 안다면 비록 禹湯과 같은 덕이 없더라고 三代의 다스림을 본받을 수 있다.'라고 하셨는데, 이 말은 거짓으로 사람을 속이려는 것이 아니라 분명히 사실일 것이옵니다. 원컨대 전하께서는 이 경전을 읽으실 적마다 반드시 '어떻게 하여야 三代의 다스림을 회복할 수 있을까'하고 생각하신다면 진정 유익할 것이옵니다. 현재의 나라 사정을 보면, 안으로는 기강이 해이해졌고 백관들은 업무를 장악하지 못하고 있으며 밖으로는 경제가 파탄이 났고 군사력이 약화되었습니다. 만일 별탈없이 시간이 지나간다면 혹 그대로 유지가 되겠지만, 만일 군사사건이 발생한다면 분명코 힘없이 붕괴되어 다시 구원할 수 있는 방책이 없을 것입니다. …… 이것이 오늘날의 선결과제입니다." 이 때, 경연에 참석했던 신하들은 엎드려 말이 없었는데 應教 金宇顒만이 말씀을 올려 몸을 닦아 다스림을 도모할 것을 주청하였다.

여기에서 당시 경연의 일단을 엿볼 수 있다. 즉 단순한 경전 읽기가 아니라 경전과 시사를 함께 논의하는 방식이다. 그리고 아울러 당시 율곡의 시국관도 살펴볼 수 있다.

『石潭野史』의 내용은 일반적인 역사라기보다는 저자인 율곡이 30세부터 46세까지 발생하였던 인물과 사건에 대한 기록으로서 대부분은 율곡이 현장 혹은 현장에 멀지않은 곳에서 직간접으로 경험하였던 일들이다. 어떤 의미로는 자기 宦海事의 기록이라고도 볼 수 있다.

이런 의미에서 『石潭野史』는 흥미로운 부분이 있는데, 李珥는 『石潭野史』를 편찬한 主體임과 동시에 『石潭野史』에 등장하는 중요한 客體中 一人이다. 『石潭野史』의 서술에는 이 두 가지 시점이 모두 그리고 동시에 존재한다.

위와 같은 내용뿐만 아니라 다음과 같은 내용도 있다.

> 전판서 박충원이 졸하였다. 박충원은 위인이 용렬하여 자기의 안위를 살피고 지위를 보전하는 것 이외에는 할 줄 아는 것이 없었고, 만년에는 정신이 혼미하여 黑白을 분별하지 못하였는데, 오늘에 이르러 卒하였다.

이 부분에서는 기본적으로 율곡의 박충원에 대한 평가를 알 수 있지만, 동시에 율곡의 성격을 만나볼 수 있다. 즉 『石潭野史』는 당시의 時事를 기록하고 평가한 글이지만 거기에는 栗谷의 性情도 함께 녹아있는 매우 독특한 역사서이다.

4. 가치

첫째, 『經筵日記』혹은 『石潭日記』의 형성과정을 알 수 있는 매우 귀중한 자료이다.

둘째, 이것은 해제자가 보기에 율곡의 원고본이고 세상에 공개된 적이 없는 판본으로서 내용보다는 서지적인 가치가 매우 높다. 문화적으로 지대한 가치를 가진 문헌이다.

5. 기타

사실상 연세대 도서관 귀중본 『石潭野史』의 내용에 이전에 알지 못했던 전혀 새로운 것은 없는 듯하다. 왜냐하면 『石潭野史』는 그 내용이 現存하는 『經筵日記』와 대략 같기 때문이다. 즉 『石潭野史』의 특징 및 가치는 내용이 아닌 다른 부분에 있다.

1) 書名考

'石潭野史'라는 서명은 읽는 이를 매우 당혹스럽게 한다. 왜냐하면 과거 어떤 동국문헌을 다룬 책에서도 '石潭野史'란 제목을 언급하지 않을 뿐 아니라 현존 『율곡전서』나 서인계열 문집에서도 이에 대한 언급이 全無한 듯하기 때문이다.

그 내용으로 볼 때, 『石潭野史』와 『經筵日記』는 동일한 책이다. 즉 율곡의 저작이다.

현재 알 수 있는 『經筵日記』의 다른 서명은 '石潭日記' '石潭遺史' 및 '石潭遺事'이다.

현재 규장각에는 필사본 『石潭遺事』가 있으며 서울대 고서실에는 『石潭遺史』가 있다. 둘 다 본래는 四冊本이나 『石潭遺事』는 第一冊이 결권이다.

그리고 『大東野乘』에는 권14·권15에 '石潭日記'라는 표제로 『經筵日記』를 수록하고 있다.

그럼 여기에서 『栗谷全書』편찬의 과정을 잠시 살펴보자.

栗谷의 文集은 栗谷이 돌아간 지 27년 후인 1611년(광해군 3) 詩集 1卷·文集9卷 등 共7冊으로 해주에서 木板本으로 처음 간행되었다. 이 때 詩는 門人 守菴 朴枝華가 선정하고 文은 牛溪 成渾의 지도를 받아 門人 朴汝龍 등이 편차하였다. 그 후 肅宗朝에 이르러 南溪 朴世采가 續集 4권, 外集 4권, 別集 2권을 추가로 편집하여 1682년(숙종 8)경에 木板으로 간행하였다. 1744년(영조 20)에 陶菴 李宰가 다시 栗谷의 五代孫인 鎭五와 相議하여 위의 詩·文 原集과 속집·외집·별집등을 합편한 외에 성학집요·격몽요결 기타 어록 등등을 수록하여 栗谷全書라 이름하고, 5년 후인 1749년(영조 25) 활자로 간행하였는데 총 38권이었으며, 그후 拾遺 6권이 추가로 편차되었다. 全書 발간 65년 뒤인 1814년(순조 14)에 全書 38권과 拾遺 6권을 합하여 다시 목판으로 중간하였다. 해방후 1958년 성균관 대학교 부설 대동문화연구원에서 순조때의 목판본을 대본으로 삼아 1~2 2冊으로 영인출판하였고, 1978년에 율곡사상연구원에서 역시 上下 2冊으로 영인 간행하였다.4)

위 내용을 보면, 아마도 『경연일기』는 1749년(영조 25) 『율곡전서』가 편집되면서 편입된 듯하다. 그 전까지는 아마도 단행본으로 세상에 전해졌을 것이다. 그런데 숙종말에서 영조 시기에 찬한 것으로 알려진 『대동야승』에서는 '石潭日記'라는 표제로 되어 있고, 현재 여러 필사본의 상황으로 보아도 당시의 가장 일반적인 書名은 '石潭日記'였던 듯하다. 우선 『율곡전서』가 출간되어 정본이 된 뒤에는 다시 '石潭日記'라는 書名이 나올 필요가 없다는 사실과 함께 고려해 보면 '石潭日記' ⇒ '經筵日記'로 바뀌었다고 추정할 수 있을 것이다.

그리고 '石潭日記'라는 書名으로 行世를 하던 『栗谷全書』 未出世時에도 '石潭日記'라는 이름으로 고정되어 있지는 않았었던 듯하다. 그렇지 않다면 '石潭遺史'와 '石潭遺事'라는 書名은 매우 설명하기 어려워진다. 즉 '石潭日記'는 당시의 通用名이었으리라 생각된다.

그렇다면 '石潭野史'는 어디에서 연유한 것인가? 해제자는 이에 대한 구체적인 언급이나 설명을 아직 찾지 못하고 있다.

단지 그 책의 내용과 書名을 비교해 보면, '經筵'과 '日記'는 별로 걸맞지 않다는 것을 알 수 있다.

우선 이미 위의 내용에서 밝혔듯이 『經筵日記』에 경연과 관련된 것은 극히 일부분이며 또한 전체 내용 중 핵심적인 부분도 아니다. 전체적으로 보면 당시의 정치상의 時事를 기록한 것인데 그 중의 일부가 '經筵'일 뿐이다.5) 즉 『經筵日記』와 '經筵'은 別無相關이라 해도 과언이 아니다.

'日記'란 본래 '日有記'6)에서 온 것으로 매일 매일의 기록을 말한다. 단 『經筵日記』는 전혀 日記形式이 아니다. 기본적으로 시간이란 기둥을 세우고 그 기둥에 각 사건을 들을 묶어놓은 (以事繫時) 방식으로 가장 큰 기둥 밑에는 작은 기둥이 있는데 年을 큰 기둥으로 삼고 月을 작은 기둥으로 삼고 있으며 극히 일부분에서만 日을 기재하고 있다. 즉 '謹按' 부분을 빼고 본다면 전형적인 '編年體'의 방식이다. 즉 역사서술 방식의 한 방식이다.

뿐만 아니라 해제자가 보기에 『經筵日記』는 『通鑑』의 형식을 援用하고 있다.

> 『經筵日記』의 일부 :
> 隆慶五年辛未
> 今 上四年三月. 以盧守愼爲大司憲, 守愼自復職之後, 每欲退休. ……

---

4) 정신문화연구원, 『국역율곡전서(Ⅰ)』2쪽.
5) '경연일기'란 서명은 마치 책의 내용이 경연의 내용을 기록한 것이란 느낌을 준다.
6) 劉向, 『新書·雜事一』 "司君之過而書之, 日有記也".

謹按 : 仁傑學力雖不足, 亦將自惜名節. 何至於謀害士林乎! ……

『通鑑』의 일부 :
　　　威烈王
二十三年初命晉大夫魏斯·趙籍·韓虔爲諸侯. 臣光曰 : 臣聞天子之職莫大於禮, 禮莫大於分, 分莫大於名. …… 7)

『通鑑』은 1300여년의 역사를 기술하고『經筵日記』는 17년간의 시사를 기록하고 있기에 기둥이 王과 年號라는 차이가 있을 뿐 동일한 형식이다. 더욱이 역사서에 직접 ‘謹按’을 부기하는 방식은『通鑑』의 ‘臣光曰’의 변형임을 알 수 있다.

즉『經筵日記』는 통감 형태의 편년체 역사서임을 알 수 있다. 그렇다면『經筵日記』는 ‘日記’라기 보다는 ‘史書’라는 투철한 목적의식에 기반하여 당시 대표적인 史書인『통감』의 형식을 취하고 있음을 알 수 있다.

해제가가 보기에 ‘石潭野史’는 다음과 같은 의미로 부여된 서명인 듯하다.

일반적으로 율곡의 일생은 四期로 나눈다. 즉 時流와 道學 사이에서 방황을 하다가 신사임당과의 사별후 금강산에 들어갔다가 하산하는 시기이다. 이 시기를 立志期라고 하는데 1세부터 28세까지를 말한다. 그리고 29세부터 40세까지 정계입문을 하였던 시기를 出仕期라고 한다.

그리고 41세부터 45세까지 해주 석담에 은거하여 후진을 양성하며『격몽요결』·『經筵日記』등을 집필하였다. 비록 46세 때에『經筵日記』가 완성되어 발표되었다고 하지만 집필시기는 바로 석담에서의 은거시기이다.

46세부터 49세까지는 再出仕期라 한다.

즉 ‘石潭’은 율곡의 당시 自號이기도 한데 구체적으로는 당시 은거지를 말한다. 은거하고 있으니 물론 在朝가 아닌 野人이고 私人의 신분이다. 이 시기에 집필한 역사이기에 ‘石潭野史’라 명명했던 것이 아닌가 생각된다.

본래 ‘野史’란 국가가 아닌 私人이 저술한 역사를 지칭하는 어휘이다.

그 후, ‘野史’가 가지는 일반적인 의미 즉 荒誕雜蕪之說이라는 느낌 때문에 ‘石潭日記’로 개명된 것이 아닌가 생각한다. 그리고 이런 과정 중에서 ‘遺事’ 혹은 ‘遺史’라는 명칭도 생겨났을 것이다.

이 점에 대해서는 日本 天理大學 도서관 소장본『石潭日記』에 재미있는 말이 있다. 天理大본은 筆寫本으로 傳寫 후에 ‘題石渾8)日記卷後’라는 글을 남기고 있다.

---

7) 宋紹興二年(1139년) 浙東茶鹽公使庫刊本의 형식을 그대로 옮김.
8) ‘潭’의 誤寫이다. 책의 표지명 및 권수제도 모두 ‘石潭日記’라 되어있다.

우리 동방의 문자가 고루하여서, 조선초 이래로 野史로 이름이 있는 것이 무려 百餘家가 되는데 예를 들면『陰厓日記』·『荷渾諸錄』·『東閣雜記』等의 책은 모두 훌륭한 역사서[善史]라고 평가되지만 모두 산만하여 체계가 없다. 유독 율곡 이선생의 『石潭日記』만이 가장 훌륭한 작품이다. 아마도 공자의 『春秋』그리고 주자의 『資治通鑑綱目』에 근원을 두고 있기 때문에 체재가 완비되고 의리가 엄격할 것이다. 문장은 더욱 명백간결하니 진정으로 훌륭한 역사가의 筆法이다. …… 지난 인물을 평가하는 사람들은 (율곡을) 宋나라의 程明道에 비견하기도 한다. 己卯年 臘月初에 吉薄叟가 쓰다.

원문 중 '以野史名'의 '野史'는 바로 '개인의 편찬한 역사서'라는 의미이고 그 중『陰厓日記』· 『荷渾諸錄』·『東閣雜記』는 일반적인 의미의 野史인 荒誕雜蕪之記의 野史이며『石潭日記』는 荒誕雜蕪하지 않고 體備義嚴 明白簡潔한 진정한 善史라는 의미이다. 여기에서 조선시대 사용되는 野史의 여러 의미를 알 수 있음과 동시에 당시의 안목으로『石潭日記』가 野史類에 속하는 저술임도 알 수 있다.

2) 筆寫者考

筆寫者의 문제는 매우 중요한데 그 중에서도 연세대학교 소장본『石潭野史』가 傳寫本인지 아니면 原稿本인지 하는 것이 가장 핵심적인 부분이다.

우선 연세대 소장본『石潭野史』·천리대 소장본『石潭日記』·全書本『經筵日記』의 일부를 본래의 형태로 비교해 보자. 우선 이 중『石潭野史』는 行草로 이루어진 필사본이다.

『石潭野史』:
隆慶元年丁卯六月辛亥子夜上大漸王妃急召大臣領相李浚慶等入寢殿上已不能言浚慶等乃啓中殿曰事至此當定社稷之計中殿答曰乙丑年……

『石潭日記』:
隆慶元年丁卯　明宗大王二十二年辛亥子夜上大漸王妃急召大臣領議政李浚慶沈通源入見于寢殿上已不省事浚慶等進前大聲曰臣等來上不應使史官書二人名擧于上前亦不視無如之何浚慶等乃啓于王妃曰事已至此當定社稷之計主上不能顧命中　殿須有指揮王妃答曰乙丑年……

『經筵日記』:
隆慶元年丁卯
明宗大王二十二年六月辛亥子夜　上大漸　王妃急召大臣領議政李浚慶沈通源入見于　寢殿　上已不省事浚慶等進前大聲曰臣等來　上不應使史官書二人名擧于　上前亦不視無如之何浚慶等乃　啓于

王妃曰事已至此當定 社稷之計 主上不能顧命中 殿須有指揮 王妃答曰乙丑年……

우선 『石潭日記』와 『經筵日記』를 보면 내용이 거의 같음을 알 수 있다. 단지 『石潭日記』는 『經筵日記』와 비교해 볼 때, '六月'이란 두 글자가 빠져 있고 형식상 약간의 차이가 있을 뿐이다.

『石潭日記』는 필사본이고 『經筵日記』는 목판본이란 것을 참작하며 두 가지를 비교하면 『石潭日記』의 저본이 『經筵日記』와 거의 같았음을 알 수 있다. 왜냐하면 『石潭日記』의 전체적인 체제나 내용으로 볼 때 '六月'은 傳寫者의 부주의로 발생한 것 같으며 "隆慶元年丁卯 明宗大王二十二年"은 二行으로 된 것을 一行으로 줄이며 空格으로 처리하고 다른 곳에서는 空格을 두지 않은 것은 아마도 지면을 효율적으로 사용하려는 목적에서 저본을 따르지 않았을 수 있기 때문이다.

그러나 『石潭野史』가 『石潭日記』와 『經筵日記』의 저본이거나 혹은 『石潭日記』와 『經筵日記』가 『石潭野史』의 저본일 수 없다.

첫째, 만약 『石潭日記』와 『經筵日記』가 『石潭野史』를 傳寫한 것이라면, "浚慶等進前大聲曰臣等來上不應使史官書二人名擧于上前亦不視無如之何浚慶等乃啓于王妃曰事已至此當定社稷之計主上不能顧命中 殿須有指揮王妃" 부분이 첨가된 것은 설명할 수가 없다. 조선시대 누구도 율곡의 저서에 몇십글자씩이나 첨가할 수는 없었을 것이기 때문이다.

둘째, 『石潭日記』와 『經筵日記』가 『石潭野史』의 저본이라면 마찬가지로 왜 "浚慶等進前大聲曰臣等來上不應使史官書二人名擧于上前亦不視無如之何浚慶等乃啓于王妃曰事已至此當定社稷之計主上不能顧命中 殿須有指揮王妃" 부분이 빠져 있는지를 설명할 수 없다. 다시 양보하여 節要本이라 그렇다고 친다면 다시 두 부분에 문제가 발생한다. 우선 원문의 '上已不省事'란 원만한 어휘를 다시 '上已不能言'이라 傳寫한 이유와 원문의 '大妃'를 무단히 '中殿'으로 베낀 이유를 설명할 수 없다.

이와 같은 이유로 『石潭野史』가 『石潭日記』와 『經筵日記』의 저본이거나 혹은 『石潭日記』와 『經筵日記』가 『石潭野史』의 저본일 수 없음을 알 수 없다.

이것은 연세대 소장본 『石潭野史』가 어떤 통행본에 대한 傳寫本이 아니라는 것을 의미한다.

또한 『石潭野史』를 살펴보면, 이것은 定本이 되기 전 原稿本임을 어렵지 않게 알 수 있다. 그 이유는 다음과 같다.

첫째, 위에서 보듯이 『石潭野史』와 『石潭日記』・『經筵日記』를 비교해 보면, 『石潭野史』를 수정보충하고 윤문하여 『石潭日記』・『經筵日記』의 형태를 만들었음을 쉽게 알 수 있다. 이미 위에서 본 '上已不能言'과 '上已不省事'는 분명 윤문의 결과일 것이다. 그리고 해제자가 본 모든 본에 '上已不省事'로 되어 있는 것은 아마도 이 책이 세상에 나왔을 때에는 '上已不省事'로 되어 있었기 때문일 것이다.

둘째, 평론부분을 보면 『石潭日記』와 『經筵日記』에는 모두 예외 없이 '謹按'이라고 되어 있다. 그러나 『石潭野史』를 보면 상당부분이 '按'으로 되어 있다. 이 책이 완성된 후 세상에 알려졌다는 것을 감안하면 율곡의 上梓本은 분명히 모든 부분이 '謹按'으로 되어 있었을 것이다. 즉 『石潭野史』는 후에 올린 책의 原稿에 해당하는 판본임을 알 수 있는 부분이다. 아울러 空格 등의 문제에 대해서도 엄격하지 않은 점도 증거가 될 수 있다. 분명 올려 질 때의 글은 당시의 모든 편집원칙이 지켜진 현재의 『經筵日記』에 가까운 형태였을 것이다.

셋째, 그리고 적지 않은 수정한 부분과 일부 후에 첨부된 듯한 부분이 있다. 예를 들면, 일반적으로는 행이 바꾸어 '按語'를 기술하는데 어느 부분은 행을 바꾸지 않고 마지막 글자 밑에 '按語'를 첨가하고 있는데 글자체도 그 주변과 일치하지 않아 시간을 달리하며 쓴 부분임을 알 수 있는 곳도 있다. 이런 사실을 근거로 原稿本일 것이라고 추정할 수 있다.

넷째, 현존 『經筵日記』는 3권으로 나누어지고 제목도 있지만 『石潭野史』는 권책이 나누어지지 않고 제목도 없다. 이것도 원고본이라는 방증이 될 수 있을 것이다.

그럼 한 가지 더 살펴보자.

혹 어떤 사람이 율곡의 원고본을 보고 傳寫하였을 가능성이다. 이것은 불가능하다. 첫째, 그것을 傳寫하였다면 분명 원고본의 수정된 내용에 따라 傳寫를 하였지 수정의 흔적까지 전사하지는 않았을 것이기 때문이다.

둘째, 행문 중 일시에 쓰지 않고 뒤에 첨가한 부분 즉 앞의 셋째와 같은 예는 전사라면 설명하기가 매우 어렵다. 그것은 본인이 수정 첨가한 것이 아니라면 설명하기가 매우 곤란하다.

연세대학교 도서관 소장 『石潭野史』는 율곡의 친필로 이루어진 원고본일 가능성이 매우 높다.

【서대원】

宣廟中興誌

閔百順(1711~1774) 著.
寫本. 2卷 2册 : 32×20.5cm. 12行 25字.

1. 저자

閔百順(1711~1774)[1]의 本貫은 驪興, 字는 順之이다. 肅宗妃 仁顯王后의 오라비인 閔鎭遠 (1664~1736)의 장손이고 閔昌洙(1685~1745)의 장남이며, 肅宗代 領議政을 지낸 金昌集 (1648~1722)의 外孫이다. 민진원은 肅宗·景宗을 거쳐서 英祖代 전반에 左議政까지 현달하였 는데, 少論의 영수 李光佐 주도의 英祖 蕩平策을 거부하고 老論 강경파의 입장을 견지하면서 영조와 대립하였다.[2] 그의 장남 閔昌洙 역시 동생 閔亨洙·閔通洙 등과 함께 자신의 부친인 민진원을 옹호하고, 少論 蕩平派를 공격하였다가 영조로부터 처벌을 받기도 하였다.[3] 閔百順 은 1741년(英祖 17)에 生員進士科에 합격한 뒤 지방관을 전전하다가 文科 출신이 아님에도 불구하고 민창수의 처벌을 후회한 영조의 特旨에 의해 承旨로 발탁되어 승지로 관직을 마감 하였다.[4]

그는 자신의 부친 민창수와 함께 陶菴 李縡(1680~1746)의 門人이 되었으며, 老論 洛論의 宗匠으로 간주되던 金元行(1702~1772)과는 고종사촌 간으로서 서로 긴밀히 교류하였다. 그 리고 그는 김원행의 제자이자 자신보다 한 세대 아래인 黃胤錫(1729~1791)·洪大容 (1731~1783)·成大中(1732~1809) 등의 北學派와도 교류하면서 周易을 강론하고 풍수지리설 에 대해서도 토론하였다. 그렇지만 그의 정치적 사상적 입장은 17세기 宋時烈에 의해 표방된 朱子 道統主義를 벗어난 것은 아니었다. 따라서 그는 朱子學 名分論과 義理論을 학문과 사상 의 대전제로 삼고 있었다. 다만 조선에도 중국의 '中華'를 추구하는 노력이 있었으며, 유사한 수준의 문화가 있었음을 강조하려는 입장이었다.[5]

宣祖代 倭亂과 관련하여 이미 申欽의 손자인 申炅(1613~1653)에 의해 저술된 『再造藩邦 志』가 있음에도 불구하고 그가 굳이 본『宣廟中興誌』를 편찬한 것도 비슷한 의도가 작용한 듯하다. 그가 서문에서 왜란 당시의 '天朝再造之恩'과 '聖主事大之誠'은 이미 충분히 소개되었 다고 말한 것은 『재조번방지』를 의식한 것이 분명한 데, 그럼에도 불구하고 '國家 防禦의 得 失'과 '良將策士 草野奇儁'의 '忠義奮發之狀' 및 '貞臣節婦'가 수립한 '卓爾'함에 대한 소개는 미진한 점이 많아서 이를 편찬하게 되었다고 자신의 의도를 밝히고 있다. 즉 17세기에 편찬 된 『재조번방지』에는 왜란을 전후한 시기의 明과 관련된 자료가 대부분을 차지하는 것에 비

---

1) 본 자료의 맨 앞부분에는 '丹室居士'가 戊午年에 썼다고 밝힌 序文이 있는데, '丹室居士'는 閔百順 (1711~1774)으로, 戊午年은 1738년으로 밝혀졌다.(林哲鎬, 『壬辰錄 研究』, 정음사, 1986, 285쪽 참조).
2) 『貞菴集』 卷10, 「仲父奉朝賀府君墓誌」, 民族文化推進會 刊, 『韓國文集叢刊』 215책, 449~57쪽(이하 叢刊 215-449~57로 약함) 참조.
3) 『英祖實錄』 卷55, 英祖 18년 正月 29日 己丑(43책 48쪽) ; 『渼湖集』 卷15, 「副率閔公墓誌銘」, 叢刊 220-299~301 참조.
4) 『英祖實錄』 卷117, 英祖 47년 12월 12일 戊寅(44책 404쪽) ; 同, 卷119, 英祖 48년 壬辰 7월 18일 辛 亥, 44책 426쪽.
5) 『湛軒集』 外集 卷1, 「會友錄序」, 叢刊 248-101 참조.

해서 18세기에 편찬된『선묘중흥지』에서 왜란 당시 朝鮮人들의 활약상을 보다 상세하게 전하려고 한 것은 앞서 살핀 바와 같은 그의 사상적 입장의 표현이자 두 시기의 시대적 차이를 반영한 것으로 보지 않을 수 없는 것이다.

2. 구성

본 자료는 1587년(선조 20)부터 1607년(선조 40)까지 왜란의 배경과 과정 및 전후 교섭까지를 編年體로 기술한 것이다. 본 자료에는 동일한 제명의 異本이 여럿 있고, 제명은 다르지만 서문과 내용이 거의 유사한『壬辰錄』이 있다.6) 본 자료를 포함한 이들 여러 이본 가운데『중흥지 3』이 가장 완전한 판본이며, 본 자료를 포함한 나머지 이본들은 이것을 필사한 것임이 분명하다. 특히 본 자료와『중흥지 5』는『중흥지 3』과 2권 2책으로 체제도 완전히 동일하다. 그런데 본 자료에는 오탈자가 매우 많으며, 내용이 빠진 곳도 많은 데 이는 필사상의 착오로 보인다. 그렇지만 조판본인『중흥지 5』에도 오탈자가 적지 않을 뿐만 아니라 의도적으로 내용이 누락된 부분도 많다.

본 자료는 크게 上ㆍ下 2권으로 구성되어 있는데, 상권(맨 앞부분에 '乾'으로 표기되어 있다)에는 1587년 일본과의 교섭 과정에서 부터 1592년 임진왜란이 발발하기까지의 과정과 그 해 말까지의 전쟁 경과가 월 별로 서술되어 있다. 표제가 되는 사건을 먼저 쓰고, 그보다 한 자 낮추어서 그에 대한 자세한 내용을 기술하는 방식을 취였으며, 다시 작은 글씨로 주석을 하여 내용을 보충하였다.7) 이것은 하권도 마찬가지인데『再造藩邦志』가 대체로 날짜별로 서술한 것에 비해 表題를 달아서 서술한 것은 이 자료의 중요한 특징이다. 하권(맨 앞 부분에 '坤'으로 표기되어 있다)에는 1593년부터 明軍이 참전하여 전세를 뒤집고, 후퇴하는 일본군과 일진일퇴의 공방전을 벌이면서 화의가 진행되는 과정, 그것이 결렬되고 난 후 1597년 정유재란에서 승리하고 이후 1607년 일본과 통신사가 교류되기에 이르는 과정 등을 수록하고 있다. 그리고 맨 끝에는 徐氏倭情錄, 王氏倭術錄, 許儀後倭情錄, 姜睡隱沆倭情錄이 수록되어 있다.

---

6)『宣廟中興誌』6권 6책(奎 15213, 이하『중흥지 2』로 약함), 同 2권 2책(奎 12525, 이하『중흥지 3』으로 약함), 同, 1책(一蓑 古 951.052-Se65, 이하『중흥지 4』로 약함) 등과『壬辰錄』(奎 9774)이 있다. 이중『중흥지 4』와『壬辰錄』에는 '丹室居士'의 서문이 있는데, 자구에 약간의 출입이 있으며,『중흥지 2·3』에는 서문이 없다. 그러나『중흥지 4』는『중흥지 2』의 1책 부분만 있는 영본이다. 규장각본 해제에서는『중흥지 3』이『중흥지 2』를 초록한 것이라고 하였으나(『奎章閣韓國本圖書解題』史部 1, 111쪽) 이는 오류이며, 본 자료를 포함한 관련된 모든 판본 가운데『중흥지 3』이 가장 자세하다. 그리고 마지막으로 1967년에 槐山의 美德圖書館에서 간행된『宣廟中興誌』(이하『중흥지 5』로 약함)가 있는데 여기서는 '丹室居士' 서문은 빠지고 姜周鎭과 卞榮寅의 서문 및 미덕도서관장 安東濬과 辛泰河의 跋文이 있다. 이는 신태하의 고조인 辛錫謙이 수집하여 소장해온 것을 조판하여 간행한 것인데 저자에 대해서는 밝혀져 있지 않다.

7)『중흥지 3』에서는 표제되는 사건을 큰 글자로 쓰고 그 내용은 작은 글자로 써서 구별하였으며, 주석은 다시 그것보다 더 작은 글씨로 적었다. 따라서 여기에는 세 가지 크기의 글자가 있다.

여기에는 왜란과 관련된 주요 사건은 거의 망라되어 있는데, 사건의 진행 과정과 결과뿐만 아니라 논의 과정과 배경 등에 대해서도 사실적으로 기록하고 있다. 또한 그와 관련된 上疏文, 咨文, 便紙와 詩 등은 저자가 필요하다고 생각하는 것을 엄선하여 수록하였다. 이는『재조번방지』가 勅書와 咨文, 명나라 장수들이나 언관들의 상소문을 원문 그대로 길게 수록하고 사건 관련 詩들을 번거롭게 인용하여 전체적인 윤곽에 대한 이해를 해칠 정도로 방만해진 것을 염두에 두고서 왜란의 전체적인 흐름을 놓치지 않는 범위 안에서 엄선한 인상을 주며,『재조번방지』에 비해 조선인들의 그것을 보다 비중 있게 소개함으로써 서술의 균형을 잃지 않기 위해 애쓴 흔적이 보인다.

그리고 몇 가지 사건에 대해서는 각종 문헌을 검토하여 관련 사실을 전하는 기록의 오류를 바로 잡은 것도 있다. 이를 위해서『再造藩邦志』를 비롯한『亂中雜錄』·『海東野言』·『朝野記聞』과 같은 野史類, 家狀과 개인 文集 등을 폭넓게 검토하고 있다.『중흥지 5』에는 맨 끝에 辛錫謙이 작성한 '宣廟中興誌引用諸書目'이 있어 참고된다.

3. 내용

『再造藩邦志』가 맨 첫머리를 明과 朝鮮의 건국과 양국 간의 관계에서 시작하여 1577년(선조 10)부터 일본과의 관계를 길게 논하고 있는 것에 비해『宣廟中興誌』는 일본의 關白 平秀吉 등장 이후인 1587년(선조 20)부터의 朝日 교섭에서 바로 시작하고 있다. 즉 平秀吉이 1587년에는 對馬島의 橘康廣, 1588년에는 平義智를 연이어 보내 通信을 요구한 데 대해 1590년에 黃允吉과 金誠一을 파견하여 대응한 사정을 기록하고, 일본을 배척하고 군비를 강화할 것을 청하는 趙憲의 상소문을 길게 인용한 뒤, 그의 건의가 수용되지 않은 가운데 임진왜란을 맞이하여 연이은 패배로 혼란에 빠진 조선 조정의 모습을 묘사하였다. 임진년 4월에 부산진과 동래성이 함락된 이래 북상하는 왜군을 방어하기 위해 파견한 巡邊使 李鎰·都巡邊使 申砬 등이 연이어 패배하자 宣祖가 平壤을 거쳐 義州로 파천하는 과정, 이를 뒤쫓아서 왜군이 서울과 평양을 점령하는 과정, 조선 조정의 무기력한 모습과 명나라에 원병을 청하는 과정, 7월에 왜군이 함경도로 진출하여 臨海君과 順和君이 포로로 붙잡히는 과정 등이 사건 순서대로 서술되어 있다.

그리고 6월에 하삼도의 관군 연합군이 龍仁에서 패배한 것과 반대로 이순신이 5월 玉浦·泗川, 6월 唐浦·唐項浦, 7월에 閑山島 해전에서 연이어 승리한 사실과 5월에는 郭再祐, 6월에는 鄭仁弘·金沔·高敬命·金千鎰, 7월에는 趙憲·崔慶會·任啓英, 8월에는 權應銖·金進壽·李思林, 9월에는 鄭文孚, 11월 林仲樑·尹鵬 등을 비롯한 諸道義兵이 일어나서 高敬命·趙憲·靈圭 등은 패배하여 순절하였지만, 8월에 權應銖·金沔·金時敏, 10월에는 鄭文孚, 11월 林仲樑·尹鵬 등이 승리하였고, 관군으로서는 鄭起龍이 연전연승한 내용을 역시 시간 순서대로 기록하였다.

하권에서는 조선의 청병에 응하여 明軍이 들어와 1593년 정월에 평양성 전투에서 승리하였지만 임진강과 파주에서 패배한 사정, 관군이 2월에 행주산성 전투에서는 승리했지만 6월의 진주성 전투에서는 패배하여 金千鎰 등이 순절하기에 이르는 과정을 역시 시간 순서대로 서술하였다. 이후 1596년까지 명나라가 일본과의 전투보다는 和議를 적극 추진하면서 일본에 질질 끌려 다니다가 1597년 정유재란을 당하여 결국 명의 대군이 다시 들어와 조선군과 명군이 협력하여 1598년까지 최종적으로 왜군을 소탕하는 과정을 묘사하였다. 平秀吉이 죽은 뒤 源家康이 정권을 장악하고 조선과 화의를 지속적으로 모색하여 1607년에 일본과 외교 관계가 성립되는 과정을 묘사한 것이 마지막 내용이다.

끝부분에 수록한 왜정록 4편 가운데 필자 미상의 徐氏倭情錄과 王氏倭術錄은 조선인들이 침략자인 일본인들을 관찰하고 그 특징을 조선인들끼리 공유하기 위해 작성한 느낌을 준다. 許儀後倭情錄을 작성한 許儀後는 중국인 상인인데 일본에 사로잡혀서 가 있으면서 일본이 중국을 침략하려 한다고 중국 조정에 비밀리에 보고한 자이다.8) 여기서는 주로 전쟁과 관련된 일본인들의 특징을 묘사하였다. 마지막으로 姜沆은 왜란 중 왜군에게 사로잡혀 일본에 갔다가 돌아온 사람인데, 그의 倭情錄은 그의 저술인 「看羊錄」에서 일본인들의 특질에 관련된 내용만 초록한 것이다.9)

본 자료를 작성한 閔百順은 老論 강경파에 속하였으므로 趙憲·李珥·尹斗壽·鄭澈·成渾 등 西人들에 대해 호의적인 서술 태도를 보이고, 동인인 柳成龍과 李元翼이 黨論에 빠져 있었다고 비판한 것은 예정된 일로 볼 수 있다. 柳成龍이 왜란 전에 李珥의 10만 양병론을 저지하였다가 왜란 이후 그것을 인정하여 '李文靖眞聖人也'라고 탄복하였다는 것은 대표적인 서인의 당론으로서 오늘날까지 논란이 거듭되고 있는 부분이다. 왜란 당시 成渾의 출처와 관련된 내용 역시 후대 南人들의 공격에 맞서 西人들이 마련한 논리였다. 1594년 성혼이 명나라의 和議 주장에 동의한 일에 대해 사실만 간략하게 기록한 것은 老論의 당론과 맞지 않기 때문이었다. 그렇지만 같은 해 4월 유성룡의 時務上疏를 길게 인용한 것은 그나마 당파적 입장을 탈피해야 한다는 문제의식 그 자체는 살아 있었음을 느끼게 한다.10)

본 자료에서는 물론 압도적으로 우세한 왜군에 맞서 싸운 의병장이나 관군의 당당하고 의로운 태도를 부각시키는 것을 일차적인 목적으로 삼고 있지만 왜란 초기에 의병과 관군 사이의 갈등 관계도 놓치지 않고 묘사하고 있다. 郭再祐와 경상감사 金睟 사이의 갈등이나 鄭文孚와 함경감사 尹卓然 사이의 갈등, 金德齡의 죽음 등은 그 대표적인 사례에 해당된다. 특히

---

8) 『再造藩邦志』 卷1에 그가 중국인 지방관에게 보낸 글이 실려 있다(『국역 대동야승』 Ⅸ, 1973, 49~51쪽 참조).

9) 『睡隱集』, 「看羊錄」, 叢刊 73-95-102 참조.

10) 『증흥지 5』에는 유성룡의 이 상소문을 빠뜨리고 있어 보다 老論의 당파적 입장에 충실하고자 하였음을 보여준다.

곽재우와 김수 사이의 관계에 대해서는 같은 의병장 金沔이 곽재우에게 보낸 편지와 金誠一이 조정에 올린 장문의 보고문을 그대로 개재하여 양자 사이의 갈등을 해소하기 위한 당대인들의 조정 노력이 있었음을 보였다. 김덕령에 대해서는 李夢鶴의 난과 관련이 없는데도 동인들의 모함에 의해 역적으로 몰려 억울하게 죽었다는 입장을 취하였다. 여기에는 郭再祐 등도 연루되었는데, 의병장이 衆望을 얻게 될 때 그를 의심할 수밖에 없는 조정 당국자의 입장을 엿보게 한다. 이순신의 죽음에 대해서도 그의 명성이 너무 높아져 사람들이 '海中王'으로까지 칭하기 때문에 '禍且不測'함을 알고 스스로 죽음을 맞이하였다는 소문을 기록으로 남기고 있다.

4. 가치

『宣廟中興誌』는 앞서 살핀 바와 같이 17세기에 나온 『再造藩邦志』에 비해 18세기의 지적 사상적 분위기를 반영한 것이었다. 17세기에는 中華主義의 구현체인 明나라의 '藩邦'으로서의 의식이 지배적이었다면 明·淸 교체 이후인 18세기에는 비록 중화주의 그 자체를 탈피하지는 못하였지만 朝鮮을 독자적인 '國家'로 인식하는 경향이 강화되었던 것이다. 이러한 측면은 자료의 구성에서 『재조번방지』의 날짜별 서술을 지양하고 '表題'를 달아서 서술한 방식에서 분명하게 드러난다고 생각된다. 그렇지만 그것은 아직 朱子學 名分論과 義理論에 기초한 中華主義의 연장선상에 있다는 분명한 한계를 또한 갖고 있었다. 이는 18세기 老論 계열 '國家再造'論의 공통된 사상적 특징이었다.[11]

내용상으로는 『재조번방지』가 서술의 초점을 잡지 못하고 관련된 사실을 날짜별로 방만하게 나열하여 왜란에 대한 조선측 대응의 전체적인 윤곽에 대한 파악을 저해하고 있는 것에 비해 『선묘중흥지』는 왜란과 관련된 주요 사실들은 빠뜨리지 않고 수록하면서도 왜란에 대한 조선인의 주체적 대응이라는 측면에 촛점을 맞추어 전체적인 흐름을 놓치지 않고 서술의 균형을 유지하려고 한 측면이 돋보인다. 양자의 공통점과 차이점에 대해서는 보다 깊은 천착이 요구된다고 생각된다.

그렇지만 본 자료는 『중흥지 3』에 비해서 상태도 좋지 않고 누락된 내용이나 오탈자도 많으므로 독자적인 사료적 가치를 인정하기는 어렵다고 생각된다. 만약 『宣廟中興誌』를 影印하거나 組版하려 한다면 마땅히 『중흥지 3』을 택해야 할 것이다.

【김용흠】

---

11) 金駿錫, 『朝鮮後期 政治思想史 研究』, 지식산업사, 2003. 참조.

해제(가나다순)

고운기 : 연세대 국학연구원 연구교수
구만옥 : 경희대 사학과 교수
구지현 : 연세대 국문과 강사
금지아 : 연세대 국학연구원 연구교수
김선경 : 연세대 국학연구원 연구교수
김영봉 : 연세대 국학연구원 연구교수
김영진 : 계명대 한문교육과 교수
김용흠 : 연세대 국학연구원 연구교수
김준형 : 연세대 국학연구원 박사후 연수과정
김현미 : 이화여대 국문과 강사
박현규 : 순천향대 중문과 교수
부유섭 : 홍익대 국문과 강사
서대원 : 원광대 인문학연구소 연구교수
원재린 : 연세대 국학연구원 연구교수
이대형 : 연세대 국문과 강사
이승수 : 한양대 한국학연구소 연구교수
이종수 : 연세대 사학과 석박사 통합과정
이지양 : 성균관대 동아시아학술원 BK21 박사후연구원
이현식 : 서남대학교 국문과 교수
장동우 : 연세대 국학연구원 연구교수
전송열 : 연세대 국문과 강사
정명기 : 원광대 국어교육과 교수
정호훈 : 연세대 국학연구원 연구교수
최우영 : 한국산업기술대 교양학과 강사
허경진 : 연세대 국문과 교수
홍성찬 : 연세대 경제학과 교수
황병기 : 연세대 국학연구원 연구교수

교열(가나다순)

도현철 : 연세대 사학과 교수
신승운 : 성균관대 문헌정보학과 교수
이광호 : 연세대 철학과 교수
허경진 : 연세대 국문과 교수

연세국학총서 51
고서해제 3

**연세대학교 중앙도서관 소장
고서해제 Ⅲ**

연세대학교 국학연구원 편

2005년 10월 13일 초판 1쇄 인쇄
2005년 10월 18일 초판 1쇄 발행

펴낸이/ 이정옥
펴낸곳/ 평민사

주소/ 서울시 서대문구 남가좌2동 370-40
전화/ 02)375-8571(영업)·02)375-8572(편집)
fax/ 02)375-8573
e-mail/ pms1976@korea.com
home-page/ www.pyungminsa.co.kr
등록번호/ 제10-328호

값/ 40,000원

ISBN 89-7115-451-9 04020
ISBN 89-7115-436-5 (set)